D1747824

Regieren in Europa

Herausgegeben von
Prof. Dr. Beate Kohler-Koch

Band 7

Dr. Rainer Eising / Prof. Dr. Beate Kohler-Koch (Hrsg.)

Interessenpolitik in Europa

Nomos

Die Deutsche Bibliothek – CIP-Einheitsaufnahme

Die Deutsche Bibliothek verzeichnet diese Publikation in
der Deutschen Nationalbibliografie; detaillierte bibliografische
Daten sind im Internet über http://dnb.ddb.de abrufbar.

ISBN 3-8329-0779-3

1. Auflage 2005
© Nomos Verlagsgesellschaft, Baden-Baden 2005. Printed in Germany. Alle Rechte,
auch die des Nachdrucks von Auszügen, der fotomechanischen Wiedergabe und der
Übersetzung, vorbehalten. Gedruckt auf alterungsbeständigem Papier.

Vorwort

Regieren in Europa ist zu einem wichtigen und viel beachteten Thema in Politik und Wissenschaft avanciert. Das Weißbuch der Kommission zum Europäischen Regieren und der jüngst vom Europäischen Rat angenommene Verfassungsvertrag haben seine Bedeutung ins öffentliche Bewusstsein gehoben. Die Wissenschaft hat es schon früher für sich entdeckt: Seit Mitte der 1990er Jahre fördert die Deutsche Forschungsgemeinschaft das Schwerpunktprogramm „Regieren in der Europäischen Union", das von Beate Kohler-Koch koordiniert wird. Die Organisation und Vermittlung von Interessen sind ein zentrales Element von Regieren und dementsprechend wurde die europäische Interessenpolitik eingehend untersucht.

Dieser Band präsentiert nun die Ergebnisse dieser Forschungsprojekte. Sie werden ergänzt durch einige Beiträge aus der internationalen Forschung. Insgesamt dokumentiert der Band den Stand der Interessensforschung. Es sind durchweg theoretisch geleitete empirische Analysen, die fundierte Einsichten in die Organisationsbedingungen und Funktionsweisen europäischer Interessensvermittlung liefern und gleichzeitig Stellung zu aktuellen wissenschaftlichen Kontroversen beziehen. Die Beiträge bieten zusätzlich Einblick in die Vielfalt des methodischen Instrumentariums: Die Forschungsprojekte bedienten sich qualitativer und quantitativer Analyseverfahren, sie wählten Fallstudien oder qualitative Systemvergleiche, führten Befragungen durch und stützen sich auf die statistische Auswertung ihrer Daten, sie entschieden sich für die formale Modellierung oder für die eingehende Beschreibung zentralen Wirkungsmechanismen.

Da es vornehmliches Anliegen des Bandes ist, die aktuelle Forschung zu präsentieren, kann keine flächendeckende Behandlung des Themas geboten werden. Die Zahl der untersuchten Politikfelder ist begrenzt und aus der Vielfalt der Interessenorganisationen werden vor allem wirtschaftliche Verbände untersucht; nur wenige Arbeiten befassen sich auch mit nicht-wirtschaftlichen Gruppen. In räumlicher Hinsicht nehmen die meisten Beiträge eine Mehrebenenperspektive ein, einige setzen den Fokus auf die europäische Ebene, andere konzentrieren sich auf die Ebene der Mitgliedstaaten. In den vergleichenden Untersuchungen haben die Länder Nord- und Westeuropas die größte Aufmerksamkeit auf sich gezogen, die südlichen oder osteuropäischen Mitglieder der EU blieben leider unterbelichtet.

Die Beiträge sind so geordnet, dass im ersten Teil des Buches grundlegende Muster der EU-Interessenvermittlung thematisiert und im zweiten Teil verschiedene Sektoren und Politikfelder in den Blick genommen werden. Der dritte Teil nimmt sich der Europäisierung der Interessenvermittlung an. Die Einleitung gibt einen Überblick über die Entwicklung der wichtigsten Forschungsstränge, ordnet die Beiträge des Bandes darin ein und zeigt die vielfältigen Facetten europäischer Interessenpolitik auf. Zusätzlich greift sie die seit einigen Jahren kontrovers geführte normative Diskussion um den Beitrag von Interessenorganisationen zur europäischen Demokratie auf.

Dieser Band wäre nicht ohne die engagierte Mitarbeit der Kollegen und die Unterstützung verschiedener Institutionen möglich gewesen: Wir danken zuallererst den Autorinnen und Autoren des Bandes. Die Zusammenarbeit war für uns alle ein Gewinn. Die konstruktiven Diskussionen sind nicht nur unmittelbar in die Beiträge eingeflossen, sondern haben darüber hinaus mannigfaltige Anregungen für weitere Forschung geboten.

Unser Dank gilt auch der Deutschen Forschungsgemeinschaft, ohne deren Unterstützung weder die Forschungsprojekte noch die Auswertungskonferenz möglich gewesen wäre. Das Mannheimer Zentrum für Europäische Sozialforschung und die Pfalzwerke AG haben uns bei der Durchführung der Konferenz unterstützt. Die FernUniversität in Hagen hat uns dankenswerter Weise finanzielle Mittel für die technische Bearbeitung der Beiträge zur Verfügung gestellt und Christopher Stolzenberg hat engagiert die redaktionelle Feinarbeit ausgeführt.

Hagen und Mannheim, Juli 2004　　　　　　*Rainer Eising und Beate Kohler-Koch*

Inhaltsverzeichnis

I Einleitung

Rainer Eising und Beate Kohler-Koch
Interessenpolitik im europäischen Mehrebenensystem — 11

II Theoretische Ansätze und Konzepte

Dieter Wolf
„Nicht Input, sondern Output, nicht Supply-Side, sondern Demand-Side":
Zur Veränderung der Einflusslogik in der Europäischen Union — 79

Pieter Bouwen
Zugangslogik in der Europäischen Union:
Der Fall des Europäischen Parlaments — 95

Jan Beyers und Bart Kerremans
Bürokraten, Politiker und gesellschaftliche Interessen:
Ist die Europäische Union entpolitisiert? — 123

III Politikfelder, Sektoren, und Akteure

Jürgen Feick
Verfahrensvielfalt und Interessenheterogenität
in der europäischen Arzneimittelzulassung — 153

Hans-Jürgen Bieling
Finanzmarktintegration und transnationale Interessengruppen
in der Europäischen Union — 179

Daniela Schwarzer und Stefan Collignon
Unternehmen und Banken auf dem Weg zur Währungsunion:
Die „Association for the Monetary Union of Europe"
als Motor eines transnationalen Konsenses — 203

Diana Schumann, Nils C. Bandelow und Ulrich Widmaier
Administrative Interessenvermittlung durch Koppelgeschäfte:
Der Fall der europäischen Elektrizitätspolitik   227

Christian Lahusen
Kommerzielle Beratungsfirmen in der Europäischen Union   251

IV Europäisierung der Interessenvermittlung

Konstantin Baltz, Thomas König und Gerald Schneider
Immer noch ein etatistischer Kontinent:
Die Bildung nationaler Positionen zu EU-Verhandlungen   283

Rainer Eising
Die Europäisierung deutscher Interessengruppen:
Passen die Institutionen und reichen die Kapazitäten?   311

Gerda Falkner, Miriam Hartlapp, Simone Leiber und Oliver Treib
Die Kooperation der Sozialpartner im Arbeitsrecht:
Ein europäischer Weg?   341

Achim Lang und Jürgen R. Grote
Facetten des Wandels –
Anpassungsstrategien von Wirtschaftsverbänden an ihre Umwelt   363

Autorenverzeichnis   389 ns

I   Einleitung

Interessenpolitik im europäischen Mehrebenensystem

Rainer Eising und Beate Kohler-Koch

1 Perspektiven der Forschung

Organisierte Interessen waren und sind ein ständiger Begleiter europäischer Politik. Die Politikwissenschaft hat sich bereits früh, aber sehr diskontinuierlich und aus unterschiedlichen Perspektiven mit ihnen beschäftigt. So haben wir heute ein facettenreiches Bild, das in jüngster Zeit durch zahlreiche, theoretisch und methodisch reflektierte Studien ergänzt wurde. Dieser Beitrag diskutiert auf der Grundlage einer kritischen Literatursichtung und eigener empirischer Untersuchungen die Erträge der Forschung. Wenn wir von „Interessenpolitik im europäischen Mehrebenensystem" sprechen, dann geht es uns um die Organisation, Aggregation, Artikulation und Vermittlung von Interessen gesellschaftlicher Akteure, die gezielt auf die Politik der Europäischen Union (EU) Einfluss zu nehmen suchen. Ihnen eröffnet das von der europäischen bis zur lokalen Ebene reichende Mehrebenensystem einen übergreifenden politischen Raum, in dem sie sich orientieren und agieren. Sein föderaler Aufbau bietet ihnen Handlungschancen, legt ihnen aber auch Handlungsrestriktionen auf.

Der Bestand an vorliegender Forschung bietet eine Fülle von Einsichten, aber er addiert sich nicht zu einem kohärenten Befund. Ein Grund liegt im Wandel des Gegenstandes selbst. Die anfänglich auf den engen Sektor von Kohle und Stahl begrenzte Gemeinschaft hat wenig mit der heutigen Union gemein, welche die Wirtschaftstätigkeit in den Mitgliedsländern und die mit ihr verbundenen Politikbereiche reguliert und zusätzliche Kompetenzen in der Innen- und Justizpolitik wie auch in der Außen-, Sicherheits- und Verteidigungspolitik erworben hat. Doch nicht nur die Ausdehnung der Zuständigkeiten ist von Belang, sondern auch die Veränderungen des politischen Systems der EU. Politische Praxis und Vertragsreformen haben die Organe der EU zu wichtigen Akteuren der staatlichen Steuerung gemacht. Das EU-Institutionengefüge hat sich erheblich ausdifferenziert und ist eng mit den mitgliedstaatlichen Institutionen verflochten. Als allgemeinen Trend kann man eine Entwicklung hin zur Supranationalität feststellen, auch wenn dieser keineswegs linear verläuft und nicht für alle Sektoren zutrifft. Schließlich erhöht das Anwachsen der Gemeinschaft von ursprünglich sechs auf nunmehr 25 Mitgliedstaaten die Komplexität der Zusammenarbeit in europäischen Politiknetzwerken.

Ein anderer Grund für die mangelnde Übersichtlichkeit des Forschungsfeldes ist, dass die europäische Interessenpolitik aus unterschiedlichen Erkenntnisinteressen heraus analysiert wurde. Die Perspektiven reichen von neofunktionalistischen Betrachtungen über detaillierte Politikfeldstudien bis hin zu vergleichenden Europäisierungsstudien und demokratietheoretischen Arbeiten. Die *Neofunktionalisten* nahmen als erste systematisch die europäische Interessenpolitik in den Blick. Sie waren auf der Suche nach den treibenden Kräften der europäischen Integration und entdeckten Industrieverbänden und Gewerkschaften als bedeutende Integrationsförderer.[1] Ihr Erkenntnisinteresse war auf den Wandel internationaler Beziehungen gerichtet. Sie suchten jene Prozesse zu ergründen, die den Übergang der neuzeitlichen „Staatenwelt" zu einer die Staaten übergreifenden politischen Organisation vorantreiben würden (Kohler-Koch 1992). In der langen Phase der Konsolidierung der Wirtschaftsgemeinschaft rückte diese Frage in den Hintergrund. Erst als Mitte der 1980er Jahre die europäische Integration wieder an Dynamik gewann, setzte erneut die Suche nach den Akteuren der Transformation ein. Sie führte zwischen den am Neofunktionalismus orientierten Arbeiten (Sandholtz/Zysman 1989) und den Intergouvernementalisten (Moravcsik 1991) zu einer kontroversen Debatte um den Beitrag von *Interessengruppen* zur *Integration*.

Die *vergleichende Politikwissenschaft*, die das entstehende politische System der Europäischen Gemeinschaft (EG)[2] erst spät in Augenschein nahm, interessierte sich für die Funktionsweise europäischer Interessenvermittlung und die Rolle von Verbänden in den EG-Entscheidungsverfahren. Mit der Analyseperspektive wechselte auch der *normative Maßstab*. Neofunktionalisten waren geneigt, das Engagement wirtschaftlicher Interessen grundsätzlich positiv zu bewerten, weil es der Vertiefung der Integration und somit der Wohlfahrtssteigerung und dem friedlichen Interessenausgleich diente. Aus Sicht der vergleichenden Politikwissenschaft gaben dagegen die Ausrichtung am partikularen Eigennutz und das Ungleichgewichtigkeit der vertretenen Interessen Anlass zur Kritik.[3]

Nachfolgend wurde in stärker theoretisch argumentierenden und vergleichenden Arbeiten nach den Bedingungen für die *Organisations- und Handlungsfähigkeit* von europäischen Interessengruppen und nach den entstehenden *Mustern der Interessenvermittlung* gefragt (Averyt 1975). Dabei rückten die Abhängigkeit von den nationalen Verbandssystemen und die von den EG-Institutionen eröffneten Handlungsmöglichkeiten ins Blickfeld (Burkhardt-Reich/Schumann 1983; Kohler-Koch *et al.* 1988). Der Befund war, dass das europäische Institutionengefüge eine schwache, sektoriell ausdifferenzierte und pluralistische Organisation von Interessen begünstigte. Philippe Schmitter und Wolfgang Streeck (1991) spitzten dies zur These zu, dass sich in der EG eher pluralistische denn korporatistische Muster der Interessenvermittlung entwickeln würden. Diese These blieb nicht unwidersprochen, zumal gezeigt werden konnte, dass die europäischen Institutionen in einzelnen Politikfeldern, vor allem in der Sozialpolitik, gezielt

---

1   Vgl. v.a. die wegweisende Arbeit von Haas 1958. Eine differenziertere Einschätzung findet sich in späteren Arbeiten der Neofunktionalisten, vgl. Lindberg/Scheingold 1970.
2   Wir verwenden den Begriff der EG für den Zeitraum bis 1993. Ab dann verwenden wir generell den Begriff der EU, auch wenn für die meisten Interessengruppen vornehmlich deren erster Pfeiler, also die EG, von Bedeutung ist. Wenn wir bestimmte Pfeiler der EU meinen, benennen wir sie im Text.
3   So formulierte James Caporaso in Anlehnung an die kritische Diskussion des amerikanischen Gruppenansatzes eine vehemente Kritik an der „hedonistischen" Rolle von Interessengruppen in der EG, durch die er die Legitimität des gesamten EG-Institutionengefüges in Gefahr sah (Caporaso 1974: 180). Vgl. auch Ackermanns Studie zur Agrarpolitik (1970).

Strukturen für eine institutionalisierte und neo-korporatistische Interessenvermittlung schufen (vgl. Andersen/Eliasson 1991: 175; Falkner 1999; Mazey/Richardson 2002: 124).

Seit den 1980er Jahren bereicherte die *Policy-Analyse* durch das wachsende Interesse an der europäischen Politik die empirische Forschung. Zahlreiche Politikfeldstudien haben mit großer Tiefenschärfe ausgeleuchtet, wie sich organisierte Interessen an die EU angepasst haben und welchen Einfluss sie auf EU-Programme nehmen konnten. Diese Arbeiten heben die Bedeutung sektor- oder politikfeldspezifischer Besonderheiten hervor und rücken eben solche Verhandlungssysteme und Politiknetzwerke in den Mittelpunkt der Betrachtung (z.B. Grande 1994; Peterson 1995; Börzel 1997; kritisch: Kassim 1994).

In jüngster Zeit erhielt die Interessengruppenforschung weitere Impulse durch die Erforschung *sozialer Bewegungen* und des *politischen Protestes*, der sich an Europa entzündet (vgl. Imig/Tarrow 2001a; Balme *et al.* 2002). Wurden in der Vergangenheit Verbände und soziale Bewegungen meist getrennt untersucht, so zeigen sich gegenwärtig Tendenzen zur Annäherung. Sie wird nicht zuletzt durch die politische Diskussion angetrieben, die nach neuen Formen des Regierens sucht, um dem „*demokratischen Defizit*" der Europäischen Union zu begegnen. Die Überlegungen kreisen um eine effektive und demokratische Beteiligung gesellschaftlicher Interessen (siehe Abschnitt 6).[4] Die theoretische Debatte befasst sich mit den Möglichkeiten deliberativer und assoziativer Demokratie in Europa und den für sie erforderlichen Voraussetzungen (Pollack 1997; Heinelt 1998; Eising 2001; Eriksen *et al.* 2003). Hier zeigt sich ein erneutes Interesse an normativen Fragen, die allmählich auch in theoretisch geleitete empirische Untersuchungen münden (z.B. Eder *et al.* 1998; Abromeit/Schmidt 1998; Warleigh 2001; Klein *et al.* 2003).

Die Organisation und die Repräsentation von Interessen hat sich also mit der Zeit auf die Veränderungen der staatlichen Institutionen eingestellt (vgl. Eichener/Voelzkow 1994). Verschiedene Untersuchungen heben mittlerweile hervor, dass die EU sinnvoller Weise als *Mehrebenensystem* (Jachtenfuchs/Kohler-Koch 1996; Benz 1998; Kohler-Koch/Eising 1999; Ansell 2000; Marks/Hooghe 2001) betrachtet werden sollte, das eine enge Verschränkung europäischer, nationaler und regionaler Politikprozesse mit sich bringt und eine vermehrte Beteiligung privater Akteure in den europäischen Politiknetzen begünstigt. Während dadurch die Veränderung des Regierens in einer Ebenen übergreifenden Perspektive erfasst werden soll, nehmen Untersuchungen zur *Europäisierung* der nationalen Interessenvermittlung (Cowles 2001; Falkner 2000; Schmidt 1999) dagegen erneut eine analytische Trennung zwischen europäischer und nationaler Ebene vor. Sie sind in der Regel vergleichend angelegt, um die Gemeinsamkeiten und Unter-

---

4 In den Dokumenten der Kommission wird verallgemeinernd von „Zivilgesellschaft" gesprochen, ohne verschiedene Arten von Interessengruppen zu unterscheiden. Vgl. z.B. das Weißbuch der Kommission „Regieren in Europa" (2001a).

schiede in der Anpassung der Mitgliedstaaten an die EU zu erfassen und die kausalen Mechanismen hinter den Prozessen zu identifizieren.

Insgesamt hat sich das empirische Untersuchungsfeld der europäischen Interessenpolitik in jüngster Zeit also deutlich ausgeweitet. Gleichzeitig hat sich eine lebendige wissenschaftliche Debatte um angemessene theoretische und methodische Zugangsweisen entwickelt. Beschränkte sich die Forschung bis zu Beginn der 1990er Jahre noch darauf, bereits in anderen Kontexten erprobte Analyseansätze auf die europäischen Interessenorganisationen zu übertragen (Kohler-Koch 1992: 81), so hat diese inzwischen mit dem Konzept des Regierens im Mehrebenensystem (multi-level governance) und der Europäisierungsforschung neue Ansätze entwickelt, die ihrerseits in andere Forschungsgebiete ausstrahlen und beispielsweise der vergleichenden Föderalismusforschung neue Impulse geben (siehe z.B. Benz/Lehmbruch 2002; Nicolaïdis/Howse 2001).

Die in diesem Band vorgestellten Beiträge entstammen mit wenigen Ausnahmen dem DFG-Schwerpunktprogramm „Regieren in Europa" und geben einen Überblick über die deutschsprachige Forschungslandschaft zur EU-Interessenpolitik. Es handelt sich durchweg um theoriegeleitete Analysen, die sich in die skizzierten Diskussionsstränge einfügen. Die Beiträge im ersten Teil des Buches thematisieren grundlegende Muster der EU-Interessenvermittlung. Die Kapitel im zweiten Teil haben verschiedene Sektoren und Politikfelder im Blickfeld. Die Beiträge im dritten Teil befassen sich mit der Europäisierung der Interessenvermittlung.

Unsere folgende Darstellung zeigt zunächst die Entwicklung des Systems europäischer Interessengruppen genauer auf. Nach einer Analyse der Probleme politischer Mobilisierung und kollektiven Handelns in der EU erörtern wir die Erkenntnisse über die Muster der europäischen Interessenvermittlung und über den Stellenwert, den Werte und Konfliktlinien in ihr einnehmen. Anschließend nehmen wir die Konsequenzen des EU-Mehrebenensystems für Interessengruppen ins Visier und diskutieren ihre Europäisierung. Schließlich beschäftigen wir uns mit dem Zusammenhang zwischen Interessenpolitik und europäischer Demokratie.

2   Die Akteure und das System

Der folgende Überblick belegt drei grundlegende Entwicklungstendenzen: Zum einen hat sich der Typ der bei den EU-Institutionen vertretenen Organisationen vermehrt. Zum anderen hat sich die Art der vertretenen Interessen ausgeweitet, wie dies auch auf nationaler Ebene der Fall ist. Schließlich hat auch die Zahl der Interessenorganisationen stetig zugenommen.[5] Das „lobby-system in Brussels" ist damit längst nicht mehr in sei-

---

5   Die verschiedenen Verzeichnisse von Interessenorganisationen erfassen unterschiedliche Arten von Organisationen und differieren im Hinblick auf die Gesamtzahl der Akteure in einer Klasse, so dass keine genauen Zahlen bekannt sind. Siehe etwa die ‚10000 actors' Datenbank des online-Dienstes euractiv, das European Public Affairs Directory oder die Coneccs-Datenbank der Kommission.

ner Formierungsphase, wie Svein S. Andersen und Kjell A. Eliassen noch zu Beginn der 1990er Jahre konstatierten. Es hat sich mittlerweile stark ausdifferenziert, ist allerdings wohl immer noch weniger verfestigt als viele nationale Verbandssysteme.

Im Mittelpunkt der frühen neofunktionalistischen Studien standen die *europäischen Verbände*, die i.d.R. nationale Verbände vereinen. Im Mai 2002 führte die CONNECS-Datenbank der Kommission 941 EU-Verbände auf (vgl. Schaubild 1)[6]. 59% der Verbände (N = 212), die Angaben zum Sitz ihrer Organisation gemacht haben, sind in Brüssel nieder gelassen, während 41% (N = 147) aus den Mitgliedstaaten operieren. Etliche von diesen wiederum sind eng an nationale Verbände gekoppelt. Bereits Ernst Haas' Analyse der verbandlichen Aktivitäten im Kohle- und Stahlsektor (1958) hat gezeigt, dass die europäischen Verbandsföderationen aufgrund der heterogenen Interessen ihrer Mitglieder und der Notwendigkeit, Interessen auf mehreren Ebenen zu bündeln, häufig Schwierigkeiten haben, sich auf eine gemeinsame, aussagekräftige Position zu einigen und damit für die europäischen Institutionen als Gesprächspartner an Wert verlieren. *Nationale Verbände* sahen sich deshalb früh dazu genötigt, selbst auf europäischer Ebene aktiv zu werden und gerieten so in den Blick der Forschung. Neben den etwa 170 nationalen Verbänden, die in Brüssel mit einem Büro präsent sind, haben etwa ebenso viele (171) regionale Körperschaften dort Büros eingerichtet (Greenwood 2003: 9). Diese Zahlen erfassen nicht jene nationalen Akteure, die keinen Sitz in Brüssel haben, aber dennoch mehr oder weniger regelmäßig in Kontakt mit den EU-Institutionen stehen, zumal wenn sie in geographischer Nähe zu Brüssel liegen.

Erst spät folgten die direkten Interessenvertretungen von *Unternehmen*, die auch erst in jüngerer Zeit ins Visier der Wissenschaft gerieten.[7] Mittlerweile haben rund 250 Unternehmen ein Büro in Brüssel eingerichtet, um ihre Interessen vor Ort zu vertreten (Greenwood 2003: 9). Ein Grund für das späte Erscheinen war, dass die traditionelle Arbeitsteilung, nach der Unternehmen als ökonomische Akteure auf dem Markt und Verbände als politische Interessenvertreter gegenüber dem Staat auftreten, lange Zeit auch für die europäische Politik zutraf. Verschiedene Studien zeigen, dass selbst Großunternehmen ihre politischen Aktivitäten trotz ihrer Verfügung über beachtliche Ressourcen und großen internationalen Mobilität lange Zeit auf die nationale Ebene konzentrierten (vgl. Feld 1970; Greenwood *et al.* 1992; McLaughlin *et al.* 1993; Eising/Kohler-Koch 1994). Dies galt insbesondere dann, wenn sie als „nationale Champions" einen privilegierten Zugang zu den nationalen Regierungen und Parlamenten genossen (Hayward 1995). Gleichzeitig mussten sie in Brüssel lange Zeit hohe Hürden überwinden. Zum einen sahen die europäischen Verbände anfänglich keine Direktmit-

---

6 Wir greifen auf die Daten von 2002 aus Vergleichsgründen zurück; zur näheren Begründung siehe die Angaben zum Schaubild 1.
7 Eine Ausnahme ist die Studie von Feld (1970), der im Zusammenhang mit den grenzüberschreitenden Wirtschaftsaktivitäten von Großunternehmen auch deren politische Interessenvertretung untersuchte.

gliedschaft von Unternehmen vor, zum anderen konsultierten die europäischen Institutionen Firmen anfangs nur ungern.

Mit der Vertiefung des Binnenmarktes unternahmen Großunternehmen größere Anstrengungen, Einfluss auf die europäische Politik zu gewinnen.[8]

Zwei Integrationsinitiativen trugen wesentlich zur Aktivierung der Unternehmen bei. Zum einen mobilisierte der Vorstoß zur Einführung europäischer Betriebsräte Ende der 1970er Jahre (Vredeling Richtlinie) ihren Widerstand, zum anderen bewog das Binnenmarktprogramm Anfang der 1980er Jahre führende Unternehmen dazu, die Kommission aktiv zu unterstützen. Damit rückten die politischen Unternehmensaktivitäten auch stärker in den Blick der Forschung. Sie interessierte sich für ihre Rolle bei der Reorganisation von europäischen Sektor- und Dachverbänden bzw. bei der Neugründung von Euroverbänden mit direkter Unternehmensmitgliedschaft sowie für die unternehmerischen Lobbybüros in Brüssel (Cowles 1997; Coen 1997, 1998). Diese Untersuchungen ergaben, dass etliche Großunternehmen mittlerweile multiple Strategien in der EU verfolgen. Sie agieren eigenständig in Brüssel und in nationalen Hauptstädten, sie suchen die Kooperation mit anderen Firmen in formalen oder informalen Produzentenclubs, sie engagieren sich in nationalen und in Euroverbänden und manche von ihnen beschäftigen zusätzlich Beratungsfirmen.

Eine Erscheinung seit den 1980er Jahren ist der Zuwachs der *professionellen Beratungsfirmen*. Obwohl inzwischen zahlreich in Brüssel vertreten und damit für eine wachsende Zahl von Auftraggebern von Bedeutung, widmen sich ihnen bislang nur wenige wissenschaftliche Studien (Lahusen/Jauß 2001: 60). Sie sind Indiz für eine wachsende Professionalisierung der europäischen Interessenvertretung. Christian Lahusen (in diesem Band) beziffert ihre Zahl auf etwa 285. Zu berücksichtigen ist, dass mehr als die Hälfte dieser Organisationen Anwaltskanzleien sind (53%), die vornehmlich die rechtlichen Belange ihrer Klienten vertreten, wobei die Grenzen zur politischen Interessenvertretung häufig fließend sind. Die Mehrzahl der weiteren Consultants befassen sich mit Managementberatung oder *Public Relations* und ist nicht schwerpunktmäßig mit der Interessenvertretung gegenüber den EU-Institutionen befasst. Nur 30% der Consultants sind rein politische Beratungsfirmen.

Erst in jüngeren Jahren hat sich die wissenschaftliche Aufmerksamkeit stärker den *nicht-wirtschaftlichen Interessengruppen* zugewandt (z.B. Young 1997; Pollack 1997; Balme *et al.* 2002), die verallgemeinerbare Anliegen oder die Interessen Dritter vertre-

---

8   So analysierte Pamela Camerra Rowe (1994) die unterschiedlichen Strategien der Interessenvertretung, die deutsche und britische Großunternehmen sowie deren nationale und europäische Verbände in vier Wirtschaftssektoren in Reaktion auf das Binnenmarktprogramm und die Einheitliche Europäische Akte (EEA) einschlugen. Wayne Sandholtz unterstrich gemeinsam mit John Zysman (1989) die Beteiligung von Großunternehmen an diesen institutionellen Entwicklungen und analysierte ihren Einfluss auf die Formulierung der europäischen Informationstechnologie- und Telekommunikationspolitik Ende der 1980er Jahre (1992). Vgl. auch den Beitrag von Schwarzer/Collignon zur Rolle von Interessengruppen bei der Umsetzung der Wirtschafts- und Währungsunion in diesem Band.

ten und auf ein heterogenes Potential von Unterstützern und Mitgliedern zurückgreifen. Auch hier liegt der wesentliche Grund darin, dass sie erst spät die Bühne der europäischen Politik betraten.[9] Mittlerweile vertreten ca. 17% der Euroverbände solche öffentlichen Anliegen (s. Schaubild 1). Nur die wenigen Organisationen, die in etlichen Mitgliedstaaten direkte staatliche Unterstützung genießen – wie etwa die Verbraucher-, Genossenschafts- oder Familienorganisationen – schlossen sich bereits sehr früh zu europäischen Verbänden zusammen.[10] In dem Maße jedoch, in dem die „negative" Marktintegration durch „positive" regulative Eingriffe und staatliche Programme ergänzt wurde, organisierten sich dann auch weitere nationale Verbände öffentlicher Interessen auf europäischer Ebene. Die Organisation der Umweltinteressen ist ein typisches Beispiel für diese reaktive Strategie. Erst nachdem die Umweltproblematik bereits auf der Tagesordnung der internationalen Politik stand und die EG ihr erstes umweltpolitisches Aktionsprogramm beschlossen hatte, formierte sich als erste Umweltorganisation 1974 das Europäische Umweltbüro (EEB). Am Anfang stand der Zusammenschluss der nationalen (Dach-)Verbände in einer europäischen Föderation; später folgten dann spezialisiertere Verbände. So vervielfältigte sich die Repräsentation von Umweltinteressen in Reaktion auf die Intensivierung der EG-Umweltpolitik seit der Mitte der 1980er Jahre (Hey/Brendle 1994). Wohlfahrts-, sozialpolitische und auch Menschenrechtsgruppen waren noch zu Beginn der 1980er Jahre auf europäischer Ebene weitgehend abwesend (Harvey 1993: 190).

Der *Wachstumsverlauf* organisierter europäischer Interessensvertretung lässt sich anhand der Euroverbände illustrieren. Schaubild 1 zeigt ihren zahlenmäßigen Anstieg in verschiedenen Domänen.[11]

---

9 Laut Leon Lindberg (1963: 97) waren alle 222 von der Kommission 1961 gezählten Euroverbände ökonomischer Natur.
10 Die Konsumgenossenschaften fanden sich 1957 in EURO COOP zusammen; der europäische Verbraucherverband (BEUC) wurde 1962 gegründet, verfügt aber erst seit 1973 über ein ständiges Sekretariat. 1969 wurde das Komitee der Familienorganisationen der EG (COFACE) eingerichtet.
11 Die in der CONNECS-Datenbank angegebene Zahl von 941 Euroverbänden reduziert sich im Schaubild aufgrund fehlender Angaben einiger Verbände zu ihren Gründungsjahren auf 885. Die Datenbank gibt keine erschöpfende Auskunft über die Populationsentwicklung im Laufe der letzten 50 Jahre, weil sie nur diejenigen Verbände erfasst, die 2002 noch bestanden. Zur Populationsentwicklung in der Telekommunikation und Chemieindustrie vgl. Lang und Grote, in diesem Band.

Schaubild 1: **Die Euroverbände nach Gründungsjahr und Domänen von 1843 bis 2001 (kumulierte Häufigkeiten)**

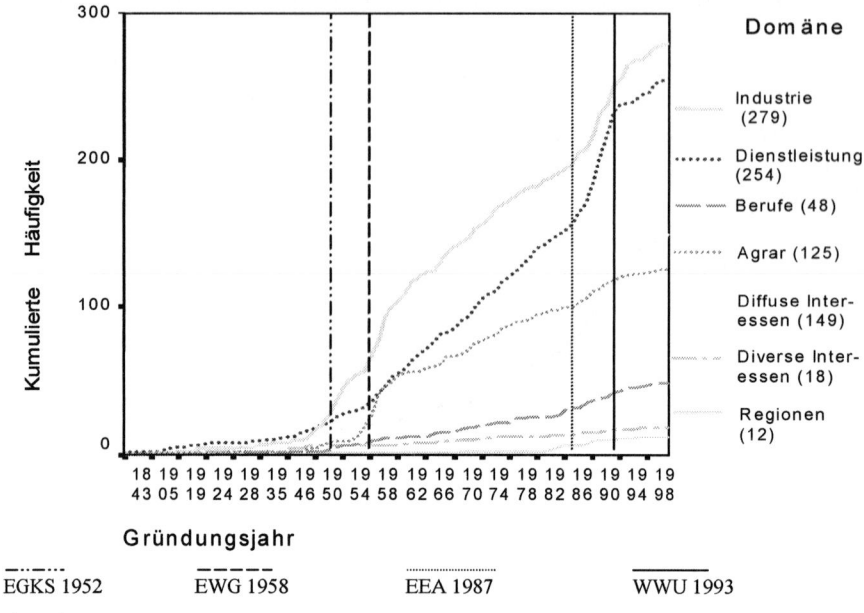

[Figure: Kumulierte Häufigkeit der Euroverbände nach Gründungsjahr (1843–1998) und Domänen. Domänen: Industrie (279), Dienstleistung (254), Berufe (48), Agrar (125), Diffuse Interessen (149), Diverse Interessen (18), Regionen (12). Vertikale Linien markieren: EGKS 1952, EWG 1958, EEA 1987, WWU 1993.]

Anmerkung

Quelle: Generalsekretariat der Kommission, CONECCS-Datenbank, Stand Mai 2002. Eigene Bearbeitung. Die vertikalen Linien kennzeichnen das Inkrafttreten verschiedener Vertragsgründungen oder -revisionen.

Die Datenbank umfasst einige internationale und europäische Verbände, die nicht ausschließlich auf die EU bezogen sind, was vor allem die Verbandsgründungen vor 1951 erklärt. Verbände, die Mitglieder aus wenigstens zwei EU-Mitgliedstaaten haben, können sich freiwillig registrieren lassen. Die Kommission klassifiziert die Verbände nach deren Angaben. Mehr als 220 der hier präsentierten Verbände haben bei einer Überarbeitung der Datenbank Ende 2002 nicht auf die Aufforderung reagiert, ihre Angaben zu aktualisieren und wurden daraufhin aus der Datenbank ausgeschlossen, so dass CONECCS im Juni 2004 nur noch 723 Verbände umfasste (http://europa.eu.int/comm/civil_society/coneccs/liste_index.cfm?CL=de). Wir greifen auf die älteren Daten zurück, weil diese eine umfassenderen Überblick über die Zahl der Gruppen geben und besser mit den früheren Verbändeverzeichnissen übereinstimmen.

Die Grafik fasst etliche der in CONECCS verwendeten Unterteilungen durch andere Klassen zusammen. Diese Umgruppierungen richten sich zumeist nach dem Verbändeverzeichnis der Kommission von 2000. Wenn das nicht möglich war, erfolgte eine Einstufung nach dem Namen und der Mission des Verbandes. Die Kategorie *Agrar* erfasst vorwiegend die Land- und Forstwirtschaft, Fischerei sowie Nahrungs- und Genussmittel. *Industrie* deckt das produzierende Gewerbe ab. *Dienstleistung* umfasst neben kommerziellen Sektoren wie Finanzen und Handel auch Verbände aus nicht unbedingt gewinnorientierten Sektoren wie Gesundheitswesen und Bildungswesens. *Berufe* deckt vornehmlich die freien Berufe ab. *Regionen* beinhaltet Verbände für Städte, Regionen und Landschaftsentwicklung. *Diffuse Interessen* decken u.a. Jugend-, Religions-, Sozial- und Wohlfahrts-, Umwelt-, Verbraucher-, Menschenrechts- und Entwicklungsverbände sowie Gewerkschaften ab. *Diverse Interessen* enthält solche Verbände, die keiner anderen Kategorie zugeordnet werden konnten.

Es verdeutlicht grundlegende Entwicklungstendenzen und lässt bestimmte Gründungszyklen erkennen. Bis zu den Gründungen der Europäischen Gemeinschaften war die Zahl der Verbände verhältnismäßig gering. Erst danach stieg sie deutlich an. Es gibt zwei Gründungsschübe: Der erste setzte mit der Gründung der Europäischen Gemeinschaft für Kohle und Stahl (EGKS) ein und verlängerte sich über die Gründungsphase der Europäischen Wirtschaftsgemeinschaft (EWG) und der Europäischen Atomgemeinschaft (EURATOM) bis etwa 1962; der zweite begleitete die Umsetzung des Binnenmarktprogramms in der zweiten Hälfte der 1980er Jahre bis zur Entscheidung über die Wirtschafts- und Währungsunion (WWU) Mitte der 1990er Jahre. Zwischen diesen beiden Phasen ist die Wachstumsrate europäischer Verbände pro Jahr in allen Domänen recht konstant, wenn auch unterschiedlich hoch. Selbst in dieser langen Periode der angeblichen „Eurosklerose", die prominente Beobachter als „dark ages" der europäischen Integration einstuften (Keohane/Hoffmann 1991: 8), nahm also die Zahl der Gruppen stetig zu und nicht etwa ab.

Die Industrieverbände und Gewerkschaften organisierten sich bereits in Reaktion auf die Gründungen des Europäischen Wirtschaftsrates (OEEC) und der EGKS, während andere Interessengruppen kaum darauf reagierten.[12] Die Gründung der EWG steigerte den europäischen Zusammenschluss von Industrieverbänden nochmals und ging dann zwischen 1961 und 1985 auf vier Verbandsgründungen pro Jahr zurück. Die europäischen Gewerkschaftszusammenschlüsse haben eine Sonderentwicklung genommen, die wenig mit der europäischen Integration zu tun hat, sondern die allmähliche Überbrückung der weltanschaulichen Kluft zwischen den nationalen Richtungsgewerkschaften widerspiegelt.[13] Das Binnenmarktprogramm und die Wirtschafts- und Währungsunion lösten in der zweiten Hälfte der 1980er Jahre einen erneuten Gründungsboom aus, der Mitte der 1990er Jahre wieder abflachte. Die Landwirtschaft organisierte sich umfassend bereits mit der Gründung der EWG, d.h. noch bevor die europäische Agrarpolitik in Angriff genommen wurde. Seitdem ist die Zuwachsrate mit nur 2-2,6 Agrarverbänden pro Jahr recht konstant. Der Dienstleistungssektor reagierte zurückhaltend auf die Gründung der EWG, hatte dann aber von den frühen 1960er Jahren bis zur Mitte der 1980er Jahre eine etwas höhere Zuwachsrate als die Industrie. Seine Zeit kam erst mit dem Binnenmarkt und der WWU. Die Bedeutungszunahme des tertiären Sektors in vielen Mitgliedstaaten schlug also nicht unmittelbar, sondern erst verzögert mit der Kom-

---

12 Die vom Internationalen Bund der Freien Gewerkschaften (IBFG) 1950 gegründete „Europäische Regionalorganisation" geriet bald in den politischen Schatten des 1952 gegründeten „Montanausschusses", der neben den nationalen Dachverbänden des IBFG die Metall- und Bergarbeitergewerkschaften umfasste.

13 Erst die Gründung des Europäischen Gewerkschaftsbundes (EGB) 1973 stellte die Weichen für eine Überwindung der gewerkschaftlichen Zersplitterung auf europäischer Ebene. Im EGB wurden schrittweise die Einheitsgewerkschaften, wie sie in Deutschland und Großbritannien bestehen, und die Richtungsgewerkschaften, die für die romanischen Ländern charakteristisch sind und sich in das Lager der „freien", „christlichen" und „sozialistischen" bzw. kommunistischen Gewerkschaften aufspalten, zusammen geführt (Ebbinghaus/Visser 2000: 774-780).

petenzentwicklung der EU auf die europäische Verbandslandschaft durch. Öffentliche Interessen begannen erst in den 1970er Jahren, sich stärker auf europäischer Ebene zu organisieren. Ihre Zahl stieg mit der Umsetzung des Binnenmarktes und der WWU ebenfalls deutlich an, weil beide Programme die EU-Befugnisse in nicht-wirtschaftlichen Politikfeldern deutlich ausweiteten. Die Betonung des politischen Charakters der EU seit Mitte der 1990er Jahre beschert ihnen sogar eine höhere jährliche Gründungsrate als den anderen Domänen (siehe Abschnitt 3.1) und ihre Gesamtzahl übersteigt inzwischen die Zahl der Agrarverbände.

Die Zunahme der Organisationen und die Veränderung der repräsentierten Interessen haben einschneidende Konsequenzen für die Interessenvermittlung. Erstens werden die europäischen Politiknetze umfassender und durchlässiger für neue Akteure, was dauerhafte Koalitionsbildungen erschwert und eingespielte Muster der Allianzbildung bzw. des Wettbewerbs und der Arbeitsteilung verwischt. Damit verschärft sich gleichzeitig der Kampf um den Zugang zu und das Gehör bei den EU-Organen und die Unsicherheit über die Entwicklung der Tagesordnung in der europäischen Politik steigt. Verschiedene Fallstudien illustrieren, dass die Bildung von *ad hoc* Koalitionen zunimmt und konzertierte Lobby-Kampagnen auf bestimmte Streitfragen ausgerichtet werden (Pijnenburg 1998; Aspinwall 1998; Warleigh 2000). Interessenorganisationen, die anfangs quasi ein Vertretungsmonopol für ihre Domäne hatten – wie beispielsweise das Europäische Umweltbüro bis in die Mitte der 1980er Jahre – sehen sich der Konkurrenz durch andere Gruppen ausgesetzt und müssen versuchen, sich mit diesen zu koordinieren oder arbeitsteilig zu arrangieren.

Zweitens führt die verstärkte Repräsentation nicht-wirtschaftlicher Interessen seit den 1980er Jahren dazu, dass die Schlagseite im EU-Verbandssystem abnimmt. Damit ist nicht unbedingt gesagt, dass öffentliche Interessen nunmehr entsprechend ihrer Präsenz in Brüssel stärkeren Niederschlag in der EU-Politik finden. Ihrer Durchsetzungsfähigkeit steht entgegen, dass ihre Handlungs- und Konfliktfähigkeit in der Regel geringer ist als die von Wirtschaftsverbänden (z.B. Offe/Wiesenthal 1985; Imig/Tarrow 2001b, c). Aber nach Ansicht einiger Beobachter werden nun unterschiedliche Konfliktlinien dauerhaft in der EU-Politik verankert und die stärkere Präsenz von Gruppen mit klaren Weltanschauungen lässt Wertekonflikte an Bedeutung gewinnen (vgl. Abschnitt 4.1).

3 Politische Mobilisierung und kollektives Handeln in der Europäischen Union

Die Forschung zur europäischen Interessenvermittlung hat, wenn auch manchmal mit etwas Verspätung, die theoretische Entwicklung der allgemeinen Interessengruppenforschung (z.B. Greenwood/Aspinwall 1998a) und in neuerer Zeit der Theorie sozialer Bewegungen (Balme *et al.* 2002; Imig/Tarrow 2001a) nachvollzogen, auch um die skizzierte Entwicklung der Akteurspopulation zu erklären. Wichtige Gegenstände der Forschung sind die Organisations- und die Handlungsfähigkeit von Interessen im europäischen Maßstab. In den vorliegenden Studien geht es primär um die Frage, welche Faktoren das kollektive Handeln erleichtern oder erschweren. Folgte man zunächst der einfachen Formel, dass funktionaler Bedarf und institutionelle Handlungsbedingungen die Organisation und Artikulation von Interessen prägen, so konzentrierten sich spätere Arbeiten auf jene Faktoren, die dazu beitragen können, das Dilemma kollektiven Handelns zu überwinden. Sie richteten ihre Aufmerksamkeit auf den Zusammenhang zwischen der Zahl der Akteure, dem Angebot an spezifischen Leistungen und dem Organisationsgrad der Verbände. Im Ergebnis bezweifeln viele Studien, dass es beim Zusammenschluss europäischer Verbände überhaupt ein Dilemma kollektiven Handelns gibt. Andere Analysen betonen demgegenüber die Relevanz institutioneller, sozioökonomischer und technischer Kontextfaktoren für das kollektive Handeln von Eurogruppen. Die Forschung über soziale Bewegungen und politische Proteste in der EU verdeutlicht unterschiedliche Politikmodi auf EU-Ebene und nationaler Ebene und zeigt, dass die Spaltung in nationale Öffentlichkeiten folgenreich für die politische Mobilisierung ist. Zu all diesen Zusammenhängen liegen inzwischen empirisch überzeugende Ergebnisse vor.

3.1 Die Organisierung von Interessen

Die Bedeutung von Kontextfaktoren

Die frühen Studien zur europäischen Interessenorganisation waren konzeptionell im Pluralismus und Gruppenansatz der 1950er Jahre verhaftet und sahen folglich die Organisierung von Interessen nicht als Handlungsproblem an. Auch für viele heutige Studien (z.B. Cram 1998: 69-72) sind die *Maßnahmen und Institutionen der EU* entscheidende Auslöser einer Organisierung. Demnach entstehen supranationale Interessengruppen in Reaktion auf europäische Politik oder in Antizipation geplanter Maßnahmen (vgl. Caporaso 1974: 27) und passen sich den Handlungsbedingungen der EU-Institutionen an. In dieser Sicht ist die Einrichtung einer EU-Verbandes eine ebenso notwendige wie unproblematische Anpassung, weil nur so die Kosten und Vorteile europäischer Politik im eigenen Interesse beeinflusst werden können. Die supranationalen Institutionen sind dabei zugleich als Handlungsrahmen und als Akteure von Relevanz.

Der veränderte institutionelle Rahmen gewährt neue Zugangspunkte, bietet neue Koalitionsmöglichkeiten und eröffnet neue politische Chancen und Risiken. Er hat zwei Dimensionen. Zum einen geht es um die Kompetenzverteilung zwischen den Organen und die Gestaltung der Entscheidungsverfahren. Diese werden durch vertragliche oder durch inter-institutionelle Vereinbarungen festgelegt, die bislang nur selten etwaige Rückwirkungen auf die Organisierung gesellschaftlicher Interessen berücksichtigt haben.[14] Zum anderen geht es um konkrete Regelungen und Praktiken des Zugangs von Interessengruppen zur Entscheidungsfindung der EU.

Als Handlungsrahmen zeichnet sich das europäische Institutionengefüge durch eine große Komplexität und eine hohe Dynamik aus. Wie in Abschnitt 2 gezeigt, hat die stetige Ausweitung der Gemeinschaftsbefugnisse die Aufmerksamkeit gesellschaftlicher Interessen nach Brüssel gelenkt. Kurzfristig bedeutet diese dynamische Entwicklung für die Interessengruppen eine hohe Unsicherheit über die Inhalte der politischen Tagesordnung (vgl. Mazey/Richardson 2002: 156). Die Komplexität der EU-Institutionen manifestiert sich darin, dass Interessengruppen im ersten Pfeiler, der Europäischen Gemeinschaft, bessere Zugangsmöglichkeiten zu den EU-Institutionen besitzen als in der Gemeinsamen Außen- und Sicherheitspolitik und in der Polizeilichen und Justiziellen Zusammenarbeit. Auch der Zugang zu den verschiedenen Organen unterscheidet sich. Durch ihr Initiativmonopol und ihre Rolle als Hüterin der Verträge gilt die Kommission weithin als zentrale Ansprechpartnerin der Interessengruppen. Das Europäische Parlament wird trotz der Einführung von Direktwahlen und erhöhter Entscheidungsrechte vor allem im Mitentscheidungsverfahren immer noch als weniger wichtig eingestuft. Der Rat der EU ist zwar das „entscheidende" Gremium der europäischen Legislative, da er sich aber aus nationalen Ministern zusammen setzt, sprechen ihn Interessengruppen eher selten als kollektiven Akteur an. Statt dessen wenden sich vornehmlich nationale Gruppen an die entsprechenden nationalen Ministerien oder die Ständigen Vertreter in Brüssel. Der Europäische Rat ist als Gremium der Staats- oder Regierungschefs, das für die Gestaltung der mittel- und langfristigen Tagesordnung der EU verantwortlich ist und politikfeldübergreifende Verhandlungen führt, dem Zugriff von Interessengruppen noch weiter entzogen. Schließlich eröffnet die EU jenen Akteuren, die im Prozess der Politikformulierung keine Chance hatten, sich Gehör zu verschaffen, die Möglichkeit über den Rechtsweg ihre Interessen zu vertreten. Obwohl allen Beobachtern geläufig ist, dass die EU auf der „Integration durch Recht" beruht, ist die Nutzung des Rechtswegs zum Europäischen Gerichtshof durch interessierte Akteure bisher nur in Einzelfällen untersucht worden.[15]

Der Ausbau der EU-Kompetenzen sowie die Ausweitung qualifizierter Mehrheitsentscheidungen im Rat werden dafür verantwortlich gemacht, dass sich die Möglichkeiten der Interessenvertretung geändert und die Gruppen darauf reagiert haben. Seit der Einheitlichen Europäischen Akte (EEA) wurden schrittweise die formalen Vetorechte nationaler Regierungen eingeschränkt und damit den nationalen Interessenorganisatio-

---

14 In diesem Punkt hat in jüngster Zeit ein politischer Wandel eingesetzt, weil über konstitutionelle Reformen versucht wird, die „Zivilgesellschaft" in den europäischen Willensbildungsprozess einzubeziehen (siehe Abschnitt 6).

15 So hat Jill Lovecy für den Fall der Dienstleistungsharmonisierung (Anerkennung von Berufsabschlüssen) aufgezeigt, die mit Unterstützung des EuGH eine Integration „durch die Hintertür" (Lovecy 1999: 146-151) erreicht wurde. Sonia Mazey zeigt die Bedeutung des Rechtswegs für die Durchsetzung von Gleichstellungsforderungen der Frauenbewegung auf (2002). Mitchell P. Smith zeigt die Grenzen des Rechtswegs in der Marktintegration auf (2001).

nen die Möglichkeit genommen, über ihre Regierungen Vetopositionen durchzusetzen. Allein schon diese Änderung der Entscheidungsverfahren hat den Ausbau der Interessenvertretung auf europäischer Ebene verstärkt (Greenwood/Ronit 1994; Kohler-Koch 1992). Die Einführung neuer Koordinationsverfahren wie in jüngster Zeit die „offene Methode de Koordinierung" bringt dagegen nationale Akteure wieder stärker ins Spiel und stärkt den Mehrebenencharakter der europäischen Interessenvermittlung. Die Nutzung dieser Verfahren ist bislang allerdings noch sehr beschränkt, wenn man sie mit anderen Steuerungsmaßnahmen der EU vergleicht (Héritier 2002).

Die prinzipielle Offenheit der EU-Organe gegenüber Interessengruppen begünstigt die Interessenvertretung unmittelbar vor Ort. Daran haben auch die Maßnahmen zur *Regulierung der Interessenvermittlung* nichts geändert (vgl. Schaber 1997; Greenwood 2003: 69-72). Die Kommission hat ohnehin nur minimale Verhaltens- und Qualitätsstandards eingeführt; für sie ist Offenheit oberstes Prinzip.[16] Sie hat vor allem die professionellen Beratungsfirmen (zu diesen vgl. Lahusen, in diesem Band) dazu bewegt, minimale Verhaltenskodizes anzunehmen. Darüber hinaus hat sie ein Verzeichnis der Verbände (nämlich CONECCS) angelegt; die Eintragung ist jedoch freiwillig und nicht Voraussetzung für die Teilhabe an den Konsultationen. Die Kommission lehnt es weiterhin ab, Interessengruppen offiziell zu akkreditieren, weil dies ihrer Ansicht nach die Offenheit der Konsultationen beeinträchtigt. Jene Organisationen aber, die sie als Sozialpartner einstuft und die im Sozialprotokoll dazu befugt sind, EU-Sozialpolitik selbst zu formulieren und umzusetzen, müssen bestimmten Repräsentationskriterien Genüge leisten (Kommission 1999).

Das Europäische Parlament hat eine restriktivere Haltung eingenommen. Aus Besorgnis um die mangelnde Transparenz der Interessenvermittlung und in Reaktion auf ein Fehlverhalten von Interessengruppen und Parlamentariern setzten Ende der 1980er Jahre Bemühungen um eine Regulierung der Lobby ein. Nach einer durch nationale und parteipolitische Differenzen geprägten Debatte führte das EP 1996 allerdings lediglich ein Register für Interessenorganisationen ein. Der Eintrag vereinfacht den Zugang zum Parlament, sichert den Gruppen aber keine Exklusivität. Im Sinne der Transparenz wurden die europäischen Parlamentarier ihrerseits dazu verpflichtet, Angaben über ihre bezahlten Aktivitäten und Zuwendungen von Dritten zu machen.

Folgenreicher als diese schwachen Regulierungsversuche ist der *praktische Umgang* mit Interessengruppen. Es gibt erhebliche Unterschiede in der Art und Intensität der Einbindung. In der Regel haben Interessengruppen nur eine beratende Rolle, die informell und *ad hoc* oder auch kontinuierlich und in Ausschüssen institutionalisiert sein kann. Nur in wenigen Fällen hat die EU, der Logik des Korporatismus folgend, Entscheidungs- und Implementationsbefugnisse auf Verbände delegiert. Seit den Gründungsjahren der EG hat die Neigung der Kommission, bevorzugt europäische Verbände

---

16 Vgl. die Ausführungen der Kommission zum Dialog mit den Interessengruppen (Kommission 1993, 2002b) sowie das Weißbuch der Kommission zum Regieren (Kommission 2001a).

in ihre Beratungen einzubeziehen, deren Entwicklung gefördert.[17] In ähnlicher Weise treibt die Institutionalisierung von Beratungsgremien den Zusammenschluss europäischer Interessengruppen voran (vgl. Averyt 1975: 967; Mazey/Richardson 2002: 124). Sie verstetigt die Interaktion mit den europäischen Institutionen und trägt auch zur Vernetzung der Gruppen bei, wie die Einrichtung der *Platform of European Social NGOs* zeigt (siehe Cullen 1999). Zur Praxis der Kommission gehört aber auch die Einrichtung von Gesprächsforen, zu denen nur eine kleine Zahl handverlesener Unternehmer Zutritt hat (Coen 2002: 258-260). Um einer politischen Abwertung zu entgehen und dem Wunsch der Kommission nach „authentischer Unternehmersicht" zu entsprechen, haben etliche Verbände deshalb großen Unternehmen einen Sonderstatus in ihrer Organisation eingeräumt.

Daneben unterstützen Kommission und Parlament den Zusammenschluss und die Tätigkeit europäischer Interessengruppen auch *finanziell* (vgl. Pollack 1997: 580-581; Eising 2001: 308-310). Für eine Reihe nicht-wirtschaftlicher Organisationen machen diese Zuwendungen einen erheblichen Teil ihrer Finanzierung aus, während die Wirtschaftsverbände sich vornehmlich aus Mitgliedsbeiträgen und Zahlungen für Dienstleistungen finanzieren. Die finanzielle Förderung verbessert nicht nur die organisatorische Ausstattung der nicht-wirtschaftlichen Verbände sondern auch ihre Möglichkeit, fachliche Expertise zu erwerben. Nach Auffassung einiger Beobachter hat die Kommission sich durch ihre Zahlungen in manchen Fällen politische Unterstützung für eine Expansion ihrer Befugnisse erkauft (z.B. Greenwood 2002a: 235). Interessengruppen könnten so in ein Abhängigkeitsverhältnis geraten, das sich auf ihre politischen Positionen und Aktivitäten auswirkt. Aus diesem Grund lehnen einige Verbände, etwa Greenpeace, eine solche Förderung auch vehement ab. Andere Autoren sehen allerdings „no ready evidence of attempts by the Commission to steer networks towards, or for that matter away from, particular policy positions" (Harvey 1993: 191). Wichtiger scheint es zu sein, dass die finanzielle Unterstützung partizipationsschwachen Gruppen die Teilhabe am Politikprozess ermöglicht und die Entfaltung eines politischen Pluralismus auf der EU-Ebene stärkt. Die Kommission verfügt damit über eine breitere gesellschaftliche Legitimationsbasis für ihre Initiativen und erhält so einen besseren Überblick über unterschiedliche Argumente und Standpunkte.

Durch eine Reihe von Studien ist belegt, dass nicht nur das institutionelle Umfeld der EU, sondern auch die *Verbandssysteme auf nationaler und internationaler Ebene* die Weichen für die Organisierung von Interessen auf europäischer Ebene gestellt haben. Die Erfahrung mit transnationaler Kooperation in internationalen Verbänden senkt Transaktionskosten und kann so die EU-spezifische Organisierung von Interessen be-

---

17   Zum Agrarsektor vgl. bereits Leon Lindberg (1963: 237; 97); Schaubild 1 belegt dies eindrucksvoll.

günstigen.[18] Die erfolgreiche organisatorische Bündelung von Interessen auf nationaler Ebene reduziert die Zahl der relevanten Träger von Interessen und erleichtert nach der Olson'schen Logik damit kollektives Handeln auf europäischer Ebene. Bestehen nationale Verbände, so ist außerdem die Grundsatzentscheidung über das „ob" des kollektiven Handelns bereits gefallen. Die Einrichtung einer Eurogruppe wird deshalb als eher sekundäre Entscheidung über das „wie" kollektiven Handelns eingestuft (Jordan 1998: 32). Allerdings gilt dieser Automatismus nicht immer: Einige nationale Verbände und Großunternehmen mussten als politische Unternehmer agieren, um die transnationale Organisation voranzutreiben (vgl. Haas 1958; Cowles 1997).

Andere Analysen lenken die Aufmerksamkeit auf *sozio-ökonomische und technische Kontextfaktoren*, die in den klassischen pluralistischen Analysen bereits als bedeutende Stimuli für die Organisierung von Interessen galten (vgl. Truman 1951: 75), entweder weil sie die Kosten der Organisierung senkten (z.B. sinkende Kommunikations- und Transportkosten), weil sie den Zuschnitt von Interessendomänen der Akteure ändern oder weil sie Handlungsalternativen eröffnen, die zur Veränderung von Akteursinteressen beitragen. So führt Volker Schneider (1992: 61) die Gründung von Euroverbänden für die Nutzer von Telekommunikationsdienstleistungen weitgehend auf die neuen Möglichkeiten zurück, die technologische Entwicklungen Akteuren in diesem Sektor offerierten. Andere Studien bestätigen, dass die technologische Konvergenz von Informationstechnik und Telekommunikation eine Reorganisation der Interessenvertretung ausgelöst hat (Bartle 1999: 369-370) und beispielsweise zum sukzessiven Zusammenschluss der europäischen Verbände für Telekommunikationsgeräte, Informationstechnik und Konsumelektronik in der EICTA[19] führte (Knill 2001; vgl. auch Lang/Grote, in diesem Band).

Organisatorische Anreize und Interessendomänen der Euroverbände

Infolge der begünstigenden Kontextfaktoren und institutionellen Praktiken auf EU-Ebene ist der Organisationsgrad europäischer Interessengruppen hoch, vor allem wenn man ihre geographische Reichweite in Rechnung stellt. Verbände aus den Mitgliedstaaten der EU sind in der Regel umfassend vertreten und auch die Repräsentanzen aus weiteren europäischen Staaten sind beachtlich.[20] Bezieht man sich auf die Zahl der poten-

---

18 Für die Entwicklung von Euroverbänden aus internationalen Interessenorganisationen heraus vgl. die Geschichte der Union der Industrie der Europäischen Gemeinschaft (UNICE), die auf einer früheren Interessenvertretung der europäischen Industrie gegenüber der OEEC aufbauen konnte (Haas 1958: 324; Platzer 1984: 37-41).
19 European Information, Communications and Consumer Electronics Technology Industry Association.
20 Nach den Angaben von 311 Euroverbänden, die in der CONECCS-Datenbank entsprechende Daten offengelegt haben, sind im Durchschnitt 11,79 der 15 EU-Staaten (Standardabweichung: 3,04) in den europäischen Verbänden vertreten. Mit dem Beitritt der 10 Staaten der Osterweiterung könnte dieser territoriale Organisationsgrad aber zumindest vorübergehend abnehmen. Dafür spricht, dass deren noch junge Verbandssysteme weniger ausdifferenziert sind als die der westeuropäischen Mitgliedstaaten.

tiellen Mitglieder, die vertreten sind, zeigen sich ebenfalls recht hohe Organisationsgrade. Nach unserer eigenen EUROLOB-Untersuchung, die sich auf einen Vergleich deutscher, britischer und französischer Wirtschaftsverbände mit den europäischen Wirtschaftsverbänden stützt, haben die Euroverbände mit 79,2% einen signifikant höheren mittleren Organisationsgrad als nationale Verbände.[21] Deutsche Verbände organisieren 70,4% ihrer potentiellen Mitglieder, britische Verbände repräsentieren 70,0%, und französische Verbände 61,8%.[22]

Nach der Logik kollektiven Handelns sind *organisatorische Anreize* für die Entscheidungen zum Beitritt oder den Verbleib in einem Verband wichtig. In Anlehnung an die klassischen Studien von Olson (1965) und von Clark und Wilson (1961) kann man zwischen zwei Anreizdimensionen unterscheiden: Selektive Anreize, die nur den Verbandsmitgliedern zur Verfügung stehen, und kollektive Anreize, von denen auch Nicht-Mitglieder profitieren, lassen sich zusätzlich in materielle und soziale Anreize aufschlüsseln. Die empirische Forschung hat ihre Bedeutung zu ergründen versucht und vor allem die Bedeutung materieller Anreize betont. So wurden Vertreter der Euroverbände gebeten, die Relevanz solcher Anreize für ihre Mitglieder einzuschätzen (Aspinwall/Greenwood 1998: 9-10). Diese unterstrichen die Bedeutung der *Interessenvertretung* für die Mitglieder und die *Information* der Mitglieder *über europäische Politik*. Dagegen gelten spezifische Güter wie Dienstleistungen für ihre Mitglieder als weniger wichtig. Wenn die Mitglieder gebeten werden, die für sie attraktiven Leistungen ihres Euroverbandes zu bewerten, ergibt sich ein ähnliches Bild (Sidenius 1998: 96-99).[23]

Die gerade zitierten Studien belegen eindrücklich die Wertschätzung bestimmter Verbandsleistungen. Daraus lässt sich aber nicht ableiten, ob diese einen entscheidenden Anreiz für die Entscheidung zum Beitritt oder Verbleib im Verband bieten. Die Analyse der EUROLOB-Daten gibt hierzu eine eindeutige Antwort. Geprüft wurde, *ob* die Bereitstellung bestimmter kollektiver und selektiver materieller Güter und die *Zahl* der bereit gestellten Güter einen signifikanten Unterschied für den mittleren Organisationsgrad der EU-Wirtschaftsverbände ausmachen (siehe Tabelle 1). Mittelwertvergleiche zeigen, dass den mittleren Organisationsgrad signifikant erhöht.[24] Ebenso wenig hat die Zahl der angebotenen Leistungen signifikante Auswirkungen.

---

21 Varianzanalyse: F 15.67 df in 3 df zw 750 p. 0,000. Zur EUROLOB-Erhebung vgl. Eising, in diesem Band.
22 Allerdings lässt sich die These, dass die nationale und internationale Vorstrukturierung den Aufbau von Euroverbänden erleichtert, nur durch eine vergleichende Untersuchung, die alle Verbandsbereiche umfasst, verlässlich prüfen.
23 Diese Studie bezieht nur dänische Verbände ein.
24 Die Details dieser Analysen (T-Tests) sind auf den Internetseiten von Rainer Eising einsehbar: http://www.fernuni-hagen.de/POLALLG/eising.htm.

Tabelle 1: Selektive und kollektive materielle Güter der Euroverbände

Selektive materielle Güter	Kollektive materielle Güter
Monitoring politischer Entwicklungen	Werbemaßnahmen und Öffentlichkeitsarbeit
Information der Mitglieder über politische Entwicklungen	Definition technischer Normen und Standards
Interessenvertretung gegenüber anderen Interessenorganisationen	Festlegung von Qualitäts- und Ausbildungsstandards
Interessenvertretung gegenüber Gewerkschaften bzw. Arbeitgebern	Repräsentation der Mitglieder in politischen Gremien und Anhörungen[1]
Statistiken und Brancheninformation	
Marktforschung	
Rechts- und Wirtschaftsberatung	
Zugang zu Beratungsfirmen	
Koordination von Forschung und Entwicklung	
Regelung des Marktzutritts	
Streitschlichtung zwischen Mitgliedern	
Lizenzierung und Zertifizierung	

[1] Die Repräsentation der Mitglieder wurde den kollektiven Anreizen zugeschlagen, weil durch sie auch Nicht-Mitglieder mit gleichen Interessen vertreten werden. Falls systematische Interessendivergenzen zwischen Nicht-Mitgliedern und Mitgliedern vorliegen, handelt es sich hier um ein selektives Gut.

Daraus ist zu schließen, dass die Entscheidung über Beitritt und Verbleib in einem Euroverband im Wesentlichen von allgemeinen Nützlichkeitsüberlegungen geleitet wird und nicht von der Art oder Zahl der spezifischen Leistungen abhängt, die er seinen Mitgliedern offeriert.

Justin Greenwood kommt aufgrund seiner Interviews zu einer noch radikaleren Schlussfolgerung: Die Leistungen eines Verbandes mögen noch so kritisch gesehen werden, „collective trade association is seen as a must" (Greenwood 2002a: 230). Der Beitrittentscheidung liegt keine explizite Kosten-Nutzen Kalkulation zugrunde, sie wird durch allgemeine Überlegungen motiviert: Kollektive Interessenvertretung ist Teil der politischen Realität und unentbehrlich für den Dialog mit den europäischen Institutionen. Eine einmal erworbene Mitgliedschaft ist ein Selbstläufer und wird selten in Frage gestellt (Greenwood 2002a: 242-249).

Die wissenschaftliche Forschung hat sich lange auf die Organisation der wirtschaftlichen und gewerkschaftlichen Akteure konzentriert und die Einseitigkeit der Interessenrepräsentation in der EU nur am Rande thematisiert.[25] Die Präsenz diffuser Interessen hat erst seit den 1980er Jahren deutlich zugenommen (siehe Schaubild 1). Allerdings sind sie – wie auch in den Mitgliedstaaten – durch weniger Gruppen repräsentiert als wirtschaftliche Interessen. Dieses Phänomen ist nicht nur auf die anfängliche Konzentration der europäischen Institutionen auf die Marktintegration zurückzuführen, sondern spiegelt auch die Spezialisierung, Arbeitsteilung und Konkurrenzsituation wirtschaftlicher Interessen wider. Deren Organisationsvielfalt reicht von Verbänden für einzelne Vor- und Zwischenprodukte bis zu den Branchen übergreifenden Zusammenschlüssen

---

25 Siehe aber Wallace/Young 1997; Pollack 1997; Greenwood/Aspinwall 1998; Eising 2001.

von Arbeitgebern und Produzenten. Innerhalb der diffusen Interessen ist diese Spezialisierung nicht so stark ausgeprägt. Nicht zuletzt ist ihre Organisationsfähigkeit nach Olsons Logik des kollektiven Handelns (1965) geringer als die spezifischer Wirtschaftsinteressen. Gegen die EU-weite Organisation gesellschaftlicher Gruppen sprechen auch das oftmals geringe Interesse an öffentlichen Gütern und die Ferne der europäischen Politik. Schließlich wurde ihre Gründung auch dadurch erschwert, dass sich in den Mitgliedstaaten viele öffentliche Interessengruppen erst in den 1960er und 1970er Jahren konstituiert haben (vgl. Sebaldt 1997 für die Bundesrepublik Deutschland).

Zusammenfassend kann man also feststellen, dass die institutionellen, wirtschaftlichen und gesellschaftlichen Kontextbedingungen sich wesentlich auf die Organisierung von Interessen auswirken. Während sich die unterschiedlichen Arten von Interessen in der ungleichen Präsenz von wirtschaftlichen und nicht-wirtschaftlichen Verbänden manifestieren, schlagen sich die materiellen Anreize der EU-Verbände nicht signifikant in ihrem Organisationsgrad nieder.[26] Die Konstituierung eines Euroverbandes ist eine Entscheidung unter Unsicherheit, die den Vorteil hat, keine allzu großen Investitionen zu erfordern. Bei Wirtschaftsverbänden sind die Kosten der Mitgliedschaft in Relation zum Einkommen der Mitglieder – gerade bei Großunternehmen – relativ begrenzt (vgl. Wilson 1973: 157). Gruppen zur Vertretung diffuser Interessen können häufig auf eine finanzielle Unterstützung der Kommission zurückgreifen. Die Zusammenlegung von Ressourcen in einem Euroverband erspart eigene Kosten für Informationsbeschaffung und Interessenvertretung und kann das eigene politische Gewicht stärken. Die potentiellen Kosten der Nicht-Mitgliedschaft sind dagegen unbekannt und können das Überleben der eigenen Organisation betreffen. Ein immer wieder vorgebrachtes Argument ist deshalb, dass die Mitgliedschaft in EU-Verbänden die Unsicherheit über EU-Politik und über Entwicklungen im eigenen Interessenbereich reduziert und dadurch den Charakter einer Versicherungsprämie hat (vgl. Jordan 1998: 48-49). Etliche Verbände orientieren sich auch am Verhalten anderer Verbände, vor allem an mit ihnen konkurrierenden Interessen, was zu den beobachteten Gründungswellen beiträgt.

3.2 Die Handlungsfähigkeit der Euroverbände: Forum, Akteur, Instrument

Handlungsfähigkeit, Aufgaben und Rollen der Euroverbände

Die Existenz zahlreicher Organisationen und der hohe Organisationsgrad der europäischen Verbände darf nicht mit großer Handlungsfähigkeit gleichgesetzt werden. Wir betrachten „Handlungsfähigkeit" als zweidimensionales Konzept, denn es geht zum einen um die Rolle, die ein Verband auszufüllen vermag, und zum anderen um die konkrete Aufgabenerfüllung. Ein Euroverband kann Akteur auf der europäischen Bühne und mit Autonomie gegenüber seinen Mitgliedern ausgestattet sein; er kann Forum zur

---

26 Hierbei muss einschränkend bemerkt werden, dass nur die Zahl und Art, nicht aber die Qualität der Anreize geprüft wurde.

Kommunikation und Interessenabstimmung seiner Mitglieder sein; er kann auch lediglich Instrument sein, das von einzelnen Mitgliedern oder auch staatlichen Akteuren eingesetzt wird. Diese Rollen schließen sich nicht gegenseitig aus: Ein Verband kann in einigen Sachfragen autonom agieren, während er in anderen nur ein Forum für seine Mitglieder bildet. Die Rolle, die ein Verband einnimmt, kann auch über die Zeit variieren. Zu seinen konkreten Aufgaben, denen je nach Rolle ein unterschiedliches Gewicht zukommt, gehört

- die Verarbeitung relevanter Information und ihre Weitergabe an die Mitglieder,
- die Eröffnung von Zugangskanälen zu europäischen Institutionen,
- die Bündelung von Interessen zu einer gemeinsamen Position,
- die Außendarstellung in der öffentlichen Meinungsbildung,
- die Vertretung gemeinsamer Interessen im europäischen Entscheidungsprozess
- und die Formulierung und Implementation europäischer Maßnahmen.

Generell werden EU-Verbände eher als Foren denn als autonome Akteure betrachtet. In den Anfangsjahren der Integration besaßen selbst die europäischen Wirtschaftsverbände kaum Akteursqualität. Es gelang ihnen nur dann, aussagekräftige Positionen zu formulieren und ihre Mitglieder darauf zu verpflichten, wenn deren Interessen konvergierten (Lindberg 1963: 99; Haas 1958: 320, 371; Caporaso 1974: 34). Auf etliche Wirtschaftsverbände trifft das immer noch zu. Es gelingt ihnen selten, im innerverbandlichen Abstimmungsprozess eine Führungsrolle zu übernehmen (Kohler-Koch 1992: 97; Greenwood/Webster 2000; Lahusen/Jauss 2001: 76). Eine Rolle als Instrument ist vor allem dann zu erwarten, wenn einzelne oder wenige Mitglieder eine dominante Stellung innerhalb des Verbandes einnehmen und ihn als Deckmantel für die Verfolgung eigener Interessen nutzen (vgl. Greenwood 2002b: 70-71).

Allerdings ist die Rolle der Euroverbände als Forum nicht zu unterschätzen. Als Foren tragen sie wesentlich dazu bei, dass ihre Mitglieder in ständiger Kommunikation miteinander stehen und ihre wechselseitigen Positionen kennen und auch respektieren lernen (vgl. Platzer 1984: 165; Cram 1998: 76). Der innerverbandliche Meinungsaustausch ist für die Mitglieder wichtig, weil er ihre Interessendefinition und ihre Strategien der Interessenvertretung beeinflussen kann (Eising/Jabko 2001). Neue Informationen über EU-Entscheidungsprozesse und über die Positionen anderer Akteure können solche Neubewertungen auslösen. Die Bedeutung dieses Meinungsaustausches ist umso größer, je mehr die EU-Verbände für ihre Mitglieder den zentralen Zugangskanal zu den EU-Institutionen und EU-Informationen bilden, was auf viele nationale Verbände immer noch zutrifft (vgl. Abschnitt 5.1).

Bedingungen der verbandlichen Handlungsfähigkeit

In empirischen Studien wurden verschiedene Bedingungen für einen Umschwung von der Rolle eines Forums zu der eines Akteurs identifiziert. Als wichtige Faktoren gelten der Wandel der Integration, die Art der Einbindung in die EU-Politik und die Handlungsfähigkeit der eigenen Mitglieder. Auch Unterschiede zwischen dem Typ der repräsentierten Interessen – diffus oder spezifisch – und im Bereich der Wirtschaft zwischen den Sektoren haben sich als bedeutsam erwiesen.

Die Ausweitung der gemeinschaftlichen Kompetenzen auf immer neue Handlungsfelder, vor allem der schwunghafte Ausbau der regulativen Politik und die Einrichtung weiterer Fonds, welche den *Umschwung von der negativen zur positiven Integration* zum Ausdruck bringen, gaben den Euroverbänden Auftrieb. Es kam nicht nur zu zahlreichen Neugründungen, sondern auch zu organisatorischen Umstellungen und einer deutlichen Ausweitung der europäischen Verbandsaktivitäten.[27] Daraus lässt sich allerdings nicht automatisch auf einen Autonomiegewinn des Euroverbandes schließen. Als UNICE zur Anpassung an das Binnenmarktprogramm der EG seine Kompetenzen auszubauen strebte, sprachen sich einige Mitgliedsverbände ganz dezidiert dagegen aus, ihre „nationale Selbständigkeit [...] so weit" beschneiden zu lassen, dass sie „nur noch als ‚Landesverbände einer unitarischen europäischen Industrie'" gelten würden (Platzer 1984: 126).[28] Ein Kompetenzgewinn der EU-Institutionen vergrößert demnach zwar die Aufgaben der Euroverbände, verschafft ihnen aber nicht unbedingt einen Autonomiegewinn.

Ein wichtiges Element zur Stärkung ihrer Handlungsfähigkeit ist die Einbeziehung der Interessenorganisationen in die EU-Entscheidungsverfahren. Gerade die *Delegation von Entscheidungs- und Umsetzungsbefugnissen* auf Verbände trägt nach landläufiger Auffassung wesentlich dazu bei, dass diese Organisationen ihre Fähigkeit steigern, gehaltvolle Positionen im Interesse ihrer Mitglieder zu formulieren und diese umgekehrt auf die Einhaltung der erzielten Ergebnisse zu verpflichten. Die Einführung des Sozialen Dialogs mit dem Maastrichter Unionsvertrag hat bekanntlich den europäischen Sozialpartnern solche Rechte in einigen Bereichen der europäischen Arbeitsbeziehungen verliehen.

Allerdings ist nicht eindeutig, inwieweit dies auch die Handlungsfähigkeit der beteiligten Sozialpartner UNICE, CEEP[29] und EGB gesteigert hat: Gerda Falkner identifiziert zwar eine Reihe von Ähnlichkeiten mit nationalen Praktiken, erwartet aber nicht, dass auf europäischer Ebene die klassischen makro-korporatistischen Praktiken reproduziert werden (1999: 91-96; vgl. Eichener/Voelzkow 1994: 15). Andrew Martin und George Ross (1999) betrachten die Konsequenzen für den Europäischen Gewerkschaftsbundes näher. Sie demonstrieren, dass die Kommission ihn bereits im Vorfeld der Verabschiedung des Sozialprotokolls finanziell unterstützte, um ihn organisatorisch

---

27 So führt z.B. Hans-Wolfgang Platzer (1984: 133-136) die starke Zunahme von UNICE-Stellungnahmen von der ersten bis zur zweiten Dekade der Integration vornehmlich auf den Umschlag von der negativen zur positiven Integration zurück.
28 Platzer zitiert aus einem Interview mit dem Bundesverband der deutschen Industrie.
29 Centre Européen des entreprises a participation publique et des entreprises d'intérêt économique général (Europäische Zentrale der öffentlichen Wirtschaft).

zu stärken, weil sie ihn als Koalitionspartner für die Expansion europäischer Sozialpolitik benötigte. Organisationsintern musste der EGB sich dann mit seinen Mitgliedern auf den Umfang seines Verhandlungsmandats in der Sozialpartnerschaft einigen, was schwierig war, weil seine beiden größten Mitglieder (Deutscher Gewerkschaftsbund, Trade Union Congress), auf nationaler Ebene selbst nicht über ein solches Mandat verfügen. Die Institutionalisierung seiner Verhandlungsrolle wertete den EGB nur in einem eng begrenzten Maße auf. Um ihre nationale Autonomie zu wahren und um Widerständen ihrer eigenen Mitglieder gerecht zu werden, bestanden etliche seiner Mitglieder auf fallweisen und eng überwachten Verhandlungsmandaten (Martin/Ross 1999: 339). Sie setzten damit seinen Bemühungen, auch über die Sozialpartnerschaft hinaus größere Autonomie zu erlangen, klare Grenzen. Dies unterstützt die generelle These, dass in dem Moment, in dem Interessengruppen zu einem bedeutenden Faktor der politischen Willensbildung werden, ihre eigene Integrationsfähigkeit unter Druck gerät (Lahusen/Jauß 2001: 21). Die Schwierigkeit, sich in sensitiven sozialen Fragen auf eine gemeinsame Linie zu einigen, dürfte in einer Union der 25 noch wachsen.

Die Delegation von Entscheidungs- und Umsetzungsrechten auf Euroverbände vergrößert also nicht zwangsläufig ihre Autonomie gegenüber ihren Mitgliedern. Sie dürfte aber zu ihrer weiteren Professionalisierung beitragen und so einen Effizienzvorsprung gegenüber nationalen Verbänden bringen. Der Einfluss des EGB auf die EU-Sozialpolitik ist durch seine Beteiligung im Sozialen Dialog zweifelsohne vergrößert worden. Allerdings war er immer wieder auf die Unterstützung der Kommission angewiesen (Martin/Ross 1999: 329-331), wenn es darum ging, sich in den Verhandlungen auf arbeitnehmerfreundliche Positionen zu einigen. Insofern ist er in hohem Maße abhängig von seiner Koalitionsfähigkeit mit staatlichen Akteuren. Betrachtet man die Gewerkschaftsbewegung insgesamt, ist überdies in Rechnung zu stellen, dass auf Brüsseler Ebene ihre Dachorganisation aufgewertet wurde, während die Dachorganisationen auf nationaler Ebene mehrheitlich schwach sind und die in der nationalen Politik starken Sektorgewerkschaften in der EU eine untergeordnete Rolle spielen (Martin/Ross 1999: 340-341).

Von Anfang an hob die integrationstheoretische Literatur hervor, dass die *Interessendomäne* der Verbände ausschlaggebend für ihre Handlungsfähigkeit ist. Eine größere *Spezifizität* der vertretenen Interessen erleichtert grundsätzlich die Formulierung kohärenter Interessen (Lindberg 1963: 100; vgl. Baltz *et al.*, in diesem Band). Aber selbst relativ eng gezogene Verbandsdomänen sind keine Garantie für *homogene* Mitgliederinteressen.³⁰ Dementsprechend fällt EU-Dachverbänden die Interessenvertretung besonders schwer, weil sie eine breite und heterogene Mitgliedschaft zu organisieren haben.³¹

Dies gilt um so mehr, als der Aufbau des EU-Verbandsgefüges sich von dem nationaler Verbandsgefüge unterscheidet: Während z.B. nationale Dachverbände der Industrie Branchenverbände vertreten, organisiert UNICE die nationalen Dachverbände, nicht aber die Euroverbände der einzelnen Branchen. Darunter leidet die Koordination zwischen EU-Branchenverbänden und EU-Dachverband, die nur über informelle Vereinbarungen oder außerordentliche Mitgliedschaftsbeziehungen erreicht werden kann.

Für den engen Zusammenhang zwischen der *Marktstruktur* und der Fähigkeit zum kollektiven Handeln kann exemplarisch die Pharmaindustrie herangezogen werden. Die Besonderheiten des Pharmamarktes liegt in der Segmentierung der Pharmaindustrie in „forschende" und „nicht-forschende" Unternehmen. Für die forschende Pharmaindustrie sind viele Faktoren erfüllt, welche die politische Kooperation der Firmen erleichtern: hohe Abhängigkeit des Unternehmenserfolges von staatlichen Maßnahmen (Preis- und Marktregulierung), ressourcenstarke Großunternehmen, begrenzte Konkurrenz, hoher Grad von Verflechtung und Kooperation, ähnliche Problemlagen (Kotzian 2003: 19-47; vgl. Feick, in diesem Band). So sind die enge europäische Zusammenarbeit und die relativ hohe politische Durchsetzungsfähigkeit der forschenden Pharmaindustrie leicht zu erklärende Tatbestände. Im europäischen Verband EFPIA³², in dem sowohl nationale Verbände als auch Unternehmen Mitglieder sind, dominieren die Interessen der forschenden Pharmaindustrie (Kotzian 2003: 117). EFPIA gilt als einflussreicher Verband, der nicht zuletzt von der langjährigen Zusammenarbeit zwischen nationalen Verwaltungen und den Industrieverbänden des Pharmasektors in einer Reihe westeuropäischer Staaten profitiert. Die Marktstruktur ist der entscheidende Faktor dafür, dass sich die auf wenige EU-Staaten konzentrierte forschende Pharmaindustrie nicht mit einer Anpassung an die gegebene Kompetenzverteilung zwischen der europäischen und der nationalen Ebene begnügt, sondern nachdrücklich auf eine weitere Vergemeinschaftung der Regulierungszuständigkeiten drängt (vgl. Feick in diesem Band zur Zulassung von Arzneimitteln). Sie verspricht sich davon, dass die EU-Niedrigpreisländer für Pharmaprodukte, in denen i.d.R. keine forschenden Unternehmen ansässig sind, zu einer Veränderung ihrer Preispolitik bewegt werden, weil diese Länder dann nicht mehr nur bilateral mit den Unternehmen verhandeln müssen, sondern in den multilateralen EU-Verhandlungen unter stärkeren Druck der Vertreter der Hochpreisländer geraten. Solange allerdings wesentliche Regulierungsbefugnisse auf nationaler Ebene verbleiben, ist

---

30 So zeigte Haas (1958: 331) am Beispiel des Kohlehandels und -verbrauchs auf, dass selbst in einem so eng begrenzten Sektor das kollektive Handeln unter strukturellen Interessenkonflikten zwischen Produzenten, Händlern und Verbrauchern leiden kann. Aus jüngerer Zeit bildet der Interessenkonflikt in der europäischen Automobilindustrie um die Altauto-Richtlinie ein weiteres Beispiel für konkurrierende Allianzen innerhalb einer Branche (Fleischer 2001; Kohler-Koch/Conzelmann/Knodt 2004: 242-248).
31 Zum Fall UNICE vgl. Platzer 1984: 165; zum Europäischen Umweltbüro vgl. Hey/Brendle 1994.
32 European Federation of Pharmaceutical Industries and Associations.

nicht zu erwarten, dass die Bemühungen der Pharmaindustrie um eine wirkungsvolle Präsenz in Brüssel zu Lasten der nationalen Verbände gehen wird (Kotzian 2003: 117-119, 138-139).

Der Zusammenhang zwischen den *organisatorischen Charakteristika* und der Handlungsfähigkeit der Euroverbände war immer wieder Gegenstand empirischer Untersuchungen. Konrad Schwaiger und Emil Kirchner (1981: 47-76) verglichen die Aktivitäten und die Organisation von 21 Euroverbänden, um daraus einen Index organisatorischer Entwicklung zu erstellen. Sie stellen vornehmlich auf die Fähigkeit ab, Ressourcen (Unterstützung, Expertise, Finanzen, Personal) von den Mitgliedern zu mobilisieren. Sie setzen die verbandlichen Mittel in Bezug zu den verbandlichen Aufgaben und verweisen damit auf die Bedeutung verbandlicher Spezialisierung und Arbeitsteilung, die impliziert, dass es nicht die eine optimale Organisation der Interessenvertretung gibt. Mit einer etwas anderen Methodik prüft Justin Greenwood, wie sich 28 Organisationsmerkmale und Eigenschaften der Mitglieder auf die Fähigkeit von EU-Wirtschaftsverbänden auswirken, die Interessen ihrer Mitglieder zu vereinheitlichen und für deren Befolgung verbandlicher Ziele zu sorgen (Greenwood 2002b: 30). Wie bereits Haas, so hebt auch Greenwood die Spezifizität der Interessendomäne und die verbandliche Autonomie von den Mitgliedern hervor (Greenwood 2002b: 100). In der Logik von Haas lässt sich aus dem dritten von Greenwood besonders positiv hervor gehobenen Faktor – sektorielle Überkapazitäten – der Wunsch der Mitglieder ableiten, das eigene Überleben durch die Regulierung des Marktes zu sichern.

Insgesamt ist die Handlungsfähigkeit der Euroverbände nicht einheitlich zu beurteilen. Auf der einen Seite stehen die europäischen „Verbands-Verbände", die als Dach- oder Branchenverbände lediglich die Rolle von Foren zur Abklärung von Interessenpositionen übernehmen können. Sie dienen eher als runde Tische und treten kaum einmal selbst als Akteure auf. Auf der anderen Seite erweisen sich Euroverbände mit einem engeren Zuschnitt ihrer Verbandsdomäne aufgrund ihrer homogeneren Interessen als handlungsfähiger. In ihrem Fall sind Marktstrukturen und die Übertragung von Regelungsbefugnissen wichtig für die Entwicklung von Handlungsautonomie. In oligopolistisch strukturierten Märkten sind die Unternehmen wenig bereit, einem Verband Handlungsautonomie zuzugestehen und sichern sich genügend Handlungsspielraum, der ihnen *ad hoc* Koalitionen oder auch Alleingänge erlaubt. Daneben darf jedoch nicht übersehen werden, dass Euroverbände eine wichtige Funktion bei der Beschaffung und Verarbeitung von Informationen übernehmen und ein zentraler Zugangskanal für nationale Verbände und Unternehmen sind.

Die Einbindung in die Prozesse der europäischen Willensbildung ist zwar kein ausschließliches Privileg der Euroverbände, sie fördert aber ihre Stellung als Informationsmakler und hat über die Jahre zu einer beachtlichen Professionalisierung beigetragen. Ihre Fähigkeit zur Berücksichtigung und Bündelung eines breiten Spektrums von Mitgliederinteressen und zur Vermittlung konfligierender Interessen gewährt ihnen einen Wettbewerbsvorteil gegenüber den in Brüssel aktiven nationalen Verbänden. Organisatorische Charakteristika scheinen dagegen kaum Rückschlüsse auf Unterschiede in der Handlungsfähigkeit der Euroverbände zuzulassen.[33]

3.3 Die Mobilisierung sozialer Bewegungen

Während die Analyse der verbandlichen und unternehmerischen Handlungsfähigkeit in der EU also lange Tradition ist, gilt das nicht für das Studium von sozialen Bewegungen. Europäische Politik war zwar immer schon von Protesten begleitet, man denke nur an die wiederkehrenden Demonstrationen von Bauern in Brüssel. Eine europäische Protestbewegung, die nicht von einzelnen Berufsgruppen getragen wird und sich nicht an bestimmten Politikmaßnahmen entzündet, ist dagegen ein Phänomen der jüngsten Zeit. Nachdem in den vergangenen drei Dekaden die Zahl politischer Proteste in den meisten westeuropäischen Staaten zugenommen hat, wird nun auch die EU zum Gegenstand eines allgemeinen gesellschaftlichen Unmuts, wie er sich anlässlich von Gipfeltreffen des Europäischen Rates und beim Treffen des Europäischen Sozialforums (November 2002 in Florenz) geäußert hat (Della Porta 2003). Die Beschreibung solch spektakulärer Ereignisse lässt aber keine Rückschlüsse darüber zu, ob und in welchem Ausmaß es bereits zu einer Europäisierung des sozialen Protestes und zur Formierung transnationaler sozialer Bewegungen gekommen ist (vgl. Rucht 2002: 174). Inzwischen liegen einige systematische Untersuchungen vor (vgl. Balme et al. 2002; Imig/Tarrow 2001a), die von unserem theoretischen Wissen zu nationalen sozialen Bewegungen ausgehen und unter Verwendung ähnlicher quantitativer Methoden und Daten auch zu ähnlichen Ergebnissen gelangen.

Doug Imig und Sid Tarrow haben 9872 Berichte des Reuters Nachrichtendienst über politischen Protest von 1984 bis 1997 in 12 EU-Staaten ausgewertet (2003:133, 137-142) und fanden nur einen geringen Anteil von Protesten mit EU-Bezug: knapp 5% aller Proteste fallen in diese Kategorie, während 95% sich auf regionale oder nationale Politik beziehen. Der Anteil der EU-Proteste ist also gering, stieg aber nach ihrer Darstellung in den letzten drei Untersuchungsjahren an. In ca. 83% der EU-Proteste wenden sich Akteure innerhalb eines Mitgliedstaates gegen die EU-Politik. In nur ca. 17% der EU-Proteste arbeiten Akteure aus verschiedenen Mitgliedstaaten zusammen. Mehr als vier Fünftel der Proteste gegen die EU oder ihre Politik werden von Berufsgruppen organisiert. Dies ist ein deutlicher Unterschied zu Protesten gegen nationale Institutionen oder Maßnahmen, denn diese werden mehrheitlich von nicht-beruflichen Gruppen organisiert. Diejenigen Berufsgruppen, die gegen die EU ins Feld ziehen, sind in hohem Maße von der Marktliberalisierung oder -regulierung betroffen und können auch auf nationaler Ebene auf eine Tradition politischen Protests verweisen – v.a. Landwirte, aber auch Fischer sowie Bau- und Bergarbeiter. Die meisten dieser Proteste zeugen al-

---

33 Dies gilt bereits für die Studie von Ernst Haas (1958: 324-339), der aufgrund seiner Daten zu dem Schluss kommt, dass die Sektorstruktur und Interessenkonstellation der Mitglieder die Bedeutung organisatorischer Merkmale des Verbandes in den Hintergrund treten lassen.

lerdings nicht von grenzüberschreitender Solidarität, sondern sind Ausdruck wirtschaftlicher Konkurrenz. Der durchschnittliche Konfrontationsgrad der EU-Proteste unterscheidet sich kaum von dem der rein nationalen Proteste, Proteste gegen die EU sind allerdings nicht so oft gewalttätig wie jene gegen die Mitgliedstaaten.

Andere Studien zum Protest gelangen zu ähnlichen Resultaten, was die relative Zahl von Protesten gegen die EU angeht, zeigen aber auch einige Unterschiede auf. Uwe Reisings (1996) Untersuchung politischer Proteste gegen die EU in Belgien, Deutschland und Frankreich von 1980 bis 1995 verdeutlicht, dass eine länderspezifische Disaggregation der Analyse sinnvoll ist. Seine Daten zeigen, dass die Mehrzahl der Proteste in Frankreich statt fand (699 Proteste), während in Belgien weniger häufig (454) und in Deutschland vergleichsweise selten (95) gegen die EU protestiert wurde. Seiner Analyse nach gibt es auch keinen länderübergreifenden Trend. Während die Zahl der Proteste in Belgien in den Phasen von 1980 bis 1987 und von 1988 bis 1995 fast konstant war (Rückgang von 229 auf 225), nahm sie vor allem in Frankreich (von 155 auf 544), aber auch in Deutschland deutlich zu (von 29 auf 66). Es ist auffällig, dass in Frankreich ein großer Teil der Proteste in die Periode der Kontroversen um das Referendum zur Umsetzung des Maastrichter Vertrages von 1992-1993 fällt. Zwei auf Umweltproteste konzentrierte Untersuchungen zeigen ebenfalls, dass der Anteil der EU-Proteste an der Gesamtzahl der Proteste in den betrachteten Mitgliedstaaten gering ist.[34] Wie Reising findet keine dieser beiden Studien einen Trend zu einem höheren Anteil von EU-Protesten. Dieter Rucht konstatiert deshalb, die Europäisierung von Protesten sei nichts weiter als ein Mythos (2002: 185).

Somit drängt sich die Frage auf, welche Faktoren dafür verantwortlich zu machen sind, dass Proteste weitgehend auf nationaler oder regionaler Ebene verbleiben (vgl. Rucht 2002: 186-188; Imig/Tarrow 2001c: 47-48). Ein häufig angeführter Grund ist die faktische *Machtverteilung in der europäischen Politik*.[35] Trotz vertraglich vorgesehener Mehrheitsentscheidungen wird im Rat immer noch nach dem Konsensprinzip verfahren und damit haben die nationalen Regierungen weiterhin entscheidenden Einfluss auf die Formulierung europäischer Politik. Zudem sind sie hauptverantwortlich für die Implementation der EU-Richtlinien, sodass sie als primäre Ansprechpartner für soziale Bewegungen gelten. Dagegen gibt es allerdings zwei Einwände. Erstens hat der fortgesetzte Einfluss nationaler Regierungen die den sozialen Bewegungen nahe stehenden Organisationen nicht daran gehindert, sich auf europäischer Ebene zu etablieren. Zweitens ist damit nicht zu erklären, dass diese Organisationen zwar intensive Lobbyarbeit betreiben, aber kaum Proteste mobilisieren, um Einfluss auf europäische Politik zu nehmen.

Auch der Verweis auf die *Komplexität des EU-Institutionengefüges* mit nur schwer lokalisierbaren Verantwortlichkeiten ist nicht recht überzeugend. Politischer Protest zielt auf Öffentlichkeit, d.h. politische Korrekturen sollen nicht durch die direkte An-

---

34 Vgl. Rootes 2002; Rucht 2002.
35 Vgl. z.B. Rucht (2002: 186) und die dort angegebene Literatur.

sprache der zuständigen Akteure, sondern über einen Wandel der öffentlichen Meinung herbeigeführt werden. Genau dieser Mechanismus ist aber in der EU unterentwickelt, und wir haben es hier mit einer *systemischen Bedingung* zu tun, die nicht unterschätzt werden darf. Die so wichtige Unterstützung durch die Öffentlichkeit und die Medien (vgl. Wilson 1973: 287-289) wird durch nationale Kommunikationsgrenzen behindert (Gerhards 1993; Kielmansegg 1996/2003). Die Medien thematisieren zwar inzwischen europäisches Geschehen (Trenz 2002) und es zeigt sich eine gewisse Konvergenz in der Wahl der Themen und der Deutungsrahmen (Medrano 2003), aber die politischen Diskurse sind noch vorwiegend national strukturiert (Steeg 2003), sodass Proteste sich national entzünden und auch wenig zur grenzüberschreitenden politischen Meinungsbildung beitragen.

Wirklich entscheidend ist aus unserer Sicht damit die Verklammerung von politischer Öffentlichkeit und demokratischer Verantwortlichkeit. Nur in den nationalen politischen Systemen kann ein politischer Meinungsumschwung über Wahlen direkte Auswirkungen auf die politisch Verantwortlichen haben (vgl. della Porta 2003: 11). Diese Sanktion greift nicht im EU-System. Es gibt zwar Europawahlen, aber sie ändern weder die Zusammensetzung der Kommission noch die des Rates. Die Kommissare, die Ratsmitglieder und die Mitglieder des EP sind nach wie vor national rückgebunden und damit empfindlich für Proteste auf nationaler Ebene. Nur wenn Proteste gegen die EU national zurückstrahlen, ist eine vergleichbare Wirkung zu erwarten. Dieser Kalkulation entsprechend konzentriert sich der europäische Protest auf die Gipfeltreffen der Staats- und Regierungschefs der EU. Einige der Massenproteste seit Beginn des neuen Millenniums zeigen allerdings eine neue Qualität. Sie wenden sich gleicher Maßen an die nationalen Akteure und gegen die heimische Politik wie an die europäischen Institutionen und gegen deren „neo-liberale" Ausrichtung. Sie werden von einer „Bewegung von Bewegungen" (della Porta 2003: 28) getragen, die locker, aber doch wirkungsvoll vernetzt sind und sich in ihrer anti-kapitalistischen und EU-kritischen Haltung einig sind. Darüber hinaus ist in einigen Bereichen wie beispielsweise dem der inneren Sicherheit zu verfolgen, dass sich kritische Öffentlichkeiten entwickeln, die zunächst in ihrem spezifischen Sektor die nationalen Grenzen überwinden und dann in einer breiteren Öffentlichkeit Resonanz finden (Eder *et al.* 1998; Eder/Kantner 2000; Trenz 2002).

Auch der für die EU typische *Entscheidungsstil* ist protestfeindlich. Die ausgeprägte Konsensorientierung und der sachliche Verhandlungsstil begünstigen die stille und auf Expertenwissen gestützte Einflussnahme (z.B. Bouwen, in diesem Band). Demzufolge agieren soziale Bewegungen in Brüssel vornehmlich durch ihre Interessenorganisationen und suchen Zugang zu den Verhandlungen (vgl. Marks/McAdam 1996) oder wählen den Rechtsweg (vgl. Mazey 2002 zur Frauenbewegung). Proteste sind oft nur die letzte Zuflucht, wenn alle anderen Mittel der Einflussnahme nichts bewirkt haben; sie werden gezielt eingesetzt, um sie als Instrument nicht zu entwerten.

Schließlich werden einige der spezifischen *Eigenschaften von sozialen Bewegungen* gegen europäische Protestaktivitäten ins Feld geführt. Die meisten sozialen Bewegungen haben relativ geringe Ressourcen, die es ihnen erschweren, außerhalb ihres angestammtes Umfeldes zu agieren. Die Organisation von Massenprotesten in Brüssel wie auch die Koordination gleichzeitiger Proteste in mehreren Mitgliedstaaten bringen hohe Transaktionskosten mit sich, und ihre politische Wirkung hängt stark von der Zahl der Teilnehmer ab. Wenn nur eine geringe Zahl von Teilnehmern mobilisiert werden kann, „kann es also weiser sein, zu Hause zu protestieren oder andere Taktiken zu nutzen" (Rucht 2002: 187). Außerdem werden soziale Bewegungen durch die gemeinsamen Werte und Weltanschauungen ihrer Mitglieder geeint (vgl. Offe 1995) und sind in sozialen Netzwerke verankert (vgl. della Porta 2003). Damit sind sie stark in den nationalen Gesellschaften verwurzelt.

Insofern überrascht es nicht, dass die Proteste immer noch in den Mitgliedstaaten stattfinden und sich an nationale Akteure wenden, auch wenn europäische Politik den Anlass liefert (vgl. Imig/Tarrow 2003: 142). Die Organisation politischer Verantwortlichkeit im europäischen Mehrebenensystem, die Grenzen der europäischen Öffentlichkeit, die Besonderheiten des EU-Entscheidungsstils und ihre Einbettung in nationale Kontexte führen dazu, dass soziale Bewegungen in Sachen EU seltener auf Proteste als Mittel der politischen Partizipation zurückgreifen als in den Mitgliedstaaten. Dennoch müssen die Proteste gegen die EU nicht von geringer Bedeutung sein. Sid Tarrow (2001: 243-249) und Donatella della Porta (2003: 18) erachten die Entstehung europäischer Politiknetzwerke und die Proteste von sozialen Bewegungen gegen die EU als wichtige Komponenten in der Entstehung einer europäischen Öffentlichkeit, die zur politischen Integration in der Union beitragen, gerade weil sie nicht mit einem „permissiven Konsens" (Lindberg/Scheingold 1970) oder mit genereller politischer Unterstützung gleich zu setzen sind, sondern eine kontroverse gesellschaftliche Diskussion über die europäische Integration befördern.

4 Werte, Konfliktlinien und Muster europäischer Interessenvermittlung

4.1 Interessen, Werte und Konfliktlinien

Das Studium sozialer Bewegungen und politischer Proteste verweist bereits darauf, dass nicht mehr nur die reine Interessenverfolgung im Mittelpunkt der Analysen steht, sondern auch wertrationales Handeln größere Aufmerksamkeit erfährt. In dieser Hinsicht hat die schlichte Unterscheidung von privaten und öffentlichen Interessen und die entsprechende Zuordnung von kalkulierbarem Eigennutz und Gemeinwohlorientierung zwar auch in der europäischen Politik einen hohen Plausibilitätswert, aber wie in den nationalen Interessensystemen ist die Wirklichkeit komplexer. Selbst in den frühen Zeiten der europäischen Marktintegration ging es nicht immer nur um partikulare Interessen, sondern auch um ordnungspolitische Weichenstellungen. Zum einen gilt nach wie vor, dass die unmittelbaren Vor- und Nachteile einer EG-Maßnahme positive und negative Erwartungen von Interessengruppen prägen.[36] Zahlreiche Studien haben unterstrichen, dass die Interessen von Firmen und Wirtschaftsverbänden an diesen Maßnahmen in hohem Maße durch national-sektorielle Strukturen und außenwirtschaftliche Verflechtungen geprägt werden (vgl. Camerra-Rowe 1994; Moravscik 1998; Platzer 1984). Zum anderen sind aber bei vielen ordnungspolitischen Grundsatzentscheidungen – wie etwa Öffnung einer Branche für den europäischen Wettbewerb – die langfristigen Auswirkungen auf die eigene Wettbewerbslage nicht mit Eindeutigkeit vorherzusehen. Wirtschaftspolitische Leitideen wie Liberalisierung und Deregulierung, welche grundsätzliche Einschätzungen über Wirkungsmechanismen und die normative Angemessenheit einer Politik beinhalten, werden dann zu wichtigen Orientierungsgrößen. Darüber hinaus haben Wirtschaftsakteure auch zu rein politischen Integrationsentscheidungen Stellung genommen und beispielsweise die einzelnen Etappen der EU-Erweiterung unter nicht-ökonomischen Gesichtspunkten bewertet. So lässt sich als These formulieren, dass mit einer Entwicklung der EU zu einem vollwertigen politischen System Interessenvertreter aller *Couleur* in einen stärker normativ orientierten Diskurs integriert werden, bei dem es nicht nur um die Effizienz und Vorteilhaftigkeit, sondern auch um die Angemessenheit und Legitimität einer Maßnahme geht.

Im Gegensatz zu den Wirtschaftsverbänden wird von Gewerkschaften durchaus erwartet, dass sie neben partikularen Interessen auch gemeinsame Werte verfolgen (vgl. Haas 1958: 387). In den Zeiten, in denen sie sich auf europäischer Ebene in sozialistischen, kommunistischen und christlichen Richtungsgewerkschaften organisiert hatten, war die ideelle Ausrichtung augenfällig. Aber auch nach dem Zusammenschluss zu einem parteipolitisch übergreifenden Verband (EGB) ist ihre gleichzeitige Ausrichtung auf Nutzen und Werte offenkundig. Bereits die Tatsache, dass sie die soziale Frage zu ihrer zentralen Aufgabe gemacht haben, ist Ausdruck einer bestimmten Werthaltung und ihrer Verankerung im Konflikt zwischen Kapital und Arbeit. Allerdings tragen ihre gemeinsamen Werte und ihr gemeinsames Interesse am Ausbau des Wohlfahrtsstaates auf europäischer Ebene kaum zur Kohäsion und Überwindung nationaler Interessenkonflikte bei. Das Bekenntnis zur „grenzenlosen Solidarität" der Arbeiterbewegung wird immer wieder durch nationale Alleingänge in Frage gestellt, bei denen sektorspezifische Koalitionen zwischen Arbeitgebern und Gewerkschaften geschlossen werden (vgl. Ebbinghaus/Visser 1994: 233-234). Dies zeigte sich in der Gründungsphase der EGKS (siehe Haas 1958: Kap. 6) ebenso wie bei zahlreichen wirtschafts- und sozialpolitischen Initiativen der Gegenwart. Wettbewerbsinteressen der eigenen Industrie und Machtkämpfe zwischen den Gewerkschaften behindern auch heute noch die europäische Handlungsfähigkeit der Gewerkschaften (z.B. Branch 2002: 304). Auch die Initiativen zur Stärkung der sozialen Dimension in der EU und zur Aufwertung der gewerkschaftlichen Interessenvertretung im Sozialen Dialog haben nicht die Gewerkschaftsverbände initiiert, sondern wurden von der Kommission an sie herangetragen.

---

36   Eindrücklich hierzu bereits Haas 1958: 186, 353.

Viele EU-Studien unterscheiden sich darin, ob sie die *Handlungsmotive der Akteure* als *interessengeleitet* oder als *wertgebunden* betrachten. Dies ist nicht nur eine empirische Frage, sondern reflektiert unterschiedliche theoretische Konzeptionen europäischer Entscheidungsprozesse. Die erste Sichtweise hat eine lange Tradition in der EU-Forschung und ist vor allem in jenen Studien präsent, die die EU als Regulierungsstaat konzeptualisieren (vgl. Majone 1996). In diesem Band verleiht Pieter Bouwen der Auffassung Ausdruck, dass politische Prozesse in der EU sich vornehmlich als Verfolgung von *Eigeninteressen* und als *Tausch* von knappen Ressourcen charakterisieren lassen. Nach dem Diktum von Giandomenico Majone (1989: 163), dass das Angebot an europäischer Regulierung eine eigene Nachfrage nach Expertise generiert, befriedigen die EU-Institutionen ihren Informationsbedarf u.a. durch die Konsultation von Interessenorganisationen (Eising/Kohler-Koch 1994: 192-193). Auch die Einbindung von Verbänden in die Implementation europäischer Politik soll ihnen Steuerungsressourcen verschaffen, die sie nicht intern erzeugen können (vgl. Averyt 1975: 959). Damit genießen jene Organisationen den besten Zugang zu den EU-Institutionen – und wohl auch den stärksten Einfluss auf EU-Maßnahmen –, welche die am stärksten nachgefragten und knappsten Ressourcen besitzen. Pieter Bouwen (in diesem Band) hebt in dieser Hinsicht das Wissen von Verbänden um die Interessen und die Betroffenheit ihrer Mitglieder und das Wissen von Firmen um marktliche und technische Entwicklungen hervor.

Diana Schuman, Nils Bandelow und Ulrich Widmaier heben in ihrem Beitrag hervor, dass die Ressourcenabhängigkeit der europäischen Institutionen – insbesondere der Kommission – nicht nur eine Frage der Expertise, sondern auch der rechtlichen Kompetenzen und formalen Entscheidungsbefugnisse ist. Je größer ihre Befugnis zur autonomen und rechtlich bindenden Entscheidung, desto weniger seien sie auf die Zusammenarbeit mit gesellschaftlichen Akteuren angewiesen. Darüber hinaus gehen die Autoren der interessanten Frage nach, ob die Kommission große formale Befugnisse in einem Politikfeld – z.B. der Wettbewerbspolitik – dazu nutzt, um gesellschaftliche Akteure zu Zugeständnissen in einem anderen Politikfeld zu bewegen, in dem sie über geringere Kompetenzen verfügt.

In diesen Analysen steht das Zusammenspiel von staatlichen und privaten Akteuren, die jenseits der breiten Öffentlichkeit ihre Interessen verfolgen, im Mittelpunkt. Das Tauschgut ist Expertise, denn die EU-Institutionen sind i.d.R. um einvernehmliche Regelungen bemüht und bestrebt, ihre eigene Position mit guten Argumenten als allgemein vorteilhaft darzustellen (Hayes-Renshaw/Wallace 1997; Katzenstein 1997; Kohler-Koch 1999; Grande 2000). Bleibt es bei unvereinbaren Positionen, so ist der naheliegende Ausweg, dass die entsprechenden Dossiers abgespeckt, vertagt oder ganz von der Tagesordnung genommen werden. Blockaden können aber auch durch Koppelgeschäfte, Ausgleichszahlungen oder Kompensationen über Zeit überwunden werden (vgl. allgemein Scharpf 1997). Die Orientierung an fachlichen Kriterien, die Differenzierung und Sequenzialisierung von Entscheidungsprozessen sowie Lernprozesse der Beteiligten können ebenfalls zu Problemlösungen führen, die nicht unbedingt den kleinsten gemeinsamen Nenner repräsentieren (Benz 1998; Eising 2000).

In jüngeren Jahren nimmt die Zahl der Analysen zu, welche diese Begrenzung europäischer Politik auf durch Interessen geprägte *Tauschgeschäfte als problematische Engführung* einstufen. Erstens hat die bereits präsentierte Forschung über soziale Bewegungen die stärkere Politisierung europäischer Maßnahmen aufgezeigt. Zweitens wird die EU inzwischen als politischer Raum gesehen, der durch grundlegende Konfliktlinien strukturiert wird. Drittens wird die Bedeutung von Werten in europäischen Politiknetzwerken stärker in den Blick genommen. Die zunehmende Politisierung der EU ist an der lebhaften Diskussion über die Legitimität europäischen Regierens und an den ersten Manifestationen politischen Protestes abzulesen. Auch wenn die Annahme plausibel ist, dass diese Politisierung auch auf die Interessenvermittlung bei konkreten Regulierungsmaßnahmen übergreift, können hierzu bisher nur vorsichtige Aussagen getroffen werden. Es gibt nur wenige empirische Studien, die Aufschluss über die Art und Intensität der Verknüpfung beider Bereiche geben können.

Ein erster Schritt ist die Analyse der *politischen Konfliktlinien* im europäischen politischen Raum. Die Frage nach der Übertragbarkeit der in den EU-Mitgliedstaaten dominanten Konfliktlinien – wie jene zwischen linker und rechter Politik – auf die Dimensionen des politischen Raumes der EU hat unterschiedliche Antworten gefunden. Untersucht wurde beispielsweise, in welchem Verhältnis die „Links-Rechts"-Achse, die Achse „Alte Politik-Neue Politik" und die Achse „Integration-Autonomie" zueinander stehen (vgl. Steenbergen/Marks 2002). Nach den vorliegenden empirischen Ergebnissen ist der politische Raum der EU durch die Konfliktlinie „EU-Integration-nationale Autonomie" und den durch die „Links-Rechts"-Achse ausgedrückten sozio-ökonomischen Widerspruch zweidimensional strukturiert. Dabei sind diese Dimensionen offensichtlich nicht unabhängig voneinander, sondern die Links-Rechts Achse überlagert teilweise die europäisch-nationale Achse (vgl. Gabel/Anderson 2002).

Dieser zweidimensionale politische Raum gibt breite politische Meinung wieder und wurde methodisch aus EUROBAROMETER-Befragungen der Bürger in den Mitgliedstaaten gewonnen. Die Frage ist nun, ob aus den Verteilungen dieser Einstellungen überhaupt auf politische Konfliktlinien geschlossen werden kann, die in der europäischen Interessenpolitik von Bedeutung sind. Die Tatsache, dass soziale Bewegungen ihren Protest gegen die EU vornehmlich in den Mitgliedstaaten zum Ausdruck bringen, hat beispielsweise Doug Imig und Sid Tarrow zu der Aussage veranlasst, die politischen Prozesse auf EU-Ebene seien von jenen auf der nationalen Ebene weitgehend abgekoppelt. Sie leiten daraus äußerst negative Konsequenzen für die Rolle diffuser europäischer Interessenorganisationen als intermediäre Instanzen ab: „the differentiation between contentious politics at the periphery and lobbying and expertise at the center will isolate Brussels-based public interest groups from those they claim to serve (...) their disarticulation from domestic political struggle is unlikely to advance the formation of European collective actors" (Imig/Tarrow 2001b: 21).

Auf der Grundlage anderer Studien kann man diese Abkopplungsthese in Frage stellen (Balme et al. 2002). In dem hier vorliegenden Band vertreten Jan Beyers und Bart Kerremans die Ansicht, dass die europäischen *Politiknetzwerke* zunehmend *wertgebunden* sind. Ihrer Ansicht nach werden immer mehr Akteure – wie Parteien oder soziale Bewegungen – in die EU-Politik involviert, die starke normative Orientierungen haben, welche sich eben nicht auf materielle Interessen reduzieren lassen. Sie werfen den Analysen regulativer Politik deshalb vor, das „Politische" in der EU-Politik außer acht zu lassen und dem Druck von Wählern, Koalitionspartnern und Medien zu wenig Beachtung zu schenken. Sie entwerfen das Gegenbild einer politisch geteilten EU, in der politische Makler auf der Führungsebene der EU-Institutionen – wie die Mitglieder des Europäischen Parlaments, des Rates oder die Kommissare und ihre Kabinette – zwischen gegnerischen Blöcken zu vermitteln suchen. Als gegnerische Koalitionen identifizieren sie die Repräsentanten von sozialen und Umweltinteressen auf der einen Seite und von wirtschaftlichen Interessen auf der anderen Seite. Ihrer Ansicht nach weisen diese Blöcke fundamental unterschiedliche ideologische Sichtweisen auf, zwischen denen die staatlichen Akteure vermitteln müssen, weil es kaum einmal einen direkten Informationsaustausch zwischen den Blöcken gebe. Gerade die Sozial- und Umweltgruppen lieferten nicht nur technische Expertise, sondern beanspruchten auch, große Teile der Gesellschaft zu vertreten und damit dem EU-Prozess eine stärkere Legitimität verleihen zu können. Ihre Fähigkeit zur öffentlichen Politisierung sei von erheblicher Bedeutung für die Funktion der EU-Politiknetzwerke als Kanäle, durch die wertgebundene Debatten fließen und in denen öffentliche Belange präsentiert werden.

Neben der Kommission leistet seit einigen Jahren der Wirtschafts- und Sozialausschuss (WSA) einen wesentlichen Beitrag zur Politisierung des europäischen Willensbildungsprozesses und trägt durch die gezielte Einbindung der „organisierten Zivilgesellschaft" aktiv zur vertikalen wie horizontalen Vernetzung der Interessen bei. Der WSA hat dabei schrittweise einen Wandel in seinem Selbstverständnis vollzogen und versteht sich zunehmend als Mediator und Förderer der europäischen Zivilgesellschaft (WSA 2000 und 2003).

Insgesamt ist unser Wissen um diesen Aspekt der europäischen Interessenvermittlung begrenzt. Dies hat mehrere Gründe: Zum einen haben die meisten Studien die Interessen der Akteure in den Mittelpunkt gestellt. Zum anderen sind diejenigen Akteure, denen üblicherweise eine stärkere Wertorientierung attestiert wird, nämlich die Vertreter allgemeiner Interessen, erst spät auf europäischer Ebene aktiv geworden. Auch sind die kausalen Verknüpfungen zwischen den Einstellungen der Unionsbürger und den EU-Entscheidungsprozessen nicht klar. Schließlich fällt es in empirischen Studien oft schwer, Akteuren eigennütziges oder wertorientiertes Verhalten zuzuschreiben, nicht nur weil sie ihre Interessen häufig mit sachlichen und gemeinwohlorientierten Argumenten verfolgen (vgl. Vobruba 1992), sondern auch weil beides manchmal schwer zu trennen ist: Beispielsweise kann der erfolgreiche Einsatz der Frauenbewegung für die Verankerung einer europäischen Gleichstellungspolitik in Form des *gender mainstrea-*

ming im Amsterdamer Vertrag (Helfferich/Kolb 2001) als Ausdruck sozialer Gerechtigkeitserwägungen oder auch als Verfolgung materieller Vorteile für die eigene Klientel interpretiert werden.

4.2 Die Muster der europäischen Interessenvermittlung

Die Suche nach typischen *Mustern der europäischen Interessenvermittlung* orientiert sich an den theoretischen Vorgaben der vergleichenden Politikforschung. Die Typologie – Pluralismus, Korporatismus, Etatismus, Netzwerke – baut zwar im wesentlichen auf Unterschieden in der Akteurskonstellation und Entscheidungsorganisation auf, enthält implizit aber auch Aussagen über die handlungsleitenden Interessen und Wertvorstellungen. Der Pluralismus hebt die Verfolgung kurzfristiger Eigeninteressen hervor. Der Neokorporatismus betont langfristige Eigeninteressen und die Verteilungsgerechtigkeit zwischen den Verhandlungspartnern. Der Etatismus rückt *das* nationale Interesse bzw. *das* Unionsinteresse staatlicher Akteure in den Mittelpunkt. Die Netzwerkanalyse stellt die Eigeninteressen von Akteuren in den Kontext von Verhandlungen um funktionale Problemlösungen.

Die Pionierstudie von William Averyt in der Mitte der 1970er Jahre hat zunächst das von Joseph LaPalombara anhand Italiens entwickelte *clientela*-Konzept für die europäische Integration fruchtbar zu machen gesucht. Dies ist deswegen einsichtig, weil das Konzept die Beziehungen zwischen der (europäischen) Bürokratie und Interessenorganisationen in den Mittelpunkt der Aufmerksamkeit rückt. *Clientela*-Beziehungen sind dauerhaft, formalisiert und stärken die Positionen beider Seiten. Eine *clientela*-Beziehung bildet sich dann, wenn „an interest group ... succeeds in becoming, in the eyes of a given administrative agency, the natural expression and representative of a given social sector which, in turn, constitutes the natural target or reference point for the activity of the administrative agency" (La Palombara 1964: 262, zitiert nach Averyt 1975: 956).

Averyt kam in seiner Studie des Agrarsektors, der aufgrund der europäischen Regulierungsintensität und der herausgehobenen Rolle COPAs[37] unter den europäischen Verbänden der 1970er Jahre durchaus als „most likely case" (Eckstein 1992) für die Herausbildung solcher Beziehungen angesehen werden kann, zum Ergebnis, dass *clientela*-Beziehungen auf europäischer Ebene nicht ausfindig zu machen seien. Erstens erfolgten die wichtigsten Kontakte zwischen europäischen Institutionen und Interessenorganisationen nicht in den formalen Kanälen des Ausschusswesens sondern seien informeller Natur (1975: 964). Zweitens sei selbst COPA, der organisatorisch stark entwickelte Verband der europäischen Agrarwirtschaft, von den für den Sektor zentralen Preisverhandlungen ausgeschlossen und diese verliefen nicht immer zu seinem Vorteil. Drittens konsultiere die Kommission Interessengruppen durchaus selektiv. Schließlich sei sie anders als viele nationale Landwirtschaftsministerien, die mehr oder weniger

---

37 Comité des Organisations Professionnelles Agricoles de l'UE.

explizit als Klientelministerien gegründet worden seien, relativ frei darin, auch unabhängig von Interessengruppen ein gemeinschaftliches Interesse zu definieren (1975: 965; vgl. Wolf, in diesem Band).

Seine Befunde nehmen bereits die späteren Einschätzungen vorweg, dass sich auf europäischer Ebene keine korporatistischen Muster der Interessenvermittlung herausbilden werden, die ja ebenfalls auf dauerhaften und häufig formalisierten Beziehungen zwischen staatlichen Institutionen und umfassenden Interessenorganisationen mit einem Repräsentationsmonopol basieren. In ihrem viel zitierten Artikel kommen Schmitter und Streeck zu dem Schluss, dass auf europäischer Ebene eher pluralistische Muster der Interessenvermittlung zu erwarten seien als korporatistische Praktiken (1991). Vivien Schmidt hat dies in ihrer Analyse weitgehend bestätigt. Sie charakterisiert in einer etwas anderen Konzeptualisierung als Schmitter und Streeck die EU-Muster der Interessenvermittlung als quasi-pluralistisch (1999). Andere Studien betrachten sie als elitärpluralistisch, beschränken ihre Untersuchung aber weitgehend auf die Einbindung von Großunternehmen (Coen 1997, 1998; Cowles 2001). Wir selbst haben sie als netzwerkartig bezeichnet (Kohler-Koch/Eising 1999; vgl. Ansell 2000), um den Mehrebenencharakter europäischer Politik zu unterstreichen.

All diese Studien gehen davon aus, dass sich EU-weite Muster der Interessenvermittlung herausbilden. Demgegenüber betonen Policy-Analysen zumeist die institutionelle Segmentierung der EU und die Eigenlogik der *Politikbereiche* (zum Folgenden vgl. Eising/Kohler-Koch 1994: 185-190). Beide Strukturelemente gelten als schwer zu überwindende Hindernisse für die Entstehung systemweiter Muster der Interessenvermittlung. Die bereichsspezifische Organisation der Willensbildung trägt zur Entwicklung und Verstetigung politikfeldspezifischer Muster der Interessenvermittlung bei und wird noch dadurch verstärkt, dass Entscheidungsverfahren zwischen den Politikfeldern variieren. Im Unterschied zu nationalen Demokratien gibt es auch keine Vereinheitlichung durch parteipolitische Ausrichtungen oder durch eine – für das französische System so charakteristische – einheitliche Rekrutierungs- und Ausbildungspolitik. Alle diese Faktoren wirken der Entstehung von EU-weiten Mustern der Interessenvermittlung entgegen.

Überwiegend wird die EU deshalb als sektoriell aufgespaltetes System betrachtet, dessen institutionelle und verbandliche Segmentierung sich wechselseitig verstärken. Daraus hat Gerda Falkner (2000: 112; vgl. Greenwood/Ronit 1994: 35; Eichener/Voelzkow 1994: 18) den Schluss gezogen, dass die Meso-Ebene, d.h. sektorale Politiknetzwerke die optimale Untersuchungsebene sind. Der Beitrag von Konstantin Baltz, Thomas König und Gerald Schneider (in diesem Band), der einzelne nationale Entscheidungsprozesse als Untersuchungseinheiten betrachtet, geht noch weiter und zeigt auf, dass Muster der Interessenvermittlung selbst innerhalb ein- und desselben Politikfeldes variieren können. Diese Ausdifferenzierungen bringen einen Erkenntnisgewinn, blenden aber andere Phänomene aus der Beobachtung aus, die das Bild der Segmentierung relativieren. Dazu zählt, dass mit der institutionellen Fortentwicklung die Entscheidungsverfahren in der EU im letzten Jahrzehnt stark in Bewegung geraten sind und Politikfeld übergreifende Veränderungen zu beobachten sind. Ferner ist zu berücksichtigen, dass das Führungspersonal der in Brüssel vertretenen Interessengruppen zahlenmäßig ebenso überschaubar ist wie das Verwaltungspersonal in den EU-Institutionen und dass viele Interessengruppen in mehreren Politikfeldern aktiv sind. Diese Akteure begegnen sich also zu vielerlei Anlässen immer wieder. Christian Lahusen und Claudia Jauß (2001: 175) haben deshalb festgestellt, dass sich „eine Art Gemeinschaft herausgebildet (hat), die sich über die Akteursgruppierungen hinweg erstreckt".

So ist nicht eindeutig geklärt, ob sich EU-weite Muster der Interessenvermittlung herausgebildet haben oder ob die Unterschiede zwischen verschiedenen Politikfeldern so groß sind, dass sinnvoller Weise nur bereichsspezifische Muster aufgedeckt werden können. Unterschiedliche Aussagen dazu resultieren in vielen Fällen auch aus dem typologischen Vorgehen und aus unterschiedlichen Untersuchungsdesigns: Sie reflektieren ein unterschiedliches Verständnis von Begriffen bzw. eine abweichende Wahl von Untersuchungskriterien. Soweit generalisierbare Aussagen gewagt werden, besteht ein vorsichtiger Konsens darüber, dass eher pluralistische oder netzwerkartige Beziehungen vorherrschen denn etatistische oder korporatistische Muster.

5 Interessenvermittlung im europäischen Mehrebenensystem

5.1 Interessenvermittlung im Mehrebenensystem

Die Bezeichnung der EU als Mehrebenensystem hebt ein wichtiges Strukturmerkmal hervor. Im Gegensatz zum Neofunktionalismus, der die Zentralisierung staatlicher Autorität auf EU-Ebene prognostizierte und zum Intergouvernementalismus, der ihren Verbleib bei den nationalen Institutionen hervor hebt, betont die Mehrebenenperspektive, dass staatliche Autorität sich in der EU auf verschiedene Ebenen verteilt (Jachtenfuchs/Kohler-Koch 1996; Marks/Hooghe 2001; Benz 1998) – wenigstens auf die europäische und die nationale Ebene und ggf. auch auf die regionale und lokale Ebene. Zwar wird übereinstimmend Integration mit einer fortschreitenden Übertragung von Zuständigkeiten auf die Union und mit dem Ausbau der EU-Institutionen gleichgesetzt (vgl. Lindberg 1971: 40), doch damit wandert die politische Verantwortlichkeit keineswegs aus dem nationalen Bereich aus. Dafür sind zwei Bedingungen ausschlaggebend: Zum einen gibt es in der Mehrzahl der Politikfelder – von wenigen Bereichen abgesehen – eine geteilte Verantwortung nationaler und europäischer Institutionen für die EU-Politik. Aus diesem Grund besteht generell ein hoher Bedarf an Kooperation und Koordination zwischen den Ebenen. Zum anderen sind die nationalen Exekutiven als Mitglieder des Rats und des Europäischen Rats wesentliche Entscheidungsträger und überdies für die Implementation zuständig. Letzteres ist bedeutsam, weil es bei der Umsetzung europäischer Richtlinien teils erhebliche Gestaltungsspielräume gibt, sodass die Interessenpolitik auf nationaler Ebene fortgesetzt wird. Wenn national unterschiedliche

Umsetzungen zu Marktverzerrungen führen, kann die Auseinandersetzung durch Benachrichtigung der Kommission und Klagen vor dem EuGH erneut auf die europäische Ebene gehoben werden (vgl. Wolf, in diesem Band).

Ganz anders sind die Kräfteverhältnisse gelagert, wenn es um die Erlangung politischer Machtpositionen geht. Der Wettbewerb um die Regierungsgewalt findet ausschließlich in den Mitgliedstaaten statt und strahlt von dort, mit Ausnahme der Besetzung der Arbeitsebene in der supranationalen Bürokratie, auf die Zusammensetzung der EU-Organe aus. Die politische Integration Europas hatte bisher keinen nennenswerten Einfluss auf die gesellschaftlichen Konfliktlinien in den Mitgliedstaaten oder auf die Konstellation der nationalen Parteiensysteme (Mair 2000). Nationale Wahlkämpfe sind von europäischen Themen wenig berührt und die Rekrutierung des nationalen Führungspersonals ist unabhängig von der europäischen Politik. Auch die europäischen Parteien haben keinen Anteil an den parteipolitischen Auseinandersetzungen in den Mitgliedstaaten. Im Gegenteil: Der nationale Parteienwettbewerb bestimmt weitgehend den Ausgang der Europawahlen (Reif/Schmitt 1980; Hix 2003: 169-173). Die Mitgliedstaaten sind somit für Interessengruppen immer noch eine bedeutende politische Arena. Die zentralen Adressaten für ihre Forderungen sind – wie auf EU-Ebene – die Exekutiven. Weitaus seltener suchen sie den Kontakt zu den Parlamenten oder Parteien, selbst wenn parteipolitische Ausrichtungen die Weichen für fachpolitische Entscheidungen in höherem Maße als auf EU-Ebene stellen und deshalb die Mobilisierung der Öffentlichkeit hier eine größere Rolle spielt als auf europäischer Ebene (siehe Abschnitt 3.3).

Diese drei Charakteristika der europäischen Mehrebenenstruktur, nämlich die Verteilung staatlicher Kompetenzen auf mehrere Ebenen, die gewichtige Rolle nationaler Entscheidungsträger bei der Formulierung und Implementation europäischer Politik und die Bedeutung des nationalen Machtwettbewerbs sind für die Organisation und Strategien gesellschaftlicher Interessen von großer Relevanz. Viele Autoren unterstreichen, dass das Mehrebenengefüge Interessengruppen eine Vielzahl von Anlaufstellen eröffnet (z.B. Andersen/Eliassen 1991: 185; Pollack 1997: 576-577). Prinzipiell steht es Interessengruppen auf jeder Ebene frei, ihre Interessen gegenüber staatlichen Institutionen auf allen Ebenen geltend zu machen (Constantelos 1996: 30). Zu beobachten ist, dass Interessengruppen eine „duale Strategie" einschlagen und ihre Interessen sowohl auf europäischer als auch auf nationaler Ebene vertreten (Andersen/Eliassen 1991: 181-182; Kohler-Koch 1997: 3; Mazey/Richardson 2002: 135). Allerdings zeigen die Studien in diesem Band, dass europäische und nationale Akteure nicht auf jeder Ebene gleichermaßen präsent sind. Dafür gibt es verschiedene Gründe. Zum einen ist die Verortung der Akteure in ihren Handlungsebenen bedeutsam, zum anderen sind auch für die Handlungsfähigkeit im Mehrebenensystem organisatorische Eigenschaften und Interessendomänen wichtig.

Im europäischen Mehrebenensystem sind die nationalen Gruppierungen unmittelbar mit den Verhältnissen ihrer nationalen Mitgliedschaft und den politischen Systembedingungen des jeweiligen Mitgliedstaates konfrontiert, müssen gleichzeitig aber den institutionellen Besonderheiten des EU-Systems Rechnung tragen. Für sie ist die Interessenvertretung auf europäischer Ebene eine gewichtige zusätzliche Aufgabe. Um sie auszufüllen, stehen ihnen bekanntlich verschiedene Optionen zur Verfügung: Sie treten Euroverbänden bei, die ihre Interessen gegenüber den EU-Institutionen vertreten. Sie vertreten ihre Interessen selbst oder/und koordinieren Aktivitäten ihrer Mitglieder gegenüber den EU-Institutionen. Sie tun dies gegenüber nationalen Institutionen, die als ihre Fürsprecher auf EU-Ebene agieren. Sie schließen informale Koalitionen mit anderen privaten Akteuren oder aber sie engagieren professionelle Interessenvertreter.

Empirische Studien über nationale Wirtschaftsverbände haben nachgewiesen, dass diese Möglichkeiten in unterschiedlichem Maße genutzt werden. Für die meisten nationalen Verbände sind die nationalen Institutionen weiterhin sehr wichtige Anlaufstellen, wenn es um die Vertretung ihrer EU-spezifischen Interessen geht. Da sie mit ihren Ressourcen haushalten müssen, setzen sie auf EU-Ebene zunächst auf ihre Mitgliedschaft in den zuständigen EU-Verbänden (Bennett 1997: 74; vgl. Coen 1998: 85-87); sodass man von einer ausgeprägten Arbeitsteilung zwischen den Ebenen sprechen kann. Sie werden dort allerdings selbst gegenüber den EU-Institutionen aktiv, wenn die Vertretung ihrer Interessen durch einen EU-Verband unmöglich oder unzureichend ist. Die anderen Optionen werden von den nationalen Verbänden weniger häufig genutzt oder als weniger bedeutsam eingestuft. Nur ein begrenzter Teil von ihnen unterhält also intensive Beziehungen zu nationalen *und* europäischen Institutionen (Eising, in diesem Band). Diese Arbeitsteilung scheint noch stärker auf diffuse Interessen zuzutreffen, denn nach Einschätzung von Doug Imig und Sid Tarrow (siehe Abschnitt 3.3) agieren deren europäische Verbände weitgehend abgekoppelt von ihren nationalen Mitgliedern (vgl. Warleigh 2001: 635). Der Grund ist, dass die europäischen und nationalen Entscheidungsmuster sich erheblich unterscheiden und nationale Entscheidungsträger empfindlicher auf öffentlichkeitswirksame Gruppenaktivitäten reagieren.

Bezüglich der Bereitschaft und der Fähigkeit, die Aktivitäten auf beiden Aktionsfeldern neu zu gewichten, gibt es widersprüchliche Einschätzungen und Befunde (vgl. Beyers 2002: 35). Die *Einbettung in die nationalen Kontexte* gilt zwar als wichtige Größe, ihre Wirkung ist aber umstritten und aus guten Gründen kann man zu gegenteiligen Erwartungen kommen. Es ist plausibel, einen negativen Zusammenhang zwischen nationaler Einbettung und europäischen Aktivitäten anzunehmen (*Beharrungsthese*): Je enger und besser die Beziehungen zu nationalen Institutionen, um so weniger werden nationale Interessen geneigt oder genötigt sein, auf EU-Ebene zu agieren. Demnach ist ihre völlige Umstellung auf die Handlungsbedingungen im europäischen System nicht zu erwarten, weil sie weiterhin in ihrer heimischen Umwelt verankert sind und dort der Hauptakzent ihrer Arbeit liegt. Umgekehrt gilt denn: Je loser und schlechter die Beziehungen zu nationalen Institutionen, umso eher werden nationale Interessen auf EU-

Ebene agieren (*Kompensationsthese*).[38] Andererseits lässt sich auch ein positiver Zusammenhang zwischen nationaler Einbindung und europäischen Aktivitäten konstruieren (*Verstärkungsthese*): Ein häufigerer Zugang zu den nationalen Institutionen vermittelt den nationalen Gruppen einen besseren Informationsstand über europäische Politik und befähigt sie deshalb eher dazu, ihre Interessen auf EU-Ebene zu vertreten. Eingeübte Verhandlungsroutinen und institutionalisierte Beziehungen können auch den Zugang zu den EU-Institutionen verbessern (Eising, in diesem Band). Umgekehrt stärken ihre Aktivitäten auf europäischer Ebene und ihr Zugang zu den EU-Institutionen wiederum ihre Position in den nationalen Politiknetzen.

Die Neofunktionalisten schließlich haben, unabhängig vom Grad der nationalen Einbindung, generell erwartet, dass nationale Akteure sich mehr zu den europäischen Institutionen orientieren würden, um so ihre Interessen effektiver zu realisieren (*Integrationsthese*). Sie haben daraus auf die allmähliche Loslösung nationaler Interessengruppen aus ihren angestammten Beziehungen und Koalitionsmustern auf nationaler Ebene geschlossen (vgl. Eising 2004): Die Koalitionen mit politischen Institutionen und Interessenorganisationen auf der europäischen Ebene lassen „their erstwhile ties with national friends undergo deterioration" (Haas 1958: 313), führen also zur nationalen Desintegration.

Für alle vier Thesen lassen sich in der Literatur Belege finden, die sich auf (vergleichende) Fallstudien oder illustrative Evidenz stützen. Die Studien in diesem Band erlauben nun eine genauere Einschätzung der Reichweite dieser Aussagen und der Bedingungen, unter denen sie zutreffen. Rainer Eising zeigt in seinem Beitrag über Wirtschaftsverbände und Großunternehmen, dass die wenigsten nationalen Akteure in der Lage sind, eine geringe Einbindung in die nationale Politik auf europäischer Ebene zu kompensieren, was die Reichweite der *Kompensationsthese* auf Einzelfälle begrenzt. Dagegen verharren etwa 31% der nationalen Verbände in den Mitgliedstaaten, ohne regelmäßig den Zugang zu den EU-Institutionen zu suchen. Die *Beharrungsthese* gilt also für einen erheblichen Teil der nationalen Gruppen. Schließlich haben sich knapp 22% der nationalen Verbände zu Mehrebenenspielern entwickelt, die enge Beziehungen auf nationaler und europäischer Ebene unterhalten. Auf sie und auf diejenigen nationalen Verbände (ca. 44%), die auf beiden Ebenen nur sehr geringfügig in die Politiknetzwerke eingebunden sind, trifft die *Verstärkungsthese* zu. Dass die Strategien der nationalen Verbände im Mehrebenensystem so stark variieren und ein großer Teil von ihnen sich nicht aus den etablierten Beziehungen auf nationaler Ebene löst, spricht gegen die generelle Geltung der *Integrationsthese*. In der Tat muss ein Ausbau europäischer Aktivitäten nicht zwangsläufig eine Einschränkung der Beziehungen auf nationaler Ebene nach sich ziehen. Europäische Integration kann diese Beziehungen sogar stärken (siehe

---

38 Die Kosmetikrichtlinie ist ein aufschlussreicher Fall, weil es hier einem nationalen Verband, der *British Union for the Abolition of Vivisection*, gelang, als treibende Kraft einer europäischen Kampagne den Widerstand der eigenen Regierung zu überspielen (Fisher 1994).

Benz 1998):[39] Gemeinsame Unsicherheiten über die Inhalte europäischer Politik können den Informationsaustausch und die Interessenkoalitionen zwischen Verbänden und Verwaltung verstärken. Solche Unterschiede führen zur Frage, welche *Bedingungen für eine enge Einbindung auf beiden Ebenen* sorgen bzw. gegen sie sprechen.

Hier heben verschiedene Analysen – wie schon für die Euroverbände – die Bedeutung verbandlicher Interessendomänen und – weitaus stärker als für die Euroverbände – die Relevanz von Ressourcen hervor, aber auch die Fähigkeit zur Koalitionsbildung in EU-Politiknetzwerken wird unterstrichen. Konstantin Baltz, Thomas König und Gerald Schneider (in diesem Band) weisen nach, dass unter den Interessengruppen vornehmlich jene, die *spezifische* Produzenten- und Verbraucherinteressen vertreten, einen nennenswerten Einfluss auf die nationalen Positionen auszuüben vermögen. Die „Spezifität" im Unterschied zu „Diffusität" der Interessen ist für sie das ausschlaggebende Unterscheidungsmerkmal. Selbst wenn ihre Untersuchung sich auf die nationale Ebene konzentriert, lässt sich dieses Ergebnis auf die Interessenpolitik im Mehrebenensystem übertragen. Andere Analysen verweisen auf ein anderes gemeinsames Merkmal, nämlich die materiellen *Ressourcen* der Akteure (z.B. Camerra-Rowe 1994; Coen 1998; Eising/Kohler-Koch 1994). So haben die erfolgreichen Mehrebenenspieler, seien sie Unternehmen oder Wirtschaftsverbände, signifikant mehr Ressourcen zur Verfügung als die anderen Akteure (Eising, in diesem Band). Dieter Wolf (in diesem Band), der seine Analyse auf die Phase der Implementation europäischer Politik konzentriert, unterstreicht die Fähigkeit nationaler Interessengruppen, die *Folgebereitschaft* ihrer Mitglieder oder Klientel zu beeinflussen. Je stärker die Kommission und die nationale Verwaltung auf ihre Unterstützung bei der Umsetzung europäischer Politik angewiesen sind, umso mehr Einfluss haben die Gruppen auf die Politikergebnisse. Pieter Bouwen (in diesem Band) stellt die Verfügungsgewalt der Interessenorganisationen über fachliche *Expertise* heraus, die die staatlichen Institutionen nachfragen.

Die Bedeutung der Ressourcenausstattung ergibt sich aus den Handlungsbedingungen des Mehrebenensystems. Die Präsenz auf nationaler und europäischer Ebene sowie die kontinuierliche Begleitung eines komplexen, die Ebenen übergreifenden Entscheidungsprozesses verlangt einen hohen Aufwand. Die Verknüpfung der nationalen und europäischen Verhandlungsarenen erfordert ein „*issue management*" von großer Professionalität. Dies trifft auch die Euroverbände, die ihrerseits von der europäischen Ebene aus die Lobbyarbeit in den Mitgliedstaaten zu koordinieren versuchen. Im Vergleich zu den nationalen Organisationen sind sie zwar in der Regel mit weniger Mitteln ausgestattet, aber sie haben einen Vorsprung, wenn es um die transnationale Vernetzung und die Themen übergreifende Koalitionsbildung geht. Dies hat sich bei einigen Maßnahmen mit Querschnittcharakter erwiesen, die eine Vielfalt von Interessen berühren wie z.B.

---

39 Laut Niels Sidenius (1999: 181-182) intensivierten viele dänische Interessengruppen ihre Kontakte zu den nationalen Institutionen in Folge der europäischen Integration.

Regulierungen zum Umwelt- oder Verbraucherschutz (vgl. Geddes 2000; Webster 1998; Helfferich/Kolb 2001).

Schließlich ist auch die inhaltliche *Koalitionsfähigkeit* der Interessengruppen von großer Bedeutung (vgl. die Beiträge von Schwarzer/Collignon, Bieling und Beyers/ Kerremans in diesem Band), weil die europäischen Politiknetzwerke i.d.R. aus einer Vielzahl von Akteuren bestehen, sodass ein isoliertes Vorgehen nur geringe Erfolgsaussichten hat. Vorteilhaft ist die Koalitionsfähigkeit insbesondere mit Positionen in der Kommission, in späteren Phasen des Entscheidungszyklus aber auch mit Fraktionen des Europäischen Parlaments und Mitgliedern des Rates.[40] Wichtig ist immer eine überzeugende inhaltliche Position, die Resonanz unter Gleichgesinnten erzeugen kann.[41]

Bisherige Studien über nationale Wirtschaftsverbände haben gezeigt, dass die Einbindung in das Mehrebenensystem die eingespielten *Beziehungen zu den Mitgliedern* empfindlich stören kann. Die transnationale Organisationsfähigkeit von Teilen der Mitgliedschaft und ihre Chance des direkten Zugangs zu den europäischen Institutionen gefährden den Zusammenhalt in den nationalen Verbänden. Insbesondere ihre Direktmitgliedschaft in EU-Gruppen und ihre Niederlassung in einer Reihe von EU-Mitgliedstaaten stattet große Firmen mit zusätzlichen Handlungs- und *Exit*-Optionen aus, die ihre i.d.R. ohnehin bereits starke Position in nationalen Verbänden weiter verbessern. Auch die durch das Binnenmarktprogramm und die Internationalisierung der Märkte ausgelöste Öffnung für ausländische Firmen verändert die Mitgliederlogik vieler nationaler Verbände und kann dazu führen, dass angestammte Positionen in Frage gestellt werden. Europäische Politik hat insbesondere dann gravierende Konsequenzen für die Aufgaben und Funktionen der Verbände, wenn sie die Handlungsbedingungen der Mitgliedsfirmen durch Strukturreformen verändert. Dies war bei einer Reihe von Sektorliberalisierungen der Fall, die dann eine Restrukturierung der Verbandslandschaft nach sich gezogen haben (vgl. Eising 2000, Lehmkuhl 1999).

Es liegt im Eigeninteresse nationaler Verbände, unter den veränderten Umständen die eigene Leistungsfähigkeit zu erhalten und in den Euro-Verbänden keine Konkurrenz entstehen zu lassen. So haben sie in unterschiedlichem Maße ihre Kapazitäten zum EU-Lobbying ausgebaut (Lang/Grote, in diesem Band) wie etwa spezifische EU-Abteilungen und Sprachdienste eingerichtet, die Liaison zu EU-Verbänden und die Koordination mit anderen nationalen Verbänden verbessert, eigene Büros in Brüssel eingerichtet und die Bearbeitung von EU-Politik in die entsprechenden Fachabteilungen und -ausschüsse integriert. Zum Teil erfolgte dies durch die Umschichtung verbandlicher

---

40 Ein Beispiel ist GEODE, eine kleine Organisation von regionalen und lokalen Stromverteilern aus sechs EU-Mitgliedstaaten, die sich im Gegensatz zu vielen etablierten Stromversorgern frühzeitig für die Liberalisierung der Stromversorgung aussprach, und damit auf offene Ohren in den liberalisierungswilligen Generaldirektionen der Kommission stieß (vgl. Eising 2000: 207-212), die Unterstützung für ihre stark umstrittenen Pläne benötigte. Dass damit die Gefahr der Instrumentalisierung besteht, ist offenkundig.

41 Vgl. die Studie von Herbert Gottweis (1999) zur Koalitionsbildung in der Regulierung der Gentechnik.

Ressourcen und zu Lasten anderer Aufgaben. Solche organisatorischen Maßnahmen erfolgten zum Teil schon recht früh (z.B. Platzer 1984: 74-78; Kohler-Koch *et al.* 1988), während Anpassungen, die das eingespielte Gleichgewicht zwischen den Mitgliedern stören oder die innenpolitische Wirksamkeit vermindern, oft nur sehr zögerlich angegangen wurden.

Daneben bildet die Kontrolle ihrer Delegierten auf europäischer Ebene ein zentrales Problem der nationalen Verbände in der Mehrebenenverflechtung (zum Folgenden Eising 2000: 290-294).[42] Ihnen müssen Verhandlungsspielräume eingeräumt werden, um Einigungsmöglichkeiten auf europäischer Ebene nicht vollständig zu blockieren. Ihr Spielraum wächst noch dadurch, dass sie i.d.R. über beträchtliche Informationsvorsprünge verfügen und auf etliche EU-Entwürfe unter großem Zeitdruck ohne innerverbandliche Konsultationen reagieren müssen. Damit besteht die Gefahr, dass zuvor beschlossene verbandliche Positionen auf EU-Ebene unterlaufen werden. Dieses Problem tritt zwar selten auf, ist aber gerade dann virulent, wenn erhebliche Unterschiede in den Präferenzen der Verbandsmitglieder zu verzeichnen sind, und damit von großer Bedeutung. Die Austrittsoption der Verbandsmitglieder zieht einer solchen Unterminierung verbandlicher Positionen auf EU-Ebene zwar eine Grenze. Dieser Option stehen aber die Kosten einer Aufgabe der verbandlichen Kooperation gegenüber, so dass negativ betroffene Mitglieder zunächst darauf drängen, den Informationsfluss zu verbessern, Kontrollmechanismen zu verstärken und Verhandlungsmandate zu begrenzen. Letzteres und auch das eigenständige Vorgehen einzelner Mitglieder außerhalb des Verbandes, um abweichende Positionen zu vertreten, unterminieren dann allerdings wiederum die Relevanz der verbandlichen Interessenvertretung gegenüber den staatlichen Akteuren.

Nationale Verbände begegnen diesem Problem meist mit angestammten Organisationsroutinen. Die Neutralität und die Vermittlungsleistungen der hauptamtlichen Mitarbeiter und der gewählten Ausschussvorsitzenden sind wichtige Elemente in der verbandlichen Positionsbildung. Die proportionale Vertretung unterschiedlicher Gruppierungen in den verbandlichen Gremien und in den Euroverbänden soll ebenfalls eine Orientierung an gemeinsamen Belangen gewährleisten. Einige Verbände praktizieren eine wechselseitige Kontrolle von hauptamtlichen Mitarbeitern und Verbandsmitgliedern in den EU-Verhandlungen, um sicher zu stellen, daß dort wirklich gesamtverbandliche Interessen vertreten werden. Schließlich suchen die Verbände i.d.R. nach Einigungskonzepten, denen *alle* Mitglieder zustimmen können. Sollte dies nicht möglich sein, pflegen etliche Verbände mittlerweile die Praxis, Mehrheits- und Minderheitspositionen zu veröffentlichen, um sich nicht als handlungsunfähig zu erweisen. Dies sichert ihnen gegenüber ihren Mitgliedern wenigstens eine Rolle als Forum und erlaubt es ih-

---

42 Das gleiche Problem tritt bei der Kontrolle nationaler Regierungen durch ihre Parlamente auf (siehe Benz 2004) und führt aufgrund der unterschiedlichen institutionellen Bedingungen zu etwas anderen Lösungsstrategien als in den Verbänden.

nen auch, mit den staatlichen Institutionen im Dialog zu bleiben und Handlungsalternativen zu sondieren.

5.2 Der Einfluss staatlicher und privater Akteure in der Mehrebenenpolitik

Ob die Politik im Mehrebenensystem staatliche oder private Akteure begünstigt, ist umstritten. Drei Faktoren werden angeführt, aus denen eine *Stärkung der staatlichen Exekutiven* gegenüber Interessenorganisationen abgeleitet wird, nämlich die Position der nationalen Exekutiven als *gate keeper*, die strategische Selbstbindung von Regierungen in EU-Verhandlungen und die Komplexität des EU-Mehrebenengefüges. Vor allem Andrew Moravscik (1998) hat betont, dass der Prozess der Integration die nationalen Exekutiven stärkt, weil sie eine Position als *gate keeper* zwischen der nationalen und europäischen Ebene einnehmen und so mehr Ressourcen hinzu gewinnen als andere Akteure. Weitere Analysen haben die Rolle der federführenden Ressorts näher untersucht, die maßgeblich die Verhandlungen zur Koordinierung der europäischen Politik führen und dabei für die Koordination der nationalen Positionen verantwortlich sind und kamen zur gleichen Einschätzung (z.B. Eising 2000: 260-264).

Nach Edgar Grande (1994: 361-365) gewinnen die öffentlichen Akteure auch dadurch an Gewicht, dass sie die Koordinierungszwänge europäischer Politik strategisch nutzen. Der Verweis auf Konserfordernisse ist ein bewährtes Mittel, um bestimmte Kompromisspositionen als unumgänglich und bindend darzustellen und unliebsame Forderungen von Interessenorganisationen dadurch abzuweisen. Dieter Wolf (in diesem Band) zeigt, dass das deutsche Landwirtschaftsministerium seine Einbindung in die Gemeinsame Agrarpolitik dazu genutzt hat, sich aus der klientelistischen Umklammerung durch den Deutschen Bauernverband zu lösen. Als weiteres Argument wird angeführt, dass die Komplexität des europäischen Mehrebenengefüges mit seinen vielen Anlaufstellen und verflochtenen Befugnissen der staatlichen Institutionen es schwer mache, eindeutige Verantwortlichkeiten ausfindig zu machen. Entsprechend sei es für gesellschaftliche Akteure kaum möglich, entscheidenden Einfluss auf europäische Politik auszuüben.

Die vergleichende Analyse der nationalen Positionsbildung zur EU-Politik von Konstantin Baltz, Thomas König und Gerald Schneider (in diesem Band) bestätigt solche Einschätzungen. Die Autoren untersuchen die Fähigkeit nationaler Interessenorganisationen, die nationale Position zu EU-Maßnahmen zu beeinflussen. Dazu dient ihnen der Vergleich von Positionsdifferenzen zwischen privaten und staatlichen Akteuren zum Zeitpunkt der ersten Festlegung des federführenden Ressorts mit jenen zum Zeitpunkt der Verhandlungen im Ministerrat. Ihre umfassende Untersuchung der Positionen von intermediären Organisationen und staatlichen Stellen in Deutschland, Finnland, Großbritannien und den Niederlanden zu 15 Richtlinienvorschlägen der Kommission zeigt eindrucksvoll, dass zumeist die federführenden Ressorts in der Lage waren, ihre Positionen zur EU-Politik durchzusetzen. Wenn überhaupt eine Korrektur erfolgte, so waren es die Vertreter spezifischer Interessen – sowohl aus dem Lager der Verbraucher als auch der Produzenten –, die Änderungen an den anfänglichen Positionen der federführenden Ressorts herbeizuführen vermochten.

Andere Analysen *bestreiten* eine solche generelle *Stärkung staatlicher Akteure* gegenüber privaten Interessen. Die komplexe Architektur des europäischen Mehrebenensystems wirkt sich aus ihrer Sicht günstig für Interessengruppen aus, gerade weil sie diesen eine Vielzahl von Zugangsmöglichkeiten bietet (z.B. Pollack 1997). Der Gesamtzahl der Zugangspunkte wird also hier eine größere Bedeutung beigemessen als den Interaktionslogiken, die aus der verflochtenen Struktur des Mehrebenensystems resultieren können. In konzeptioneller Hinsicht nehmen solche Studien europäische Politik nicht primär als Auseinandersetzung zwischen öffentlichen und privaten Akteuren wahr, sondern als Ringen von Koalitionen mit jeweils gemischter Zusammensetzung, die sich um grundlegende inhaltliche Positionen gruppieren (z.B. Aspinwall 1999: 127). Wenn sich solche Koalitionen identifizieren lassen, ist die Disaggregation der „privaten" und der „öffentlichen" Sphären erforderlich, um die Gewinner und die Verlierer im Entscheidungsprozess zu identifizieren. Die Verhandlungen zwischen den öffentlichen Akteuren sind dann nämlich in konstitutive Politiknetzwerke zwischen privaten und öffentlichen Akteuren eingebettet und fußen oftmals auf Konzepten, die von Interessenorganisationen entwickelt wurden (Eising/Kohler-Koch 1999: 282-284).

Ferner wird auf die rechtlichen Möglichkeiten verwiesen, die es Interessengruppen erlauben, sich gegen Maßnahmen der eigenen Regierung oder Verwaltungen zur Wehr zu setzen (z.B. Wolf, in diesem Band). So können nationale Marktstrukturen „durch die Hintertür", nämlich durch die expansive Interpretation europäischer Rechtsprinzipien verändert werden (Lovecy 1999: 146-150). Allerdings vermögen nur solche Akteure die Tür zur unmittelbaren Anwendung des europäischen Rechts öffnen, die Kosten und Zeitaufwand eines aufwendigen juristischen Verfahren tragen können. Selbst bei einer für den Kläger vorteilhaften europäischen Rechtslage ist der Rechtsweg nicht immer von Erfolg gekrönt: Der Versuch einiger Kurierunternehmen, den europäischen Binnenmarkt für postalische Dienstleistungen Mitte der 1990er Jahre auf dem Rechtsweg herbeizuführen, ist an den entgegen gesetzten Präferenzen der Mitglieder des Rates der EU gescheitert (Smith 2001: 536). Dieses Beispiel und auch der von Wolf (in diesem Band) betrachtete Fall des deutschen Bankensektors zeigen, dass nationalen Regierungen selbst im Rahmen des europäischen Wettbewerbsrechts eine gewisse Handlungsfreiheit verbleiben kann, wie sie die Urteile des EuGH und Beschlüsse der Kommission umsetzen (siehe Smith 2001: 528-531).

Schließlich weisen einige Studien wiederum auf die bereichsspezifische Segmentierung der EU hin: Die Stärkung der Exekutiven wird in jenen Studien konstatiert, welche Vertragsrevisionen oder jene Verhandlungen im EG-Pfeiler untersucht haben, bei denen die staatlichen Akteure über (Letzt-)Entscheidungsrechte verfügen. Demgegenüber belegen Gerda Falkner *et al.* (in diesem Band), dass der europäische Soziale Dialog den nationalen Sozialpartnern Informationsvorsprünge gegenüber nationalen Regierungen verschaffen kann, weil sie hier über ihre entscheidungsbefugten europäischen Verbände stärker in die EU-Sozialpolitik involviert sind. Da eine solche quasi-korporatistische Einbindung allerdings rar ist (siehe Abschnitt 3.2), ist der Verweis auf bereichsspezifische Entscheidungsverfahren kaum dazu angetan, das Argument der Stärkung der Exekutive im europäischen Mehrebenen-System generell zu entkräften.

5.3 Europäisierung nationaler Interessenvermittlung

Während die Mehrebenenperspektive die Veränderung von Opportunitätsstrukturen und Interaktionslogiken in den Mittelpunkt stellt, sind Europäisierungsstudien zumeist auf die nationale Wirkung der europäischen Integration ausgerichtet. Der Begriff der *Europäisierung* bezeichnet die Konsequenzen der europäischen Integration für nationale Akteure, Strukturen und Prozesse. Diese Diskussion hat sich im Zuge der Ausdehnung der Befugnisse der Europäischen Union in den letzten Jahren zwar verstärkt, aber in Länderstudien und selbst in der vergleichenden Forschung nationaler Systeme in Europa findet das Phänomen der Europäisierung immer noch wenig Berücksichtigung. Selten wird der Einbindung in das europäische Mehrebenensystem Beachtung geschenkt (siehe z.B. Siaroff 1999; Reutter/Rütters 2001), statt dessen werden nationale Verbandssysteme immer noch als unabhängige Einheiten betrachtet.

Eine Kernthese der Europäisierungsliteratur ist, dass die *Kongruenz* zwischen nationalen und europäischen Gegebenheiten ausschlaggebend für die Wirkung der europäischen Integration ist. Als relevante nationale Kontextfaktoren werden staatliche Organisations- und Rechtsstrukturen, intermediäre Systeme und deren Praktiken, ordnungspolitische und sachspezifische Leitideen, Policy-Konzepte und Policy-Bestand berücksichtigt. Einschlägige Analysen gehen in drei Schritten vor: Sie identifizieren zunächst den Grad der Deckungsgleichheit zwischen EU- und nationaler Interessenvermittlung. Sodann diagnostizieren sie anhand des hohen (niedrigen) Grades der Kongruenz einen geringen (hohen) Anpassungsbedarf. Mangelnde Kongruenz wird i.d.R. als wichtige Vorbedingung für nationale Veränderungen gesehen. Schließen untersuchen sie die Veränderungen auf der nationalen Ebene und bewerten sie anhand der gegebenen Kongruenzbedingungen.

So analysiert Vivien Schmidt (1999) in einem internationalen Vergleich, welche Rückwirkungen das System der europäischen Interessenvermittlung[43] für die nationalen Muster der Interessenvermittlung hat. Ausschlaggebend für sie ist die Passgenauigkeit der Muster, die sie zu Typen verdichtet. Ihr Befund ist, dass die auf europäischer Ebene vorherrschenden Muster quasi-pluralistischer Interessenvermittlung den deutschen korporatischen Mustern ähnlicher seien als den etatistischen Praktiken in Frankreich oder Großbritannien. Sie folgert daraus, dass letztere nur mit Schwierigkeiten an die Handlungsbedingungen der EU anzupassen sind (Schmidt 1999: 157). Ähnlich argumentiert

---

43 Vivien Schmidts Analyse umfasst auch die Entscheidungsstile staatlicher Akteure und die bevorzugten Policy-Instrumente in den von ihr betrachteten Ländern.

Gerda Falkner, die sektorielle Typen der Interessenvermittlung unterscheidet: Ihrer Ansicht nach werden solche nationalen Muster am stärksten destabilisiert, die am wenigsten den europäischen Praktiken ähneln (Falkner 2000: 103), während jene nationalen Muster stabilisiert oder verstärkt werden, die denen der EU entsprechen. Das gleiche Argument taucht in den Analysen auf, welche die Rückwirkungen auf nationale Interessenorganisationen untersuchen. Dies ist nur logisch, weil diese Gruppen schließlich in nationale Muster der Interessenvermittlung eingebettet sind. Allerdings kommt beispielsweise Maria Green Cowles in ihrer Studie zu einem anderen Befund als Vivien Schmidt: Sie konstatiert einen „elitären Pluralismus" in Form der direkten Beteiligung von Großunternehmen an der Formulierung der europäisch-amerikanischen Außenwirtschaftspolitik im *Trans Atlantic Business Dialogue* (TABD) und folgert daraus mögliche Konsequenzen für die nationalen Dachverbände der Industrie in Deutschland, Frankreich und Großbritannien. Ihrer Ansicht nach stimmt das TABD-Muster gut mit der britischen Rollenverteilung überein, passt aber weder zum deutschen noch zum französischen System. Sie schließt aus ihrer empirischen Analyse, dass der Bundesverband der deutschen Industrie stark an Gewicht verliert, die *Confederation of British Industry* einen nahezu unveränderten Stellenwert auf nationaler Ebene behält, und der *Mouvement des Entreprises de France* trotz der mangelnden Übereinstimmung an Bedeutung gewinnt, da er einen weiteren Handlungskanal erhält (Cowles 2001: 173-175).

Diese gegensätzlichen Einschätzungen verweisen auf grundlegende Probleme des methodischen Vorgehens (zum Folgenden siehe Eising, in diesem Band). Erstens ist Kongruenz nur schwer zu ermitteln. Der Versuch, über die Bildung von Typologien unterschiedliche Muster der Interessenvermittlung abzubilden, abstrahiert notwendiger Weise stark von den komplexen Realität, sodass z.B. Großbritannien einmal als etatistisch (Schmidt) und einmal als pluralistisch (Cowles) eingestuft wird. Eine weitere Schwierigkeit liegt im Prozesscharakter der Europäisierung, bei dem die Zeiträume der Anpassung und die Wechselseitigkeit der Rückwirkungen zu beachten sind. Ferner erfordert europäische Integration nicht immer Deckungsgleichheit der Systeme, sondern nur *Kompatibilität* und damit das weitgehend reibungslose Ineinandergreifen von EU und Mitgliedstaat. Schließlich ist in theoretischer Hinsicht gravierend, dass der Grad der Deckungsgleichheit weder eindeutig auf das Ausmaß des Anpassungsdrucks schließen lässt, noch auf den aus ihm resultierenden Umfang der Veränderungen (vgl. auch Knill/Lehmkuhl 2000: 27).

Die Beiträge in diesem Band wählen daher ausdrücklich andere Analyserahmen als die Kongruenzhypothese. So ist besonders der organisationssoziologische Beitrag von Achim Lang und Jürgen Grote darauf angelegt, die einseitige Fokussierung auf die Rückwirkungen der europäischen Politik zu vermeiden (siehe auch Lehmkuhl 2000: 13-14). Die beiden Autoren heben hervor, dass der Einfluss der europäischen Integration im Kontext nationaler und internationaler Entwicklungen analysiert werden muss. Für die von ihnen betrachteten Wirtschaftssektoren können sie plausibel machen, dass sich die Wirkung der europäischen Integration auf nationale Verbände und sektorielle Verbandssysteme systematisch von den Effekten technologischen und marktlichen Wandels unterscheidet. Es waren diese materiellen Veränderungen, die eine Reihe von Verbandsgründungen ausgelöst haben oder eine Ausweitung verbandlicher Domänen nach sich zogen. Die Folge waren mehr oder weniger ausgeprägte Restrukturierungen der sektoriellen Verbandslandschaften und Veränderungen im Stellenwert etablierter Verbände. Danach haben die durch Markt und Technik ausgelösten Veränderungen in den Handlungsbedingungen der Unternehmen also einschneidendere Wirkungen auf den Wandel von Verbänden als Institutionen und Politik der EG, auf die sich die Verbände hauptsächlich durch den Ausbau organisatorischer Kapazitäten eingestellt haben. Allerdings muss man hier in Rechnung stellen, dass die Marktintegration gerade das Ziel hat, technische und marktliche Dynamiken anzustoßen (vgl. Abschnitt 5.1).

Der Beitrag von Falkner *et al.* untersucht, ob sich die Beteiligung der nationalen Sozialpartner an der Regelung der Arbeitsbeziehungen durch die Einführung des Sozialen Dialogs auf EU-Ebene geändert hat. Die Autoren richten ihr Augenmerk insbesondere auf die Beteiligung an der nationalen Positionsbildung und an der Implementation europäischer Politik. Sie diagnostizieren zunächst, dass für die nationalen Sozialpartner der Gewinn und Verlust aus der Aufwertung im europäischen Sozialen Dialog ungleich verteilt ist. Die dänischen Sozialpartner, die in den nationalen Arbeitsbeziehungen zuvor autonome Regelungsgewalt besaßen, haben besonders stark an Einfluss eingebüßt, weil der Europäische Gerichtshof eine *erga omnes* Wirkung jedweder sozialpartnerschaftlichen Umsetzung europäischer Sozialpolitik einfordert. Diese aber ist in Dänemark bislang nicht gesetzlich gegeben. Dagegen kommt es zu einer Besserstellung jener Sozialpartner (z.B. in Großbritannien), die zuvor nur marginal in die nationale Sozialpolitik eingebunden waren, unter anderem weil ihnen die EU neue Informationsquellen und Koalitionspartner bietet, die den nationalen Regierungen nicht offen stehen. Trotz dieser spürbaren Auswirkungen ist der abschließende Befund, dass nirgends eine Umwälzung der nationalen Interessenvermittlung stattgefunden hat. Es gibt zwar eine Reihe von Veränderungen, diese aber sind alle unterhalb der Schwelle von Systembrüchen angesiedelt. Dieses Ergebnis deckt sich mit den anderen Analysen zur Europäisierung der Interessenvermittlung in Teil 3 des Buches (siehe die Beiträge von Lang/Grote; Eising).

Für die Europäisierungsdebatte bedeutet dies eine Bestätigung der These vom Fortbestand eines „differential Europe" (Héritier *et al.* 2001), d.h. der Anpassung an die veränderten europäischen Kontextbedingungen ohne Vereinheitlichung. Dementsprechend hat sich die Vielfalt der nationalen Organisationsstrukturen und Handlungsstrategien erhalten. Die fortbestehende nationale Vielfalt wird besonders augenfällig, wenn man, wie in den Beiträgen des vorliegenden Bandes, die unterschiedlichen Aspekte der Interessenvermittlung untersucht, nämlich die einzelnen Interessengruppen, die Verbandssysteme und das Zusammenspiel von privaten und öffentlichen Akteuren bei der Formulierung und Umsetzung von Politik.

6 Interessenorganisation und Demokratie in der Europäischen Union

Schließlich hat seit einigen Jahren ein neuer Diskurs in die wissenschaftliche und politische Diskussion Einzug gehalten, der große Aufmerksamkeit auf sich zieht. Die politische Debatte um den Beitrag organisierter Interessen zur europäischen Demokratie trägt deutliche Züge eines „inszenierten" Diskurses: Die Kommission gab einen wichtigen Anstoß mit ihrem Weißbuch „Europäisches Regieren" (Kommission 2001a), schuf Foren für den Meinungsaustausch mit Vertretern der organisierten Interessen und regte gezielt auch die wissenschaftliche Diskussion an.[44] Vor allem hat sie im Folgeprozess zum Weißbuch konkrete Schritte unternommen, um die Zusammenarbeit mit Interessengruppen, von ihr kurz als „Zivilgesellschaft" bezeichnet (Kommission 2001a: 19), auf eine neue Grundlage zu stellen.[45] Dazu zählt die Festlegung auf Richtlinien und Standards (Kommission 2002a) für die Konsultation von und die Zusammenarbeit mit Interessengruppen ebenso wie die Einrichtung von offenen online-Beratungen und eines online-Forums zur „interaktiven Politikgestaltung"[46].

Die Kommission hat im Wirtschafts- und Sozialausschuss (WSA) einen aktiven Bündnispartner gefunden, der sich nach neuer Lesart aus den Vertretern der „organisierten Zivilgesellschaft" (Art. 257 EGV-Nizza) zusammensetzt und sich als „indispensable intermediary between the EU institutions and organised civil society"[47] begreift. Die Diskrepanz zwischen Anspruch und Verfassungswirklichkeit versucht er durch verschiedene Initiativen zu überwinden. Um die einseitige Rückbindung an die nationalen Interessengruppen zu kompensieren – seine Mitglieder werden auf Vorschlag der Mitgliedstaaten vom Rat ernannt –, soll die Zusammenarbeit mit den europäischen Interessenorganisationen in einer „Kontaktgruppe" institutionalisiert werden (WSA 2004a).

---

44 Vgl. die Veröffentlichungen (z.B. de Schutter/Lebessis/Paterson 2001); Konferenzen (z.B. Europe 2004 - Le Grand Débat; siehe Kommission 2001b) und ihre Forschungsinitiativen im 5. Rahmenprogramm für Forschung (z.B. das Forschungsprojekt „Citizenship and Democratic Legitimacy in the EU") und im 6. Rahmenprogramm (z.B. das Forschungsprojekt „Gouvernance de l'Espace Européen de la Recherche: Rôle de la société civile").

45 Bekanntlich gibt es sehr unterschiedliche Konzeptionen der Zivilgesellschaft, die mit unterschiedlichen (Erkenntnis-)Interessen verknüpft sind. In der Regel umfasst die Anwendung des Konzeptes auf etablierte westlichen Demokratien freiwillige Assoziationen aller Art zwischen Familie, Staat und Markt: Organisationen und Netzwerke der Nachbarschaftshilfe, Genossenschaften, Wohlfahrtsverbände, Parteien, Stiftungen, Gewerkschaften, Interessenorganisationen, soziale Bewegungen. Diese werden teils als Gegenpole zum Staat betrachtet und teils als vermittelnde Instanzen zwischen Staat und Bürgern. Die Kommission hat den Begriff der Zivilgesellschaft auf alle intermediären Organisationen ausgedehnt (Kommission 2002b: 6), während andere Konzeptionen mehr auf das Gemeinwohl bezogene Aktivitäten und die politische Teilhabe von Bürgern rekurrieren. Cohen/Arato (1992) präsentieren eine umfassende theoretische Behandlung des Themas. Einen jüngeren Überblick gibt Klein (2001). Emmanuel Richter (1999) wendet das Konzept auf die EU an und definiert die „europäische Zivilgesellschaft" dagegen als „freiwillige Assoziation von Bürgern und Gruppen innerhalb der Europäischen Union *mit dem Ziel des öffentlichen Diskurses* über europapolitische Themenfelder..." (Richter 1999: 137, Hervorhebung RE/BKK).

46 Zugänglich unter http://europa.eu.int/yourvoice.

47 Gemeinsame Erklärung der Präsidenten der Kommission und des WSA vom 24. September 2001 (CES 1235/2001 – Abs. 4).

Der angestrebte Rollenwandel ist nicht ohne Probleme, denn die tripartistische Struktur des WSA weist Arbeitgebern und Gewerkschaften eine hervorgehobene Bedeutung zu. Beide Gruppen zeigen sich wenig geneigt, ihre Vorzugsstellung durch Strukturreformen und eine Aufwertung des „zivilen Dialogs" gegenüber dem Sozialen Dialog einzubüßen.[48] Die Öffnung zu den Euroverbänden hat der WSA durch die Organisation von öffentlichen Foren vorangetrieben. Diese dienen gleichzeitig als Plattform und Kontaktstelle für Advokatennetze, in denen sich vor allem Vertreter der Allgemeininteressen wiederfinden, die sich der Leitidee der partizipativen Demokratie verschrieben haben und sie über den WSA als Hort des zivilen Dialoges stärken möchten.[49]

Mit der Aufnahme des Grundsatzes der „partizipativen Demokratie" in den Verfassungsentwurf wurde erneut die Idee der unmittelbaren und engen Zusammenarbeit zwischen EU-Institutionen und der europäischen Zivilgesellschaft stark gemacht.[50] Der Begriff der „partizipativen Demokratie", der in der europapolitischen Diskussion rasch Verbreitung gefunden hat, wird hier als Etikett für sehr unterschiedliche Zielvorstellungen gebraucht, die bei genauer Lektüre des Vertragstextes offenkundig werden (Kohler-Koch 2004a). Die verstärkte Einbindung gesellschaftlicher Gruppen in den europäischen Willensbildungsprozess zielt gleichermaßen auf

- eine Verbreiterung der Wissensbasis zur Qualitätssteigerung der EU Politik,
- eine umfassende Mobilisierung politischer Interessen und Förderung des direkten Engagements der Bürger und
- die Herstellung einer transnationalen demokratischen Öffentlichkeit.[51]

Im Folgenden analysieren wir deshalb, ob die in Angriff genommenen Neuerungen zielführend sind, wobei wir Rekurs auf Bewertungsmaßstäbe nehmen, die in den Debatten um deliberative Demokratie, politische Partizipation und europäische Öffentlichkeit entwickelt wurden. Wir betrachten dazu die Strukturierung von Konsultations- und Entscheidungsverfahren sowie die Funktionen der EU-Verbände als „Schulen der Demo-

---

48 Vgl. dazu den WSA-Bericht vom 10. Juli 2001, Economic and Social Committee and Organised Civil Society (CES 1009/2001 rev.).
49 So z.B. die Konferenz über „Participatory democracy: Current situation and opportunities provided by the European Constitution", Brüssel, 8.-9. März 2004. Der WSA hat gerade auch bei dem Konsultationsprozess des Verfassungskonvents die Anhörung der gesellschaftlichen Gruppen organisiert und damit seinen Anspruch untermauert, „Sprachrohr" der organisierten Zivilgesellschaft zu sein. Vgl. die Selbstdarstellung des WSA auf der internet Seite http://www.esc.eu.int (Juni 2004).
50 Im Verfassungsentwurf des Konventes wird neben den „repräsentativen Verbänden" die „Zivilgesellschaft" gesondert genannt (Art. 46 Abs. 2). Die Begründung lautet, dass Arbeitgeber- wie Arbeitnehmerverbände sowie die Interessenorganisationen von Regionen und Gebietskörperschaften „anderer Art" seien als die Zivilgesellschaft. Vgl. Europäischer Konvent, Vermerk des Präsidiums für den Konvent. Betr.: Das demokratische Leben der Union. Brüssel, 2. April 2003 (CONV 650/03), Artikel 34, Anmerkung 12.
51 Auf die in Art. 46 ebenfalls genannte Möglichkeit der direkten Demokratie wird hier nicht eingegangen, weil sie wenig Verbindungen mit dem System der funktionalen Interessenvermittlung aufweist; abweichend hierzu allerdings Abromeit/Schmidt 1998.

kratie" und als Anknüpfungspunkte für die Entstehung einer europäischen Öffentlichkeit.

6.1 Die Politik des offenen Dialoges

Seit Beginn der 1990er Jahre, ausgelöst durch die knappen Ergebnisse der Referenden zur Annahme des Vertrages von Maastricht und die rückläufigen Werte in den EUROBAROMETER-Umfragen, haben sich die europäischen Institutionen um mehr Bürgernähe bemüht (Kohler-Koch 2003). Die Zusammenarbeit mit den Interessengruppen wird als wichtiger Beitrag zur Überwindung des demokratischen Defizits gesehen. Das Bekenntnis zur „Einbindung der Zivilgesellschaft" im Weißbuch zum Europäischen Regieren (Kommission 2001a: 19) setzt neue Akzente gegenüber früheren Einschätzungen (Kommission 1992), die die Bedeutung des Informationsaustausches mit Interessengruppen für die Qualität europäischer Politik unterstrichen. Es zielt nun auf die stärkere Berücksichtigung der Vertreter allgemeiner Interessen und die Einbindung des einzelnen Bürgers in den Beratungsprozess ab. Die Ausweitung der gesellschaftlichen Teilhabe verspricht einen doppelten Legitimitätsgewinn: Sie verheißt Legitimität durch Verfahren wie auch Legitimität durch Leistung infolge der Berücksichtigung einer breiteren Palette von Präferenzen und Informationen.

Bislang variieren die Konsultationspraktiken der verschiedenen Generaldirektionen von ad hoc Konsultationen bis zu institutionalisierten Beratungen im Ausschusswesen. Seit den 1990er Jahren unternimmt die Kommission stärkere Anstrengungen, die organisierten Interessen der Zivilgesellschaft stärker institutionell einzubinden. Demokratische Partizipation soll durch Offenheit, Transparenz und Inklusivität als handlungsleitende Prinzipien erreicht werden. Die Beratungen zum Weißbuch und zur Umsetzung der „partizipativen Demokratie" verdeutlichen allerdings, dass hier die Achillesferse der neuen Strategie liegt (Kommission 2002c; WSA 2004b). Eine Reihe von Interessengruppen mahnt an, dass handhabbare Kriterien entwickelt werden müssen, um Chancengleichheit im Meinungsbildungsprozess herzustellen. Sie sollen gleiche Zugangsmöglichkeiten, die Repräsentativität der involvierten Organisationen und die faire Berücksichtigung der vorgetragenen Argumente gewährleisten. Dabei ist die Prüfung der Repräsentativität der Organisationen besonders umstritten. Über den allgemeinen Konsens hinaus, dass neben quantitativen Indikatoren (zu Mitgliedschaft, Aktivitäten, Lebensdauer) auch qualitative Merkmale (Autonomie, innerorganisatorische Demokratie, relevantes Sachwissen) Berücksichtigung finden sollten, sieht man Schwierigkeiten, der Vielfalt der Akteure gerecht zu werden.[52] Eine weitgehende Formalisierung widerspricht allerdings dem Interesse der Organisationen, die keine Eingriffe in ihre inneren Angelegenheiten wünschen.

---

52 Der WSA hat in Reaktion auf das Weißbuch der Kommission einen Vorstoß unternommen, einen solchen Kriterienkatalog zu formulieren (WSA 2001).

Mit der Einführung von online-Konsultationen sucht die Kommission nun den Prinzipien von Offenheit, Transparenz und Inklusion gleichermaßen Rechnung zu tragen: Sie legt ihre zur Entscheidung anstehenden Vorschläge offen, jeder Bürger und jede Organisation ist zur Stellungnahme aufgerufen, alle Eingaben sind online einsehbar, und die Kommission berichtet im Anschluss über das Ergebnis. In der Anwendung zeigen sich allerdings prinzipielle Zielkonflikte und Unzulänglichkeiten des Verfahrens (Kohler-Koch 2003): *Offenheit* korrigiert nicht die Ungleichheiten der Interessenrepräsentation. Nimmt man die Stellungnahmen zur Konsultationsrichtlinie als Beispiel, so sind staatliche und wirtschaftliche Akteure stärker repräsentiert als Vertreter diffuser Interessen. Dies drückt Ungleichheiten in der Ressourcenausstattung aus, und in der einseitigen geographischen Verteilung – zugunsten der nördlichen Länder – kommen auch Unterschiede in den politischen Kulturen zum Ausdruck (Kommission 2002b: Annex). *Inklusion*, d.h. die Einladung an möglichst alle Betroffenen, ihre Anliegen zu Gehör zu bringen, führt zu einer Informationsüberlastung, welche die Dienste der Kommission notwendigerweise zur selektiven Auswahl zwingt.[53] Online-Konsultationen zu umstrittenen Regulierungsmaßnahmen führen überdies zu einer Fülle von Stellungnahmen von höchst unterschiedlicher Qualität.[54] Eine Strategie mit diesem Problem umzugehen ist, über inhaltliche Vorgaben und formale Verfahren, beispielsweise durch einen Fragebogen, die Antworten vorzustrukturieren. Gerade das Beispiel der Chemikalienkontrolle zeigt, dass trotz aller Bemühungen um politische Neutralität solche Vorgaben zu einer einseitigen Einengung der Stellungnahmen führen.[55] So erfolgreich die Bemühungen um *Transparenz* bei der Vorbereitung und Durchführung der Konsultationen sind, so wenig ist diese schließlich bei der Auswertung zu gewährleisten, es sei denn der Europäische Gerichtshof entwickelt ähnlich strikte Vorgaben für die Begründung von Regulierungsvorschlägen, wie sie amerikanische Verwaltungsgerichte formuliert haben, was wiederum der Justizialisierung europäischer Politik Vorschub leisten würde.

6.2   Öffnung der supranationalen Deliberation für allgemeine Interessen?

Die Repräsentativität und faire Gewichtung der geäußerten Meinungen sagt noch wenig über den möglichen demokratischen Zugewinn aus. Bereits John Stuart Mill hat

---

53   Dies konnte in der Umsetzung des 6. Rahmenforschungsprogramms beobachtet werden: mehr als 11.500 Projektideen gingen ein; ob eine systematische und abgewogene Beurteilung – wie angekündigt – möglich war, erscheint angesichts der begrenzten Arbeitskapazitäten der Kommission fraglich.
54   Dies zeigte sich deutlich bei der Online Konsultation zur Chemikalienkontrolle; die Beteiligung war weit gestreut und die 6.400 eingegangenen Stellungnahmen reichten von fachlich und juristisch informierten Kommentaren und gezielten Nachbesserungsvorschlägen bis hin zu knappen ethischen Bekenntnissen (Finke/Jung/Kohler-Koch 2003). Zu diesen Konsultationen vgl. http://www.europa.eu.int/comm/enterprise/ reach/consultation.htm (Stand: 15. Juni 2004).
55   So hat die Kommission im Falle von REACH (Registration, Evaluation and Authorisation of Chemicals) die Frage nach der Effizienz der Verfahren in den Vordergrund gerückt. Ihre Vorgabe lautete: „In order to ensure the most effective processing of responses stakeholders are invited to concentrate on the efficiency of the mechanisms and procedures".

betont, dass für ein repräsentatives System nicht lediglich die Beauftragung und Kontrolle der Repräsentanten, sondern die Institutionalisierung von Deliberation bedeutend ist: Positionen sollen gehört, abgewogen und nur in Anbetracht überlegener vernünftiger Gründe verworfen werden (Mill 1972: 239-240). Die grundsätzlichen Überlegungen zur deliberativen Demokratie (Cohen 1989; Habermas 1998; Schmalz-Bruns 1995) haben die Demokratiedebatte zur EU beflügelt, weil die Übertragung der nationalstaatlichen Modelle majoritärer Abstimmungsdemokratien aufgrund der strukturellen Gegebenheiten der EU wenig erfolgversprechend ist (Cohen/Sabel 1997; Eriksen/Fossum 2000; Eriksen et al. 2003). Hier soll nun nicht unterstellt werden, dass mit den neuen Konsultationsverfahren sich Regieren „ (...) hin zu dezentralen Prozessen der Entscheidungsfindung in deliberativen Arenen verschiebt" (Schmalz-Bruns 1999: 189). Vielmehr soll geprüft werden, ob diese Verfahren geeignet sind, Anstöße für Deliberation in dem Sinne zu geben, dass die zwischenstaatlichen Aushandlungsprozesse und die am Eigennutz orientierte Vertretung partikularer Interessen ein Gegengewicht erhalten.

Dieses Gegengewicht wird nicht in einer Vorrangstellung der Vertreter allgemeiner Interessen gesehen, sondern in der Wahl von Verfahren, die eine Begründung von Positionen und deren Rechtfertigung im Hinblick auf die Lösung anstehender Probleme einfordern (siehe Eising 2001: 322-323): Selbst Autoren, die Deliberation als überzeugende Antwort auf „Einwände gegen die Legitimität des europäischen Projekts" ansehen (Joerges/Neyer 1998: 226), führen eine hohe Qualität der europäischen Beratungen letztlich nicht auf die Deliberation *per se* zurück, sondern auf deren besondere institutionelle Rahmenbedingungen: die Forderung von hohen Qualitätsstandards im EG-Recht, die Festlegung von Partizipationserfordernissen und -rechten, die rechtliche und sachliche Umrahmung der Selbstregelungsmandate von Verbänden, die laufende Kontrolle von Beratungen durch die Kommission, die nachträglichen Kontrollen ihrer Ergebnisse durch nationale Verwaltungen während der Implementation sowie die Sanktionsmöglichkeiten von Gerichten sollen eine hohe Qualität der Beratungen und europäischen Vorgaben sichern. Deliberation in der EU ist also institutionell voraussetzungsvoll und findet im Schatten administrativer und justizieller Hierarchie statt.

Auch die Einführung von Verfahren zur Folgenabschätzung geplanter Rechtsakte ist ein Ansatzpunkt für eine solche prozedurale Rationalität (Vibert 2004). Sie sollen zu möglichst transparenten und rationalen Entscheidungsverfahren führen und dienen gleichzeitig zur Identifikation von Betroffenen für gezielte Konsultationen (Kommission 2002a). Die Einrichtung von spezifischen online-Diensten, die von den einzelnen Generaldirektionen unterhalten werden und potentielle Interessenten regelmäßig mit Daten und Entwicklungen in einem Politikfeld versorgen, soll zudem ein hohes Informationsniveau sicher stellen. Die Rechtfertigung europäischer Politik soll nicht mehr ausschließlich auf fundiertes Expertenwissen, sondern auf „vernünftige" Argumente gestützt werden, die in einer diskursiven Auseinandersetzung mit verschiedensten Akteuren gewonnen werden. Auf diese Weise sollen Partizipation und Effizienz sich wechselseitig verstärken.

Manche der neu geschaffenen Konsultationsforen erfüllen allerdings nicht die in sie gesetzten Erwartungen, weil ihre institutionelle Ausgestaltung unzureichend ist. Am Beispiel des European Consultative Forum on the Environment and Sustainable Development (ECFESD) lässt sich zwar zeigen, dass die Ansprüche an geographisch und politisch ausgewogene Repräsentation, Offenheit und Transparenz bei der Einrichtung des Gremiums erfüllt wurden. Aber das Forum hat weder einen spürbaren Beitrag zur Deliberation noch zur stärkeren Partizipation interessierter Akteure geleistet, weil es von der Kommission nur selten konsultiert wurde und während seiner vierjährigen Tätigkeit nur zweimal Gelegenheit hatte, Kontakt zu einer breiteren Öffentlichkeit aufzubauen (Finke/Jung/Kohler-Koch 2003). Seine Schattenexistenz und seine mangelnde Rückbindung an die gesellschaftlichen Akteure an der Basis lassen es höchst fraglich erscheinen, ob nun generell Kommunikationsformen institutionalisiert werden können, „die für alle verfahrenskonform erzielten Ergebnisse die Vermutung der Vernünftigkeit begründen". (Habermas 1998: 368). Damit wird auch der erhoffte Legitimationsgewinn zweifelhaft, denn „(d)ie deliberative Politik gewinnt ihre legitimierende Kraft aus der diskursiven Struktur einer Meinungs- und Willensbildung, die ihre sozialintegrative Funktion nur dank der Erwartung einer vernünftigen *Qualität* ihrer Ergebnisse erfüllen kann" (ebd. 369, Hervorhebung im Original).

6.3 Der Beitrag von Interessengruppen zu Partizipation und Öffentlichkeit

Die seit Maastricht in den Gemeinschaftsverträgen verankerte Unionsbürgerschaft bringt ebenso wie die Übernahme der Charta der Grundrechte in den EU-Verfassungsentwurf den Qualitätswandel des europäischen Systems und die daraus resultierenden politischen Ansprüche zum Ausdruck: Für die Europäische Wirtschaftsgemeinschaft genügte der „Marktbürger", für die Europäische Union wurden die wirtschaftlichen und sozialen Rechte um politische Rechte ergänzt. Allerdings sind auch heute noch die politischen Teilhaberechte äußerst begrenzt, was einige Beobachter als gewichtiges Element des demokratischen Defizits der Union einstufen (Shaw 2000: 382). Die ebenfalls von den Gemeinschaftsinstitutionen kräftig inszenierte politische Debatte um „citizenship" nährt die Hoffnung, dass Bürgerrechte, gerade weil sie historisch und in der Demokratietheorie mit dem Anspruch auf politische Teilhabe einhergehen, zu mehr politischer Partizipation in der EU führen werden. Unterstellt wird, dass insbesondere jene Nichtregierungsorganisationen, die sich in der europäischen Politik für allgemeine Interessen stark machen, zu Katalysatoren einer partizipatorischen Politik werden.

Die Ausweitung der grenzüberschreitenden Aktivitäten solcher Gruppen in den zurückliegenden Jahren bewerten einige Beobachter denn auch als Beleg für eine allmähliche Demokratisierung von unten. Empirische Untersuchungen, die die Rolle von EU-Verbänden in der Tradition von Alexis de Tocqueville analysieren (z.B. Warleigh 2003), kommen allerdings zu dem Ergebnis, dass diese Organisationen nur unzureichende „Schulen der Demokratie" im europäischen Mehrebenensystem sind. Zwar wecken ihre Öffentlichkeitsarbeit und ihr Eintreten für bestimmte politische Ziele durchaus politische Aufmerksamkeit. Aber etliche Gruppen zeigen wenig Interesse, ihr politisches Handeln im Einzelnen offen zu legen und zielen eher auf eine generalisierte Folgebereitschaft ab, die größeres politisches Gewicht und höhere Einnahmen verspricht. Verbände können dem Anspruch einer inhaltlichen Auseinandersetzung oft deshalb nicht genügen, weil selbst ihren politischen interessierten Anhängern die EU zu fern und unverständlich ist. So kumulieren in etlichen Organisationen mangelnde Anreize, knappe Ressourcen und unzureichende Kommunikation: Verbandsaktivisten tragen die organisationsinterne Willensbildung, es gibt kaum systematische Austauschmechanismen mit der Anhängerschaft (Warleigh 2003: 29).

Deshalb kommt Warleigh (2003: 31) zu dem Schluss, dass selbst jene Organisationen, die sich der Vertretung öffentlicher Interessen verschrieben haben, weder zur Entwicklung einer transnationalen Zivilgesellschaft beitragen, noch als Sozialisationsinstanzen wirken oder die unmittelbare Partizipation ihrer Anhängerschaft sichern. Ähnlich lauten die Schussfolgerungen von Doug Imig und Sid Tarrow zu den Verbindungen zwischen den europäischen und den nationalen Gruppen für allgemeine Interessen (2001b: 21; siehe Abschnitt 4.1), die insbesondere durch Analysen zu den entsprechenden Gruppen in der europäischen Migrations- und Asylpolitik untermauert werden (Guiraudon 2001: 165; Trenz 2002: 141). Diese Untersuchungen verweisen auch darauf, dass die Vergabekriterien für die Teilnahme an EU-Programmen „grass roots"-Organisationen benachteiligen können: diese Gruppen sind in der Regel nicht in der Lage, die erforderlichen transnationalen Kooperationsprojekte zu konzipieren und durchzuführen (Guiraudon 2001: 173). Insofern können EU-Förderprogramme Unterschiede in den Mittelausstattungen der Organisationen der Zivilgesellschaft zur Folge haben.

Andere Studien führen zu weniger skeptischen Einschätzungen: So hat die European Womens' Lobby (EWL) seit den 1990er Jahre die Beziehungen zu ihren nationalen Mitgliedsorganisationen intensiviert und den gegenseitigen Informationsfluss wie auch die transnationale Zusammenarbeit verbessert. Besonders die Lobbykampagne für die Aufnahme von Gleichstellungsregeln in den Amsterdamer Vertrag löste Lernprozesse über die europäischen Institutionen bei den nationalen Mitgliedern aus. Diese beteiligten sich nicht nur stärker in den EWL-Entscheidungsverfahren und mobilisierten ihre Anhängerinnen in Demonstrationen für die Änderung der europäischen Verträge (Helferich/Kolb 2001: 154-157), auch die Autonomie einiger Mitgliedsorganisationen gegenüber mitgliedstaatlichen Institutionen wurde gestärkt. Aus dieser Fallstudie lassen sich drei Bedingungen für eine solche Intensivierung und wechselseitige Stärkung in der verbandlichen Mehrebenenverflechtung destillieren: (1) die Abhängigkeit des Euroverbandes von der Expertise der Mitglieder, (2) die Abhängigkeit des Lobbyerfolges von einer koordinierten Interessenvertretung in den EU-Mitgliedstaaten und auf europäischer Ebene, und (3) die Entscheidung, nicht nur Insider-, sondern auch Outsiderstrategien zu nutzen. Soweit Euroverbände in erheblichem Maße über unabhängige Expertise verfügen und ihre Interessen vornehmlich durch Insiderstrategien auf europäischer Ebene verfolgen, bleibt die Verbindung mit ihren nationalen Mitgliedern schwach.

Lücken im Angebot der Eurogruppen werden auch durch Defizite in der Nachfrage verursacht. Wer für allgemeine Belange wie Umwelt- oder Verbraucherschutz, Wahrung der Menschenrechte, Schutz für Immigranten oder Gleichberechtigung eintritt, sucht nach Interessenvertretern. Er wird nicht selbst aktiv und fühlt sich auch nicht veranlasst, sich unmittelbar an deren Willensbildung zu beteiligen. Das Angebot dieser Verbände deckt bereits die Nachfrage nach politischer Teilhabe, wie eine Befragung europäischer NGOs zeigt: „NGO supporters do not wish to use these organisations as a means of active citizenship. Instead, supporters wish to delegate responsibility to organisations whose broad aim they support even if they are ignorant of and might conceivably oppose, these organisations' policy stances on a range of issues" (Warleigh 2003: 30). Zur gleichen Einschätzung kommt Jochen Roose (2003) in einer vergleichenden Untersuchung nationaler Umweltorganisationen. Er erklärt dieses Phänomen mit den diffusen Zielvorstellungen und dem generalisierten Vertrauen von Mitgliedern bzw. Unterstützern (ebd.: 155-156). Ebenso überzeugend ist die Interpretation, dass die europäischen Bürger sich wie Marktteilnehmer verhalten: die Umweltorganisationen bieten sich als Experten für Umweltpolitik mit unterschiedlichem Profil und Qualität an und werden für ihre Dienste eingekauft. Der Bedarf an politischer Einflussnahme wird durch die Nachfrage gedeckt und benötigt keine weitere Interaktion.

Die empirische Evidenz ist insgesamt ernüchternd, aber nicht überraschend: die Gruppen für allgemeine Interessen können sicherlich dazu beitragen, neue Themen auf die EU-Agenda zu bringen und auch eine gewisse Gegenmacht zu staatlichen und wirtschaftlichen Akteuren bilden, selbst wenn sie auf europäischer Ebene in der Minderzahl sind und von der Unterstützung durch die EU-Institutionen abhängen. Als intermediäre Infrastruktur sind sie Voraussetzung für die Artikulation und Bündelung gesellschaftlicher Interessen, und können auch eigene Anstöße für die Definition dieser Interessen geben. Ihre verstärkte Einbindung in die EU-Politik zeitigt aber nicht auf breiter Front die demokratischen Effekte, die de Tocqueville Assoziationen generell zuschrieb. Die Gründe dafür liegen auf der Hand: Die meisten dieser Euroverbände setzen sich aus nationalen Verbänden und nicht aus EU-Bürgern zusammen oder sie agieren als politische Unternehmer am öffentlichen Meinungsmarkt. Ihre demokratischen Effekte sind damit in hohem Maße kontingent. Sie hängen von den je spezifischen Beziehungen mit den nationalen Verbänden und von den Rahmenbedingungen ab, unter denen diese ihrerseits handeln.

6.4   Aktivierung einer europäischen Öffentlichkeit

Schließlich ist zu fragen, ob die europäischen Aktivitäten von gesellschaftlichen Gruppen nicht zumindest zur Entstehung einer europäischen Öffentlichkeit in bescheidener Form beiträgt. Öffentlichkeit wird grundsätzlich als konstitutiv für jede Demokratie gehalten, doch nach liberalem Demokratieverständnis genügt eine bescheidenere Form von Öffentlichkeit[56] als sie nach den Protagonisten der Zivilgesellschaft oder auf der Grundlage der Diskurstheorie gefordert wird (Habermas 1998: 359-366). In der liberalen Konzeption muss Öffentlichkeit lediglich die Abwägung eigener Interessenpositionen und die wirkungsvolle Kontrolle von Politik gewährleisten; ihre wesentliche Funktion ist, die Ausübung politischer Macht zu legitimieren.

Die Frage, ob europäische Interessenpolitik, d.h. die Interaktion europäischer Institutionen und gesellschaftlicher Gruppen zur Entwicklung einer europäischen Öffentlichkeit beiträgt, lässt sich dann an der Thematisierung kontroverser europäischer Entscheidungen, der Verdeutlichung der europäischen politischen Zusammenhänge und der Zuschreibung von Verantwortlichkeiten ermessen.

Die Institutionen der EU haben in den zurückliegenden Jahren Kampagnen mit dem erklärten Ziel gestartet, für spezifische Themen eine europaweite Sensibilität und Öffentlichkeit zu schaffen, wie z.B. das Europäische Jahr gegen Rassismus 1997. Diese Kampagnen zielen auf eine affirmative Öffentlichkeit und dienen auch der Selbstinszenierung der Institutionen, aber Dank der Übereinstimmung in inhaltlichen Fragen und durch finanzielle Anreize ist es immer wieder gelungen, eine Vielzahl gesellschaftlicher Gruppen für Allgemeininteressen auf europäischer, nationaler und sub-nationaler Ebene einzubinden. Diese haben durch ihre Mitwirkung das Meinungsspektrum erweitert und den Kampagnen zu mehr öffentlicher Aufmerksamkeit verholfen. Überprüft man die Wirkung der Kampagnen an ihrem Niederschlag in den Medien, zeigen sich aber deutliche Grenzen, denn es überwiegt eine „Inlandsberichterstattung": im Vordergrund stehen nationale und nicht die europäischen Akteure, berichtet wird von Aktionen vor Ort und nicht im europäischen Verbund, Verantwortlichkeiten werden im örtlichen und nationalen Umfeld und nicht in der EU verortet (Trenz 2002: 136). Diese Kampagnen schaffen also nur in einem sehr begrenzten Maße eine transnationale Öffentlichkeit.

Die öffentliche Resonanz ist etwas nachhaltiger, wenn oppositionelle Gruppen eine Gegenöffentlichkeit zu Positionen der EU-Institutionen aufbauen. Das Wechselspiel von Meinung und Gegenmeinung zwingt stärker zur öffentlichen Rechtfertigung (Eder/Trenz 2003: 119). Die Schaffung einer kritischen Öffentlichkeit fällt umso leichter, je plausibler die Auseinandersetzung als Wettstreit zwischen Staatsräson und demokratischer Gesellschaft stilisiert und dem „Vertuschungsinteresse" der Regierungen das „Enthüllungsinteresse" der Bürgeranwälte gegenüber gestellt werden kann (Trenz 2002: 86-87). Dies lenkt den Blick darauf, dass Öffentlichkeit häufig intentional hergestellt wird. Allerdings ist nur für wenige Interessenorganisationen, wie z.B. für Transparency International, die Herstellung von Öffentlichkeit ein Selbstzweck zur Beförderung diskursiver Auseinandersetzung und guten Regierens. In der Regel zielt Öffentlichkeitsar-

---

56 Dies trifft vor allem auf die elitäre Variante der liberalen Demokratietheorie zu, weitreichendere Forderungen formuliert z.B. Michael Greven (1998).

beit auf die Mobilisierung gesellschaftlicher Unterstützung zur Durchsetzung der eigenen Ziele und Interessen in der europäischen Politik. Dies gilt nicht nur für Straßenblockaden durch Landwirte, sondern ebenso für Pressekampagnen zugunsten gentechnisch veränderter Nahrungsmittel oder Demonstrationen der Frauenbewegung für die Aufnahme von Gleichstellungsregeln in EU Recht. Die Frage ist, ob auch dann, wenn nicht unmittelbar Bürgerrechte tangiert werden, durch die Politisierung eines begrenzten Themas der EU-Politik ein Beitrag zur europäischen Öffentlichkeit geleistet wird. Die These vom „demokratischen Funktionalismus" unterstellt, dass gerade aus solch sektoralen Teilöffentlichkeiten eine „Pluralisierung von Öffentlichkeit" in der EU erwächst (Eder/Hellmann/Trenz 1998: 325). Die Autoren setzen darauf, dass politische Vorhaben in der EU immer wieder von einer kritischen Thematisierung unerwünschter Folge- oder Nebenwirkungen begleitet sein werden und die EU-Institutionen sich zunehmend der Notwendigkeit öffentlicher Rechtfertigung bewusst sind. Dies leitet aus ihrer Sicht einen allmählichen Demokratisierungsprozess ein. Der Nachweis, dass Öffentlichkeitsarbeit gleichermaßen als Verkaufsstrategie und Machtpolitik eingesetzt wird, steht dieser Einschätzung nicht entgegen (Eder/Trenz 2003: 131). Entscheidend für eine normative Beurteilung ist nämlich ihr Beitrag zu einer kritischen und zur politischen Auseinandersetzung bereiten Öffentlichkeit, die das Allgemeine in den jeweils angesprochenen konkreten Themenfeldern sieht.

Im zurückliegenden Jahrzehnt kann man eine Öffnung hin zu einem stärker politischen Diskurs verfolgen, in dessen Mittelpunkt nicht mehr nur spezifische EU-Politiken stehen, sondern die Verfasstheit der EU und ihrer Verfahren. Die Bereitschaft zum öffentlichen Austrag von Kontroversen hat deutlich zugenommen, auch wenn viele Beratungen immer noch auf transnational verflochtene Elitezirkel beschränkt sind. Die republikanischen oder diskurstheoretischen Verstellungen über europäische Öffentlichkeit greifen also nur begrenzt. EU-Verbände tun sich schwer, als „Schulen der Demokratie" zu wirken. Dies ist eine Rolle, die einige Beobachter auch bei nationalen Verbänden eher skeptisch einschätzen (Offe 1995). Als zivilgesellschaftliche Infrastrukturen verbinden die europäischen und nationalen Verbände allerdings zunehmend die nationalen politischen Räume. Als intermediäre Organisationen sind sie teils auch wichtige kollektive Akteure in der europäischen Interessenpolitik.

Literatur

Abromeit, Heidrun/Schmidt, Thomas (1998): Grenzprobleme der Demokratie – konzeptionelle Überlegungen. in: Kohler-Koch, Beate (Hrsg.). Regieren in entgrenzten Räumen. (Politische Vierteljahresschrift Sonderheft 29). Opladen: Westdeutscher Verlag: 293-320.
Ackermann, Paul (1970): Der Deutsche Bauernverband im politischen Kräftespiel der Bundesrepublik. Die Einflußnahme des DBV auf die Entscheidung über den europäischen Getreidepreis. Tübingen: J.C.B. Mohr.
Andersen, Sven S./Eliassen, Kjell A. (1991): European Community Lobbying. European Journal of Political Research; Bd. 20: 173-187.

Ansell, Chris (2000): The networked polity: regional development in Western Europe. Governance; vol 13, Heft 3: 303-333.
Aspinwall, Mark (1998): Collective attraction - the new political game in Brussels. in: Greenwood, Justin/Aspinwall, Mark (Hrsg.). Collective action in the European Union. Interests and the new politics of associability. London: Routledge: 196-213.
Aspinwall, Mark (1999): Planes, trains, and automobiles: transport in the European Union. in: Kohler-Koch, Beate/ Eising, Rainer (Hrsg.). The transformation of governance in the European Union. London: Routledge: 119-134.
Aspinwall, Mark/Greenwood, Justin (1998): Conceptualising collective action in the European Union, in: Greenwood, Justin/Aspinwall, Mark (Hrsg.). Collective action in the European Union. Interests and the new politics of associability. London: Routledge: 1-30.
Averyt, William F. (1975): Eurogroups, Clientela, and the European Community. International Organization; Bd. 29, Heft 4: 949-972.
Balme, Richard/Chabanet, Didier/Wright, Vincent (Hrsg.) (2002): L'action collective en Europe/Collective Action in Europe. Paris: Presses de Sciences Po.
Bartle, Ian (1999): Transnational interests in the European Union. Globalization and changing organization in telecommunications and electricity. Journal of Common Market Studies; Bd. 37, Heft 3: 363-384.
Bennett, Robert J. (1997): The impact of European economic integration on business associations: the UK case. West European Politics; Bd. 20, Heft 3: 61-90.
Benz, Arthur (1998): Politikverflechtung ohne Politikverflechtungsfalle - Koordination und Strukturdynamik im europäischen Mehrebenensystem. Politische Vierteljahresschrift; Bd. 39, Heft 4: 558-589.
Benz, Arthur (2004): Path-dependent institutions and strategic veto players – national parliaments in the European Union. West European Politics; Bd. 27, Heft 5: i.E.
Benz, Arthur/Lehmbruch, Gerhard (Hrsg.) (2002): Föderalismus. Analysen in entwicklungsgeschichtlicher und vergleichender Perspektive. (Politische Vierteljahresschrift Sonderheft 32). Opladen: Westdeutscher Verlag.
Börzel, Tanja A. (1997): What's so special about policy networks? An exploration of the concept and its usefulness in studying European governance. European Integration Online Papers (EIoP); Bd. 1, Heft 16.
Branch, Ann (2002): The impact of the European Union on the trade union movement, in: Balme, Richard/Chabenet, Didier/Wright, Vincent (Hrsg.). L'action collective en Europe/Collective Action in Europe. Paris: Presses de Science Po: 279-311.
Burkhardt-Reich, Barbara/Schumann, Wolfgang (1983): Agrarverbände in der EG. Das agrarpolitische Entscheidungsgefüge in Brüssel und den EG-Mitgliedstaaten unter besonderer Berücksichtigung des Euro-Verbandes COPA und seiner nationalen Mitgliedsverbände. Kehl: Engel.
Camerra-Rowe, Pamela G. (1994): Lobbying in the new Europe: firms and politics in the Single European Market. Durham: Duke University, PhD-Dissertation.
Caporaso, James A. (1974): The structure and function of European integration. Pacific Palisades, CA: Goodyear Publishing Company.
Clark, Peter B./Wilson, James Q. (1961): Incentive systems: a theory of organizations. Administrative Science Quarterly; Bd. 6, Heft 3: 219-266.
Coen, David (1997): The evolution of the large firm as a political actor in the European Union. Journal of Public Policy; Bd. 4, Heft 1: 91-108.
Coen, David (1998): The European business interest and the nation state: Large-firm lobbying in the European Union and member states. Journal of Public Policy; Bd. 18, Heft 1: 75-100.
Coen, David (2002): Business interests and European integration. in: Balme, Richard/ Chabenet, Didier/Wright, Vincent (Hrsg.). L'action collective en Europe/Collective Action in Europe. Paris: Presses de Science Po: 255-277.

Cohen, Jean/Arato, Andrew (1992): Civil Society and Political Theory. Cambridge: MIT Press.
Cohen, Joshua (1989): Deliberation and Democratic Legitimacy. in: Hamlin, Alan/Pettit, Philip (Hrsg.). The Good Polity. Normative Analysis of the State. Oxford: Basil Blackwell: 17-34.
Cohen, Joshua/Sabel, Charles (1997): Directly-deliberative polyarchy. European Law Journal; Bd. 3, Heft 4: 313-343.
Constantelos, John (1996): Multi-level lobbying in the European Union: a paired sectoral comparison across the French-Italian border. Regional and Federal Studies; Bd. 6, Heft 1: 28-55.
Cowles, Maria G. (1997): Organizing industrial coalitions: A challenge for the future? in: Wallace, Helen/Young, Alasdair R. (Hrsg.). Participation and policy-making in the European Union. Oxford: Clarendon Press: 116-140.
Cowles, Maria G. (2001): The transatlantic business dialogue and domestic business-government relations. in: Cowles, Maria/Caporaso, James A./Risse, Thomas (Hrsg.). Transforming Europe. Europeanization and domestic change. Ithaca: Cornell University Press: 159-179.
Cram, Laura (1998): The EU institutions and collective action: constructing a European interest, in: Greenwood, Justin/Aspinwall, Mark (Hrsg.). Collective action in the European Union. Interests and the new politics of associability. London: Routledge: 63-80.
Cullen, Pauline P. (1999): Pan-European non governmental organizations: European Union sponsored mobilization and activism for social rights. Paper presented at the European Community Studies Association Conference, Pittsburgh.
della Porta, Donatella (2003): The europeanisation of protest: a typology and some empirical evidence. EUI Working Paper SPS, (2003/18).
De Schutter, Olivier/Lebessis, Notis/Paterson, John (Hrsg.) (2001): Governance in the European Union. 'Cahiers' of the Forward Studies Unit. Luxembourg: Office for Offical Publications of the European Commission.
Ebbinghaus, Bernhard/Visser, Jelle (1994): Barrieren und Wege "grenzenloser Solidarität": Gewerkschaften und Europäische Integration. in: Streeck, Wolfgang (Hrsg.). Staat und Verbände. (Politische Vierteljahresschrift Sonderheft 25): Opladen: Westdeutscher Verlag: 223-255.
Ebbinghaus, Bernhard/Visser, Jelle (2000): Trade Unions in Western Europe since 1945. London: Macmillan/Palgrave.
Eckstein, Harry (1992): Regarding politics. Essays on political theory, stability, and change. Berkeley/Los Angeles/Oxford: University of California Press.
Eder, Klaus/Hellmann, Kai-Uwe/Trenz, Hans-Jörg (1998): Regieren in Europa jenseits öffentlicher Legitimation? Eine Untersuchung zur Rolle von politischer Öffentlichkeit in Europa. in: Kohler-Koch, Beate (Hrsg.). Regieren in entgrenzten Räumen. (Politische Vierteljahresschrift Sonderheft 29). Opladen: Westdeutscher Verlag: 321-344.
Eder, Klaus/Kantner, Cathleen (2000): Transnationale Resonanzstrukturen in Europa. Eine Kritik der Rede vom Öffentlichkeitsdefizit. in: Bach, Maurizio (Hrsg.). Die Europäisierung nationaler Gesellschaften. Wiesbaden: Westdeutscher Verlag: 306-331.
Eder, Klaus/Trenz, Jans-Jörg (2003): The Making of a European Public Space: The Case of Justice and Home Affairs. in: Kohler-Koch, Beate (Hrsg.): Linking EU and National Governance. Oxford: Oxford University Press: 111-134.
Eichener, Volker/Voelzkow, Helmut (1994): Europäische Integration und verbandliche Interessenvermittlung: Ko-Evaluation von politisch-administrativem System und Verbändelandschaft. in: dies. (Hrsg.). Europäische Integration und verbandliche Interessenvermittlung. Marburg: Metropolis: 9-25.
Eising, Rainer (2000): Liberalisierung und Europäisierung. Die regulative Reform der Elektrizitätsversorgung in Großbritannien, der Europäischen Gemeinschaft und der Bundesrepublik Deutschland. Opladen: Leske+Budrich.

Eising, Rainer (2001): Assoziative Demokratie in der Europäischen Union? in: Zimmer, Annette/Wessels, Bernhard (Hrsg.). Verbände und Demokratie in Deutschland. Opladen: Leske+Budrich: 293-330.
Eising, Rainer (2004): Multilevel governance and business interests in the European Union. Governance; Bd. 17, Heft 2: 211-246.
Eising, Rainer/Jabko, Nicolas (2001): National interests and European Union electricity liberalization. Comparative Political Studies; Bd. 34, Heft 7: 242-267.
Eising, Rainer/Kohler-Koch, Beate (1994): Inflation und Zerfaserung. Trends der Interessenvermittlung in der Europäischen Gemeinschaft. in: Streeck, Wolfgang (Hrsg.). Staat und Verbände (Politische Vierteljahresschrift Sonderheft 25). Opladen: Westdeutscher Verlag: 175-206.
Eising, Rainer/Kohler-Koch, Beate (1999): Governance in the European Union: a comparative assessment. in: Kohler-Koch, Beate/Eising, Rainer (Hrsg.). The transformation of governance in the European Union. London: Routledge: 267-285.
Eriksen, Erik Oddvar/Fossum, John Erik (Hrsg.) (2000): Democracy in the European Union. Integration Through Deliberation? London/New York: Routledge.
Eriksen, Erik Oddvar/Joerges, Christian/Neyer, Jürgen (Hrsg.) (2003): European governance, Deliberation and the quest for democratisation. (ARENA Report No 02). Oslo: ARENA.
Falkner, Gerda (1999): European social policy: towards multi-level and multi-actor governance. in: Kohler-Koch, Beate/Eising, Rainer (Hrsg.). The transformation of governance in the European Union. London: Routledge: 83-97.
Falkner, Gerda (2000): Policy networks in a multi-level system: convergence towards moderate diversity? West European Politics; Bd. 23, Heft 4: 94-121.
Feld, Werner J. (1970): Transnational business collaboration among common market countries. New York: Praeger.
Finke, Barbara/Jung, Nikola/Kohler-Koch, Beate (2003): Europäisierung des intermediären Raums: Steuerungsinstrumente der europäischen Kommission. Konferenzbeitrag für die Drei-Länder-Tagung der deutschen, österreichischen und schweizerischen Vereinigungen für politische Wissenschaft. Bern (14.-15.11.2003).
Fisher, Chris (1994): The lobby to stop testing cosmetics on animals. in: Pedler, Robin H./Van Schendelen, Marinus P. C. M. (Hrsg.). Lobbying the European Union. Companies, trade associations and issue groups. Aldershot: Dartmouth: 227-241.
Gabel, Matthew J./Anderson, Christopher J. (2002): The structure of citizen attitudes and the European political space. Comparative Political Studies; Bd. 35, Heft 8: 893-913.
Gerhards, Jürgen (1993): Westeuropäische Integration und die Schwierigkeiten der Entstehung einer Europäischen Öffentlichkeit. Zeitschrift für Soziologie; Bd. 22, Heft 2: 96-110.
Gottweis, Herbert (1999): Regulating genetic engineering in the European Union: a poststructuralist perspective. in: Kohler-Koch, Beate/Eising, Rainer (Hrsg.). The transformation of governance in the European Union. London: Routledge: 61-82.
Grande, Edgar (1994): Vom Nationalstaat zur europäischen Politikverflechtung. Expansion und Transformation moderner Staatlichkeit – untersucht am Beispiel der Forschungs- und Technologiepolitik. Habilitationsschrift. Universität Konstanz.
Grande, Edgar (2000): Multi-level governance: Institutionelle Besonderheiten und Funktionsbedingungen des europäischen Mehrebenensystems. in: Grande, Edgar/ Jachtenfuchs, Markus (Hrsg.). Wie problemlösungsfähig ist die Europäische Union? Baden-Baden: Nomos.
Greenwood, Justin (2002a): EU interest groups and their members: when is membership a "collective action problem"? in: Balme, Richard/Chabenet, Didier/Wright, Vincent (Hrsg.). L'action collective en Europe/Collective Action in Europe. Paris: Presses de Sciences Po: 227-253.
Greenwood, Justin (2002b): Inside the EU business associations. Basingstoke: Palgrave/Macmillan.

Greenwood, Justin (2003): Interest Representation in the European Union. Basingstoke: Palgrave/Macmillan.
Greenwood, Justin/Aspinwall, Mark (Hrsg.) (1998): Collective action in the European Union. Interests and the new politics of associability. London: Routledge.
Greenwood, Justin/Grote, Jürgen/Ronit, Karsten (Hrsg.) (1992): Organized interests and the European Community. London et al.: Sage Publications.
Greenwood, Justin/Ronit, Karsten (1994): Interest groups in the European Community: Newly emerging dynamics and forms. West European Politics; Bd. 17, Heft 1: 31-52.
Greenwood, Justin/Webster, Ruth (2000): Are EU business associations governable? European Integration Online Papers; Bd. 4, Heft 3.
Greven, Michael (1998): Mitgliedschaft, Grenzen und politischer Raum: Problemdimensionen der Demokratisierung der Europäischen Union. in: Kohler-Koch, Beate (Hrsg.). Regieren in entgrenzten Räumen (Politische Vierteljahresschrift Sonderheft 29). Opladen: Westdeutscher Verlag: 249-270.
Guiraudon, Virginie (2001): Weak weapons of the weak? Transnational mobilization around migration in the European Union. in: Imig, Doug/Tarrow, Sidney (Hrsg.). Contentious Europeans. Protest and politics in an emerging polity. Lanham: Rowman & Littlefield: 163-183.
Haas, Ernst B. (1958): The uniting of Europe. Political, social and economic forces, 1950-1957. Stanford: Stanford University Press.
Habermas, Jürgen (1998): Faktizität und Geltung. Beiträge zur Diskurstheorie des Rechts und des demokratischen Rechtsstaats. Frankfurt/Main: Suhrkamp Taschenbuch Wissenschaft.
Harvey, Brian (1993): Lobbying in Europe: The experience of voluntary organization. in: Mazey, Sonia/ Richardson, Jeremy (Hrsg.). Lobbying in the European Community. Oxford: Oxford University Press : 188-200.
Hayes-Renshaw, Fiona/Wallace, Helen (1997): The Council of Ministers. Basingstoke: Macmillan.
Hayward, Jack (Hrsg.) (1995): Industrial enterprise and European integration: from national to international champions in Western Europe. Oxford: Oxford University Press.
Heinelt, Hubert (1998): Zivilgesellschaftliche Perspektiven einer demokratischen Transformation der Europäischen Union. Zeitschrift für Internationale Beziehungen; Bd. 5, Heft 1: 79-107.
Helfferich, Barbara/Kolb, Felix (2001): Multilevel action coordination in European contentious politics: the case of the European Women's Lobby. in: Imig, Doug/Tarrow, Sidney (Hrsg.). Contentious Europeans. Protest and politics in an emerging polity. Lanham: Rowman & Littlefield: 143-161.
Héritier, Adrienne (2002): New modes of governance in Europe. in: Héritier, Adrienne (Hrsg.). Common goods. Lanham: Rowman & Littlefield: 185-206.
Héritier, Adrienne et al. (Hrsg.) (2001): Differential Europe: EU impact on national policymaking. Lanham: Rowman & Littlefield.
Hey, Christian/Brendle, Uwe (1994): Umweltverbände und EG: Strategien, politische Kulturen und Organisationsformen. Opladen: Westdeutscher Verlag.
Hix, Simon (2003): Parteien, Wahlen und Demokratie in der EU. in: Jachtenfuchs, Markus/Kohler-Koch, Beate (Hrsg.). Europäische Integration. Opladen: Leske+Budrich: 151-180.
Imig, Doug/Tarrow, Sidney (Hrsg.) (2001a): Contentious Europeans. Protest and politics in an emerging polity. Lanham: Rowman & Littlefield.
Imig, Doug/Tarrow, Sidney (2001b): Mapping the europeanization of contestation: evidence from a quantitative data analysis. in: Imig, Doug/Tarrow, Sidney (Hrsg.). Contentious Europeans. Protest and politics in an emerging polity. Lanham: Rowman & Littlefield: 27-49.

Imig, Doug/Tarrow, Sidney (2001c): Studying contention in an emerging polity. in: Imig, Doug/Tarrow, Sidney (Hrsg.). Contentious Europeans. Protest and politics in an emerging polity. Lanham: Rowman & Littlefield: 3-26.
Imig, Doug/Tarrow, Sidney (2003): Politischer Protest im europäischen Mehrebenensystem. in: Jachtenfuchs, Markus/Kohler-Koch, Beate (Hrsg.). Europäische Integration. Opladen: Leske+Budrich: 151-180.
Jachtenfuchs, Markus/Kohler-Koch (1996): Regieren im dynamischen Mehrebenensystem. in: Jachtenfuchs, Markus/Kohler-Koch, Beate (Hrsg.). Europäische Integration. Opladen: Leske+Budrich: 15-46.
Jachtenfuchs, Markus/Kohler-Koch (2003): Regieren und Institutionenbildung. in: Jachtenfuchs, Markus/Kohler-Koch, Beate (Hrsg.). Europäische Integration. Opladen: Leske+Budrich: 11-46.
Joerges, Christian/Neyer, Jürgen (1998): Von intergouvernementalem Verhandeln zur deliberativen Politik: Gründe und Chancen für eine Konstitutionalisierung der europäischen Komitologie (Politische Vierteljahresschrift Sonderheft 29). Opladen: Westdeutscher Verlag: 207-233.
Jordan, Grant (1998): What drives associability at the European level? The limits of the utalitarian explanation. in: Greenwood, Justin/Aspinwall, Mark (Hrsg.). Collective action in the European Union. Interests and the new politics of associability. London: Routledge: 31-62.
Kassim, Hussein (1994): Policy Networks, networks and European policy-making: a sceptical view. West European Politics; Bd. 17, Heft 4: 15-27.
Katzenstein, Peter (1997): United Germany in an integrating Europe. in: Katzenstein, Peter (Hrsg.). Tamed power. Germany in Europe. Ithaca: Cornell University Press: 1-47.
Keohane, Robert O./Hoffmann, Stanley (1991): Institutional change in Europe in the 1980s. in: Keohane, Robert O./Hoffmann, Stanley (Hrsg.). The new European Community. Decision-making and institutional change. Boulder: Westview Press: 1-39.
Kielmansegg, Peter Graf (1996/2003): Integration und Demokratie. in: Jachtenfuchs, Markus/Kohler-Koch, Beate (Hrsg.). Europäische Integration. Opladen: Leske+Budrich: 47-71 (1. Aufl.), 49-83 (2. Aufl.).
Klein, Ansgar (2001): Der Diskurs der Zivilgesellschaft. Politische Hintergründe und demokratietheoretische Folgerungen. Opladen: Leske+Budrich.
Klein, Ansgar/Koopmans, Ruud/Trenz, Hans-Jörg/Klein, Ludger/Lahusen, Christian/Rucht, Dieter (Hrsg.) (2003): Bürgerschaft, Öffentlichkeit und Demokratie in Europa. Opladen: Leske+Budrich.
Knill, Christoph (2001): Private governance across multiple arenas: European interest associations as interface actors. Journal of European Public Policy; Bd. 8, Heft 2: 227-246.
Knill, Christoph/Lehmkuhl, Dirk (2000): Mechanismen der Europäisierung: nationale Regulierungsmuster und europäische Integration. Schweizerische Zeitschrift für Politikwissenschaft; Bd. 6, Heft 4: 19-50.
Kohler-Koch, Beate (1992): Interessen und Integration. Die Rolle organisierter Interessen im westeuropäischen Integrationsprozeß. in: Kreile, Michael (Hrsg.). Die Integration Europas (Politische Vierteljahresschrift Sonderheft 23). Opladen: Westdeutscher Verlag: 81-119.
Kohler-Koch, Beate (1997): Organized interests in the EC and the European Parliament. European Integration online Papers (EIoP); Bd. 1, Heft 9.
Kohler-Koch, Beate (1999): The evolution and transformation of European governance. in: Kohler-Koch, Beate/Eising, Rainer (Hrsg.). The transformation of governance in the European Union. London: Routledge: 14-35.

Kohler-Koch, Beate (2003): Auf der Suche nach einer besseren Politik: Offene Türen für die Zivilgesellschaft in Brüssel. in: Chardon, Matthias/Göth, Ursula/Große Hüttmann, Martin/Probst-Dobler, Christine (Hrsg.): Regieren unter neuen Herausforderungen: Deutschland und Europa im 21. Jahrhundert, Festschrift für Rudolf Hrbek zum 65. Geburtstag. Baden-Baden: Nomos: 199-213.

Kohler-Koch, Beate (2004a): Synthesis of the debates, Conference "Participatory democracy: current situation and opportunities provided by the European Constitution". Brüssel (8./9. März 2004), unter: http://www.esc.eu.int/pages/en/acs/events/08_03_04_democracy/Intervention_Kohler-koch_en.pdf (Stand 15. Juni 2004).

Kohler-Koch, Beate (2004b): Legitimes Regieren in der EU. Eine kritische Auseinandersetzung mit dem Weißbuch zum Europäischen Regieren. in: Kaiser, André/ Zittel, Thomas (Hrsg.). Demokratietheorien und Demokratieentwicklung, Festschrift für Peter Graf Kielmannsegg. Opladen: Westdeutscher Verlag: 423-446.

Kohler-Koch, Beate unter Mitarbeit von Brümmer, R./Myrzik, B./Platzer, H.-W. (1988): Wirtschaftsverbände als transnationale Akteure: Der Beitrag deutscher Verbände zum Management internationaler Interdependenz im Kontext der EG-Süderweiterung. Darmstadt: DFG-Abschlußbericht.

Kohler-Koch, Beate/Eising, Rainer (Hrsg.) (1999): The transformation of governance in the European Union. London: Routledge.

Kommission der Europäischen Gemeinschaften (1992): Ein offener und strukturierter Dialog zwischen der Kommission und den Interessengruppen. Brüssel: SEK (92) 2272 endg.

Kommission der Europäischen Gemeinschaften (1993): Ein offener und strukturierter Dialog zwischen der Kommission und den Interessengruppen. Amtsblatt der Europäischen Gemeinschaften Nr. C 63/2 .

Kommission der Europäischen Gemeinschaften (Generaldirektion für Beschäftigung, industrielle Beziehungen und soziale Angelegenheiten) (1999): Bericht über die Repräsentativität der Verbände der europäischen Sozialpartner 05-1999-05181-01-00-DE-TRA-00 (FR), September 1999. Brüssel.

Kommission der Europäischen Gemeinschaften (2001a): Europäisches Regieren. Ein Weißbuch, KOM(2001) 428 endgültig. Brüssel (25.07.2001).

Kommission der europäischen Gemeinschaften (2001b): Europe 2004 – Le Grand Débat. Setting the Agenda and Outlining the Options. Brüssel (15./16. Oktober 2001); unter http://europa.eu.int/comm/governance/whats_new/europe2004_en.pdf .

Kommission der Europäischen Gemeinschaften (2002a): Communication from the Commission on impact assessment (COM (2002) 276 final). Brüssel (5.6.2002).

Kommission der Europäischen Gemeinschaften (2002b): Consultation Document: Towards a reinforced culture of consultation and dialogue - Proposal for general principles and minimum standards for consultation of interested parties by the Commission (COM (2002)277 final). Brüssel (5.6.2002).

Kommission der Europäischen Gemeinschaften (2002c): Report from the Commission on European Governance , COM(2002)705 final. Brüssel (11.12.2002).

Kotzian, Peter (2003): Verhandlungen im europäischen Arzneimittelsektor. Initiierung - Institutionalisierung - Ergebnisse. Baden-Baden: Nomos.

Lahusen, Christian/Jauß, Claudia (2001): Lobbying als Beruf - Interessengruppen in der Europäischen Union. Baden-Baden: Nomos.

Lehmkuhl, Dirk (1999): The importance of small differences. The impact of European integration on road haulage associations in Germany and the Netherlands. Amsterdam: Thela Thesis.

Lehmkuhl, Dirk (2000): Under stress: Europeanisation and trade associations in the member states. European Integration online Papers (EIoP); Bd. 4, Heft 14.

Liebert, Ulrike (2003a): Transformationen europäischen Regierens: Grenzen und Chancen transnationaler Öffentlichkeiten? in: Klein, Ansgar et al. (Hrsg.). Bürgerschaft, Öffentlichkeit und Demokratie in Europa. Opladen: Leske+Budrich: 75-100.

Liebert, Ulrike (2003b): Europa auf dem Weg der transnationalen Demokratie: Zwischenbilanz. in: dies. et al. (Hrsg.): Verfassungsexperiment. Europa auf dem Weg zur transnationalen Demokratie? Münster: Lit Verlag: 297-319.

Lindberg, Leon N. (1963): The political dynamics of European economic integration. London.

Lindberg, Leon N. (1971): Political integration as a multidimensional phenomenon requiring multivariate measurement. in: Lindberg, Leon N./Stuart A. Scheingold (Hrsg.). Regional Integration. Theory and Research. Cambridge: Harvard University Press: 45-127.

Lindberg, Leon N./Scheingold, Stuart A. (1970): Europe's would-be polity: patterns of change in the European Community. Englewood Cliffs: Prentice Hall.

Lovecy, Jill (1999): Governance transformation in the professional services sector: a case of market integration 'by the back door'? in: Kohler-Koch, Beate/Eising, Rainer (Hrsg.). The transformation of governance in the European Union. London: Routledge: 135-152.

Mair, Peter (2000): The limited impact of Europe on national party systems. West European Politics; Bd. 23, Heft 4: 27-51.

Majone, Giandomenico (Hrsg.) (1996): Regulating Europe. London: Routledge.

Marks, Gary/Hooghe, Liesbeth (2001): Multi-level governance and European integration. Lanham: Rowman & Littlefield.

Marks, Gary/McAdam, Doug (1996): Social movements and the changing structure of political opportunity in the European Union. West European Politics; Bd. 19, Heft 2: 249-278.

Martin, Andrew/Ross, George (1999): In the line of fire: the europeanization of labor representation, in: Andrew Martin/George Ross et al.. The brave new world of European labor. European trade unions at the millenium. New York: Berghahn: 312-367.

Mazey, Sonia (2002): L'Union européenne et les droits des femmes: de l'européanisation des agendas nationaux à la nationalisation d'un agenda européen? in: Balme, Richard/Chabenet, Didier/Wright, Vincent (Hrsg.). L'action collective en Europe/Collective Action in Europe. Paris: Presses de Science Po: 405-432.

Mazey, Sonia/Richardson, Jeremy (2002): Pluralisme ouvert ou restreint? Les groupes d'interêt dans l'Union européenne. in: Balme, Richard/Chabenet, Didier/Wright, Vincent (Hrsg.). L'action collective en Europe/Collective Action in Europe. Paris: Presses de Science Po: 123-161.

McLaughlin, Andrew/Jordan, Grant/Maloney, William A. (1993): Corporate lobbying in the European Community. Journal of Common Market Studies; Bd. 31, Heft 2: 191-212.

Medrano, Juan Díez (2003): Qualitätspresse und europäische Integration, in: Klein, Ansgar et al. (Hrsg.). Bürgerschaft, Öffentlichkeit und Demokratie in Europa. Opladen: Leske+Budrich: 191-212.

Mill, John Stuart (1965): Utilitarianism On Liberty and Representative Government, herausgegeben von Mary Warnock. London: Collins.

Moravcsik, Andrew (1991): Negotiating the Single European Act: National interests and conventional statecraft in the European Community. International Organization; Bd. 45, Heft 1: 651-688.

Moravcsik, Andrew (1998): The Choice for Europe. Social purpose and state power from Messina to Maastricht. Ithaca: Cornell University Press.

Nicolaïdis, Kalypso/Howse, Robert (Hrsg.) (2001): The federal vision – legitimacy and levels of governance in the United States and the European Union. Oxford: Oxford University Press.

Offe, Claus (1995): Some skeptical considerations on the malleability of representative institutions. in: Cohen, Joshua/Rogers, Joel (Hrsg.). Associations and democracy. London: Verso: 114-132.

Offe, Claus/Wiesenthal, Helmut (1985): Two logics of collective action, in: Claus Offe: Disorganized Capitalism. Contemporary transformations of work and politics. Cambridge: Polity Press: 170-220 (zuerst in: M. Zeitlin (Hrsg.), Political power and social theory, 1980, 67-115).

Olson, Mancur (1965): The logic of collective action. Public goods and the theory of groups. Cambridge: Harvard University Press.

Peterson, John (1995): Policy networks and European Union policy making. A reply to Kassim. West European Politics; Bd. 18, Heft 2: 389-407.

Pijnenburg, Bert (1998): EU lobbying by ad hoc coalitions: an exploratory case study. Journal of European Public Policy; Bd. 5, Heft 2: 303-321.

Platzer, Hans-Wolfgang (1984): Unternehmensverbände in der EG - ihre nationale und transnationale Organisation und Politik. Dargestellt am Beispiel des Bundesverbandes der Deutschen Industrie, der Bundesvereinigung der Deutschen Arbeitgeberverbände, der deutschen industriellen Branchenverbände und deren EG-Verbandszusammenschlüsse. Kehl: Engel.

Pollack, Mark A. (1997): Representing diffuse interests in the European Union. Journal of European Public Policy; Bd. 4, Heft 4: 572-590.

Reif, Karlheinz/Hermann Schmitt (1980): Nine Second-Order Elections: a systematic framework for the analysis of European election results. EJPR; Bd. 8: 3-44.

Reising, Uwe K. H. (1998): Domestic and supranational political opportunities: European protest in selected countries 1980-1995. European Integration Online Papers (EIoP); Bd. 2, Heft 5.

Reutter, Werner/Rütters, Peter (Hrsg.) (2001): Verbände und Verbandssysteme in Westeuropa. Opladen: Leske+Budrich UTB.

Richter, Emanuel (1999): Das republikanische Europa. Aspekte einer nachholenden Zivilisierung. Opladen: Leske+Budrich.

Roose, Jochen (2003): Umweltorganisationen zwischen Mitgliedschaftslogik und Einflusslogik in der europäischen Politik, in: Ansgar Klein *et al.* (Hrsg.): Bürgerschaft, Öffentlichkeit und Demokratie in Europa. Opladen: Leske+Budrich, S. 141-158.

Rootes, Chris (2002): The europeanisation of environmentalism, in: Richard Balme/Didier Chabenet/Vincent Wright (Hrsg.). L'action collective en Europe/Collective action in Europe. Paris: Presses de Science Po: 377-404.

Rucht, Dieter (2002): The EU as a target of political mobilisation: is there a Europeanisation of conflict?, in: Balme, Richard/Chabenet, Didier/Wright, Vincent (Hrsg.). L'action collective en Europe/Collective Action in Europe. Paris: Presses de Science Po: 163-194.

Sandholtz, Wayne (1992): High-tech Europe. The politics of international cooperation. Berkeley: University of California Press.

Sandholtz, Wayne/Zysman, John (1989): 1992: Recasting the European Bargain. World Politics; Bd. 42, Heft 1: 95-128.

Schaber, Thomas (1997): Transparenz und Lobbying in der Europäischen Union. Geschichte und Folgen der Neuregelung von 1996. Zeitschrift für Parlamentsfragen; Bd. 28, Heft 2: 266-278.

Scharpf, Fritz W. (1997): Games real actors play. Actor-centered institutionalism in policy research. Boulder: Westview Press.

Schmalz-Bruns, Rainer (1995): Reflexive Demokratie. Die demokratische Transformation moderner Politik. Baden-Baden: Nomos.

Schmalz-Bruns, Rainer (1999): Deliberativer Supranationalismus. Demokratisches Regieren jenseits des Nationalstaats, in: Zeitschrift für internationale Beziehungen, Bd. 6, Heft 2, 185-244.

Schmidt, Vivien (1999): National patterns of governance under siège: the impact of European Integration, in: Kohler-Koch, Beate/Eising, Rainer (Hrsg.). The transformation of governance in the European Union. London: Routledge: 155-172.

Schmitter, Philippe C./Streeck, Wolfgang (1991): From national corporatism to trans-national pluralism: organized interests in the Single European Market. Politics and Society, Bd. 19, Heft 2: 133-164.
Schneider, Volker (1992): Organized interests in the European telecommunications sector, in: Greenwood, Justin/Grote, Jürgen R./Ronit, Karsten (Hrsg.). Organized interests and the European Community. London: Sage: 42-68.
Schwaiger, Konrad/Kirchner, Emil (1981): Die Rolle der europäischen Interessenverbände. Eine Bestandsaufnahme der europäischen Verbandswirklichkeit. Baden-Baden: Nomos.
Sebaldt, Martin (1997): Organisierter Pluralismus. Kräftefeld, Selbstverständnis und politische Arbeit deutscher Interessengruppen. Opladen: Westdeutscher Verlag.
Shaw, Jo (2000): Law of the European Union, Basingstoke: Palgrave.
Siaroff, Alan (1999): Corporatism in 24 industrial democracies: meaning and measurement. European Journal of Political Research; Bd. 36, Heft 2: 175-205.
Sidenius, Niels C. (1998): A collective action problem? Danish interest associations and Euro groups, in: Greenwood, Justin/Aspinwall, Mark (Hrsg.). Collective action in the European Union. Interests and the new politics of associability. London: Routledge: 81-107.
Sidenius, Niels C. (1999): Business, governance structures, and the EU: the case of Denmark, in: Kohler-Koch, Beate/Eising, Rainer (Hrsg.). The transformation of governance in the European Union. London: Routledge: 173-188.
Smith, Mitchell P. (2001): In pursuit of selective liberalization: single market competition and its limits. Journal of European Public Policy, Bd. 8, Heft 4: 519-540.
Steeg, Marianne van de (2003): Bedingungen für die Entstehung von Öffentlichkeit in der EU, in: Klein, Ansgar et al. (Hrsg.) (2003): Bürgerschaft, Öffentlichkeit und Demokratie in Europa. Opladen: Leske+Budrich: 171-190.
Steenbergen, Mark/Marks, Gary (2002): Introduction: understanding political contestation in the European Union. Comparative Political Studies; Bd. 35, Heft 8: 879-892.
Tarrow, Sidney (2001): Contentious politics in a composite polity. in: Imig, Doug/Tarrow, Sidney (Hrsg.). Contentious Europeans. Protest and politics in an emerging polity. Lanham: Rowman & Littlefield: 253-259.
Trenz, Hans-Jörg (2002): Zur Konstitution politischer Öffentlichkeit in der Europäischen Union. Zivilgesellschaftliche Subpolitik oder schaupolitische Inszenierung? Baden-Baden: Nomos.
Truman, David B. (1951): The governmental process. Political interests and public opinion. (Reprint des Institute of Governmental Studies, University of California), Berkeley 1993.
Vibert, Frank (2004): The EU's system of regulatory impact assessment – a scorecard. London: European Policy Forum.
Vobruba, Georg (1992): Wirtschaftsverbände und Gemeinwohl. in: Mayntz, Renate (Hrsg.). Verbände zwischen Mitgliederinteressen und Gemeinwohl. Gütersloh: Verlag Bertelsmann Stiftung: 80-121.
Wallace, Helen/Young, Alasdair R. (Hrsg.) (1997): Participation and policy-making in the European Union. Oxford: Clarendon Press.
Warleigh, Alex (2000): The hustle: citizenship practice, NGOs and 'policy coalitions' in the European Union - the cases of Auto Oil, drinking water and unit pricing. Journal of European Public Policy; Bd. 7, Heft 2: 229-243.
Warleigh, Alex (2001): 'Europeanizing' civil society: NGOs as agents of political socialization. Journal of Common Market Studies; Bd. 39, Heft 4: 619-639.
Warleigh, Alex (2003): Informal Governance: What Contribution to the Legitimacy of the EU?. in: Christiansen, Thomas/Piattoni, Simona (Hrsg.). Informal Governance in the European Union. Aldershot: Edward Elgar Publications: 22-35.

Webster, Ruth (1998): Environmental collective action: stable patterns of cooperation and issue alliances at the European level. in: Greenwood, Justin/Aspinwall, Mark (Hrsg.). Collective action in the European Union. Interests and the new politics of associability. London: Routledge: 176-195.
Wirtschafts- und Sozialausschuss (2001): Opinion on the Organised civil society and European governance: the Committee's contribution to the White Paper, CES 535/2001, 25.-26. April 2001, Brüssel.
Wirtschafts- und Sozialausschuss (2000): The civil society organised at European level. Proceedings of the First Convention, Brussels, 15th and 16th october 1999, Brüssel.
Wirtschafts- und Sozialausschuss (2003): Final Report of the ad hoc group on Structured cooperation with European civil society organizations and networks. CESE 1498/2003 fin, Brüssel.
Wirtschafts- und Sozialausschuss (2004a): Final Report of the ad hoc group on Structured cooperation with European civil society organisations and networks, CESE 1498/2003, 17th february 2004, Brüssel.
Wirtschafts- und Sozialausschuss (2004b): Conference on Participatory Democracy: Current situation and opportunities provided by the European Constitution, Summary Memo, 8th and 9th march 2004, Brüssel.
Young, Alasdair R. (1997): Consumption without representation? Consumers in the Single Market. in: Wallace, Helen/Young, Alasdair R. (Hrsg.). Participation and policy-making in the European Union. Oxford: Clarendon Press: 206-234.

II Theoretische Ansätze und Konzepte

„Nicht Input, sondern Output, nicht Supply-Side, sondern Demand-Side":
Zur Veränderung der Einflusslogik in der Europäischen Union[1]

Dieter Wolf

1 Einleitung

Es bedarf keines großen Aufwandes, um zu zeigen, dass die empirische Vielfältigkeit der Strukturen und Prozessmuster europäischer Interessenvermittlung kaum mit einfachen Modellen zu erfassen ist. Insbesondere scheinen die traditionellen Ansätze überfordert, das Verhalten und die Durchsetzungsfähigkeit unterschiedlicher gesellschaftlicher Interessen im Mehrebenensystem der EU zu erklären. So vermag der Pluralismus zwar sehr gut mit der Zerfaserung und Multiplizierung der Akteure auf europäischer Ebene umzugehen. Auch hält er – oberflächlich betrachtet – eine einleuchtende Antwort für die immer noch durchsetzungsfähigen klassischen Interessen aus Industrie, Arbeit und Landwirtschaft bereit: Diese verfügen in aller Regel über die meisten Ressourcen, die am besten ausgebauten Strukturen und damit relativ gesehen über das nach wie vor größte politische Gewicht. Ein genauerer Blick trübt jedoch die Freude an der pluralistischen Erklärung europäischer Interessenpolitik. Zum einen greifen die klassischen Lobbyinstrumente auf EU-Ebene praktisch ins Leere. Das Wuchern mit Wählerpotenzialen oder die Drohung „mit der Straße", die national zu den Standardrepertoires der Interessengruppen gehören, und die der Pluralismus üblicherweise als Transmissionsriemen zwischen Gesellschaft und Politik ausmacht, erweisen sich in Brüssel de facto als Muster ohne Wert. Im Gegenteil, die Gemeinschaftsorgane gelten geradezu als geeignetes Mittel, den vom Pluralismus angenommenen gesellschaftlichen Interessendruck auszuhebeln und den nationalen Regierungen wieder mehr Handlungsspielraum zu gewähren. Überspitzt gesagt: die Hennis'sche „Unregierbarkeit" (Hennis/Kielmansegg/Matz 1977) wird durch die EU wieder teilweise rückgängig gemacht (Grande 1996a, 1996b, Moravcsik 1997). Wenn aber die Ressourcen zur Machtausübung fehlen, wie können dann pluralistische gesellschaftliche Kräfte Einfluss auf die Politik gewinnen?

Ähnlich geht es dem Neo-Korporatismus im europäischen Mehrebenensystem. Selbst wenn man davon ausgeht, dass bei all den Maßnahmen zur Auflösung der „Fachbruderschaften" der Brei längst nicht so heiß gegessen wird, wie er den Kochtopf verlässt, so ist nicht zu übersehen, dass neo-korporatistische Arrangements auf europäischer Ebene auf keinen gedeihlichen Boden fallen. Dies obwohl trotz der erheblich gestiegenen funktionalen Differenzierung noch in großem Umfang klientelistische Beziehungen zur

---

[1] Für hilfreiche Kommentare und Kritik sei neben den Teilnehmerinnen und Teilnehmern der Tagung in Mannheim vor allem gedankt: Klaus Armingeon, Roland Czada, Nicolai Dose, Burkard Eberlein, Rainer Eising, Volker Fürst, Edgar Grande, Ute Hartenberger, Robert Kaiser, Heiko Prange, Manfred G. Schmidt, Bernhard Zangl, Michael Zürn sowie insbesondere Daniela Schwarzer und Beate Kohler-Koch.

Kommission und den nationalen Ministerialverwaltungen bestehen sowie nach wie vor den traditionellen Interessen aus Industrie, Arbeit und Landwirtschaft Vorrang eingeräumt wird. Die Multiplizierung und funktionale Differenzierung der Verantwortlichkeiten und Zuständigkeiten im Rahmen des Mehrebenensystems muss klassische neokorporatistische Strategien zwangsläufig überfordern. Voraussetzung für einen neokorporatistischen Interessenausgleich wäre die Stärkung transnationaler europäischer Dachverbände. Die Empirie zeigt jedoch ein anderes Bild: nicht nur bleiben nationale Lobbystrukturen auch dort wichtig, wo die politischen Kompetenzen vergemeinschaftet sind. Vielmehr zeigt sich, dass Unternehmen in zunehmendem Maße selbst direkt zu Mitteln des Lobbyings greifen beziehungsweise sich von professionellen Lobbyisten vertreten lassen. Das aber widerspricht jeder korporatistischen Interaktionslogik.

So ist es nicht verwunderlich, dass die Forschung außer im Feld der Sozialpolitik dem pluralistischen Paradigma folgt und ihre Untersuchungen darauf konzentriert, die vielgestaltige Landschaft der Interessenvertretung zu vermessen und Einblick in die Bedingungen erfolgreicher Zugangs- und Einflussstrategien zu gewinnen. So aufschlussreich diese Beiträge auch sind, so sind sie doch deutlich einseitig, denn sie nehmen nur einen Teil der Wirklichkeit in den Blick. In ihrer Fixierung auf die Phase der Politikformulierung entgeht ihnen eine Dimension der gesellschaftlichen Interessensvertretung, die gerade für die Politik der EU von immer größerer Bedeutung geworden ist. Dies betrifft die „Output-Seite" der Gemeinschaftspolitik.

2 Von der Input- zur Output-Seite der gesellschaftlichen Interessenvertretung

So stellt sich die Frage, wie die vorherrschende Untersuchungsperspektive der politikwissenschaftlichen Interessengruppenforschung erweitert werden könnte, um der komplexen Wirklichkeit der europäischen Interessenpolitik besser gerecht zu werden. Unterscheidet man zur Einteilung möglicher Erklärungsdimensionen zum einen die Phasen im Politikzyklus, in dem die gesellschaftlichen Interessen im politischen System aktiv werden können (Input- oder Output-Seite) sowie zum anderen die Vorgehensweise (direkt oder indirekt), dann lässt sich folgende Unterteilung vornehmen:

Tabelle 1: **Pfade gesellschaftlicher Interessendurchsetzung**

Phase	Vorgehensweise	
	direkt	indirekt
Input	klassisches Lobbying	Wählen
Output	Befolgung/Widerspruch durch Klage	Kauf/Kaufboykott

Zur Analyse des linken oberen Quadranten „*klassisches Lobbying*" tragen die bekannten traditionellen Interessengruppenansätze des Pluralismus und Neo-Korporatismus bei. Der Pluralismus geht selbst dann von einem direkten Input gesellschaftlicher Vorstellungen in den politischen Prozess aus, wenn als Mittel das „marginal voter"-Argument, also das Angebot von Stimmpaketen bei Wahlen, eingesetzt wird (Fraenkel 1964, Nuscheler/Steffani 1972, Steffani 1980). Schließlich kommt es dabei nicht darauf an, dass ein Verband tatsächlich das Abstimmungsverhalten seiner Mitglieder steuern kann, sondern dass Politikerinnen und Politiker davon ausgehen, dass er dies vermag. Der Einfluss ist also direkt und betrifft die Input-Seite des politischen Systems. Dasselbe gilt für den Neo-Korporatismus. Zwar betonen die Vertreterinnen und Vertreter des Ansatzes, dass ein wichtiger Vorteil korporatistischer Lösungen darin bestehe, dass die so beschlossenen politischen Maßnahmen konsensual implementiert würden, mithin also einen hohen Grad an Rechtsbefolgung durch Adressaten und Betroffene aufwiesen. Dieser dem Output-Bereich zuzurechnende Effekt dürfte auch ein wesentlicher Beweggrund dafür sein, warum staatliche Stellen sich auf eine korporatistische Machtteilung einlassen (Schmitter/Lehmbruch 1979, Lehmbruch 1982, Alemann/Heinze 1979). Der Kern des neo-korporatistischen Arguments liegt jedoch eindeutig auf der Input-Seite: die wichtigen gesellschaftlichen Interessen sitzen mit staatlichen Akteuren an einem Tisch und formulieren die Politik mit, die es nachher umzusetzen und einzuhalten gilt (Schmitter 1981). Die Output-Seite liefert folglich nur ein Argument für die eigentlich zentrale Beteiligung gesellschaftlicher Akteure am politischen Entscheidungsprozess.

Demgegenüber äußern sich gesellschaftliche Interessen – wie im rechten oberen Quadranten vermerkt – nur indirekt, wenn sie sich tatsächlich mittels *Wahlen* kundtun, jedenfalls dann, wenn es sich um repräsentative Demokratien handelt, in denen Parlamente beziehungsweise Regierungschefs gewählt werden. Gesellschaftliche Vorstellungen wirken hier nur vermittelt über Parteien und Parteiprogramme beziehungsweise die entsprechend gewählten Vertreterinnen und Vertreter; im übrigen ist dies der zentrale Grund, weshalb die amerikanischen Verfassungsväter zum Repräsentativsystem gegriffen haben (Wasser 1984). Diese indirekte Wirkungsweise ändert sich etwas, wenn direktdemokratische Verfahren zur Verfügung stehen. Über Bürgerinitiativen und -entscheide besteht die Chance, gesellschaftliche Vorstellungen direkt in den politischen Entscheidungsprozess einzubringen. Aber auch dabei bleibt die Wahlhandlung selbst von begrenzter Reichweite, weil in der Regel nur einer Initiative zugestimmt beziehungsweise diese abgelehnt, aber selten zwischen mehreren konkurrierenden Alternativen ausgewählt werden kann.

Der linke untere Quadrant wechselt die Perspektive hin zur Output-Seite des politischen Prozesses. Beschlossene Maßnahmen können ihren politischen Zweck nur erreichen, wenn die Adressaten zum entsprechenden Handeln bewegt werden können. Die Folgebereitschaft der Adressaten ist nicht selbstverständlich. Mögliche Reaktionen umfassen eine große Bandbreite, von der *Befolgung* in Form der vollständigen Einhaltung oder gar Übererfüllung über die nur zögerliche und widerstrebende Einhaltung bei gleichzeitiger Ablehnung, die sich z.B. durch eine Klage vor Gericht ausdrückt, über die unabsichtliche Nichteinhaltung aufgrund fehlender Ressourcen bis hin zur *Verweigerung* in Form der absichtlichen Nichteinhaltung mit der eventuellen Folge einer Verurteilung vor Gericht. Diese Verweigerung kann einmalig sein oder einen wiederholten Regelverstoß auch nach einem eventuellen Richterspruch darstellen (in Bezug auf die EG vgl. Neyer/Zürn 2001, Neyer 2001). Gerade weil die erfolgreiche Wahrnehmung öffentlicher Aufgaben von der Befolgung politischer Vorgaben abhängt, gibt es zumindest für die Betroffenen eine zweite direkte Möglichkeit ihre Interessen auch nach Inkrafttreten des Gesetzes wahrzunehmen, nämlich durch Widerstand die staatlichen Akteure zur Korrektur ihrer Maßnahmen zu bewegen. Der Staat kann zwar sein Gewaltmonopol nutzen, um die Regeleinhaltung zu erzwingen. Stichworte wie Wyhl, Wackersdorf, Boxberg aber auch Cassis de Dijon, Namensrecht oder Kruzifix rufen aber in Erinnerung, dass erzwungene, widerstrebende Einhaltung beziehungsweise die gerichtliche Klärung der Rechtmäßigkeit bürgerlichen Widerstands im politischen Alltag Zündstoff bietet (Zangl 2001). Die zunehmende Verrechtlichung der nationalen, europäischen und auch internationalen Politik eröffnet gesellschaftlichen Interessen neue Einflusschancen, die darin liegen, sich in der Output-Phase der Politik direkt einzubringen.

Die indirekte Form der Einbringung gesellschaftlicher Interessen auf der Output-Seite, der rechte untere Quadrant, wird in den letzten Jahren unter anderem unter dem Stichwort „*political consumerism*" diskutiert (Vogel 2001, 1978, Holzer/Sorensen 2001). Nicht nur dass Greenpeace im Brent Spar-Fall Shell mit dem Boykott seiner deutschen Tankstellen drohen kann – was letztlich nur eine moderne Form des klassischen direkten Input-Lobbyings[2] bedeutet –, Konsumentinnen und Konsumenten sind unter bestimmten Bedingungen in der Lage, mittels ihres Kaufverhaltens ihre Interessen gesellschaftlich wie auch politisch wirksam einzubringen. Ob bei Pelzen, Krokodilleder oder Elfenbein, Ford Geländewagen, Rindfleisch oder Birkel-Nudeln, Konsumenten sind in der Lage, auch den Vorständen von Großkonzernen die Sorgenfalten auf die Stirn zu treiben und damit de facto Verhaltensänderungen zu erzwingen, die ansonsten nur über Lobbying und staatliche Regulierung zu erreichen gewesen wären. Der nicht bestandene „Elch-Test" der Untertürkheimer A-Klasse fällt genauso unter diese Rubrik wie das wirtschaftliche Desaster der Ford Explorer mit Firestone-Bereifung. Auch hier handelt es sich im Wesentlichen um reaktive Formen – Verweigerung, Wandel des Ge-

---

2   Um den Unterschied zwischen Input- und Output-Seite pointiert deutlich zu machen: Immer dann, wenn eine gesellschaftliche Interessengruppe direkt oder indirekt Einfluss auf die Politikformulierung nehmen kann, gehört dies zum klassischen Input-Bereich. Das gilt beispielsweise auch für die im korporatistischen System übliche Drohung der Interessengruppen am Verhandlungstisch, ihnen unliebsame Regelungen nicht umzusetzen. Sofern dies Auswirkungen auf die Politikformulierung hat, gehört das alles zum klassischen Repertoire pluralistischer oder neo-korporatistischer inputseitiger Interessenvertretung. Erst wenn den Interessengruppen die Input-Seite weitgehend verschlossen ist, sie aber über Maßnahmen auf der Output-Seite aktiv ihre Interessen einbringen können, lässt sich ein neuartiges Phänomen erkennen.

schmacks und der Mode – der Interessenwahrnehmung auf der Output-Seite, die zudem nur indirekt auf das politische System einwirken. Allein die zunehmende Zahl derartiger Fälle sowie deren volkswirtschaftlich gestiegene Bedeutung lassen für die Zukunft aufhorchen.

Auf der Basis dieser Differenzierung der Einflussmöglichkeiten gesellschaftlicher Interessen lässt sich – angesiedelt im linken unteren Quadranten – eine alternative Perspektive entwickeln, die die empirische Realität des Lobbyings und der Interessenpolitik im europäischen Mehrebenensystem umfassender und schlüssiger zu erklären vermag als die klassischen, im Kern auf die Input-Seite zielenden Ansätze. Der Fokus liegt hier auf der Fähigkeit von Verbänden, unter bestimmten, noch zu benennenden Bedingungen, den politischen Akteuren (Kommission, Parlament, Regierungen, Verwaltungen) auf den unterschiedlichen politischen Ebenen der Gemeinschaft einen hohen Grad an Regelbefolgung zuzusagen beziehungsweise mit der Verweigerung zu drohen, ohne selbst jedoch stark genug zu sein, an der Politikformulierung teilzunehmen. Wenn also Verbände nicht mehr direkt in neo-korporatistischen oder klientelistischen Beziehungen ihre Vorstellungen in den politischen Entscheidungsprozess einbringen beziehungsweise in pluralistischer Manier politischen Druck ausüben können, so verfügen sie möglicherweise doch über Einfluss. Sie besitzen nämlich eine zweite Option: Unter bestimmten Umständen können sie dank eigener Ressourcen (Informationen, Rechtsberatung für die Mitglieder) die Folgebereitschaft der politischen Adressaten beeinflussen. Akzeptieren Gesetzgeber und Verwaltung nicht die Vorstellungen der Verbände, so fehlt es an der angemessenen Umsetzung und Einhaltung der Regeln. Die Stärke der Interessengruppen ergibt sich nicht aus ihrer Fähigkeit, nach pluralistischem Muster Druck über Streik- und Kampfmaßnahmen auszuüben oder neo-korporatistische Tauschgeschäfte abzuschließen, sondern daraus, Regelbefolgung zu erzeugen oder – wenn die Regeln als schlecht angesehen werden – die Regelungsadressaten bei der Nicht-Befolgung zu unterstützen, indem Rechtsschutz für Klagen gegen die Regelungen vor Gerichten geboten wird – was letztendlich darauf hinausläuft, den Regierungen und Verwaltungen den Steuerungserfolg zu verweigern. Diese Output-Orientierung klassischer Verbandsarbeit funktioniert – und das ist das wichtige Neue – sogar dann, wenn Regierungen das Zwei-Ebenenspiel zu nutzen trachten, um Unabhängigkeit von ihren heimischen Interessengruppen zu gewinnen – etwa über credit-claiming, scape-goating oder das tying-my-hands Argument (Grande 1996a, 1996b, Moravcsik 1997, Wolf 2000, Rieger 1995). Zwar führen diese Strategien tatsächlich zu der beschriebenen Entkoppelung von Regierungen, Verwaltungen und gesellschaftlichen Gruppen im Input-Bereich. Da aber auch im Mehrebenensystem und unter den Bedingungen „fusionierter Bürokratien" (Wessels 1998) politische Akteure zu ihrer Legitimation auf die erfolgreiche Umsetzung ihrer Maßnahmen angewiesen sind, sind sie über die Output-Seite dann doch wieder – unter bestimmten Bedingungen – an Interessengruppen gebunden. Aus diesen Überlegungen lassen sich folgende Prämissen für gesellschaftliche Interessendurchsetzung, die an der Output-Seite von Politik ansetzt, formulieren:

1. Es muss sich um einen Politikbereich handeln, in dem ein gesellschaftlich signifikanter Ressourcentransfer stattfindet oder ein gesellschaftlich wichtiger Gegenstand reguliert wird, mithin also ein nicht triviales kollektiv zu lösendes Problem auftritt. In Bereichen von marginaler Bedeutung lastet auf der Verwaltung kaum politischer Druck, einen möglichst hohen Grad an Regelbefolgung durch die Adressaten als Ausweis des eigenen Erfolgs zu erreichen. Aus demselben Grund darf es sich bei den Adressaten (und Betroffenen) der Regelung auch nicht nur um staatliche Institutionen handeln, die nur etwas unterlassen müssen, um den Regelungserfolg zu erzielen. Vielmehr muss eine Transformationsleistung hin zu gesellschaftlichen Akteuren notwendig sein, bei der Verbände und Interessengruppen mitwirken können.
2. Der Politikbereich muss eine möglichst hohe Verregelungsdichte sowie eine entsprechend große zuständige Verwaltung besitzen. Reine Preis- oder Lohnverhandlungen scheiden hier zum Beispiel aus, weil sie nach der Einigung praktisch selbstimplementierend sind, die Frage der Regelbefolgung also untergeordnete Bedeutung besitzt. Nur eine hohe Regelungsdichte schafft einen Anreiz für die Verwaltung, Kompromisse einzugehen, um eine möglichst hohe Regelbefolgung zu erlangen.
3. Der Verband muss einen möglichst hohen Organisationsgrad erreichen oder möglichst den Monopolverband für den Bereich darstellen, um glaubhaft zu machen, dass er die Befolgung sicherstellen kann, was Verpflichtungsfähigkeit im Innern und flächendeckende Zuständigkeit im Außenverhältnis voraussetzt. Ferner müssen ihm Ressourcen und Mittel zur Verfügung stehen, um für seine Mitglieder Club-Güter zu produzieren, also etwa Koordinationsleistungen, Überwachungsfunktionen, Informationsbereitstellung oder Rechtsberatung und Rechtsschutz. Nur mittels solcher Ressourcen kann es ihm gelingen, Einfluss auf die Regelbefolgung der Adressaten zu nehmen.
4. Darüber hinaus müssen die Aushandlungsprozesse im jeweiligen Politikfeld grundsätzlich streitig, Kompromisse das Ergebnis von Auseinandersetzungen und häufig genug erst das Resultat von Reformen einer ursprünglich beschlossenen, sehr umstrittenen und wenig wirksamen Erstregelung sein. Alles andere ließe sich bequem mit einem Input-Ansatz erklären, wenn etwa der Verband mit am Verhandlungstisch sitzt und nur mit Streit droht. Politik und Verwaltung verteidigen in diesen Auseinandersetzungen üblicherweise ihren (auch durch credit-claiming oder scape-goating neu gewonnenen) Handlungsspielraum, während der Verband darauf setzen muss, dass es der Verwaltung nicht gelingt, für die Erstregelung eine hohe Folgebereitschaft und damit einen hohen Grad an Wirksamkeit zu erreichen.
5. Im Mehrebenensystem der EU erlangt ein Verband nur auf jener Ebene Einfluss, auf der er Organisationsstärke besitzt und Politik und Verwaltung einen hohen Grad an Regelbefolgung anzubieten vermag. Ideal aus der Sicht gesellschaftlicher Interessen wäre es, wenn diese Organisationsfähigkeit auf allen politischen Ebenen der Gemeinschaft zur Verfügung stünde. Das ist aber kaum der Fall, denn das übersteigt die institutionellen und organisatorischen Möglichkeiten der Verbände. Entsprechend

mosaik- und patchworkartig gestaltet sich denn auch die Durchsetzungsfähigkeit gesellschaftlicher Interessen im EU-Mehrebenensystem.

Unter diesen Annahmen lässt sich die zentrale Grundhypothese des Ansatzes wie folgt formulieren: Je komplexer die politikfeldspezifischen Regulierungen, je größer der politikfeldspezifische Bedarf an Regelbefolgung und je höher die Organisationsfähigkeit des Interessenverbandes in diesem Politikfeld, desto eher ist es dem Verband möglich, auch ohne klassisches Input-Lobbying gegenüber Politik und Verwaltung seine Interessen durchzusetzen. Das Mittel der Einflussnahme ist die Steuerung der Regelbefolgung der eigenen Mitglieder. Die politische Ebene im Mehrebenensystem der EU, auf der es dem jeweiligen Verband gelingt, seine Vorstellungen durchzusetzen, bestimmt sich aus dem jeweiligen verbandlichen Organisationsgrad beziehungsweise der ebenenspezifischen verbandlichen Organisationsfähigkeit. Je höher diese auf der jeweiligen politischen Ebene ist, desto höher ist die verbandliche Durchsetzungswahrscheinlichkeit.

3 Zur empirischen Plausibilisierung des neuen Ansatzes: Beispiele aus der Gemeinsamen Agrar- sowie der europäischen Bankenpolitik

Selbstverständlich bedarf die solide Untermauerung des vorgestellten neuen Ansatzes zunächst diverser ausführlicher empirischer Untersuchungen, die für diesen Beitrag noch nicht vorliegen. So kann nur der Versuch gemacht werden, anhand von zwei Beispielen den Erklärungsgehalt des output-orientierten Ansatzes wenigstens plausibel zu machen. Die beiden ausgewählten Beispiele stammen aus der Gemeinsamen Agrarpolitik der EU, speziell der Einführung und Umsetzung der Agenda 2000 zur Reform der finanziellen Regelungen der wichtigsten Marktordnungen sowie aus der europäischen Bankenpolitik, speziell der Wettbewerbspolitik mit Blick auf die Subventionskontrolle im europäischen Binnenmarkt. Es geht dabei darum, holzschnittartig die beiden Fälle – insbesondere die zwischen Politik, Verwaltung und Verbänden strittigen Elemente – zu beschreiben und den analytischen Mehrwert des vorgestellten Ansatzes im Vergleich zur Interpretation aufgrund der vom Neo-Korporatismus und Pluralismus geprägten Annahmen hervorzuheben.

3.1 Gemeinsame Agrarpolitik: die Umsetzung der Agenda 2000

Nachdem die Europäische Union Mitte der 1990er Jahre zur grundsätzlichen Überzeugung kam, den mittel- und osteuropäischen Transformationsstaaten eine Beitrittsperspektive zu geben, stand vor allem die Kommission spätestens ab 1997 vor dem Problem, die Gemeinsame Agrarpolitik – und dabei vor allem die ausgabenrelevanten Marktordnungen sowie die Agrarstrukturpolitik – so zu reformieren, dass sie auch nach dem Beitritt der stärker landwirtschaftlich orientierten Aufnahmekandidaten, wie etwa Ungarn oder Polen, bezahlbar blieb. Erste grobe Schätzungen der möglichen Kosten für die Gemeinschaft waren von zweistelligen Milliardenbeträgen ausgegangen, die sich nicht würden finanzieren lassen. Folglich legte die Kommission 1997 zum ersten Mal Vorschläge zu einer sogenannten „Agenda 2000" vor, die sie dann 1999 dem Agrarministerrat zur Beschlussfassung unterbreitete. Im Kern sah der Kommissionsvorschlag Folgendes vor:

- massive Kürzungen der Garantiepreise in den wichtigsten Marktordnungen (Getreide, Fleisch, Milch),
- direkte Ausgleichszahlungen an die Landwirte, so dass nicht mehr die Produktion an sich, sondern der Hof subventioniert würde,
- degressive Gestaltung dieser direkten Ausgleichszahlungen,
- Einbau ökologischer Elemente in diese Ausgleichszahlungen: die Ausgleichsprämie für Rinder sollte an die Bedingung geknüpft werden, dass ausreichend Weideflächen im Betrieb vorhanden sind; für Mais sollte die Förderung ganz wegfallen,
- Bindung der direkten Ausgleichszahlungen an die Zahl der Arbeitsplätze auf dem Hof: je mehr Arbeitsplätze pro Betriebsfläche, desto höher die Zahlung.

Ziel sollte es aus Sicht der Kommission sein, die kleinen Familien- und ökologisch wirtschaftenden Nischenbetriebe zu fördern, die industriellen Agrarfabriken und Großbetriebe aber stärker dem Markt zu unterwerfen.

Der Sondergipfel der EU-Staats- und Regierungschefs im März 1999 in Berlin konnte sich unter Leitung von Bundeskanzler Gerhard Schröder nach zähen Verhandlungen dazu durchringen, wesentliche Elemente dieser Vorschläge – wenn auch mit einigen Abstrichen – anzunehmen. So beschlossen die Regierungen im Rat nicht nur eine 20prozentige Senkung der Garantiepreise bei Getreide, sondern eine ebensolche in drei Stufen bei Rindfleisch sowie eine 15prozentige Kürzung bei Milch. Dafür sollte es bei den letzten beiden Produkten die anvisierten direkten Ausgleichszahlungen geben. Allerdings stand es im Belieben des jeweiligen Mitgliedstaates, sie zeitlich degressiv zu gestalten. Mais blieb – entgegen des Kommissionsvorschlages – in der Förderung und auch die ökologischen Elemente wurden nur als Option, nicht als Pflicht für die Mitgliedstaaten verabschiedet (Urff 1999).

Bei der Umsetzung dieses Programms in der Bundesrepublik verhielt sich die rotgrüne Bundesregierung sehr zwiespältig: Einerseits übernahm sie – überraschenderweise – nicht die ins Belieben der Mitgliedstaaten gestellten ökologischen Nebenregelungen der „Agenda 2000". So blieben die deutschen Bauern sowohl von der Bindung der Rinder-Ausgleichsprämie an die Weidefläche als auch der direkten Ausgleichszahlungen an die Zahl der Arbeitsplätze pro Betriebsfläche verschont. Andererseits kürzte die Regierung jedoch die staatlichen Zuschüsse zu den landwirtschaftlichen Sozialkassen, schaffte die Subventionierung des Dieselöls in der Landwirtschaft ab und nahm die Bauern auch nicht von der neuen Ökosteuer aus.

Dabei blieb es jedoch nicht. Als im Dezember 2000 die ersten BSE-Fälle auch in Deutschland den Rindfleischmarkt zusammenbrechen ließen und schließlich zum Rücktritt der Bundesgesundheitsministerin und des Bundeslandwirtschaftsministers führten, schlugen die Staatssekretäre im Bundesumwelt- und Bundeslandwirtschaftsministerium in einem gemeinsamen „7-Punkte-Programm zu den Konsequenzen aus der BSE-Krise für die Landwirtschafts- und Umweltpolitik" neben den akuten Maßnahmen zur Eindämmung der Seuche (Verbot der Tiermehlfütterung, Beseitigung der betroffenen Viehbestände) sehr viel weitergehende Maßnahmen vor:

- Einführung umfangreicher Kennzeichnungspflichten und Schaffung eines Qualitätssiegels, um das Vertrauen der Verbraucherinnen und Verbraucher zurückzugewinnen,
- Förderung des Anbaus und der Vermarktung ökologischer Erzeugnisse mit insgesamt rund 250 Mio. Euro bis zum Jahr 2005, bis 2010 solle der ökologische Anbau rund 20 Prozent des Marktes umfassen,
- völlige Neugestaltung der Prämienzahlungen und Umstellung auf ökologisch sinnvolle Prämien, also etwa Streichung der Silomaisprämie und Einführung einer Grünlandprämie, um die Landwirtschaft von der Massentierhaltung ohne betriebliche Futterbasis abzubringen und sie wieder in den natürlichen Kreislauf einzubinden,
- verstärkte Verknüpfung der EU-Subventionen an Umweltanforderungen, Aufbau eines Umweltcontrolling,
- Honorierung der Tätigkeit der Landwirtschaft als Dienstleister für den ländlichen Raum, das heißt im Naturschutz und in der Landschaftspflege.

Ziel sollte es sein, die nachhaltige Landwirtschaft zu fördern und den Verbrauchern gesunde Lebensmittel in regionaler Vermarktung zur Verfügung zu stellen.

Schaut man sich die Ergebnisse drei Jahre später an, so sind im Grunde nur die Kürzungen der Garantiepreise sowie die anvisierten Direktzahlungen erfolgreich umgesetzt worden. Von einem wesentlichen Schritt hin zur Ökologisierung und Extensivierung der bundesdeutschen Landwirtschaft kann keine Rede sein. Im Gegenteil: Nachdem sich die BSE-verursachte Angst der Verbraucher wieder gelegt hatte, verloren die ökologischen Produkte zumeist ihre in der Krise gewonnenen Marktanteile an die billigere Konkurrenz. Eine merkliche Zunahme ökologisch wirtschaftender Betriebe oder gar ein grundsätzlicher Kursumschwung in Richtung auf eine ökologische Landwirtschaft in Deutschland ist nicht festzustellen.

Wie ist dieses Ergebnis zu erklären? Interessanterweise kommentierten die Medien dies als Sieg der Bauernverbände (Die Zeit, 31.03.1999; Die Zeit 11.01.2001). Ganz im Sinne des neo-korporatistischen Argumentationsmusters sprachen die Kommentatoren von einer engen Verkoppelung agrarpolitischer Lobby, europäischer Agrarpolitik und nationaler Regierungspolitik, die dazu beigetragen habe, dass selbst die begrenzten Kommissionsvorschläge vom Ministerrat beziehungsweise EU-Gipfel noch verwässert und schließlich national nur halbherzig umgesetzt worden seien. Gerade bei den wichtigen ökologischen Elementen der Reform habe es insbesondere der Deutsche Bauernverband verstanden, die Kürzungen zu verhindern oder zu minimieren. Das eng geknüpfte Netz aus großbäuerlichen Interessenvertretern, Ministerialbeamten auf allen politischen Ebenen, der Agrochemie und des Agrarhandels sowie Politikern in den Regierungen und Parlamenten sorge dafür, dass ökologische Landwirtschaft ein Nischenbereich bleibe, die industriellen Agrarfabriken die meisten Subventionen bekämen und die Reform hin zu einer zukunftsfähigen Landwirtschaft verhindert werde (Die Zeit, 11.01.2001).

Ein zweiter, genauerer Blick hinterlässt jedoch erhebliche Zweifel an dieser traditionellen Interpretation der Entscheidungsfindung und –implementation in der Gemeinsamen Agrarpolitik. Zum einen verwundert es angesichts früherer Preiserhöhungskämpfe, dass es angesichts der angeblich so eng verwobenen Strukturen auf europäischer wie nationaler Ebene überhaupt zu derart drastischen Garantiepreiskürzungen gegen den erklärten Widerstand sowohl des europäischen Dachverbandes COPA als auch des Deutschen Bauernverbandes kommen konnte; Kürzungen, die die Bundesregierung dann auch noch dadurch verschärfte, dass sie weitere nationale Subventionen zusammenstrich. Zum anderen erscheint es vor dem Hintergrund neo-korporatistischer oder pluralistischer Ansätze wenig plausibel, dass ausgerechnet diese Kürzungen erfolgreich umgesetzt wurden, während alle anderen, auf einen ökologischen Umbau der Landwirtschaft abzielenden Maßnahmen kläglich gescheitert sind. Das, was die Bauern am härtesten trifft, nämlich die Preissenkung, wird durchgeführt, obwohl daraus für die Regierung in der Öffentlichkeit keine Erfolgsgeschichte gemacht werden kann. Ausgerechnet dort aber, wo die Regierung öffentlichkeitswirksam „punkten" könnte und die Bauern weniger hart getroffen wären, weil Kompensationszahlungen im Paket enthalten sind, dort bleibt die Reform merkwürdigerweise schon in den Ansätzen stecken.

Erklärbar wird dies mit dem neuen output-orientierten Ansatz. Einerseits haben die Kommission (Clark/Jones 1999) sowie Bundes- und Landesregierungen in den vergangenen zehn Jahren erhebliche Anstrengungen unternommen, die neo-korporatistischen Fachbruderschaften zwischen Bauernverband und Ministerialverwaltungen aufzulösen. So lösten etwa die sozialdemokratischen oder sozialdemokratisch geführten Landesregierungen in Hessen, Rheinland-Pfalz, Nordrhein-Westfalen oder in Schleswig-Holstein gezielt die bisherigen Landwirtschaftsministerien auf, gliederten deren Aufgaben in neue Verbraucher- oder Umweltschutzministerien ein und besetzten vor allem die einschlägigen Referate mit neuen Leuten (Führer 1997). Zwar existieren nach wie vor klientelistische Beziehungen, doch sind die direkten Einflussmöglichkeiten des Bauernverbandes – im Vergleich zu früher – erheblich reduziert. Ferner gingen alle staatlichen Agrarverwaltungen spätestens mit der Einführung der Flächenstilllegungsprogramme in den späten 1980er Jahren dazu über, selbst bei den Landwirten die dafür notwendigen Daten zu sammeln und deren Einhaltung zu überwachen; Tätigkeiten, die früher mitunter der Bauernverband übernommen hatte. Damit gelang es den regionalen Verwaltungen, sich vom Informationsmonopol des Verbandes nach und nach unabhängig zu machen und so eine weitere Einflussmöglichkeit der bäuerlichen Interessenvertretung zu kappen.

Andererseits vermochte jedoch der Deutsche Bauernverband (aber auch etliche seiner Partnerverbände im der EU) den Organisationsgrad mindestens zu halten, wenn nicht sogar noch zu erhöhen. Derzeit sind im Deutschen Bauernverband – beziehungsweise seinen Landesverbänden – weit über 90 Prozent der deutschen Landwirte organisiert; bei den Haupterwerbsbetrieben erreicht der Organisationsgrad sogar über 95 Prozent. Alternative Zusammenschlüsse führen notgedrungen ein Nischendasein. Der Verband bietet für seine Mitglieder ausführliche Beratungen nicht nur im Hinblick auf die betriebs- und agrarwirtschaftliche Seite, sondern gerade auch im Umgang mit der Agrarverwaltung an. Häufig genug sind es die hauptamtlichen Geschäftsführer der Kreisbauernverbände, die mit den Landwirten gemeinsam die einschlägigen Formulare und Anträge durchgehen, Ratschläge und Informationen weitergeben und im Zweifelsfall auch Rechtsschutz gewähren.

Nimmt man diese beiden Komponenten zusammen, dann wird das empirische Ergebnis der europäischen und deutschen agrarpolitischen Reformversuche der vergangenen Dekade einleuchtend erklärbar: Die Kürzungsmaßnahmen ließen sich angesichts der brüchig gewordenen klientelistischen Beziehungen nun tatsächlich politisch durchsetzen. Da sie keiner weiteren Implementation mehr bedurften – die EU beziehungsweise die Bundesregierungen hörten einfach auf, bestimmte Zahlungen zu leisten –, konnten die agrarischen Interessengruppen daran nichts ändern. Anders bei all jenen Bestimmungen, die einer gesellschaftlichen Implementation – einer Regelbefolgung durch die Adressaten – bedurften, wie dies bei allen Umstrukturierungsmaßnahmen zwangsläufig der Fall ist. Hier gelang es dem Bauernverband, über entsprechende Beratung und Information vor Ort die Bauern von „rot-grünen Experimenten" abzuhalten und sie auch weiterhin auf die klassische agrarwirtschaftliche Linie einzuschwören. Den Rest besorgten die Preisvorteile üblicher Lebensmittel gegenüber ökologisch angebauten Produkten: Letztere wurden über den Preis aus dem Markt gedrängt, nachdem die akute BSE-Angst im Laufe des Jahres 2001 in Deutschland abgeklungen war.

3.2 Bankenpolitik und europäische Wettbewerbspolitik: die deutschen Landesbanken und Sparkassen im Visier der Beihilfenkontrolle

Die Artikel 86 und 87 EG-Vertrag geben der Kommission weiten diskretionären Handlungsspielraum bei der Festlegung dessen, was erlaubte und was verbotene nationale staatliche Beihilfen im Gemeinsamen Markt sind. Diese wettbewerbspolitische Aufgabe der Kommission ist nicht neu, mit der Schaffung des Binnenmarktes seit 1993 ist sie aber immer wirksamer geworden. Die Regierungen der Mitgliedstaaten sind danach verpflichtet, alle größeren Subventionsvorhaben nach Brüssel zu melden und deren Genehmigung abzuwarten, bevor sie die anvisierten Mittel auszahlen. Damit soll ein Subventionswettlauf zwischen den nationalen Standorten im Gemeinsamen Markt verhindert werden.

Mit der Umsetzung der EG-Richtlinie zu den Eigenmitteln der Banken sahen sich nun die deutschen Banken grundsätzlich höheren Liquiditätsanforderungen gegenüber als dies vorher im nationalen Recht der Fall gewesen war. Private Banken waren gezwungen, sich zusätzliches Eigenkapital etwa durch Ausgabe neuer Aktien zu beschaffen. Die öffentlich-rechtlichen Kreditinstitute, allen voran die Landesbanken, hingegen gingen andere Wege: In sechs Bundesländern ließen sie sich von den Landesregierungen die landeseigenen Wohnungsbauförderanstalten meist zu marginalen Zinssätzen übertragen. Das tat zum Beispiel auch Nordrhein-Westfalen, das seine Förderanstalt an die Westdeutsche Landesbank (WestLB) mit der Maßgabe übertrug, diese Landesentwicklungsaufgabe in Zukunft zu übernehmen. Die derart übertragenen Vermögenswerte sollten mit einem jährlichen Satz von lediglich 0,6 Prozent verzinst werden.

Das brachte beim Bundesverband der deutschen Banken, dem Zusammenschluss der deutschen Privatbanken, dass Fass zum Überlaufen. Dort ärgerte man sich schon geraume Zeit darüber, dass sich im klassischen dreisäuligen deutschen Bankensystem (Privat-, Genossenschaftsbanken sowie Sparkassen) die beiden anderen Säulen längst nicht mehr an die überkommene Arbeitsteilung hielten: Traditionell hatten Sparkassen und Genossenschaftsbanken Kleinkunden und Kleinunternehmen beziehungsweise die Kommunen mit Krediten bedient, sich aber vom Geschäft mit Großkunden und vor allem vom Investment-Banking und Aktienverkauf ferngehalten. Ein besonderer Dorn im Auge waren den Geschäftsbanken die großen Landesbanken, allen voran die WestLB, die sich in den 1990er Jahren zu einem veritablen Konkurrenten in praktisch allen Bankgeschäftsfeldern entwickelt hatte. Der grundlegende Vorwurf der Privatbanken lautete: Sparkassen und Landesbanken seien über Anstaltslast und Gewährträgerhaftung seitens der öffentlichen Hand vor Konkurs geschützt und könnten diesen Bonus über ein vorzügliches Rating für sehr günstige Refinanzierungskonditionen am Markt nutzen. Während sich also die privaten Banken ihr gutes Rating täglich verdienen müssten, könnten sich die Landesbanken auf dem „Triple A" komfortabel ausruhen, das ihnen ihre Absicherung durch den Steuerzahler der Bundesrepublik bequem verleihe. Nur eine hoheitliche Aufgabe rechtfertige eine solche Konstruktion, diese sei aber bei den Sparkassen und Landesbanken nicht mehr gegeben. Dass Landesregierungen, Kommunen, Landesbanken und Sparkassen das anders beurteilten und von regionaler Daseinsvorsorge sprachen, war nicht weiter verwunderlich. Sie sahen in diesem System die letzte noch verbliebene Möglichkeit, struktur- und industriepolitische Ziele regional zu verfolgen, nachdem die Kommission faktisch alle direkten Beihilfen der westdeutschen Länder als unzulässige Subventionen verboten hatte.

Nach der Übertragung der Wohnungsbauförderanstalten ging der Bundesverband der deutschen Banken in die Offensive und beschwerte sich bei der Kommission offiziell über diese Maßnahme. Diese fasste das heiße Eisen lange Zeit nicht an und leitete nach Sondierungen in Düsseldorf und Bonn respektive Berlin erst 1997 ein förmliches Untersuchungsverfahren gegen die Bundesrepublik, das Land Nordrhein-Westfalen sowie die WestLB ein. Es endete am 8. Juli 1999 mit der Entscheidung der Kommission, bei der

Übertragung handele es sich um eine mit dem Binnenmarkt unvereinbare Beihilfe. Brüssel verlangte nicht nur die Wiederausgliederung der Wohnungsbauförderanstalt, sondern auch die Rückzahlung der Beihilfe samt Zinsen in Höhe von gut 800 Mio. Euro (Die Zeit, 15.07.1999). Dagegen klagte die Bundesregierung vor dem Europäischen Gerichtshof, und Nordrhein-Westfalen sowie die WestLB vor dem Gericht erster Instanz (Die Zeit, 05.10.2000).

Doch damit nicht genug: Die Bankenvereinigung der Europäischen Union, der Dachverband der privaten Banken in Europa, schob im Dezember 1999 eine grundsätzliche Beschwerde gegen Anstaltslast und Gewährträgerhaftung bei der Kommission nach und erhöhte so den Druck weiter. Schließlich entschied die Kommission im Januar 2001, dass das deutsche Garantiesystem insgesamt eine unzulässige Beihilfe darstelle und binnen Jahresfrist geändert werden müsse.

Prima facie scheint auch diese Auseinandersetzung ein klarer Fall pluralistischen Interessenwettbewerbs zu sein. Die Verbände sowohl der privaten als auch der öffentlich-rechtlichen Banken in Deutschland und auf europäischer Ebene gelten als sehr einflussreich und durchschlagskräftig. Beide sprachen sich für eine Liberalisierung im Binnenmarkt aus, beide befürworteten grundsätzlich die Wettbewerbskontrolle der Kommission. Naturgemäß gelangten sie in der Frage der Anstaltslast und Gewährträgerhaftung zu unterschiedlichen Ansichten. Da die privaten Banken darin einen klaren Wettbewerbsvorteil der Sparkassen und Landesbanken sahen, griffen sie zur Beschwerde, der die Kommission stattgab, weil sie selbst ebenfalls einen möglichst liberalisierten und privatisierten europäischen Finanzmarkt anstrebt und zudem Deutschland (neben Österreich) das einzige Land mit einer derartigen Bankenstruktur ist, mithin also Koalitionspartner in der Gemeinschaft gegen die Kommission nicht zu mobilisieren sind. Aus dieser Sicht überrascht es nicht, dass die Beschwerde erfolgte und erfolgreich war.

Ein zweiter, genauerer Blick bringt indessen auch hier Widersprüche ans Tageslicht. Zum einen ist weder in der pluralistischen noch neo-korporatistischen Perspektive eine Beschwerde oder gar Klage als Mittel der Interessenartikulation oder –durchsetzung vorgesehen. Die klassische Einflussnahme erfolgt in der Politikformulierungsphase, rechtliche Konsequenzen werden dabei höchstens angedroht, aber nur selten durchgeführt, um die klientelistischen Beziehungen zu Verwaltung und Politik nicht zu gefährden. Zum zweiten erscheint es aus der Sicht der klassischen Ansätze sehr überraschend, dass die Kommission sich des Falles überhaupt annimmt. Angesichts gleich starker Verbände der privaten und öffentlich-rechtlichen Banken muss zunächst von einem pluralistischen Interessengleichgewicht ausgegangen werden. Bei näherem Hinsehen zeigt sich aber ein Ungleichgewicht zu Lasten der privaten Banken, weil die öffentlich-rechtlichen Banken im Besitz der Kommunen und Länder, mithin also staatlicher deutscher Stellen sind, die eigentlich genug Einfluss auf die Kommission haben müssten, um sie davon abzuhalten, derart heiße Eisen anzufassen. Und in der Tat, 40 Jahre lang kam niemand auf die Idee, die Subventionskontrollbestimmungen des EG-Vertrages auf die Gewährträgerhaftung der deutschen Sparkassen und Landesbanken anzuwenden, obwohl die privaten Banken stets benachteiligt waren und diese Benachteiligung auch offen angesprochen haben.

Was führte dann zum Umschwung? Es ist interessant, dass sich die Kommission nach gut fünf Jahren in dem Augenblick zum Handeln entschloss, als der nationale Verband Beschwerde einlegte und sie erst voll durchgriff, als der transnationale europäische Dachverband der privaten Banken die Sache in die Hand nahm und seinem deutschen Mitgliedsverband de facto Rechtsschutz und Beistand gewährte. Damit verlagerte sich die bislang im wesentlichen deutsche Diskussion auf die europäische Ebene. Bei weiterer Untätigkeit drohten der Kommission nicht nur Klagen des Verbandes vor dem Europäischen Gerichtshof wegen Untätigkeit. Auch die Regelbefolgung im Wettbewerbsbereich wäre in Gefahr geraten. Schließlich war und ist die Kommission bei Fusions- und Subventionskontrolle mehr denn je auf die Kooperation und Informationsweitergabe aus dem Kreis gesellschaftlicher Akteure angewiesen.

Auch hier erweist sich der neu vorgestellte Ansatz als erklärungskräftiger. Nicht die input-seitigen Machtverhältnisse im Dreieck Kommission – Bundesregierung – Verbände sind offensichtlich ausschlaggebend gewesen, sonst hätten sich die öffentlich-rechtlichen Banken zusammen mit den Landesregierungen und der Bundesregierung bequem durchgesetzt. Und auch die Existenz supranationalen Rechts beziehungsweise supranationaler Institutionen vermag das Ergebnis nur teilweise zu begründen. Die Subventionsregeln samt Kommission und Gerichtshof waren jahrzehntelang vorhanden, ohne dass jemand auf die Idee kam, sie gegen Anstaltslast und Gewährträgerhaftung einzusetzen. Wirksam wurden sie erst als Instrument in der Hand eines jahrzehntelang unterlegenen Verbandes, der mittels wiederholter Beschwerden und Klagen auf der Output-Seite versuchte jenen Nachteil wettzumachen, auf der Input-Seite nicht einflussreich genug zu sein. Damit öffnet sich aber eben auch eine neue Dimension der politischen Interessendurchsetzung jenseits pluralistischer oder neo-korporatistischer Politikformulierung.

4 Schlussfolgerungen

Betrachtet man die empirische Literatur zur Interessenpolitik im Mehrebenensystem der EU, dann fällt auf, dass eindeutig identifizierbare Einflusslogiken und Einflusskanäle immer weniger erkennbar sind. Vielmehr wird das Feld, und damit der Prozess der Interessendurchsetzung, durch das Auftreten neuer Akteure vielfältiger und durch die Auflösung bislang üblicher „Fachbruderschaften" sowie durch die zunehmende Komplexität und Multiplizierung der Ansprechpartner und möglichen Ziele für Lobbying immer unübersichtlicher. Hinzu kommt nun als weiteres Element die Interessendurchsetzung über die Output-Seite des politischen Systems – sei es in Form von Klagen vor Gericht oder „political consumerism". Wichtig ist die Frage, ob die Berücksichtigung dieser Einflussmöglichkeit vorhandene Erklärungslücken schließen hilft. Wenn sich in den meisten Fällen trotz Pluralisierung der Interessenlandschaft und Auflösung klientelistischer Beziehungen immer noch die traditionell starken gesellschaftlichen Interessen (Industrie, Arbeit, Landwirtschaft) durchsetzen – und man dies nicht als Übergangsphänomen abtun will – , muss erklärt werden, worauf sich der Durchsetzungserfolg der traditionellen Interessen heutzutage gründet.

Dieser Frage hat sich der vorliegende Beitrag angenommen. Er argumentiert, dass Verbände unter bestimmten Bedingungen eine zweite Einflussressource besitzen, die im Output-Bereich angesiedelt ist. Sie liegt in der Fähigkeit, auf den unterschiedlichen politischen Ebenen der Gemeinschaft für einen hohen Grad an Regelbefolgung der Adressaten zu sorgen und diese Zusage als Tauschgut einzusetzen. Wenn also strukturelle Veränderungen im System der Interessenpolitik es einem Verband nicht mehr erlauben, die Vorstellungen seiner Klientel erfolgreich in den politischen Entscheidungsprozess einzubringen, so führt das nicht zwangsläufig zur Machtlosigkeit. Vielmehr kann er unter bestimmten Umständen dank eigener Ressourcen (Informationen, Rechtsberatung für die Mitglieder) die Regelbefolgung der Regelungsadressaten beeinflussen. Statt pluralistischer Streik- und Kampfmaßnahmen oder neo-korporatistischer Absprachen liegt die Stärke der Interessengruppen dabei in ihrer Fähigkeit, die Regelbefolgung zu erzeugen oder – wenn die Regeln als schlecht angesehen werden – dies zu unterlassen beziehungsweise sogar noch Rechtsschutz für Klagen gegen die Regelungen vor Gerichten anzubieten – und damit den Regierungen und Verwaltungen den Steuerungserfolg zu verweigern. Diese Output-Dimension klassischer Verbandsarbeit funktioniert – und das ist das wichtige Neue – sogar dann, wenn man unterstellt, dass solche supranationalen Systeme, die Handlungsfähigkeit nationaler Regierungen dadurch stärken, dass sie den heimischen Interessengruppen den Einfluss auf die Politikformulierung erschweren. Zwar führen diese Strategien tatsächlich zu der beschriebenen Entkoppelung von Regierungen, Verwaltungen und gesellschaftlichen Gruppen im Input-Bereich. Doch auch Mehrebenen-Entscheidungssysteme und „fusionierte Bürokratien" bedürfen zu ihrer Legitimation des Erfolges ihrer Maßnahmen, sind also auf der Outputseite dann doch wieder – unter den genannten Bedingungen – an Interessengruppen gebunden.

Literatur

Alemann, Ulrich von/Heinze, Rolf G. (Hrsg.) (1979): Verbände und Staat: Vom Pluralismus zum Korporatismus. Analysen, Positionen, Dokumente. Opladen: Westdeutscher Verlag.
Clark, Julian R. A./Jones, Alun (1999): From Policy Insider to Policy Outcast? Comité des Organisations Professionnelles Agricoles, EU Policymaking, and the EU's 'Agri-Environment' Regulation. in: Environment and Planning C: Government and Policy; Bd. 17: 637-653.
Fraenkel, Ernst (1964): Der Pluralismus als Strukturelement der freiheitlich-rechtsstaatlichen Demokratie. in: Fraenkel, Ernst (Hrsg.). Deutschland und die westlichen Demokratien. Stuttgart: Kohlhammer: 165-189.
Führer, Jochen (1997): Interessenvermittlung und Steuerungsproblematik im agrarpolitischen Netzwerk. Zur politischen Einflußnahme des Bauernverbandes und der hessischen Agrarverwaltung. Frankfurt/M: Peter Lang.

Grande, Edgar (1996a): Das Paradox der Schwäche. Forschungspolitik und die Einflußlogik europäischer Politikverflechtung. in: Jachtenfuchs, Markus/Kohler-Koch, Beate (Hrsg.). Europäische Integration. Opladen: Leske+Budrich: 373-399.

Grande, Edgar (1996b): The State and Interest Groups in a Framework of Multi-Level Decision-Making. The Case of the European Union. Journal of European Public Policy; Bd. 3, Heft 3: 318-338.

Hennis, Wilhelm/Kielmansegg, Peter Graf/Matz, Ulrich (Hrsg.) 1977: Regierbarkeit. Studien zu ihrer Problematisierung. Stuttgart: Klett-Cotta.

Holzer, Boris/Sorensen, Mads (2001): Subpolitics and Subpoliticians. SFB 536 Reflexive Modernisierung (Arbeitspapier 4).

Lehmbruch, Gerhard (1982): Introduction: Neo-Corporatism in Comparative Perspective. in: Lehmbruch, Gerhard/Schmitter, Philippe C. (Hrsg.). Patterns of Corporatist Policy-Making. Beverly Hills: Sage Publications: 1-28.

Moravcsik, Andrew (1997): Warum die Europäische Union die Exekutive stärkt: Innenpolitik und internationale Kooperation. in: Wolf, Klaus Dieter (Hrsg.). Projekt Europa im Übergang? Probleme, Modelle und Strategien des Regierens in der Europäischen Union. Baden-Baden: Nomos: 211-269.

Neyer, Jürgen (2004): Politische Herrschaft in der postnationalen Konstellation. Vergesellschaftung und Verrechtlichung jenseits des Staates. Baden-Baden: Nomos.

Neyer, Jürgen/Zürn, Michael (2001): Compliance in Comparative Perspective: The EU and Other International Institutions. InIIS, Arbeitspapier 23/01.

Nuscheler, Franz/Steffani, Winfried (Hrsg.) (1972): Pluralismus: Konzeptionen und Kontroversen. München: Piper.

Rieger, Elmar (1995): Politik supranationaler Integration. Die Europäische Gemeinschaft in institutionentheoretischer Perspektive. in: Nedelmann, Brigitta (Hrsg.). Politische Institutionen im Wandel, Kölner Zeitschrift für Soziologie und Sozialpsychologie (Sonderheft Nr. 35). Opladen: Westdeutscher Verlag: 349-367.

Schmitter, Philippe C. (1981): Neokorporatismus: Überlegungen zur bisherigen Theorie und zur weiteren Praxis. in: Alemann, Ulrich von (Hrsg.). Neokorporatismus. Frankfurt/M.: Campus: 62-79.

Schmitter, Philippe C./Lehmbruch, Gerhard (Hrsg.) (1979): Trends Towards Corporatist Intermediation. Beverly Hills: Sage Publications.

Steffani, Winfried (1980): Pluralistische Demokratie. Opladen: Leske+Budrich.

Urff, Winfried von (1999): Agrar- und Fischereipolitik. in: Weidenfeld, Werner/Wessels, Wolfgang (Hrsg.). Jahrbuch der Europäischen Integration 1998/99; Bonn: Europa Union Verlag: 125-134.

Vogel, David (1978): Lobbying the Corporation: Citizen Challenges to Business Authority. New York: Basic Books.

Vogel, David (2001): Dimensions of Political Consumerism in Historical Perspective. Paper Presented at an International Seminar on "Political Consumerism" (June 2001), City University Stockholm.

Wasser, Hartmut (1984): Die Vereinigten Staaten von Amerika. Porträt einer Weltmacht. Frankfurt/M.: Ullstein.

Wessels, Wolfgang (1998): Comitology: Fusion in Action. Politico-administrative Trends in the EU System. Journal of European Public Policy; Bd. 5, Heft 2: 209-234.

Wolf, Klaus Dieter 2000: Die Neue Staatsräson: Zwischenstaatliche Kooperation als Demokratieproblem in der Weltgesellschaft. Plädoyer für eine geordnete Entstaatlichung des Regierens jenseits des Staates. Baden-Baden: Nomos.

Zangl, Bernhard (2001): Bringing Courts Back In: Normdurchsetzung im GATT, in der WTO und der EG. Schweizerische Zeitschrift für Politikwissenschaft; Bd. 7, Heft 2: 49-80.

Zugangslogik in der Europäischen Union: Der Fall des Europäischen Parlaments[1]

Pieter Bouwen

1 Einleitung

In der Literatur zum Thema Europäische Interessenpolitik sind sich alle Autoren darüber einig, dass Wirtschaftsinteressen in Brüssel wesentlich besser vertreten sind als alle anderen gesellschaftlichen Interessen (Buholzer 1998: 13; Mazey/Richardson 1999: 121). Die meisten nationalen und europäischen Interessengruppen und Berater vertreten Produzenteninteressen. In diesem Kapitel soll theoretisch und empirisch untersucht werden, auf welche Weise diese wirtschaftlichen Interessensgruppen die EU-Gesetzgebung in einem bestimmten Policy Sektor beeinflussen können. Da die EU als Regulatory State nur über ein sehr kleines Budget verfügt, erscheint die ausschließliche Konzentration auf das legislative Lobbying gerechtfertigt (Majone 1994). In vielen Bereichen der Politik hat die auf europäischer Ebene beschlossene Gesetzgebung tiefgreifende Auswirkungen auf die wirtschaftlichen Aktivitäten von Unternehmen. Legislatives Lobbying gegenüber den EU-Institutionen ist daher für wirtschaftliche Interessengruppen ein wichtiges Betätigungsfeld geworden, um für die unternehmerischen Aktivitäten ein freundliches Regulierungsumfeld innerhalb der Europäischen Union zu erreichen. Vorab ist jedoch hervorzuheben, dass sich die Untersuchungen in diesem Kapitel auf die Phase der Politikentwicklung und Entscheidungsbildung im EU-Gesetzgebungsprozess beschränken.[2]

Da die Messung von Einfluss in der Politikwissenschaft methodisch ein Problem darstellt, liegt der Schwerpunkt dieser Studie nicht auf dem spezifischen Einfluss von wirtschaftlichen Interessengruppen, sondern auf ihrem Zugang zu den mit dem Gesetzgebungsprozess befassten Institutionen der Europäischen Union. An dieser Stelle muss betont werden, dass Zugang nicht notwendigerweise Einfluss bedeutet. Die Erlangung von Zugang zu den Institutionen der EU ist jedoch notwendige Voraussetzung für die Beeinflussung des EU-Gesetzgebungsprozesses. Daher kann Zugang ein guter Indikator für Einfluss sein (Hansen 1991). In diesem Kapitel wird ein theoretischer Rahmen für

---

1 Ich möchte den Teilnehmern der Tagung „Interessendurchsetzung im Mehrebenensystem", die im Juli 2002 in Mannheim/Ludwigshafen stattgefunden hat, für ihre Anmerkungen zu einer früheren Version dieses Kapitels danken. Darüber hinaus gilt mein besonderer Dank Jürgen Grote, Beate Kohler-Koch und André Suck für ihre detaillierten Anmerkungen zu meiner Arbeit. Mein Dank geht ebenfalls an Gabriele Kentrup für die deutsche Übersetzung dieses Beitrages. Nicht zuletzt möchte ich allen meinen Interviewpartnern danken, die mir so großzügig ihre Zeit geschenkt haben.

2 Daraus folgt, dass das Thema der Umsetzung in diesem Kapitel nicht explizit behandelt wird. Zur Diskussion dieses Themas im Kontext des vorgeschlagenen theoretischen Rahmen wird auf Bouwen verwiesen (2002: 371; vgl. auch Wolf in diesem Band).

eine „Logik des Zugangs" vorgestellt, welcher den unterschiedlichen Zugang der Vertreter von Wirtschaftsinteressen (Unternehmen, Verbände, Beratungsfirmen) zu den Institutionen der EU erklären soll (Bouwen 2002). Darüber hinaus werden in diesem Kapitel bestimmte Hypothesen hinsichtlich des Zugangs von wirtschaftlichen Interessengruppen zu den Europäischen Institutionen systematisch überprüft.

Mit dem theoretischen Rahmen wird der Versuch unternommen, über den traditionellen Fokus in der Literatur hinauszugehen, der hinsichtlich der europäischen Interessenvermittlung zwischen pluralistischen oder neokorporatistischen Formen der Interessenpolitik differenziert (Streeck/Schmitter 1991; Falkner 1998). In unserem Ansatz werden wichtige Merkmale beider Paradigmen übernommen, indem die pluralistische Sicht, welche die Pluralität von Gruppen und die Wichtigkeit von Informationen betont, mit der korporatistischen Betonung des Ressourcenaustausches kombiniert wird. Damit einhergehend untersucht die Logik des Zugangs verschiedene Formen der Vertretung von wirtschaftlichen Interessen: Es werden kollektive Aktionen zur Koordination von Wirtschaftsinteressen, individuelle Aktionen von Unternehmen und Aktionen von Dritten, die in ihrer Eigenschaft als Berater oder Anwälte wirtschaftliche Interessen vertreten, analysiert. Dadurch unterscheidet sich diese Studie von der traditionellen Literatur zur europäischen Interessenvermittlung, die sich entweder auf kollektive Aktionen oder auf Aktionen einzelner Unternehmen konzentriert, ohne eine Verbindung zu anderen Organisationsformen zu ziehen (Coen 1997; Greenwood/Aspinwall 1998).

Um die Hypothesen hinsichtlich des Zugangs wirtschaftlicher Interessengruppen zu den europäischen Institutionen zu überprüfen, wird für die Untersuchung der Zugangslogik das Europäische Parlament ausgewählt. Bisherige Studien haben sich auf das Lobbying in der Kommission konzentriert. Sie ist traditionell als die wichtigste Zielgruppe für Lobbying identifiziert worden (Mazey/Richardson 1999: 111). Bisher haben sich nur überraschend wenige Studien dem Lobbying im Europäischen Parlament gewidmet (Kohler-Koch 1998; Wessels 1999:105). Als Hauptbegründung ist lange Zeit das Standardargument angeführt worden, dass das Europäische Parlament von seiner Natur her eine schwache Institution sei (Mazey/Richardson 1999: 113). Dieses Argument mag für die Zeit, in der das Europäische Parlament im Wesentlichen nur angehört wurde, noch zutreffend gewesen sein, aber seit dem Maastrichter Vertrag und dem darin festgelegten Mitentscheidungsverfahren besitzt es ein echtes Veto-Recht im EU-Gesetzgebungsverfahren.

Für die Untersuchung der Zugangslogik beim Europäischen Parlament stützt sich dieses Kapitel auf umfangreiche empirische Erhebungen im EU-Finanzdienstleistungssektor, die auf drei Arten durchgeführt wurden. Zunächst wurden für die Ausarbeitung des theoretischen Rahmens 63 explorative Interviews mit Vertretern von Wirtschaftsinteressen (21) einerseits und mit EU-Beamten und -Politikern (42) andererseits geführt. In einem nächsten Schritt hat der Autor zum besseren Verständnis des Europäischen Parlaments und seines spezifischen institutionellen Kontexts 14 explorative Interviews mit Beamten und Politikern im Europäischen Parlament geführt. Drittens wurde eine weitere empirische Befragung durchgeführt, mit welcher der theoretische Rahmen systematisch überprüft wurde. Zu diesem Zweck wurden 27 zusätzliche, halbstrukturierte Interviews mit Politikern im Parlament geführt. In Teil 2 dieses Kapitels stelle ich die Logik des Zugangs vor und in Teil 3 beleuchte ich das Forschungsdesign und die Methoden, die zur Überprüfung des theoretischen Rahmens eingesetzt wurden. Die empirischen Untersuchungen zur Verifizierung des theoretischen Rahmens diskutiere ich in Teil 4 und 5. Während sich Teil 4 mit der eigentlichen Messung des Zugangs von Vertretern wirtschaftlicher Interessen zum Europäischen Parlament befasst, präsentiert Teil 5 einen Zusatztest zur Verifizierung des theoretischen Rahmens. Das Kapitel endet mit einer Gesamteinschätzung der Logik des Zugangs, die ein Verständnis des Business Lobbying im Europäischen Parlament ermöglichen soll.

2 Die Logik des Zugangs

Der Schlüssel zum Verständnis der Lobby-Aktivitäten wirtschaftlicher Interessengruppen im Europäischen Parlament liegt darin, die Beziehung zwischen den privaten und öffentlichen Akteuren als eine Austauschbeziehung zwischen zwei voneinander unabhängigen Organisationsgruppen zu begreifen. Es wäre ein Fehler, Business Lobbying nur als einseitige Aktivität zu sehen, die von privaten Akteuren ausgeht und auf EU-Institutionen abzielt. Auch die EU-Institutionen haben ein großes Interesse am Austausch, denn sie brauchen enge Kontakte mit dem privaten Sektor, um ihrer institutionellen Rolle gerecht werden zu können.

Die Tausch-Modelle, die in den 1960er Jahren von Soziologen zur Untersuchung von Beziehungen zwischen Organisationen entwickelt worden sind, bilden einen interessanten Ausgangspunkt für die Analyse der Interaktion zwischen wirtschaftlichen Interessengruppen und öffentlichen Akteuren auf europäischer Ebene (Blau 1964; Levine/White 1961: 587). Einige Autoren haben in ihren Studien zur Europäischen Interessenvermittlung bereits auf Tausch-Theorien zurückgegriffen – sei es implizit (Greenwood et al. 1992) oder explizit (Eising/Kohler-Koch 1994; Buholzer 1998; Pappi und Henning 1999). Folgt man diesen Theorien, so kann die Interaktion zwischen privaten und öffentlichen Organisationen als Kette von Austauschaktionen zwischen Organisationen aufgefasst werden. Diese Modelle stehen in enger Verbindung mit dem Resource-Dependence-Ansatz von Pfeffer und Salancik (1978). Zwar betonen beide theoretischen Ansätze die Wichtigkeit des Tauschs von Ressourcen für Organisationen, aber die Resource-Dependence-Perspektive hebt die daraus folgende gegenseitige Abhängigkeit zwischen den interagierenden Organisationen (Pfeffer 1997:63) stärker hervor. Die Resource-Dependence-Perspektive geht davon aus, dass Organisationen nicht vollkommen eigenständig existieren können (Aldrich/Pfeffer 1976: 83). Sie benötigen Ressourcen aus ihrer Umgebung und müssen daher mit denjenigen Organisation oder Gruppen aus ihrer Umgebung interagieren, welche diejenigen Ressourcen besitzen, die sie benötigen (Pfeffer/Salancik 1978: 258). Im Kontext des EU-Entscheidungsprozesses geraten private und öffentliche Akteure in gegenseitige Abhängigkeit, da jede Seite von der anderen Ressourcen benötigt.

2.1   Zugangsgüter

Um den Prozess des Ressourcentausches zwischen privaten und öffentlichen Akteuren auf EU-Ebene genauer verstehen zu können, muss man sich zunächst genauer ansehen, welche Art von Ressourcen zwischen den beiden Gruppen getauscht wird. Die von privaten Akteuren benötigte Ressource ist der "Zugang" zu den europäischen Institutionen. Im Austausch für die Gewährung des Zugangs zur Gestaltung der Tagesordnung und zum Entscheidungsprozess verlangen die EU-Institutionen bestimmte Güter, die für ihr eigenes Funktionieren entscheidend sind. Ich nenne diese Güter "Zugangsgüter" (Bouwen 2002: 369). Es lassen sich drei Zugangsgüter identifizieren, denen ein bestimmtes Merkmal gemeinsam ist: Information. Die drei Zugangsgüter betreffen drei unterschiedliche Arten von Informationen und können wie folgt spezifiziert werden:

Fachwissen (F):
Dieses Zugangsgut betrifft das Fachwissen und das technische Know-How, welches vom privaten Sektor zum besseren Verständnis des Marktes benötigt wird. Diese technischen Informationen sind unverzichtbar für die Entwicklung einer effektiven EU-Gesetzgebung in einem bestimmten Bereich der Politik. Ein Beispiel ist das von der Barclays Bank erstellte technische Gutachten, das die Beamten und Politiker der EU darin unterstützen sollte, die Besonderheiten der Regeln zur angemessenen Eigenkapitalausstattung von Wertpapierfirmen und Kreditinstituten zu verstehen.

Informationen über das Umfassende Europäische Interesse (IUEI):
Dieses Zugangsgut betrifft die Informationen, die von dem privaten Sektor im Hinblick auf das Umfassende Europäische Interesse benötigt werden. In unserem sektorengebundenen Ansatz bezieht sich das UEI auf die kumulierten Bedürfnisse und Interessen eines Sektors im EU-Binnenmarkt. Ein Beispiel ist die von dem Europäischen Bankenverband zur Verfügung gestellten Informationen über die Interessen ihrer Mitglieder hinsichtlich der Regeln zur angemessenen Eigenkapitalausstattung von Wertpapierfirmen und Kreditinstituten.

Informationen über das Umfassende Nationale Interesse (IUNI):
Dieses Zugangsgut betrifft die Informationen, die von dem privaten Sektor zum Verständnis des Umfassenden Nationalen Interesse benötigt werden. In unserem sektorengebundenen Ansatz bezieht sich das UNI auf die kumulierten Bedürfnisse und Interessen eines Sektors auf dem nationalen Markt. Ein Beispiel sind die vom Belgischen Bankenverband zur Verfügung gestellten Informationen über die Interessen ihrer Mitglieder

hinsichtlich der Regeln zur angemessenen Eigenkapitalausstattung von Wertpapierfirmen und Kreditinstituten.

Die große Bedeutung von Fachwissen im EU-Entscheidungsprozess wird in der Literatur von fast allen Autoren anerkannt (Pappi/Henning 1999; Truman 1951). Die beiden Zugangsgüter betreffend das Umfassende Interesse sind jedoch bisher nicht behandelt worden. Es ist daher zunächst notwendig, den Begriff des "Umfassenden Interesses" genauer zu definieren. Ein Interesse ist dann umfassend, wenn mehrere Parteien an seiner Formulierung beteiligt waren. Es muss eine Kumulierung von einzelnen Interessen oder von interessierten Parteien stattgefunden haben. Ein nationaler Wirtschaftsverband kann zum Beispiel als Vertreter eines Umfassenden Interesses betrachtet werden, da er darauf spezialisiert ist, die Bedürfnisse und Interessen seiner Mitgliedsunternehmen zu bündeln. Wenn die Interessen eines Sektors auf der nationalen Ebene kumuliert werden, entsteht ein Umfassendes Nationales Interesse. Ein Umfassendes Europäisches Interesse wäre dann das Ergebnis der kumulierten Interessen eines Sektors auf europäischer Ebene. Der "umfassende" Charakter von Interessengruppen und ihre Repräsentativität stehen in positiver Korrelation (Salisbury 1979: 222). Wichtig zu erwähnen ist außerdem, dass die drei Zugangsgüter mit zwei wichtigen Themen in der europäischen Politik in Verbindung stehen: Legitimität und Normbefolgung (Bouwen 2002: 370).

Zugangsgüter sind von entscheidender Bedeutung, wenn Vertreter von Wirtschaftsinteressen Zugang zu den EU-Institutionen erlangen möchten. Der beste Zugang wird denjenigen privaten Akteuren gewährt, die die sogenannte kritische Ressource oder das sogenannte kritische Zugangsgut einbringen. Kritisch ist eine Ressource für eine Organisation dann, wenn die Organisation sie für die Fortsetzung ihrer Operationen benötigt (Pfeffer/Salancik 1978: 46f.). Die kritischen Ressourcen für die einzelnen EU-Institutionen werden an späterer Stelle dieses Kapitels benannt.

2.2 Ein theoretischer Rahmen zur Erklärung des Zugangs

Die drei oben definierten Zugangsgüter spielen eine zentrale Rolle für das Verständnis der Tauschbeziehungen zwischen privaten Akteuren und EU-Institutionen. Dieses Austauschverhältnis kann anhand eines Modells von Angebot und Nachfrage für die jeweiligen Zugangsgüter dargestellt werden. Die privaten Akteure sind für die Lieferung der Zugangsgüter verantwortlich. Sie erlangen nur dann Zugang zu einer Institution, wenn die angebotenen Zugangsgüter von dieser Institution gleichzeitig nachgefragt werden. Der theoretische Rahmen soll das unterschiedliche Maß des Zugangs der Vertreter von Wirtschaftsinteressen zu den EU-Institutionen erklären. Die abhängige Variable Y_{An}, zeigt an, in welchem Maße private Akteure Zugang zur Institution n erhalten. Das Angebot von Zugangsgütern, Y_S, und die Nachfrage nach Zugangsgütern, Y_{Dn}, sind die unabhängigen Variablen. Daraus ergibt sich, dass zur Erklärung der Variablen Y_{An}, sowohl Y_S als auch Y_{Dn} untersucht werden müssen.

Grafik 1: Schema der Variablen

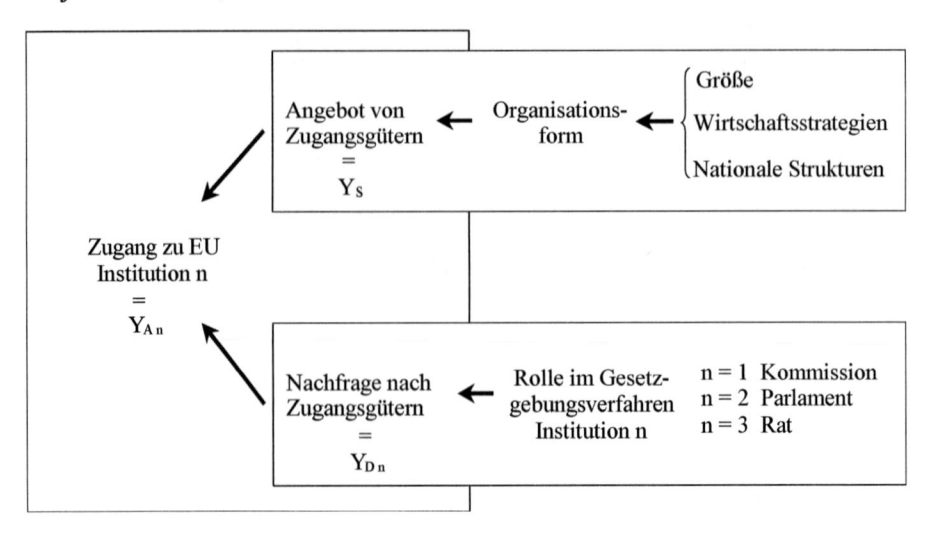

```
                    ┌─────────────────┐        ┌──────────────────┐      ⎧ Größe
                    │ Angebot von     │ ←── Organisations- ←──────⎨ Wirtschaftsstrategien
                    │ Zugangsgütern   │        │     form          │      ⎩ Nationale Strukturen
               ↙    │      =          │        └──────────────────┘
                    │      Y_S        │
    Zugang zu EU    └─────────────────┘
    Institution n
         =
        Y_{An}  ↖
                    ┌─────────────────┐        ┌──────────────────┐    n = 1  Kommission
                    │ Nachfrage nach  │ ←── Rolle im Gesetz-         n = 2  Parlament
                    │ Zugangsgütern   │     gebungsverfahren         n = 3  Rat
                    │      =          │     Institution n
                    │     Y_{Dn}      │
                    └─────────────────┘
```

2.2.1 Das Angebot von Zugangsgütern

Die Bereitstellung von Zugangsgütern ist für private Akteure, die eine Austauschbeziehung mit bestimmten Institutionen auf EU-Ebene herstellen möchten, unerlässlich. Jedoch haben nicht alle privaten Interessenvertreter dieselbe Fähigkeit, solche Zugangsgüter bereitzustellen. Wie die systematische Analyse der wichtigsten Organisationen zur Vertretung von Wirtschaftsinteressen an späterer Stelle dieses Abschnitts zeigen wird, stellt die Form der jeweiligen Organisation eine wichtige Variable zur Bestimmung der Zugangsgüter dar, die angeboten werden können. Tabelle 1 zeigt die wichtigsten Organisationsformen, welche Lobby-Tätigkeiten in der EU übernehmen können.

Tabelle 1: Organisationsformen zur Vertretung von Wirtschaftsinteressen

	Individuelle Aktionen	Kollektive Aktionen	Aktionen Dritter
Nationale Ebene	Individuelle nationale Aktionen	Nationale Verbände	Nationale Beratungsfirmen
Europäische Ebene	Individuelle europäische Aktionen	Europäische Verbände	Brüsseler Beratungsfirmen

Drei zentrale Variablen bestimmen die Entscheidung eines Unternehmens für die Wahl einer bestimmten Organisationsform zur Wahrnehmung ihrer Lobby-Tätigkeiten. Zunächst ist die Größe eines Unternehmens für die Lobby-Tätigkeiten wichtig. Während Großkonzerne über ausreichende Ressourcen für individuelles Lobbying verfügen, sind kleinere Unternehmen häufig zu kollektiven Aktionen gezwungen, um auf den verschiedenen Stufen des Mehrebenensystems der EU politisch aktiv werden zu können. Ein zweiter wichtiger Faktor, der über die Organisationsform der Lobbying-

Operationen eines Unternehmens entscheidet, ist seine Wirtschaftsstrategie. Die unterschiedlichen Marktstrategien von nationalen Nischenunternehmen auf der einen sowie von großen international ausgerichteten Unternehmen auf der anderen Seite erfordern unterschiedliche politische Strategien. Die nationale institutionelle Umgebung eines Unternehmens ist die dritte wichtige Variable, die es für das Verständnis der Lobbyingaktivitäten von privaten Akteuren auf nationaler und Europäischer Ebene zu untersuchen gilt (Beyers 2002). Eine auf nationaler Ebene enge Arbeitsbeziehung zwischen administrativen Akteuren und privaten Interessenvertretern kann zum Beispiel den Anreiz für direkte Lobbyaktivitäten auf europäischer Ebene schmälern.

Während somit einerseits die Organisationsform darüber entscheidet, welche Zugangsgüter angeboten werden können, gibt es andererseits zwei weitere Variablen, die einen wichtigen Einfluss auf die Quantität und die Qualität der bereitgestellten Zugangsgüter haben. Diese wirken sich auch auf die Effizienz, d.h. die Geschwindigkeit und die Flexibilität zur Bereitstellung der Zugangsgüter aus. Als erste Variable spielt die Anzahl der Schichten, aus denen die Organisationsform besteht (Unternehmen – nationaler Verband – europäischer Verband) eine wichtige Rolle. Je mehr Schichten an der Bereitstellung der Zugangsgüter beteiligt sind, desto langsamer und unflexibler kann die Lieferung derselben erfolgen (Schmitter/Streeck 1999: 76). Zweitens hängt die Effizienz auch von der Komplexität des Entscheidungsprozesses innerhalb der Organisationsform ab. Je komplizierter der interne Entscheidungsprozess ist, desto langsamer und unflexibler wird die Bereitstellung der Zugangsgüter. Das bedeutet: Eine hierarchisch aufgebaute Organisationsform, wie zum Beispiel ein Unternehmen, kann wahrscheinlich effizienter arbeiten als eine dezentrale, demokratisch aufgebaute Organisationsform, wie zum Beispiel ein Verband (Salisbury 1984: 67f.).

In der nun folgenden Darstellung der drei Hauptorganisationsformen wird analysiert, wie die Organisationsform und die beiden oben genannten Variablen die Bereitstellung der Zugangsgüter beeinflussen:

Einzelunternehmen (auf nationaler oder europäischer Ebene):

Die Ressourcen-Asymmetrie zwischen großen und kleinen Unternehmen ist ausschlaggebend für ihre ungleichen Möglichkeiten zur Bereitstellung von Zugangsgütern. Im Gegensatz zu den kleinen Unternehmen besitzen Großunternehmen ausreichende Ressourcen, um individuelle Aktionen auf nationaler und europäischer Ebene unternehmen zu können. Da Unternehmen direkt auf dem Markt aktiv sind, liegt ihre besondere Stärke in der Bereitstellung von Fachwissen. Die hierarchische Entscheidungsstruktur innerhalb der Unternehmen garantiert die effiziente Bereitstellung des Zugangsguts für die EU-Institutionen.

Die Strategien von Großunternehmen können regional, national oder europäisch ausgerichtet sein. Unternehmen mit einer nationalen Strategie, die einen beträchtlichen Anteil am nationalen Markt haben ("national champions"), können in gewissem Maße Informationen über das Umfassende Nationale Interesse erteilen. Das Merkmal "umfassend" bleibt jedoch beschränkt, weil nur ein einziges nationales Unternehmen betroffen ist. Große Unternehmen mit einer europäischen Strategie können Informationen über das europäische Interesse geben. Die meisten dieser Unternehmen können jedoch schwerlich für sich in Anspruch nehmen, über Informationen zum Umfassenden Europäischen Interesse zu verfügen, da sie meist nur einen relativ kleinen Anteil am Binnenmarkt haben.

Verbände (auf nationaler oder europäischer Ebene):

Verbände können nicht so gut wie Einzelunternehmen Fachwissen bereitstellen, da sie über weniger Ressourcen verfügen und sich mit einem breiteren Spektrum an Themen beschäftigen müssen. In durchgängig allen EU-Institutionen gelten Wirtschaftsverbände inzwischen als "industrial civil servants", denen das nötige Fachwissen für die Unterrichtung derer, die Politik gestalten, fehlt (Greenwood/Webster 2000: 5). Aufgrund ihrer mehrschichtigen Organisationsstruktur sind Wirtschaftsverbände zu weit von den Marktrealitäten entfernt. Die aus drei Schichten bestehende Organisationsform europäischer Verbände (EU-Ebene, nationale Ebene, Unternehmensebene) ist ebenfalls hinderlich für die effiziente Bereitstellung von Zugangsgütern.

Europäische Verbände sind darauf spezialisiert, Konsenspositionen zu finden, indem sie die unterschiedlichen Meinungen ihrer Mitgliedsverbände bündeln. Sie führen die Interessen ihrer Mitgliedsverbände zusammen, welche ihrerseits bereits ein Ergebnis der Bündelung von Interessen der Mitgliedsunternehmen dieser einzelnen nationalen Verbände sind. Dieser intensive Konsultationsmechanismus ermöglicht es den europäischen Verbänden, eine umfassende Perspektive auf ihren Sektor zu gewinnen und dadurch qualitativ hochwertige Informationen über das Umfassende Europäische Interesse zu liefern. Die internen Entscheidungsprozesse zur Bildung eines Konsenses sind jedoch kompliziert und beeinträchtigen die effiziente Bereitstellung der Zugangsgüter. Ähnlich ist es auch im Fall der nationalen Verbände. Sie vertreten die nationalen Interessen eines bestimmten Sektors und können daher qualitativ hochwertige Informationen über das Umfassende Nationale Interesse liefern. Wie alle Verbände sind auch die nationalen Verbände nicht sehr effektiv, was die Bereitstellung von Fachwissen angeht.

Beratungsfirmen (auf nationaler oder europäischer Ebene):

Beratungsfirmen können nur in sehr beschränktem Umfang Zugangsgüter bereitstellen. Da Beratungsfirmen nicht ihre eigenen Interessen vertreten, können sie die beiden Zugangsgüter bezüglich des Umfassenden Interesses nicht bereitstellen. Außerdem können sie nur dann Fachwissen anbieten, wenn sie sich auf einen bestimmten Bereich der Politik spezialisiert haben. Spezialisierte Beratungsfirmen sind in Brüssel jedoch die Ausnahme. Die folgende Tabelle 2 veranschaulicht das Angebot von Zugangsgütern der verschiedenen Organisationsformen zur Vertretung von Wirtschaftsinteressen.

Tabelle 2: Angebot von Zugangsgütern

	Am Besten angebotenes Zugangsgut	Rangfolge der Möglichkeiten zum Angebot von Zugangsgütern
Einzelunternehmen	F	F > IUNI > IUEI
Europäischer Verband	IUEI	IUEI > F > IUNI
Nationaler Verband	IUNI	IUNI > F > IUEI
Beratungsfirma	F	

2.2.2 Die Nachfrage nach Zugangsgütern

Um den Zugang von privaten Akteuren zu den EU-Institutionen erklären zu können, muss auch eine Analyse der Nachfrage nach Zugangsgütern vorgenommen werden. Da der Gegenstand dieses Papiers die Untersuchung des legislativen Lobbyings in der EU ist, leitet sich die Nachfrage nach Zugangsgütern von der spezifischen Rolle der einzelnen EU-Institutionen im Gesetzgebungsverfahren ab.[3] Ihre formalen Befugnisse im EU-Gesetzgebungsverfahren und der Zeitpunkt ihrer Mitwirkung am Verfahren bestimmten in starkem Maße die Nachfrage dieser Institutionen nach Zugangsgütern.

Die EU-Institutionen sind in unterschiedlich starkem Maße an den drei Zugangsgütern interessiert. Aus der Resource-Dependence-Perspektive würde man sagen, sie sind bei mehr als einer Ressource, d.h. einem Zugangsgut, von ihrer Umgebung abhängig. Für jede EU-Institution können daher mehrere Abhängigkeiten festgestellt werden. Jacobs (1974), der von einem ähnlichen theoretischen Rahmen wie Pfeffer und Salancik (1978) ausgeht, bestimmt diejenige Abhängigkeit, die besonders problematisch für eine Organisation ist. Diese sogenannte "problematische Abhängigkeit" betrifft diejenige Ressource aus ihrer Umgebung, von welcher die Organisation am meisten abhängig ist. Sie entspricht der kritischen Ressource, von der an früherer Stelle bereits die Rede war. Jacobs entwickelt außerdem für jede Organisation eine "Rangfolge von Abhängigkeiten" (Jacobs 1974: 50). Da in unserer Analyse die Nachfrage einer EU-Institution nach Zugangsgütern mit ihrer jeweiligen Rolle im Gesetzgebungsverfahren zusammenhängt, entspricht die problematische Abhängigkeit hier der Nachfrage nach demjenigen Zugangsgut, das für die Erfüllung der formalen Rolle der jeweiligen Institution im Gesetzgebungsverfahren am kritischsten ist. In den nächsten Abschnitten versuche ich, eine Rangfolge der Abhängigkeiten in Bezug auf das Europäische Parlament zu erstellen. Diejenigen, die Näheres zur Nachfrage nach Zugangsgütern in der Kommission und im Ministerrat erfahren möchten, seien auf Bouwen (2002: 379-382) verwiesen.

---

[3] Die Regulierung der Lobbyarbeit seitens der Kommission und des Parlaments hatte nur minimale Auswirkungen auf die Formen der Interessenvermittlung auf europäischer Ebene. Beide supranationalen Institutionen sind für verschiedene Formen der Interessensvertretung sehr offen geblieben.

Das Europäische Parlament

Als Forum wichtiger politischer Diskussionen während des Gesetzgebungsverfahrens besitzt das Europäische Parlament sowohl supranationale als auch intergouvernementale Merkmale. Obgleich sich im Laufe der Zeit supranationale politische Gruppen im Parlament herausgebildet haben, ist die Nationalität nach wie vor ein relevanter Faktor, der die Versammlung spalten kann (Kreppel/Tsebelis 1999).[4] Die Rolle des Europäischen Parlaments in den Gesetzgebungsverfahren der Gemeinschaft hat sich gewandelt: Früher hatte das Parlament nur beratende Funktion, heute besitzt es wichtige Befugnisse, die über beratende Funktionen hinausgehen. In vielen wichtigen Bereichen müssen Entscheidungen inzwischen sogar in Übereinstimmung mit dem Ministerrat getroffen werden. In diesen Fällen hat das Parlament die Aufgabe, Änderungen zu Gesetzesvorschlägen einzubringen und Beschlüsse zu fassen.

Angesichts seiner Rolle im legislativen Prozess hat das Parlament nur wenig Bedarf an Fachwissen. In der Phase der Einbeziehung des Parlaments in das Gesetzgebungsverfahren hat die Kommission bereits einen detaillierten und häufig technisch geprägten Gesetzgebungsentwurf ausgearbeitet. Obwohl ein gewisses Basis-Fachwissen unerlässlich ist, ist die Menge an technischen Kenntnissen der Marktgegebenheiten, die für Änderungen von Vorschlägen und für Beschlussfassungen benötigt wird, im Europäischen Parlament sehr gering. Das Europäische Parlament benötigt vor allem Informationen, die ihm eine Bewertung der durch die Kommission vorgelegten Gesetzesvorschläge ermöglichen. Als direkt gewählte supranationale Versammlung hat das Parlament die Aufgabe, die legislativen Vorschläge vom europäischen Standpunkt aus zu bewerten (Kohler-Koch 1997: 12). Die spezifischen Informationen, welche das Parlament für die Bewertung benötigt, sind Informationen über das Umfassende Europäische Interesse (UEI). Dieses Zugangsgut stellt die kritische Ressource für diese Institution dar, denn es beinhaltet umfassende Informationen des privaten Sektors über die Bedürfnisse und Interessen im EU-Binnenmarkt.

Tabelle 3: Nachfrage nach Zugangsgütern

	Kritische Ressource	**Rangfolge der Abhängigkeiten**
Europäisches Parlament	IUEI	IUEI > IUNI > F
Kommission	F	F > IUEI > IUNI
Ministerrat	IUNI	IUNI > IUEI > F

---

[4] Die beiden Autoren betonen, dass die Ideologie im Europäischen Parlament eine größere Bedeutung besitzt als die Nationalität. In ihrem Artikel zur Koalitionsbildung im Parlament stellen sie fest, dass Koalitionen im Allgemeinen auf der Grundlage von Ideologie und nicht auf der Grundlage von Nationalität gebildet werden. Sie konnten jedoch auch Fälle beobachten, in denen nationale Gruppen gegen die Mehrheit ihrer eigenen Fraktion stimmten.

Um die Rolle des Parlaments im Gesetzgebungsverfahren besser verstehen zu können, ist auch die Wahlkreisorientierung der einzelnen EP-Mitglieder zu berücksichtigen. Alle Abgeordneten sind in ihrem eigenen Land gewählt worden und haben daher enge Verbindungen zu ihren Wählern. Um ihre Chancen auf Wiederwahl zu erhöhen, brauchen die Abgeordneten Informationen über ihre nationale Wählerschaft (Hansen 1991). Aus diesem Grund interessieren sie sich für Informationen über das Umfassende Nationale Interesse. Dieses Zugangsgut verschafft ihnen Informationen über die Bedürfnisse und Wünsche ihrer Wähler. Tabelle 3 enthält eine Darstellung der Nachfrage nach Zugangsgütern im Europäischen Parlament, in der Kommission und im Ministerrat.

2.3 Kombination von Angebot und Nachfrage

Um den Zugang zu den EU-Institutionen erklären zu können, muss sowohl das Angebot als auch die Nachfrage nach Zugangsgütern analysiert werden. Die Analyse der Angebotsseite hat gezeigt, dass die meisten privaten Interessenvertreter die drei Zugangsgüter in jeweils unterschiedlichem Maße bereitstellen können. Die Analyse der Nachfrageseite hat gezeigt, dass die EU-Institutionen in unterschiedlichem Maße an den Zugangsgütern interessiert sind. Die einfache Kombination von Angebot und Nachfrage würde in der unbefriedigenden und uninteressanten Hypothese resultieren, dass die meisten privaten Interessenvertreter in gewissem Maße Zugang zu den drei EU-Institutionen besitzen. Unsere Erkenntnisse aus der Resource-Dependence-Theorie führen uns jedoch zur Aufstellung einer spezifischeren und interessanteren Hypothese.

Nach Pfeffer (1982) kann man mit der Identifikation der problematischen Abhängigkeit oder der kritischen Ressource einer EU-Institution jene privaten Akteure bestimmen, welchen dann durch diese Institution der leichteste Zugang gewährt wird. Er stellt die These auf, dass Organisationen am meisten auf Wünsche von Gruppen oder Organisationen in ihrem Umfeld eingehen, welche die problematischen Abhängigkeiten kontrollieren (Pfeffer 1982: 193). Im Hinblick auf die europäischen Institutionen bedeutet dies, dass eine EU-Institution am meisten auf Wünsche derjenigen privaten Interessengruppe eingeht – und ihnen den leichtesten Zugang gewährt – welche die problematische Abhängigkeit oder die kritische Ressource dieser Institution anzubieten hat. Diejenigen privaten Akteure, die das kritische Zugangsgut in höchster Qualität oder Quantität und auf effektivste Weise anbieten können, werden daher den leichtesten Zugang zu der EU-Institution erhalten. Legt man diese Zugangslogik zu Grunde, so kann man eine Reihe von spezifischen Hypothesen hinsichtlich des Zugangs aufstellen, indem man die Rangfolge der Abhängigkeiten der EU-Institutionen und die Rangfolge der Fähigkeiten der privaten Akteure zur Bereitstellung der Zugangsgüter auf Seiten der verschiedenen Organisationsformen miteinander kombiniert (Kombination der Ergebnisse aus den Tabellen 2 und 3):

Tabelle 4:   *Zusammenfassung der aufgestellten Hypothesen*[5]

Zugang zum Europäischen Parlament:	EV > NV > E
Zugang zur Kommission:	E > EV > NV
Zugang zum Ministerrat:	NV^6 > EV > E

3   Aufbau der empirischen Studie zur Bewertung der Logik des Zugangs

3.1   *Untersuchung des Zugangs zum Europäischen Parlament im EU-Finanzdienstleistungssektor*

Zur Überprüfung der aufgestellten Hypothesen über den Zugang der Vertreter von Wirtschaftsinteressen zum Europäischen Parlament wurde der EU-Finanzdienstleistungssektor ausgewählt. Die zahlreichen Gesetzgebungsvorschläge der Kommission seit 1998 hatten für die Anbieter von Finanzdienstleistungen starke Auswirkungen auf ihre unternehmerischen Tätigkeit und haben daher einen intensiven Austausch zwischen diesen privaten Interessengruppen und den EU-Behörden in Form von Lobbying und öffentlichen Anhörungen nach sich gezogen. Da die Lobby-Aktivitäten gerade im EU-Finanzdienstleistungssektor in den letzten Jahren stark zugenommen haben, bietet sich dieser Politiksektor zur Untersuchung der Logik des Zugangs von Wirtschaftsinteressen in der Europäischen Union besonders an. Die führenden Politiker in Europa haben sich in den letzten zehn Jahren stark auf den Aufbau der Wirtschafts- und Währungsunion konzentriert, aber sie haben es versäumt, die für die Integration der nationalen Finanzdienstleistungsmärkte erforderliche Regulierungsinfrastruktur zu entwickeln (Zavvos 1994: 27-32; Dyson/Featherstone 1999). Da der Erfolg der einheitlichen Währung ohne das gute Funktionieren der Finanzmärkte nicht gewährleistet ist, hat die Kommission 1998 einen sogenannten Aktionsplan für Finanzdienstleistungen erarbeitet, um dem Aufbau des Binnenmarktes für Finanzdienstleistungen neue Impulse zu geben (Mogg 1999: 11).[7]

3.2   *Forschungsdesign*

Bei der Untersuchung der verschiedenen Hypothesen wird deutlich, dass sie alle den relativen Zugang der privaten Akteure zum Europäischen Parlament betreffen. Die eigentliche Frage, um die es in dieser Studie geht, lautet daher: Warum besitzt eine bestimmte Organisationsform privater Wirtschaftsinteressen einen besseren Zugang zum Europäischen Parlament als eine andere? Die Daten, die zur Überprüfung dieser Hypo-

---

5   E=Einzelunternehmen; NV=Nationale Verbände; EV=Europ. Verbände; B=Beratungsfirmen.
6   Nationale Verbände und "national champions".
7   "Finanzdienstleistungen: Abstecken eines Aktionsrahmenplans". Mitteilung der Kommission vom 28.10.98, KOM (1998) 625. Im Juni 1998 hatte der Europäische Rat von Cardiff die Kommission gebeten, einen Aktionsplan zur Verbesserung des Binnenmarktes für Finanzdienstleistungen vorzulegen. "Umsetzung des Finanzmarktrahmens: Aktionsplan". Mitteilung der Kommission vom 11.05.99, KOM (1999) 232.

thesen benötigt werden, müssen sich daher auf den relativen Zugang der verschiedenen Organisationsformen beziehen. Es werden also Ordnungsangaben zum Grad des Zugangs der vier Organisationsformen benötigt, um die Hypothesen testen zu können. Sowohl öffentliche als auch private Akteure sind potenziell im Besitz interessanter Informationen über den Zugang. Da wir uns jedoch für den relativen Zugang interessieren, müssen wir uns bei der Datenerhebung vor allem auf die öffentlichen Akteure konzentrieren. Letztere werden von verschiedenen Organisationsformen, welche Zugang erlangen wollen, kontaktiert und sind daher am besten in der Lage, den relativen Zugang von privaten Interessenvertretern einzuschätzen. Private Interessenvertreter besitzen meistens keine Kenntnis darüber, welcher Zugang anderen privaten Interessenvertretern gewährt wird. Daher ist es für sie extrem schwierig, den eigenen relativen Zugang zum Europäischen Parlament richtig einzuschätzen.

Um die Hypothesen zu überprüfen, muss der relative Zugang der verschiedenen Organisationsformen gemessen werden. Zu diesem Zweck wurde ein Katalog von strukturierten Fragen erstellt, mit deren Hilfe vergleichbare und quantifizierbare Daten des Zugangs von privaten Interessenvertretern zum Europäischen Parlament gesammelt werden sollten. Diese Fragen wurden vor allem öffentlichen – und nicht privaten – Akteuren gestellt und zwar in 27 halbstrukturierten Interviews.[8] Diese Interviews enthielten einerseits strukturierte Fragen, um vergleichbare und quantifizierbare Daten zu ermitteln, andererseits auch offene Fragen, um qualitative und tiefer gehende Erkenntnisse zu gewinnen (King 1995:15). Die Befragung richtete sich vor allem an diejenigen öffentlichen Akteure, die im Zusammenhang mit dem legislativen Lobbying im Europäischen Parlament für besonders wichtig gehalten wurden. Diese Akteure wurden als die relevante Grundgesamtheit identifiziert. Für die Messung des Zugangs von Interessenvertretern der Wirtschaft zum Europäischen Parlament wurde eine Stichprobe dieser Grundgesamtheit zu Grunde gelegt. Da die identifizierte Grundgesamtheit von Politikern im Parlament relativ klein ist (Population=45), wurde die größtmögliche Stichprobe gewählt, um ein Maximum an Beobachtungen gewinnen zu können (Stichprobe=45). Die Beteiligung an den Interviews betrug 60 Prozent (27 Abgeordnete von 45). Von den 18 Abgeordneten, die sich an den halbstrukturierten Interviews nicht beteiligten, reagierten nur 5 auf mehrfache Nachfrage überhaupt nicht. Eine Mehrheit von 11 von 13 Abgeordneten, die unserer Einladung zum Interview nicht folgten, begründeten ihre Ablehnung mit Zeitmangel.[9] Zunächst war es wichtig zu untersuchen, ob bei den Gruppen der Nicht-Teilnehmer oder der Teilnehmer Verzerrungen festzustellen waren. Die Verfügbarkeit von Daten zur Nationalität oder zur Parteigebundenheit aller Parlamentarier in der Teilmenge erlaubt Rückschlüsse darauf, ob diese beiden Variablen im Ergeb-

---

8   Die für die Befragung der 27 Politiker im Europäischen Parlament aufgewendeten Zeit betrug 18 Stunden und 55 Minuten.
9   Die Tatsache, dass Abgeordnete zwischen Straßburg, Brüssel und ihrem Heimatland hin- und herreisen müssen, ist Teil der Erklärung für die Beteiligungsrate der Abgeordneten an den Befragungen.

nis Verzerrungen bewirkt haben könnten. Die χ^2-Werte und ihre p-Werte, die sich für die beiden Variablen errechnen lassen, deuten darauf hin, dass es in der Gruppe der Teilnehmer hinsichtlich dieser Variablen keine Verzerrungen gegeben hat.[10] Angesichts der Grundgesamtheit, der Stichprobe und der Beteiligungsrate kann davon ausgegangen werden, dass die Ergebnisse der empirischen Untersuchung im Europäischen Parlament für die Situation im EU-Finanzdienstleistungssektor repräsentativ sind.

3.3   Methoden

Die Hypothesen zum Zugang wurden auf der Basis von ordinalen Daten getestet. Um Informationen über den relativen Zugang von privaten Akteuren zum Parlament zu gewinnen, wurden die Politiker im Lauf der Interviews gebeten, Informationen über ihre Kontakte mit privaten Interessengruppen im Zusammenhang mit legislativem Lobbying zu geben. Sie wurden aufgefordert, eine Rangfolge ihrer Kontakte mit den verschiedenen Formen von Wirtschaftsinteressen aufzustellen. Die Befragten sollten angeben, mit welchen der vier Organisationsformen sie Kontakte hatten, wobei sie auch den Nutzen und die Regelmäßigkeit solcher Kontakte berücksichtigen sollten.[11] Die entsprechenden Rangfolgen zeigen an, welche der möglichen Organisationsformen die Befragten als ihre erste, zweite, dritte oder vierte Wahl genannt haben. Die folgende Tabelle enthält eine Aufstellung der ordinalen Daten, die im Europäischen Parlament gesammelt wurden. Um die Hypothesen testen zu können, müssen die von den Befragten aufgestellten einzelnen Rangfolgen miteinander kombiniert werden, um so eine zusammengesetzte oder gesamte Rangfolge der Kontakte dieser Befragten zu den verschiedenen Organisationsformen zu erhalten. Die direkteste Methode zur Ermittlung der Gesamt-Rangfolge

---

10   Für die Variable der Nationalität gilt: df=14, χ^2=8,359, p=0,870. H_o: "Es gibt keine Verzerrungen in der Gruppe der Teilnehmer" kann nicht widerlegt werden. Für die Variable der Parteigebundenheit gilt der : df=7, χ^2=11.91, p=0,104. H_o: "Es gibt keine Verzerrungen in der Gruppe der Teilnehmer" kann nicht widerlegt werden. Hierbei sollte bedacht werden, dass für die beiden vorgenannten Variablen die Bedingungen für den Chi-Quadrat-Test nicht ideal sind. Da der Freiheitsgrad größer als 1 ist, dürfen nicht mehr als 20 Prozent der Zellen eine geringere Erwartungshäufigkeit als 5 haben und keine Zelle darf eine geringere Erwartungshäufigkeit als 1 haben (Siegel/Castellan 1988: 1999). Diese Bedingungen sind für die beiden Variablen nicht erfüllt. Die Stichprobe ist zwar im Hinblick auf Nationalität und Parteigebundenheit statistisch nicht verzerrt, aber eine genauere Betrachtung der Daten zeigt, dass sowohl die französischen MdEPs als auch die kleineren politischen Gruppen in der Gruppe der Nicht-Teilnehmer überrepräsentiert sind.

11   Interessanterweise hat Wessels in seiner Studie herausgefunden, dass es eine klare Verbindung zwischen der Häufigkeit der Kontakte zwischen den Abgeordneten und Interessengruppen einerseits und der Berücksichtigung der Anliegen dieser Interessengruppen seitens der Parlamentarier andererseits gibt. Er stellt fest, dass es auf der Ebene des Gesamtergebnisses eine Korrelation von 0,69 gibt. Der Autor glaubt, dass es gute theoretische Gründe für die Annahme gibt, dass ein kausaler Zusammenhang zwischen der Berücksichtigung von Anliegen und der Häufigkeit von Kontakten besteht. Vernünftig handelnde Akteure wenden sich dorthin, wo sie am meisten Gehör finden (Wessels 1999: 113). Wessels Thesen unterstützen daher unsere Eingangsbehauptung, dass ein enger Zusammenhang zwischen Einfluss und Zugang besteht. Interessengruppen bemühen sich am meisten bei denjenigen Abgeordneten um Kontakt und Zugang, die am meisten auf ihre Anliegen reagieren.

besteht darin, die gewichteten Summen der Rangwerte zu verwenden (Guilford 1954: 180).[12] Da die Rangwerte reine Ordnungszahlen sind, ist die zahlenmäßige Bedeutung der gewichteten Summen nicht ganz klar. Bei der Errechnung der gewichteten Summen geht man von der impliziten Vermutung aus, dass der Abstand zwischen den verschiedenen Rängen und damit den Rangwerten gleich ist.[13] Deshalb haben wir eine weitere, detailgenauere Methode angewandt, die auf Thurstone's Gesetz vom Vergleichsurteil beruht und "Methode des Paarvergleichs" genannt wird (Thurstone 1959: 39, 67; McIver/Carmines 1981: 16).

Die Methode des Paarvergleichs ist eine eindimensionale Skalierungsmethode, die die Umwandlung von Ordinal-Skalenwerten in Intervall-Skalenwerte erlaubt (Guilford 1954: 154; Swanborn 1993: 31). Bei dieser Methode müssen die verschiedenen Organisationsformen von den Befragten in allen möglichen Paarverbindungen bewertet werden. Als Ergebnis erhält man eine Reihe von Vergleichsurteilen. Hierbei ist anzumerken, dass die befragten Beamten und Politiker mit den Paarvergleichen zu den vier Organisationsformen nicht direkt konfrontiert wurden. Stattdessen wurden sie in dem Interview gebeten, eine vollständige Rangfolge der vier Organisationsformen zu erstellen. Es ist jedoch kein Problem, diese vollständigen Rangfolgen anschließend in Vergleichsurteile über alle Paare von Organisationsformen zu übersetzen.[14] Wenn die vier Organisationsformen, europäischer Verband (EV), nationaler Verband (NV), Einzelunternehmen (E) und Beratungsfirmen (B) unter Beibehaltung dieser Reihenfolge in eine Rangfolge gebracht werden, sind sechs Vergleichsurteile möglich: EV>NV, EV>E, EV>B, NV>E, NV>B und E>B. Bei diesem Ansatz spricht man von vollständigen Paarvergleichen (Guilford 1954: 183).

Auf der Grundlage der sich daraus ergebenden Vergleichsurteile kann man ermessen, welche Priorität einer Organisationsform im Vergleich zu einer anderen Organisationsformen gegeben wird. Daraus kann man zusätzliche Informationen über die Intensität der Präferenzen der Befragten bei der Festlegung der Rangfolgen verschiedener Alternativen ableiten.[15] Der wichtige Vorteil der Skalierungsmethode des Paarvergleichs

---

12 Zur Bestimmung der Rangwerte folgen wir der normalen Praxis, dem größten oder höchsten Wert den Rang 1 zuzuordnen. Die Rangangaben 1 bis n werden jedoch nur bei der Erfassung der Daten verwendet. Bei der späteren Verarbeitung der Daten werden die Rangangaben durch die Rangwerte ersetzt. Die Rangwerte R_i sind eine Folge von Werten in genauer Umkehrung der Rangangaben r_i. R_i ist mit r_i verbunden durch die einfache Gleichung $R_i = n - r_i + 1$. In diesem Projekt entspricht der höchste Rang, nämlich Rang 1, dem Rangwert 4. Um die Gesamtrangfolge zu ermitteln, werden die ermittelten einzelnen Rangwerte (4, 3, 2, 1) für die einzelne Organisationsform mit der Häufigkeit, in der die Befragten diese Organisationsform als ihre erste, zweite, dritte oder vierte Wahl genannt haben, gewichtet.
13 Die unterschiedliche Intensität der Präferenzen der Befragten für bestimmte Organisationsformen und damit die verschiedenen Abstände, die möglicherweise zwischen den aufeinander folgenden Rängen bestehen, werden bei der Methode der gewichteten Summen nicht berücksichtigt.
14 Deshalb muss von der Annahme der Transitivität ausgegangen werden.
15 Die Errechnung der Intervall-Skalenwerte basiert auf diesen zusätzlichen Informationen. Diese Daten dürften daher die Abstände zwischen den verschiedenen Präferenzintensitäten der Befragten hinsichtlich bestimmter Organisationsformen besser widerspiegeln. Bei Fragen zur F-Matrix, P-

liegt darin, dass sie einerseits bei der Aufstellung einer Gesamt-Rangfolge von Nutzen ist, und andererseits eine genauere Bestimmung des Zugangsgrades der einzelnen Organisationsformen zu den verschiedenen EU-Institutionen ermöglicht.

4   Messung des Zugangs zum Europäischen Parlament

Bei genauerer Betrachtung des Europäischen Parlaments kann man erkennen, welche Institutionen für das legislative Lobbying relevant sind: das Plenum, die parlamentarischen Ausschüsse, die Ausschuss-Sekretariate, die Anhörungen, das Kollegium der Quästoren und die fraktionsübergreifenden Arbeitsgruppen oder Intergroups. Eine detaillierte Untersuchung zeigt, dass das spezialisierte Ausschusssystem für das legislative Lobbying die wichtigste Institution des Parlaments ist. Dieses System stellt den wichtigsten Zugangspunkt zur parlamentarischen Willensbildung dar. Trotz der Tatsache, dass das Plenum das letzte Wort in der Gesetzgebung hat, findet der größte Teil der legislativen Arbeit des Parlaments in den spezialisierten Ausschüssen statt (Bowler/Farell 1995; Neuhold 2001: 3). Alle legislativen Vorschläge müssen in den Ausschüssen beraten werden und der überwiegende Teil des legislativen Verfahrens findet in den Ausschuss-Sitzungen statt. Da der Schwerpunkt unserer empirischen Studie auf dem europäischen Finanzdienstleistungssektor liegt, wurde ein spezifischer Ausschuss untersucht, nämlich der Wirtschaft- und Währungsausschuss (ECON). In Anhang VI der Geschäftsordnung des Europäischen Parlaments ist festgelegt, dass der ECON zuständig ist für Fragen, die "die finanziellen Dienstleistungen (...) sowie die Aspekte in Zusammenhang mit der Aufsicht und der Überwachung der Finanzdienstleistungen" betreffen. Als relevante Grundgesamtheit für die Befragung wurden daher die 45 Vollmitglieder des ECON ermittelt. Alle Vollmitglieder waren Teil der Stichprobe von Personen, die eingeladen wurden, sich an den halbstrukturierten Interviews zu beteiligen.[16]

Matrix und Z-Matrix, die für die Errechnung der Intervall-Skalenwerte für die verschiedenen Organisationsformen benötigt werden (Guilford 1954: 154-163; Swanborn 1993: 31-45) sowie zu weiteren Details hinsichtlich der erhobenen Daten wird auf eine künftige Veröffentlichung verwiesen (Bouwen 2002a).

16   In der Folge wurden zwischen Juni 2000 und Februar 2001 27 Interviews mit den Vollmitgliedern des ECON durchgeführt. Im Durchschnitt dauerte ein Interview rund 40 Minuten. Bei 4 der durchgeführten 27 Interviews wurde der wichtigste Mitarbeiter des Vollmitglieds an Stelle des MdEP selbst interviewt.

Tabelle 5: Kontakte der MdEPs[17]

Organisationsform	1. Wahl	2. Wahl	3. Wahl	4. Wahl
Europäischer Verband	12	9	3	1
Nationaler Verband	9	13	3	0
Einzelunternehmen	4	2	13	6
Beratungsfirma	0	1	6	18
Keine Antwort	2	2	2	2
Insgesamt	27	27	27	27

df=9, χ^2=72,98, p=kleiner als 0,001 und Cramer-Koeffizient C=0,493

In Tabelle 5 sind die von den 27 Abgeordneten aufgestellten Rangfolgen dargestellt. Die Tabelle enthält die Häufigkeit, mit der die Befragten eine bestimmte Organisationsform als ihre erste, zweite, dritte oder vierte Wahl genannt haben. Das Ergebnis des χ^2-Tests und der p-Wert weisen deutlich darauf hin, dass diese beiden Variablen in der Tabelle in Verbindung zueinander stehen.[18] Der Cramer-Koeffizient zeigt an, dass in der Tat eine ziemlich enge Verbindung zwischen der Organisationsform und dem Grad des Zugangs besteht.[19]

Ein Blick auf die erste Spalte von Tabelle 5 scheint die aufgestellte Hypothese hinsichtlich des Zugangs zum Europäischen Parlament zu bestätigen. Die Mehrheit der Abgeordneten unterhält bevorzugt Kontakt zu europäischen Verbänden (12) und pflegt deutlich weniger Kontakt zu nationalen Verbänden (9) und Einzelunternehmen (4). Es wäre jedoch verfrüht, alleine auf der Grundlage der ersten Wahl der Abgeordneten die Schlussfolgerung zu ziehen, dass europäische Verbände zum Parlament einen effektiv besseren Zugang haben als nationale Verbände und Einzelunternehmen. Die Informationen in den drei anderen Spalten (2., 3. und 4. Wahl) sind ebenfalls bedeutsam und müssen gleichermaßen in Betracht gezogen werden. Daher wird die Methode des Paarvergleichs genutzt, um auf der Grundlage der 27 individuellen Rangfolgen die zusammengesetzte oder Gesamt-Rangfolge der Kontakte der Parlamentarier mit privaten Interessengruppen zu errechnen (Guilford 1954: 154; Swanborn 1993: 31).[20]

---

17 Die Kategorie "Keine Antwort" wurde in der Berechnung von χ^2 und des Cramer-Koeffizienten nicht berücksichtigt, daher ist N=25.
18 Es wird darauf hingewiesen, dass die Bedingungen für die Anwendung des Chi-Quadrat-Tests erfüllt sind. Da der Freiheitsgrad größer als 1 ist, dürfen nicht mehr als 20 Prozent der Zellen eine zu erwartende Häufigkeit von weniger als 5 haben und keine Zelle darf eine zu erwartende Häufigkeit von weniger als 1 haben (Siegel und Castellan, 1988:1999). Diese Bedingungen sind erfüllt.
19 Der Cramer-Koeffizient ist als Korrelationsmaß von Nutzen, wenn nur kategorische Angaben über die Variablen verfügbar sind. Wie bei dem Pearson-Koeffizienten liegt auch beim Cramer-Koeffizienten der Höchstwert bei 1. Der Koeffizient ist gleich 0, wenn die beiden Variablen in keiner Verbindung zueinander stehen. Im Gegensatz zu dem Pearson-Koeffizienten kann der Cramer-Koeffizient nicht negativ sein (Siegel und Castellan, 1988:227).
20 Die F-Matrix, die P-Matrix und die Z-Matrix, die zur Berechnung der Intervall-Skalenwerte der verschiedenen Organisationsformen benötigt werden, sind in einer künftigen Veröffentlichung dargestellt (Bouwen, 2004). Die Ergebniswerte sind aus der folgenden Tabelle 6 ersichtlich.

Tabelle 6: Intervall-Skalenwerte, die auf der Grundlage der Paarvergleiche und der Gesamt-Rangfolge ermittelt wurden[21]

	EP
Europäischer Verband	1,71
Nationaler Verband	1,69
Einzelunternehmen	0,80
Beratungsfirma	0,00
Gesamt-Rangfolge	EV>NV>E>B

Die ermittelte Gesamt-Rangfolge der Organisationsformen bestätigt die Hypothesen, die hinsichtlich des Zugangs zum Europäischen Parlament aufgestellt wurden. Europäische Verbände (1,71) besitzen einen höheren Grad des Zugangs zum Parlament als nationale Verbände (1,69) und letztere besitzen einen höheren Grad des Zugangs als Einzelunternehmen (0,80) und Beratungsfirmen (0,00). Beratungsfirmen haben einen wesentlich niedrigeren Grad des Zugangs als Einzelunternehmen, das heißt, sie sind am wenigsten erfolgreich, was die Erlangung des Zugangs zu den Mitgliedern des ECON betrifft.

Der Unterschied zwischen dem errechneten Intervall-Skalenwert für die kollektive Form der Interessenvertretung, d.h. der errechnete Wert für die europäischen und nationalen Verbände auf der einen und für Einzelunternehmen und Beratungsfirmen auf der anderen Seite, ist ziemlich groß. Abgeordnete des Europäischen Parlamentes sprechen deutlich lieber mit Vertretern von Verbänden und zwar unabhängig von der Ebene der Vertretung (national/europäisch). Der Abstand zwischen den Werten, die für europäische und für nationale Verbände errechnet wurden, ist dagegen ziemlich klein (0,02).

Daraus folgt, dass europäische und nationale Verbände ungefähr einen gleich guten Zugang zum Europäischen Parlament genießen. Dieses interessante Ergebnis verweist auf die erfolgreiche "Europäisierung" von nationalen Verbänden in den letzten Jahrzehnten (Bouwen 2003). Um uns ein klares Bild vom relativen Zugang von Interessensvertretern der Wirtschaft zum Europäischen Parlament machen zu können, müssen schließlich noch die relativen Zugangswerte der verschiedenen Organisationsformen der wirtschaftlichen Interessen berechnet werden. Den relativen Zugangswert erhält man, indem man die Spalten-Randwerte (Sigmas) der F-Matrix zu Grunde legt und sie durch die Gesamtzahl der Paare teilt (N*6) (Bouwen 2004). Die sich daraus ergebenen Prozentsätze sind in Grafik 2 dargestellt.

---

21 Dieselben Gesamt-Rangfolgen ergeben sich, wenn die gewichteten Summen der Rangwerte verwendet werden. Dies ist ein Beispiel für eine erfolgreiche methodologische Triangulation (Denzin 1978).

Grafik 2: Relativer Zugang zum Europäischen Parlament

[Kreisdiagramm mit folgenden Werten:
- Europäische Verbände: 38%
- Nationale Verbände: 37%
- Einzelunternehmen: 20%
- Beratungsfirmen: 5%]

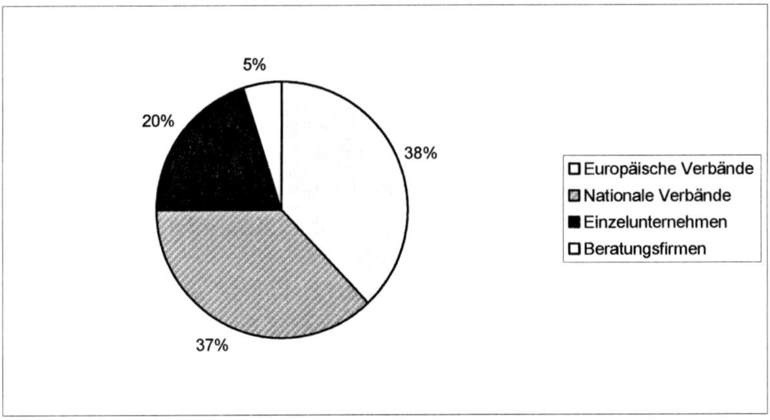

Quelle: Eigene Daten und Berechnungen (N=25)

5 Zusatz-Test: Überprüfung der Nachfrage nach Zugangsgütern

Das wichtigste Ziel bei der Durchführung der halbstrukturierten Interviews im E-CON lag darin, Informationen über den relativen Zugang von Interessenvertretern der Wirtschaft zu gewinnen. Durch die dabei ermittelten Ordnungsangaben war es möglich, die aufgestellten Hypothesen hinsichtlich des Zugangs zum Europäischen Parlament zu testen. Als Zielgruppe der Datenerhebung wurden die Mitglieder des Ausschusses und nicht die Wirtschaftsakteure gewählt, da Erstgenannte von Interessenvertretern aller Organisationsformen angesprochen werden und sie daher am besten in der Lage sind, den relativen Zugang privater Akteure einzuschätzen. Durch die Fokussierung auf die politisch-administrative Seite war es auch möglich, quantitative und qualitative Informationen über die Nachfrage der MdEPs nach Zugangsgütern zu bekommen. Diese Informationen werden nun zur Überprüfung der Hypothese genutzt, ob der eingangs unterstellte Bedarf nach Zugangsgütern im Europäischen Parlament der empirischen Realität entspricht. Da die Hypothesen hinsichtlich des Zugangs zum Parlament auf der Grundlage des Angebots und der Nachfrage von Zugangsgütern aufgestellt wurden, trägt die empirische Analyse der Nachfrage der Abgeordneten nach diesen Zugangsgütern dazu bei, eine Gesamtbewertung des theoretischen Rahmens vornehmen zu können. Den Mitgliedern des Europäischen Parlaments im ECON wurden drei Fragen gestellt, die quantitative und qualitative Informationen hinsichtlich ihrer Nachfrage nach Zugangsgütern generieren sollten. Diese Fragen werden in den folgenden Abschnitten analysiert.

5.1 Fachwissen im Vergleich zu Informationen über das Umfassende Interesse

Eingangs wurde den Abgeordneten eine offene Frage gestellt (siehe Tabelle 7 unten). Die Antworten auf diese Frage wurden unter Verwendung von drei Kategorien verschlüsselt: Fachwissen, Policy-Evaluierung und Sonstiges. Während sich die Kategorie Fachwissen auf das Zugangsgut desselben Namens bezieht, bezieht sich die Kategorie Policy-Evaluierung auf die beiden Zugangsgüter „Umfassendes Interesse". Hierbei gehe ich von der Behauptung aus, dass der Bedarf der europäischen Parlamentarier nach Policy-Evaluierung ihren Bedarf nach Informationen über das Umfassende Interesse widerspiegelt. Warum? Wenn Politiker oder Beamte im Verlauf des Gesetzgebungsverfahrens Policy-Vorschläge bewerten müssen, stützen sie sich dabei nicht auf die Beurteilung oder Meinung von Einzelakteuren oder von Personen mit eng definierten Interessen. Eine Policy-Evaluierung kann nur vornehmen, wer Informationen über das Umfassende Interesse besitzt, denn das Umfassende Interesse ist Garant dafür, dass mehrere Parteien an der Formulierung des Interesses beteiligt waren. Daher behaupte ich, dass der Bedarf nach Policy-Evaluierung mit dem Bedarf nach Informationen über das Umfassende Interesse korrespondiert. Wenn die Antworten der Befragten zu keiner dieser beiden Kategorien passten, wurden sie der Kategorie "Sonstiges" zugeordnet.

Die Analyse von Tabelle 7 ergibt, dass der Bedarf der Befragten nach Fachwissen (8%) viel kleiner ist als ihr Bedarf nach Policy-Evaluierung (70%). Mitglieder des Parlaments interessieren sich nicht in erster Linie für technische Fragen. Dieses Ergebnis untermauert die Analyseergebnisse einer früheren Befragung, welche von Kohler-Koch im Europäischen Parlament durchgeführt wurde (1998: 151). Die Autorin fand heraus, dass Abgeordente vor allem daran interessiert sind, Policy-Evaluierungen über die Auswirkungen bestimmter politischer Entscheidungen zu bekommen. Die Aneignung von technischem Fachwissen ist von nur sekundärer Bedeutung. Die Mehrheit ihrer Befragten beantworteten die Frage, welche Art von Informationen sie benötigen würden, mit "policy assessment". In unserer Befragung drückte ein ECON-Mitglied es so aus:

> *Die technischen Details von Gesetzesvorhaben sind zwar wichtig, aber nur in gewissem Maße, denn die Aufgabe der Abgeordneten besteht in der politischen Arbeit, und nicht in der technischen Arbeit. Die wichtigste Information besteht darin zu erfahren, welche Haltung die betroffenen Akteure dazu einnehmen.*

Tabelle 7: Warum sind Sie als MdEP während des Gesetzgebungsverfahrens an Kontakten mit Interessengruppen, Einzelunternehmen oder Beratungsfirmen interessiert?

Um ... zu bekommen.		
Fachwissen	2	8%
Policy-Evaluierung	19	70%
Sonstiges	6	22%
Insgesamt	27	100%

Die Mitglieder des ECON interessieren sich also wesentlich stärker für Informationen, die ihnen bei der Bewertung politischer Vorschläge helfen. Ein Zitat eines ECON-Mitglieds veranschaulicht, dass Abgeordnete im politischen Entscheidungsprozess technische und politische Informationen stets gegeneinander abzuwägen haben. Er spricht sich jedoch dafür aus, dass Parlamentarier sich hauptsächlich auf ihr Kerngeschäft, nämlich die Politik, konzentrieren sollten:

> *Wir müssen immer die Balance zwischen Fachwissen und Policy-Evaluierung finden. Letztendlich ist das Europäische Parlament jedoch ein politisches Organ und daher ist die Policy-Evaluierung wichtiger. Mein letzter Bericht war zum Beispiel stark technisch geprägt, aber die Kernthemen sind natürlich politischer Art. Ich habe versucht, alle technischen Details zu studieren und soweit wie möglich zu verstehen, aber ich bin natürlich kein Experte. In der Diskussion über meinen Bericht mit den Koordinatoren und den Mitgliedern des Ausschusses waren letztlich vor allem meine politischen Erfahrungen gefragt. In dieser Diskussion ging es nicht nur um technische Kenntnisse, sondern vor allem um politische Beurteilungen.*

Diese Zitate belegen zwar, dass die Abgeordneten der Policy-Evaluierung eine größere Bedeutung beimessen, aber es darf nicht vergessen werden, dass in einigen Fällen das Fachwissen nicht nur ein wichtiger Input für sie ist, sondern auch notwendig sein kann, damit sie eine Bewertung von politischen Vorschlägen überhaupt vornehmen können. Um Genaueres über den Bedarf der Abgeordneten nach Zugangsgütern zu erfahren, wurde ihnen anschließend eine geschlossene Frage gestellt. Dabei waren die oben genannten Kategorien als alternative Antwortmöglichkeiten vorgegeben. Tabelle 8 enthält die Ergebnisse der zweiten Frage.

Der geschlossene Charakter dieser Frage, in der die Alternativen bereits vorgegeben sind, hatte einen Einfluss auf die Antworten. Der Differenz zwischen dem Bedarf nach Fachwissen und dem nach Policy-Evaluierung war nicht mehr ganz so groß; auch stand die Kategorie, wonach beide Alternativen als gleichermaßen wichtig bezeichnet wurden, in den Antworten an oberster Stelle (48%). Die Nachfrage nach Policy-Evaluierung (37%) war jedoch immer noch wesentlich bedeutender als die Nachfrage nach Fachwissen (15%). Auf der Grundlage der quantitativen Angaben in den Tabellen und der Zitate der ECON-Mitglieder kann die sichere Schlussfolgerung gezogen werden, dass die Nachfrage nach Informationen über das Umfassende Interesse für die Vollmitglieder des ECON wesentlich bedeutender ist als ihre Nachfrage nach Fachwissen.

Tabelle 8: Wichtigkeit bestimmter Arten von Infomationen

Welche Information sind für Sie als MdEP wichtiger, wenn Sie sich mit privaten Interessensvertretern austauschen: Technisches Fachwissen oder Informationen zur Policy-Evaluierung?		
Fachwissen	4	15%
Policy-Evaluierung	10	37%
Beides	13	48%
Insgesamt	27	100%

5.2 Informationen über das Umfassende Europäische Interesse im Vergleich zu Informationen über das Umfassende Nationale Interesse

Nachdem bei den Befragten vor allem eine Nachfrage nach Zugangsgütern zum Umfassenden Interesse festgestellt werden konnte, wollten wir herausfinden, ob die Abgeordneten bei ihrer Policy-Evaluierung eher eine nationale oder eher eine europäische Perspektive suchen. Nur 33 Prozent der Befragten gaben an, dass sie eine nationale Perspektive einnehmen. Die überwiegende Mehrheit der Mitglieder (67%) antwortete dagegen, dass sie grundsätzlich europäisch denken. Beispielhaft wird hierzu ein Abgeordneter zitiert:

> *Ich nehme bei anstehenden Fragen eher eine europäische Perspektive ein. Manchmal kommt es vor, dass Abgeordnete versuchen, die nationalen Interessen ihres Landes im Europäischen Parlament durchzusetzen. An diesem Spiel versuche ich mich nie zu beteiligen.*

Bei dieser Frage ist auch zu bedenken, dass die Mitglieder des Europäischen Parlaments bei ihren Antworten auf gesellschaftliche Akzeptanz und politische Korrektheit bedacht sind. Aufgrund ihrer offiziellen Rolle glauben sie möglicherweise, dass man eine vorwiegend europäische Perspektive von ihnen erwartet. Dieses Anliegen bewirkt wahrscheinlich eine Verzerrung zu Gunsten der Kategorie der europäischen Perspektive. Es ist zwar möglich, dass die meisten Abgeordneten tatsächlich eine EU-Perspektive einnehmen, aber der Abstand zu denjenigen, die eher eine nationale Perspektive einnehmen, ist wahrscheinlich kleiner als in Tabelle 9 gezeigt. So berichteten zum Beispiel mehrere Palamentarier davon, dass sie in der nationalen politischen Partei und im gesellschaftlichen Leben ihres Landes aktiv sind. Einige Mitglieder gaben sogar an, dass sie wichtige Positionen im Vorstand ihrer nationalen politischen Partei innehaben. Auch legen sie Wert darauf, ein gutes Verhältnis zu ihren Wahlkreisen und zu den Parteiführern zu pflegen, die für die Auswahl der Kandidaten zu den Wahlen des Europäischen Parlaments zuständig sind. Die Antworten auf zwei Zusatzfragen gaben weiteren Aufschluss darüber, wie stark Mitglieder des Europäischen Parlaments dazu neigen, sich mit der nationalen Ebene der Politik zu beschäftigen und dementsprechend eine nationale Perspektive bei der Policy-Evaluierung einzunehmen. Grafik 3 zeigt die Antworten auf die erste Frage.

Tabelle 9: Einschätzung unterschiedlicher Policy-Evaluierungen

Was ist Ihnen wichtiger: Eine Policy-Evaluierung der Auswirkungen eines Gesetzesvorhabens für Ihr eigenes Land oder die Europäische Union insgesamt zu bekommen?		
Nationale Perspektive	9	33%
EU-Perspektive	18	67%
Insgesamt	27	100%

Grafik 3: Prozent der Arbeitszeit, die durchschnittlich im Monat für Anfragen aus dem eigenen Land aufgewendet wird

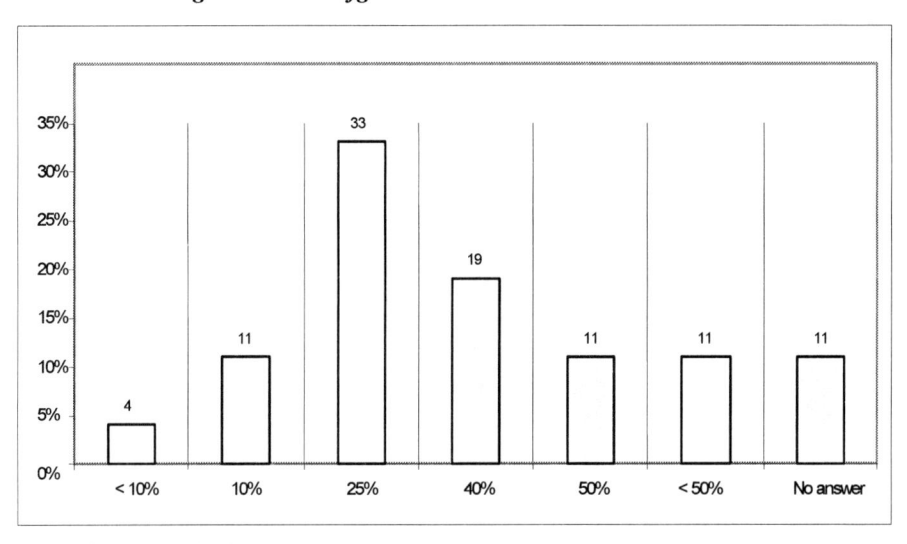

Kategorie	Wert
< 10%	4
10%	11
25%	33
40%	19
50%	11
< 50%	11
No answer	11

Quelle: Eigene Daten (N=27)

Bei der Frage, welchen Anteil ihrer Arbeitszeit die Abgeordneten im Monat durchschnittlich für Anfragen von Seiten nationaler privater und öffentlicher Akteure aufwenden, zeigt sich, dass mehr als 40 Prozent der ECON-Ausschussmitglieder 40 Prozent ihrer Arbeitszeit oder noch mehr für Anfragen aus dem eigenen Land aufwenden. Daraus wird ersichtlich, wie stark sie in ihrem nationalen politischen System verwurzelt sind. Ein Mitglied formulierte es so:

Als Abgeordneter des Europäischen Parlaments analysiert man zunächst, wie im eigenen Land über ein bestimmtes Thema gedacht werden würde. Was würden die NGOs und die nationalen Minister von dem Gesetzgebungsvorschlag halten? Ich pflege deshalb auch gute Kontakte zur Ständigen Vertretung in Brüssel.

Ein anderer Parlamentarier bestätigte, dass die nationale Perspektive für die Mitglieder des Europäischen Parlaments wichtiger sei:

Ich versuche zwar immer, dass allgemeine Interesse der EU in Betracht zu ziehen, glaube aber, dass jedem Abgeordneten das nationale Interesse wichtiger ist. Wenn sie sich zwischen EU- und nationalem Interesse entscheiden müssten, würden sie letzteres wählen.

Tabelle 10: Mitarbeiterzahl

Beschäftigen Sie mehr Mitarbeiter zu Hause als in Brüssel?		
Ja	9	33%
Nein	15	56%
Keine Antwort	3	11%
Insgesamt	27	100%

Tabelle 10 fasst die Antworten auf die zweite Zusatzfrage zusammen und enthält Informationen über die Einsatzorte der Mitarbeiter der MdEPs. Daraus lässt sich ersehen, dass rund ein Drittel der Abgeordneten mehr Mitarbeiter am Heimatort als in Brüssel beschäftigt. Man kann von der sicheren Annahme ausgehen, dass die meisten dieser Mitarbeiter sich vor allem mit Angelegenheiten des Wahlkreises und mit anderen nationalen Anfragen beschäftigen. Zwar sind Länder wie Schweden oder Spanien offiziell nicht in verschiedene Wahlkreise unterteilt, aber aus praktischen parteipolitischen Gründen gibt es dennoch quasi Wahlkreise.

Wenn man die Ergebnisse der beiden Zusatzfragen mit den qualitativen Daten kombiniert, kommt man zu dem Ergebnis, dass den Mitgliedern des Europäischen Parlaments der Austausch mit ihren jeweiligen Mitgliedstaaten wichtig ist, und dass ihnen ihre europäische Orientierung noch (etwas) bedeutender ist. Dies lässt die Schlussfolgerung zu, dass die Nachfrage der Abgeordneten nach Informationen über das Umfassende Europäische Interesse größer ist als ihre Nachfrage nach Informationen über das Umfassende Nationale Interesse. Da zuvor bereits festgestellt wurde, dass die Zugangsgüter hinsichtlich des Umfassenden Interesses von den ECON-Mitgliedern wesentlich stärker nachgefragt werden als Fachwissen, kann die Hypothese hinsichtlich der Nachfrage nach Zugangsgütern bestätigt werden: IUEI > IUNI > F. Informationen über das Umfassende Europäische Interesse stellen demnach eine kritische Ressource dar.

6 Schlussfolgerung

Auf der Grundlage der Ordnungsangaben, welche bei den ECON-Mitgliedern ermittelt wurden, können die Hypothesen hinsichtlich des relativen Zugangs zum Europäischen Parlament bestätigt werden. Europäische Verbände genießen in der Tat den besten Zugang zum Europäischen Parlament. Ihr Zugang zu den ECON-Mitgliedern ist besser als derjenige der nationalen Verbände, der Einzelunternehmen und der Beratungsfirmen. Die errechnete zusammengefasste Rangfolge des Zugangs zum Europäischen Parlament entspricht den Analyseergebnissen einer früheren von Beate Kohler-Koch im Europäischen Parlament durchgeführten Umfrage. Die Antworten der Abgeordneten auf die Fragen nach ihrer Einschätzung der Bedeutung von Interessenvertretern (wichtig/nicht wichtig), der Häufigkeit ihres Kontakts mit ihnen (wichtig/nicht wichtig) und die von ihnen bevorzugten Informationsquellen (bevorzugt/weniger bevorzugt) ergab dieselbe zusammengefasste Rangfolge, welche an früherer Stelle dieses

Kapitels dargestellt wurde (Kohler-Koch 1998: 152-154). Selbst der ziemlich ähnliche Grad des Zugangs von europäischen und nationalen Verbänden zum Europäischen Parlament deckt sich mit den Ergebnissen von Kohler-Koch (1998: 157)[22].

Als Ergebnis wurde festgestellt, dass der Unterschied im Grad des Zugangs, welchen die europäischen und die nationalen Verbände genießen, in der Tat ziemlich klein ist (0.02). Dies lässt den Schluss zu, dass nationale Verbände einen fast ebenso guten Zugang zum Europäischen Parlament besitzen wie die europäischen Verbände. Ein ebenso wichtiges, aber weniger überraschendes Ergebnis ist, dass diese beiden kollektiven Formen der Interessenvertretung einen wesentlich besseren Zugang besitzen als Einzelunternehmen oder Beratungsfirmen. Parlamentarier sprechen deutlich lieber mit Vertretern von Verbänden, unabhängig davon, auf welcher Ebene (national/europäisch) das von ihnen vertretene Umfassenden Interesse angesiedelt ist. Die Tatsache, dass Einzelunternehmen Schwierigkeiten haben, Zugangsgüter betreffend des Umfassenden Interesses anzubieten, reduziert ihre Zugangsmöglichkeiten zum Europäischen Parlament erheblich. Die Daten ergeben außerdem, dass Beratungsfirmen den geringsten Zugang zu ECON haben. Da sie nicht ihre ureigenen Interessen vertreten, betrachten Abgeordnete sie als weniger vertrauenswürdig und binden sie nicht so gern in ihre persönlichen Netzwerke ein. Die Vertretung der Interessen Dritter ist eindeutig die am wenigsten erfolgreiche Organisationsform, wenn es um den Zugang zum Europäischen Parlament geht. Eine Erklärung für den überraschend guten Zugang nationaler Verbände zum Parlament liegt in den Daten, welche in Teil 5 dieses Kapitels präsentiert wurden. Diese Daten reflektieren das Ausmaß, in dem Parlamentarier in ihrem nationalen politischen System verwurzelt sind. Ihre aktive Beteiligung an der nationalen Parteipolitik und ihre Einbindung in das gesellschaftliche Leben ihres Heimatlandes vervielfachen die Möglichkeiten der EP-Politiker zu Interaktionen mit nationalen öffentlichen und privaten Interessenvertretern. Die Zeit, die für die Beantwortung von nationalen Anfragen verwendet wird sowie die Anzahl nationaler Mitarbeiter, die im Heimatland arbeitet, zeugen von einem engen Verhältnis zur nationalen politischen Ebene. Die engen Kontakte zwischen Abgeordneten und nationalen Verbänden sind eine logische Konsequenz aus diesem engen Verhältnis.

In diesem Kapitel wurden nicht nur die Hypothesen hinsichtlich des relativen Zugangs von Wirtschaftsinteressenvertretern einem Test unterzogen, sondern auch die Nachfrage nach Zugangsgütern. Die Analyse hat ergeben, dass der Bedarf nach Zugangsgütern betreffend das Umfassende Interesse insgesamt höher ist als der Bedarf nach Fachwissen. Während Informationen über das Umfassende Europäische Interesse als kritische Ressource oder als kritisches Zugangsgut ermittelt wurden, wurde auch festgestellt, dass Informationen über das Umfassende Nationale Interesse bei den E-

---

22 Im Gegensatz hierzu kommt Wessels zu dem Schluss, dass nationale Verbände besseren Zugang zu den Mitgliedern des Europäischen Parlaments haben als europäische Verbände. Es ist jedoch schwierig, seine Ergebnisse mit den hier vorliegenden zu vergleichen, da unterschiedliche Kategorien von Antworten verwendet wurden (1999: 115).

CON-Mitgliedern einen höheren Stellenwert genießen als Fachwissen. Dies bestätigt die hypothetische Rangfolge der Abhängigkeiten im Europäischen Parlament: IUEI > IUNI > F. Da die Hypothesen hinsichtlich des relativen Zugangs zum Europäischen Parlament auf der Grundlage des Angebots von und der Nachfrage nach von Zugangsgütern aufgestellt wurde, trägt die empirische Bestätigung der Nachfrage der Abgeordneten nach Zugangsgütern zur Gesamtbewertung des theoretischen Rahmens bei.

Zum Schluss möchten wir noch auf die Grenzen dieser empirischen Untersuchung hinweisen. Zunächst ist zu bedenken, dass in diesem Forschungsprojekt die Lieferung der Zugangsgüter nicht empirisch untersucht worden ist. Dies ergab sich aus der Entscheidung, die Datenerhebung vollständig auf die öffentlichen Akteure zu beschränken. Daher war eine direkte empirische Analyse des Angebots von Zugangsgütern seitens der Vertreter von Wirtschaftsinteressen nicht möglich. Zweitens ist zu bedenken, dass sich die Studie ausschließlich auf die Vertretung von Wirtschaftsinteressen im EU-Finanzdienstleistungssektor beschränkte. Die Einsichten aus dem theoretischen Rahmen könnten sich jedoch auch bei der Analyse von Lobbying in anderen Sektoren als nützlich erweisen. Sektorale Besonderheiten sind in dem theoretischen Rahmen indirekt enthalten und können darin individuell berücksichtigt werden. Sie beeinflussen die Größe der in einem Sektor tätigen Unternehmen, die wirtschaftlichen Strategien der Unternehmen und die Strukturen der nationalen Verbände, an denen die Unternehmen beteiligt sind. Im theoretischen Teil dieses Kapitels (Teil 2) sind diese drei Variablen als entscheidend für die Organisationsform ermittelt worden, welche Unternehmen für die Vertretung ihrer Wirtschaftinteressen wählen. Hieraus ist zu folgern, dass der theoretische Rahmen eine Reihe von sektoralen Besonderheiten insofern berücksichtigt, als er deren Einfluss auf die drei Variablen benennt, welche für die Organisationsform der Vertretung von Wirtschaftsinteressen entscheidend sind. Es ist jedoch möglich, dass noch weitere Merkmale des Finanzdienstleistungssektors berücksichtigt werden müssen, um zu generalisierbaren Aussagen in anderen Sektoren oder Politikfeldern zu gelangen.

Literatur

Aldrich, Howard E./Pfeffer, Jeffrey (1976): Environments of Organizations. Annual Review of Sociology; Bd. 2: 79-105.
Beyers, Jan (2002): Gaining and seeking access: The European adaptation of domestic interest associations. European Journal of Political Research; Bd. 41, Heft 5: 585-612.
Blau, Peter M. (1964): Exchange and Power in Social Life. New York, Sydney, London: John Wiley & Sons, Inc.
Bouwen, Pieter (2002): Corporate Lobbying in the European Union: The Logic of Access. Journal of European Public Policy; Bd. 9, Heft 3: 365-90.
Bouwen, Pieter (2003): National Business Associations and European Integration: The Case of the Financial sector. in: Streeck, Wolfgang/Visser, Jelle/Schneider, Volker/Grote, Jürgen (Hrsg.). Governing Interests: Business Associations Facing Internationalization. London: Routledge.

Bouwen, Pieter (2004): Exchanging Access Goods for Access: A Comparative Study of Business Lobbying in the EU Institutions. European Journal of Political Research; Bd. 43, Heft 3: 337-370.

Bowler, Shaun/Farrell, David M. (1995): The Organizing of the European Parliament: Committees, Specialization and Co-ordination. British Journal of Political Science; Bd. 25: 219-243.

Buholzer, René (1998): Legislatives Lobbying in der Europäischen Union, Ein Konzept für Interessengruppen. Bern, Stuttgart, Wien: Verlag Paul Haupt.

Coen, David (1997): The evolution of the large firm as a political actor in the European Union. Journal of European Public Policy; Bd. 4, Heft 1: 91-108.

Denzin, Norman. K. (1978): Sociological Methods. New York: McGraw-Hill.

Dyson, Kenneth/Featherstone, Kevin (1999): The Road to Maastricht. Negotiating Economic and Monetary Union. Oxford: Oxford University Press.

Eising, Rainer/Kohler-Koch, Beate (1994): Inflation und Zerfaserung: Trends der Interessenvermittlung in der Europäischen Gemeinschaft. in: Streeck, Wolfgang (Hrsg.). Staat und Verbände. Opladen: Westdeutscher Verlag: 175-206.

Falkner, Gerda (1998): EU Social Policy in the 1990s: Towards a Corporatist Policy Community. London: Routledge.

Greenwood, Justin/Aspinwall, Mark (Hrsg.) (1998): Collective Action in the European Union, Interests and the New Politics of Associability. London: Routledge.

Greenwood, Justin/Grote, Jürgen R./Ronit, Karsten (Hrsg.) (1992): Organized Interest and the European Community. London: Sage Publications.

Greenwood, Justin/Webster, Ruth (2000): Are EU Business Associations Governable? European Integration Online Papers; Bd. 4, Heft 3: 16.

Guilford, Joy P. (1954): Psychometric Methods. New York, Toronto, London: McGraw-Hill Book Company.

Hansen, John Mark (1991): Gaining Access, Congress and the Farm Lobby, 1919-1981. Chicago und London: The University of Chicago Press.

Jacobs, David (1974): Dependency and Vulnerability: An Exchange Approach to the Control of Organizations. Administrative Science Quarterly; Bd. 19, Heft 1: 45-59.

King, Nigel (1995): The Qualitative Research Interview in Qualitative Methods. in: Cassel, Catherine/Gillian, Symon (Hrsg.). Organizational Research. London: Sage Publications.

Kohler-Koch, Beate (1997): Organized Interests in the EC and the European Parliament. European Integration Online Papers; Bd. 1, Heft 9: 27.

Kohler-Koch, Beate (1998): Organized Interests in the EU and the European Parliament. in: Claeys, Paul-H./Corinne, Gobin/Smets, Isabelle/Winand, Pascaline (Hrsg.). Lobbying, Pluralism and European Integration. Brussels: European Interuniversity Press: 126-158.

Kreppel, Amie/Tsebelis, George (1999): Coalition Formation in the European Parliament. Comparative Political Studies; Bd. 32, Heft 8: 933-966.

Levine, Sol/White, Paul E. (1961): Exchange as a Conceptual Framework for the Study of Interorganizational Relationships. Administrative Science Quarterly; Bd. 5, Heft 4: 583-601.

Majone, Giandomenico (1994): The Rise of the Regulatory State in Europe. West European Politics; Bd. 17, Heft 3: 78-102.

Mazey, Sonia/Richardson, Jeremy (1999): Interests. in: Cram, Laura/Dinan, Desmond/Nugent, Neill (Hrsg.). Developments in the European Union. New York: St. Martin's Press: 105-29.

McIver, John P./Carmines, Edward G. (1981): Unidimensional Scaling; Beverly Hills. London: Sage Publications.

Mogg, John (1999): Looking ahead to the next century: EU priorities for financial services. Euredia. European Banking and Financial Law Journal; Bd. 1: 9-20.

Neuhold, Christine (2001): The "Legislative Backbone" keeping the Institution upright? The Role of European Parliament Committees in the EU Policy-Making Process. European Integration Online Papers; Bd. 5, Heft 10.

Pappi, Franz U./Henning, Christian H. C. A. (1999): The organization of influence on the EC's common agricultural policy: A network approach. European Journal of Political Research; Bd. 36, Heft 6: 257-281.

Pfeffer, Jeffrey (1997): New Directions for Organization Theory, Problems and Prospects. New York, Oxford: Oxford University Press.

Pfeffer, Jeffrey (1982): Organizations and Organization Theory. Boston/London: Pitman.

Pfeffer, Jeffrey/Salancik, Gerald R. (1978): The External Control of Organizations, A Resource Dependence Perspective. New York, London: Harper and Row Publishers.

Salisbury, Robert H. (1984): Interest Representation: The Dominance of Institutions. American Political Science Review; Bd. 78, Heft 1: 64-76.

Salisbury, Robert H. (1979): Why No Corporatism in America? in: Schmitter, Philippe C./Lehmbruch, Gerhard (Hrsg.). Trends Towards Corporatist Intermediation. London, Beverly Hills: Sage Publications: 213-230.

Schmitter, Philippe C./Streeck, Wolfgang (1999). The Organization of Business Interests: Studying the Associative Action of Business in Advanced Industrial Societies (Max-Planck-Institut für Gesellschaftsforschung, Diskussionspapier, 99/1).

Siegel, Sidney/Castellan, N. John (1988): Nonparametric Statistics for the Behavioral Sciences. New York, London: McGraw-Hill Book Company.

Streeck, Wolfgang/Schmitter, Philippe C. (1991): From national corporatism to transnational pluralism. Politics and Society; Bd. 19, Heft 2: 133-164.

Swanborn, Peter. G. (1993): Schaaltechnieken, Theorie en praktijk van acht eenvoudige procedures. Amsterdam: Boom.

Thurstone, Louis L. (1959): The Measurement of Values. Chicago: University of Chicago Press.

Truman, David (1951): The Governmental Process, Political Interests and Public Opinion. Westport, Connecticut: Greenwood Press, Publishers.

Wessels, Bernhard (1999): European Parliament and Interest Groups. in: Katz, Richard S./Wessels, Bernhard (Hrsg.). The European Parliament, the National Parliaments, and European Integration. Oxford: Oxford University Press: 105-128.

Zavvos, Georgios S. (1994): EC Financial Markets: Regulation for Stability and Openness. in: Wymeersch, Eddy (Hrsg.): Further Perspectives in Financial Integration in Europe. Berlin, New York: Walter de Gruyter: 27-42.

Bürokraten, Politiker und gesellschaftliche Interessen.
Ist die Europäische Union entpolitisiert?[1]

Jan Beyers und Bart Kerremans

1 Einleitung

In der EU-Forschung findet sich häufig das Argument, dass die Europäische Union (EU) bedeutende Konsequenzen für Bürokraten, Politiker und gesellschaftliche Interessen nach sich zieht. Danach wird ein großer Teil des EU-Rechts in von Bürokraten dominierten Ausschüssen formuliert – in Arbeitsgruppen des Rates, in Komitologie- und in Expertenausschüssen. Die parlamentarische und öffentliche Prüfung der europäischen politischen Prozesse ist dagegen nur schwach ausgeprägt. Der Mangel an voll ausgebildeten politischen Parteien, sozialen Bewegungen und gesamteuropäischen Medien verstärkt den entpolitisierten Charakter der EU noch. EU-Politik wird deshalb auch nicht so sehr durch politische Partizipation (Input-Legitimität), sondern vielmehr durch ihre Effektivität und Effizienz (Output-Legitimität) gerechtfertigt (Scharpf 1997: 153-155). Instrumentelle Erwägungen bestimmen, wem Zugang zum politischen Prozess gewährt wird. Sie privilegieren jene Akteure, die relevantes Wissen in den politischen Prozess einbringen können. Im Gegenzug erhalten diese Gelegenheit, die EU-Programme zu beeinflussen. Weniger bedeutsam sind die Fähigkeit, eine breite Anhängerschaft zu mobilisieren und politische Strategien, die sich auf breite öffentliche Belange stützen. Europas politische Legitimität hängt also in erster Linie von Anstrengungen ab, politische Programme so zu gestalten, dass sie effiziente und effektive Lösungen für sozioökonomische Interessenten und Betroffene gewährleisten. Um die Kompromissbildung nicht scheitern zu lassen, werden viele dringliche politische Probleme nicht nur entpolitisiert und in technische Fragen transformiert, sondern in der Ausschussarbeit auch noch einer breiten europäischen Öffentlichkeit entzogen.

Die EU erwirbt sich ihre Legitimität demnach durch die Qualität ihrer Programme und nicht so sehr durch den Prozess, der sie hervorbringt (Scharpf 1999: 10-13; Héritier 1999: 24-25). Damit stellt sich die Frage, ob Output-Legitimät alleine ausreicht, um die Ausübung politischer Macht in der EU zu rechtfertigen. Brauchen wir nicht eher eine Erweiterung der politischen Partizipation, um die Aktivitäten der EU-Institutionen besser zu legitimieren (Zürn 2000: 184, 190)? Im Mittelpunkt dieses Aufsatzes steht allerdings nicht diese normative Diskussion über die Bedeutung von Input- und Output-

---

[1] Das Projekt wurde durch Forschungsmittel der Stiftung für Wissenschaftliche Forschung in Flandern (Belgien) gefördert (Projekt G.0160.98). Ein großer Teil des Aufsatzes wurde während des Aufenthaltes des ersten Autors im ARENA Programm der Universität Oslo (Norwegen) geschrieben. Vorläufige Fassungen wurden dort und auf der First Pan-European Conference on European Union Politics (Bordeaux, September 2002) diskutiert. Die Autoren danken Rainer Eising für Kritik und Anregungen. Übersetzung aus dem Englischen durch Rainer Eising.

Legitimität in der EU. Stattdessen wollen wir mit einem empirisch-analytischen Beitrag zur Klärung der Frage beitragen, ob sich die Interaktionen zwischen Bürokraten, Politikern und gesellschaftlichen Interessen in der EU mit Hilfe der Perspektive des instrumentellen politischen Tauschs überhaupt angemessen erfassen lassen. Zu diesem Zweck untersuchen wir zwei Fragen, die aus unserer Sicht auch für die normative Diskussion der EU-Legitimität von Relevanz sind: (1) In welchem Umfang dominieren Bürokraten die politischen Prozesse in der EU? (2) Beschränkt sich der europäische politische Prozess auf interessengeleitete Verhandlungen, in denen der instrumentelle Austausch von funktionaler Expertise im Vordergrund steht? Sind damit funktionale Expertise und diejenigen Akteure, die über sie verfügen – i.d.R. Bürokraten und spezifische Interessengruppen –, die Triebkräfte europäischer Politik? Die Antwort auf diese Frage müsste verneint werden, wenn EU-Institutionen Zugang nicht nur aufgrund von Informationsvorsprüngen gewähren, sondern auch aufgrund der Fähigkeit, Teile der Öffentlichkeit zu mobilisieren und zu überzeugen.

Der nächste Abschnitt präsentiert unsere Fragestellung ausführlicher und stellt die theoretischen Perspektiven zur Interpretation unserer Ergebnisse vor. Der empirische Teil des Aufsatzes basiert auf einem Datensatz mit Informationen aus 157 Interviews mit Vertretern von EU-Institutionen und Interessengruppen, der Auskunft über die Beziehungen zwischen Bürokraten, Politikern und gesellschaftlichen Interessen gibt. Die folgende Netzwerkanalyse geht in drei Schritten vor: Wir beginnen mit dem Überzeugungsnetzwerk, das die Struktur von politischen Gegnern und Verbündeten zu bestimmten politischen Fragen aus Sicht der befragten Akteure aufzeigt. Politische Verbündete stimmen in ihrer Sicht politischer Probleme weitgehend überein, während politische Gegner unterschiedliche Auffassungen vertreten – und versuchen, sich gegenseitig zu überzeugen. Im zweiten Schritt untersuchen wir die Struktur des Zugangsnetzwerks. In diesem Netzwerk gewähren die Akteure einander Zugang und tauschen so wichtige Informationen. Der Vergleich des Zugangs- mit dem Überzeugungsnetzwerk gibt an, ob die Akteure stärker mit Verbündeten oder mit politischen Gegnern im Austausch stehen. Daraufhin betrachten wir, wie die Akteure die Verteilung von Ressourcen im Netzwerk einschätzen und vergleichen die Ergebnisse wiederum mit dem Zugangs- und dem Überzeugungsnetzwerk.[2] Der letzte Schritt ermittelt die Bedeutung von Informationen im Netzwerk. Die Netzwerkanalyse führt zu dem Ergebnis, dass nicht nur der Austausch nützlicher Expertise in der EU von Bedeutung ist. Auch die Mobilisierung einer breiten Anhängerschaft und die öffentliche Artikulation von politischen Forderungen beeinflussen die Zusammensetzung von Policy-Netzwerken in der EU.

---

2   Unserer Ansicht nach werden diese Netzwerke in hohem Maße durch Wertorientierungen geprägt. Wir gehen dem allerdings in diesem Aufsatz nicht weiter nach und beschränken uns auf die Struktur der Akteurskonstellationen. Unsere Konzeption von Überzeugung ist somit eher „dünn", sie umfasst die Anstrengungen von Akteuren, die Präferenzen anderer Akteure zu ändern, beinhaltet aber keine Aussagen über den Inhalt der Präferenzen.

2 Konzeptualisierung

Die EU-Institutionen bilden ein regulatives Regime, das nur wenige Ressourcen zwischen Individuen, Mitgliedstaaten oder Regionen direkt umverteilt. Sie zeichnen sich durch eine große Nachfrage nach Expertise und ein starkes Angebot von Regulierung aus (Majone 1996a: 267; 1996b: 66-67). Im Mittelpunkt des EU-Regimes steht die Schaffung des Binnenmarktes durch den Abbau von Hindernissen des Marktzugangs in den Mitgliedstaaten und die ergänzende ökonomische Regulierung auf EU-Ebene, die noch durch eine begrenzte soziale Regulierung flankiert wird (Hix 1999: 238-240; Majone 1996b: 2). In dieser Sichtweise leitet sich die Legitimität der EU aus ihrer Stärkung ökonomischer Effizienz ab. EU-Politik wird vornehmlich aufgrund ihrer Effizienz steigernden Effekte bewertet und nicht aufgrund der Prozesse, durch die sie zustande gekommen ist. Eine breite öffentliche Debatte über EU-Politik, die vielleicht auch die politische Unterstützung für die EU vergrößern und die Suche nach alternativen Lösungen und neuen Policy-Ideen stimulieren könnte, scheint unnötig zu sein. Der Schlüssel zum politischen Prozess ist das Wissen oder die Expertise um die Verteilung von Kosten und Nutzen der geplanten Maßnahmen für einen bestimmten Kreis von Betroffenen. Da die beteiligten Akteure auch das Handeln anderer Akteure in Betracht ziehen, können zudem Informationen über politische Strategien eine bedeutende Machtquelle bilden.

In dieser Hinsicht besteht in der Literatur die Auffassung, dass das Regieren in Netzwerken in der EU dominiert (Kohler-Koch/Eising 1999). Expertenwissen und diejenigen, die es bereit stellen können, stehen im Mittelpunkt dieser aus einer Vielzahl von Akteuren bestehenden Netzwerke. Der Beschluss von Ansätzen zur Lösung gemeinsamer politischer Probleme erfolgt einvernehmlich, weil es in diesen Netzwerken keine klaren Zentren und Hierarchien gibt (Coleman/Perl 1999: 701-703). Diese Konzeption weist der politisch-administrativen Elite bestimmte Rollen zu. Bürokraten sind unpolitische und technokratische Akteure, die auf die Informationen derjenigen Akteure angewiesen sind, die sie regulieren sollen – nicht zuletzt deshalb, weil den Regulierungsadressaten – wie z.B. Firmen – keine exzessiven Kosten aufgebürdet werden sollen. Sie beschränken den Zugang zu ihren Netzwerken auf solche organisierten Interessen, die in der Lage sind, relevantes Fachwissen zu liefern. Jene Akteure üben dann Einfluss auf die EU-Regulierung aus (vgl. Majone 1996a: 268). In dieser Sichtweise werden selbst Politiker als professionelle Experten konzipiert, die verinnerlicht haben, dass die EU „a matter of inter-bureaucratic bargaining" ist (Bulmer 1994: 376-377; Kohler-Koch 1997: 7). Regulative Politik wird als nicht-hierarchisch betrachtet, was impliziert, dass Problemlösungen auf die Interessen und Besonderheiten bestimmter Sektoren und Subsektoren ausgerichtet sind (Kohler-Koch 1999: 25). Das führt leicht zu der Auffassung, dass Sektoren aufgrund ihrer Unterschiede weitgehend autonom funktionieren und dass Akteure, die Zugang suchen, vor allem dann reüssieren, wenn sie sektorspezifisches Fachwissen liefern.

Für die Legitimität politischer Regulierung ist die Glaubwürdigkeit ihrer dauerhaften Durchsetzung essentiell. In diesem Zusammenhang wird oft angenommen, dass Politiker eine geringere Glaubwürdigkeit aufweisen als Verwaltungen oder Regulierungsbehörden: „The root problem of regulatory legitimacy in Europe today is not an excess of independence but, on the contrary, the constant threat of politically motivated interference" (Majone 1996b: 299-300). Diese – Majones – Konzeption lehnt deshalb eine starke Rolle politischer Akteure im regulativen Staat ab und entwirft ein entpolitisiertes Bild europäischer Regulierung. Um ein endloses Hin und Her zwischen den gegensätzlichen Vorschlägen von Politikern zu vermeiden, die durch den Wähler jeweils nur auf Zeit mit staatlichen Ämtern betraut werden, wird Bürokraten – vor allem der Kommission – eine zentrale Position im Regulierungsstaat zugewiesen. Da die Kommission keiner Kontrolle durch die europäische Wählerschaft unterworfen ist und auch nur einer begrenzten Kontrolle durch das Europäische Parlament unterliegt, „it is less likely to be captured by special interests than a national authority" (Majone 1996b: 112).

Dieses Modell europäischer Politik ist nicht ohne Probleme. Majone selbst warnt in demokratietheoretischer Hinsicht vor den Grenzen eines solchen regulativen Ansatzes. Er hält ihn nur dann für gerechtfertigt, wenn es um die Steigerung von Effizienz geht, was einen an Problemlösungen orientierten Entscheidungsstil wichtiger mache als unmittelbare politische Verantwortlichkeit, die bei anderen politischen Problemen gefragt sei – etwa in Umverteilungsfragen (Majone 1996b: 296). Wenn der politische Prozess aber ohnehin durch solche Akteure dominiert wird, die ihre Ressourcen strategisch nutzen, um individuelle Vorteile zu erzielen, besteht die Gefahr, dass die EU bestehende Defizite und Ungleichgewichte fortlaufend reproduziert (Keohane 2001: 10). Wie entpolitisiert und unparteiisch sind diese Politiken aber dann, wenn sie in erster Linie durch das eigeninteressierte strategische Verhalten maßgeblich betroffener und interessierter Akteure geprägt werden?

Ein weiteres Problem der Sichtweise des auf Expertise gestützten entpolitisierten Tauschs ist ihre Implikation, dass die EU kaum in der Lage ist, auf neue Herausforderungen zu reagieren. Allerdings war die EU in der Vergangenheit durchaus in der Lage, auf verschiedenste Herausforderungen zu reagieren. In den vergangenen fünfzehn Jahren hat sie einen umfangreichen Bestand an Umwelt-, Konsumenten- und Gesundheitsschutzregeln entwickelt (Young/Wallace 2000), und einige ihrer wesentlichen Politikfelder – z.B. die Agrar- und Wettbewerbspolitik – unterliegen gegenwärtig großem Reformdruck (Hennis 2001). Allerdings sind die regulativen Kapazitäten der EU in der Arbeits-, der Sozial- und der Beschäftigungspolitik deutlich geringer als in der Marktregulierung (Scharpf 1996). Es gibt verschiedene Erklärungen für die Unterschiede zwischen den Politikfeldern. Eine Erklärung bezieht sich auf die formalen Entscheidungsverfahren. So wird häufig argumentiert, dass unter Geltung der qualifizierten Mehrheitsregel im Rat nicht der kleinste gemeinsame Nenner die politischen Ergebnisse bestimme, was Regulierungen auf einem hohen Niveau möglich mache (Eichener 1997: 592). Eine andere Erklärung bezieht sich auf die Natur der behandelten Probleme. Produkt-

und Prozessregulierungen erzeugten unterschiedliche Verteilungseffekte, und jene Effekte bestimmten die Wahrscheinlichkeit supranationaler Regulierung (Scharpf 1996).

Unserer Ansicht nach können beide Erklärungen Gültigkeit beanspruchen. Allerdings müsste auch der Input-Seite des politischen Prozesses mehr Aufmerksamkeit gewidmet werden. Es gibt mittlerweile eine Reihe von Studien über Parteien und soziale Bewegungen, die untersuchen, wie ideologisch motivierte politische Mobilisierung in der EU entsteht. Es geht dabei nicht nur um den öffentlichen Druck von sozialen Bewegungen, sondern auch um die Beteiligung von Umwelt-, Entwicklungs- und Konsumentengruppen in den EU-Politiknetzwerken. Es ist charakteristisch für viele dieser Akteure, dass sie stark normative Orientierungen haben, die sich nicht auf materielle Interessen reduzieren lassen.

Außerdem ist die Annahme problematisch, dass die Sektoren funktional autonome Einheiten verkörpern. Die Politikgestaltung in einem Sektor der EU kann durchaus gravierende Auswirkungen auf andere Sektoren haben oder Teil von Sektoren übergreifenden Maßnahmen sein (Zürn 2000: 185). Viele politische Maßnahmen müssen unter großer Unsicherheit beschlossen werden (z.B. Umweltpolitik), haben erhebliche Umverteilungswirkungen (z.B. das Verbot von Subventionen), oder überschreiten die Grenzen von Sektoren und Politikfeldern. Aus all diesen Gründen sollte deshalb die Fähigkeit eines Sektors, sich gegen die Kräfte abzuschotten, die den Druck einer breiteren Öffentlichkeit auslösen können, nicht überschätzt werden (Baumgartner/Jones 1993: 43). Je mehr und je unterschiedlichere Experten – z.B. als Folge der Osterweiterung – in den politischen Prozess auf EU-Ebene involviert sind, umso größer wird die Wahrscheinlichkeit, dass Konflikte zwischen diesen ‚Expertokraten' entstehen. Politiker befinden sich dann in dem Dilemma, ob sie Experte a, b oder c zustimmen sollen. Sie müssen sich allerdings nicht nur solchen sektoriellen, sondern auch sektorübergreifenden Herausforderungen stellen, weil sie dem Druck von Wählern, Koalitionspartnern, Interessengruppen und Medien unterliegen. All dies macht es schwierig, den politischen Prozess in der EU auf technische Probleme oder auf Ziel-Mittel-Kalkulationen zu reduzieren. Vielmehr beinhaltet er auch die Entscheidung zwischen konfliktären Werten und Interessen. Aus diesen Gründen gewinnen die öffentliche Darstellung von Positionen und die Fähigkeit, die Öffentlichkeit zu mobilisieren, an Bedeutung.

Insgesamt also erfassen Analysen, die Bürokraten eine zentrale Position zuweisen und die Bedeutung von Expertise hervor heben, wesentliche Elemente des politischen Prozesses in der EU nur unzureichend. Sie ignorieren ‚das Politische' in der regulativen EU-Politik. Im Gegensatz dazu vertreten wir deshalb die Auffassung, dass EU-Politiknetzwerke mehr sind als bürokratisch geprägte Verhandlungssysteme. Sie sind auch direkte oder indirekte Kanäle (über die Vermittlung durch politische Makler), mit Hilfe derer verschiedene Koalitionen von Akteuren versuchen, das kollektive Verständnis der behandelten politischen Probleme zu verändern (Baumgartner/Jones 1993: 41; Sabatier 1998). In diesem Sinn passt unser Aufsatz in den von Sabatier entwickelten Ansatz der Advocacy Koalitionen. Sabatier begründet den Zusammenhalt solcher Koalitionen mit einem gemeinsamen „set of normative and causal beliefs" ihrer Mitglieder (Sabatier 1998: 103). Solche Normen, Prinzipien und Werte – und nicht reine Kosten-Nutzen-Kalkulationen – sind auch Grundlage dafür, dass Akteure Anstrengungen unternehmen, andere Akteure von ihren Ansichten zu überzeugen (Keohane 2001; Risse 2000).

Akteure, die andere von ihrer Auffassung überzeugen wollen, können direkt oder aber indirekt – z.B. durch öffentliche Stellungnahmen, Pressemitteilungen u.a. – mit diesen kommunizieren. Da Überzeugung sich auch auf normative Gegensätze und Polarisierungen richtet, kann gerade dann die Anwesenheit eines ehrlichen Maklers oder politischen Unternehmers von großer Hilfe sein. Oftmals nehmen solche Makler oder Vermittler „ambigious structural positions" ein (Kriesi/Jegen 2001: 254); sie unterhalten Verbindungen mit den Mitgliedern unterschiedlicher Koalitionen, und ihre Autorität hängt davon ab, dass sie ihren Ruf der Unparteilichkeit wahren (Keohane 2001: 11). Wir stellen dem Entwurf eines Konsens orientierten, horizontalen Netzwerk-Systems somit das Konzept einer politisch geteilten EU gegenüber, in der politische Makler zwischen den gegnerischen Blöcken vermitteln. In diesem Sinne fungieren die Politiknetzwerke als Kanäle, durch die politische Debatten und öffentliche Anliegen geleitet werden.

3 Untersuchungsdesign

Im Rahmen eines Forschungsprojekts über politische Mobilisierung in der Europäischen Union haben wir 157 Vertreter von EU-Institutionen und Interessenorganisationen befragt. Für die Auswahl der Befragten wurden auf der Basis eines positionellen Verfahrens zunächst 192 potenziell relevante Akteure aus den öffentlich zugänglichen Handbüchern über öffentliche Institutionen und Interessengruppen in der EU-Politik ermittelt.[3] Von diesen wurden dann 157 Vertreter mit erheblichen Erfahrungen in Organisation und ihrer politischen Arbeit mittels eines standardisierten Fragebogens befragt (siehe Tabelle 1). Die Stichprobe kann einerseits in diffuse und spezifische Interessen unterteilt werden (vgl. für diese Diskussion Pollack 1997; Young/Wallace 2000) und andererseits in Politiker und Bürokraten.

---

3   Mit Hilfe von Landmark's *European Public Affairs Directory* und *The Directory of EU Information Sources* bildeten wir eine Liste mit etwa 100 europäischen Interessenverbänden. Im Hinblick auf die große Gruppe von Wirtschaftsverbänden wurden wesentliche sektorübergreifende Wirtschaftsverbände, wie die Union der Industrie- und Arbeitgeberverbände Europas (UNICE), der Centre Européen des Entreprises à Participation Publique et des Entreprises d'Intérêt Economic General (CEEP), der Europäische Gewerkschaftsbund (ETUC) und der Ausschuss der berufsständischen landwirtschaftlichen Organisationen der EU (COPA), aufgenommen. Darüber hinaus identifizierten wir neun Wirtschaftssektoren, aus denen jeweils bis zu drei Verbände ausgewählt wurden. Als nicht-wirtschaftliche Interessenverbände wurden nahezu alle Organisationen für diffuse Interessen in den Handbüchern aufgenommen, weil deren Zahl recht gering ist. Schließlich wurden Reputations- und Schneeballverfahren zur Validierung und Vervollständigung der Stichprobe genutzt. Allerdings mussten auf EU-Ebene nur acht zusätzliche Akteure aufgenommen werden.

Tabelle 1: Stichprobe von Vertretern der EU-Institutionen und Interessenorganisationen

	Stichprobe	Rücklauf	
	N	N	Prozent
1. Sektorübergreifende Wirtschaftsverbände	6	6	100%
2. Sektorielle Wirtschaftsverbände	19	18	95%
3. Gewerkschaften	11	11	100%
4. Verbände für kleine und mittlere Unternehmen (KMU)	2	2	100%
5. Agrarverbände	4	4	75%
Gesamt: Spezifische Interessenorganisationen	**42**	**40**	**95%**
6. Verbraucherverbände	7	6	86%
7. Umweltverbände	9	9	100%
8. Entwicklungsverbände	7	5	100%
9. Andere öffentliche Interessen	17	15	88%
Gesamt: Diffuse Interessenorganisationen	**40**	**35**	**88%**
Alle Interessenorganisationen	**82**	**75**	**91%**
1. *Generaldirektionen (GDs)* der Kommission	27	24	89%
2. *Kabinette* der Kommission	20	15	75%
3. Politiker: Mitglieder des EP/Parteien im EP	45	21	56%
4. Beratungsgremien (Ausschuss der Regionen/Wirtschafts- und Sozialausschuss)	2	2	100%
5. Rat (Ständige Vertretungen und Sekretariat des Rates)	16	16	100%
Alle Vertreter der EU-Institutionen	**110**	**82**	**74%**
Gesamt	**192**	**157**	**82%**

Anmerkung: Wir benutzen auf der einen Seite die Begriffe wirtschaftliche und spezifische Interessen synonym, was Arbeitgeber- und Produzentenorganisationen sowie Gewerkschaften umfasst und auf der anderen Seite die Begriffe „diffuse", „öffentliche" oder „nicht-wirtschaftliche" Interessen, was auch die sozialen Bewegungsorganisationen einschließt. Der Begriff der diffusen Interessen bringt den fragmentierten und breiten Charakter der Klientel dieser Umwelt-, Entwicklungs-, Konsumenten- und anderen Gruppen zum Ausdruck. Die Benutzung der Konzepte diffuse und öffentliche Interessen sollte allerdings nicht darüber hinwegtäuschen, dass die meisten dieser Organisationen durchaus abgrenzbare Ziele verfolgen. Die Zuordnung zu den spezifischen und diffusen Interessen erfolgte *a priori* vor der Feldforschung.

Da diese Begriffe allerdings große Unterschiede innerhalb der jeweiligen Gruppen verbergen, benutzen wir im Folgenden feinere Unterscheidungen. Ein Teil der Daten bezieht sich auf Netzwerke zwischen den Akteuren. Da diese relationalen Daten komplexer sind als die aus anderen Arten von Befragungen, beschreiben wir zunächst kurz, wie jedes der drei Netzwerke gemessen wurde.

Um das Zugangsnetzwerk zu bestimmen, wurden alle Gesprächspartner gebeten, aus einer Liste mit den 157 untersuchten Akteuren diejenigen zu streichen, mit denen sie niemals, selten oder sehr selten Informationen austauschen. Den Befragten wurde angegeben, dass ein regelmäßiger Informationsaustausch mit den noch verbliebenen Akteuren angenommen würde. Das Zugangsnetzwerk kann somit als eine Matrix definiert werden, in der eine „1" das Vorhandensein einer Informationsbeziehung angibt und eine „0" deren Abwesenheit. Informationen wurden in dieser Befragung sehr breit definiert: Sie umfassen sowohl Ratschläge über die bestmögliche politische Strategie, das Wissen um die Strategie anderer Akteure sowie die – manchmal vertrauliche – technische oder wissenschaftliche Expertise.

Nach Durchsicht der Akteursliste haben wir dann zwei offene Fragen gestellt. Zunächst fragten wir danach, welche der Organisationen die Befragten im Allgemeinen gegen ihre übliche Meinung überzeugen müssten und dann danach, welche Organisationen zumeist die Meinung der befragten Organisation teilten und deshalb nicht überzeugt werden müssten. Die erste Frage zielte darauf ab, die politischen Gegner der betreffenden Organisation zu identifizieren und die zweite darauf, ihre Verbündeten festzustellen. Das aus diesen Fragen resultierende Überzeugungsnetzwerk deckt sich nicht mit dem Zugangsnetzwerk, wie die spätere Analyse zeigen wird.

Die Benutzung offener Fragen hat bedeutende Konsequenzen. Im Durchschnitt wurden fünf bis sechs Verbündete sowie fünf bis sechs Gegner aus einer Liste mit insgesamt 78 privaten und 68 öffentlichen Akteuren identifiziert.[4] Im Gegensatz dazu hat das Zugangsnetzwerk, das mittels der Liste von Akteuren gebildet wurde, einen durchschnittlichen sogenannten *outdegree* von 53, d.h. im Durchschnitt gewährt ein Akteur 53 anderen Akteuren Zugang.[5] Auch die Dichten der beiden Überzeugungsnetzwerke (,044 bzw. ,037) sind deutlich niedriger als diejenige des Zugangsnetzwerks (0,36).[6] Allerdings sind diese Unterschiede nicht nur auf die Art der Erhebung der Netzwerke zurückzuführen. Einige der Befragten haben keinerlei Gegner oder Verbündete identifiziert, weil, wie wir später argumentieren, sie eine uneindeutige strukturelle Position im Netzwerk einnehmen und als Makler agieren.

In einer standardisierten Befragung ist es schwierig, alle Informationen zu erheben, die durch Netzwerke geschleust werden. Um dennoch einige ihrer möglicherweise wichtigen Eigenschaften zu ermitteln, sind wir so vorgegangen: Wir haben die Befragten gebeten, 10 Akteure (fünf öffentliche Akteure und fünf Interessenorganisationen) zu nennen, die sie gut kennen.[7] Daraufhin haben die Befragten die Merkmale dieser Akteure aus einer Liste mit möglichen Eigenschaften ermittelt und so die vermeintlichen Ressourcen der Akteure festgestellt (Ressourcen-Reputationsnetzwerk).

---

[4] Die Liste umfasst nicht alle 157 Befragten, weil mehrere Mitglieder des EP ein- und dieselbe politische Gruppe vertraten und die acht im Schneeballverfahren ausgewählten Organisationen nicht aufgeführt waren.

[5] Der *outdegree* eines Netzwerkakteurs ist die Zahl der Akteure, mit denen *er* seinen Angaben nach in einer Beziehung steht. Der *indegree* eines Netzwerkakteurs ist die Zahl der Akteure, *die* angeben, mit ihm in einer Beziehung zu stehen (Wasserman/Faust 1998).

[6] Die Dichte einer Sozio-Matrix gibt die beobachtete Zahl der Verbindungen zwischen den Akteuren in Relation zu der Zahl von Verbindungen an, die man erhält, wenn alle Akteure miteinander in direkter Verbindung stehen. Sie variiert immer zwischen 0 (keinerlei Verbindung) und 1 (alle Akteure stehen miteinander in direkter Verbindung).

[7] Den Befragten wurde „gut bekannt" beschrieben als „einen Akteur aufgrund von direkten Kontakten (z.B. durch frühere Kooperation) oder aufgrund von indirekten Informationen (z.B. durch Gerüchte oder Presseberichte) einschätzen zu können".

4 Das Überzeugungsnetzwerk

Tabelle 2 präsentiert die durchschnittlichen *in-* und *outdegrees* für die Matrizen der Verbündeten und der politischen Gegner. Der *outdegree* stellt im Überzeugungsnetzwerk das Ausmaß dar, in dem ein Akteur andere als Gegner oder Verbündete betrachtet. Der *indegree* stellt dar, in welchem Ausmaß ein Akteur als Gegner oder Verbündeter betrachtet wird. Diffuse Interessen und insbesondere die Politiker werden als attraktive Allianzpartner (*indegree* Verbündete) betrachtet und neigen stärker als die anderen Akteursklassen dazu, Allianzpartner zu identifizieren (*outdegree* Verbündete). Demgegenüber verorten sich Bürokraten und spezifische Interessen in wesentlich kleineren Koalitionen und werden auch nur von wenigen Akteuren als Gegner oder Verbündete wahrgenommen. Die Mitglieder des Europäischen Parlaments (MEP) und diffuse Interessen tendieren auch eher dazu, politische Gegner zu identifizieren, d.h. solche Akteure, die sie von ihrer eigenen Ansicht überzeugen müssen (*outdegree* Gegner). Zudem sind viele Akteure der Ansicht, dass die MEPs eine andere Meinung als sie selbst haben und überzeugt werden müssen (*indegree* Gegner). Im Gegensatz dazu üben die bürokratischen Akteure Zurückhaltung, wenn es darum geht, sich im Überzeugungsnetzwerk zu verorten und politische Gegner zu identifizieren.

*Tabelle 2: **Durchschnittliche** in- **und** outdegrees **nach Akteursklassen** (N = 157)*

	Verbündete		Gegner	
	Outdegree (gesamt = 7,21)	Indegree (= 7,36)	Outdegree (= 5,71)	Indegree (= 5,57)
INTERESSENORGANISATIONEN				
1. Sektorübergreifende Wirtschaftsverbände (N=6)	6,83	11,33	2,33	18,00
2. Sektorielle Wirtschaftsverbände (N=18)	6,00	3,39	5,94	4,44
3. Gewerkschaften (N=11)	8,64	9,00	5,82	2,36
4. Verbände kleiner und mittlerer Unternehmen (N=2)	5,50	2,50	3,00	2,50
5. Agrarverbände (N=3)	3,67	3,33	3,00	9,93
Spezifische Interessen (Durchschnitt 1 bis 5, N=40)	**6,65**	**6,08**	**5,00**	**6,18**
6. Verbraucherverbände (N=6)	8,50	9,50	8,83	2,17
7. Umweltverbände (N=9)	11,56	13,89	12,89	9,11
8. Entwicklungsverbände (N=5)	9,00	7,40	6,40	,60
9. Andere öffentliche Interessen (N=15)	10,00	5,67	3,93	,53
Diffuse Interessen (Durchschnitt 6 bis 9, N=35)	**10,00**	**8,69**	**7,43**	**3,03**
VERTRETER EU-INSTITUTIONEN				
10. GDs der Kommission (N=24)	4,71	5,46	4,42	7,46
11. Kabinette der Kommission (N=15)	2,87	4,47	3,07	2,73
12. Rat (16)	1,00	1,63	,94	6,13
13. MEPs/EU-Parteien (MEPs, N=32)	13,76	14,92	10,68	7,92

Tabelle 3: Zusammensetzung der Lösung mit vier Blöcken im Überzeugungsnetzwerk (Angaben in Prozent, N=77)

Split 1	Diffuse oder öffentliche Interessen		Spezifische oder ökonomische Interessen	
Split 2	Europäische Sozialkoalition	Umweltschutzkoalition	Wachstumskoalition	Nicht gewählte Bürokraten
	SK	UK	WK	NB
INTERESSENORGANISATIONEN				
1. Sektorübergreifende Wirtschaftsverbände	-	-	100%	-
2. Sektorielle Wirtschaftsverbände	-	11%	89%	-
3. Gewerkschaften	100%	-	-	-
Spezifische Interessen (N=25)	28%	8%	56%	8%
4. Umweltverbände	-	100%	-	-
5. Andere diffuse Interessen	67%	33%	-	-
Diffuse Interessen (N=18)	22%	78%	-	-
ÖFFENTLICHE AKTEURE				
6. Generaldirektionen (GD) der Kommission	-	15%	8%	77%
Bürokraten (Rat, GD und Kabinette der Kommission) (N=15)	-	20%	13%	67%
Politiker (Mitglieder des EP) (N=19)	100%	-	-	-

Die Neigung, diffuse Interessenorganisationen zu überzeugen, ist bei verschiedenen Akteuren unterschiedlich ausgeprägt. Die Umweltgruppen nehmen dabei eine besondere Position ein. Sie identifizieren eine recht große Zahl von Verbündeten, werden selbst von vielen anderen Akteuren als Verbündete betrachtet, aber auch recht oft als Gegner gesehen, die man überzeugen muss. Dies bildet einen deutlichen Kontrast zu den Gewerkschaften. Jene nehmen im Überzeugungsnetzwerk eine periphere Position ein, und nur wenige Akteure sind der Auffassung, dass es sich lohnt, sie als politische Gegner zu überzeugen. Unter den spezifischen Interessen ist die Position der sektorübergreifenden Wirtschaftsverbände UNICE, CEEP und European Round Table of Industrialists (ERT) erwähnenswert. Diese Verbände betrachten nicht viele andere Akteure als Gegner, die sie überzeugen müssten. Allerdings werden sie von anderen Akteuren als Gruppen wahrgenommen, die zu überzeugen sind (siehe *indegree* Gegner). Dies gilt in etwas geringerem Maße auch für die Agrarverbände.

Die Blockmodellanalyse wurde genutzt, um die Komplexität des Überzeugungsnetzwerkes zu reduzieren. Dieses Verfahren gruppiert Akteure zusammen, die strukturell äquivalente Positionen einnehmen, so wie Wassermann und Faust diese definieren: „two actors are structurally equivalent if they have identical ties to and from all other actors in the network' (Burt 1978; Wasserman/Faust 1998: 356). Mit Hilfe des CONCOR Algorhythmus des Programms UCINET 5.0 (Borgatti/Everett/Freeman 1999) wurden die Daten zunächst in zwei Blöcke äquivalenter Positionen und danach in vier und mehr Positionen aufgeteilt (Breiger/Boorman/Arabie 1975; für Anwendungen in der Politikwissenschaft siehe Knoke et al. 1996: Kap. 8; Kriesi/Jegen 2001). Aufgrund der geringen Dichte des Überzeugungsnetzwerkes haben wir die Analyse auf jene 77 Akteure beschränkt, die relativ gut mit dem Netzwerk verbunden sind. Dazu haben wir einen Gesamtgrad gebildet, der In- und Outdegrees aufsummiert. Wenn dieser Index geringer als 20 war, wurde der betreffende Akteur so eingestuft, dass er keine Überzeugungsarbeit leistet oder nicht überzeugt wird.[8]

Tabelle 3 präsentiert vier Blöcke strukturell äquivalenter Positionen. Kleine und mittlere Unternehmen, Agrar-, Konsumenten- und entwicklungspolitische Verbände sowie die Kabinette der Kommission und der Rat sind aufgrund ihrer jeweils geringen Fallzahl nicht aufgeführt. Die erste Trennung fällt weitgehend mit der Unterscheidung zwischen diffusen und spezifischen Interessen zusammen. Auf der einen Seite finden wir diffuse Interessen und einige Politiker, und auf der anderen Seite sind ökonomische oder spezifische Interessen zusammen mit Bürokraten. Eine weitere Trennung führt zu vier Blöcken. In der ersten dieser Gruppen befinden sich die Gewerkschaften und auch soziale Interessenverbände, wie der *Europäische Verband nationaler Vereinigungen, die mit Obdachlosen* arbeiten (FEANTSA) und die *Europäische Frauen Lobby* (EWL). Die Politiker in dieser Gruppe gehören den Links- oder Zentrumsparteien an, nämlich der *Sozialdemokratischen Partei Europas* (PES), der *Europäischen Föderation Grüner Parteien* (EFGP) und der Europäischen Volkspartei – Christliche Demokraten (EVP–CD). Aufgrund dieser Zusammensetzung haben wir diesen Block „Europäische Sozialkoalition" genannt. Im zweiten Block sind alle EU-Umweltgruppen (wie *Greenpeace, Friends of the Earth* und *Europäisches Umweltbüro*), Verbraucherschutzverbände, (wie der *Bund der Familienorganisationen der Europäischen Gemeinschaft* (COFACE) und der *Europäische Verbraucherverband* (BEUC), die Generaldirektion Umwelt, die Generaldirektion Gesundheit und Verbraucherschutz und das Kabinett von Frau Bjerregaard versammelt. Dies ist die „Umweltschutzkoalition". Der dritte Block beinhaltet die meisten Wirtschaftsverbände, wie UNICE, CEEP und den *Europäischen Rat der Verbände der Chemischen Industrie* (CEFIC) sowie die Generaldirektion Industrie. Ihn haben wir daher als „Wachstumskoalition" bezeichnet. Der vierte Block besteht im Wesentlichen aus den Beamten der anderen Generaldirektionen der Kommission.

---

8 Dieses Kriterium mag auf den ersten Blick als willkürlich erscheinen, das ist es aber nicht: Zunächst haben wir die Matrizen untersucht, die eine geringere Kohäsion aufweisen, was zu sehr ähnlichen Ergebnissen geführt hat. Allerdings haben diejenigen Akteure, die weniger gute Verbindungen aufwiesen, die Lösung dominiert und einen eigenen Block gebildet. Dadurch waren die Ergebnisse der anderen Akteure weniger deutlich. Die Blöcke der Akteure mit weniger Verbindungen überlappen in hohem Maß mit denen, die einen Gesamtgrad haben, der geringer ist als 20. Bürokraten gehören mit hoher Wahrscheinlichkeit zu diesen Nicht-Debattierern (76 Prozent). Insbesondere Mitarbeiter des Rates (94 Prozent) und Kabinettsmitglieder (93 Prozent) fallen in diese Gruppe. Beamte in den Generaldirektionen der Kommission sind in erster Linie als potenzielle Adressaten von Überzeugungsarbeit besser mit dem Überzeugungsnetzwerk verbunden (54 Prozent).

Tabelle 4: Blockmodellanalyse des Überzeugungsnetzwerkes (Image Matrix mit Dichten, N=77)

	Verbündete (Gesamtdichte = ,12)				Gegner (Gesamtdichte = ,10)			
	SK	UK	WK	NB	SK	UK	WK	NB
N	30	19	16	12	30	19	16	12
1. SK = Europäische Sozialkoalition	**,32**	,14	,02	,05	,07	,05	**,18**	**,21**
2. UK = Umweltschutzkoalition	,11	**,42**	,05	,04	,03	,01	**,35**	,11
3. WK = Wachstumskoalition	,10	,04	**,21**	,07	,05	**,21**	,02	,04
4. NB = Bürokraten	,05	,03	,09	**,12**	,03	,08	,05	,05

Welche Beziehungen gibt es innerhalb der und zwischen den Blöcken? Die Blockmodellierung erzeugt eine *Image Matrix* mit den Dichten „in" und „zwischen" den Blöcken (Tabelle 4). Die Reihen zeigen, inwiefern die Gruppen selbst andere Akteure als Verbündete oder Gegner betrachten, und die Spalten zeigen, ob sie als solche identifiziert wurden. Eine Verbindung wurde als relevant angesehen, wenn die Dichte in oder zwischen den Blöcken größer war als die durchschnittliche Dichte. Schaubild 1 präsentiert eine grafische Repräsentation dieser Interaktionen. Je größer die Dichte ist, umso dicker ist die Linie, welche die Verbindung kennzeichnet.

Im Netzwerk der Verbündeten ist die Dichte in jeder Gruppe signifikant (Diagonale der *Image Matrix*). Zwischen den Blöcken gibt es dagegen nur schwache oder gar keine Verbindungen.[9] Die Umweltschutzkoalition und die europäische Sozialkoalition weisen die größte Kohäsion auf. Die Akteure in diesen Koalitionen betrachten sich jeweils als politische Verbündete. Im Vergleich dazu sind die Mitglieder der Wachstumskoalition und die Bürokraten jeweils weniger eng miteinander verbündet. Sie sind in deutlich geringerem Maße in ein Netzwerk von Verbündeten eingebunden, was nahe legt, dass sie weniger dazu neigen, im Rahmen einer breiten Koalitionsstruktur zu agieren.

---

[9] Die einzige Ausnahme bildet eine schwache Allianz zwischen der europäischen Sozialkoalition mit der Umweltkoalition. Diese Verbindung lässt sich primär auf die Mitgliedschaft der *Europäischen Föderation Grüner Parteien* in der europäischen Sozialkoalition zurückführen; die befragten Mitglieder dieser Partei haben sich mit beiden Koalitionen identifiziert.

Schaubild 1: Überzeugungsnetzwerk zwischen vier Blöcken (N=77)

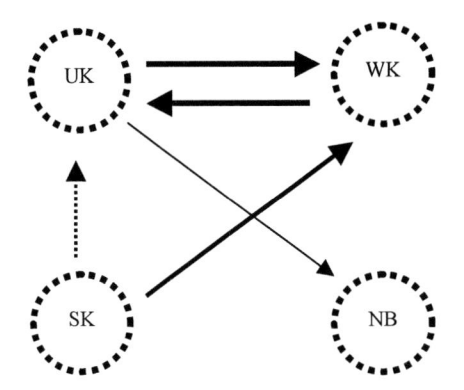

Anmerkung: Gestrichelte Linien = Gleiche Position mit Verbündeten, Ganze Linien = Überzeugung von Gegnern.

Offensichtlich finden sich die politischen Gegner meist nicht im selben Block, sodass die Diagonalen der *Image Matrix* für die Opponenten fast leer sind. Wir betrachten zunächst die Abwesenheit jeglicher Überzeugungsbeziehungen, d.h. die Situation, wenn ein Akteur keine politischen Gegner oder Verbündete identifiziert. Beispielsweise gibt es keine systematische Überzeugungsarbeit zwischen der Wachstumskoalition und den Bürokraten. Obwohl beide Arten von Akteuren nicht immer die selben Ansichten über die EU-Politik teilen, sind sie nicht der Auffassung, dass sie einander regelmäßig überzeugen müssen (siehe Verbündetenmatrix). Dies darf aber nicht mit der Abwesenheit einer Austauschbeziehung gleichgesetzt werden, wie das Zugangsnetzwerk zeigen wird. Die Beamten in den Generaldirektionen sind übrigens insgesamt eher passiv, wenn es darum geht, andere Akteure zu überzeugen. Sie identifizieren weder Verbündete in- oder außerhalb ihrer Gruppe noch zentrale Gegner.

Wo finden sich nun solche Gegner? Die attraktivsten Ziele für eine solche Identifikation sind in der Wachstumskoalition zu finden. Deren Mitglieder werden vor allem von den Umweltgruppen als politische Gegner betrachtet. Die europäische Sozialkoalition betrachtet die wirtschaftlichen Interessengruppen zwar auch, aber in geringerem Maße als zu überzeugende Gegner. Umgekehrt ist es genauso: Die Mitglieder der Wachstumskoalition betrachten nicht die sozialpolitischen Akteure als Hauptopponenten. Sie vertreten vielmehr die Auffassung, dass die Mitglieder der Umweltschutzkoalition eine deutlich andere Sichtweise aufweisen. Auch die Vertreter der EU-Institutionen sind wesentliche Adressaten der Überzeugungsarbeit. Vor allem die Sozialkoalition – in der ja eine Reihe von Mitgliedern des EP vertreten ist – und in etwas geringerem Maße die Umweltschutzkoalition sind bemüht, die EU-Institutionen zu beeinflussen. Der letztgenannte Unterschied mag z.T. allerdings darauf zurückzuführen sein, dass die Umweltschutzkoalition ja bereits einige EU-Institutionen enthält (GD Umwelt, GD Gesundheit und Verbraucherschutz sowie das Kabinett von Frau Bjerregaard).

5 Das Zugangsnetzwerk

Für das Zugangsnetzwerk nutzen wir das gleiche Verfahren wie für das Überzeugungsnetzwerk. Die erste Spalte (*indegree*) in Tabelle 5 zeigt an, wie viele Akteure Zugang zu bestimmten Kategorien von öffentlichen Institutionen und Interessengruppen gesucht haben. Zum Beispiel gaben 64,5 Akteure an, dass sie Zugang zu den sektorübergreifenden Wirtschaftsverbänden der Arbeitgeber und Produzenten gesucht haben. Umgekehrt betrachtet kann man den *indegree* als die Fähigkeit interpretieren, Zugang zu anderen Akteuren zu erlangen. Wenn viele Akteure Zugang zu einer Organisation suchen, ist es für diese leichter, Netzwerke mit anderen Akteuren zu formen. Die letzten vier Spalten zeigen den *indegree* bestimmter Institutionen, also die Zahl der Akteure, die versucht haben, Zugang zu diesen Institutionen zu erhalten.

Tabelle 5: Durchschnittlicher Zugang der Akteure (N = 157)

	indegree	indegree bestimmter Institutionen (ohne Eigenverbindungen der Institutionen)			
				Kommission	
	(Gesamt =55,32)	EP (=12,07)	Rat (=8,92)	Kabinett (=7,42)	GD (=11,01)
INTERESSENORGANISATIONEN					
1. Sektorübergreifende Wirtschaftsverbände	64,50	11,17	10,33	9,17	14,50
2. Sektorielle Wirtschaftsverbände	30,39	5,17	6,94	4,11	6,89
3. Gewerkschaften	28,73	7,82	4,18	4,27	5,73
4. Verbände für KMU	36,00	9,50	6,00	5,00	12,00
5. Agrarverbände	33,67	13,33	7,33	5,67	5,67
Spezifische Interessen	**35,58**	**7,63**	**6,68**	**5,08**	**7,88**
6. Verbraucherverbände	38,00	8,33	5,67	4,33	5,67
7. Umweltverbände	37,67	9,56	5,44	4,44	7,67
8. Entwicklungsverbände	24,60	5,00	4,20	2,60	2,80
9. Andere diffuse Interessen	30,07	8,47	5,40	4,33	5,07
Diffuse Interessen	**32,60**	**8,23**	**5,29**	**4,11**	**5,51**
VERTRETER VON EU-INSTITUTIONEN					
10. GDs der Kommission	73,25	14,08	12,58	9,54	-
11. Kabinette der Kommissare	64,07	15,20	12,33	-	10,27
12. Rat	76,94	9,69	-	10,06	19,44
13. MEP/EU-Parteien	81,08	-	10,00	11,36	10,08

Die Ergebnisse belegen, dass die Türen zum Europäischen Parlament am weitesten geöffnet sind. Darauf folgen die Generaldirektionen der Kommission, der Rat und dann die Kabinette der Kommissare. Dies legt nahe, dass Politiker eine zentrale Position im Zugangsnetzwerk einnehmen. Sie haben überdies mehr Kontakte mit gesellschaftlichen Interessen als die Bürokraten (vgl. Spalte 2 mit den anderen Spalten). Die grobe Unterscheidung von diffusen und spezifischen Interessen ergibt keine großen Unterschiede und verbirgt eine große Varianz innerhalb dieser Blöcke. In der Gruppe der wirtschaftlichen oder spezifischen Interessengruppen müssen die sektorübergreifenden Verbände als absolut zentral angesehen werden. Dies gilt auch, wenn man sie mit den anderen Arten von Interessengruppen vergleicht. Viele, insbesondere staatliche Akteure versuchen in Kontakt mit ihnen zu treten. Die sektoralen Wirtschaftsverbände sind dagegen genauso wie die Agrarverbände, die Gewerkschaften und die Verbände der kleineren und mittleren Unternehmen weitaus weniger zentral. Im Vergleich mit den Gewerkschaften und den Sektorverbänden nehmen die Konsumenten- und die Umweltverbände eine recht gute Position im Zugangsnetzwerk ein. Diese resultiert vor allem aus ihrem guten Zugang zum Europäischen Parlament.

Die erste Trennung im Blockmodell führt zu zwei eher heterogenen Blöcken und wird daher nicht im Detail diskutiert. Tabelle 6 zeigt die Zusammensetzung der Lösung mit vier Blöcken. Im Zugangsnetzwerk bilden sich die Blöcke, weil die Akteure ähnliche Austauschbeziehungen unterhalten und nicht, weil sie ähnliche politische Sichtweisen aufweisen oder sich gegenseitig zu überzeugen suchen. Panel *a* gliedert die Daten nach unterschiedlichen Organisationstypen. Um die Übereinstimmung zwischen Zugangs- und Überzeugungsnetzwerk zu überprüfen, führt Panel *b* die Ergebnisse der beiden Netzwerke in einer Kreuztabelle auf. Tabelle 7 zeigt die *image matrix* und Schaubild 2 präsentiert die Interaktionen zwischen den vier Zugangsclustern. Je höher die Dichten sind, umso dicker sind die Linien. Dichten weit unterhalb der durchschnittlichen Dichte von 0,36 werden nicht gezeigt. Dichten in der Größenordnung der durchschnittlichen Dichte sind als gestrichelte Linien dargestellt.

Der erste Block (Europäische Sozialinteressen – SI) umfasst die meisten Gewerkschaften und einige diffuse Interessengruppen, die auf den Gebieten der Armutsbekämpfung und der sozialen Wohlfahrt aktiv sind. Er stimmt schwach mit der europäischen Sozialkoalition im Überzeugungsnetzwerk überein (Panel *b*). Für die nur geringe Übereinstimmung gibt es einen wichtigen Grund: Die MEPs in der europäischen Sozialkoalition nehmen im Zugangsnetzwerk eine ganz andere Stellung ein. Wie ihre Einordnung in die Sozialkoalition zeigt, teilen diese Politiker zwar durchaus die Meinungen anderer Akteure, aber sie gewähren diesen Organisationen – z.B. Gewerkschaften – deswegen nicht unbedingt einen besseren Zugang. Dies bestätigt wiederum die Randlage der Arbeitnehmerorganisationen, die schon aus dem Überzeugungsnetzwerk hervorging.

Tabelle 6: Zusammensetzung der Lösung mit vier Blöcken im Zugangsnetzwerk (Prozente, N=157)

	Art der Interessen			
Split 1	Umweltinteressen und Interessen für ein soziales Europa		Vertreter der EU-Institutionen und spezifische oder Wirtschaftsinteressen	
Split 2	Europäische Sozialinteressen	Umweltinteressen	Politische Vermittler der EU-Institutionen	Wirtschaftliche Interessen und GDs
	(SI)	(UI)	(PV)	(WKI)
Panel a. Organisationstyp				
INTERESSENORGANISATIONEN				
1. Sektorübergreifende Wirtschaftsverbände	-	-	-	100%
2. Sektorverbände der Arbeitgeber	11%	28%	-	61%
3. Gewerkschaften	91%	-	-	-
4. Verbände der KMU	50%	-	-	-
5. Agrarverbände	33%	67%	-	-
Spezifische Interessen (N=25)	**35%**	**17%**	**-**	**47%**
6. Konsumentenverbände	33%	50%	-	17%
7. Umweltverbände	-	100%	-	-
8. Entwicklungsverbände	-	100%	-	-
9. Andere diffuse Interessenverbände	20%	67%	7%	7%
Diffuse Interessen (N=18)	**14%**	**77%**	**3%**	**6%**
VERTRETER VON EU-INSTITUTIONEN				
10. GDs der Kommission	-	4%	25%	71%
11. Kabinette der Kommissare	-	-	93%	7%
12. Rat	-	-	100%	-
13. MEPs/EU-Parteien	-	16%	84%	-
Panel b. Überzeugungsnetzwerk				
1. Europäische Sozialkoalition	27%	23%	50%	-
2. Umweltkoalition	5%	68%	5%	21%
3. Wachstumskoalition	-	19%	6%	75%
4. Bürokraten	8%	-	25%	67%
5. Nicht-Debattierer	11%	20%	50%	19%

Akteure mit einem großen Interesse an ökologischer Nachhaltigkeit finden sich im zweiten Block (Umweltinteressen – UI). Dieser Block stimmt in hohem Maße mit der Umweltschutzkoalition aus dem Überzeugungsnetzwerk überein. Allerdings ist der Grad der Übereinstimmung nicht ganz so hoch wie der zwischen den wirtschaftlichen und den Kommissionsinteressen (WKI) (Block 4) und der Wachstumskoalition. Die geringere Dichte innerhalb des Blockes zeigt auch seine geringere Kohäsion an. Dafür gibt es drei Gründe. (1) Innerhalb des Überzeugungsnetzwerkes war die Europäische Föderation Grüner Parteien Teil der europäischen Sozialkoalition, aber im Zugangsnetzwerk ist sie Teil der Umweltinteressen. (2) Im Zugangsnetzwerk bilden sektorale Wirtschafts- und Agrarverbände gemeinsam mit einigen Umweltverbänden den Block der Umweltinteressen. Dieser basiert aber nicht auf geteilten Sichtweisen wie die Blöcke im Überzeugungsnetzwerk. Die Organisationen in diesem Block haben allesamt ein – oft durchaus unterschiedliches – Interesse an umweltpolitischen Maßnahmen, und so ist es wahrscheinlich, dass sie Teil desselben Zugangsnetzwerks sind.[10] (3) Der Block der Umweltinteressen beinhaltet auch einige Entwicklungsorganisationen. Jene sind weniger in das Überzeugungsnetzwerk eingebunden und fallen in die Gruppe von Organisationen, die kaum politische Gegner identifiziert haben (Nicht-Debattierer). Sie sind in einem ähnlichen Zugangsnetzwerk wie die MEPs – insbesondere der Sozialdemokraten und der Grünen – und damit weit von den Wirtschaftsinteressen entfernt.

Der dritte Block (PV) beinhaltet fast keine Interessenorganisationen. Hier finden wir mit einer Ausnahme die Kabinette der Kommissare, die Ständigen Vertretungen der Mitgliedstaaten, das Generalsekretariat des Rates, den Ausschuss der Regionen, den Wirtschafts- und Sozialausschuss sowie die meisten Mitglieder des Europäischen Parlaments.[11] Es ist klar, dass dieser Block nicht mit den beiden zentralen Koalitionen (Panel b in Tabelle 6) übereinstimmt und dass sein ideologisches Profil nicht eindeutig ist. Politiker, insbesondere die Vertreter der Europäischen Volkspartei, der Sozialdemokratischen Partei Europas und der Europäischen Föderation Grüner Parteien, tendieren im Überzeugungsnetzwerk dazu, Teil der europäischen Sozialkoalition zu sein, während die Bürokraten, insbesondere die Vertreter der Kabinette und der Ständigen Vertretungen, kaum politische Gegner oder Verbündete ausmachen, sich also im Überzeugungsnetzwerk nicht verorteten.

Tabelle 7: Blockmodellanalyse des Zugangsnetzwerkes (Image Matrix mit Dichten, N=157)

	Zugangsnetzwerk (Gesamtdichte = 0,36)			
	SI	UI	PV	WKI
1. SI = Europäische Sozialinteressen	,21	,13	,29	,27
2. UI = Umweltinteressen	,11	,33	,50	,23
3. PV = Politische Vermittler	,26	,31	,61	,53
4. WKI = Wirtschafts- und Kommissionsinteressen	,14	,14	,48	,56

---

10 Dies betrifft die folgenden Organisationen: Confederation of European Community Cigarette Manufactures (CECCM), Europäischer Rat der Junglandwirte (CEJA), Europäische Bauern Koordination (CPE), Europäischer Verband für Wiederverwertung und Recycling (ERRA), The European Association for BioIndustries (EUROPABIO), Die Europäische Vereinigung für Verpackung und Umwelt (EUROPEN) und der Verband der Europäischen Petroleumindustrie (EUROPIA).

11 Politiker der Europäischen Föderation Grüner Parteien sind nicht in diesem Block. Dagegen bewirkt die EFGP im Überzeugungsnetzwerk eine schwache Allianz zwischen der europäischen Sozialkoalition und der Umweltschutzkoalition. Dies ist von Bedeutung, weil es aufzeigt, dass die EFGP eine wichtige Rolle darin spielt, diejenigen Koalitionen zu vernetzen, die die Wachstumskoalition herausfordern.

Der vierte Block der Wirtschafts- und Kommissionsinteressen (WKI) beinhaltet fast alle sektorübergreifenden und die meisten sektoriellen Wirtschaftsverbände, die meisten Generaldirektionen und das Kabinett von Kommissar Bangemann.[12] Wie Panel *b* belegt, korrespondiert er stark mit der Wachstumskoalition und mit den Bürokraten aus dem Überzeugungsnetzwerk. Es ist interessant, dass letztere im Überzeugungsnetzwerk von der Wachstumskoalition getrennt waren und keine Verbündeten oder politischen Gegner identifizierten. Wir haben daraus geschlossen, dass Verhandlungen auf der Basis von Expertenwissen die Beziehung zwischen Bürokraten und Wachstumskoalition charakterisieren. Die hohe Kohäsion dieser Beziehung (Dichte = 0,56) im Zugangsnetzwerk unterstützt diese Einschätzung.

Von besonderer Bedeutung sind die Beziehungen zwischen den Umweltinteressen (UI) und dem vierten Block mit den Wirtschaftsinteressen und den Kommissionsbeamten (WKI).[13] Die Verbindungen zwischen beiden Blöcken liegen unter dem Durchschnitt und sind asymmetrisch ausgestaltet. Überdies lassen sich diese wenigen Verbindungen vornehmlich auf die Inklusion einiger sektorieller Wirtschaftsverbände in den Block der Umweltinteressen zurückführen, was wiederum an ähnlichen substantiellen Interessen dieser Organisationen liegt. Die gegnerischen Interessen – Wachstums- und Umweltinteressen – befinden sich also kaum einmal in einem direktem Austausch miteinander. Vielmehr gibt es ein relativ bipolares System mit zwei gegnerischen Blöcken, die fundamental unterschiedliche ideologische Sichtweisen aufweisen und nur durch schwache direkte Beziehungen miteinander verbunden sind. Überdies wenden sich die Umweltinteressen vornehmlich an die politischen Beamten (dritter Block), die ihnen Zugang gewähren. Auch wenn ihr Zugangsniveau sich leicht unter dem Durchschnitt befindet, sind die Umweltinteressen erfolgreicher darin, sich Zugang zu verschaffen als die sozialen Interessenorganisationen. In diesem antagonistischen System mit zwei konkurrierenden Blöcken ist die Position der politischen Vermittler, also der Politiker und politischen Bürokraten zentral. Die beiden konkurrierenden Advokatenkoalitionen tauschen ihre Information nicht direkt aus, sondern über die zwischen ihnen stehenden politischen Vermittler als intermediäre Akteure (Diani 1992: 120); Laumann/Marsden 1979: 720). Deren Schlüsselposition bestätigt weitgehend die Erwartungen, die wir in der Einleitung dargelegt haben.

---

12 Einige Generaldirektionen sind nicht Teil dieses Clusters: GD Außenbeziehungen, GD Landwirtschaft, GD Forschung, GD Fischerei, GD Regionalpolitik und das Generalsekretariat des Rates.
13 Unter den wenigen Generaldirektionen, die der Umweltschutzkoalition angehören, finden sich die GD Umwelt und die GD Gesundheit und Verbraucherschutz. Diese Akteure nehmen im Zugangsnetzwerk ähnliche Positionen ein wie die wirtschaftlichen Interessenorganisationen und die anderen Generaldirektionen.

Schaubild 2: Zugangsnetzwerk zwischen den vier Blöcken (N=157)

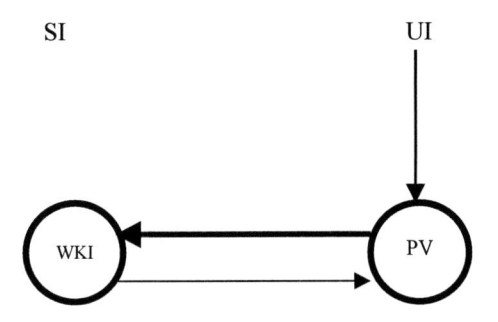

```
        SI              UI
                         |
                         v
      ( WKI ) <------> ( PV )
```

Der Block der politischen Vermittler ist durch das gekennzeichnet, was Kriesi und Jegen (2001: 254) "ambigious structural position" bezeichnet haben. Sie passen in keine der wesentlichen Koalitionen hinein. Einige sind Teil der einen Koalition, während andere eher Verbindungen zur anderen Koalition aufrechterhalten. Wiederum andere verorten sich außerhalb der wesentlichen politischen Debatten: Die Autorität dieser von uns sogenannten Nicht-Debattierer kann nämlich von ihrer Reputation abhängen, neutral zu sein (Keohane 2001: 10). Viele dieser staatlichen Akteure haben erhebliche Verantwortung dafür, die unterschiedlichen Interessen zu bündeln, die mobil gemacht werden; und einige von ihnen – wie die Mitglieder des Europäischen Parlaments und, in geringerem Maße, die Mitarbeiter der Kommission – können dafür politisch zur Rechenschaft gezogen werden. Selbst die Ständigen Vertretungen, deren Funktion es ist, die Position der Regierungen der Mitgliedstaaten zu repräsentieren, sind dazu verpflichtet, nationale Interessen in größtmöglichem Maße zu bündeln. Einige der politischen Vermittler – z.B. die MEPs – sind externen Herausforderern gegenüber aufgeschlossen, teils weil sie deren Meinungen teilen, und teils weil sie dies unabhängiger von anderen Akteuren, wie den Generaldirektionen der Kommission, oder von anderen Koalitionen, wie z.B. der Wachstumskoalition, macht. Diese Interpretation spiegelt Schattschneiders Gedanken wider: Schwache legislative Organe tendieren dazu, das Ausmaß des politischen Konfliktes dadurch auszuweiten, in dem sie denjenigen Gehör verleihen, die den Status Quo attackieren (Schattschneider 1960).

6 Information, politische Mobilisierung und Politiknetzwerke

Üblicherweise werden zwei Arten von Informationen für relevant gehalten, wenn es darum geht, Zugang zu erhalten. Auf der einen Seite geht es um nützliche technische Expertise zur Lösung regulativer Probleme, und auf der anderen Seite geht es um Informationen über die öffentliche Unterstützung und Akzeptanz politischer Maßnahmen (Bouwen 2002; Broscheid/Coen 2002). Technisches Wissen ist notwendig, um effiziente und effektive Politiken zu entwickeln (die Output-Legitimität), während Informationen über politische Mobilisierung und öffentliche Unterstützung sich auf die Input-Legitimität von Politik beziehen. Entpolitisierte Modelle der Politik, die die überragende Bedeutung von Fachwissen herausstellen, betonen die Output-Legitimität stärker als die Input-Legitimität. Wir haben diese Auffassung implizit bereits kritisiert und dargelegt, dass einige staatliche Akteure nicht nur Fachwissen honorieren, sondern auch bemüht sind, ihre Netzwerke über eine einzige politische Koalition hinweg auszuweiten. In diesem Abschnitt prüfen wir die These, dass diese Netzwerk-Diversikation auf einer Sensibilität für öffentlich politisierte Forderungen basiert, die vorherrschende oder dominante Koalitionen herausfordern. Zu diesem Zweck betrachten wir den Inhalt der ausgetauschten Informationen etwas näher.

Die Verhandlungsperspektive basiert auf der Annahme, dass Ressourcen getauscht werden. Fachwissen in all seinen Ausprägungen ist eine solche Ressource. Allerdings eignen sich nicht alle Merkmale von Akteuren so leicht für den Tausch gegen andere Ressourcen, und einige Ressourcen können überhaupt nicht eingetauscht werden. Einige ihrer Eigenschaften sind geradezu konstitutiv für die Akteure – das gilt etwa für ihre Ziele; für die Klientel, die sie vertreten; für ihre potenzielle Unterstützung durch die Öffentlichkeit und für die Probleme, an denen sie interessiert sind. Man kann sich schwerlich vorstellen, dass diese Dinge gegen etwas Anderes eingetauscht werden können.

Schaubild 3: Häufigkeit der Zuschreibung von Ressourcen zu gut bekannten Akteuren (N=911 Dyaden)

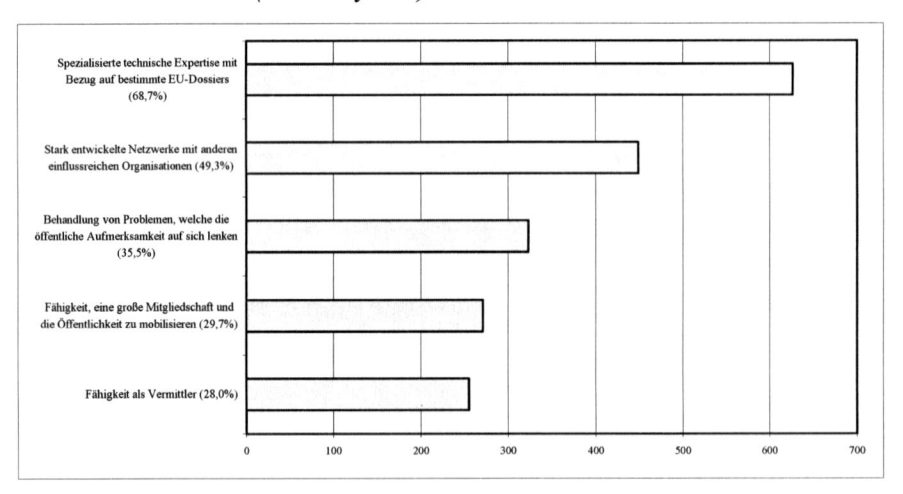

Ressource	Anzahl
Spezialisierte technische Expertise mit Bezug auf bestimmte EU-Dossiers (68,7%)	~625
Stark entwickelte Netzwerke mit anderen einflussreichen Organisationen (49,3%)	~450
Behandlung von Problemen, welche die öffentliche Aufmerksamkeit auf sich lenken (35,5%)	~320
Fähigkeit, eine große Mitgliedschaft und die Öffentlichkeit zu mobilisieren (29,7%)	~270
Fähigkeit als Vermittler (28,0%)	~255

Umweltgruppen können nicht einfach damit aufhören, sich um Umweltbelange zu kümmern oder ihre Unterstützung durch die Öffentlichkeit gegen größere Aufmerksamkeit staatlicher Akteure eintauschen. Wir gehen deshalb nicht davon aus, dass funktionaler Tausch, der ja für die Outputperspektive von Legitimität von erheblicher Relevanz ist, in europäischen Politiknetzwerken dominiert, sondern vertreten die Ansicht, dass ein erheblicher Teil der Interaktionen in diesen Netzwerken nur dann verstanden werden kann, wenn man die politische Unterstützung, die einige Interessen mobilisieren können, in Rechnung stellt. Während einige Akteure technische Expertise liefern, sind andere von Bedeutung, weil sie mobilisierte oder mobilisierbare gesellschaftliche Gruppen vertreten und dem EU-Prozess solchermaßen Legitimität verleihen können (della Porta/Kriesi/Rucht 1999: 17; Imig/Tarrow 1999: 130; Pappi/Henning 1999).

Aufgrund der Einschätzungen, was genau die unterschiedlichen Akteure zur EU-Politik beitragen, untersuchen wir, ob ihnen der Zugang aufgrund von Expertise oder aufgrund von öffentlichen Erwägungen gewährt wird. Die Befragten sollten mit Hilfe einer Liste, die einige mögliche Eigenschaften benannte (z.B. Fachwissen; Fähigkeit, die Öffentlichkeit zu mobilisieren u.a.), die Merkmale der ihnen gut bekannten Akteure einschätzen. Diese Zuschreibung von Kapazitäten lässt sich als dyadische Beobachtung betrachten, die das Ausmaß erfasst, in dem Akteur *a* bestimmte Eigenschaften mit Akteur *b* assoziiert. Schaubild 3 gibt die Verteilung von fünf der aufgelisteten Kapazitäten an und zeigt, dass "spezialisiertes technisches Wissen zu bestimmten europäischen Dossiers" diejenige Ressource ist, die die Akteure einander am häufigsten zuschreiben.[14] Es ist verführerisch, daraus abzuleiten, dass Fachwissen in der Tat die wertvollste Ressource ist, über die Akteure im EU-Politikprozess verfügen können. Allerdings liegen die Dinge nicht so einfach. Wir sollten auch danach fragen, wie diese Ressourcen sich auf die unterschiedlichen Akteurskoalitionen verteilen. Einige könnten z.B. Fachwissen in die EU-Politik einfließen lassen, während andere eher dazu in der Lage sind, politische Unterstützung durch die Öffentlichkeit zu mobilisieren. Und falls solche Ressourcen gleich verteilt sind, werden sie unserer Ansicht nach keinen starken Einfluss darauf ausüben, ob Akteure Zugang erhalten oder nicht. Wenn jeder Akteur über die gleiche Menge und die gleiche Qualität an Expertise verfügt, kann Fachwissen nämlich nicht der Schlüssel zur Antwort auf die Frage sein, warum staatliche Akteure gesellschaftlichen Interessen in unterschiedlichem Maße Zugang gewähren.

Diese Daten ermöglichen es zu untersuchen, welche Ressourcen staatliche Akteure gesellschaftlichen Interessengruppen zuordnen und zeigt auf, ob und warum sie eine Präferenz für eine bestimmte Interessenkoalition entwickeln. Zu diesem Zweck haben wir die aus dem Überzeugungs- und dem Zugangsnetzwerk resultierenden Blöcke mit

---

14 In Schaubild 3 betrachten wir nur 911 statt 10*157 Dyaden, weil nicht alle Befragten 10 gut bekannte Akteure benannt haben. Dabei wurde nach 11 Ressourcen gefragt. Da allerdings nur fünf dieser Faktoren aussagekräftige Ergebnisse erzielten, ist die Diskussion auf diese fünf Faktoren beschränkt. Die Verteilung in Schaubild 3 ähnelt aber jener in der Gruppe der öffentlichen Amtsträger, die in Tabelle 8 und Schaubild 4 präsentiert wird.

den Ressourcen kreuztabelliert, die den Akteuren zugeschrieben werden. Da unser Augenmerk sich auf die Interaktionen zwischen den öffentlichen Akteuren und den Interessenkoalition richtet, haben wir die Blöcke zuvor bereinigt. Wir haben die staatlichen Akteure oder aber die Interessengruppen jeweils aus denjenigen Blöcken entfernt, in denen sie eine klare Minderheit bilden. Zum Beispiel beinhalt der Block politischer Vermittler im Zugangsnetzwerk eine kleine Minderheit von Interessengruppen. Er wurde bereinigt, indem wir diese Gruppen in der Analyse nicht berücksichtigt haben. Dieses Verfahren führte zu zwei zentralen Gruppen von staatlichen Akteuren – zum einen gibt es die "politischen Amts- oder Mandatsträger" (hauptsächlich Mitglieder des EP, Repräsentanten in den Ständigen Vertretungen und Mitglieder der Kabinette der Kommissare) und zum anderen die "technokratischen Amts- und Mandatsträger" (hauptsächlich Beamte der Kommission). Im Hinblick auf die Interessengruppen lassen sich drei Gruppen unterscheiden: Es gibt Gruppen für soziale Interessen, solche für Umweltinteressen und schließlich solche für wirtschaftliche Interessen. Dann haben wir die staatlichen Akteure mit den gesellschaftlichen Interessen kreuztabelliert. Da wir die politischen und die technokratischen Amts- und Mandatsträger jeweils für sich betrachten und die fünf Ressourcen jeweils einzeln für das Überzeugungs- und für das Zugangsnetzwerk analysieren, ergeben sich insgesamt 20 2x3 Kreuztabellen.[15] Tabelle 8 gibt die Assoziationsmaße dieser Tabellen (Cramer's V's) wieder, die anzeigen, ob die politischen oder die technokratischen Amtsträger einen Unterschied in der Ressourcenausstattung der drei Cluster von Interessenorganisationen sehen. Sollten sie einen starken Unterschied machen, müsste sich eine starke und statistisch signifikante Korrelation zeigen. Mit anderen Worten: Die Zuschreibung von Ressourcen ist in solchen Fällen nicht unabhängig von der Art der Interessengruppe, die betrachtet wird. In Schaubild 4 präsentieren wir abschließend einige Ressourcenverteilungen, die noch weiter diskutiert werden.

Einige bemerkenswerte Unterschiede zeigen sich bei der Zuschreibung der "Fähigkeit als Vermittler" und bei den "stark entwickelten Netzwerken mit anderen einflussreichen Organisationen". Vor allem soziale Interessengruppen werden damit assoziiert, vermittelnd tätig zu werden – 38 Prozent im Vergleich zu 8 Prozent für die Umweltgruppen und 23 Prozent für die Wirtschaftsinteressen (lt. Zugangsnetzwerk) – und auch damit, gut vernetzt zu sein – 71 Prozent im Vergleich zu 47 Prozent für die Umweltgruppen und 52 Prozent für die Wirtschaftsinteressen. Das Überzeugungsnetzwerk zeigt die gleichen Resultate. Es gibt auch signifikante Korrelationen für die "spezialisierte technische Expertise", aber dieses Ergebnis sollte vorsichtig interpretiert werden (siehe Schaubild 4).

---

15 Wir konzentrieren uns auf die Zuschreibung von Ressourcen zwischen den Gruppen und lassen die Verteilung in den Gruppen (z.B. Zuschreibung von Ressourcen innerhalb der Gruppe der politischen Amtsträger) außer acht. Also betrachten wir hier nur 442 aller 911 Dyaden.

Tabelle 8: Zuschreibung von Ressourcen zu gesellschaftlichen Interessen durch staatliche Amts- und Mandatsträger (Cramer's V)

	Überzeugungsnetzwerk		Zugangsnetzwerk	
	Politische Amtsträger (N=140)	Technokratische Amtsträger (N=52)	Politische Amtsträger (N=189)	Technokratische Amtsträger (N=61)
1. Spezialisierte technische Expertise mit Bezug auf bestimmte EU-Dossiers	,172	**,360**	**,285**	,194
2. Stark entwickelte Netzwerke mit anderen einflussreichen Organisationen	**,208**	,247	,193	,175
3. Fähigkeit als Vermittler	**,262**	,072	**,264**	,085
4. Behandlung von Problemen, welche die öffentliche Aufmerksamkeit auf sich ziehen	,213	**,493**	,153	**,413**
5. Fähigkeit, eine große Mitgliedschaft und die Öffentlichkeit zu mobilisieren	**,291**	,276	**,334**	,201

Anmerkung: Diejenigen Assoziationsmaße (Cramer's V), für die die korrespondierende Chi^2 Statistik auf dem Niveau $p \leq ,05$ signifikant war, sind fett gedruckt.

Die Prozentangaben legen nicht nahe, dass die technokratischen Amtsträger wirtschaftliche Interessen aufgrund von deren Fachwissen als wertvolle Verhandlungspartner erachten. Im Überzeugungsnetzwerk neigen die Technokraten eher dazu, solche Expertise den Umweltgruppen statt den Wirtschaftsinteressen zuzuschreiben (87 Prozent versus 58 Prozent). Ein gleichermaßen kontraintuitives Ergebnis muss für das Zugangsnetzwerk fest gehalten werden. Hier assoziierten 80 Prozent der Kommissionsbeamten Expertise mit den Umweltinteressen und nur 58 Prozent mit den wirtschaftlichen Interessen. Die Ergebnisse für die politischen Amtsträger zeigen weitere Nuancen in der Rolle von Expertise auf. Diese Akteure ordnen technisches Wissen den eher peripheren sozialen Interessengruppen zu (64 Prozent im Überzeugungsnetzwerk und 73 Prozent im Zugangsnetzwerk). Im Hinblick auf das Zugangsnetzwerk haben wir bereits festgehalten, dass die politischen Amtsträger – im Vergleich zu ihren technokratischen Kollegen – gut mit den Umweltgruppen vernetzt sind. Allerdings ist zweifelhaft, ob dies auf die funktionale Expertise dieser Gruppen zurückzuführen ist, weil weniger 'Politiker' den Umweltgruppen Expertise zuschreiben (58 Prozent im Überzeugungs- und 43 Prozent im Zugangsnetzwerk) als den sozialen Gruppen. Insgesamt also führen diese Verteilungen nicht zwingend zu dem Schluss, dass Fachwissen die bedeutendste Ressource verkörpert. Wenn das der Fall wäre, würden die Technokraten ihre Beziehungen zu denjenigen Gruppen intensivieren, denen die meisten von ihnen Expertise zuschreiben – nämlich den Umweltgruppen. Wir sollten auch engere Netzwerke zwischen den politischen Amtsträgern und den sozialen Interessengruppen sehen. Allerdings hat das Zugangsnetzwerk bereits demonstriert, dass dies nicht der Fall ist.

Schaubild 4: Zuschreibung von Expertise, öffentlicher Aufmerksamkeit und Mobilisierung durch technokratische und politische Amts- und Mandatsträger (Prozentangaben)

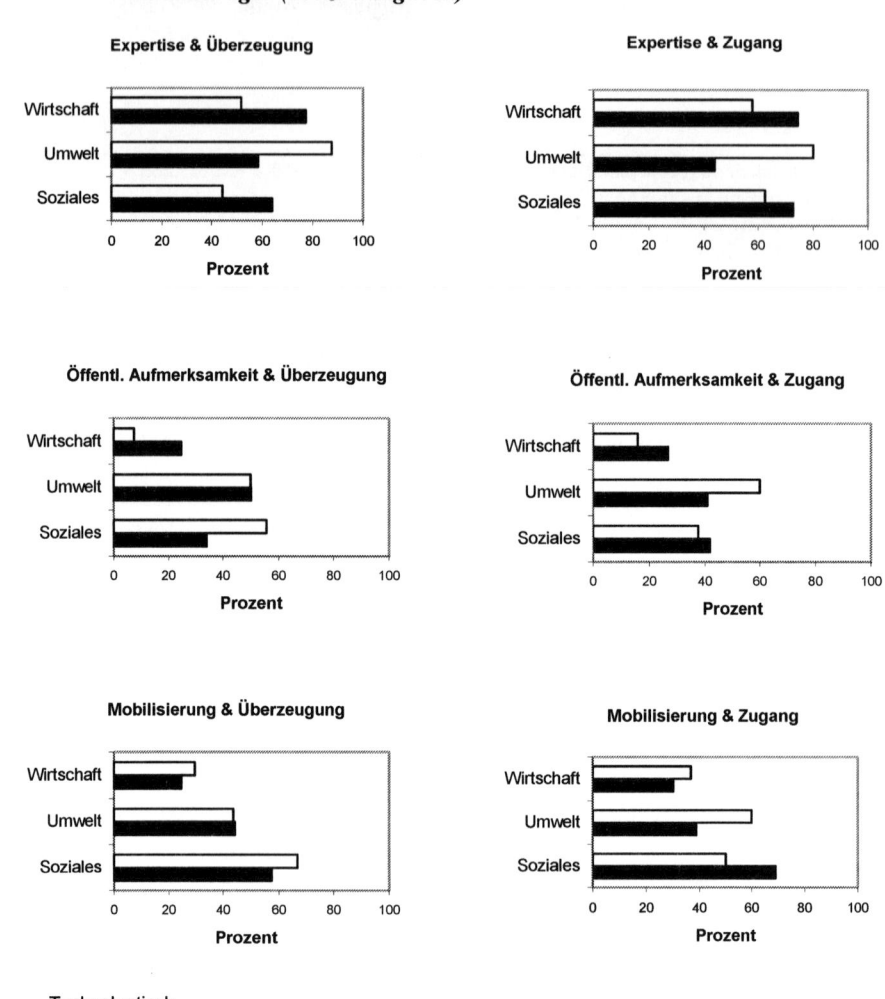

☐ Technokratisch
■ Politisch

Eine unserer Hypothesen lautete, dass die öffentliche Politisierung von Problemen erhebliche Konsequenzen für staatliche Amts- und Mandatsträger hat – insbesondere für die Mitglieder des EP, für die Mitarbeiter in den Kabinetten und die Vertreter der Regierungen der Mitgliedstaaten. Die Korrelationen bestätigen diese Aussage. Wir beobachten moderate und signifikante Zusammenhänge für die Aussage, Gruppen behandeln Probleme, „welche die öffentliche Aufmerksamkeit auf sich ziehen" und für die „Fähigkeit, eine große Zahl von Mitgliedern und die Öffentlichkeit zu mobilisieren".

Im Vergleich mit den sozialen und den Umweltinteressen werden die wirtschaftlichen Gruppen weniger oft mit diesen Eigenschaften in Verbindung gebracht (die Prozentangaben rangieren zwischen 7 Prozent und 36 Prozent). Einige geringere Differenzen zwischen den sozialen und den Umweltinteressen sollen noch berichtet werden. Die politischen Amtsträger schreiben die Fähigkeit, Probleme zu bearbeiten, welche die Aufmerksamkeit der Öffentlichkeit auf sich lenken, eher den Umwelt- als den sozialen Gruppen zu (50 Prozent im Vergleich zu 34 Prozent im Überzeugungsnetzwerk). Dies gilt auch für die Technokraten (60 Prozent versus 37 Prozent im Zugangsnetzwerk). Allerdings wurde die Fähigkeit, ihre Klientel zu mobilisieren, eher den sozialen Interessen zugeordnet als den Umweltinteressen. Die Prozentsatzdifferenzen zwischen ersteren und letzteren lagen zwischen 10 Prozentpunkten und 30 Prozentpunkten.

Die Unterschiede zwischen den Wirtschaftsinteressen und den Umweltinteressen bestätigen, dass die öffentlich politisierten Forderungen von erheblicher Bedeutung für die Zusammensetzung der EU-Politiknetzwerke sind. Damit ist klar, dass hier nicht ausschließlich funktionale Expertise von Bedeutung ist. Selbst sogenannte Technokraten in der Kommission sind empfänglich für öffentliche Belange. Allerdings ist es schwierig, den Unterschied zwischen den eher peripheren sozialen und den zentraleren Umweltinteressen zu erklären. Ein Hauptgrund für ihn könnte sein – und dies sollte bei der Interpretation der Ergebnisse berücksichtigt werden –, dass die Angaben sich auf "gut bekannte" Verbände beziehen, die i.d.R. sowohl in das Zugangs- als auch in das Überzeugungsnetzwerk eingebunden waren. In dieser Hinsicht können wir uns nicht sicher sein, warum die sozialen Gruppen so marginalisiert sind. Diese können ja, laut Auffassung der staatlichen Akteure, durchaus die Fähigkeit besitzen, ihre Belange öffentlich zu machen. Allerdings mobilisieren Umweltverbände wohl häufiger im Zusammenhang mit Problemen, welche die öffentliche Aufmerksamkeit auf sich ziehen. Es scheint, als ob die Öffentlichkeit – wenigstens in der EU-Politik – stärker empfänglich für die Forderungen von Umweltverbänden als von sozialen Verbänden ist. Auch wenn dies hier nicht in gebührendem Umfang behandelt werden kann, so ist es doch nützlich, diesen Aspekt ein wenig zu vertiefen. 1996 und 1997, den Jahren unserer Feldforschung, betrachteten 70-85 Prozent der Befragten in Eurobarometer-Umfragen den Umweltschutz einerseits und Probleme wie die Arbeitslosigkeit und soziale Angelegenheiten andererseits als prioritäre Probleme. Allerdings gibt es einen grundlegenden Unterschied zwischen diesen Bereichen: Mehr als 65 Prozent der Befragten äußerten eine Präferenz dafür, den Umweltschutz auf EU-Ebene zu behandeln. Dagegen wollten lediglich 59 Prozent (oder weniger) die Arbeitslosigkeit auf EU-Ebene behandelt wissen, nur 43 Prozent wollten Fragen der Arbeitsbeziehungen und nur 34-39 Prozent wollten gesundheits- und sozialpolitische Probleme auf EU-Ebene behandelt sehen. Unsere Analyse legt nahe, dass die EU-Politiknetzwerke nicht vollständig immun gegenüber solchen Realitäten sind.

7 Resümee

Politikgestaltung in der EU kann nicht auf einen Verhandlungsprozess reduziert werden, in dem der Austausch von Fachwissen im Vordergrund steht. Die Netzwerkanalysen und auch die Ressourcen-Reputation der Akteure sprechen eine andere Sprache. Das Überzeugungsnetzwerk hat den Widerwillen der Kommissionsbeamten offenbart, sich als dauerhafte Verbündete oder Gegner bestimmter Interessengruppen zu präsentieren. Sie sind zögerlich, sich auf prinzipienorientierte politische Debatten einzulassen. Während andere Akteure sie durchaus als Gegner identifizieren, erwidern die Beamten in den Generaldirektionen der Kommission dies nicht. Die Struktur des Überzeugungsnetzwerks legt es deshalb nahe, dass der gute Zugang der Wirtschaftsinteressen zu den Generaldirektionen sich nicht auf prinzipientreue Überzeugungsarbeit stützt. Dies steht in deutlichem Gegensatz zu den 'Politikern', die sich selbst als Gegner oder Verbündete verschiedener Gruppen sehen. Schließlich hat das Überzeugungsnetzwerk aufgedeckt, dass es eine grundlegende Konfliktlinie zwischen der Wachstumskoalition und der Umweltschutzkoalition gibt – ein Ergebnis, das mit den Resultaten empirischer Analysen auf nationaler Ebene übereinstimmt (Kriesi/Jegen 2001).

Das Zugangsnetzwerk hat weitere Einsichten geliefert. Wir haben beobachtet, dass die staatlichen Akteure sich in zwei Gruppen gliedern: in die Mitarbeiter der Generaldirektionen einerseits ('Technokraten') und in die eher politischen Amts- und Mandatsträger in den Kabinetten der Kommissare und in den Ständigen Vertretungen der Mitgliedstaaten. Die Beziehungen der Technokraten mit gesellschaftlichen Interessen scheinen durchaus auf dem Austausch von Fachwissen zu beruhen. Dagegen spielen die 'Politiker' gemeinsam mit den Abgeordneten des Europäischen Parlaments eine wichtige Rolle in der Bündelung unterschiedlicher politischer Präferenzen. Ihrer Position im Zugangsnetzwerk nach leisten sie erhebliche Vermittlungsarbeit zwischen der Wachstums- und der Umweltkoalition. Dies manifestiert sich in ihrer unklaren strukturellen Position im Netzwerk mit gleichzeitig sehr diversifizierten Netzwerkbeziehungen. Zudem stehen sie in der Verantwortung, unterschiedliche Interessen zu bündeln und politische Blockaden zu vermeiden. Über diese Akteure also gewinnen die diffusen Interessen Zugang zum Entscheidungsprozess.

Unsere Untersuchung der Ressourcen, die den Akteuren im politischen Prozess zur Verfügung stehen, führt zu dem Ergebnis, dass der Zugang zu den staatlichen Akteuren nicht in erster Linie davon abhängt, dass ein Akteur über nützliches technisches Wissen verfügt. Auch wenn die Befragten Fachwissen durchaus als bedeutsame politische Ressource identifizieren, vermag es doch nicht das Ausmaß zu erklären, in dem staatliche Akteure einer bestimmten Koalition Zugang ermöglichen. Wir haben systematische Unterstützung für die Hypothese erhalten, dass die Fähigkeit von Akteuren, öffentliche Unterstützung zu mobilisieren oder Probleme zu bearbeiten, die eine große öffentliche Aufmerksamkeit auf sich ziehen, ihren Zugang zu den staatlichen Akteuren erheblich fördert. Insgesamt also kann die Interaktion in den EU-Politiknetzwerken nicht auf Expertise-gestütztes Verhandeln reduziert werden. Diese Politiknetzwerke fungieren in erheblichem Maße als Kanäle, durch die prinzipienorientierte politische Debatten fließen und in denen öffentliche Belange repräsentiert werden. Die vermittelnde Rolle, die die politischen Amts- und Mandatsträger in diesen Prozessen einnehmen und ihre Offenheit für diffuse Interessen gibt ein differenzierteres Bild von der Input-Legitimität der EU als es entpolitisierte Modelle europäischer Politik zeichnen.

Literatur

Baumgartner, Frank R./Jones, Bryan D. (1993): Agendas and Instability in American Politics. London: The University of Chicago Press.
Borgatti, S.P./Everett, M.G./Freeman, L.C. (1999): Ucinet 5.0 for Windows: Software for Social Network Analysis; Natick: Analytic Technologies.
Bouwen, Pieter (2002): Corporate Lobbying in the European Union: The Logic of Access. Journal of European Public Policy; Bd. 9, Heft 3: 365-390.
Breiger, Ronald L./Boorman, Scott A./Arabie, Phipps (1975): An Algorithm for Clustering Relational Data, with Application to Social Network Analysis and Comparison with Multidimensional Scaling. Journal of Mathematical Psychology; Bd. 12: 328-383.
Broscheid, Andres/Coen, David (2002): Business Interest Representation and European Commission Fora: A Game Theoretic Investigation. Max-Planck-Institut für Gesellschaftsforschung (MPIfG Discussion Paper).
Bulmer, Simon J. (1994): The Governance of the European Union: A New Institutionalist Approach. International Public Policy; Bd. 13, Heft 4: 351-380.
Burt, Ronald S (1978): Cohesion versus Structural Equivalence as a Basis for Network Subgroups. Sociological Methods and Research; Bd. 7: 189-212.
Coleman, William D./Perl, Anthony (1999): Internationalized Policy Environments and Policy Network Analysis. Political Studies; Bd. 47, Heft 4: 691-709.
Della Porta, Donatella/Kriesi, Hanspeter/Rucht, Dieter (Hrsg.) (1999): Social Movements in a Globalizing World. London: MacMillan.
Diani, Mario (1992): Analyzing Social Movement Networks. in: Diani, Mario/Eyerman, Ron (Hrsg.): Studying Collective Action. London: Sage Publications: 107-135.
Eichener, Volker (1997): Effective European problem-solving: lessons of occupational safety and environmental protection. Journal of European Public Policy; Bd. 4, Heft 4: 591-609.
Hennis, Marjoleine (2001): Europeanization and Globalization: The Missing Link. Journal of Common Market Studies; Bd. 39, Heft 5: 829-850.
Héritier, Adrienne (1999): Policy-Making and Diversity in Europe. Escape from Deadlock. Cambridge: Cambridge University Press.
Hix, Simon (1999): The Political System of the European Union. New York: Palgrave.
Imig, Doug/Tarrow, Sidney (1999): The Europeanisation of Movements? A New Approach to Transnational Contention. in: della Porta, Donatella/Kriesi, Hanspeter/Rucht, Dieter (Hrsg.). Social Movements in a Globalizing World. London: MacMillan: 112-133.
Keohane, Robert O (2001): Governance in a Partially Globalized World. American Political Science Review; Bd. 95, Heft 1: 1-13.
Knoke, David/Pappi, Franz Urban/Broadbent, Jeffrey/Tsujinaka, Yutaka (1996): Comparing policy networks. Labor politics in the US, Germany and Japan. Cambridge: Cambridge University Press.
Kohler-Koch, Beate (1997): Organized Interests in EC and the European Parliament. European Integration Online Papers; Bd. 1, Heft 9, unter: http://eiop.or.at/eiop/ texte/1997-009a.htm (Stand 15. August 2004).

Kohler-Koch, Beate (1999): The evolution and transformation of European governance. in: Kohler-Koch, Beate/Eising, Rainer (Hrsg.). The Transformation of Governance in the European Union. London: Routledge: 14-35.

Kohler-Koch, Beate/Eising, Rainer (Hrsg.) 1999: The Transformation of Governance in the European Union. London: Routledge.

Kriesi, Hanspeter/Jegen, Maya (2001): The Swiss energy policy elite: The actor constellation of a policy domain in transition. European Journal of Political Research; Bd. 39, Heft 2: 251-287.

Laumann, Edward O./Marsden, Peter V. (1979): The analysis of oppositional structures in political elites: identifying collective actors. American Sociological Review; Bd. 44, Heft 5: 716-731.

Majone, Giandomenico (1996a): A European regulatory state?. in: Richardson, Jeremy John (Hrsg.). European Union. Power and Policy-Making. London: Routledge: 263-277.

Majone, Giandomenico (1996b): Regulating Europe. London: Routledge.

Majone, Giandomenico (2001): Two Logics of Delegation. Agency and Fiduciary Relations in EU Governance. European Union Politics; Bd. 2, Heft 1: 103-122.

Pappi, Franz U./Henning, Christian H.C.A. (1999): The organisation of influence on the EC's common agricultural policy: A network approach. European Journal of Political Research; Bd. 36, Heft 6: 257-281.

Pollack, Mark A. (1997): Representing diffuse interests in EC policy-making. Journal of European Public Policy; Bd. 4, Heft 4: 572-590.

Risse, Thomas (2000): "Let's Argue!" Communicative Action in World Politics. International Organization; Bd. 54, Heft 1: 1-39.

Sabatier, Paul A. (1998): The advocacy coalition framework: revisions and relevance for Europe. Journal of European Public Policy; Bd. 5, Heft 1: 98-130.

Scharpf, Fritz W. (1996): Negative and Positive Integration in the Political Economy of European Welfare States. in: Marks, Gary/Scharpf, Fritz W./Schmitter, Philippe C./Streeck, Wolfgang (Hrsg.). Governance in the European Union. London: Sage Publications: 15-39.

Scharpf, Fritz W. (1997): Games Real Actors Play. Actor-Centered Institutionalism in Policy Research. Oxford: Westview Press.

Scharpf, Fritz W. (1999): Governing in Europe. Effective and Democratic. Oxford: Oxford University Press.

Schattschneider, Elmer E. (1960): The Semisovereign People. A Realist's View of Democracy in America: Hinsdale: The Dryden Press.

Wasserman, Stanley/Faust, Katherine (1998): Social Network Analysis. Methods and Applications. Cambridge: Cambridge University Press.

Young, Alasdair R./Wallace, Helen (2000): Regulatory Politics in the Enlarging European Union. Weighing Civic and Producer Interests. Manchester: Manchester University Press.

Zürn, Michael (2000): Democratic Governance Beyond the Nation-State: The EU and Other International Institutions. European Journal of International Relations; Bd. 6, Heft 2: 183-221.

III Politikfelder, Sektoren, und Akteure

Verfahrensvielfalt und Interessenheterogenität in der europäischen Arzneimittelzulassung[1]

Jürgen Feick

1 Gegenstand und Fragestellung

Arzneimittel gehören zu den am umfassendsten und intensivsten regulierten Produkten (Hart *et al.* 1988; Feick 2000: 228-229). Die Kontrolle ihres Marktzugangs ist einer der Kernbereiche in diesem Interventionsfeld und inhaltlicher Gegenstand dieses Beitrags. Seit den sechziger Jahren, angestoßen durch die Contergan-Arzneimittelkatastrophe (Kirk 1999), wurde die Arzneimittelzulassung in zunehmd detailliertes nationales Recht gefasst und in institutionell aufwändigen Verfahren umgesetzt. In den meisten europäischen Ländern geschah dies im Sinne strikter regulativer Politik zum ersten Mal, in anderen Ländern, insbesondere den USA, wurde die bereits bestehende Regulierung verschärft. Die Europäische Gemeinschaft (EG) war durch die Kommission frühzeitig in diese Diskussionen involviert. Ihr ging es darum, eine Erhöhung von Binnenmarkthürden durch regulative Differenzen zwischen den Mitgliedstaaten zu verhindern. Versuchte sie zunächst, dieses Ziel durch die Harmonisierung nationalen Rechts und nationaler Zulassungspraxis zu erreichen, so kam es nach Jahren unbefriedigender Harmonisierungsergebnisse Mitte der neunziger Jahre zur Einrichtung originär europäischer Verfahren mit zum Teil eigener Implementationsinfrastruktur.

Hauptzweck dieser produktbezogenen Risikoregulierung als Reaktion auf Marktversagen oder Marktmängel (Müller/Vogelsang 1979) ist der Schutz von Patienten vor qualitativ minderwertigen, unsicheren oder unwirksamen Medikamenten. Mit dieser Regulierung sind sekundäre Effekte verbunden, welche zum Teil selbst wiederum als Ziele formuliert werden – in erster Linie industrie- und wirtschaftspolitische Effekte im Hinblick auf Innovationskraft und internationale Wettbewerbsfähigkeit der betroffenen Pharmaindustrie und die Sicherung von Arbeitsplätzen. Das spezifisch europäische Ziel ist jedoch, durch Harmonisierung oder administrative Zentralisierung zur Schaffung eines ungehinderten Binnenmarktes für Arzneimittel beizutragen.

Der regulative Entscheidungsprozess lässt sich analytisch in zwei Phasen unterteilen – in die der wissenschaftlich-technischen Messung und Abschätzung („risk assessment") einerseits und die der politisch-administrativen Entscheidung („risk management") andererseits (Breyer 1993). In beiden sind jedoch Entscheidungen zu fällen und zum Teil weit reichende Ermessensspielräume auszufüllen, auch wenn diese idealiter unterschiedlichen Logiken unterliegen und der Interessengehalt der wissenschaftlich-technischen Evaluationen sowie deren Einfluss auf die letztendlichen Regulierungsent-

---

[1] Für wertvolle Hinweise und Kritik bedanke ich mich bei Rainer Eising, Beate Kohler-Koch und den Teilnehmern der Tagung, die der Vorbereitung dieses Bandes diente.

scheidungen nur schwer erkennbar sein mögen.[2] Ein Problem aus Sicht der EG (Kommission) ist damit: Auch harmonisiertes nationales Recht garantiert nicht gleiche Implementationsergebnisse.

Das macht verständlich, warum nach dreißig Jahren Rechtsharmonisierung und Versuchen, die nationalen Zulassungsverfahren lose miteinander zu vernetzen, zusätzlich ein originär europäisches Verfahren eingeführt wurde, welches die wissenschaftlich-technische Evaluation wie auch die regulative Entscheidung auf die europäische Ebene hebt. Was immer die Motive oder die Ursachen der Abweichungen nationaler regulativer Instanzen voneinander sein mögen, „centralisation of regulatory authority [was, J.F.] the only way of ... preventing the local regulation ... from becoming a trade barrier" (Majone 1996: 279-280). Das Besondere der europäischen Situation ist nun, dass seit 1995 drei unterschiedliche Zulassungsverfahren innerhalb der EU Anwendung finden, die zwischen unterschiedlichen Typen von Arzneimitteln und zwischen der Anzahl der für die Zulassung angestrebten nationalen Märkte in der EU diskriminieren.

Gezeigt werden soll in diesem Beitrag, inwiefern die rechtlich verankerte Verfahrensvielfalt und die Nutzung der Verfahren ein Spiegelbild der Interessenheterogenität und der Machtbalance in diesem Politikfeld sind, nicht nur was die Interessenheterogenität der Regelungsadressaten, der pharmazeutischen Unternehmen, angeht, sondern auch, was die Interessenvielfalt innerhalb des politisch-administrativen Systems als Regelungssubjekt betrifft. Dieser Beitrag beschäftigt sich deshalb nicht vornehmlich mit dem Prozess der Policy-Entwicklung und der „Gestaltungsmacht" (Kohler-Koch 1996) der in ihn involvierten Interessenträger. Die Analyse versucht in erster Linie aufzuzeigen, welche Interessen in den Verfahren und rechtlichen Vorgaben der Arzneimittelzulassung in der EU verankert sind und welche Opportunitäten für Interesseneinflüsse sich in der Implementationsphase eröffnen. Ziel ist es zu verstehen und zu erklären, warum und unter welchen Bedingungen es nach rund dreißig Jahren möglich war, europäische Arzneimittelzulassungsverfahren zu institutionalisieren, bei denen regulative Entscheidungskompetenz auf die europäische Ebene verlagert und den nationalen Regierungen bzw. Behörden Regelungsautonomie zum Teil signifikant entzogen wurde, die sie jahrzehntelang verteidigt hatten.

2 Die relevanten Akteure und ihre Interessen

Interessen sind eine – allerdings gerade bei korporativen Akteuren besonders wichtige – Komponente von Akteurpräferenzen. Als relativ stabile Motivationshintergründe für Handeln sollten sie nicht mit den flexibler spezifischen Entscheidungssituationen anpassbaren Handlungsintentionen verwechselt werden. Sie sind auf existentielle Eigen-

---

2   Zum Verbergen von „political choices" hinter wissenschaftlicher Rationalität siehe Nelkin (1979: 11); zum Interessengehalt wissenschaftlicher Evaluationen in der Arzneimittelzulassung Abraham/Reed 2002.

interessen wie Selbsterhaltung, Autonomiesicherung und Wachstum bezogen.[3] In unserem regulativen Beispielfall geht es um die Frage, wie Akteure ihre Interessen in den substantiellen Regelungsinhalten (z.B. Standards) und institutionalisierten Verfahren wiederfinden bzw. vertreten können.

Vier größere, in sich zum Teil heterogene, Akteursgruppen lassen sich grob unterscheiden[4]:

- als Zielgruppe der regulativen Politik die *Pharmaindustrie* und deren Interessenverbände;
- die europäischen und nationalen *Regulierungsbehörden und -gremien*;
- in Regulierungsgremien integrierte und externe *Fachexperten*;
- *Anwendergruppen* (verordnende Heilberufe und Patienten).

Die *regulierten Unternehmen* – bzw. die sie vertretenden Verbände – haben ein existenzielles Interesse, für die eigene Produktpalette und angesichts vorhandener Ressourcen einen möglichst kostengünstigen Marktzugang zu erhalten. Entsprechend der großen Differenzen innerhalb der Industrie unterscheiden sich die Erwartungen und Ansprüche an Zulassungsverfahren und Zulassungskriterien.

Eher traditionelle, weniger innovative Arzneimittel werden von Unternehmen meist geringer oder mittlerer Größe hergestellt, deren Forschungsaufwendungen niedrig sind, die eher auf wenigen nationalen Märkten agieren und deren regulative Kompetenzen im Hinblick auf die Einhaltung substanzieller Standards wie auch prozedural-administrativer Anforderungen weniger ausgebildet sind. Diesen stehen Unternehmen gegenüber, die überwiegend innovative Arzneimittel anbieten und in der Regel zu den Großen der Branche gehören.[5] Hohe Forschungsaufwendungen, internationale Orientierung und große substanzielle wie prozedurale regulative Kompetenz kennzeichnen diese Unternehmen. Eine solche dichotome Unternehmensdifferenzierung vereinfacht zwar, erscheint aber im Hinblick auf unsere Fragestellung vertretbar. Sie impliziert unterschiedliche Interessen bezüglich regulativer Politik. Während die eine Gruppe Zulassungsverfahren und -kriterien präferiert, die national oder regional verankert sind und auch auf nationale therapeutische Traditionen Rücksicht nehmen, kommt eine gegebenenfalls strikteren Kriterien folgende, internationalisierte, die Zulassung rationalisierende Regulierung den Interessen der anderen Gruppe von Unternehmen entgegen. Von Bedeutung ist jedoch, dass selbst innerhalb des gleichen Unternehmens, abhängig von der jeweiligen Produktpalette, unterschiedliche Interessenorientierungen existieren können. Speziell große Unternehmen sind meist in mehreren Produktbereichen aktiv.

---

3   Zu diesem Komplex der Präferenzen und Interessen siehe Scharpf (2000: 116-122).
4   Die folgende Charakterisierung der Interessen unterschiedlicher korporativer Akteure bzw. Akteursgruppen stützt sich auf offizielle Dokumente, Interviews und Sekundäreinschätzungen. Sie werden jedoch in einem Maße reduziert, dass sie wie typisierende Annahmen erscheinen.
5   Auch innovative mittelständische oder kleinere Startup-Unternehmen – letztere gerade im Biotech-Bereich – gehören dazu. Häufig sind sie jedoch mit größeren Unternehmen verbunden.

Die *regulierenden Instanzen*, nationale Regierungen und Zulassungsbehörden sowie die Kommission und Evaluierungsbehörde, bilden eine eigene Gruppe von Akteuren mit ebenfalls heterogener Interessenstruktur.

Die *nationalen Institutionen* verteidigen z.T. organisatorische Existenz- und in jedem Fall regelungsbezogene Autonomieinteressen. Zentralisierte Zulassungen auf europäischer Ebene gefährden potenziell den Bestand nationaler Zulassungsinstitutionen und die nationale Regelungsautonomie. Wo nationale Regelungsautonomie aufgegeben wird, stehen behördliches Eigeninteresse und die Aussicht auf die Beeinflussung regulativer Entscheidungen in einem europäisierten Entscheidungsprozess im Vordergrund. Nationale Interessen richten sich aber auch auf die Wettbewerbschancen der eigenen Pharmaindustrie und deren Beitrag zur Binnenwirtschaft.

Die *Kommission und deren Evaluierungsbehörde (EMEA)* als Regelungsinstanzen können speziell aus Binnenmarkt- und aus industriepolitischen Gründen des globalen Standortwettbewerbs als grundsätzliche Befürworter einer nicht nur substanziellen, sondern auch prozeduralen Vereinheitlichung sowie Rationalisierung regulativer Zulassungsentscheidungen gelten. Die Kommission hat zugleich bereits seit den sechziger, spätestens siebziger Jahren ein Interesse an regulativer Kompetenzausweitung und zusammen mit der EMEA wie auch deren wissenschaftlichem Evaluierungsgremium CPMP den Ehrgeiz zu zeigen, dass eine europäisch implementierte Arzneimittelzulassung effektiv und effizient sein kann.

In die Verfahren nicht direkt involviert, aber von ihren Ergebnissen betroffen, sind die *Anwender* im weitesten Sinne – also insbesondere die zur Verordnung berechtigten Heilberufler aber auch die konsumierenden Patienten. Eine große Bandbreite therapeutischer Präferenzen garantiert auch hier Interessenheterogenität. Diese Interessen werden zum einen durch die nationalen und/oder europäischen politischen Entscheidungsträger mit vertreten – schließlich handelt es sich bei den Anwendern um einflussreiche Multiplikatoren und potenzielle Wähler – oder aber aufgrund ihrer Funktion als selektive Verbündete z.B. von Teilen der Pharmaindustrie und ihrer Verbände berücksichtigt.

Neben den in die Verfahren eingebundenen Fachexperten, die z.T. bestimmte wissenschaftliche und therapeutische Richtungen, aber auch Eigeninteressen als Gutachter oder die ihrer Auftraggeber vertreten können, existieren im weiteren Umfeld externe *Fachöffentlichkeiten*, für die die Arzneimittelzulassung Anknüpfungspunkte bietet. Bei Letzterem lassen sich von der Tendenz her grob zwei Richtungen unterscheiden: Geht es den einen vornehmlich um den Nachweis von Überregulierung und Unterversorgung zu erbringen (als Überblick siehe z.B. Scherer 1996; 2000), verstehen sich andere als kritische „Wachhunde" einer als zu lasch, industrienah und intransparent empfundenen Regulierungspraxis.

3 Zur Entwicklung der Zulassungsregulierung in Europa

3.1 Die „doppelte" Europäisierung seit den sechziger Jahren

Die Contergan-Katastrophe des Jahres 1961 (Kirk 1999) war Anlass für grundlegende Reformen des Arzneimittelrechts u.a. in Europa und eine Verschärfung der bereits bestehenden Regelungen in den USA.[6] Eine bloß symbolische Politik hätte dem öffentlichen Druck nicht standhalten können, die gerichtlichen Auseinandersetzungen um Ursache und Haftung hielten das Thema über Jahre in der öffentlichen Diskussion. Der hinhaltende Widerstand der pharmazeutischen Industrie, die in vielen Ländern die vorherrschenden Systeme industrieller Selbstkontrolle bevorzugt hätte, fruchtete nicht. Für die politisch Verantwortlichen ging es darum, staatliche Kontrollverfahren zu entwickeln, die einerseits nützliche Innovationen nicht bremsten und die eigene pharmazeutische Industrie nicht zu sehr belasteten und andererseits eine deutliche Senkung der Sicherheitsrisiken für die Patienten beinhalteten. Politisch hieß das, so weit wie möglich negative Nachrichten zu verhindern („blame avoidance") bzw. durch die Auslagerung der Zulassungsverfahren in spezialisierte Gremien und Fachbehörden Verantwortung umzuleiten („blame delegation").[7]

Die Motive der EG, genauer: der Kommission, waren dagegen vor allem durch Binnenmarktüberlegungen bestimmt. Eine Erhöhung nicht-tarifärer Handelsbarrieren in der EG durch national unterschiedliche Zulassungsregelungen sollte verhindert werden. Die Ausgangslage war jedoch nicht einfach. Art. 36 des EG-Vertrags (heute Art. 30) schützt die nationale Rechtsetzungssouveränität u.a. in Fragen der öffentlichen Gesundheit. Dies gilt jedenfalls so lange, wie keine vollständige Harmonisierung und gemeinschaftsrechtliche Überwachung der Einhaltung des harmonisierten Rechts erreicht ist (Collatz 1996: 30). Der Europäische Gerichtshof (EuGH) hat das in mehreren Urteilen bekräftigt, aber gleichzeitig deutlich gemacht, dass Abweichungen der nationalen Behörden/Regierungen nur zulässig sind, wenn sie wissenschaftlich gerechtfertigt werden können. Die Kompliziertheit und Ermessensoffenheit von Evaluierungen bietet nationalen Behörden allerdings immer wieder die Möglichkeit, von Einschätzungen und Entscheidungen anderer Behörden begründet abzuweichen.[8]

---

6 Vgl. hierzu Silverman/Lee 1974, Murswieck 1983 und Abraham 1995; in Frankreich gab es seit 1941 ein Marktzulassungsverfahren („visa"); dieses war kriegswirtschaftlich motiviert und wurde in den Jahren nach dem Zweiten Weltkrieg nicht stringent und eher unter protektionistischen Vorzeichen implementiert (Baumheier 1994). In Schweden und Norwegen existierten staatliche Regelungen bereits vor dem Zweiten Weltkrieg, waren aber weniger bekannt (Dukes 1985). Wegen der Größe des Marktes wie auch vorhandener Regulierungserfahrungen war die seit 1938 existierende US-amerikanische Zulassungsregulierung als Modell besonders bedeutsam.
7 Zur Vermeidung oder Delegation von Verantwortung in der Risikoregulierung siehe Hood 2002.
8 Für kurze Zeit hatte die Kommission aus der Cassis-Dijon Entscheidung des EuGH von 1978 fälschlicherweise die Möglichkeit herausgelesen, gegenseitige Anerkennung auch im Arzneimittelbereich auf der Basis minimaler Harmonisierung durchzusetzen (Hancher 1990: 104, 112-117).

Bereits frühzeitig zeichnete sich eine Policy-Dynamik ab, die auf zwei Formen der Europäisierung hinauslief:

- eine zunehmende Harmonisierung nationalen Rechts durch immer detailliertere europäische Vorgaben und zusätzliche Regelungen zur Verifizierung und Diskussion nationaler Abweichungen, um eben solche zu erschweren bzw. nachträglich auf eine gemeinsame Position zurückzuführen;
- die Etablierung europäischer Zulassungsverfahren mit eigener Implementationsinfrastruktur, welche nationale Abweichungen ausschließt.

Der Status quo seit 1995 besteht aus einer regulativen Gemengelage, welche beide Formen europäischer Integration berücksichtigt. Etwa dreißig Jahre hatte der letztlich weitgehend gescheiterte Versuch gewährt, den Binnenmarkt für Arzneimittel durch „maximale Harmonisierung" und gegenseitige Anerkennung nationaler Zulassungen zu etablieren.

3.2 Die Auseinandersetzung um dezentrale und zentralisierende Lösungen

Harmonisierung des Rechts versus Zentralisierung der Entscheidungen

Bereits Anfang der sechziger Jahre wurden diese zwei gegensätzlichen institutionellen Möglichkeiten diskutiert.[9] Die zentralistische Lösung, der Aufbau einer europäischen Food and Drug Administration,[10] hatte damals jedoch keine Realisierungschance. Die Mitgliedstaaten (damals noch sechs) und deren Regulierungsbehörden waren nicht zu Abstrichen an ihrer Handlungsautonomie bereit. Die pharmazeutische Industrie war damals noch damit beschäftigt, stringente staatliche Eingriffe überhaupt zu verhindern oder abzumildern. Die Kommission schwankte wohl kurzfristig, optierte dann aber für den Weg der Harmonisierung nationalen Rechts und der gegenseitigen Anerkennung nationaler Entscheidungen. Im Übrigen traute sie sich auch die administrative Bewältigung eines europäischen Zulassungsverfahrens (noch) nicht zu.

Die erste Harmonisierungsrichtlinie von 1965 (Rat der Europäischen Gemeinschaften 1965) schrieb allen Mitgliedstaaten ein formales Zulassungsverfahren vor, in dem Arzneimittel nach den Kriterien der Qualität, Sicherheit und Wirksamkeit zu überprüfen waren. Die Anforderungen dieser „minimalen Harmonisierung" ließen den Mitgliedstaaten große Ermessensspielräume in der Umsetzung (Blasius/Cranz 1998: 66-67). Es folgten Vorschläge der Kommission, die auf eine Verpflichtung zur gegenseitigen Anerkennung hinausliefen, aber aufgrund von Autonomieerwägungen, Wettbewerbsinteressen und besonderen Regulierungstraditionen allesamt am Widerstand der Mitglied-

---

9 Siehe Hancher (1990: 103-117); ebenso Hart/Reich (1990: 14-36).
10 Die US-amerikanische Food and Drug Administration, bereits 1927 gegründet und für ein breiteres Produkt- und Regelungsspektrum verantwortlich, galt Anfang der sechziger Jahre als Vorbild, hatte sie doch für Contergan – in den USA: Thalidomid – keine Zulassung erteilt (Silverman/Lee 1974).

staaten scheiterten. Einen nächsten großen Schritt bildeten die Richtlinien von 1975, die die substantielle Rechtsangleichung im Sinne „maximaler Harmonisierung" vorantrieben (Rat der Europäischen Gemeinschaften 1975a) und zusätzlich die Kooperation zwischen den nationalen Verfahren zu fördern suchten (Rat der Europäischen Gemeinschaften 1975b). Unterschiede nationaler Implementationspraxis auf Grund unbestimmter Rechtsbegriffe und interpretationsbedürftiger Generalklauseln verhinderten jedoch weiterhin automatische gegenseitige Anerkennungen, ein gemeinsamer Binnenmarkt für Arzneimittel blieb außer Reichweite (Collatz 1996: 48-50).

Versuche der Verfahrenskoordination und Entscheidungsannäherung

Zwischen 1975 und 1987 wurden zwei Verfahren eingeführt, 1975 das so genannte *Mehrstaatenverfahren* (modifiziert 1983) sowie 1987 das *Konzertierungsverfahren* (Rat der Europäischen Gemeinschaften 1987a) für besonders innovative Medikamente. Beide erfüllten zwar nicht die in sie gesetzten Erwartungen, sie bildeten aber Ansätze zu einer europäisierten Regulierung, deren Scheitern nicht zuletzt die Grundlage für weiter gehende Schritte 1993 war. Der grundlegende „Webfehler" dieser beiden Verfahren war, bei aller Verpflichtung zu Information und Kommunikation zwischen den nationalen Behörden, trotz der Bestimmung, die Entscheidungen anderer Zulassungsbehörden „gebührend zu berücksichtigen" (Rat der Europäischen Gemeinschaften 1983) und trotz der Einschaltung des 1975 ins Leben gerufenen, bei der Kommission angesiedelten *Ausschusses für Arzneispezialitäten* (CPMP)[11] in diese Verfahren, letztlich das Fehlen originär europäischer Entscheidungen, die für die nationalen Behörden bindend gewesen wären.

Gemessen am Ziel übereinstimmender Evaluierungen und gegenseitiger Anerkennungen scheiterte das *Mehrstaatenverfahren* – auch in der 1983 leicht modifizierten Variante.[12] 1979 waren kurzfristig wieder Grundsatzdiskussionen um die Zentralisierung der Zulassung aufgelebt, für die es aber nach wie vor – abgesehen vom europäischen Verbraucherverband BEUC (Bureau Européen des Unions de Consommateurs) – keine eindeutige Unterstützung gab. Die Haltung der Pharmaindustrie und ihres wichtigsten Verbandes auf europäischer Ebene, der EFPIA (European Federation of Pharmaceutical Industries' Associations), war ambivalent. Selbst bei den international orientierten Unternehmen, den potenziellen Befürwortern einer Zentralisierung, war die Befürchtung noch groß, dass eine europäische Superbehörde entstehen und eher zu verzögernder Bürokratisierung als zu effizienteren Lösungen führen würde. Manche Unternehmen fürchteten um die Vorteile ihrer engen Beziehungen mit den nationalen Behörden. Die Interessen innerhalb der Pharmaindustrie waren zu heterogen und die Unsi-

---

11 Committee for Proprietary Medicinal Products, welches mit Vertretern der nationalen Zulassungsbehörden besetzt ist. Der im gleichen Jahr gegründete Ständige Ausschuss für Humanarzneimittel setzt sich überwiegend aus Vertretern der nationalen Ministerien zusammen. Er ist vor allem mit der Richtlinienentwicklung befasst.
12 Siehe Vos (1999: 206-211); Scrip (1993: 13-14, 20-24).

cherheit bezüglich möglicher Auswirkungen eines Strategiewechsels in der Zulassungsregulierung zu groß, als dass sich einheitliche, durchsetzbare Positionen hätten formulieren lassen. Auch auf Seiten der nationalen Behörden war weiterhin geringe Neigung zur Aufgabe nationaler Regelungsautonomie auszumachen.

Der 1980 vergebliche Vorschlag der Kommission, die automatische gegenseitige Anerkennung zumindest für Arzneimittel mit neuen Wirkstoffen vorzusehen, lebte Mitte der 1980er Jahre erneut auf und führte 1987 zum *Konzertierungsverfahren* für besonders innovative Arzneimittel.[13] Die Befassung des CPMP vor der nationalen Zulassungsentscheidung sollte zu einer von allen nationalen Behörden akzeptierten Evaluierung führen. Dieses *Konzertierungsverfahren* war insofern relativ erfolgreich, als es tatsächlich zu einer Annäherung der nationalen Evaluationen an die Position des Ausschusses kam. Aber die Evaluationen wurden nicht automatisch übernommen und die Verfahren, so wie von der „innovativen" Industrie, erhofft abgekürzt, sondern die nationalen Behörden führten in der Regel nach wie vor komplette, zeitaufwändige Überprüfungen selbst durch. (Scrip 1993: 25-28) Gleichwohl: Die Kommission sah hier einen ersten Schritt hin zu einer Zentralisierung der Evaluation, dem sie bei der 1990 anstehenden Evaluierung des Mehrstaatenverfahrens den nächsten folgen lassen wollte. Die 1993 getroffene Entscheidung für zwei neue europäische Verfahren kann als folgerichtige Weiterentwicklung des *Mehrstaatenverfahrens* bzw. des *Konzertierungsverfahrens* betrachtet werden. Es handelte sich hier jedoch nicht lediglich um inkrementelle Weiterentwicklungen; denn im Falle des *Zentralisierten Verfahrens* wurden die Entscheidungsbefugnisse auf die europäische Ebene verlagert und im Falle des *Dezentralisierten Verfahrens* besteht zumindest das Potenzial hierzu.

3.3 Orientierungswandel bei den Schlüsselakteuren

Wichtige Akteure hatten bereits in den Jahren zuvor begonnen, eine stärkere Zentralisierung zu akzeptieren. Diesen Orientierungswandel kann man als einen Lernprozess verstehen: Policy-Lernen aus den Fehlschlägen der bisherigen Europäisierungsversuche und Interaktionslernen aus der über die Jahre zunehmenden Praxis der Information, Kommunikation und begrenzten Zusammenarbeit speziell zwischen den nationalen Zulassungsbehörden. Bei der Kommission war ein solcher Orientierungswandel angesichts des Fehlschlags des Konzepts der gegenseitigen Anerkennung fast schon zwangsläufig, wollte man am Ziel eines ungehinderten Binnenmarktes für Arzneimittel festhalten, wie er im Weißbuch von 1985 auch für den Arzneimittelbereich bis 1993 vorgesehen war. Teile der Pharmaindustrie verbanden eine solche Zentralisierungsstrategie mit dem eigenen Interesse an effizienteren Zulassungsverfahren und der damit einhergehenden

---

13 Anhang mit Liste „technologisch hochwertiger" Arzneimittel in (Rat der Europäischen Gemeinschaften 1987b); für die Arzneimittel der Kategorie A, die mit Hilfe bestimmter biotechnologischer Verfahren hergestellt werden, ist das Verfahren zwingend, für solche der Kategorie B („Sonstige technologisch hochwertige Arzneimittel") fakultativ.

Reduzierung regulativer Kosten. Zudem waren die Beziehungen der Industrie zur Kommission und zum Ausschuss für Arzneispezialitäten kooperativer geworden. Das war nicht zuletzt der Konzentration auf die innovativen Arzneimittel geschuldet, bei denen es die Regulierungsseite mit regulativ kompetenten und international orientierten Unternehmen zu tun hat, die weder strenge Evaluierungsmaßstäbe zu scheuen brauchen, noch auf die Einbettung in einen nationalen Implementationskontext angewiesen sind.

Auch auf Seiten der Mitgliedstaaten zeichnete sich ein Wandel ab. Die Regierungen von Ländern mit bedeutender Pharmaindustrie hatten auch die veränderten Präferenzen der besonders innovativen, zunehmend internationalisierten Unternehmen zu berücksichtigen. Und während die leitenden Stellen der Fachministerien noch immer darauf bedacht waren, eigene Regelungsautonomie zu bewahren, hatten die jahrelangen europäischen und transnationalen Interaktionen zwischen implementierenden Behörden ein zunehmend kooperatives Arbeitsklima entstehen lassen. Zunehmende Berechenbarkeit und Vertrauen ließen die Praktikabilität eines zentralisierten Verfahrens erkennen.

Zugleich hatten sich im Laufe der Jahre Verschiebungen im Zielspektrum der Arzneimittelzulassung ergeben. Nicht mehr Verbraucherschutz schien die vorherrschende Sorge zu sein – auch wenn dieser nominell weiter die Liste der Regelungsziele anführte –, sondern fehlende Binnenmarktintegration und Überregulierung (Kaufer 1990; Majone 2002). Die Innovations- und Wettbewerbsfähigkeitslücke Europas gegenüber den USA wurde betont (Cecchini et al. 1988) und die ökonomischen wie industriepolitischen Vorteile eines großen pharmazeutischen Binnenmarktes (Economists/Advisory Group 1988) hervorgehoben. Veränderte Problemwahrnehmung erhöhte die Chancen auf regulativen Wandel. Dass er schließlich trotz notwendiger Einstimmigkeit im Rat[14] in die Wege geleitet werden konnte, hat jedoch nicht nur mit veränderter Problemwahrnehmung und der Wirksamkeit von Lernprozessen zu tun, sondern ist auch der Differenziertheit der regulativen Konfiguration geschuldet, die das Reformvorhaben von 1993 hervorbrachte und die eine heterogene Interessenkonstellation zu berücksichtigen in der Lage war.[15]

---

14 Obwohl die Einheitliche Europäische Akte von 1986 in vielen Bereichen der Harmonisierung qualifizierte Mehrheitsentscheidungen im Rat einführte, konnte Art. 100a des EG-Vertrags wegen des Übergangs operativer Regelungshoheit von den Mitgliedstaaten auf die EG und der Einführung einer neuen europäischen Institution (EMEA) nicht angewendet werden (Thompson 1994: 4-5).

15 Dies entspricht auch Héritier's Beobachtung einer „accomodation of diversity" in der europäischen Umweltpolitik, deren Folge ein „policy-patchwork" ist (Héritier 1996).

4 Der Policymix seit 1995

4.1 Die drei Verfahren – Interessenverankerung in Verfahrensvielfalt als Bedingung für regulative Innovation

Mit der 1993 abgeschlossenen Reformgesetzgebung (Rat der Europäischen Gemeinschaften 1993) standen von 1995 an drei Zulassungsverfahren zur Verfügung, eine Angebotsdiversifikation, die mit der heterogenen Interessenkonstellation korrespondierte und so die Einführung eines *Zentralisierten Verfahrens* auf europäischer Ebene überhaupt ermöglichte:

- nach wie vor ein *nationales Verfahren* auf der Basis weitgehend harmonisierten Rechts, wenn die Zulassung für ein Medikament in nur einem Staat beantragt werden soll und dieses nicht zur Gruppe der Liste A-Medikamente gehört;
- das *Dezentralisierte* oder *Anerkennungsverfahren* für alle Medikamente, die in mehr als einem EU-Mitgliedstaat vermarktet werden sollen und für die ebenfalls die dritte Variante nicht obligatorisch ist, und
- das *Zentralisierte Verfahren*, welches für die Gruppe besonders innovativer Arzneimittel (Liste A) zwingend und für Arzneimittel der Liste B vom Antragsteller wählbar ist.

Nationale Verfahren waren nicht Gegenstand der Reformgesetzgebung von 1993 und wurden durch diese auch nicht vollständig ersetzt. Sie unterliegen der Harmonisierungsgesetzgebung seit 1965, deren Zweck es ursprünglich gewesen war, regulative Gleichbehandlung durch alle nationalen Behörden zu gewährleisten, gegenseitiger Anerkennung zum Durchbruch zu verhelfen und dem Abbau technischer Handelshemmnisse zu dienen. Es handelt sich allerdings keinesfalls um ein Residualverfahren[16] und liegt im Interesse all der Unternehmen, die nur einen nationalen Markt bedienen wollen oder können.

Für das *Dezentrale Verfahren* oder *Anerkennungsverfahren* gilt zunächst einmal das Gleiche wie für nationale Verfahren. Die Behörden der von Zulassungsanträgen betroffenen Mitgliedstaaten bleiben Implementationsinstanzen für die Antragsteller. Es handelt sich also weitgehend um nationale Verfahren mit Kommunikations- und Kooperationsverpflichtungen ohne eine von der europäischen Ebene formell zur Verfügung gestellte Koordinationsinfrastruktur. Soweit entspricht es formell weitgehend dem früheren Mehrstaatenverfahren (siehe oben). Über dieses hinausgehend lässt das *Dezentrale Verfahren* jedoch bindende Schlichtungen auf europäischer Ebene zu, schreibt diese allerdings nicht zwingend vor (siehe unten).

Die grundlegende Innovation bildet das *Zentralisierte Verfahren*, welches den Unternehmen die Möglichkeit der strategischen Auswahl der Zielländer und den nationalen Zulassungsbehörden Regelungsautonomie dadurch nimmt, dass Zulassungsentschei-

---

16 In Deutschland überstieg die Zahl der Anträge 2001 die für beide europäischen Verfahren.

dungen durch europäische Institutionen und für den gesamten EU-Raum getroffen werden. Allerdings: Es ist „nur" ein Verfahren in diesem Policy-Mix und auf innovative Medikamente beschränkt. Es bindet jedoch die nationalen Behörden auf mehreren Stufen der Implementation in die Evaluierungs- und regulativen Entscheidungen ein (siehe weiter unten).

Interessenverankerung als Bedingung der Durchsetzbarkeit

Die Existenz dreier unterschiedlicher Verfahren für prinzipiell den selben regulativen Zweck eröffnet den beteiligten bzw. direkt oder indirekt betroffenen Institutionen, Organisationen und Gruppen die Möglichkeit, sich mit den eigenen Präferenzen in diesem Policy-Mix ausreichend wieder zu finden. Diese interessenbezogene Differenzierung des Verfahrensangebots war eine Bedingung dafür, dass der Schritt zu einem zentralisierten Verfahren, begrenzt auf ein spezifisches Arzneimittelspektrum, den notwendigen Konsens im Rat erhielt. Denn nicht nur bei den nationalen Behörden und Regierungen gab es Bedenken gegen eine vereinheitlichende Zentralisierung, sondern auch die pharmazeutische Industrie in ihrer Gesamtheit wäre nicht für eine umfassende Zentralisierung zu haben gewesen.

Das *nationale Verfahren* „akkommodiert" die Interessen speziell der meist kleineren und mittleren *Unternehmen*, die mit überwiegend „traditionellen", häufig wissenschaftlich und therapeutisch weniger gesicherten Medikamenten einen nur nationalen Markt bedienen. Deren Ressourcen für die Bewältigung möglicherweise nicht nur strenger implementierter, sondern auch administrativ anspruchsvollerer und kostenintensiverer Zulassungsprozesse sind in der Regel zu gering. Die nationale Zulassungsalternative kann für solche Unternehmen überlebenswichtig sein.

Je nach Industriestruktur eines Landes sind solche Unternehmen für *nationale Regierungen* wirtschafts- und speziell beschäftigungspolitisch von erheblicher Bedeutung, erwarten und erhalten Protektion. Und sie produzieren für eine etablierte, traditionelle Nachfrage. Auch wenn herrschende pharmakologische und therapeutische Lehren bestimmten Medikamentengruppen reserviert gegenüberstehen mögen, gibt es *Gesundheitsdienstleister (Ärzte) und Patienten*, deren kognitive und evaluative Orientierungen genau solche Therapien stützen. *Politiker* in Regierungen und Parlamenten wiederum können diese Gruppen aus politischem Eigeninteresse nicht außer Acht lassen, ja gehören ihnen zum Teil selbst an.[17] Nationale Zulassungsverfahren sichern zugleich den *nationalen Behörden* ihre organisatorische Existenz und die regulative Autonomie, welche in der Vergangenheit das Medikamentenspektrum hervorgebracht hat, das durch rein europäische Verfahren gefährdet sein könnte.

---

17 In den Debatten zum deutschen Arzneimittelgesetz haben sich Teile von Parlament und Exekutive immer wieder aus Überzeugung für den Schutz von naturheilkundlichen, anthroposophischen und homöopathischen Therapien stark gemacht und z.B. auf möglichst wenig strenge Wirksamkeitsnachweise hingewirkt (Murswieck 1983).

Eine ähnliche Interessenverankerung lässt sich für das *Dezentrale Verfahren* oder *Anerkennungsverfahren* beschreiben. Auch hier können die *Antragsteller (Pharmaunternehmen)* entsprechend ihrer Produktpalette und regulativen Kapazitäten die nationalen Zielmärkte strategisch auswählen. Die Bearbeitung des Zulassungsantrags und die Entscheidung verbleiben unter *nationaler Regie* und werden nur unter bestimmten, selten erreichten Bedingungen in eine europäische Phase zentralisierter Evaluation und Entscheidung übergeleitet. Dieses Verfahren betrifft unterschiedliche Kategorien von Medikamenten und so auch *unterschiedliche Typen von Unternehmen*. Die betroffenen Medikamente decken qualitativ ein breites Spektrum ab und bedienen auch ein breiteres Spektrum von *Anwendern* als die rein nationalen Verfahren.

Aus der Perspektive der *Kommission*, die mit der Europäisierung der Arzneimittelregulierung nicht zuletzt die Errichtung eines Binnenmarktes anstrebt, können beide bisher genannten Verfahren nicht zufrieden stellen. Sie führen nämlich zu einer Angebotsdifferenzierung nach Ländern, die zwar jeweils spezifischen nationalen *Produzenten-* und *Anwenderinteressen* gerecht werden, nicht jedoch der Etablierung eines gemeinsamen Marktes dienen (Feick 2002: 38-42).

Aber nur bei Erhalt dieser beiden mehr oder minder dezentralen Verfahren waren die nationalen Regierungen bereit, der Amputierung nationaler Entscheidungsautonomie im *Zentralisierten Verfahren* zuzustimmen. Er versetzte auch die Vertreter der europäischen pharmazeutischen Verbände – speziell die EFPIA, deren Organisationsgrad und Lobbymacht als vergleichsweise groß eingeschätzt wird (Greenwood/Ronit 1994) – in die Lage, einem solchen Schritt zuzustimmen. Ohne diesen Verfahrensmix, für dessen Abschaffung es in der *Pharmaindustrie* auch heute noch keine Mehrheit gibt, wäre es den Pharmaverbänden schwer gefallen, Einfluss- und Mitgliedschaftslogik (Schmitter/Streeck 1999) in verträglicher Balance zu halten. Die Einführung des Zentralisierten Verfahrens für besonders innovative Arzneimittel berücksichtigt in erster Linie die Interessen eines bestimmten Typus von Pharmaunternehmen. Bei diesem Verfahren steht die Förderung der industriellen Innovationskraft und Wettbewerbsfähigkeit des europäischen Forschungs- und Produktionsstandorts im Vordergrund. Hinsichtlich dieser Zielsetzung herrscht zwischen den *Mitgliedstaaten der Europäischen Union* (EU) prinzipiell Konsens. Da es sich bei diesen *Unternehmen* vornehmlich um solche handelt, welche forschungsintensiv, international orientiert und in der Lage sind, mit anspruchsvolleren Regulierungsanforderungen umzugehen, mussten diese ein europaweites, weniger national geprägtes Zulassungsverfahren nicht nur nicht fürchten, sie konnten sich davon letztlich regulative Effizienzgewinne erhoffen. Die *nationalen Behörden* verloren so zwar Entscheidungsautonomie, aber eben nur für einen, wenn auch wichtigen Teil der Arzneimittelpalette. Und wie bei der Analyse der Verfahren zu zeigen sein wird, spielen sie außerdem eine wichtige Rolle in der Implementation dieses Verfahrens. Auch auf Seiten einiger *Anwendergruppen* (Ärzte, Patienten) gibt es ein Interesse an der beschleunigten Zulassung von und an dem europaweiten Zugang zu therapeutischen Innovationen. Bestimmte Patientengruppen und deren Angehörige sind bisweilen sogar treibende Kräfte im Hinblick auf einen möglichst schnellen Marktzugang – unterstützt von Unternehmen und Verbänden und als Koalitionspartner auch eingebunden in deren Strategien (EFPIA 1999).

4.2 Die beiden europäischen Verfahren: Opportunitätsstrukturen und Implementationsverhalten

Das *Zentralisierte Verfahren* (siehe Schaubild 1) verlagert einerseits sämtliche – kognitiv-evaluative wie regulative – Letztentscheidungen auf die europäische Ebene und bindet andererseits die nationalen Zulassungsbehörden in die wissenschaftliche Evaluation und die nationale Regierungsebene (Ministerialverwaltungen) in die administrativ-regulativen Entscheidungen ein. In der Praxis wird diese zentralisierende Tendenz noch dadurch verstärkt, dass die im Rahmen der europäischen Evaluierungsbehörde EMEA durch den Ausschuss für Arzneispezialitäten (CPMP) ausgearbeiteten Evaluierungen fast ausnahmslos die Entscheidungen der Kommission vorwegnehmen, die diese unter Beteiligung des mit nationalen Regierungsvertretern besetzten Ständigen Ausschusses trifft. Wir haben es hier also mit einem Prozess zu tun, der eine für die EU typische „multi-level and multi-actor"-Konfiguration aufweist (Falkner 1999) und der sich trotz seiner polyzentrischen Struktur auf durch supranationales Recht geregelte Verfahren stützt.[18] Institutionell findet „joint decision-making"[19] statt, allerdings mit in der Praxis deutlich zentralisierenden Zügen.

Verfahrensbeschreibung: Für den wissenschaftlichen Ausschuss (CPMP) der Europäischen Arzneimittelagentur (EMEA) evaluieren zwei seiner Mitgliedern (Vertreter unterschiedlicher nationaler Regulierungsbehörden) die Anträge auf Zulassung. Basis der Evaluationen sind Gutachten externer Experten (ausgewählt aus der EU-Liste von ca. 3200 akkreditierten Experten) und zuarbeitende Unterstützung der betreffenden nationalen Behörden. Für die Evaluationsentscheidung des CPMP ist absolute Mehrheit erforderlich, Konsens die Regel. Auf der Grundlage dieser CPMP/EMEA-Empfehlung leitet die Kommission den regulativen Entscheidungsprozess ein (Komitologie-Verfahren). Der Ständige Ausschuss – Ministervertreter der Mitgliedstaaten – entscheidet dann mit qualifizierter Mehrheit über den Entscheidungsentwurf der Kommission. Bei Zustimmung – der Regelfall, gegebenenfalls nach Klärung zusätzlicher technisch-wissenschaftlicher Fragen (von 1995 bis 2001 insgesamt 2 Fälle) – spricht die Kommission die Zulassungsentscheidung aus. Lehnt der Ständige Ausschuss ab oder bleibt eine Meinungsäußerung aus, muss der Ministerrat entscheiden. Bislang ist dies noch nicht geschehen, steht aber als institutionell letzte Möglichkeit national motivierter

---

18 Diese Kennzeichnung führt E. Chiti zu der in unserem Kontext terminologisch etwas irreführenden Bezeichnung „decentralised integration" (Chiti 2002).
19 Scharpf hat „modes of integration" differenziert, die von „central direction" bis zur „open mode of coordination" reichen, und die europäische Regulierung von Produktstandards dem „joint decision-making" zugerechnet, welcher das Zusammenwirken zentraler europäischer und dezentraler nationaler Institutionen im Entscheidungsprozess bezeichnet (Scharpf 2001a und b).

Intervention im Hintergrund. Formell würde er die Kommissionsvorlage durch Nichtbefassung akzeptieren, durch qualifizierte Mehrheit akzeptieren oder modifizieren und durch einfache Mehrheit ablehnen können.

Trotz der Zentralisierung der Entscheidungskompetenzen in europäischen Gremien und damit des Verlustes an nationaler Entscheidungsautonomie ist der Entscheidungsprozess so gestaltet, dass er in der evaluativen wie der regulativen Phase auf die Kooperation bzw. Mitentscheidung der *nationalen Behörden* angewiesen ist. Die nationale Ebene kann Interessen wissenschaftlich-kognitiver Orientierung ebenso einbringen wie solche politisch-administrativer Provenienz, selbst wenn sie zur Durchsetzung dieser Interessen Koalitionspartner benötigt. An dieser Stelle ist von Bedeutung, dass das *Zentralisierte Verfahren* für besonders innovative Arzneimittel reserviert ist. Deren Neuigkeitswert und wissenschaftlich-technischer Hintergrund verringern das Risiko, dass die Evaluierungen unterschiedlicher *Regulierungsbehörden* erheblich voneinander abweichen. Solche Medikamente sind nicht durch Vorläuferzulassungen „belastet" und genügen in der Regel den strengsten wissenschaftlich-technischen Kriterien.

Die höhere Wahrscheinlichkeit eines kognitiv-evaluativen Konsenses erleichtert den *nationalen Behörden* die Akzeptanz zentralisierter Entscheidungsprozesse – zumal, wenn diese extensive Partizipationsrechte beinhalten. Für die betroffenen *Unternehmen* ist das Interesse an einem funktionierenden *Zentralisierten Verfahren* evident, sind sie es doch, die für diese innovativen Produkte einen effizienteren Zugang zu einem größeren Markt suchen. Zugleich entspricht dieses Verfahren den Zielsetzungen eines ungehinderten Binnenmarktes für Arzneimittel und einer innovationspolitischen Förderung des Standorts Europa. Dies sind Ziele nicht nur der *Kommission*, sondern auch des *Ministerrats* und damit der *nationalen Regierungen*. Bisher bestätigt das *Zentralisierte Verfahren* weitgehend die Erwartungen der an diesem Verfahren interessierten Akteure (Feick 2002: 22-25, 38-42). Speziell von einigen Pharmaverbänden wird seine fakultative Ausweitung auf weitere Arzneimittelgruppen gewünscht (European Commission 2000: 72-73).[20]

---

20 Diese generelle Zufriedenheit insbesondere im Vergleich zum *Dezentralen Verfahren* schließt Kritik zu Details des Prozesses, des Verhaltens der Beteiligten und der Interaktionen mit diesen nicht aus. Speziell werden weitere Effizienzgewinne, also schnellerer Marktzugang gewünscht (European Commission 2000: Chapter 5.1).

Schaubild 1: Zentralisiertes Verfahren: Supranational und intergouvernemental

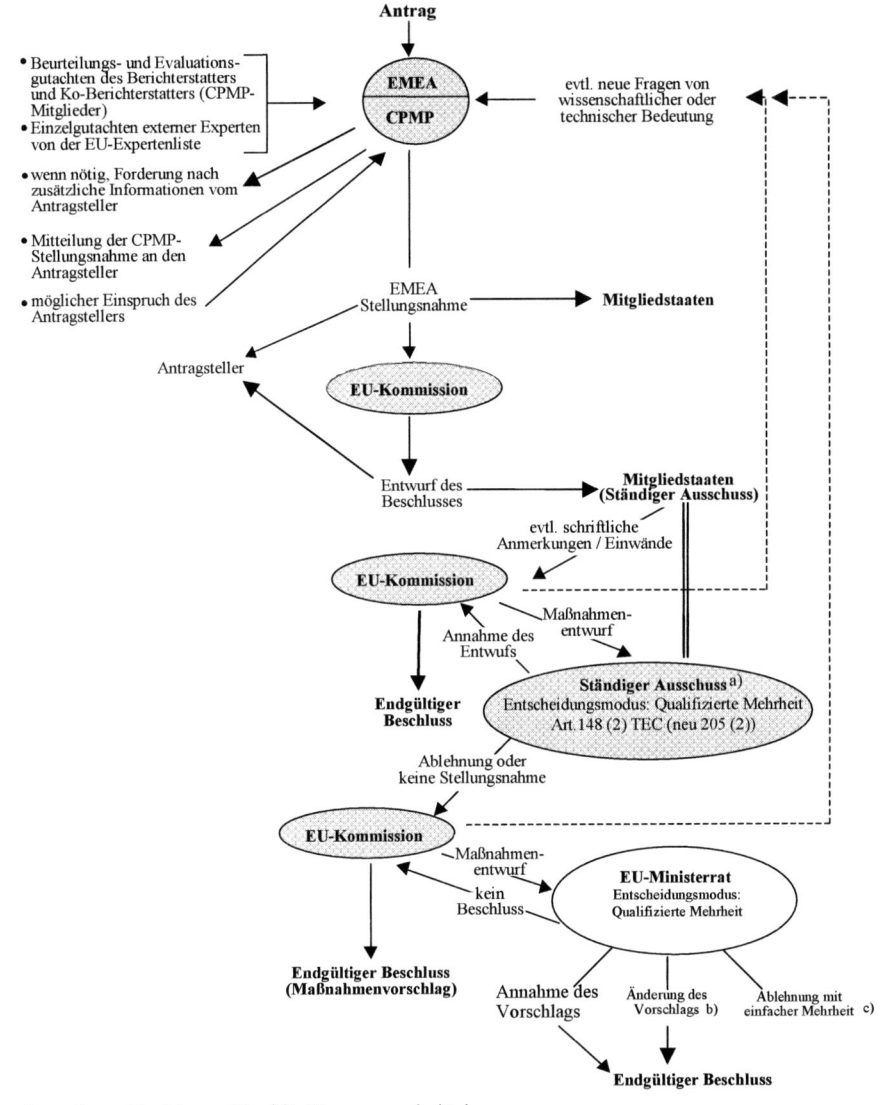

Anmerkung: Verfahrensablauf für Humanarzneimittel
EMEA European Agency for the Evaluation of Medicinal Products (Europäische Agentur für die Beurteilung von Arzneimitteln); CPMP Committee for Proprietary Medicinal Products (Ausschuss für Arzneispezialitäten); a) Schriftliches Verfahren; Sitzung nur im Falle schwerwiegender Einwände.
b) Einstimmigkeit erforderlich, falls Änderungen substantieller Art sind und die Kommission widerspricht; c) Ablehnung durch qualifizierte Mehrheit wurde für die 2003 vorgesehene Gesetzesänderung vorgeschlagen; Rechtsgrundlage: Council Regulation (ECC) No 2309/93; Commission Regulation (EC) No 1662/95; Notice to Applicants, Volume 2A, chapter 6, August 2002

Im *Dezentralen oder Anerkennungsverfahren* (siehe Schaubild 2) fehlt diese zentralisierende Komponente nicht völlig, kommt aber fast nicht zum Einsatz. Im Kern konnten die *nationalen Behörden* ihre Handlungsautonomie in diesem Verfahren weitgehend behaupten. Den *Unternehmen* bietet es strategische Flexibilität in der Auswahl der Länder, in denen sie vermarkten möchten. Diese Flexibilität bezahlen sie mit einem aus ihrer Sicht weniger effizienten Verfahren und mit dem häufig kritisierten Ausnutzen der nationalen Autonomie durch einzelne Behörden (European Commission 2000: 122, 148-151).

Verfahrensbeschreibung: Die von Anträgen betroffenen Länder können unterschieden werden in einen Referenzstaat, der die Evaluierungs-und Entscheidungsvorlage gibt, und einen oder mehrere betroffene Staaten, das Verfahren selbst in drei Phasen: a) eine nationale, in der die Entscheidungsanpassung der Behörden betroffener Staaten an die Zulassungsentscheidung des Referenzstaates (gegenseitige Anerkennung) angestrebt wird; b) eine inter-administrative, in der Differenzen zwischen beteiligten nationalen Behörden in sogenannten „break-out sessions" ausgeräumt werden sollen und c) eine supra-nationale, in der, vergleichbar dem *Zentralisierten Verfahren*, ein bindendes Schiedsverfahren durch das CPMP/EMEA auf europäischer Ebene erfolgen sollte. Die Zulassungsentscheidungen sind auch dann formal nationale, aber an den europäischen Schiedsspruch gebundene Verwaltungsakte.

Wie im früheren Mehrstaatenverfahren (siehe oben) funktioniert auch hier der Mechanismus der gegenseitigen Anerkennung nicht befriedigend. Häufig werden „schwerwiegende Gründe" gegen die Position des Referenzstaates geäußert und Versuche, Meinungsverschiedenheiten zwischen den nationalen Behörden zu überwinden, scheitern häufig. Ferner wird nur selten der Weg einer verbindlichen Schlichtung beschritten – in weniger als 4 Prozent der Fälle mit Evaluierungsdifferenzen (Feick 2002: 23-25). Die Antragsteller entschließen sich meist, ihren Zulassungsantrag vorher aus den nicht zur gegenseitigen Anerkennung bereiten Ländern zurückzuziehen. Das *Dezentrale Verfahren* durchläuft also in der Regel nur die inter-administrative Phase eines offenen, wenig formalisierten Koordinierungsversuchs, dessen Ausgang vom Voluntarismus der nationalen Behörden abhängt.

Schaubild 2: Dezentralisiertes Verfahren/ Verfahren der gegenseitigen Anerkennung: National, interadministrativ und supranational

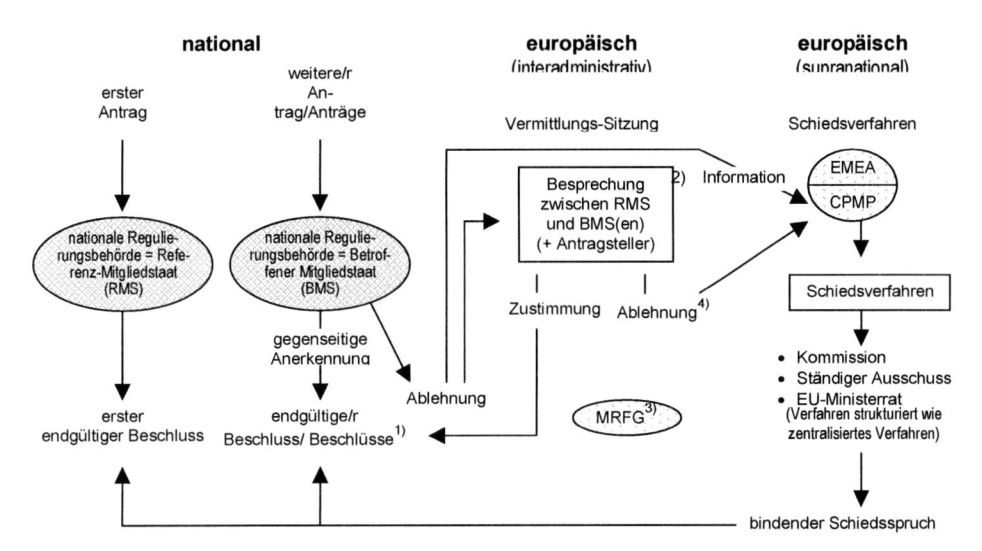

Anmerkung: Verfahrensablauf für Humanarzneimittel
EMEA: European Agency for the Evaluation of Medicinal Products (Europäische Agentur für die Beurteilung von Arzneimitteln); CPMP: Committee for Proprietary Medicinal Products (Ausschuss für Arzneispezialitäten);MRFG: Mutual Recognition Facilitation Group (Arbeitsgruppe zur Erleichterung gegenseitiger Anerkennung)
1) Alle endgültigen Beschlüsse im Verfahren der gegenseitigen Anerkennung sind nationale Beschlüsse.
2) Vermittlungs-Sitzungen ("break-out" sessions): Sitzungen werden vom RMS organisiert, um konfligierende Positionen (wissenschaftliche Beurteilung und Evaluation) mit dem(n) BMS(en) zu diskutieren und zu klären.
3) Die MRFG ist eine informelle Gruppe von Beauftragten nationaler Behörden, um generelle Sachverhalte des Verfahrens zu diskutieren und einen Gesamtüberblick zu gewährleisten (Anwesenheit eines Kommissionsmitglieds); Sitzungen der MRFG auch mit Industrieverbänden.
4) Ein Antragsteller kann seinen Antrag aus abweichenden Ländern zurückziehen, um einen bindenden Schiedsspruch zu verhindern.
Rechtsgrundlage: Council Directive 75/319/EEC (wie geändert)

Im Hintergrund agiert informell eine Gruppe von Vertretern der nationalen Regulierungsbehörden – die sogenannte Mutual Recognition Facilitation Group –, die versucht, das Verfahren zu optimieren und in regelmäßigem Dialog mit der EMEA und mit den Verbänden der Pharmaindustrie steht. Diese regulativen Akteure äußern ein professionelles Interesse daran, dem *Dezentralen Verfahren* zum Erfolg zu verhelfen. Man kann hier von einem grenzüberschreitenden Netzwerk sprechen, das transnational-europäische Regelungsstrukturen abzustützen und weiter zu entwickeln sucht (Perkmann 1999).

Im *Dezentralen Verfahren* sehen die nationalen Behörden ihr Interesse an regulativer Eigenständigkeit gewahrt und zeigen sich deshalb mit diesem zufrieden – gerade weil es das integrative Ziel der gegenseitigen Anerkennung bzw. der Letztentscheidung auf europäischer Ebene verfehlt. Dass diese europäische Entscheidungsebene nur ausnahmsweise erreicht wird, liegt an der Präferenz der *Unternehmen*, die Schlichtung zu meiden und lieber ihren Antrag aus den abweichenden Mitgliedstaaten zurückzuziehen. Die institutionellen Bedingungen des Verfahrens stützen ein solches Verhalten. Da Schlichtung nicht vorgeschrieben ist und der Antragsteller mit der Vermarktung nicht in den Mitgliedstaaten beginnen darf, die zur Anerkennung der Entscheidung des Referenzstaates bereit sind, bevor ein Schlichtungsverfahren abgeschlossen ist, entspricht der Rückzug aus den abweichenden Mitgliedstaaten dem ökonomischen Interesse der Unternehmen an möglichst schneller Vermarktung. Dies erlaubt es umgekehrt den nationalen Behörden, bei ihrer abweichenden Meinung zu bleiben ohne Gefahr zu laufen, in einem Schlichtungsverfahren zu unterliegen. Und obwohl die pharmazeutischen Unternehmen insgesamt dem Verfahren wesentlich kritischer gegenüberstehen als dem *Zentralisierten Verfahren*, wollen sie gleichwohl die sich mit ihm bietende Handlungsflexibilität nicht missen. Wie stark die Interessen an der Aufrechterhaltung dieses institutionellen status quo sind, zeigt sich daran, dass im gegenwärtigen Reformprozess auf beiden Seiten wenig Neigung besteht, eine verbindliche Schlichtung bei Meinungsdifferenzen vorzuschreiben oder das *Dezentrale Verfahren* auslaufen zu lassen.

5 Schlussfolgerungen: Verfahren und Interessen

Die Zulassungsregulierung innerhalb der Europäischen Union gleicht einem regulativen „patchwork" (Héritier 1996). Man kann dies als eine isomorphe Korrespondenz (DiMaggio/Powell 1991) von Interessen- und Regelungsstruktur begreifen, in der letztere mit ihrem Selektionsangebot der Problembearbeitung eine Vielzahl unterschiedlicher Interessen zu berücksichtigen in der Lage ist. Die drei Verfahrensoptionen sind dafür eine institutionelle Voraussetzung, die in der Implementationspraxis durch die Ermessensspielräume wissenschaftlich-technischer Evaluierungen (Abraham/Lewis 2000: 25-31) und administrativer Problembearbeitung (Luhmann 1976) ausgefüllt wird. Trotz des zugrunde liegenden einheitlichen und vergleichsweise dichten Rechts bleiben hierdurch Ermessensspielräume für unterschiedliche Orientierungen offen.

Vetomacht, Interessenheterogenität und Mehrebenenpolitik

Da von pluraler Interessenberücksichtigung nicht einfach auf Einflusspluralismus geschlossen werden darf, ist die Frage von Bedeutung, warum es keine ernsthaften Versuche mit Aussicht auf Erfolg gab, das *Zentralisierte Verfahren* ganz an die Stelle der bisherigen zu setzen. Die einfachste Erklärung ist institutionell. Für die 1993 eingeführte Verfahrensinnovation, einschließlich der Errichtung einer neuen europäischen Behörde, war Einstimmigkeit im Rat notwendig. Und eine solche war für eine radikale Veränderung des institutionellen Status quo auch nicht in Ansätzen sichtbar. Darüber war sich auch die Kommission im Klaren. Aber nicht nur deshalb sahen die Kommissionsvorschläge keinen radikalen Politikwandel vor. Nicht einmal sie selbst, die von dieser Kompetenzerweiterung politisch profitiert hätte, möchte sich eine solche administrative Mammutaufgabe zumuten – jedenfalls nicht in einem Schritt –, sondern schlug den Pfad inkrementellen Strukturwandels ein.[21]

Die wichtigsten Akteurgruppen, die einer solchen radikalen Verfahrensreform aktiv entgegenstanden, waren die *nationalen Regierungen und ihre Zulassungsbehörden* sowie die *pharmazeutische Industrie*. Der Grund: Beide hatten selbst heterogene Interessen bzw. solche zu vertreten, die nicht mit einer einzigen Verfahrensvariante zu befriedigen waren.

Auf Seiten der *Industrie* spiegelt sich diese Interessenheterogenität bereits in der nach Arzneimittelgruppen und Herstellertypen zersplitterten Verbändelandschaft wider – mit bis zu vier Verbänden, z.B. auf europäischer Ebene und in Deutschland. Selbst der europäische Interessenverband der Pharmaindustrie EFPIA setzt sich nicht für eine Abschaffung der Verfahrensvielfalt ein. Dies mag überraschend sein, weil es ja gerade die von ihm besonders vertretene innovationsstarke, international orientierte Pharmaindustrie ist, welche den Prozess der „Denationalisierung" (Zürn 2001) von Zulassungsbedingungen mit vorantreibt – etwa in der International Conference on Harmonization (D'Arcy/Harron 1992) – und Wettbewerbsvorteile wegen besonders ausgeprägter unternehmerischer Regelungskompetenz gegenüber kleineren, eher national orientierten Unternehmen erwarten kann. Die großen pharmazeutischen Unternehmen halten sich auch deshalb zurück, weil sie selbst Produktpaletten aufweisen, die von innovativen Medikamenten über Nachahmerprodukte (Generika und nicht wirklich innovative „Me-too"-Produkte) bis zu traditionellen Arzneimittelgruppen für den Markt nicht verschreibungspflichtiger OTC-Medikamente reichen können. Selbst die pharmazeutische Großindustrie ist deshalb nicht ohne weiteres an der Beseitigung der Verfahrensvielfalt, sondern an einer regulativen Diversifikationsstrategie interessiert. Dahinter steht auch die Befürchtung, dass ein obligates *Zentralisiertes Verfahren* für alle Medikamente dieses überfrachten und die prozeduralen Effizienzgewinne für die innovativeren Arzneimittel zunichte machen könnte. Es gibt einen relativ stabilen Konsens in der Pharmaindustrie, an der Verfahrensvielfalt fest- und die damit verbundene Handlungsflexibilität zu erhalten.[22]

---

21 Dieser Wandel ist insofern inkrementell, als er seit den 1960er Jahren in kleinen Schritten vorangekommen ist. Aber er enthält gleichzeitig ein Element radikaleren Wandels – das *Zentralisierte Verfahren*. Dieses europäische Verfahren stellt eine möglicherweise „critical juncture" (Collier/Collier 1991) dar, welche einen qualitativ neuen Entwicklungsprozess ins Leben rufen könnte (vgl. Bulmer/Burch 2001: 81).

22 Das schließt herbe Kritik am *Dezentralen Verfahren* aus Gründen mangelnder Verfahrenseffizienz nicht aus (European Commission 2000).

Abhängig von der Struktur einer eigenen pharmazeutischen Industrie und auch angesichts der Heterogenität innerhalb ihres jeweiligen Gesundheitssystems (Anwenderinteressen) haben *nationale Regierungen* ein breites Interessenspektrum auf europäischer Ebene zu vertreten. Eine Vernachlässigung eines dieser Interessen würde nationale Performanz- und auch Legitimitätsrisiken in sich bergen. Den nationalen Regierungen geht es um die Gewährleistung

- eines Mindeststandards an Produktqualität, speziell Arzneimittelsicherheit, dessen Verletzung bei einer sensibel reagierenden Öffentlichkeit trotz Verantwortungsdelegation an spezialisierte Administrationen (Hood 2002) zu gravierenden Legitimitätsproblemen führen kann;
- der Konkurrenzfähigkeit und Entwicklungsmöglichkeiten einer innovationsstarken Pharmaindustrie aus Wettbewerbsgründen (Handel und Standort);
- der Existenzfähigkeit auch von weniger innovativen Pharmaunternehmen aus binnenwirtschaftlichen und arbeitsmarktpolitischen Gründen;
- eines pharmako-therapeutischen Spektrums, das den Präferenzen im jeweiligen Gesundheitssystem entgegenkommt;
- der nationalen Regelungskapazitäten zur Erhaltung von institutioneller Regelungsautonomie und regulativer Partizipationsfähigkeit im europäischen Kontext.

Mit den nationalen Regierungen auf politisch-institutioneller und großen Teilen der Pharmaindustrie auf industrieller bzw. verbandlicher Ebene wirken zwei besonders einflussreiche und direkt in die Regulierung bzw. deren rechtliche Weiterentwicklung eingebundene Akteurgruppen im jeweils eigenen Interesse als Stabilisatoren eines differenzierten, unterschiedlichen Interessen Zugang oder Berücksichtigung bietenden Regelungssystems. Dies geschieht auf der Basis maximal harmonisierten Rechts, welches Verfahrensoptionen als Implementationsvarianz ausdrücklich vorsieht und damit auch unterschiedliche Implementationsergebnisse innerhalb des Gemeinsamen Marktes und gegen dessen Logik in Kauf nimmt.

Einfluss durch „capture" und administrativen Orientierungswandel?

Der Befund des institutionellen Versuchs pluraler Interessenberücksichtigung schließt Asymmetrien nicht aus. Gerade für relativ unabhängige Regulierungs- bzw. Evaluierungsbehörden, deren operationale Verfahren direktem politisch-administrativen Einfluss entzogen sind, die auf schwer zu beschaffende Informationen und intensiven Austausch mit ihren Regulierungsadressaten angewiesen sind, unterliegen Einflüssen und Deformationsmöglichkeiten, welche Marver Bernstein in der „capture theory" einzufangen versucht hat. Obgleich diese an der US-amerikanischen politischen Wirklichkeit entwickelte Lebenszyklustheorie unabhängiger regulierender Behörden (Bernstein 1955) kritisiert, modifiziert und ergänzt worden ist[23], wirft sie doch ein Licht auf die

---

23 Als Überblicke siehe etwa Baldwin/Cave (1999: 24-25), Hood (1994: 20-26), Feick (1980: 49-50).

Möglichkeit der Vereinnahmung regulativer Institutionen und Verfahren durch die Regulierungsadressaten. Diese Hypothese verlangt umso mehr Beachtung, als es sich bei den pharmazeutischen Unternehmen und Verbänden bei aller Interessenheterogenität um Akteure handelt, deren Organisationsmotive und -fähigkeiten nach den „collective action"-Kriterien als hoch einzuschätzen sind.[24] Im Unterschied dazu sind die Interessen der pharmazeutischen Verbraucher als der wichtigsten betroffenen, an der Implementation der Arzneimittelregulierung nicht beteiligten Gruppe aus den gleichen Gründen nur schwer organisier- und nur unter Extrembedingungen mobilisierbar. Verbraucherschutzziele sind im regulativen Verfahren weitgehend in die Hände der regulativen Behörden gelegt. Entsprechend Bernsteins Lebenszyklustheorie verlieren regulierende Behörden aus exogenen politischen, ökonomischen und sozialen sowie endogenen organisatorischen, psychologischen und individuell eigennützigen Gründen im Laufe der Jahre Kontrollmotivation und Kontrollfähigkeit. Eine eng im Austausch mit den regulierten Unternehmen stehende und informationell teilweise von diesen abhängige Behörde läuft über die Zeit Gefahr, von diesen gut organisierten und mit erheblichen Handlungsressourcen ausgestatteten Adressaten der Regulierung vereinnahmt zu werden. Regulierung wird zum „private government".[25]

Unabhängig von Einwänden gegen die Zwangsläufigkeit einer solchen Entwicklung besitzt gerade die Arzneimittelzulassung Merkmale, welche einer solchen Vereinnahmung förderlich sind. Hierzu gehört die Kompliziertheit der Regelungsmaterie und die Informationsabhängigkeit der Verfahren wie auch das Regulierungsteilziel, die Innovations- und Wettbewerbsfähigkeit der Industrie zu stärken. Da es den regulierenden Behörden in diesen auf vielfältige wissenschaftliche Analysen und Tests angewiesenen Verfahren an eigener originärer Überprüfungskapazität mangelt, sind sie abhängig von Informationen, deren Produktion und Kommunikation die an für sie vorteilhaften Zulassungsentscheiden interessierte Pharmaindustrie zu einem gewissen Maße steuern kann (Abraham 1995). Die Nähe zwischen Kontrollierenden und Kontrollierten wird noch verstärkt durch einen regulativen Orientierungswandel seit den achtziger Jahren, welcher auch das behördliche Verhalten auf europäischer Ebene bestimmt. Das Verhaltensmodell bürokratischer Kontrolle wurde abgelöst von einem dienstleistungs- und klientenorientierten Verhalten unter der Maxime, „value for money" anzubieten und die Antragsteller möglichst effizient durch die Verfahren zu schleusen (Feick 2000: 244-246). In Zusammenhang damit steht auch der speziell im *Dezentralen Verfahren* induzierte Behördenwettbewerb um „Klienten". Reputation und Gebühreneinnahmen sind die Motive. Die Auswirkungen dieses Wettbewerbs auf die Kontrollintensität sind un-

---

24 Vgl. Olson (1968) und Wilson (1980). Zur Einschätzung der Politikstärke der pharmazeutischen Industrie auf europäischer Ebene, speziell des wichtigsten Verbandes EFPIA, siehe Greenwood (1995).
25 Siehe Bernstein 1955 (263, 268, 270, 277-278).

klar. Manche befürchten eine Aufweichung von Standards.[26] Kommt dann noch die häufig bemängelte und ebenfalls institutionell abgesicherte Intransparenz von Daten und Verfahren hinzu, wird externe öffentliche Kontrolle behindert.

Bei Abwesenheit dramatischer Ereignisse, welche öffentliche Aufmerksamkeit erheischen, Regelungsdefizite anzeigen und politisches Handeln anmahnen, können die Ziele speziell des Verbraucherschutzes gegenüber den Interessen der regulierten Industrie in den Hintergrund treten. Dass einseitige Interessenberücksichtigung nicht zwangsläufig ist, dafür sprechen andere, ebenfalls bereits weiter vorne erwähnte Faktoren, die auf die Orientierungen der Akteure wie auch die institutionellen Rahmenbedingungen der Implementation rekurrieren. Weder die Regulierenden noch die Regulierten können ein Interesse daran haben, einen Mindeststandard an Verbraucherschutz in diesem hochsensiblen Politikfeld zu unterschreiten. Bei veritablen Arzneimittelkatastrophen – wie der Fall Lipobay von 2001 gezeigt hat, auch bereits auf niedrigerem Niveau – sind die politischen und administrativen Institutionen Verlierer zumindest auf der Legitimationsseite und die regulierte Industrie in ökonomischer Hinsicht. Und institutionell gewährleisten die europäischen Verfahren – insbesondere das zentralisierte – durch die Partizipation der nationalen Regulierungsbehörden ein vergleichsweise hohes gegenseitiges Kontrollniveau, indem unterschiedliche kognitive wie normative Regelungsorientierungen in die Evaluations- und Entscheidungsprozesse einfließen.

In diesen hochkomplexen Verfahren hängt es von einer Reihe exogener und endogener Bedingungen und Faktoren ab, welche Interessen zu welchem Zeitpunkt privilegierten Zugang und/oder stärkere Berücksichtigung finden – beides muss nicht zusammenfallen. Dabei erscheint es angesichts multipler Akteure, eines multiplen Zielspektrums und heterogener Interessenkonstellationen schon von Anbeginn an schwierig, Interessen eindeutig zu definieren, zu aggregieren und zuzuordnen (Baldwin/Cave 1999: 23). Dies gilt umso mehr im europäischen Kontext, in dem zwischen unterschiedlichen nationalen Systemen variierende Interessenkonfigurationen zu erwarten sind. Politische Rationalität spricht hier für eine institutionell abgesicherte plurale Interessenberücksichtigung durch Verfahrensdifferenzierung, auch wenn dies auf Kosten des Ziels der Marktintegration geht. Eine andere Lösung wäre in der Tat die gegenseitige Anerkennung sämtlicher nationaler Zulassungsentscheidungen. Aber das jahrzehntelange Scheitern dieser europäischen Integrationsform hat ja gerade zur begrenzten Einführung des *Zentralisierten Verfahrens* und damit zur weiteren Differenzierung der Regulierungslandschaft in der Arzneimittelzulassung geführt.

---

26 Diese Tendenz auch im Hinblick auf die weitergehende Internationalisierung von Standards befürchten Abraham/Reed (2002); eine gegenteilige, aber weniger empirisch untermauerte Meinung vertritt Vogel 1998.

Literaturverzeichnis

Abraham, John (1995): Science, Politics and the Pharmaceutical Industry. London: UCL Press.
Abraham, John/Lewis, Graham (2000): Regulating Medicines in Europe. Competition, expertise and public health. London and New York: Routledge.
Abraham, John/Reed, Tim (2002): Progress, Innovation and Regulatory Science in Drug Development: The Politics of International Standard-Setting. Social Studies of Science; Bd. 32: 337-369.
Baldwin, Robert/Cave, Martin (1999): Understanding Regulation. Theory, Strategy, and Practice. Oxford, New York: Oxford University Press.
Baumheier, Ulrike (1994): Staat und Pharmaindustrie. Sicherheitskontrolle, Preisregulierung und Industrieförderung im internationalen Vergleich. Baden-Baden: Nomos Verlagsgesellschaft.
Bernstein, Marver H. (1955): Regulating Business by Independent Commission. Princeton, New Jersey: Princeton University Press.
Blasius, Helga/Cranz, Hubertus (1998): Arzneimittel und Recht in Europa. Stuttgart: Wissenschaftliche Verlagsgesellschaft mbH.
Breyer, Stephen (1993): Breaking the vicious circle. Toward effective risk regulation. Cambridge: Harvard University Press.
Bulmer, Simon/Burch, Martin (2001): The 'Europeanisation' of central government: the UK and Germany in historical institutionalist perspective. in: Schneider, Gerald/Aspinwall, Mark (Hrsg.). The rules of integration. Institutionalist approaches to the study of Europe. Manchester, New York: Manchester University Press: 73-96.
Cecchini, Paolo et al. (1988): The European Challenge 1992. The Benefits of a Single Market. Hants: Wildwood House.
Chiti, Edoardo (2002): Decentralised Integration as a New Model of Joint Exercise of Community Functions. The Research Council of Norway, Advanced Research on the Europeanisation of the Nation-State (ARENA), (Working Paper 02/31).
Collatz, Brigitte (1996): Die neuen europäischen Zulassungsverfahren für Arzneimittel. Aulendorf: Editio Cantor Verlag.
Collier, Ruth B./Collier, David (1991): Shaping the Political Arena. Princeton: Princeton University Press.
D'Arcy, P.F./Harron, D.W.G (1992): Proceedings of The First International Conference on Harmonization. Brussels 1991, Belfast: The Queen's University of Belfast.
DiMaggio, Paul J./Powell, Walter W. (1991): The Iron Cage Revisited: Institutional Isomorphism and Collective Rationality in Organizational Fields. in: Powell, Walter W./DiMaggio, Paul J. (Hrsg.). The New Institutionalism in Organizational Analysis. Chicago, London: University of Chicago Press: 63-82.
Dukes, Graham (1985): The Effects of Drug Regulation. Lancaster, Boston, The Hague, Dordrecht: MTP Press LimitHrsg.
Economists Advisory Group (1988): The "Cost of Non-Europe" in the Pharmaceutical Industry. Luxembourg: Office for Official Publications of the European Communities.
EFPIA (1999): Getting better: Developing mechanisms to ensure the best benefit for patients from medical progress. Conference Report, Brussels 24 November 1999, http://www.efpia.org/6_publ/proceed/getting_better.pdf.
European Commission, Directorate-General Enterprise (2000): Evaluation of the operation of Community procedures for the authorisation of medicinal products. Evaluation carried out by CMS Cameron McKenna and Andersen Consulting. London.
Falkner, Gerda (1999): European Social Policy. Towards multi-level and multi-actor governance. in: Kohler-Koch, Beate/Eising, Rainer (Hrsg.). The Transformation of Governance in the European Union. London, New York: Routledge: 83-97.

Feick, Jürgen (1980): Zur Kritik regulativer Politik in den Vereinigten Staaten. Politische Vierteljahresschrift; Bd. 21, Heft 1: 42-61.
Feick, Jürgen (2000): Marktzugangsregulierung: Nationale Regulierung, internationale Harmonisierung und europäische Integration. in: Czada, Roland/Lütz, Susanne (Hrsg.). Die politische Konstitution von Märkten. Opladen: Westdeutscher Verlag: 228-249.
Feick, Jürgen (2002): Regulatory Europeanization, National Autonomy and Regulatory Effectiveness: Marketing Authorization for Pharmaceuticals, Max-Planck-Institut für Gesellschaftsforschung (MPIfG Working Paper 02/6).
Greenwood, Justin (1995): The Pharmaceutical Industry. A European Business Alliance that Works. in: Greenwood, Justin (Hrsg.). European Casebook on Business Alliances. London, New York et al.: Prentice Hall: 48-58.
Greenwood, Justin/Ronit, Karsten (1994): Interest Groups in the European Community: Newly Emerging Dynamics and Forms. West European Politics; Bd. 17, Heft 1: 31-52.
Hancher, Leigh (1990): Regulating for Competition: Government, Law, and the Pharmaceutical Industry in the United Kingdom and France. Oxford: Clarendon Press.
Hart, Dieter et al. (1988): Das Recht des Arzneimittelmarktes. Baden-Baden: Nomos Verlagsgesellschaft.
Hart, Dieter/Reich, Norbert (1990): Integration und Recht des Arzneimittelmarktes in der EG. Baden-Baden: Nomos Verlagsgesellschaft.
Héritier, Adrienne (1996): The accommodation of diversity in European policy-making and its outcomes: regulatory policy as a patchwork. Journal of European Public Policy; Bd. 3: 149-167.
Hood, Christopher (1994): Explaining Economic Policy Reversals. Buckingham, Philadelphia: Open University Press.
Hood, Christopher (2002): The Risk Game and the Blame Game. Government and Opposition; Bd. 37, Heft 1: 15-37.
Kaufer, Erich (1990): The Regulation of New Product Development in the Drug Industry. in: Majone, Giandomenico (Hrsg.). Deregulation or Re-regulation? Regulatory Reform in Europe and the United States. London: Pinter Publishers: 153-175.
Kirk, Beate (1999): Der Contergan-Fall: Eine unvermeidbare Katastrophe? Zur Geschichte des Arzneistoffs Thalidomid. Stuttgart: Wissenschaftliche Verlagsgesellschaft mbH Stuttgart.
Kohler-Koch, Beate (1996): Die Gestaltungsmacht organisierter Interessen. in: Jachtenfuchs, Markus/Kohler-Koch, Beate (Hrsg.). Europäische Integration. Opladen: Leske+Buderich: 193-224.
Luhmann, Niklas (1976): Funktionen und Folgen formaler Organisation. Berlin: Duncker & Humblot.
Majone, Giandomenico (1996): The future of regulation in Europe. in: Majone, Giandomenico (Hrsg.). Regulating Europe. London, New York: Routledge: 265-283.
Majone, Giandomenico (2002): What Price Safety? The Precautionary Principle and its Policy Implications. Journal of Common Market Studies; Bd. 40, Heft 1: 89-109.
March, James G./Olsen, Johan P. (1984): The New Institutionalism: Organizational Factors in Political Life. The American Political Science Review; Bd. 78, Heft 3: 734-749.
Mayntz, Renate/Scharpf, Fritz W. (1995): Der Ansatz des akteurzentrierten Institutionalismus. in: Mayntz, Renate/Scharpf, Fritz W. (Hrsg.). Gesellschaftliche Selbstregelung und politische Steuerung. Frankfurt/New York: Campus Verlag: 39-72.
Müller, Jürgen/Vogelsang, Ingo (1979): Staatliche Regulierung. Regulated Industries in den USA und Gemeinwohlbindung in wettbewerblichen Ausnahmebereichen in der Bundesrepublik Deutschland. Baden-Baden: Nomos Verlagsgesellschaft.
Murswieck, Axel (1983): Die staatliche Kontrolle der Arzneimittelsicherheit in der Bundesrepublik und den USA. Opladen: Westdeutscher Verlag.
Nelkin, Dorothy (1979): Controversy. Politics of technical decisions. Beverly Hills: Sage.

Olson, Mancur (1968): The Logic of Collective Action: Public Goods and the Theory of Groups. New York: Schocken Books.

Perkmann, Markus (1999): Building Governance Institutions Across European Borders. Regional Studies; Bd. 33, Heft 7: 657-667.

Rat der Europäischen Gemeinschaften (1965): Richtlinie 65/65/EWG des Rates vom 26. Januar 1964 zur Angleichung der Rechts- und Verwaltungsvorschriften über Arzneimittel.

Rat der Europäischen Gemeinschaften (1975a): Richtlinie 75/318/EWG des Rates vom 20. Mai 1975 zur Angleichung der Rechts- und Verwaltungsvorschriften der Mitgliedstaaten über die analytischen, toxikologisch-pharmakologischen und ärztlichen oder klinischen Vorschriften und Nachweise über Versuche mit Arzneimitteln.

Rat der Europäischen Gemeinschaften (1975b): Richtlinie 75/319/EWG des Rates vom 20. Mai 1975 zur Angleichung der Rechts- und Verwaltungsvorschriften über Arzneimittel.

Rat der Europäischen Gemeinschaften (1983): Richtlinie 83/570/EWG des Rates vom 26. Oktober 1983 zur Änderung der Richtlinie 65/65/EWG, 75/318/EWG und 75/319/EWG zur Angleichung der Rechts- und Verwaltungsvorschriften über Arzneispezialitäten.

Rat der Europäischen Gemeinschaften (1987a): Richtlinie 87/22/EWG des Rates vom 22. Dezember 1986 zur Angleichung der einzelstaatlichen Maßnahmen betreffend das Inverkehrbringen technologisch hochwertiger Arzneimittel, insbesondere aus der Biotechnologie.

Rat der Europäischen Gemeinschaften (1987b): Richtlinie des Rates vom 22. Dezember 1986 zur Änderung der Richtlinie 65/65/EWG zur Angleichung der Rechts- und Verwaltungsvorschriften über Arzneispezialitäten (87/21/EWG).

Rat der Europäischen Gemeinschaften (1993): Verordnung (EWG) Nr. 2309/93 des Rates vom 22. Juli 1993 zur Festlegung von Gemeinschaftsverfahren für die Genehmigung und Überwachung von Human- und Tierarzneimitteln und zur Schaffung einer Europäischen Agentur für die Beurteilung von Arzneimitteln.

Ruckelshaus, William D. (1985): Risk, Science, and Democracy. Issues. Science and Technology; vol 1: 19-38.

Scharpf, Fritz W. (2000): Interaktionsformen. Akteurzentrierter Institutionalismus in der Politikforschung. Opladen: Leske+Budrich.

Scharpf, F.W. (2001a): What Have We Learned? Problem-Solving Capacity of the Multilevel European Polity, Max-Planck-Institut für Gesellschaftsforschung (MPIfG Working Paper 01/4).

Scharpf, Fritz W. (2001b): Notes Toward a Theory of Multilevel Governing in Europe. Scandinavian Political Studies; Bd. 24, Heft 1: 1-26.

Scherer, Frederic M. (1996): Pharmaceuticals. in: Scherer, Frederic M. (Hrsg.). Industry Structure, Strategy, and Public Policy. New York: Harper Collins College Publishers: 336-390.

Scherer, Frederic M. (2000): The pharmaceutical industry. in: Culyer, Anthony. J./Newhouse, Joseph P. (Hrsg.). Handbook of Health Economics. North-Holland: Elsevier Science B.V.: 1297-1336.

Schmitter, Philippe C./Streeck, Wolfgang (1999): The Organization of Business Interests. Studying the Associative Action of Business in Advanced Industrial Societies, Max-Planck-Institut für Gesellschaftsforschung (MPIfG Discussion Paper 99/1).

Scrip (1993): Scrip's EC pharmaceutical report - a strategic guide to understanding, planning and succeeding in the single EC pharmaceutical environment in 1993 and beyond by Donald Macarthur, PJB Publications Ltd.

Silverman, Milton/Lee, Philip R. (1974): Pills, Profits, and Politics. Berkeley, Los Angeles: University of California Press.

Thompson, Rhodri (1994): The Single Market for Pharmaceuticals, Current EC Legal Development Series. London, Dublin, Edinburgh: Butterworths.

Vogel, David (1998): The Globalization of Pharmaceutical Regulation. Governance; Bd. 11, Heft 1, 1-22.

Vos, Ellen (1999): Institutional Frameworks of Community Health and Safety Regulation - Committees, Agencies, and Private Bodies. Oxford: Hart Publishing.
Wilson, James Q. (1980): The Politics of Regulation. in: Wilson, James Q. (Hrsg.). The Politics of Regulation. New York: Basic Books: 357-395.
Zürn, Michael (2001): Regieren im Zeitalter der Denationalisierung. in: Leggewie, Claus/Münch, Richard (Hrsg.). Politik im 21. Jahrhundert. Frankfurt am Main: Suhrkamp: 423-442.

Finanzmarktintegration und transnationale Interessengruppen in der Europäischen Union[1]

Hans-Jürgen Bieling

1 Einleitung

Im Laufe der 1980er und 1990er Jahre hat sich die Funktionsweise der Finanzmärkte – im globalen und europäischen Maßstab – grundlegend verändert (vgl. Huffschmid 1999; Lütz 2002). Dies gilt nicht nur für den Banken-, sondern auch für den Kapitalmarktsektor. In der Europäischen Union ist zuletzt mit der Wirtschafts- und Währungsunion (WWU), dem Aktionsplan für Finanzdienstleistungen (FSAP) und dem beschleunigten Rechtsetzungsverfahren im Bereich der Wertpapiermärkte eine qualitativ neue Dynamik entstanden, mit der sich der Übergang von der *Liberalisierung* zur *Integration* der Finanzmärkte vollzieht. Die hiervon betroffenen Interessengruppen sind zugleich Getriebene und Förderer dieser Entwicklung. Einerseits sehen sie sich gezwungen, den tiefgreifenden strukturellen Veränderungen auf den Finanzmärkten ökonomisch und politisch Folge zu leisten. Andererseits haben sie gleichzeitig, sofern es um die institutionelle, prozedurale und inhaltliche Gestaltung dieser Entwicklung geht, beträchtliche Möglichkeiten der diskursiven Einflussnahme.

Dieser Beitrag will darlegen, wie sich die diskursive Einflussnahme privater Akteure im Prozess der Finanzmarktintegration entwickelt hat. Er vertritt die These, dass sich in den 1990er Jahren ein signifikanter Wandel vollzogen hat. Bis zur Umsetzung des EG-Binnenmarktes konzentrierten sich die Interessengruppen des Finanzsektors, vor allem die europäischen Assoziationen, ganz darauf, über Stellungnahmen und Positionspapiere ihr sachbezogenes Expertenwissen in den politischen Prozess einzuspeisen. Ihre Gestaltungsmacht war insofern begrenzt, als von ihnen bestenfalls einzelne Teilaspekte, nicht aber der Verlauf der Liberalisierung und Regulierung des europäischen Marktes insgesamt thematisiert wurde. Diese Formen einer relativ eingegrenzten und reaktiven Einflussnahme sind nach wie vor bedeutsam, seit einiger Zeit zugleich jedoch in eine insgesamt weiter ausgreifende und pro-aktivere Strategie eingebettet. Unter Einschluss von produktions- wie finanzmarktbasierten Interessengruppen hat sich eine transnationale „Diskurs-Koalition" formiert, um die Finanzmarktintegration in der EU programmatisch und regulativ voranzutreiben.[2]

---

[1] Für wertvolle Überarbeitungshinweise danke ich Rainer Eising, Beate Kohler-Koch und Pieter Bouwen.

[2] Die propagierte Programmatik markiert keinen Bruch, sondern eher eine Radikalisierung des politischen Referenzrahmens. Diesen bildet nach wie vor die Binnenmarktstrategie, d.h. das Bestreben, durch einen intensivierten Wettbewerb die Investitionen, die Produktivität und das Wirtschaftswachstum zu stimulieren. Wie nachfolgend erörtert wird, sind innerhalb dieses Referenzrahmens allerdings die Ziele – Stärkung des Euro, Modernisierung der Sozialsysteme, kapitalge-

Wie erfolgreich die Diskurs-Koalition letztlich sein wird, ist angesichts der Krise auf den Wertpapiermärkten und ungeklärten regulativen Konflikten derzeit noch offen. Zwischenzeitlich hat sie unverkennbar von einem sehr günstigen Umfeld profitiert, so z.B. der Ausstrahlungskraft des US Modells, der Dynamik der WWU, der Hausse auf den Finanzmärkten, der Finanzkrise der sozialen Sicherungssysteme, einer sehr aktiven Kommission und institutionell erweiterten Einflussmöglichkeiten. Um zu verdeutlichen, wie in diesem Zusammenhang gesellschaftsstrukturelle, institutionelle und kommunikative Prozesse ineinander greifen, wird nachfolgend in einem ersten Schritt das Interpretationsraster eines diskurstheoretisch orientierten Neo-Gramscianismus skizziert (2). Danach geht es im zweiten Schritt darum, anhand des qualitativen Sprungs von der Liberalisierung zur Integration der Finanzmärkte zu rekonstruieren, wie sich eine transnationale „Diskurs-Koalition" herausgebildet hat. Deren allgemeine integrationspolitische Programmatik – die Schaffung eines marktliberalen „level playing field" zur Stärkung der europäischen Wettbewerbsfähigkeit – übersetzte sich in den 1990er Jahren in eine ganze Reihe von Initiativen für eine weitergehende Integration des Kapitalmarktes (3). Diese Entwicklung folgt dem globalen Trend zur Liberalisierung des Finanzsektors, stützt sich zugleich aber auch auf ein spezifisch europäisches, um zivilgesellschaftliche Arenen erweitertes Institutionen- und Regulierungssystem. Hierdurch ergeben sich für die europäischen Entscheidungsträger und transnationalen Interessengruppen weitreichende Möglichkeiten, ihre Interessen, Erkenntnisse und Überzeugungen in einem koordinierenden Diskurs abzustimmen und regulativ zu operationalisieren (4).

2 Strukturen, Projekte und Diskurse

Die Aufmerksamkeit der neo-gramscianischen Internationalen Politischen Ökonomie gilt nicht zuletzt der Genese und Reproduktion hegemonialer Strukturen (vgl. u.a. Cox 1983; Gill 1993). Im Unterschied zum Realismus begreift sie Hegemonie nicht allein als ein zwischenstaatliches Dominanzverhältnis, sondern als eine zivilgesellschaftlich verankerte, durch Zwangselemente abgesicherte Konsensstruktur. Hegemonie bedeutet mithin, dass sich die gesellschaftlichen und internationalen Macht- und Herrschaftsverhältnisse auf eine übergeordnete gemeinsame Weltsicht und Interessenlage stützen, sich also in erster Linie durch die – aktive oder passive – Zustimmung der Beherrschten reproduzieren. Grundsätzlich gibt es viele Möglichkeiten, diese Zustimmung zu organisieren. Hegemonie kann sich durch materielle Konzessionen, politische Mitspracherechte und überzeugende Argumente, aber auch durch symbolische Einbindungsversuche und Manipulationstechniken reproduzieren. Die Wirksamkeit all dieser Elemente bemisst sich letztlich daran, ob und in welchem Maße es den hegemonialen Kräften gelingt, die von ihnen propagierte Weltsicht zu festigen und den potentiellen Antagonismus gegen-

---

deckte Alterssicherung – und bevorzugten Instrumentarien – die Aktionspläne und ein neues Komitologie-Verfahren – erweitert und neu definiert worden.

läufiger Leitbilder und Diskurse zu neutralisieren (vgl. Laclau 1981: 141), ohne auf Formen nackter Gewaltausübung zurückgreifen zu müssen.

Die Entstehung, Reproduktion und Transformation hegemonialer Verhältnisse vollzieht sich auf verschiedenen Ebenen. Analytisch lassen sich – auch in Bezug auf die inter- bzw. transnationalen Beziehungen – die Dimensionen des „historischen Blocks", des „hegemonialen Blocks" und der „politischen Projekte" unterscheiden (vgl. Bieling/Steinhilber 2000: 104ff):

(1) Der transnationale „historische Block" umfasst alle strukturbildenden – materiellen wie diskursiven und identitätsbildenden – Elemente einer spezifischen Entwicklungsweise, die sich über einen längeren Zeitraum reproduziert. In den Jahrzehnten nach dem Zweiten Weltkrieg bildete die Entwicklungskonfiguration des „embedded liberalism" (Ruggie 1982) einen solchen transnationalen „historischen Block". Die zentralen Stützen dieses Blocks waren zum einen die Spielregeln des Bretton-Woods-Systems, d.h. eine vorsichtige Handelsliberalisierung und eine starke staatliche Kontrolle der Finanz- und Devisenmärkte, und zum anderen die nationalen, wohlfahrtsstaatlich regulierten fordistischen Entwicklungsmodelle. Der Prozess der europäischen Integration fügte sich insofern in dieses Arrangement ein, als der gemeinsame Markt dazu beitrug, die nationalen Entwicklungsmodelle zu stabilisieren. In den 1970er Jahren erodierten die tragenden Elemente des „embedded liberalism", bevor sich dann in den 1980er und 1990er Jahren ein neuer transnationaler „historischer Block" heraus kristallisierte. Dieser stützt sich maßgeblich auf das „Dollar Wall Street Regime" (Gowan 1999), in dessen Rahmen die Liberalisierung und Deregulierung der internationalen Handels- und Finanzbeziehungen nach Maßgabe US-amerikanischer Wirtschafts- und Finanzinteressen sukzessive vorangetrieben wird (vgl. auch Helleiner 1994; Bhagwati 1998). Die EU ist Teil dieses transnationalen „historischen Blocks", bildet zugleich aber auch einen eigenständigen Handlungs- und Reproduktionsraum, der mit Blick auf die globalen Wettbewerbsbedingungen die Modernisierung der nationalen Entwicklungsmodelle strukturiert.

(2) Der „hegemoniale Block" bezeichnet das internationale und gesellschaftliche Machtgefüge und die dieses kennzeichnenden Formen der materiellen Kompromissbildung und diskursiven Konsensgenerierung. Unter den Bedingungen des „embedded liberalism" hatte sich der „hegemoniale Block" – klassenanalytisch betrachtet – auf eine doppelte Kompromissstruktur gestützt: einerseits zwischen den weltmarktorientierten und national orientierten Fraktionen des Industrie- und Finanzkapitals; andererseits zwischen dem Industriekapital und großen Teilen der Facharbeiterschaft und Mittelklassen (vgl. van der Pijl 1984). In dem Maße wie sich das Wirtschaftswachstum und die Produktivitätssteigerung abschwächten, die Verteilungsspielräume verengten und die Liberalisierung der Handels- und Finanzbeziehungen beschleunigte, verlagerte sich seit den 1970er Jahren das materielle und diskursive Gestaltungspotenzial sukzessive zugunsten der weltmarktorientierten Fraktionen des Industrie- und Finanzkapitals

(vgl. Cox 1987: 273ff). Der neue hegemoniale Block ist daher sehr viel stärker transnational vernetzt und programmatisch auf eine (finanz-)marktgetriebene Modernisierung der ökonomischen Strukturen und der arbeits- und sozialpolitischen Regulationsformen zugeschnitten (vgl. Bieling 2003). Unter dem Primat einer verbesserten Wettbewerbsfähigkeit stützen sich die Prozesse der Kompromissbildung und Konsensgenerierung weniger auf die Formen des wohlfahrtsstaatlichen Ausgleichs, als auf Elemente einer marktvermittelten Daseinsvorsorge.

(3) Die dritte Analyseebene, die der „politischen Projekte", bezieht sich auf die programmatische und politisch-operative Kristallisation von gesellschaftlichen Interessen und Diskursen. Als Resultat zivilgesellschaftlicher Konstruktionsprozesse sind politische Projekte einerseits durch die Art und Weise bestimmt, wie aktuelle Probleme und Krisen in öffentlichen Debatten und sozialen Auseinandersetzungen verarbeitet werden. Andererseits wirken die Interpretationsraster und Lösungsvorschläge, die sich in ihnen artikulieren, auf die materiellen, institutionellen und sozialen Reproduktionsbedingungen zurück. Politische Projekte können die gegebenen institutionellen und regulativen Arrangements, die diesen eingelagerten Machtverhältnisse bzw. Kompromiss- und Konsensstrukturen, kurzum, den historischen Block und die Konfiguration sozialer Kräfte stabilisieren oder aber transformieren. Dies gilt für die nationale gesellschaftliche Entwicklung ebenso wie für die inter- bzw. transnationalen Beziehungen und den Prozess der europäischen Integration. Letzterer verdeutlicht sehr anschaulich, dass politische Projekte – so z.B. das EWS (Europäisches Währungssystem), der EG-Binnenmarkt, die WWU und zuletzt die Finanzmarktintegration – stets ausgehandelte Kompromisse darstellen, die ihrerseits maßgeblich durch die diskursiven Strategien staatlicher und gesellschaftlicher Akteure geprägt und beeinflusst werden (vgl. z.B. McNamara 1998).

Ob und in welchem Maße „politische Projekte" hegemonial sind, d.h. auf eine breite Zustimmung in den gesellschaftlichen Alltagsdiskursen stoßen, lässt sich nicht immer eindeutig bestimmen.[3] Die hier verfolgte Fragestellung ist jedoch sehr viel enger gefasst. Unter Ausklammerung der mittel- und langfristigen Breitenwirkung von politischen Projekten geht es in erster Linie um ihre Entstehung und programmatische Ausrichtung, d.h. um die Formen der inter-, trans- und supranationalen Kooperation in der Agendagestaltung und Politikformulierung. Diese Kooperationsanstrengungen lassen sich nicht unabhängig von den gesellschaftlichen Ausgangsbedingungen begreifen. Die Funktionsweise und innere Dynamik – die Organisation und Widersprüchlichkeit – des transnationalen „historischen Blocks" sowie die Machtkonfiguration des „hegemonialen Blocks" definieren den Handlungskorridor, innerhalb dessen politische Projekte erfolg-

---

3   Dies gilt umso mehr, als die Projekte auf der nationalen Ebene oft sehr unterschiedlich diskutiert werden. Zudem erzeugen manche Projekte anfangs eine sehr positive öffentliche Resonanz, die aufgrund ihrer langfristigen strukturellen Anpassungslasten später jedoch schwindet. Andere Projekte werden hingegen zunächst sehr skeptisch, dann jedoch zunehmend positiver betrachtet.

reich lanciert werden können. Ob und mit welchen programmatischen Inhalten dies letztlich geschieht, unterliegt der Definitions- und Gestaltungsmacht einer ganzen Reihe von Akteuren. Neben den supranationalen Institutionen und nationalen Regierungen und Parteien sind auch gesellschaftliche Interessengruppen in diesen Prozess involviert. Mitunter bildet sich – oft unter Einschluss von Wissenschaftlern, Journalisten und der medialen Öffentlichkeit – in Bezug auf eine übergreifende Fragestellung bzw. Zielsetzung eine Diskurs-Koalition heraus, die den Formen der inter-, trans- und supranationalen Kooperation eine spezifische programmatische Zuspitzung zu geben vermag.

Die diskursive Umrahmung des politischen Prozesses umschließt dabei mehrere Dimensionen (vgl. Schmidt 2002: 209ff): zum einen die *ideelle Dimension*, die sich wiederum in kognitive und normative Aspekte untergliedern lässt; und zum anderen die *interaktive Dimension*, d.h. den Verständigungsprozess zwischen den zentralen politischen Akteuren, Interessengruppen und Experten („koordinierender Diskurs") und die Art und Weise wie die politische Botschaft von Projekten öffentlich vermittelt und kommuniziert wird („kommunikativer Diskurs"). In Systemen, in denen mehrere Ebenen und Akteure in den politischen Prozess einbezogen sind, ist der „koordinierende" im Vergleich zum „kommunikativen" Diskurs sehr viel stärker ausgeprägt. Dies verdeutlichen nicht zuletzt die Prozesse des Agenda-Setting und der Politikformulierung in der EU. Das komplexe EU-System mit seinen verschachtelten Deliberations- und Verhandlungsarenen eröffnet grundsätzlich einer Vielzahl von politischen und privaten Akteuren die Möglichkeit, ihre Einsichten und Überzeugungen einzubringen (vgl. Schmidt 2002: 246ff). Entsprechend geht es in der EU in erster Linie darum, durch Prozesse der diskursiven Koordination einen möglichst breiten Konsens herzustellen, zumindest aber Kompromisse zu erzielen. Erst wenn dieser Vorgang erfolgreich abgeschlossen ist, fällt den nationalen Regierungen – unterstützt oder gegen den Widerstand von gesellschaftlichen Kräften – die Aufgabe zu, durch „kommunikative Diskurse" die politischen Vorhaben in den nationalen öffentlichen Arenen zu legitimieren.[4] Beide Formen der diskursiven Interaktion lassen erkennen, dass gerade auch in der EU die politischen Projekte und ihre programmatische Zuspitzung fortwährend umkämpft sind. Unter Einschluss gesellschaftlicher Kräfte müssen die diskursiv vermittelten Erkenntnisse und normativen Einstellungen vor dem Hintergrund konkreter Probleme und Interessenlagen immer wieder neu erzeugt und legitimiert werden.

---

4   Bei der Untergliederung des Diskurses in verschiedene Phasen handelt es sich um eine analytische Unterscheidung. Sofern der „koordinierende Diskurs" strittige Themen bearbeitet, wird dies natürlich auch in den Arenen der – nationalen bzw. europäischen – Öffentlichkeit kommuniziert; und falls die beteiligten Akteure größere Widerstände erkennen und antizipieren, bleibt dies für den „koordinierenden Diskurs" nicht ohne Folgen.

3 Die Dynamik politischer Projekte: von der Liberalisierung zur Integration der Finanzmärkte

Was die Liberalisierung und Integration der Finanzmärkte anbetrifft, so konnte sich unter den Bedingungen des „embedded liberalism" in den Nachkriegsjahrzehnten zunächst kein spezifisch europäischer „koordinierender Diskurs" herausbilden. Erst in den 1970er Jahren kam es zu einer vorsichtigen, primär jedoch defensiven, d.h. auf die Sicherung der nationalstaatlichen Regulierungskapazität fokussierten, Diskussion, die auf eine relativ kleine Gruppe von Teilnehmern begrenzt blieb. Im Verlauf der 1980er und 1990er Jahre erweiterte sich der Teilnehmerkreis dann in dem Maße, wie die nationalen und europäischen politischen Autoritäten die sukzessive Liberalisierung des internationalen Kapitalverkehrs und der Finanzdienstleistungen nicht mehr nur als eine unvermeidbare Notwendigkeit, sondern als neuartige Gestaltungsoption thematisierten (vgl. Tsoukalis 1997: 96f). Von zentraler Bedeutung war dabei das Binnenmarktprojekt der 1980er Jahre, das als politischer Kristallisationspunkt eines „open regionalism" die Integration und Transformation des europäischen hegemonialen Blocks beschleunigte. In der Folge waren die politischen Autoritäten und transnationalen Interessengruppen zunehmend bestrebt, im Rahmen eines „koordinierenden Diskurses" die Vorteile der Finanzmarktintegration hervorzuheben. Im Kontext der veränderten globalen Entwicklungsbedingungen – der gesteigerten Kapitalmobilität, der wachsenden Bedeutung der Kapitalmärkte und des Erfolgs des US-Modells – gelang es ihnen, eine ganze Reihe europäischer Teilprojekte programmatisch anzuleiten.

3.1 Die Liberalisierung der Finanzmärkte: Anforderungen an Interessengruppen

Die qualitativ veränderte Dynamik und neuartige diskursive Umrahmung der Finanzmarktintegration wird besonders deutlich, wenn man sie in die Geschichte des Integrationsprozesses einordnet. Obgleich die Römischen Verträge das Ziel eines gemeinsamen Marktes für Finanzdienstleistungen keineswegs ausgeklammert hatten, war es in diesem Bereich zunächst zu keinen nennenswerten Initiativen gekommen. Dies lag nicht zuletzt daran, dass der grenzüberschreitende Kapitalverkehr und damit auch die Niederlassungsfreiheit von Finanzinstitutionen einer relativ umfassenden Kontrolle der Nationalstaaten unterlag (vgl. Tsoukalis 1997: 92ff). Innerhalb der Spielregeln des Bretton-Woods-Systems waren die Regierungen auf ihre geld- und finanzpolitische Autonomie bedacht und versuchten, destabilisierende Kapitalströme und Probleme in der Zahlungsbilanz zu vermeiden (vgl. Helleiner 1994).[5] Die Aktivitäten der Dachverbände im Bankensektor, d.h. vor allem der Europäischen Bankenvereinigung (FBE, 1960) und der

---

[5] Die Richtlinien von 1960 und 1962, die Restriktionen im Kapitalverkehr beseitigen, entfalteten keine sehr große Wirkung (vgl. Kapstein 1996: 132; Tsoukalis 1997: 93).

Europäischen Sparkassenvereinigung (ESV, 1963), hielten sich demzufolge in Grenzen.[6]

Erst nach dem Zusammenbruch des Bretton-Woods-Systems, der partiellen Liberalisierung des internationalen Kapitalverkehrs und dem „Werner Plan" zur Schaffung einer Wirtschafts- und Währungsunion gab es erste Versuche, die Integration im Bankensektor durch relativ umfassende Harmonisierungsvorschläge voranzutreiben. Diese verliefen angesichts vielfältiger nationaler Widerstände jedoch zumeist im Sande. Die ersten Richtlinien vermochten allenfalls eine vorsichtige Öffnung der nationalen Märkte für Finanzdienstleistungen einzuleiten. Inhaltlich beschränkten sie sich ganz auf die Frage der Niederlassung, enthielten jedoch keine Bestimmungen zur regulativen Angleichung der konkret angebotenen Finanzdienstleistungen.[7] Die materiellen Effekte der verschiedenen Richtlinien waren demzufolge sehr begrenzt. Gleichwohl sollte diese erste Phase der Liberalisierung von Finanzdienstleistungen für den weiteren Fortgang der Integration nicht unterschätzt werden. Zum einen erkannte die Kommission, dass ein umfassender Harmonisierungsansatz auf vielfältige nationale Widerstände stieß. Zum anderen stimulierten die ersten Initiativen ein größeres Engagement des privaten Bankensektors: „The various efforts to develop banking directives during the early 1970s also had another and long-lasting effect, in that it got commercial banks and securities firms more involved in the affairs of the commission and the community-building process" (Kapstein 1996: 135).

Genauer betrachtet, war die Unterstützung für den EG-Binnenmarkt innerhalb des Finanzsektors jedoch keineswegs ungeteilt. In den koordinierenden Diskurs über die wirtschaftlichen Vorteile eines liberalisierten europäischen Banken- und Kapitalmarktsektors waren eigentlich nur einige Großbanken und vor allem britische wie US-amerikanische Finanzunternehmen involviert (vgl. Grahl/Teague 1990: 128ff; Kapstein 1996: 135). Die Unternehmen, die in einem noch sehr weitgehend geschützten nationalen Umfeld operierten, verhielten sich eher abwartend oder sogar ablehnend. Trotz der hohen Priorität, die der Finanzmarktintegration im Kontext des EG-Binnenmarktes zugeschrieben wurde, kam es daher zu keiner umfassenden und offensiven Beteiligung der betroffenen Interessengruppen und ihrer Verbände. Im Gegenteil: „The financial players across Europe, apart from central bankers, became aware surprisingly late in the day how the internal market was likely to affect them. With a handful of exceptions,

---

6   Die wichtigsten Verbände im Versicherungssektor sind CEA (Comité Européen des Assurances, 1953) und BIPAR (European Federation of Insurance Intermediaries/Bureau International des Producteurs d'Assurances et de Réassurances, 1937). Angesichts der Komplexität der grenzüberschreitenden Liberalisierung und Regulierung der Versicherungsmärkte wird dieser Bereich nachfolgend nicht in die Betrachtung mit einbezogen (vgl. hierzu Howell 1998).

7   Den Anfang machte eine Richtlinie von 1973, die für den Bankensektor die formellen Diskriminierungen beseitigen sollte, die der Einrichtung von Niederlassungen, Zweigstellen oder Vertretungen entgegenstanden. Die erste Banken-Koordinierungsrichtlinie von 1977 definierte auf der Grundlage des Prinzips der Heimatlandkontrolle einen allgemeinen regulativen Rahmen, den nachfolgende Richtlinien konkretisieren sollten.

banks, insurance companies and stock exchanges took little part in the agitation for the single market and in most member states: the time lag between the Act in 1986 and active awareness could be measured in years rather than months" (Middlemas 1995: 473).

Die für den Banken- und Kapitalmarktsektor wichtigsten Elemente des Binnenmarktprogramms waren die Richtlinien zur vollständigen Liberalisierung des Kapitalverkehrs (1986 und 1988), die Zweite Banken-Koordinierungsrichtlinie (1989/1993) sowie die Wertpapierdienstleistungsrichtlinie und die Kapitaladäquanz-Richtlinie (1993/1996). Sie schufen – nunmehr auf der Grundlage qualifizierter Mehrheitsentscheidungen – einen gemeinsamen *regulativen Rahmen*, der sich durch die Kombination von drei Elementen auszeichnete: erstens durch das Prinzip der wechselseitigen Anerkennung der nationalen Regulierungsstandards, zweitens durch das Prinzip der Heimatlandkontrolle; und drittens durch die Definition allgemeiner Mindeststandards. Letztere blieben allerdings umstritten, da sie zuweilen mit der bestehenden nationalen Regulation im Konflikt standen und sehr essentielle Fragen betrafen, so z.B. die Zulassung, Aufsicht und auch die Eigenkapitalausstattung und Solvenz von Finanzinstituten.

Für die europäischen Verbände brachte der veränderte Integrationsansatz neue Optionen der Einflussnahme, aber auf vielfältige Schwierigkeiten mit sich. Die *neuen Optionen* ergaben sich vor allem daraus, dass die Kommission in den Verbänden einen wichtigen Gesprächspartner sah, mit dem sie die technische, vor allem aber politische Tragfähigkeit der Richtlinienentwürfe abstimmen konnte. Von daher eröffneten sich für die Verbände bereits relativ früh im politischen Prozess, d.h. in der Phase der Politikformulierung, vielfältige Möglichkeiten, die eigenen Anliegen durch Stellungnahmen oder Expertisen zur Geltung zu bringen.[8] Gleichzeitig mehrten sich innerhalb der europäischen Dachverbände jedoch auch die *Schwierigkeiten*, die unterschiedlichen – nationalen oder firmenspezifischen – Interessen innerhalb des Banken- und Kapitalmarktsektors aufeinander abzustimmen. Mit anderen Worten, ihnen wurde intern plötzlich eine sehr viel größere Koordinationsleistung abverlangt, auf die sie sich – durch die Aufstockung der finanziellen und personellen Ressourcen, effektivere organisationspolitische Entscheidungsprozesse und eine vorausschauende Strategie der Interessenvertretung – nur allmählich einstellen konnten.

Am besten gelang dies zunächst noch im *Bankensektor*. Dieser ist zwar alles andere als homogen, was sich auch in den verschiedenen Dachverbänden der Großbanken, Genossenschaftsbanken, Hypothekenbanken sowie Sparkassen und Landesbanken widerspiegelt. Gestützt und gedrängt durch einige Großbanken, die inzwischen eigene Vertretungen in Brüssel aufgebaut hatten (vgl. Michalowitz 2002: 139), übernahm die Europäische Bankenvereinigung (FBE) im Informations- und Verhandlungsprozess mit der Kommission jedoch mehr und mehr eine Führungsrolle (vgl. Vipond 1995: 104).

---

8   Sofern es um die technischen Aspekte von Richtlinienentwürfen geht, zieht die Kommission allerdings nicht primär die Dachverbände zu Rate, sondern sehr viel häufiger die Experten von einzelnen Unternehmen oder Think Tanks (vgl. Bouwen 2002a).

Sehr viel schwieriger stellte sich die Situation demgegenüber im *Kapitalmarktsektor* dar. Auch hier gibt es zwar mit der Federation of European Securities Exchanges (FESE) seit 1970 einen europäischen Dachverband, der in Kooperation mit verschiedenen anderen europäischen Assoziationen des Finanzsektors die Interessen der Kapitalmarktakteure auf europäischer Ebene vertritt. Die Vielzahl von Organisationen für Banken, Versicherungen, Finanzanalysten, Finanzmanager usw. lässt jedoch erkennen, dass die Anliegen und spezifischen Interessen der Finanzmarktakteure einen erheblichen Koordinationsaufwand erfordern. Zudem waren die Börsen bis in die 1990er Jahre hinein sehr viel stärker mit spezifischen nationalen Reorganisationsprozessen beschäftigt, als dass sie die europäische Entwicklung konzertiert hätten beeinflussen können (vgl. Middlemas 1995: 483ff).

Die Verhandlungen über die Richtlinien im Kontext des EG-Binnenmarktprogramms reflektieren in hohem Maße die jeweiligen Strukturen, regulativen Traditionen und Interessengeflechte der jeweiligen Sub-Sektoren (vgl. Story/Walter 1997: 259ff). Vergleichsweise rasch konnte man sich noch auf eine europäische Bankenregulierung – d.h. auf die Zweite Banken-Koordinierungsrichtlinie und auf die Richtlinien zur Liquidität und Eigenkapitalausstattung – einigen. Weitaus komplizierter erwies sich hingegen die Liberalisierung im Kapitalmarktsektor. Frankreich drängte in den Verhandlungen über die Wertpapierdienstleistungsrichtlinie auf die Definition eines „regulierten Marktes", wodurch gleichzeitig viele nicht-regulierte Transaktionen – in sog. „Alternative Trading Systems" (ATS) – ausgeklammert wurden, und Großbritannien und Deutschland konnten sich aufgrund der unterschiedlichen Risikoprofile von Großbanken, Investmentbanken und institutionellen Anlegern nur mühsam auf eine Richtlinie zur Kapitaladäquanz einigen (vgl. Coleman/Underhill 1998: 230ff). Alles in allem brachte das Binnenmarktprogramm die Liberalisierung des Banken- und Kapitalmarktsektors – vor allem im Großkundenbereich – zwar entscheidend voran. Von einer wirklichen Integration der Finanzmärkte konnte zu Beginn der 1990er Jahre aufgrund unzähliger rechtlicher Ausnahmebestimmungen und fortbestehender nationaler Kontrollkompetenzen allerdings noch längst keine Rede sein. Angesichts der mitunter heftigen sektoralen Konflikte und nationalen Widerstände bildete die Finanzmarktintegration noch kein ausstrahlungsfähiges politisches Projekt, das über die konsensstiftende Kraft des „koordinierenden Diskurses" die Transformation des transnationalen „historischen Blocks" auf europäischer Ebene kraftvoll anzuleiten vermochte.

3.2   Teilprojekte der Finanzmarktintegration und die Formierung einer transnationalen „Diskurs-Koalition"

In den 1990er Jahren gewann die Finanzmarktintegration dann allerdings deutlich an Schwung. Hierauf verweisen bereits die ökonomischen Indikatoren einer dynamischen Kapitalmarktentwicklung, so z.B. das – vorübergehend – explosionsartige Wachstum der *Marktkapitalisierung* von an der Börse notierten Unternehmen, die Beschleunigung des *Aktienhandels*, intensivierte *Fusions- und Übernahmeaktivitäten* transnationaler Unternehmen, eine stärker durch die Kapitalmärkte vermittelte *Finanzierung von Investitionen*, das gewachsene Gewicht *institutioneller Anleger* und eine zunehmend selbst auf den internationalen Wettbewerb ausgerichtete *Funktionsweise der Börsen* (vgl. ECB 2001; Huffschmid 2002; Moran 2002; Lütz 2002: 207ff). Die finanz-getriebene Transformation des kapitalistischen Reproduktionsmodus ist dabei einerseits das Ergebnis globaler Einflussfaktoren, andererseits aber auch spezifisch europäischer Gestaltungsinitiativen. Die globalen Einflüsse des transnationalen historischen Blocks zeigen sich unter anderem darin, dass sich die Liberalisierung und Regulierung der Kredit- und Kapitalmärkte in der EU in Übereinstimmung mit den Vorgaben des „Dollar-Wall-Street-Regimes" vollzieht. Neben der globalen Öffnung der europäischen Märkte übernimmt die EU auch jene regulativen Standards der Risikoprävention (Banken-Sektor) und Transparenzsicherung (Kapitalmarktsektor), die unter US-amerikanischer Führung in internationalen Institutionen – z.B. dem Baseler Ausschuss für Bankenregulierung oder der International Organization of Securities Commissions (IOSCO) – ausgehandelt und definiert werden (vgl. Kapstein 1996: 103ff; Lütz 2002: 170ff). Es würde jedoch zu kurz greifen, in der europäischen Finanzmarktintegration allein einen Prozess der passiven Anpassung an veränderte globale Rahmenbedingungen zu sehen. Die maßgeblichen Entscheidungsträger, d.h. die nationalen Regierungen, die Kommission, das EU-Parlament und die transnationalen Interessengruppen sind in den 1990er Jahren wiederholt selbst aktiv geworden, um die Liberalisierung und Integration der Finanzmärkte voranzutreiben. Dies verdeutlichen nicht zuletzt folgende Teilprojekte:

(1) Bereits in den 1980er Jahren hatte die Kommission erste Symposien organisiert, um die Banken, Risiko-Kapitalgeber und Industrieunternehmen für einen europäischen Kapitalmarkt zur Finanzierung von Start-ups im Hochtechnologiesektor zu gewinnen. In den 1990er Jahren verdichteten sich diese Überlegungen zu einem koordinierenden Diskurs, der die *EASDAQ-Initiative* (European Association of Security Dealers Automated Quotation) als eine angemessene Antwort auf die Probleme der Massenerwerbslosigkeit und des technologischen Rückstands gegenüber den USA thematisierte. Vor dem Hintergrund des Erfolgs des US-amerikanischen NASDAQ wurde der EASDAQ als eine Win-Win-Lösung diskutiert, die einen positiven Kreislauf in Gang setzen würde, von dem nicht nur Investoren und Unternehmen, sondern alle Marktteilnehmer und Arbeitssuchende profitieren würden (vgl. Weber/Posner 2001: 163ff). Treibende Kraft war in diesem Prozess die Kommission. Sie hoffte, durch den *pan-europäischen Risikokapitalmarkt* die Liberalisierung der etablierten Börsen und die Umsetzung der Wertpapierdienstleistungsrichtlinie zu beschleunigen. Vor allem die European Venture Capital Association (EVCA), die bereits 1984 auf Initiative des European Round Table for Industrialists (ERT) gegründet worden war, und die European Association of Securities Dealers (EASD, 1994) unterstützten sie dabei. Letztere war auf Anregung der Risikoka-

pitalvereinigung EVCA eigens dafür geschaffen worden, den in Brüssel basierten EASDAQ zu etablieren.[9]

Auf den ersten Blick mögen die Resultate dieses Prozesses als relativ mager erscheinen. Obwohl der EASDAQ im Herbst 1996 den Betrieb aufnahm und auf der Grundlage der Wertpapierdienstleistungsrichtlinie einen pan-europäischen Markt etablierte, versagten ihm die etablierten Märkte und Großinvestoren zunächst die Unterstützung. Ihnen erschien dieses Unterfangen offenbar als zu risikoreich,[10] während die Börsen eine zu rasche Liberalisierung und einen zu starken Wettbewerbsdruck befürchteten. Trotz aller Widerstände wurde jedoch ein wichtiges Ziel erreicht. Denn schließlich gingen die Börsen dazu über, eigene „neue Märkte" zu errichten, die sich vorübergehend miteinander vernetzten. Es kam mithin zu einem wettbewerbsinduzierten Liberalisierungsprozess, der letztlich auch auf die etablierten Wertpapiermärkte ausstrahlte (vgl. Weber/Possner 2001: 170ff).

(2) Ein weiteres, sehr viel bedeutsameres Teilprojekt der Finanzmarktintegration war die *Wirtschafts- und Währungsunion*. Die Ursachen und Motive dieses Projektes waren sicherlich sehr vielschichtig und keineswegs nur auf die Finanzmärkte gerichtet (vgl. Dyson/Featherstone 1999). In den Diskussionen über die WWU setzte sich bei den beteiligten Akteuren – den Regierungen, den Zentralbanken und der Kommission – jedoch rasch die Auffassung durch, dass unter den Bedingungen eines vollkommen liberalisierten Kapitalverkehrs das Europäische Währungssystem erhöhten Spannungen ausgesetzt sein würde, auf Dauer also kaum aufrecht zu erhalten war. Angesichts dieser Stabilitätserwägungen unterbreitete der Delors-Ausschuss, der sich aus dem Vorsitzenden der Kommission, den Leitern der nationalen Zentralbanken und einigen Wissenschaftlern zusammensetzte (vgl. Verdun 1999), 1989 einen Drei-Stufen-Plan, der in den Verhandlungen über den EU-Vertrag (Maastricht und Amsterdam) dann weiter konkretisiert wurde. Im Kern ist die WWU somit das Produkt eines transgouvernementalen Prozesses, auf den Interessengruppen allenfalls indirekt und diskursiv einzuwirken vermochten (vgl. allerdings Schwarzer, in diesem Band). Zwar hatten die transnationalen Konzerne des Industrie-, Dienstleistungs- und Finanzsektors bereits 1986 mit dem Committee for Monetary Union of Europe, aus dem 1987 dann die Association for the Monetary Union in Europe (AMUE) hervorging (vgl. McNamara 1998: 39) ein wichtiges Koordinationsforum gegründet, das die Währungsunion aufgrund der zu erwartenden ökonomischen Effekte – einer größeren Markttransparenz, klareren Kalkulationsbedingungen und geringeren Transaktionskosten – diskursiv unterstützte. Diese Art der Unterstützung, an der sich nahezu alle nationalen und europäischen Unternehmens- und

---

9   Klein- und Mittelbetriebe im Hochtechnologiesektor sowie transnationale Konzerne (vgl. ERT 1998: 20ff) begrüßten den EASDAQ prinzipiell. Dies lässt sich bereits als Hinweis darauf interpretieren, dass die Finanzmarktintegration in einen breiteren Diskurs über eine verbesserte Wettbewerbsfähigkeit durch geringere Kapitalkosten eingebettet ist (EASD-Interview, Februar 2002).
10 Anders verhielten sich hingegen die amerikanischen Banken, die aufgrund der Ähnlichkeit mit dem NASDAQ ihr Kapital vornehmlich auf dem EASDAQ anlegten, den im Sommer 2001 Anteilseigner des NASDAQ übernahmen.

Wirtschaftsverbände beteiligten, wurde letztlich jedoch erst bedeutsam, als es nach den gescheiterten bzw. sehr knappen Referenden über den EU-Vertrag zu Beginn der 1990er Jahre (vgl. Deppe/Felder 1993) darum ging, über einen breit gefächerten kommunikativen Diskurs, so z.B. durch mediale Kampagnen, eine größere Akzeptanz und Zustimmung in der Bevölkerung zu erzielen. Das diskursive Engagement transnationaler Interessengruppen richtete sich vor allem darauf, die wirtschaftlichen Vorteile entfallender Wechselkursschwankungen und einer stabilitätsorientierten Geld- und Finanzpolitik hervorzuheben. Gleichzeitig antizipierten die Interessengruppen des Finanzsektors mehr oder minder explizit auch die Konsequenzen der WWU für eine weitergehende Liberalisierung und Integration der europäischen Finanzmärkte, so z.B. die Öffnung der nationalen Anleihemärkte, die bessere Vergleichbarkeit der angebotenen Finanzprodukte und geringere Kosten für grenzüberschreitende Kredite und Investitionen infolge entfallender Wechselkurstransaktionen (vgl. Grahl 2001; Underhill 2002; Moran 2002). Darüber hinaus traten die noch bestehenden institutionellen und regulativen Barrieren deutlicher hervor, was den politischen Druck erhöhte, sie durch weitere Integrationsschritte zu beseitigen. Die Kapitalmobilität ist durch die WWU mithin entscheidend erhöht worden. Nicht nur was den Handel, auch was die Investitionen und die Kapitalbeschaffung betrifft, nutzen schon jetzt viele Unternehmen, Großbanken und institutionelle Anleger die Vorteile des Euro-Raumes. Es ist daher nur konsequent, dass im Anschluss an die WWU unzählige Interessengruppen – nationale und europäische Verbände, aber auch viele einzelne Unternehmen – auf eine weitergehende Integration des europäischen Finanzmarktes drängten (Kommissions-Interview, Mai 2001).

(3) Der *Aktionsplan für Finanzdienstleistungen* bildet gleichsam die neue programmatische und operative Plattform der Finanzmarktintegration (vgl. Kommission 1998a; 1999a; Pearson 2001). Bei den 42 Maßnahmen des Aktionsplans geht es zum einen um die Aktualisierung veralteter Richtlinien – vor allem der Wertpapierdienstleistungs- und der Kapitaladäquanzrichtlinie –, zum anderen aber auch um einige neue Regulierungen: z.B. zu Marktmissbrauch, Konsumentenschutz, Pensionsfonds, die Gründung einer Europäischen Aktiengesellschaft, Rechnungslegungsstandards oder feindliche Übernahmen. Der Aktionsplan war im Juni 1998 auf dem Gipfel in Cardiff auf die europäische Agenda gelangt[11], nachdem erkennbar geworden war, dass die europäische Rahmenregulierung – insbesondere im Bereich der Wertpapiermärkte – unzureichend oder überholt war, und sich viele private Unternehmen – Banken, Investmentbanken, Broker etc. – über fortbestehende Marktbarrieren beschwerten (FESE-Interview, Februar 2002). Die Kommission zeigte sich diesen Beschwerden gegenüber sehr aufgeschlossen, zumal sie selbst 1996 mit dem Single Market Review einen Prozess zur kritischen Überprüfung der Marktintegration eingeleitet hatte (vgl. Kommission 1996). Zusätzliche Impulse

---

11 Der Gipfel in Cardiff stand zwar ganz im Zeichen der europäischen Beschäftigungsstrategie, betonte in diesem Zusammenhang jedoch vor allem die Notwendigkeit, durch eine strukturelle Reform der Waren-, Dienstleistungs- und Kapitalmärkte die europäische Wettbewerbsfähigkeit zu steigern (vgl. Europäischer Rat 1998).

ergaben sich aus den Überlegungen, die Entwicklung von Risikokapitalmärkten zu fördern (vgl. Kommission 1998b; 1999b). Überdies hatte der Rat für Wettbewerbsfähigkeit (CAG 1998) – eine auf Anregung des European Round Table of Industrialists von der Kommission eingesetzte Experten-Gruppe aus Managern, Gewerkschaftern und Wirtschaftswissenschaftlern – zum EU-Gipfel in Cardiff einen Bericht vorgelegt, in dem die Vorteile einer weitergehenden Integration der Kapital- und Finanzmärkte dargelegt wurden: niedrigere Kapital- und Investitionskosten, ein erleichterter Zugang zu Risikokapital, eine markt-basierte Reform der Alterssicherungssysteme und eine beschleunigte finanzmarkt-getriebene Restrukturierung der europäischen Ökonomie (vgl. auch ERT 1998; 2000).

(4) Was den Wertpapiersektor anbetrifft, so wurde der regulative Entscheidungsprozess zuletzt gemäß der Vorschläge der sog. *Lamfalussy-Gruppe* (vgl. Ausschuss der Weisen 2001) auf eine veränderte institutionelle und prozedurale Grundlage gestellt. Nach nahezu einhelliger Auffassung ist der europäische Kapitalmarktsektor ungeachtet aller bisherigen Richtlinien noch immer sehr stark fragmentiert, und die Verabschiedung und Umsetzung der europäischen Regulierungen hält mit der Geschwindigkeit der Finanzmarktentwicklung nicht Schritt. Um dies zu verändern, sind bereits im Sommer 2001 zwei neue Ausschüsse eingesetzt worden: ein EU-Wertpapierausschuss (ESC), der sich aus nationalen Vertretern auf der Stufe von hochrangigen Beamten oder Staatssekretären zusammensetzt und die Kommission bei der Ausarbeitung von Verordnungen und Richtlinien unterstützt; und ein Ausschuss der EU-Wertpapierregulierungsbehörden (CESR), in dem die nationalen Wertpapierregulierungs- bzw. Aufsichtsbehörden vertreten sind. Dieser Ausschuss berät die Kommission und den Ausschuss der nationalen Beamten und Staatssekretäre im Vorfeld der Regulierungsentwürfe und überwacht die nationale Umsetzung der europäischen Rechtsetzung. Die beiden neuen Ausschüsse verfügen – in Kooperation mit der Kommission – insofern über eine beachtliche Gestaltungskompetenz, als der Ministerrat und das EU-Parlament fortan nur noch die allgemeinen regulativen Grundsätze und Durchführungsbefugnisse definieren. Die Interessengruppen des Finanzsektors waren in die Entwicklung dieses neuen Verfahrens aktiv involviert, zum Teil direkt durch die Mitarbeit im Experten-Ausschuss, das aus namhaften Vertretern des Finanzsektors bestand, und zum Teil indirekt durch Anhörungen, Stellungnahmen und Positionspapiere innerhalb eines sehr breit angelegten Konsultationsprozesses. In diesem wurden die Vorschläge der Lamfalussy-Gruppe von der Finanzindustrie – bei kleineren Korrekturen – durchweg begrüßt (vgl. Arlman 2002: 46), zumal nunmehr wichtige Kompetenzen im Entscheidungsprozess auf jene Institutionen – die Kommission, Wertpapierausschuss und Ausschuss der zuständigen Regulierungsbehörden – übertragen werden, die gegenüber den Anliegen der Finanzmarktakteure prinzipiell sehr aufgeschlossen sind, was zumindest indirekt größere Einflussmöglich-

keiten eröffnet. Dies gilt insbesondere für den Ausschuss der Wertpapierregulierungsbehörden.[12]

Alles in allem sind die Gestaltungsmöglichkeiten privater Finanzmarktakteure durch die aufgeführten Teilprojekte – formal und diskursiv – sukzessive ausgeweitet worden. Die Finanzmarktintegration folgt zuletzt dem gleichen Muster wie das Binnenmarktprojekt der 1980er Jahre. Wie damals das Weißbuch von Delors und Cockfield, so bildet heute der Aktionsplan für Finanzdienstleistungen die *programmatisch-operative Plattform* der Integrationsvorhaben. Wie damals der politische Entscheidungsprozess durch die Einheitliche Europäische Akte – qualifizierte Mehrheitsentscheidungen auf der Grundlage der wechselseitigen Anerkennung nationaler Regulierungen – erleichtert wurde, so ermöglichen heute die neu geschaffenen Ausschüsse – ESC und CESR – eine *Beschleunigung im legislativen Entscheidungsprozess*. Wie damals der Produktionssektor, allen voran der European Round Table of Industrialists, das Binnenmarktprojekt unterstützte und auf eine zügige Umsetzung drängte, so hat sich inzwischen eine einflussreiche *transnationale Diskurskoalition* zur Förderung der Finanzmarktintegration gebildet, die neben den Börsen, Brokern, Groß- und Investmentbanken und institutionellen Anlegern auch die transnationalen Konzerne des Produktionssektors, viele Think Tanks und Wissenschaftler umfasst. Im Frühjahr 2001 wurde zudem ein European Round Table of Financial Services (ERF) gegründet, in dem sich nach dem Vorbild des ERT die Vorstandsvorsitzenden führender Banken und Versicherungen zusammengeschlossen haben, um der Finanzmarktintegration weitere Impulse zu geben.[13] Der ERF hat unter anderem – dies ist eine weitere Parallele – zur Halbzeitbilanz des FSAP, d.h. kurz vor dem EU-Gipfel in Barcelona, einen *„Cecchini II-Bericht"* über die ökonomischen Effekte eines integrierten Finanzmarktes vorgelegt (Heinemann/Jopp 2002), um den Druck auf die nationalen Regierungen zu erhöhen (vgl. Financial Times, 22. März: 2) und das Projekt der Finanzmarktintegration voranzutreiben.

3.3 Der koordinierende Diskurs der Finanzmarktintegration

Der koordinierende Diskurs, der die verschiedenen Initiativen programmatisch umrahmt und anleitet, steht ebenfalls in der Tradition der Binnenmarkt-Programmatik. Diese zielte vor allem darauf, durch einen wettbewerbsinduzierten Modernisierungsprozess technologische Innovationen, Produktivitätssteigerungen und Investitionen zu stimulieren und neue Arbeitsplätze zu erzeugen, um die Wettbewerbsfähigkeit – gerade auch im Vergleich zur US-amerikanischen und japanischen Ökonomie – zu erhöhen (vgl. Sandholtz/ Zysman 1989). Mit den jüngeren Initiativen zur Finanzmarktintegration

---

12 Die FESE übernimmt in diesem Zusammenhang, da ihre Eigeninteressen weniger stark ausgeprägt sind, häufig eine Brokerage-Rolle für andere Interessengruppen (vgl. FESE-Interview, Februar 2002).

13 Wie bereits 1983 beim ERT ging auch 2001 die Initiative zur Gründung des ERF erneut von Pehr Gyllenhammar aus, der inzwischen allerdings nicht mehr leitender Manager von Volvo, sondern von CGNU, des größten britischen Versicherungskonzerns, ist.

hat sich der Fokus des Diskurses insofern verschoben, als nun die kostensenkenden Effekte eines integrierten Kredit- und Kapitalmarktes besonders betont und zum Hebel für eine durchgreifende Reorganisation der europäischen Ökonomie gemacht werden. Der koordinierende Diskurs verknüpft in diesem Sinne vor allem die nachfolgenden Argumente:

- Erstens wird immer wieder die wechselseitige Bedingung und Funktionalität von Finanzmarktintegration und WWU betont. Die WWU bildet danach einerseits einen wichtigen Katalysator der Finanzmarktintegration. Andererseits können die wirtschaftlichen Vorteile, die die WWU eröffnet, nur dann ausgeschöpft werden, wenn es gelingt, einen integrierten Finanzmarkt zu schaffen (vgl. Kommission 1998a). Mehr noch, der integrierte Finanzmarkt wird als eine Grundvoraussetzung dafür gesehen, dass genügend Kapital und Investitionen in den Euro-Raum fließen, um die gemeinsame Währung zu stärken: „Whoever wants the Euro to stand proud must (...) support structural reforms and in particular the European Commission's Financial Services Action Plan" (Bolkestein 2001)
- Zweitens akzentuiert die Finanzmarktintegration die zentralen Argumente des Diskurses über die Verbesserung der europäischen Wettbewerbsfähigkeit. Dieser Diskurs thematisiert – oft in Verknüpfung mit der Benchmarking-Konzeption und dem Vergleich von „best practices" – sehr allgemein die kostensenkenden und innovationsstimulierenden Impulse einer intensivierten grenzüberschreitenden Konkurrenz (vgl. van Apeldoorn 2002). Im Kontext der Finanzmarktintegration geht es zuletzt speziell um verbesserte Bedingungen – geringere Kosten und zusätzliche Möglichkeiten – der Kapitalbeschaffung. Nahezu alle Verbände des Finanzsektors wie auch der industriellen Produktion befürworten eine weitergehende Integration der Finanzmärkte. Der Rat für Wettbewerbsfähigkeit (CAG 1998: 1) sieht eine enge Verbindung „between changes in capital markets and competitivenes. Better functioning capital markets exert downward pressure on interest rates, and both expand and broaden access to capital." Und auch der European Round Table of Industrialists schließt sich dieser Auffassung an: „An integrated pan-European capital market would drive down the cost of capital, increase financing options, lower the cost of doing business (dramatically in the case of securities), increase the yields on investment and pension funds for all citizens, and release more venture capital" (ERT 2002: 7).
- Drittens bezieht sich der Diskurs über die Finanzmarktintegration sehr stark auf die US-Ökonomie. Diese wird einerseits als Hauptkonkurrent identifiziert, andererseits bildet sie – zumindest partiell, was die Dynamik des Kapitalmarktes anbetrifft – jedoch gleichzeitig das Vorbild für die Reorganisation der europäischen Ökonomie. Die meisten der aufgeführten Teilprojekte, z.B. der EASDAQ und der Aktionsplan für Finanzdienstleistungen, waren programmatisch durch den Erfolg des US-Modells inspiriert. Besonders deutlich formulierte dies der für den Binnenmarkt

zuständige Kommissar: „No-one is forcing the European Union to become more competitive than the United States in nine years time. But if that is what we really want, we must leave the comfortable surroundings of the Rhineland and move closer to the tougher conditions and colder climate of the Anglo-Saxon form of capitalism, where the rewards are greater but the risks also" (Bolkestein 2001).

Im Kern verdichten sich diese Argumente in der Vorstellung, dass eine intensivierte Finanzmarktintegration nicht nur unumgänglich, sondern auch wünschenswert ist. Kapitalmärkte werden grundsätzlich als effizienter eingeschätzt als traditionell organisierte Kreditmärkte. Dies gilt insbesondere, wenn der integrierte Finanzmarkt in der EU – unter Wahrung gewisser Transparenz- und Sicherheitsstandards – ein möglichst marktliberal organisiertes „level playing field" bereitstellt, das über den intensivierten Wettbewerb im Finanzsektor hinaus eine finanz-getriebene Reorganisation der europäischen Ökonomie anleitet. Ungeachtet der jüngsten Krise auf den Aktienmärkten befürworten eine solche Sichtweise in erster Linie die global orientierten transnationalen Konzerne und Finanzunternehmen, von denen viele britischer oder US-amerikanischer Provenienz sind. Die transnationalen Finanzunternehmen sind individuell in den beratenden Ausschüssen oder in kollektiven Akteuren wie den EU-Verbänden die maßgeblichen Protagonisten der Finanzmarktintegration. Für sie eröffnet der integrierte und global liberalisierte europäische Finanzmarkt vielfältige Möglichkeiten, im Kampf um Marktanteile – geographisch und auf verschiedenen Geschäftsfeldern – ihre Aktivitäten zu erweitern. Gleichsam komplementär hierzu erhoffen sich die transnationalen Konzerne des Industrie- und Dienstleistungssektors günstigere Bedingungen der Kapitalbeschaffung.

Im Vergleich hierzu sind die kleineren und mittleren, oftmals regional gebundenen Finanz-, Industrie- und Dienstleistungsunternehmen, weitaus zurückhaltender, da für sie das marktliberale „level playing field" auch einige komparative Nachteile mit sich bringt.[14] Eine ähnliche Einstellung haben die meisten Gewerkschaften. Obwohl der intensivierte Wettbewerb und die erhöhte Kapitalmobilität die Macht- und Verteilungsansprüche der abhängig Beschäftigten in vielen Branchen eher beeinträchtigt (vgl. Frieden 1991), lehnen sie den Prozess der Finanzmarktintegration keineswegs ab. Die Gewerkschaften versuchen allerdings zu erreichen, dass den Beschäftigten – z.B. in Fragen der Unternehmensübernahme, Bilanzierung oder Rechnungslegung – gewisse Mitbestimmungs- und Kontrollrechte zugestanden und darüber hinaus Optionen eröffnet werden, am Gewinn und der Wertsteigerung der Unternehmen finanziell zu partizipieren (EGB-Interview, Februar 2002).

---

14   Deutlich wurde dies unter anderem im Konflikt darüber, ob und inwiefern im Fall öffentlicher Banken und Sparkassen die Prinzipien der Anstaltslast- und Gewährträgerhaftung eine unerlaubte Beihilfe darstellen (EAPB-Interview, Mai 2001; vgl. Wolf in diesem Band), oder in der Neuverhandlung der Eigenkapitalbestimmungen nach Basel II.

4 Die Institutionalisierung der EU-Diskurskoalition

Die bisherigen Ausführungen haben deutlich gemacht, dass Vorgaben der globalen politischen Ökonomie den Prozess der Finanzmarktintegration in der EU strukturell – z.B. durch die Finanzströme und Investitionen –, aber auch regulativ und diskursiv beeinflussen (vgl. Huffschmid 1999). Die europäische Ebene nimmt den globalen Druck zur Liberalisierung und Deregulierung insofern auf, als die politischen Entscheidungsträger und transnationalen Interessengruppen im koordinierenden Diskurs über die Vorteile eines marktliberalen „level playing fields" die nationalen Interessen, Regulierungsansätze und Überzeugungen zu bündeln und mit den Vorgaben internationaler Arrangements – z.B. des Baseler Ausschusses für Bankenregulierung – in Einklang zu bringen versuchen (vgl. Lütz 2002: 137ff). Es wäre in diesem Zusammenhang allerdings zu einseitig, in der europäischen Koordination und Regulierung nur eine abhängige Variable nationaler und globaler Einflussbemühungen zu sehen. Die Akteure der EU-Diskurskoalition sind zum einen – direkt oder indirekt – selbst aktiv in die globale Diskussion und Regulierung involviert. Zum anderen eröffnen sich ihnen im Kontext der EU-Institutionen und des EU-Mehrebenensystems vielfältige Handlungsmöglichkeiten, die jeweiligen Interessen, Erkenntnisse und Überzeugungen aufeinander abzustimmen und in den regulativen Entscheidungsprozess einzubringen (vgl. hierzu Kohler-Koch/Eising 1999).

Die Institutionalisierung der europäischen Diskurs-Koalition umschließt in diesem Sinne drei Dimensionen: erstens die europäischen Institutionen – Kommission, Ministerrat, die Ausschüsse im Komitologie-Verfahren und das EU Parlament – und die formalen Prozesse der Entscheidungsfindung, an denen die betroffenen Interessengruppen über eine geregelte Konsultation seitens der Kommission bereits indirekt partizipieren; zweitens die verschiedenen Foren der Deliberation – Expertenauschüsse und beratenden Ausschüsse –, die den Konsultationsprozess unter Einschluss von transnationalen Interessengruppen, Wissenschaftlern, Experten und Consultants auf eine breite Grundlage stellen; und drittens schließlich die mitunter recht lockeren Netzwerke der diskursiven Koordination, in denen sich die Interessengruppen, Think Tanks und Journalisten wechselseitig – z.B. im Rahmen von Tagungen, Studien, Pressekonferenzen etc. – über ihre Erkenntnisse und Vorstellungen informieren, neue Anregungen holen und ihre Aktivitäten gegebenenfalls aufeinander abstimmen. Diese Dimensionen markieren den organisatorischen Rahmen, auf den sich die transnationale Diskurs-Koalition bezieht, um den von ihr propagierten Diskurs über die Vorteile einer intensivierten Finanzmarktintegration zu operationalisieren. Dies heißt, die gesteigerte Definitions- und Gestaltungsmacht transnationaler Interessengruppen mag strukturell durch globale Liberalisierung der Finanzmärkte und die Dynamik der Kapitalmärkte bedingt sein, operativ stützt sie sich jedoch ebenso auf die Aufnahmefähigkeit und -bereitschaft des europäischen Institutionengefüges. Dieses ist seit Ende der 1970er Jahre in mehrfacher Hinsicht sukzessive erweitert und gestärkt worden.

Dies gilt im Prinzip für alle drei Dimensionen. Der *institutionelle Entscheidungsprozess* war bereits im Zuge des Binnenmarktprogramms durch ein erweitertes Handlungsinstrumentarium – qualifizierte Mehrheiten, das Prinzip der wechselseitigen Anerkennung bei Heimatlandkontrolle und die Definition gemeinsamer Mindeststandards – auf eine veränderte Grundlage gestellt worden. Zudem wurde ein Gefüge von beratenden und regulativen Ausschüssen etabliert, in denen die Regierungen, die Zentralbanken und die Kommission versuchen, den regulativen Entscheidungsprozess und die Finanzaufsicht transgouvernemental zu koordinieren (vgl. hierzu European Commission 2000; Lannoo 2002). Zu erwähnen ist in diesem Zusammenhang zum einen das bereits 1977 gegründete Banking Advisory Committee (BAC), das sich aus leitenden Repräsentanten der nationalen Bankenaufsicht, der Finanzministerien und der Zentralbanken zusammensetzt. Neben der Absprache mit Aufsichtsbehörden aus dem Nicht-EU-Raum – z.B. dem Baseler Ausschuss für Bankenaufsicht – ist der Ausschuss formell, durch Stellungnahmen und technische Vorschläge, im Rahmen des Komitologie-Verfahrens am regulativen Entscheidungsprozess beteiligt.[15] Zum anderen war 1985 für den Kapitalmarktsektor ein High Level Securities Supervisors Committee (HLSSC) eingerichtet worden, das sich aus Vertretern der Aufsichtsbehörden und Finanzministerien zusammensetzt. Der Ausschuss war allerdings nicht formell im Komitologie-Verfahren verankert und konnte daher nur sehr allgemeine beratende Aufgaben wahrnehmen.[16] Mit den beiden zuletzt, auf Vorschlag der Lamfalussy-Gruppe, neu geschaffenen Ausschüssen im Wertpapiersektor hat sich die Situation inzwischen jedoch gravierend verändert. Ähnlich wie bereits zuvor im Bankensektor die Europäische Bankenvereinigung (FBE) auf die Arbeit des Ausschusses der nationalen Bankenaufsichtsbehörden konzeptionell einwirken konnte (vgl. Story/Walter 1997: 21), so öffnen sich nun auch für die Interessengruppen des Kapitalmarktsektors neue, allerdings nicht formalisierte Zugänge zur europäischen Politik. Da die Interessengruppen weder an den Sitzungen teilnehmen können, noch Informationen über die internen Beratungen nach außen dringen (vgl. Bouwen 2002b: 124ff), sind die diskursiven Einflussmöglichkeiten auf die transgouvernemental operierenden Komitologie-Ausschüsse nur schwer zu bemessen. Offener ist demgegenüber der Kommunikationsprozess der Financial Services Policy Group (FSPG), die 1998, gleichsam parallel zum Aktionsplan für Finanzdienstleistungen, ins Leben gerufen wurde. Sie ist ebenfalls ein transgouvernementales Gremium und setzt sich aus Mitarbeitern der Finanzministerien und anderen hochrangigen Beamten zusammen. Ihre

---

15 Zudem gibt es noch das Banking Supervision Committee (BSC), das 1998 durch das Europäische System der Zentralbanken eingerichtet wurde, um die Aufsicht und Stabilität der Geld- und Finanzbeziehungen zu unterstützen sowie die „Group de Contact" (GdC), die bereits seit 1972 die alltäglichen Aufsichtsfunktionen informell koordiniert und dem BAC und BSC praktisch zuarbeitet.
16 Eine begrenzte Komitologie-Funktion haben hingegen das seit 1979 bestehende Securities Contact Commitee und das 1985 etablierte UCITS Contact Committee, die jedoch nicht an der Formulierung von Richtlinien beteiligt sind, sondern deren Umsetzung Wertpapier- bzw. Investmentgeschäft koordinieren.

Hauptaufgabe besteht darin, Prioritäten im Prozess der Finanzmarktintegration zu identifizieren, die nationalen Regierungen auf diese Weise früh in die legislativen Initiativen der Kommission mit einzubeziehen und auf eine konsequente Umsetzung der Rechtsakte hinzuwirken.

Der Ausbau der institutionellen Entscheidungsprozesse fördert vor allem die engere Abstimmung und Verzahnung zwischen den nationalen Regierungen und den nationalen Aufsichts- und Regulierungsinstitutionen. Die transnationalen Interessengruppen werden in diesem Prozess zwar bereits seit längerem regelmäßig konsultiert. Zuletzt eröffnen sich ihnen jedoch vor allem dadurch diskursive Gestaltungs- und Definitionsmöglichkeiten, dass eine ganze Reihe von *Deliberations-Foren* neu eingerichtet wurden (zum Überblick vgl. Bouwen 2002b: 129). Zu erwähnen sind in diesem Kontext erstens die 1999 eingerichteten Experten-Gruppen („Forum Groups"), die die Kommission darin unterstützen sollen, bestehende Mängel und praktische Hindernisse der Finanzmarktintegration zu identifizieren, so z.B. in Fragen der Wertpapierdienstleistungsrichtlinie, der Marktmanipulation, finanziellen Sicherheiten, Marktinformation etc. Bei den ausgewählten Experten handelt es sich jeweils um Vertreter einzelner Unternehmen aus spezifischen Teilsegmenten des Finanzsektors. Zweitens ist im gleichen Jahr auf Initiative einiger Abgeordneter das European Parliamentary Financial Services Forum (EPFSF) gegründet worden, von dem sich das EU-Parlament bei den anstehenden Entscheidungen des Aktionsplans für Finanzdienstleistungen von Experten – jeweils zur Hälfte etwa Verbände und Einzelunternehmen – beraten lassen will (FESE-Interview, Februar 2002). Die Interessengruppen des Finanzsektors nehmen dieses Angebot bereitwillig an, da sie aufgrund des Mitentscheidungsverfahrens auf die Unterstützung der Parlamentarier angewiesen sind. Drittens schließlich sind viele der transnationalen Finanzunternehmen und Verbände im European Services Forum (ESF) vertreten. Dieses ist 1998 gegründet worden, um Kommission und Mitgliedstaaten in den WTO-(World Trade Organization) Verhandlungen beratend zu unterstützen. In der sehr umfangreichen WTO-Agenda konzentriert sich die Aufmerksamkeit der Finanzunternehmen insbesondere darauf, schwer zugängliche Märkte für die Finanzdienstleistungen europäischer Anbieter zu öffnen.

Die Entwicklung der dritten Dimension, d.h. der diversen Netzwerke der diskursiven Koordination, ist empirisch sehr viel schwieriger zu skizzieren. Im Vergleich zur geregelten Konsultation und Beratschlagung sind die informellen Netzwerke weiter ausgreifend, zum Teil allerdings auch weniger beständig und nur auf einige Detailaspekte bezogen. Ungeachtet ihres oft recht fluiden Charakters haben sie in den 1990er Jahren an Bedeutung gewonnen. Offenbar engagiert sich inzwischen eine wachsende Zahl von Unternehmen und Interessengruppen für den Fortgang der Finanzmarktintegration. Je nach Gegenstand sind in den transnationalen Kommunikationsprozess mitunter auch Verbände des Produktionssektors einbezogen. Das Gleiche gilt bereits seit längerem für professionelle Lobbyisten und Consultants, für diverse Think Tanks, wie das Center for European Policy Studies oder den Federal Trust, für viele Wirtschaftswissenschaftler und Juristen und natürlich auch für die führenden Journalisten einflussreicher Tageszeitungen und Magazine, wie z.B. der Financial Times oder des Economist.

Die mehrdimensionale Institutionalisierung der transnationalen Diskurs-Koalition begünstigt letztlich den Übergang von einer hierarchisch strukturierten (Bankensektor) bzw. selbstorganisierten (Kapitalmarktsektor), jedenfalls national fragmentierten und intergouvernemental umkämpften (vgl. hierzu Story/Walter 1997; Lütz 2002), hin zu einer konsensgestützten Form des – transgouvernementalen und transnationalen – Netzwerkregierens. Dieses stützt sich weniger auf korporatistische, als vielmehr auf pluralistische Kommunikations- und Einflusskanäle. Der finanzmarktpolitischen Regulierung der EU ist daher zugleich eine starke innere Spannung eingeschrieben. Auf der einen Seite gelingt es den global orientierten Finanzunternehmen und ihren Verbänden – mit Unterstützung der Kommission – im koordinierenden Diskurs, sofern er sich auf das übergeordnete Ziel eines marktliberal organisierten integrierten Finanzmarktes bezieht, einen relativ breiten Basis-Konsens herzustellen. Auf der anderen Seite erstreckt sich dieser Basis-Konsens jedoch keineswegs auf die konkreten Formen und Inhalte der regulativen Operationalisierung. Die Bestimmungen der einzelnen Verordnungen und Richtlinien – z.B. die Aktualisierung der Wertpapierdienstleistungsrichtlinie, die Pensionsfondsrichtlinie oder die Übernahmerichtlinie – sind angesichts der sektoralen und nationalen Sonderinteressen nach wie vor, inzwischen allerdings innerhalb eines inhaltlich sehr viel enger eingegrenzten Korridors, umkämpft.

Wenn daher in neo-gramscianischer Perspektive das Projekt der Finanzmarktintegration als Ausdruck hegemonialer Verhältnisse interpretiert wird, so ist damit kein allumfassender, sondern nur ein grundsätzlicher (Eliten-)Konsens über die zentralen Programmelemente und Zielvorgaben unterstellt. Im Kern ist der koordinierende Diskurs durch die marktliberale Konzeption eines intensivierten, kostensenkenden und innovationsstimulierenden Wettbewerbs bestimmt. Hiermit ist nicht gemeint, dass ein marktliberales „level playing field" ohne staatliche Regulation auskommt. Im Gegenteil, um die Öffnung der noch bestehenden – partiell selbst-regulierten – Protektionszonen durchzusetzen, d.h. die Angleichung und Kompatibilität regulativer Standards voranzutreiben, um im Kapitalmarktsektor ein Mindestmaß an Transparenz und Anlegerschutz sicherzustellen und im Bankensektor Sicherheitsrisiken zu begrenzen, ist sogar ein verstärktes und fortlaufendes Engagement der Regierungen bzw. der Regulierungs- und Aufsichtsbehörden erforderlich (vgl. Lütz 2002: 305ff). Keine Akzeptanz finden hingegen all jene Regulierungen, die nicht funktional durch das Ziel der Wettbewerbsintensivierung, sondern durch spezifische politische Interessen und Überzeugungen motiviert sind. Hierzu zählen neue Wettbewerbsschwellen, d.h. Elemente der nationalen oder sektoralen Protektion, vor allem aber all jene markt-korrigierenden Regulierungselemente – wie z.B. höhere Mindeststandards, ein verbesserter Konsumentenschutz, soziale Kontrollrechte von Stakeholder-Gruppen, die Tobin-Steuer, Wechselkurszielzonen etc. –, mit denen die regulative Liberalisierung nach Maßgabe gesellschaftlicher Kriterien konditionalisiert werden könnte (vgl. Frangakis et al. 2002).

Bislang ist es der transnationalen Diskurs-Koalition gelungen, sowohl die protektionistischen Störmanöver als auch die Vorschläge einer markt-korrigierenden Regulation und Intervention – durch politische Kampagnen oder geringfügige Zugeständnisse – weitgehend zu neutralisieren. Obgleich die Krise auf den Wertpapiermärkten die Euphorie, die noch den Gipfel von Lissabon getragen hatte (vgl. Europäischer Rat 2000), deutlich gedämpft hat, scheint der marktliberale Basiskonsens nach wie vor stabil (vgl. Bieling 2003). Dass dies auch weiterhin so bleibt, setzt allerdings einiges voraus: erstens eine hinreichende Stabilität und Transparenz des europäischen Finanzmarktes bei Vermeidung weiterer Finanzskandale; zweitens eine Revitalisierung der – globalen – Kapitalmärkte mit erkennbar positiven Effekten für Investitionen, Wirtschaftswachstum und Beschäftigung; drittens einen europäischen Koordinations- und Entscheidungsprozess, der nationale und sektorale Interessendivergenzen nicht nur kommunikativ, sondern auch regulativ zu bearbeiten vermag; und viertens letztlich auch einen ausstrahlungsfähigen „kommunikativen Diskurs", der die zentralen Zielvorgaben und die programmatische Orientierung der Finanzmarktintegration erfolgreich in die Arenen der nationalen Öffentlichkeit transportiert.

Literaturverzeichnis

Arlman, Paul (2002): Exchanges in Europe in 2002. in: Robbinson, Debbie (Hrsg.). International Commodities Review. London: Euromoney Institutional Investor: 44-47.

Ausschuss der Weisen (2001): Schlussbericht des Ausschusses der Weisen über die Regulierung der europäischen Wertpapiermärkte. Brüssel.

Bhagwati, Jagdish (1998): The Capital Myth. Foreign Affairs; Bd. 77, Heft 3: 7-12.

Bieling, Hans-Jürgen (2003): Social Forces in the Making of the New European Economy: the Case of Financial Market Integration. New Political Economy; vol 8, Heft 2: 203-224.

Bieling, Hans-Jürgen/Steinhilber, Jochen (2000): Hegemoniale Projekte im Prozess der europäischen Integration. in: Bieling, Hans-Jürgen/Steinhilber, Jochen (Hrsg.). Die Konfiguration Europas. Dimensionen einer kritischen Integrationstheorie. Münster: Westfälisches Dampfboot: 102-130.

Bolkestein, Frits (2001): 'European Competitiveness', Ambrosetti Annual Forum; Cernobbio, 8 September; http://europa.eu.int/comm/internal_market/en/speeches/ spch373.htm.

Bouwen, Pieter (2002a): Corporate Lobbying in the European Union. Journal of European Public Policy; Bd. 9, Heft 3: 365-390.

Bouwen, Pieter (2002b): Gaining Access to the European Union. A Theoretical Framework and Empirical Study of Corporate Lobbying in the European Union. Florenz: European University Institute.

CAG (1998): Capital Markets for Competitiveness. Report to the President of the Commission and the Heads of State and Government for the Cardiff European Council. Brüssel.

Coleman, William D./Underhill, Geoffrey R.D. (1998): Globalization, Regionalism and the Regulation of Securities Markets. in: Coleman, William D./Underhill, Geoffrey R.D. (Hrsg.). Regionalism & Global Economic Integration: Europe, Asia and the Americas. London und New York: Routledge: 223-248.

Cox, Robert W. (1983): Gramsci, Hegemony, and International Relations. An Essay in Method. Millennium; Bd. 12, Heft 2: 162-175.

Cox, Robert W. (1987): Production, Power and World Order. Social Forces in the Making of History. New York: Columbia University Press.
Deppe, Frank/Felder, Michael (1993): Zur Post-Maastricht-Krise der Europäischen Gemeinschaft. Marburg: Philipps-Universität Marburg (FEG-Arbeitspapier Nr. 10.).
Dyson, Kenneth/Featherstone, Kevin (1999): The Road to Maastricht. Negotiating Economic and Monetary Union. Oxford: Oxford University Press.
ECB (2001): The Euro Equity Markets. Frankfurt a.M.: ECB.
ERT (1998): Job Creation and Competitiveness through Innovation. Brüssel: ERT.
ERT (2000): European Pensions. An Appeal for Reform. Pension Schemes that Europe can Really Afford. Brüssel: ERT.
ERT (2002): Will European Governments in Barcelona keep their Lisbon Promises? Message from the European Round Table of Industrialists to the Barcelona European Council. Brüssel: ERT.
Kommission der Europäischen Gemeinschaften (1996): The 1996 Single Market Review. Background Information for the Report to the Council and European Parliament. SEC(96) 2378. Brüssel.
Kommission der Europäischen Gemeinschaften (1998a): Finanzdienstleistungen: Abstecken eines Aktionsrahmens. KOM(98) 625 endg. Brüssel.
Kommission der Europäischen Gemeinschaften (1998b): Risikokapital: Schlüssel zur Schaffung von Arbeitsplätzen in der Europäischen Union, SEK(98) 552 endg; Brüssel.
Kommission der Europäischen Gemeinschaften (1999a): Umsetzung des Finanzmarktrahmens: Aktionsplan, KOM(99) 232 endg; Brüssel.
Kommission der Europäischen Gemeinschaften (1999b): Risikokapital. Schlüssel zur Schaffung von Arbeitsplätzen. Umsetzung eines Aktionsplans. in: Europäische Wirtschaft, Beiheft A. Wirtschaftsanalysen, Nr. 12; Brüssel.
Kommission der Europäischen Gemeinschaften (2000): Institutional Arrangements for the Regulation and Supervision of the Financial Sektor; Brüssel.
Europäischer Rat (1998): Schlussfolgerungen des Vorsitzes. Europäischer Rat vom 15. und 16. Juni; Cardiff.
Europäischer Rat (2000): Schlussfolgerungen des Vorsitzes. Europäischer Rat vom 23. und 24. März; Lissabon.
Frangakis, Marika/Grahl, John/Huffschmid, Jörg/Plihon, Dominique (2002): Financial Markets in the EU – Policy developments and proposals for alternatives. Brüssel: Paper for the 8th workshop on alternative economic policy in Europe, 27-28 September.
Frieden, Jeffry A. (1991): Invested Interests: the politics of national economic policies in a world of global finance. International Organzation; Bd. 45, Heft 4: 425-451.
Gill, Stephen (1993): Gramsci, Historical Materialism, and International Relations. Cambridge: Cambridge University Press.
Gowan, Peter (1999): The Global Gamble. Washington's Faustian Bid for World Dominance. London: Verso.
Grahl, John (2001): Globalized Finance: The Challenge to the Euro. New Left Review; Bd. 2, Heft 8: 23-47.
Grahl, John/Teague, Paul (1990): 1992 – The Big Market. The Future of the European Community. London: Lawrence & Wishart.
Heinemann, Friedrich/Jopp, Mathias (2002): The Benefits of a Working European Retail Market for Financial Services. Bonn: Europa Union Verlag.
Helleiner, Eric (1994): States and the Reemergence of Global Finance: From Bretton Woods to the 1990s. Ithaca und London: Cornell University Press.
Howell, Kerry E. (1998): Regulation in the European Union: A Case of the Life Insurance Industry. Bournemouth: Bournemouth University (School of Finance & Law Working Paper Series No. 10).

Huffschmid, Jörg (1999): Politische Ökonomie der Finanzmärkte. Hamburg: VSA-Verlag.
Huffschmid, Jörg (2002): Financial Markets in Europe – Structure, Changes, Actors and Strategies; http://www.epoc.uni-bremen.de/publications1.htm.
Kapstein, Ethan B. (1996): Governing the Global Economy. International Finance and the State. Cambridge: Harvard University Press (2. Auflage).
Kohler-Koch, Beate/Eising, Rainer (1999): The Transformation of Governance in the European Union. London und New York: Routlege.
Laclau, Ernesto (1981): Politik und Ideologie im Marxismus. Kapitalismus – Faschismus – Populismus. Berlin: Argument-Verlag.
Lannoo, Karel (2002): Supervising the European Financial System; http://www.iep-berlin.de/publik/sonstige/eu-market/lannoo.pdf.
Lütz, Susanne (2002): Der Staat und die Globalisierung von Finanzmärkten. Regulative Politik in Deutschland, Großbritannien und den USA. Frankfurt a.M.: Campus.
McNamara, Kathleen R. (1998): The Currency of Ideas. Monetary Politics in the European Union. Ithaka und London: Cornell University Press.
Michalowitz, Irina (2002): EU Business Associations: Meeting the needs of Europe's Services Sectors? in: Greenwood, Justin (Hrsg.). The Effectiveness of EU Business Associations. Houndmills: Palgrave: 131-142.
Middlemas, Keith (1995): Orchestrating Europe. The Informal Politics of the European Union 1973-1995. London: Fontana Press.
Moran, Michael (2002): Politics, Banks, and Financial Market Governance in the Euro-Zone. in: Dyson, Kenneth (Hrsg.). European States and the Euro. Europeanization, Variation, and Convergence. Oxford: Oxford University Press: 257-277.
Pearson, Patrick (2001): The European Commission's Action Plan for Financial Services. The Geneva Papers on Risk and Insurance; Bd. 26, Heft 3: 329-333.
Ruggie, John Gerard (1982): International Regimes, Transactions and Change: Embedded Liberalism in the Postwar Economic Order. International Organization; Bd. 36, Heft 2: 379-416.
Sandholtz, Wayne/Zysman, John (1989): 1992: Recasting the European Bargain. World Politics; Bd. 17, Heft 1: 95-128.
Schmidt, Vivien A. (2002): The Futures of European Capitalism. Oxford: Oxford University Press.
Story, Jonathan/Walter, Ingo (1997): Political Economy of Financial Integration in Europe: The Battle of the Systems. Cambridge MA: MIT Press.
Tsoukalis, Lukas (1997): The New European Economy Revisited. Oxford: Oxford University Press (3. Auflage).
Underhill, Geoffrey R.D. (2002): Global Integration, EMU, and Monetary Governance in the European Union: The Political Economy of the „Stability Culture". in: Dyson, Kenneth (Hrsg.). European States and the Euro. Europeanization, Variation, and Convergence. Oxford: Oxford University Press: 31-52.
van Apeldoorn, Bastiaan (2002): Transnational Capitalism and European Integration. London und New York: Routledge.
van der Pijl, Kees (1984): The Making of an Atlantic Ruling Class. London: Verso.
Verdun, Amy (1999): The role of the Delors Committee in the creation of EMU: an epistemic community. Journal of European Public Policy; Bd. 6, Heft 2: 308-328.
Vipond, Peter (1995): European Banking and Insurance. Business Alliances and Corporate Strategies. in: Greenwood, Justin (Hrsg.). Business Alliances. London: Prentice Hall: 101-113.
Weber, Steven/Posner, Elliot (2001): Creating a Pan-European Equity Market in Europe. in: Weber, Steven (Hrsg.). Globalization and the European Political Economy. New York: Columbia University Press: 140-196.

Unternehmen und Banken auf dem Weg zur Währungsunion:
Die „Association for the Monetary Union of Europe" als Motor eines
transnationalen Konsenses[1]

Daniela Schwarzer und Stefan Collignon

1 Einleitung: Wirtschaftsakteure und die Gründung der Währungsunion

Die politikwissenschaftliche Forschung zur Entstehung der Europäischen Währungsunion (EWU) stellt im allgemeinen die Interessen und die Rolle der Regierungen und gegebenenfalls der Kommission in den Mittelpunkt. Die Frage, ob und in wiefern Wirtschaftsakteure und ihre Interessenvertretungen zur Realisierung der Währungsunion beigetragen haben, bleibt dabei unterbelichtet – obgleich die Literatur zum Lobbying in der EU und zur Frage nach der Existenz und der Bedeutung einer europäischen Zivilgesellschaft in den vergangenen Jahren gewachsen ist.

Die Forschungslücke betrifft erstens das *Interesse von Unternehmen und Banken* an der Schaffung eines neuen Währungsregimes mit seinen politischen, mikro- und makroökonomischen Konsequenzen. McNamara bezweifelt gar den Versuch der Einflussnahme von Seiten der Wirtschaft: „Es gibt wenig Belege, dass sie sich proaktiv für bestimmte Politiken eingesetzt hätten." (1998: 37). Dieses Urteil mag für die 1970er Jahre in Bezug auf den Werner-Plan zutreffen. In den 1980er Jahren hatte sich die Situation jedoch geändert.[2] Seit der Gründung des Europäischen Währungssystems (EWS) 1978 existierte mit dem Ecu ein Instrument, das es der Wirtschaft ermöglichte, in europäischem Geld zu arbeiten. Dadurch wurden erste Vorteile einer Gemeinschaftswährung erlebbar, wenngleich auch die Grenzen einer europäischen Währungseinheit deutlich wurden und die Forderung nach einer europäischen Einheitswährung an Gewicht gewann. Ab 1987 war mit der Assoziation für die Europäische Währungsunion (Association for the Monetary Union of Europe, AMUE) ein transnationaler Verband aktiv, unter dessen Dach Europas führende Unternehmen und Banken 15 Jahre lang für das alleinige Ziel einer erfolgreichen Verwirklichung der Währungsunion arbeiteten.

Zweitens bleibt die *Wirkung transnationaler Interessenverbände* wie der AMUE unverstanden. Die Assoziation hatte als Mitglieder 400 führende europäische Unterneh-

---

1   Stefan Collignon und Daniela Schwarzer haben früher für die AMUE gearbeitet. Die Autoren danken Rainer Eising und Dieter Wolf für ihre hilfreichen Anmerkungen.
2   Carlo Scognamiglio, seinerzeit Rektor der Universität Luiss (Scognamiglio war Präsident des Italienischen Senats von 1994-96 und Verteidigungsminister der Regierung d'Alema 1998-99), formulierte dies bei einem Treffen der Assoziation für die Europäische Währungsunion 1990 in Rom: „Die Chancen für eine Europäische Währungsunion sind besser denn je, denn in der Vergangenheit kam der Druck aus der Politik und die Industrie bremste. Diesmal drängt die Wirtschaft nach vorn, während die Politik zu blockieren scheint." (zitiert nach Protokoll der AMUE-Sitzung in Collignon/Schwarzer, 2003: 79).

men und Banken, und zudem den öffentlichen Rückhalt von Sympathisanten aus Politik, Wissenschaft und anderen Verbänden. Dies verlieh der Organisation politisches Gewicht, ermöglichte ihr den Zugang zu nationalen und europäischen Entscheidungsträgern, zur öffentlichen Diskussion über die Massenmedien und machte sie zu einem der wichtigsten Sparringspartner etwa der Kommission bei der Entwicklung von Know-How zur EWU. In der Organisation bestand zwischen allen Beteiligten über nationale Diskursgrenzen hinaus ein hohes Maß an gegenseitigem Vertrauen, das ihr eine Konsens schaffende Funktion unter Top-Entscheidungsträgern ermöglichte.

Die Integrationsforschung hat die Rolle von nicht-staatlichen Akteuren in der konstitutionellen Politik aus mindestens zwei Gründen nur unzureichend modelliert. Erstens liegt wenig empirische Evidenz dafür vor, dass Interessengruppen konstitutionelle Integrationsschritte überhaupt beeinflusst haben. Zweitens ist die Analyse der Integrationswirkung von Interessenverbänden aufgrund der Vielzahl von Akteuren und ihrer vielschichtigen Interaktionsmuster komplexer, als die Untersuchung von strategischen Interaktionen zwischen Regierungen in Verhandlungsprozessen. Die theoriegeleitete Modellierung des Integrationsprozesses fällt leichter, wenn im Modell nur eine begrenzte Anzahl von nationalen und supranationalen Akteuren berücksichtigt werden muss, die häufig als unilaterale Akteure mit stabilen Präferenzen erfasst werden. Es fehlen daher nach wie vor überzeugende Modelle, die den Einfluss transnationaler Akteure anders als über den Einfluss auf die Position von Regierungen fassen – etwa, wie ein nicht-staatlicher Akteur zum Entstehen von transnationalen Politikpräferenzen beitragen kann. Genauso bleibt zu klären, ob, unter welchen Bedingungen und über welche Mechanismen Interessengruppen in der konstitutionellen EU-Politik eine Rolle spielen.

Dieser Artikel will zur Schließung der empirischen und theoretischen Forschungslücke beitragen.[3] Dazu wird zunächst in einer *empirischen Fallstudie* die Organisation, Funktionsweise und Zielsetzung der Assoziation für die Europäische Währungsunion vorgestellt. Die Fallstudie basiert auf der Auswertung des AMUE-Archivs,[4] in dem veröffentlichte und interne Strategiepapiere, Korrespondenzen, Publikationen sowie Notizen der Mitarbeiter zugänglich waren und griff ergänzend auf das Privatarchiv von AMUE-Mitbegründer Helmut Schmidt in Hamburg zurück sowie auf Dokumente, die ehemalige AMUE-Kooperationspartner für die Forschungsarbeit bereit stellten. Vervollständigt wurde die Dokumentenauswertung durch über 40 Interviews mit ehemaligen AMUE-Mitgliedern, Interaktionspartnern in nationaler und EU-Politik, Verbandsvertretern etc., die es erlaubten, den Beitrag der AMUE zur Schaffung der EWU über vier Phasen hinweg zu bewerten. In einem zweiten Schritt wird die Rolle von Interes-

---

3 Der Beitrag basiert auf den Ergebnissen eines an der London School of Economics durchgeführten Forschungsprojekts über die AMUE, dessen Ergebnisse veröffentlicht sind als Collignon/Schwarzer 2003.
4 Das Archiv kann heute eingesehen werden im *Centre Historique des Archives Nationales (CHAN)* in Paris.

sengruppen in der konstitutionellen gegenüber der regulativen Politik diskutiert, und das Interesse der Wirtschaft an der Schaffung einer europäischen Währung analysiert.

Um den Beitrag der AMUE zur Schaffung der Währungsunion theoretisch zu fassen, wird ein Modell entwickelt, das die Assoziation als Motor eines transnationalen Konsenses abbildet. Diese theoretischen Überlegungen knüpfen an die politikwissenschaftliche Diskussion um die Schaffung und Verbreitung von Wissen, die Interpretation und Selektion von Politikoptionen u.a. durch epistemische Gemeinschaften an. Sie erweitern diese noch, um die Wirkungsweise einer transnationalen Organisation auf einen konstitutionellen Integrationsschritt zu erfassen.

2 Zielsetzung, Struktur und Wirkungsphasen

2.1 Zielsetzung und Struktur

Die AMUE wurde 1987 als europäische Interessenorganisation von Unternehmen und Banken aus dem Giscard-Schmidt-Komitee für die Währungsunion heraus gegründet. Die beiden Gründungsväter des EWS, Helmut Schmidt und Valéry Giscard D'Estaing, versuchten ab Mitte der 1980er Jahre durch das Komitee und die AMUE den gesellschaftlichen Druck auf die Politik zu erhöhen, die durch das EWS und die Einführung des Ecu begonnene Währungsintegration mit einer europäischen Gemeinschaftswährung abzuschließen. Die AMUE konzentrierte sich zunächst auf die Entwicklung und Verbreitung des Ecu, wurde aber bald zu einem Knoten um den sich vielfältige transnationale Aktivitäten des Privatsektors für eine Gemeinschaftswährung organisierten. 1989 war sie die erste Organisation, die die Ablösung nationaler Währungen und die Einführung einer einheitlichen Währung („single currency") im Interesse der europäischen Wirtschaft forderte. In den folgenden Jahren war dieses Ziel das übergeordnete Motiv aller Aktivitäten. Kurz vor dem formalen Beginn der EWU am 1.1.1999 trat die praktische Beratung von Firmen bei der Einführung des Euro in den Vordergrund. Im April 2002 nach der Bargeldeinführung und damit der Vollendung der Währungsunion löste sich die Assoziation auf.

Die AMUE unterschied sich in ihrer Struktur von anderen europäischen Interessenverbänden, da Unternehmen und Banken direkte Mitglieder der transnationalen Organisation, und nicht über nationale Verbände in einem europäischen Dachverband organisiert waren. Dies ist mehr als ein formaler Unterschied, da diese Struktur andere interne Abstimmungsprozesse ermöglichte als in Organisationen, in denen die Meinungsbildung zunächst im nationalen Verband betrieben wird, bevor die Positionen auf EU-Ebene abgeglichen werden.[5] Da es keine Zwangsmitgliedschaft gab, traten nur Unternehmen und Banken der Organisation bei, die das Ziel der erfolgreichen Währungsintegration unterstützten. Kopf der Organisation war das Board of Directors in dem bis zu

---

5 Siehe auch die Aussagen von François Perrigot in Collignon/Schwarzer 2003: 107.

30 führende Unternehmer[6] persönlich aktiv waren. Der Vorstand zählte pro EU-Land zwei Mitglieder. Anders als bei vielen europäischen Branchenverbänden stand das persönliche Engagement von *Unternehmern* im Vordergrund, nicht die anonyme Mitgliedschaft von Unternehmen. Das Sekretariat in Paris mit bis zu 15 Angestellten koordinierte die interne und externe Kommunikation sowie Forschungsaufgaben. Die Verbindung zum Board wurde durch die sehr enge und regelmäßige Zusammenarbeit mit rund 30 Sherpas, internationalen Managern der ersten und zweiten Ebene unter ihrem jeweiligen Konzernvorstand, zumeist Manager mit Euro-Projektverantwortung, gewährleistet. Ihre Aufgabe war in erster Linie die Unterstützung der Board-Mitglieder und die Umsetzung von deren Entscheidungen in Zusammenarbeit mit dem Sekretariat.

Schaubild 1: Organisationsstruktur und Multiplikatorennetzwerk

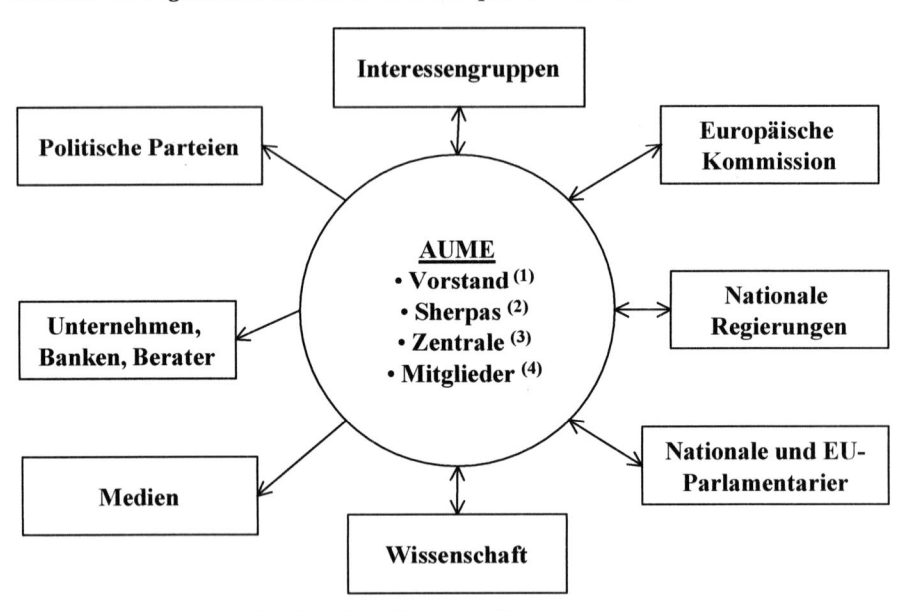

```
                    ┌──────────────────┐
                    │ Interessengruppen │
                    └──────────────────┘
                              ↕
    ┌──────────────────┐              ┌──────────────────┐
    │ Politische Parteien │ ←        │ Europäische      │
    └──────────────────┘              │ Kommission       │
                                      └──────────────────┘
                         ╭─────────────╮
                         │   AUME      │
    ┌──────────────────┐ │ • Vorstand (1) │ ┌──────────────────┐
    │ Unternehmen,     │←│ • Sherpas (2)  │→│ Nationale        │
    │ Banken, Berater  │ │ • Zentrale (3) │ │ Regierungen      │
    └──────────────────┘ │ • Mitglieder(4)│ └──────────────────┘
                         ╰─────────────╯
                                                ┌──────────────────┐
                                                │ Nationale und EU-│
    ┌──────────────────┐                        │ Parlamentarier   │
    │ Medien           │                        └──────────────────┘
    └──────────────────┘
                              ↕
                    ┌──────────────────┐
                    │ Wissenschaft     │
                    └──────────────────┘
```

⇔ Informationsaustausch, interaktive Entwicklung neuer Ideen
→ Bereitstellung von Information

(1) Pro EU-Land zwei Mitglieder, zumeist Vorstände großer Unternehmen und Banken.
(2) Die Board-Mitglieder wurden von Sherpas, Managern mit Euro-Projektverantwortung auf erster oder zweiter Ebene unter dem Vorstand, unterstützt.
(3) Die Zentrale in Paris hatte bis zu 15 Angestellte.
(4) 400 Konzerne und Banken, die intern (4,5 Mio. Angestellte) und extern (Zulieferer, Kunden) zum Euro kommunizierten.

---

6   Ein wesentlicher Unterschied zu vielen anderen Verbänden bestand darin, dass die Mitgliedsfirmen der AMUE durch klar designierte Individuen vertreten waren, die in außergewöhnlichem Maße an den Aktivitäten der Assoziation teilnahmen. So zum Beispiel Giovanni Agnelli (Fiat), Etienne Davignon (Société Générale de Belgique), Hilmar Kopper (Deutsche Bank), Hans Merkle (Bosch), Patrick Sheehy (British American Tobacco) etc.

Der enge Austausch zwischen den internationalen Sherpas und dem Sekretariat war eine zentrale Säule des transnationalen Informations- und Meinungsaustauschs. Dieser zielte insbesondere in den Anfangsjahren auf die Entwicklung einer Strategie ab, wie der Weg zur politischen Entscheidung über eine Währungsunion und die praktische Umsetzung des Beschlusses aussehen könnte. Die AMUE investierte daher einen Großteil ihrer Arbeit in den Austausch mit Experten (z.B. Wissenschaftler, nationale Politiker und Beamte, Kommission, Verbandsvertreter) um konkrete Problemstellungen zu bearbeiten.

Alle vier Aspekte (europäische Organisationsstruktur, freiwillige Mitgliedschaft, explizites Interesse an Wissensgenerierung in Interaktion mit externen Experten und enge, grenzüberschreitende Interaktion innerhalb der Organisation) trugen laut Auskunft der Interviewpartner zu einer transnationalen und transsektoralen Diskussionskultur bei, die gemeinsame Lernprozesse und die Konsensfähigkeit förderten. Dies führte zu politischen Positionen und Know-How, die eine europäische Sichtweise weitgehend inkorporierten, und es der AMUE und ihren Mitgliedern erlaubten, in nationalen und europäischen Debatten über die Währungsunion eine Vorreiterrolle einzunehmen. Anders als andere Lobbyorganisationen konzentrierte die AMUE ihre Kommunikationsbemühungen nicht ausschließlich auf Entscheidungsträger in Politik und Verwaltung, sondern ebenso auf die Unternehmens- und Bankenwelt und phasenweise auf die breite Öffentlichkeit, sowie auf Multiplikatoren, die diese Arbeit unterstützen konnten. Schaubild 1 bildet das Netzwerk um die AMUE-Mitglieder und ihre Organisation ab.

2.2 Wirkungsphasen und Erfolgsfaktoren

Die Assoziation passte in ihrer 15-jährigen Tätigkeit ihre Strategien zur Einflussnahme mehrmals grundlegend an den Stand der politischen Entscheidungen zur EWU und zu deren Umsetzung an. Dies betraf die konkreten Inhalte ihrer operationellen Tätigkeit, das Vorgehen bei der Erarbeitung der von ihr vertretenen Inhalte, sowie die Auswahl der relevanten Adressaten. Im folgenden werden vier Phasen[7] vorgestellt und anhand von Beispielen illustriert.

1. Helmut Schmidt und Valéry Giscard d'Estaing wollten als Elder Statesmen die Politik nach der Einheitlichen Europäischen Akte 1986 dazu bringen, die Binnenmarktintegration durch eine Währungsunion zu ergänzen. Ihre Strategie war es, Druck von Unternehmen und Banken aufzubauen. Dieser Druck sollte durch eine Ausweitung des Gebrauchs des Ecu durch europäische Unternehmen untermauert werden. Um diesen marktgetriebenen Prozess in Gang zu setzen, wurde die AMUE 1987 gegründet. Doch schon bald nach der Gründung wurde in internen Diskussionen deutlich, dass *einheitliche Vorstellungen über die konkrete Gestaltung der Währungsunion* fehlten. Zwar hatte der Delors Bericht im Mai 1989 unter anderem Ideen des

---

[7] Zeitlich überschnitten sich diese Phasen und Charakteristika einzelner Phasen tauchten in anderen punktuell wieder auf.

Giscard-Schmidt-Komittees aufgenommen und einen Drei-Stufen-Plan für die institutionelle Neuordnung des europäischen Geldwesen vorgeschlagen, doch blieb unklar, ob und wann er verwirklicht werden würde. Wichtige Detailfragen blieben ungeklärt, beispielsweise ob der Ecu die nationalen Währungen ersetzen sollte, oder ob er als zusätzliche europäische Währung neben den nationalen fungieren sollte. Diese Diskussion um die „single" gegenüber der „common currency" erschien vordergründig als technische Entscheidung, wenngleich mit großem Symbolcharakter. In Untersuchungen der AMUE kristallisierte sich jedoch bereits seit 1988 heraus, dass die vollständige Ablösung der nationalen durch eine einheitliche europäische Währung aus Unternehmenssicht ein entscheidender Vorteil und wichtiges Erfolgskriterium der Währungsunion war. Mitgliederbefragungen ergaben, dass das dauerhafte Fixieren von Wechselkursen allein nicht ausreichte, um die Vorteile und Dauerhaftigkeit der Währungsunion zu garantieren (siehe Ernst and Young/AMUE, 1990). Ebenso erwarteten die Wirtschaftsakteure Planungssicherheit durch politische Festlegungen und verbindliche Zeitpläne, statt der vom Privatsektor getriebenen Einführung einer zusätzlichen europäischen Währung. Damit gab die Organisation die ursprüngliche Unterstützung der marktgetriebenen Umstellungsstrategie auf und trat fortan für eine „single currency" mit verbindlichem politischen Zeitplan ein. Bereits zu diesem Zeitpunkt bestand ein enger Austausch mit der Kommission. Hohe Kommissionsbeamte wurden in die Arbeit der AMUE-Arbeitsgruppen einbezogen bzw. regelmäßig über die Ergebnisse informiert. Die Diskussion und die Empfehlung einer „single currency" wurde schließlich in der Kommissionsstudie „One Market, one Money" aufgegriffen und der Europäische Rat von Rom (Commission 1990) nahm die Idee einer einheitlichen Währung in seine Schlussfolgerungen auf.[8]
Charakteristisch für diese erste Wirkungsphase war die Erarbeitung von Wissen zu grundlegenden Aspekten der Währungsintegration, das es den AMUE-Mitgliedern erlaubte, in einer noch unstrukturierten Debatte informierte und detaillierte Positionen zu vertreten. Die anfängliche Unsicherheit der Wirtschaftsakteure und der politischen Entscheidungsträger reflektierte den Mangel an vergleichbaren historischen Präzedenzfällen und zeigte sich im Fehlen von Konzepten. Nationale und europäische Politiker und Beamte waren demzufolge offen für die Berücksichtigung der Positionen der AMUE, die in diesem Feld Ende der 1980er Jahre bei vielen offenen Fragen[9] zum ideellen „first mover" wurde. Indem sie weitere Themen mit Klärungs-

---

8 Die auf den ersten Blick vage gehaltenen Formulierungen zur Frage der „single" oder „common currency" im Delors Bericht deuten auf die politischen Sensibilitäten in dieser Frage Ende der 80er Jahre hin. Kapitel 2 in Collignon/Schwarzer 2003 befasst sich ausführlich mit beiden Konzepten und dem marktgetriebenen Ansatz.
9 Weitere Beispiele sind die Rolle der Geldwertstabilität in der Währungsunion, die Gestaltung des beim Madrid-Gipfel 1995 festgelegten Übergangsszenarios, die Bewertung des Konvergenzprozesses, die Anwendung der Konvergenzkriterien etc. (siehe auch Collignon/Schwarzer 2003).

bedarf identifizierte, beeinflusste sie die Arbeitsagenda der Kommission.[10] Die Assoziation konnte diese Rolle deshalb so erfolgreich spielen, weil ihre interne Struktur einen offenen und zielorientierten Austausch über bestehende und künftige Probleme ermöglichte und die rasche Bildung eines grenzüberschreitenden Konsens erleichterte.

2. Parallel zur internen Klärung der wichtigsten Grundsatzpositionen bemühten sich die AMUE-Mitglieder aktiv, *weitere Mitglieder für ihre Ziele zu gewinnen, um politisches Gewicht aufzubauen*. Sie agierten damit als politische Entrepreneure und mobilisierten weitere Akteure für das von ihnen als erstrebenswert definierte Ziel einer Währungsunion. Für die Generierung von Know-How war bereits der relativ kleine Mitgliederkreis im ersten Jahr ausreichend gewesen. Um jedoch auf EU-Ebene und in den nationalen Politikarenen als relevanter Akteur wahrgenommen zu werden, wurde ein Ausbau des politischen Gewichts gegenüber Entscheidungsträgern und in der öffentlichen Diskussion durch eine breitere Mitgliederbasis[11] und das persönliche Engagement von führenden Unternehmern und Bankern als relevant erachtet. Zu diesem Zweck wurde die Anzahl der Sitze im Board der AMUE von ursprünglich einem auf zwei Vertreter pro Land erhöht und mit prominenten Vorständen aus dem Unternehmens- und Bankensektor besetzt, die in der nationalen Öffentlichkeit und gegenüber nationalen und europäischen Entscheidungsträgern auftraten. Die Organisation nutzte bestehende persönliche Beziehungen ebenso wie den weniger privaten Dialog, indem etwa EU-Kommissare oder Minister regelmäßig an Board-Sitzungen oder Jahreskonferenzen teilnahmen. Der privilegierte Zugang zu Entscheidungsträgern erklärt sich durch die hohe Reputation der AMUE-Repräsentanten, durch ohnehin bestehende enge Beziehungen sowie durch die Qualität des bereit gestellten Know-Hows. Der Ausbau der Mitgliedschaft war allerdings in verschiedenen Ländern unterschiedlich schwierig. Auf die größten Probleme stieß er in Deutschland, dem Land mit der dominierenden Ankerwährung im EWS. Während sich in Ländern wie Frankreich, Italien und Großbritannien die Wirtschaft als treibende Kraft für die EWU erwies, war dies in Deutschland die Politik.[12]

3. Nachdem die politischen und inhaltlichen Weichenstellungen mit dem Delors Bericht, dem Vertrag von Maastricht und dem Madrider Übergangsszenario vollzogen

---

10 Dies galt insbesondere in der Umsetzungsphase, in der wiederholt AMUE-interne Diskussionen konkrete Problembereiche identifizierten, zu denen die Kommission in der Folge Studien in Auftrag gab oder Konferenzen veranstaltete.

11 Die Mitgliedsfirmen der AMUE beschäftigten in der ersten Hälfte der 1990er Jahre mehr als acht Millionen Menschen, über sechs Prozent der arbeitenden Bevölkerung der EU.

12 Dies zeigte sich an der ursprünglich nur schwach entwickelten AMUE-Mitgliedschaft in Deutschland. Ein illustratives Beispiel für die Skepsis ist der äußerst reservierte Empfang für den damaligen Bundeskanzler Helmut Kohl durch führende Unternehmer bei einer geschlossenen Veranstaltung zur Währungsunion, zu dem das AMUE-Vorstandsmitglied Hans Merkle (CEO von Bosch) im Sommer 1992 nach Kronberg eingeladen hatte.

waren, konzentrierte sich die AMUE verstärkt auf die *Kommunikation mit der breiten Öffentlichkeit*, um die Akzeptanz der EWU zu stärken. Die Aktivitäten erreichten ihren Höhepunkt in den Jahren zwischen der EWS-Krise 1992 und der formellen Entscheidung über den Start der EWU am 2/3. Mai 1998. Zwei Faktoren erklären das öffentliche Engagement des Wirtschaftsverbands. Interne Papiere belegen *erstens*, dass die Mitglieder im AMUE-Board einen engen Zusammenhang zwischen dem Erfolg der Währungsunion und der Akzeptanz in der Öffentlichkeit sahen: Die Schaffung der neuen Währung war nicht nur vom Vertrauen aller Wirtschaftsakteure einschließlich der privaten Konsumenten abhängig, sondern erforderte auch das praktische Mitmachen bei ihrer Einführung.

Zweitens zeigte sich Mitte der 1990er Jahre, dass die tatsächliche Realisierung der Währungsunion trotz der Grundsatzentscheidung im Maastricht Vertrag und Madrider Übergangsszenario nicht garantiert war. Die nationalen Ratifizierungsprozesse und die Erfüllung der Konvergenzkriterien, insbesondere der fiskalischen, erforderten immer neue Bekenntnisse der politischen Führung zur Währungsunion, während die öffentliche Meinung umgeschlagen war und Oppositionsparteien begannen, populistische Positionen einzunehmen. Es entstanden bilaterale Unstimmigkeiten, etwa zwischen den Regierungen Italiens und Deutschlands um die Konsolidierungsbemühungen Roms und den vom deutschen Finanzminister angeregten Stabilitätspakt, oder auch zwischen den Regierungen Deutschlands und Frankreichs über Fragen zulässiger Haushaltsumstrukturierungen im Vorfeld der Konvergenzmessung. In nationalen Debatten wurden derartige Konflikte von EWU-Gegnern benutzt, um das Projekt an sich zu diskreditieren. Dies nährte den Argwohn der Bürger und gefährdete das für die Schaffung eines gemeinsamen Geldwesens nötige Vertrauen. In dieser Situation begannen die Board-Mitglieder und Sherpas verstärkt, öffentlich für die Währungsunion einzutreten und ihre Medienpräsenz auszubauen. Sie versuchten gezielt, grenzüberschreitend als Moderatoren zwischen nationalen Debatten zu wirken, und zur Vertrauensbildung beizutragen. Je nach Sprachkompetenz wurden AMUE-Referenten zu Euro-Veranstaltungen in andere Länder geschickt, um das transnationale Element der Diskussion zu stärken. Ferner wurde die Arbeit des Sekretariats in Paris stärker auf die Kommunikation mit der breiten Öffentlichkeit ausgerichtet. Ab Mitte der 90er Jahre setzte die AMUE etwa für Deutschland mit finanzieller Unterstützung der Kommission und des Bundespresseamts ein umfassendes Kommunikationsprogramm auf, das neben diversen Publikationen auf Euro-Konferenzen basierte. Die Assoziation organisierte mit fast einem Viertel der Bundestagsabgeordneten Wahlkreisveranstaltungen, an denen neben den AMUE-Rednern lokale Wirtschaftsvertreter, und oftmals auch Sprecher der Bundesbank teilnahmen, um die Glaubwürdigkeit der EWU-Informationen zu erhöhen. Sie engagierte sich zudem verstärkt in der Ausbildung von Multiplikatoren in regelmäßiger Zusammenarbeit mit den parteinahen Stiftungen. Mit den deutschen Europaabgeordneten der SPD führte sie z.B. ein Fortbildungswochenende durch, wofür ein umfassendes Handbuch zur Währungsunion erarbeitet wurde, das die Friedrich-Ebert-Stiftung später in drei Auflagen verlegte. Es fand weit über die Parteigrenzen hinaus Verbreitung und wurde unter anderem von der Kommission in einer gekürzten englischen Fassung für die interne Fortbildung eingesetzt. Verschiedene Bundestagsabgeordnete nutzten von der AMUE ausgearbeitetes Vortragsmaterial.

4. Vom Ende der 1990er Jahre bis zum Abschluss der Währungsumstellung mit der Bargeldeinführung 2002 konzentrierte sich die AMUE darauf, praktisches und teilweise sehr spezialisiertes *Know-How zur Euroumstellung im Unternehmens- und Finanzsektor* zu generieren und über Publikationen und Konferenzen zu verbreiten. Im Frühjahr 1998, weniger als ein Jahr vor Beginn der Währungsunion, hatten laut einer Umfrage des DIHT 57 Prozent der deutschen Unternehmen die Eurovorbereitung noch nicht begonnen. Umfragen der AMUE und Fortschrittsberichte über die Umstellung identifizierten die mangelnde Vorbereitung als europaweiten Trend, dem mit detaillierten Umstellungsleitfäden und Konferenzen in allen Mitgliedstaaten entgegen gewirkt wurde. Die AMUE begann verstärkt mit Multiplikatoren wie Handelskammern und nationalen Verbänden zu arbeiten, und hielt ihre Mitglieder dazu an, ihre kleineren Geschäftspartner (etwa Zulieferer) in die Umstellungsstrategie der Konzerne einzubeziehen.

2.3 Fazit: Die Rolle der AMUE in der EWU-Formulierung und Umsetzung

Verschiedene Studien zur Gründung der EWU argumentieren, dass es keinen Einfluss von Interessengruppen bei der Schaffung der Währungsunion gab oder dass er auf die Umsetzung beschränkt war (siehe zum Beispiel McNamara 1998, Moravcsik 1999, Dyson/Featherstone 1999, Dyson 1999, Bieling in diesem Band). Die Einschätzung basiert auf einem engen Verständnis von Einfluss, der demnach als strategische Intervention bei Entscheidungsträgern mit einer (monokausal) nachvollziehbaren Wirkung auf Politikentscheidungen operationalisiert wird. Einfluss kann jedoch auch als Strukturieren des politischen Umfeldes verstanden werden, das zur Neudefinition und -bewertung von Politikoptionen beiträgt. Diese breitere Definition, an die in Abschnitt 4 zur Funktion von Wissen im politischen Prozess angeknüpft wird, erlaubt es, die Wirkung des verbreiteten Know-Hows und des ideellen Inputs sowohl auf Entscheidungsträger, auf die Umsetzung der Politikentscheidungen relevanten Akteure (z.B. Unternehmen und Banken) und auf die breite Öffentlichkeit zu erfassen. Der Einfluss der AMUE im zweiten Sinne war dominanter, als im ersten. Unsere empirische Studie (Collignon/Schwarzer 2003) zeigt, dass die Organisation vor der Veröffentlichung des Delors Berichts und vor dem Vertrag von Maastricht maßgebliche Vorschläge zum institutionellen Rahmen der EWU einbrachte. Beispielsweise wurde das erst nach und nach von der Organisation erarbeitete Wissen um die Vorteile einer „single" gegenüber einer „common currency" durch Policy-Papiere, die neue Fakten und Argumente enthielten und im Austausch mit nationalen und EU-Entscheidungsträgern erarbeitet wurden, in die Diskussion eingebracht: Die AMUE trug somit auch im Zuge der *Formulierung der EWU* zu einer Neudefinition und -bewertung der Politikoptionen bei. Während der Vertragsverhandlungen war ihr Einfluss hingegen gering. Ihre konzertierte Aktion zur Festlegung eines verbindlichen Starttermins der Währungsunion unmittelbar vor Beginn des Maastricht Gipfels stellt eine Ausnahme dar.

Neben der Frage, in welchen inhaltlichen Punkten die AMUE die Politikergebnisse in der Formulierungsphase beeinflusst hat, ist die generelle Unterstützungsleistung gegenüber den politischen Entscheidungsträgern zu berücksichtigen. Die Assoziation wurde aus dem Giscard-Schmidt-Komitee heraus als Sprachrohr der Wirtschaft gegründet, um zu zeigen, dass die größten Unternehmen und Banken die politischen Bemühungen um eine Europäische Währungsunion unterstützten und sowohl die politischen, wie auch die mikro- und makroökonomischen Argumente für die Währungsintegration teilten. Dies diente nationalen und europäischen Politikern als Legitimation ihrer Bemühungen um die EWU, übte Druck zur Beschleunigung des Prozesses aus und dämpfte die Opposition. Insbesondere in Deutschland spielte dies eine Rolle, wo der Bundesregierung in einer modernen Neuauflage der Dolchstoßlegende von EWU-Gegnern vorgeworfen wurde, die D-Mark für die Wiedervereinigung geopfert zu haben,[13] und den wirtschaftlichen Erfolg Deutschlands aufs Spiel zu setzen.

Im Zuge der *Umsetzung der Beschlüsse zur Gründung der EWU* leistete die AMUE Input in die konkrete Ausformulierung des Weges zur einheitlichen Währung im Madrider Übergangsszenario, unterstützte nationale Politiker bei nötigen Anpassungen auf dem Weg in die EWU (besonders in Italien, Spanien, Portugal, aber auch Frankreich), warb für die Akzeptanz der neuen Währung (Referenden in Frankreich und Dänemark, Euroskeptizismus in Großbritannien und Populismus in Deutschland) und bereitete europaweit Unternehmen und Banken auf die Währungsumstellung vor. Bei diesen Aufgaben wurde die AMUE zum engen Kooperationspartner der Kommission und nationaler Instanzen, die mit der Euro-Kommunikation beauftragt waren (zum Beispiel Bundespresseamt und Aktionsgemeinschaft Euro in Deutschland, Europaministerium in Frankreich) und viele Projekte ko-finanzierten. Im Mittelpunkt vieler Aktivitäten standen rein praktische Fragen aus Unternehmenssicht, und nicht mehr die politische Diskussion oder Intervention. In zahlreichen Arbeitsgruppen, Konferenzen und Meetings entstand ein assoziatives Leben ohne nationale Grenzen mit einem europäischen Interessenobjekt. Ihre enge, grenzüberschreitende Kommunikation im AMUE-Netzwerk erlaubte es den Wirtschaftsakteuren, sich über Werte, Normen und gemeinsame Aktionen zu verständigen. Die AMUE fungierte gleichzeitig als Netzwerk für den Austausch

---

13 Dass es sich bei dieser These um eine Legende handelt, zeigt sich u.a. an der Tatsache, dass das Thema seit den späten 1960er Jahren auf der politischen Agenda stand und durch die Schaffung des europäischen Binnenmarktes eine neue Dynamik erhielt. Nicht zuletzt die Gründung des Giscard-Schmidt Komitees für die Währungsunion 1986, der Padoa-Schioppa Bericht von 1987, der das inkonsistente Quartett problematisierte, die Gründung der AMUE 1987 und des Delors Kommittees 1988 belegen, dass der monetäre Integrationsprozess lange vor dem Fall der Mauer begonnen hatte.

von Information, als Arena für eine europäische Teilöffentlichkeit und als Eisbrecher gegenüber politischen Konventionen und Tabus.

Der Einfluss der AMUE auf den politischen Kontext sowohl in der Formulierungs- als auch der Umsetzungsphase lässt sich nicht quantifizieren, unter anderem da es unmöglich ist, in der komplexen Interaktion im Zusammenhang mit der EWU-Gründung eindeutige Ursache-Wirkungsbeziehungen zu identifizieren. Auch ein Rückschluss von den materiellen Ressourcen der Assoziation auf ihren (potentiellen) Einfluss kann zu falschen Rückschlüssen führen: Mit einem jährlichen Budget von etwa einer Million Euro war ihre finanzielle Ausstattung bescheiden. Die Mobilisationskraft der Organisation ging weiter als das Budget vermuten lässt, da sie sich auf eine Unterstützung ihrer Mitglieder verlassen konnte, die weit über den Mitgliedsbeitrag hinaus ging (etwa Bereitstellung von Infrastruktur, Übernahme von Reisekosten, Kommunikationsausgaben etc.). Sie entfaltete ihre Wirkungskraft über die Hebelwirkung ihrer 400 Mitglieder und die Kooperation mit anderen Organisationen. Für beide Phasen gilt, dass die AMUE maßgeblich zur Generierung von Wissen über das „Wie" der Währungsintegration beitrug, und dieses Wissen gemeinsam mit Antworten auf das „Warum" der EWU in nationale und europäische Debatten trug. Damit leistete sie zum einen Beitrag zur Vernetzung der Debatten im europäischen Mehrebenensystem, sowohl in horizontaler, d.h. grenzüberschreitender, als auch in vertikaler Hinsicht. In Abschnitt 4 wird dieser Prozess und seine Wirkungsweise in einem Konsens-Modell erfasst. Zuvor wird als Grundlage dafür die Besonderheit von Lobbying für konstitutionelle Politik diskutiert, da nur unter diesem Blickwinkel die Wirkungsweise und Bedeutung der AMUE als transnationaler Konsensmotor voll erfasst wird.

3 Die Frage des Interesses: Interessengruppen in der konstitutionellen und in der regulativen Politik

Die überwältigende Mehrheit der Studien zum Lobbying in der Europäischen Union befasst sich mit der Interessenvertretung in der Formulierung regulativer Politik. Dass der Einfluss von europäischen Interessengruppen auf die konstitutiven Prozesse zur Schaffung neuer Institutionen wenig untersucht bleibt, reflektiert die Tatsache, dass sie ihre Aktivitäten vor allem auf legislative Prozesse konzentrieren. Wie groß das Rent-Seeking-Interesse einer Gruppe oder eines einzelnen Akteurs ist, sich für oder gegen ein politisches Vorhaben zu engagieren, hängt von den Externalitäten dieser Politikentscheidungen ab und von den Vorteilen, die einzelne Akteure für sich selbst reklamieren können. Die Folgen konstitutioneller Integrationsschritte lassen sich für sektorale Gruppen meist weniger deutlich differenzieren als die regulativer Entscheidungen. Die Wirkung der geschaffenen Institutionen kommt somit einem öffentlichen Gut gleich, das nicht internalisiert werden kann: Lobbying für ein öffentliches Gut im Binnenmarkt – wie etwa eine stabile EU-Währung – bringt Unternehmen und Banken gegenüber keinen Vorteil gegenüber ihrer europäischen Konkurrenz.[14] Zudem ist der Zugang von Interessengruppen zum Aushandlungsprozess während EU-Regierungskonferenzen und Gipfeln schwieriger als zu den an der legislativen Regulierung beteiligten Akteuren wie etwa dem Europäischen Parlament oder der Kommission. Folglich ist die Nachfrage nach den Dienstleistungen, die Interessengruppen anbieten können, bei konstitutionellen Integrationsschritten tendenziell gering, da etwa technisches Know-How erst für die spätere legislative Regulierung relevant wird.

Die kaum entwickelte Diskussion über die Rolle von Interessengruppen in der konstitutionellen EU-Politik spiegeln auch die dominanten Stränge der Theorie des Lobbying selbst wider. Olson (1965) hat die Frage in den Mittelpunkt gerückt, welche selektiven Anreize für die Bereitstellung öffentlicher Güter durch freiwillige Kooperation notwendig sind. Regulative Politik schafft demnach distributive Asymmetrien, die das Kosten-/Nutzenverhältnis für spezifische Gruppen so strukturieren, dass diese ein Interesse an der Produktion des öffentlichen Gutes haben. Diese Diskussion spart die Tatsache weitgehend aus, dass regulative Regeln nur etwas verteilen können, das bereits existiert. Die Frage nach Anreizmechanismen bei konstitutionellen Integrationsschritten bleibt somit außen vor.

Searle hingegen hat mit seiner Theorie zur Konstruktion gesellschaftlicher Wirklichkeit (1995) herausgearbeitet, dass die Existenz von Institutionen (so auch von Geld) und somit ihr Nutzen von konstitutiven Regeln abhängt, die das gesellschaftliche Spiel überhaupt erst begründen. Für das konstitutive Lobbying wirft dies die Frage auf, wann sich Interessengruppen für die Schaffung von Institutionen einsetzen. In Olsons Logik wäre dies der Fall, wenn sie einen möglichst großen *Anteil* öffentlicher Güter für sich gewinnen können oder über die Bereitstellung des öffentlichen Gutes in den Nutzen anderer Vorteile gelangen. Interessengruppen können sich jedoch auch dann für ein öffentliches Gut einsetzen, wenn sie das Gut *an sich* für einen Gewinn halten, der den Einsatz ihrer Ressourcen rechtfertigt. Bei ihrem Kosten-Nutzen-Kalkül spielt dann weniger eine Rolle, in wieweit sie gegenüber anderen Interessengruppen Vorteile internalisieren können, als vielmehr dass die Institution ohne den Beitrag der Gruppe nicht, später oder in anderer Form zustande käme. Deshalb ist Trittbrettfahren für sie dann keine rationale Option. Das Lobbying für konstitutionelle Schritte bzw. öffentliche Güter kann von der Interessengruppe je nach den Eigenheiten des zu schaffenden öffentlichen Gutes bzw. nach der politischen Situation und der vor diesem Hintergrund gewählten Strategie ein Verhalten erfordern, dass staatsbürgerlichem (*civic*) Engagement gleichkommt, wie es in der Literatur für NGO-Aktivitäten im Umweltbereich oder für Menschenrechtsgruppen beschrieben wird. In diesem Fall hat das Lobbying für öffentliche Güter andere Effekte als das Rent-Seeking-Verhalten von Interessengruppen.

---

14 Für viele AMUE Mitglieder war jedoch das Argument einer verbesserten Wettbewerbsfähigkeit gegenüber japanischen oder amerikanischen Konkurrenten ein wichtiger Aspekt ihres Engagements für die EWU.

Aus diesen Beobachtung ergeben sich zwei Fragestellungen. *Erstens* muss bei der Diskussion um das Interesse an der EWU-Gründung untersucht werden, welche Externalitäten der Integrationsschritt mit sich bringt und ob diese nicht trotz des konstitutionellen Charakters der Schaffung einer neuen Währung und geldpolitischen Instanz denen regulativer Politik ähneln. Vor dem Hintergrund der regulativen und konstitutionellen Aspekte der Währungsunionsgründung kann auch das Interesse der Politik an der Zusammenarbeit mit Interessengruppen wie der AMUE bewertet werden. Dies geschieht in den folgenden beiden Abschnitten. *Zweitens* ist zu untersuchen, welche Spillover-Effekte sich aus dem konstitutiven Lobbying für den europäischen Integrationsprozess ergeben. Um die Schaffung einer so zentralen Institution wie Geld, das die ökonomischen Beziehungen zwischen den Bürgern der EU auf eine neue Grundlage stellt und das tägliche Leben der Menschen europäisiert, zu verstehen, muss unter anderem erklärt werden, wie es zu der notwendigen Akzeptanz der neuen Institution kam. Welche Rolle die AMUE hierbei spielte, wird in Abschnitt 4 diskutiert.

3.1 Die Interessen der Wirtschaft

Neuere Ansätze zur Theorie optimaler Währungsräume[15] liefern einen Rahmen für die Analyse, welche Interessen die in der AMUE aktiven Unternehmen und Banken verfolgten. Danach ergibt sich der *Nutzen* einer gemeinsamen Währung aus der Senkung der Transaktionskosten im vollintegrierten Binnenmarkt. Hierzu tragen nicht nur der Wegfall von Wechselkursgebühren, ein effizienterer Zahlungsverkehr und größere Preistransparenz bei, sondern auch die Liquiditätsvorteile eines größeren Finanzmarktes, die Eliminierung von Währungsrisiken und daraus resultierende gesamtwirtschaftliche Wachstumsimpulse. Der Begriff der Transaktionskosten muss also sehr viel weiter gefasst werden, als es das Wechselkursparadigma[16] in der Literatur üblicherweise tut. Die EWU fixierte nicht die Wechselkurse, sondern schuf ein einheitliches europäisches Geldwesen mit signifikanten Effizienzgewinnen. Dem steht auf der *Kostenseite* neben dem kurzfristigen Anpassungs-/Umstellungsaufwand der Verlust makroökonomischer Politikkontrolle gegenüber, insbesondere die Gefahr unzureichender Geldwertstabilität. Die Konvergenz stabilitätspolitischer Präferenzen ist damit eine Mindestvoraussetzung für die Schaffung der Europäischen Währungsunion. Im Falle der EWU wurde diese gerade erst durch den politischen Prozess des Integrationsschritts selbst etabliert – die europaweite, stabilitätspolitische Konvergenz wurde damit zu einem Vorteil der Währungsunion.

Die Vor- und Nachteile der Währungsunion sind nicht gleichverteilt, da die Währungsintegration vor allem auf der Mikroebene unterschiedliche Externalitäten für un-

---

15 Siehe Collignon 2002, Kapitel 5. Für ältere Ansätze siehe Blejer, 1997.
16 Frieden (1991) kontrastiert bei der Diskussion von makroökonomischen Präferenzen verschiedener Sektoren unter der Bedingung der Kapitalmobilität recht eindimensional die Stabilität der Wechselkurse mit dem Verlust der geldpolitischen bzw. makroökonomischen Autonomie.

terschiedliche Gruppen schafft, wenngleich es hier anders als bei vielen regulativen Politikentscheidungen nicht um ein Nullsummenspiel geht. Eine Senkung der Transaktionskosten im engeren Sinne wirkt stärker für Firmen, die im europäischen Binnenmarkt grenzüberschreitend aktiv sind, während die Produzenten sogenannter nicht-handelbarer Güter davon kaum betroffen sind. Für transnationale Konzerne etwa lagen die Einsparungspotenziale durch eine Gemeinschaftswährung und die Vorteile einer größeren Währungsstabilität im Binnenmarkt insbesondere im Vergleich mit US-amerikanischen oder japanischen Konkurrenten auf der Hand. Das erklärt, warum sich rationale Profitmaximierer wie Unternehmen und Banken für einen Integrationsschritt engagierten, dessen Vorteile sie nicht voll internalisieren konnten und für den sie das Trittbrettfahren der Konkurrenz im eigenen Markt in Kauf nahmen. Lokal oder regional agierende Unternehmen und vor allem der Einzelhandel sahen zunächst nur Umstellungskosten. Insofern ist es kaum erstaunlich, dass sich die Mitglieder der AMUE hauptsächlich aus europäischen Unternehmen (Autohersteller wie Fiat, Daimler-Benz, Volkswagen, Renault und Volvo oder Pirelli; Produzenten von handelbaren Gütern wie Philips, Siemens, Bosch, Alcatel, Nokia und BAT oder Carlsberg; Banken wie Deutsche, Dresdner, Barclays, San Paolo di Torino, Banco Hispano-Americano, Fortis, Kreditanstalt, Allied Irish, ABN Amro etc.) rekrutierten. Im Bereich des Einzelhandels blieb die Mitgliedschaft eher unterentwickelt (Sonae, Louis Vuitton-Möet Hennesy, Quelle).

Diese Beobachtung deckt sich mit den Sektorhypothesen von Frieden (1991: 444ff), der voraussagte, dass unter den Bedingungen erhöhter Kapitalmobilität vor allem multinationale Konzerne, internationale Investoren und Produzenten handelbarer Güter mit Exportorientierung für Wechselkursstabilität eintreten würden. Frieden argumentiert, dass die erhöhte Kapitalmobilität die Interessengegensätze zwischen Produzenten handelbarer und nicht-handelbarer Güter, sowie zwischen exportorientierten und auf den Heimatmarkt fokussierten Unternehmen verstärken würde. Der vermeintliche Widerspruch, dass einige Unternehmen, die klassischerweise als Produzenten nichthandelbarer Güter eingestuft werden (Titan Cement, Hollandsche Beton Groep), schon früh der AMUE beitraten und die Währungsunionsgründung aktiv unterstützten, lässt sich durch das erweiterte Verständnis der Transaktionskosten auflösen: ihr hoher Kapitalbedarf lässt sich in einem vollintegrierten Finanzmarkt besser bedienen, so dass sie die Währungsintegration unterstützten. Das primäre unternehmerische Interesse an Finanzierungsbedingungen im Vergleich zu produktstrategischen Überlegungen zeigt sich auch daran, dass es häufig die Treasury Abteilungen der Mitgliedsfirmen waren, die am aktivsten in der AMUE mitarbeiteten. Erst später wurden weniger internationalisierte Unternehmen Mitglieder oder beteiligten sich über Verbände, die der Organisation beitraten, an AMUE-Aktivitäten. In der Implementierungsphase der Währungsunion konnte die Assoziation neue Mitglieder gewinnen, und dies auch aus den Sektoren, die nach Friedens Sektorhypothesen kein originäres Interesse an der EWU haben dürften. Dies deutet darauf hin, dass ein weiteres Motiv der Mitgliedschaft ein erwarteter Informationsvorsprung war, während das Ziel aktiv für die Währungsunion einzutreten, nach Abschluss der Formulierungsphase in den Hintergrund trat.

3.2 Die Interessen von Politik und Verwaltung an der AMUE

Von Seiten der EU und der nationalen Regierungen bestand eine große Nachfrage nach Gütern, die die AMUE anbieten konnte: nach der *Expertise*, wie die Gründung der Währungsunion vor sich gehen und wie die Einführung einer neuen Währung in der tagtäglichen Praxis umgesetzt werden konnte, aber auch nach der *Legitimationswirkung*, die die AMUE ausüben konnte. Insbesondere durch die mit der Einführung der Währung verbundenen regulativen Aspekte war das grenzüberschreitend aggregierte Know-How der Assoziation für die Entscheidungsträger von Interesse und verschaffte ihren Vertretern phasenweise in der Formulierungsphase und durchgehend in der Implementierungsphase einen privilegierten Zugang zum politischen Prozess. Die AMUE war beispielsweise Vorreiter bei der Bewertung von technischen und strategischen Fragen, etwa wie sich die Umstellung auf die technische Abwicklung (settlement) der Finanzmärkte, die Buchhaltung, die IT-Systeme oder auch das Marketing oder die Preispolitik der Unternehmen auswirken würde. Ihr Einfluss war dabei auf eine effiziente Ausgestaltung der EWU gerichtet und nicht auf distributive Vorteile der AMUE-Mitglieder zu Lasten anderer Firmen. Dies zeigte sich unter anderem daran, dass die Assoziation auch mit Verbänden und Unternehmen zusammenarbeitete, die nicht Mitglieder waren, sofern sie sich dadurch eine Steigerung ihres Einflusses auf die Vorbereitung der Privatwirtschaft versprach.

Unter dem Gesichtspunkt der konstitutionellen Aspekte der Währungsunionsgründung waren die gemeinwohl-orientierten Argumentationsstrategien der AMUE für die politischen Entscheidungsträger relevant, da sie zur Legitimation des Integrationsvorhabens beitrugen. Gegenüber euro-skeptischen Unternehmen argumentierte die AMUE, dass mit der Währungsunion durch Wechselkursstabilität im Binnenmarkt, Geldwertstabilität in der gesamten Eurozone und bessere Voraussetzungen für das Wirtschaftswachstum öffentliche Güter geschaffen würden, die allen Wirtschaftsakteuren zu Gute kämen. Zum Beispiel war es in der deutschen Diskussion, die sich phasenweise vor allem um die Ablösung der „erfolgreichen, harten Mark" durch eine „Weichwährung" oder „Esperanto-Geld" drehte, für Politiker hilfreich, von renommierten Bankern oder Unternehmenschefs öffentlichen Rückhalt zu bekommen. Ihre Unterstützung entkräftete den Vorwurf, die D-Mark werde für politische Zwecke auf dem „Schafott der Wiedervereinigung" geopfert. Denn warum sollten diese ökonomischen Akteure für einen Schritt eintreten, der den wirtschaftlichen Erfolg der Nachkriegszeit gefährdete?

Die AMUE versuchte auch, auf gesellschaftliche Diskussionsprozesse einzuwirken, um zur Herausbildung eines europäischen Politikkonsenses beizutragen. Dies lag im Interesse der Kommission, die die Kommunikationstätigkeiten der AMUE unter anderem durch die Förderung von Einzelprojekten intensiv unterstützte. Ein Beispiel hierfür sind die Kommunikationsbemühungen im Konvergenzprozess: Da Kosten und Nutzen der EWU stark von der makroökonomischen Entwicklung der Beitrittsländer beeinflusst wurden, war deren Verteilung wesentlich von der früheren Politik der Staaten sowie ihrer Anpassungsstrategien im Konvergenzprozess beeinflusst. Die Anpassungspolitiken in Ländern mit vormals hoher Inflation waren oftmals schmerzhaft, so dass auch aus politischer und gesellschaftlicher Sicht hohe Kosten entstanden. In anderen Ländern, insbesondere Mitgliedern des D-Mark-Blocks wie Deutschland, den Niederlanden und Österreich, dominierten Sorgen um die Preisstabilität. Um die Kosten der Währungsunion in der Wahrnehmung der Länder mit derart unterschiedlichen Ausgangspositionen zu reduzieren, war die Bildung eines europäischen Politikkonsenses nötig, der eine gemeinsame Bewertung von Politikoptionen ermöglichte. Mit anderen Worten, die faktische Konvergenz der Wirtschaftsdaten erforderte im Vorfeld einen epistemischen Konsens. Insbesondere nach der EWS-Krise und in der zweiten Hälfte der 1990er Jahre war ein großer Teil der Aktivitäten darauf gerichtet, zu einem grenzüberschreitenden gesamteuropäischen Politikkonsens beizutragen. Dies manifestierte sich sowohl in der Zusammenarbeit mit akademischen Experten und Vordenkern (siehe z.B. Britton/Mayes, 1992; Collignon, 1997), in diversen Reports für Policy-Maker, insbesondere in Parlamenten (siehe AMUE-Archiv und Collignon, 1993 und 1994), aber auch durch breite Öffentlichkeitsarbeit. In dem sich die AMUE-Mitglieder öffentlich für das gemeinsame Geld-Vorhaben aussprachen, stärkten sie die Legitimation des Projekts, was insbesondere zur Überwindung der Vertrauenskrise nach 1994 notwendig war. Die Anerkennung der Euroeinführung als legitimer Integrationsschritt durch die Bürger und Unternehmen war wiederum eine Grundvoraussetzung für die erfolgreiche Institutionalisierung der neuen Währung.

4 Die Frage der Wirkung: die AMUE als Motor eines transnationalen Konsenses

Diese Beispiele illustrieren, warum es zu kurz gefasst wäre, das Lobbying der A-MUE mit Rent-Seeking-Aktivitäten in regulativen und distributiven Politikbereichen gleichzusetzen, die vor allem Einfluss auf politische Akteure suchen. Um diese Wirkung ihrer Tätigkeit auf gesellschaftlichen Prozesse voll zu erfassen, ist es hilfreich, ihre Arbeit als Beitrag zu einem konstitutionellen Schritt, der Institutionalisierung eines europäischen Geldwesens, zu interpretieren. Neben der oben angesprochenen legitimatorischen Funktion steht hierbei die Bereitstellung von Wissen im Vordergrund.

4.1 Die Funktion von Wissen und Wissensgemeinschaften im politischen Prozess

Dieser konstitutionelle Integrationsschritt hat mindestens drei Charakteristika, anhand derer sich die Rolle der AMUE erklären lässt: (1) mangels eines Präzedenzfalls gab es eine große Unsicherheit über die möglichen Konsequenzen der EWU, es bestand

(2) die Notwendigkeit, verschiedene Politikoptionen zu skizzieren, analysieren, interpretieren und zu bewerten, und schließlich mussten (3) die Ideen selbst durch politische Entscheidungen und gesellschaftliche Akzeptanz institutionalisiert werden. Haas (1992) hat aufgezeigt, dass unter diesen Bedingungen Wissensgemeinschaften, sogenannte Epistemic Communities, im politischen Prozess eine besondere Rolle spielen können. Dies gilt insbesondere dann, wenn die Problemdefinition noch aussteht, d.h. erst noch ein Konsens über die Art und das Ausmaß des kollektiv zu lösenden Problems geschaffen werden muss, bzw. die Entscheidungsträger aufgrund von Unsicherheiten Schwierigkeiten haben, ihre Präferenzen zu definieren. Wissensgemeinschaften können in diesem Kontext die Dimensionen von komplexen Themen offen legen, sowie Daten, Argumente und Interpretationen von Fakten, Ereignissen und Ideen liefern, die den Entscheidern die Präferenzbildung erleichtern. Sie tragen dazu bei, die Themen für die öffentliche Debatte durch ihre Vorschläge und Stellungnahmen zu strukturieren und zu beeinflussen. Diese Funktionen übte die AMUE auf dem Weg zur Währungsunion wiederholt aus. Sie trug bereits kurz nach ihrer Gründung zur Klärung konzeptioneller Grundfragen bei, und untermauerte ihre Positionen durch Fakten und Argumente. Insbesondere in der Phase der Definition des Übergangsszenarios vor dem Madrider Gipfel wurden die AMUE und ihr Netzwerk mit Währungsunionsexperten aus dem nichtkommerziellen Sektor zum Sparringspartner und Ideengeber der politischen Entscheidungsträger, bevor sie ab Mitte der 1990er Jahre vor allem an der Implementierung mitwirkte. Die Assoziation entspricht unter anderem wegen ihrer Struktur und der Motivation ihrer Mitglieder nicht eins zu eins Haas' Definition einer Epistemic Community.[17] Seine Überlegungen zum Einfluss von Wissensgemeinschaften und den Bedingungen hierfür liefern jedoch wertvolle Hinweise zur Interpretation ihrer Wirkung.

Einen anderen analytischen Zugang zur Funktion der AMUE im politischen Prozess bietet das Konzept des *Framings*, ein kognitiver Ansatz zur Analyse des Auswahlprozesses zwischen verschiedenen Politikoptionen. *Framing* ist demnach eine Selektions-, Strukturierungs- und Interpretationsmethode, um in einer komplexen Welt Anhaltspunkte für Wissen, Entscheidungen und Handeln zu finden (Kohler-Koch 2000: 515). *Framing* kann zu unterschiedlichen Interpretationen der Wirklichkeit und damit zu unterschiedlichen sozialen Realitäten führen. Wendet man die von Kohler-Koch entwi-

---

17 Dies betrifft zum einen die Tatsache, dass nicht Individuen Mitglieder des Netzwerkes waren, sondern formal Unternehmen und Banken, wenngleich diese durch einzelne Individuen mit einem sehr persönlichen Engagement vertreten waren. Zweitens schließt Haas bei Mitgliedern einer *epistemic Community* aus, dass die Mitglieder ein klares Eigeninteresse verfolgen – eine strittige Annahme, da fraglich ist, warum sich Individuen überhaupt in *epistemic Communities* engagieren sollten, wenn sie kein Interesse daran haben. Da in unserer Studie nicht die Kategorisierung von Akteuren, sondern das Verständnis des Wirkens der AMUE im Mittelpunkt steht, ist der Ansatz von Haas wegen seiner Aussagen zur Generierung und Rolle von Wissen und der Bedeutung von Wissensträgern im politischen Prozess trotz der Diskrepanz zwischen seiner Akteursdefinition und unserem empirischen Beispiel ein interessantes Analysewerkzeug. Das Konzept wurde zurecht als „vehicle for the development of insightful theoretical premises about the creation of collective interpretation and choice" bewertet (Adler/Haas 1992: 368).

ckelten Kriterien für die Relevanz von *Framing* in politischen Prozessen an, ergibt sich, dass die AMUE insbesondere im Vorfeld der Vertragsverhandlungen gute Chancen hatte, durch ihre Kommunikationstätigkeiten über die Präferenzen der Akteure auch den politischen Prozess zu beeinflussen. So lag Ende der 1980er Jahre in Bezug auf das Ziel der Währungsintegration noch keine klar definierte Problemsituation vor. Unterschiedliche Akteure hoben unterschiedliche Motive für diesen Schritt hervor, ökonomische wie die Stabilisierung des Währungssystems und die Vervollständigung des Binnenmarktes, oder politische, wie die Einbindung Deutschlands und die Unumkehrbarkeit des Integrationsprozesses. Ebenso unklar war, was eine Währungsunion umfassen sollte: lediglich eine Fixierung der Wechselkurse und die Einführung einer gemeinsamen Geldpolitik beim physischen Fortbestand der nationalen Währungen, die Einführung einer zusätzlichen europäischen Währung, oder die Ablösung der nationalen Währungen durch eine europäische. Angesichts politischer, makro- und mikroökonomischer nationaler Pfadabhängigkeiten und Hindernisse stellte sich die Frage, ob und wie Politiken zu einem gemeinsamen Standard konvergieren konnten, wie die neuen Institutionen gestaltet sein müssten, um für die zukünftigen Mitgliedstaaten angesichts unterschiedlicher nationaler Kulturen und Erfahrungen anknüpfungsfähig zu sein.

Erst durch die systematische Verarbeitung der Informationen und Deliberation der Akteure konnte ein politischer Konsens entstehen, was jedoch Zeit, offene und nichtstrategische Kommunikation und gegenseitigen Respekt erforderte. Zwischenzeitlich hatten konkurrierende Frames das Potenzial, zu Bezugspunkten zu werden („common" vs. „single currency", Stabilitäts- vs. Wachstumsorientierung etc.). Die Assoziation konnte sich unter diesen Bedingungen als glaubwürdige Stimme in die öffentliche Diskussion und in den direkten Austausch mit den Entscheidungsträgern einschalten. Ihre starke Präsenz in beiden Sphären und ihre gezielte Ausbreitung in den EG-Staaten erhöhten dabei die Chance auf Gehör: Ein Frame wird nur dann zur Referenz, wenn er den Akteuren präsent ist. Dabei ist es nicht nur hilfreich, wenn der Vorschlag direkt in Bezug zu Themen auf der politischen Agenda steht und einen offensichtlichen Beitrag zu ihrer Lösung leisten kann, sondern das Gewicht und die Reputation derer, die den Vorschlag machen, ist ebenfalls entscheidend. Die Assoziation etablierte beispielsweise mit der Generaldirektion Wirtschaft und Finanzen der Kommission von Beginn an einen sehr engen Austausch. In diesem direkten Austausch oder in öffentlichen Stellungnahmen oder Studien konnte die AMUE ihre Vorschläge genau auf den aktuellen Stand der Diskussion ausrichten und sie strategisch in ausgewählten nationalen Kontexten plazieren. Ihr Ziel war es dabei immer, Vertrauen für das gemeinsame Projekt einer europäischen Währung zu stärken, was zugleich ein Öffnen für Argumente in anderen nationalen Kontexten erforderte. Dabei gewannen ihre Vorschläge Gewicht in der öffentlichen Diskussion, da die prominenten Wirtschaftsakteure der Organisation leicht Zugang zu den Massenmedien erhielten, und die meisten Menschen Männern und Frauen der Wirtschaft in Währungsfragen mehr vertrauten als Politikern. Durch ihre transnationale Struktur und gezielte und enge Vernetzung mit Interaktionspartnern auf allen Ebenen des EU-Systems konnte die AMUE die Auswahl von Politikoptionen beeinflussen, mit anderen Worten den Konsensbildungsprozess im multinationalen Setting vorantreiben.

Kohler-Koch (2000: 517) hat weitere Faktoren beschrieben, die einem Frame zur Rezeption bei Entscheidungsträgern verhelfen können: „(1) a parsimonious cognitive model, (2) a reminder of positive experience, (3) a link to internalized categories of traditional thinking and (4) an indication that experts and opinion leaders share the concept". In Positionspapieren und anderen Dokumenten arbeitete die AMUE stets mit einer einfachen Argumentation, die auf bestehenden Konsenspunkten und vertrauten Strategien aufbaute. Dies zeigt sich zum Beispiel daran, dass die Währungsunion als konsequente Fortschreibung des Binnenmarktprojekts dargestellt wurde – ein Integrationsschritt, der zu diesem Zeitpunkt als großer politischer und ökonomischer Erfolg galt. Je nach Adressaten wurde die Argumentation angepasst, etwa an nationale Sensibilitäten, um traditionelle Denkmuster aufzugreifen und Respekt für nationale Eigenheiten zu bekunden. In deutschen Veröffentlichungen wurde beispielsweise der Stabilitätsgedanke hervorgehoben, während in französischen Debatten die Chance auf einen wachstumsorientierten Policy-Mix betont wurde, der jedoch Geldwertstabilität als Voraussetzung hatte. Dabei arbeitete die Organisation immer mit Argumentationssträngen, die nicht das Trennende, sondern das Konsensfähige betonten. In ihrem Lobbying stellte die AMUE stets in den Vordergrund, dass sie Positionen vertrat, die von den wichtigsten europäischen Konzernen geteilt wurden. Durch den persönlichen Hintergrund von Vorstandsmitgliedern wie Etienne Davignon und François-Xavier Ortoli, zwei ehemaligen EU-Kommissaren, von Philippe Lagayette (ehemals Vize-Gouverneur der Banque de France), später auch von Alexandre Lamfalussy (ehemals Präsident des Europäischen Währungsinstituts) und Franz Vranitzky (früherer Österreichischer Bundeskanzler), aber auch durch die aktive Präsenz der Elder Statesmen Helmut Schmidt und Valéry Giscard d'Estaing und regelmäßige historische Referenzen in AMUE-Statements wurde neben der ökonomischen auch die historisch-politische Tragweite des Integrationsschrittes hervorgehoben, um die Botschaft der Industrie- und Finanzwelt für die politisch-gesellschaftliche Debatte anknüpfungsfähig zu machen. Die Akteure galten daher nicht nur als erfolgsorientierte, technische Experten, sondern auch als überzeugte, weitsichtige Europäer, die in nationalen Debatten aufgrund ihres Renommés zu Meinungsführern werden konnten. In der rückblickenden Analyse der Strategie der AMUE scheint diese die von Kohler-Koch identifizierten Erfolgskriterien daher weitestgehend zu erfüllen.

Mit den Konzepten der *Wissensgemeinschaft* und des *Framings* kann ein Teil der Wirkungsweise der AMUE analytisch gefasst werden. Doch um den Einfluss der Ideengeber auf den Politikprozess weiter zu durchdringen, muss die Verbindung zwischen den Ideen und den tatsächlichen Politikentscheidungen modelliert werden. Um den Prozess der sozialen Institutionalisierung des Euro umfassend abzubilden, sollte sich das Modell anders als das Konzept der Epistemic Communities oder der Framing-Ansatz nicht auf den Einfluss auf politische Entscheidungsträger konzentrieren, sondern die dahinter liegenden gesellschaftlichen Prozesse erfassen. Während die Entscheidungsträger versuchen, Policy-Entscheidungen zu fällen, die kollektive Präferenzen maximieren, können neue Ideen und Wissen gerade diese gesellschaftlichen Präferenzen beeinflussen. Lehrer/Wagner (1981) haben modelliert, wie Individuen mit anfänglich divergierenden Präferenzen über die Information, die ihnen zur Verfügung steht, in sozialer Interaktion zu einem rationalen Konsens gelangen können. Dieses Modell wird in Abschnitt 4.2. auf die AMUE angewendet. Abschnitt 4.3. diskutiert abschließend die Bedeutung der Organisation und ihrer Aktivitäten für den konstitutionellen Schritt der Schaffung der neuen sozialen Institution „Euro".

4.2 Konsensmodell und Konsensbildung im europäischen Integrationsprozess

Die politikwissenschaftliche Forschung zur Währungsunion steht vor einer fundamentalen Frage: Ist die Einführung des Euro das Ergebnis eines demokratischen Prozesses, oder wurden die Präferenzen polit-ökonomischer Eliten einer mehr oder weniger (un-)willigen Bevölkerung übergestülpt? Auf dem Weg zur EWU gab es zweifelsohne bedeutende demokratische Defizite. Doch in letzter Instanz haben Europas Bürger (mit Ausnahme Großbritanniens und Dänemarks[18]) der Schaffung einer europäischen Währung zugestimmt. Dies manifestiert sich nicht nur in den nationalen Ratifikationsprozessen durch Referenden oder Parlamente, sondern auch im reibungslosen Funktionieren der Währung seit 1999 und der wachsenden Zustimmung, die das Eurobarometer belegt. Diese Akzeptanz kann als Manifestation eines fundamentalen Politikkonsenses verstanden werden – auch wenn diese These mit der Kritik am Verschwinden der alten Währungen im Widerspruch steht. Aufbauend auf de Grooth (1974) und Lehrer/Wagner (1981) haben wir in Collignon/Schwarzer (2003) ein Modell vorgestellt, das dieses Puzzle löst.

Darin ergibt sich ein sogenannter stochastischer Konsens als ein langfristiger Gleichgewichtszustand, auf den hin die Meinungen und Präferenzen einer Gruppe von Menschen konvergieren. Voraussetzung dafür ist, dass sie (1) durch einen kommunikativen Zusammenhang verknüpft sind, (2) das nötige Vertrauen existiert, um andere Meinungen zu einem gewissen Grad ebenso wie die eigene zu respektieren und dass sie (3) vorhandene Informationen rational nutzen. Die ersten beiden Bedingungen implizieren, dass kollektive Präferenzbildung als *Markov-Kette* modelliert werden kann: Es findet ein deliberativer Prozess statt, im Zuge dessen die Individuen ihre eigene Meinung reevaluieren, indem sie der Meinung der anderen Akteure ein Gewicht zwischen 0 und 1 beimessen. Die dritte Bedingung bedeutet, dass Individuen neue Evidenz ebenso evaluieren, wie ihrer eigene und die Fähigkeit anderer Leute zur Beurteilung von Ideen und Handlungsoptionen anerkennen. Infolge dessen müssen sie ihre eigenen Meinungen im Lichte neuer Argumente revidieren. Dies ist ein Gebot der logischen Kohärenz, kein

---

18 Schweden hat der EWU durch Übernahme des *Acquis Communautaire* zugestimmt, anschließend aber den Vertrag gebrochen, ohne sanktioniert zu werden.

Postulat: Eine Person kann nicht der Kompetenz einer anderen Person vertrauen und gleichzeitig alle Argumente dieser Person zurückweisen.[19] Sofern die drei Bedingungen erfüllt sind, konvergiert der Informations- und Meinungsaustausch mit folgender Präferenzänderung, die Deliberation, über einen gewissen Zeitraum zu einem neuen Gleichgewicht,[20] in dem alle Mitglieder einer Gruppe die gleiche Meinung, bzw. die gleichen Präferenzen teilen. Jede individuelle Präferenz reflektiert dabei den gewichteten Durchschnitt aller Präferenzen in der Gruppe – und jede individuelle Präferenzänderung beeinflusst die Präferenzen der anderen Gruppenmitglieder.

Bevor das Gleichgewicht erreicht wird, herrscht Dissens oder Präferenzheterogenität, d.h. die individuellen Präferenzen sind (noch) nicht mit dem aggregierten Konsens identisch. Die Dauer der Konsensbildung hängt davon ab, wie eng die Kommunikationsstrukturen in der Gruppe geflochten sind, und wie groß die Bereitschaft aufgrund eines bestehenden Maßes von Vertrauen und Respekt ist, der Meinung der anderen Gruppenmitglieder ein möglichst hohes Gewicht beizumessen. Meinungsführer, die ein hohes Maß an öffentlicher Präsenz, an Vertrauen und Respekt genießen, können die Konsensbildung beschleunigen. Dissens muss von Konflikt unterschieden werden. Dissens impliziert in unserem Modell ein grundsätzliches Vertrauensverhältnis zwischen Gruppenmitgliedern, so dass die Tendenz zum Konsens dominiert. Konflikt hingegen beschreibt eine Situation, in der die Individuen keinerlei gegenseitigen Respekt haben, so dass ein konsensuelles Gleichgewicht grundsätzlich unmöglich ist. Dissens ermöglicht somit, dass mit Hilfe von als legitim anerkannten Wahlen Deliberationsprozesse abgekürzt werden. Konflikt in unserem Sinn lässt sich nur durch Gewalt lösen.

Dieses Model eignet sich für die Analyse europäischer Integrationsprozesse und die integrativen Nebenwirkungen des Lobbyings der AMUE. Auch die Konvergenz politischer Präferenzen im Bezug auf die EWU kann im Kontext eines solchen Lern- und Deliberationsprozesses gesehen werden. In unserem Modell stochastischen Konsenses lässt sich formal zeigen, dass ein hoher Grad an Dissens aufrechterhalten bleibt, wenn gegenseitiger Respekt ausschließlich von Regierungen und ihren Bürokratien getragen wird (Collignon 2001). Dies kann effiziente öffentliche Entscheidungen verhindern und das Integrationsprojekt auf Dauer in Frage stellen. Die politische Opposition wird versuchen, den Dissens zu maximieren, der im Grenzfall in Konflikt umschlagen kann. Solche Tendenzen ließen sich in allen EU-Mitgliedsstaaten vor der Einführung des Euro feststellen. Wenn die Schaffung der EWU dennoch erfolgreich war, dann weil der europäische Integrationsprozess hinreichend fortgeschritten war, um ein konsensuelles Gleichgewicht zu ermöglichen.

Private Organisationen wie die AMUE haben zu diesem Konsens beigetragen. Sie erfüllte diese Funktion auf doppelte Art: einerseits produzierte sie neues Wissen und Evi-

---

19 Siehe Lehrer/Wagner 1981: 22.
20 Wir sehen hier zunächst davon ab, dass neue Evidenz (ein Schock) das Gleichgewicht verschieben kann.

denz zu Gunsten der EWU. Dies bewirkte zunächst Dissens in Bezug auf den etablierten Konsens nationaler Währungen. So schien, beispielsweise, die Forderung nach einer einheitlichen Euro-Währung zunächst als schockierend. Weil diese Forderungen jedoch unter anderem von Männern und Frauen der Wirtschaft erhoben wurden, denen viele Menschen grundsätzlich vertrauten, war es möglich, den gesellschaftlichen Konsens zu Gunsten der europäischen Währung zu verschieben. Die Akteure nutzten ihre herausgehobene Position, um in der Debatte – auch grenzüberschreitend – ein starkes Gewicht für ihre Positionen zu beanspruchen, und unterstützten öffentlich Politiker, was diesen zu einem stärkeren Gewicht und Vertrauen verhalf. Für den Beitrag der AMUE war von zentraler Bedeutung, dass sie als europäische Organisation Strukturen schuf, in denen grenzüberschreitendes Vertrauen wachsen konnte und die die Voraussetzungen für einen raschen internen Konsensbildungsprozess erfüllten, zumal die Deliberation nicht unter strategischen Überlegungen der Akteure gegenüber anderen Gruppenmitgliedern litt. Die interne Konsensbildung wurde mit der politischen Diskussion verknüpft. So wurden Konsenspunkte der Wirtschafts- und Bankenvertreter in die öffentliche Debatte getragen, wo ihnen sowohl von der Politik als auch von der breiten Öffentlichkeit Gewicht beigemessen wurde. Durch die Schaffung von Strukturen und Kommunikationskanälen, die den Konsensprozess förderten, trug das private konstitutionelle Lobbying der AMUE zur Schaffung einer europäischen Öffentlichkeit und Zivilgesellschaft bei. Redistributives Lobbying erfüllt diese Funktion nicht oder nur sehr viel schlechter, da der Kampf um Vorteilsanteile im Nullsummenspiel den Respekt für die Argumente des anderen grundsätzlich gering hält.

4.3 Die Bedeutung für die Schaffung sozialer Institutionen

Die Einführung einer neuen Institution wie einer Währung erfordert die Definition und Umsetzung konstitutiver Regeln. Searle (1995: 43) hat drei notwendige Bedingungen für die Schaffung konstitutioneller Fakten identifiziert, denen sich die Tätigkeit der AMUE zuordnen lässt. *Erstens* müssen die neuen Regeln eine kollektive Intentionalität wiederspiegeln, also den Konsens, dass „wir" dies wollen. Konstitutionelle Fakten müssen nicht nur auf kollektiver Akzeptanz, sondern auch auf dem Konsens, dass sie überhaupt existieren, beruhen. Die AMUE belegte durch ihre Existenz und ihre Statements, dass ein nennenswerter Teil der europäischen Unternehmens- und Bankenwelt dieses Ziel unterstützte und bereits kurz nach der Verabschiedung des Madrider Übergangsszenarios – trotz der bestehenden Anpassungskosten – mit der praktischen Umsetzung begann. Die bevorstehende Euro-Einführung wurde so von Europas führenden Unternehmen als wünschenswerte Realität gewertet – während diverse Umfragen belegten, dass ein Großteil der kleinen und mittelständischen Unternehmen bis in die zweite Hälfte der 1990er Jahre die tatsächliche Einführung des Euro bezweifelten und daher ihre

Umstellungsvorbereitung zurückstellten.[21] Nach Beginn der Währungsunion am 1.1.1999 mit der Einführung des Euro als Buchgeld bemühten sich die Mitglieder, ihre praktische Erfahrung mit dem erst virtuell existierenden europäischen Geld möglichst weit zu streuen, um zu zeigen, dass der Euro bereits Realität geworden war. Die AMUE trug dazu bei, die Unterstützerbasis des Euro von der Politik auf den Privatsektor auszuweiten, und moderierte grenzüberschreitend, um zu einem europaweiten Konsens für die Währungsunion beizutragen. *Zweitens* müssen bei der Einführung institutioneller Fakten die Instrumente und ihre Funktionen zur Nutzung und zum Management der neuen Institution definiert werden. Im Falle der neuen Währung betrifft dies u.a. ihren Status als legales Zahlungsmittel, die Europäische Zentralbank oder den Stabilitäts- und Wachstumspakt. In diesem Zusammenhang fungierte die AMUE als Vermittler zwischen Politik, Wirtschaft und Gesellschaft und trug zur Kohärenz der Regeln mit dem wirtschaftlichen Umfeld bei, in dem sie funktionieren mussten. *Drittens* müssen die konstitutiven Regeln kodifiziert werden. Der erste Schritt war der Vertrag von Maastricht, zu dem die AMUE nur einen marginalen Input leistete, wenngleich sie zur Strukturierung der Debatte um die gemeinsame Währung und den Starttermin beitrug. Anders war dies bei der Aushandlung des rechtlichen Rahmens der Währungsunion und des Übergangsszenarios, zu dem die AMUE durch umfangreiche Studien, Beteiligungen an Arbeitsgruppen und entschiedenes Lobbying für einzelne Aspekte konkreten Input leistete.

Searles Analyse zeigt auf, dass für die Schaffung der sozialen Institution Geld mehr geschehen muss, als die intergouvernementale Aushandlung eines Vertrags. In Bezug auf europäische Integrationsschritte erlaubt sie es, den Fokus von Regierungsverhandlungen und intergouvernementalen bzw. supranationalen Entscheidungen auf die Bedeutung und den Prozess des notwendigen gesellschaftlichen Konsenses und der Akzeptanz der Integrationsschritte zu richten. Die Erklärung, wie der europäische Konsens zur gemeinsamen Währung zustande gekommen ist, erfordert eine Beschreibung der Ideen, die den Euro als Gemeinschaftswährung überhaupt ermöglichten, und den Prozess, wie individuelle bzw. nationale Politikoptionen in einem grenzüberschreitenden deliberativen Prozess re-evaluiert wurden. Die Studie über die AMUE zeigt, wie dieser Prozess in einem eng eingegrenzten Umfeld funktioniert hat und wie er mit der Konsensbildung in Politik und Gesellschaft verbunden war.

Literatur

Adler, Emanuel/Haas, Peter M. (1992): Conclusion. Epistemic communities, world order, and the creation of a reflective research program. International Organization; Bd. 46, Heft 1: 367-390.
Association for the Monetary Union of Europe (1998): The Sustainability Report. Printed in:

---

21 Interessant dabei ist die Korrelation zwischen Ablehnung des Euro, Zweifel an seiner tatsächlichen Einführung und geringem Informationsstand über die Währungsunion.

Economia Internazionale 1999 – Special Edition in Bd. LII: 1.

Blejer, Mario et al. (1997): Optimum Currency Areas: new analytical and policy developments. Washington, D.C. : International Monetary Fund

Briton, Andrew/Mayes, David (1992): Achieving Monetary Union in Europe. London: Sage Publications.

Collignon, Stefan/Schwarzer, Daniela (2003): Private Sector Involvement in the Euro. The Power of Ideas. London: Routledge.

Collignon, Stefan (2002): Monetary Stability in Europe. London: Routledge.

Collignon, Stefan (2001): Economic Policy Coordination in EMU: Institutional and Political Requirements. The European Institute. London: London School of Economics (Working Paper 45).

Collignon, Stefan (Hrsg.) 1997: European Monetary Policy. London: Cassel Academic.

Collignon, Stefan (1993): Das EWS im Übergang – Erfahrungen mit dem EWS und politische Optionen. Wiesbaden: Gabler Verlag.

Collignon, Stefan (1994): The Monetary Dimension of European Unemployment, written evidence to the Sub-Committee A of the House of Lords' European Committee on Growth, Competitiveness and Employment in the Community. London.

DeGroot, Morris H. (1974): Reaching Consensus. Journal of the American Statistical Association; Bd. 68, Heft 341: 118-212.

Dyson, Kenneth (1999): Economic and monetary Union in Europe: a transformation of governance. in: Kohler-Koch, Beate/Eising, Rainer (Hrsg.). The transformation of Governance in the European Union. London: Routledge: 98-118.

Dyson, Kenneth/Featherstone, Kevin (1999): The Road to Maastricht: Negotiating Economic and Monetary Union. Oxford: Oxford University Press.

Ernst and Young/AMUE (1990): A Strategy for the Ecu. London: Kogan Page.

Frieden, Jeffrey A. (1991): Invested interests. The politics of national economic policies in a world of global finance. International Organization; Bd. 45, Heft 4: 425-451.

Friedman, Milton (1969): The optimum quantity of money and other essays. London: Macmillan.

Haas, Peter M. (1992): Introduction: Epistemic communities and international policy coordination. International Organization; Bd. 46, Heft 1: 1-35.

Kohler-Koch, Beate (2000): Framing: the bottleneck of constructing legitimate institutions. Journal of European Public Policy; Bd. 7, Heft 4: 513-531.

Kommission der Europäischen Gemeinschaften (1990): One market, one Money. Brüssel: Kommission der europäischen Gemeinschaften.

Lehrer, Keith/Wagner, Carl (1981): Rational Consensus in Science and Society. Dordrecht: D. Reidel Publishing Company.

McNamara, Kathleen R. (1998): The Currency of Ideas, Monetary Politics in the European Union. Ithaca/London: Cornell University Press.

Moravcsik, Andrew (1999): The Choice for Europe. Social Purpose and State Power. From Messina to Maastricht. London: UCL Press.

Olson, Mancur (1965): The Logic of Collective Action: Public Goods and the Theory of Groups. Cambridge, Mass: Harvard University Press.

Searle, John (1995): The Construction of Social Reality. London: Allen Lane.

Administrative Interessenvermittlung durch Koppelgeschäfte: Der Fall der europäischen Elektrizitätspolitik[1]

Diana Schumann, Nils C. Bandelow und Ulrich Widmaier

1 Einleitung

Die Europäische Gemeinschaft (EG) nimmt innerhalb der Europäischen Union (EU) dank ihrer supranationalen Organisation eine besondere Stellung ein. Im Laufe ihrer Entwicklung hat sich ihr Zuständigkeitsbereich wesentlich ausgedehnt. Trotzdem gilt für die meisten Politikfelder, dass nur Teilbereiche in die alleinige Zuständigkeit der EG fallen und damit auf europäischer Ebene rechtsverbindlich geregelt werden, während andere Teilbereiche nur koordiniert und mit weichen Steuerungsinstrumenten beeinflusst werden oder ganz in die Zuständigkeit der Mitgliedstaaten fallen. Hierarchische Steuerung ist somit nur teilweise möglich, wobei zusätzlich bedacht werden muss, dass selbst bei einer rechtsverbindlichen Regelung den Steuerungsadressaten ein breiter Spielraum verbleibt, wie sie auf die Verhaltensgebote und -verbote reagieren möchten. Zu den Besonderheiten der EG gehört, dass im Unterschied zum exekutiven Bereich mit hierarchischer Rechtsetzung und gerichtlicher Durchgriffsmöglichkeit ihre politische Willensbildung nicht hierarchisch organisiert ist. Der Rat, das immer noch zentrale Organ der europäischen Entscheidungsfindung, ist ein intergouvernementaler kollektiver Akteur. Nur die Kommission ist ein korporativer Akteur klassischen Typs, d.h. eine hierarchisch strukturierte Organisation mit weisungsberechtigter Führung im Innenverhältnis. Im Außenverhältnis muss sie ihre Kompetenz sowohl bei der Entscheidung über politische Maßnahmen als auch bei deren Durchführung mit anderen Organen teilen. Der „Mangel an Hierarchie" drückt sich darin aus, dass ihr direkte Durchsetzungsinstrumente weitgehend fehlen, folglich ist sie darauf angewiesen, andere Koordinationsmechanismen auszubilden. Die Entstehung von Politiknetzwerken, in denen und durch die private und öffentliche nationale und europäische Akteure aufgrund gegenseitiger Abhängigkeiten regelmäßig ihre Ressourcen tauschen und über Entscheidungen und Formen der Implementation verhandeln, ist insgesamt für die Europäische Union charakteristisch (Eising/Kohler-Koch 1999).

Innerhalb der europäischen Netzwerke kommt der Kommission dank ihres Initiativrechtes und ihrer Rolle als „Hüterin der Verträge", die neben dem Europäischen Gerichtshof (EuGH) die Einhaltung der EU-Verträge kontrolliert, eine besondere Bedeutung zu. Die damit einhergehende Entscheidungsautonomie der Kommission variiert jedoch aufgrund der Ungleichzeitigkeit der Vergemeinschaftung zentraler Politikbereiche: Während sie in einigen Bereichen nur eine geringe Entscheidungsautonomie be-

---
1   Wir danken für konstruktive Kritik und zahlreiche Anregungen Thomas König, Christian Lahusen und den Herausgebern des Bandes.

sitzt, z.B. in der Energiepolitik oder in der positiv regulierenden Sozialpolitik, verfügt sie in anderen Bereichen, z.B. in der Agrar-, Wettbewerbs- und Handelspolitik, über einen hohen Grad an Entscheidungsautonomie. Mit dem unterschiedlichen Ausmaß ihrer Entscheidungsautonomie variiert auch die Verbindlichkeit der Entscheidungen, die sie in einzelnen Politikfeldern herstellen kann.

Im vorliegenden Aufsatz wird von der zentralen These ausgegangen, dass aus der Ungleichzeitigkeit des Integrationsstandes in einzelnen Politikbereichen und dem damit verbundenen unterschiedlichen Ausmaß der Entscheidungsautonomie Anreize für die Kommission entstehen, verschiedene Handlungsbereiche[2] miteinander zu verknüpfen und durch einen Ressourcentausch ihre politischen Einflussmöglichkeiten zu erhöhen: In den Bereichen, in denen sie über eine hohe Entscheidungsautonomie sowie über begrenzte hierarchische Steuerungsmöglichkeiten verfügt, kann sie den Adressaten ihrer Politik bestimmte Ressourcen anbieten – bspw. den teilweisen oder vollständigen Verzicht eines Regulierungseingriffs. Dieses Angebot ermöglicht einen Tausch gegen Ressourcen der Adressaten – z.B. ein erwünschtes Verhalten –, das die Kommission in den Bereichen mit geringer Entscheidungsautonomie nicht rechtlich erzwingen kann. Die Einigung zwischen der Kommission und den Adressaten ihrer Politik kommt in einem solchen Tauschprozess durch die Verkopplung eigentlich voneinander unabhängiger Sachverhalte, d.h. durch Koppelgeschäfte, zustande.

Die Kommission kann folglich an Koppelgeschäften interessiert sein, um ihre Steuerungsfähigkeit in Politikbereichen mit geringer Entscheidungsautonomie auszuweiten. Als Partner für Koppelgeschäfte kommen in den Netzwerken europäischer Politik jedoch nur wenige Akteure in Frage. Sie müssen zum einen über Ressourcen verfügen, die von der Kommission zur Erweiterung ihres Handlungsrepertoires genutzt werden können. Zum anderen müssen sie selbst an Vereinbarungen mit der Kommission interessiert sein und über die notwendige Flexibilität verfügen, ihre Positionen in einem Politikfeld modifizieren zu können, damit sie ihre veränderten Einstellungen als Tauschgut in einem anderen Feld einsetzen können. Im vorliegenden Aufsatz wird gezeigt, dass große Unternehmen sowohl über Ressourcen verfügen, die für die Ausweitung der Steuerungsfähigkeit der Kommission von Bedeutung sein können, als auch an

---

2 Unter „Handlungsbereich" werden Teilbereiche von Politikfeldern verstanden, deren Politikprogramme und Maßnahmen auf die Erreichung eines spezifischen strategischen oder operativen Ziels (z.B. Verwirklichung des Energiebinnenmarktes oder Sicherstellung der Vereinbarkeit eines Unternehmenszusammenschlusses mit dem europäischen Binnenmarkt) ausgerichtet sind. Aufgrund der funktionalen Spezialisierung der Kommission ist die zentrale Zuständigkeit für die Entwicklung und Durchführung von Maßnahmen und Entscheidungen in einem Handlungsbereich genau festgelegt. Sie liegt im Allgemeinen bei einem federführenden Referat derjenigen Generaldirektion (GD), die dem jeweiligen Politikfeld zugeordnet ist. Beispielsweise liegt die zentrale Verantwortung für die Realisierung des Elektrizitätsbinnenmarktes bei dem Referat „Binnenmarkt, öffentliche Dienste, Wettbewerb und Anwendung des Gemeinschaftsrechts" (A2) der GD Energie und Verkehr, während die Sicherstellung der Vereinbarkeit eines Unternehmenszusammenschlusses mit dem europäischen Binnenmarkt in die Zuständigkeit der Task Force Fusionskontrolle der GD Wettbewerb fällt.

der Vereinbarung von Koppelgeschäften interessiert sein können, wenn sie dadurch eine volle Ausschöpfung regulativer Kommissionskompetenzen zu ihrem Nachteil vermeiden können. Zudem können Unternehmen im Unterschied zu anderen Akteuren im europäischen Mehrebenensystem die Einhaltung einer getroffenen Vereinbarung garantieren.

Die Möglichkeit der Kommission, ihre Steuerungsfähigkeit durch Koppelgeschäfte mit großen Unternehmen zu erweitern bzw. die Option großer Unternehmen, ihre Interessen durch Vereinbarungen mit der Kommission zu verfolgen, wurde bisher weder in der Interessenvermittlungsforschung noch in der EU-Governance-Forschung thematisiert. Der überwiegende Teil politikwissenschaftlicher Studien konzentriert sich auf die Bedeutung des Initiativmonopols der Kommission und auf ihre Rolle als Agendasetter in der Vorbereitungsphase europäischer Politik. Die Kommission wird überwiegend als Adressat von privaten Interessen im Sinne von Einfluss aufgefasst. Wenn Prozesse der Interessenvermittlung untersucht werden, dann wird in der Regel nur der Ressourcentausch bezogen auf die zur Entscheidung stehenden politischen Maßnahmen untersucht (vgl. Bouwen in diesem Band). Die theoretische Relevanz der vorliegenden Untersuchung liegt daher darin, die Aufmerksamkeit auf Koppelgeschäfte zwischen öffentlichen und privaten Akteuren auf der europäischen Ebene zu lenken, die als spezifische Form *administrativer Interessenvermittlung* (Lehmbruch 1987) begriffen werden können. Diese Form der administrativen Interessenvermittlung kann an den nationalen Regierungen, dem Ministerrat und dem Europäischen Parlament vorbei erfolgen. Dies ist nicht ohne Folgen für die Entwicklung des institutionellen „Gleichgewichts" sowie für die Beurteilung des „Demokratiedefizits" der Europäischen Union, was unserer Analyse auch politische Relevanz verleiht. Zentrale Zielsetzung ist, einen Beitrag zur systematischen Analyse der Voraussetzungen und der Handlungsbedingungen dieser spezifischen Form administrativer Interessenvermittlung in der Europäischen Union zu leisten.

2 Koppelgeschäfte zwischen der Kommission und großen Unternehmen als spezifische Form administrativer Interessenvermittlung

2.1 Theoretische Grundlagen

Das Konzept der „administrativen Interessenvermittlung" bezeichnet eine charakteristische Form der interorganisatorischen Verflechtung zwischen öffentlicher Verwaltung und privaten kollektiven und/oder korporativen Akteuren, die als Austauschprozess verstanden werden kann (Lehmbruch 1987). Je nach Ressourcenausstattung kommt es dabei zu den oben beschriebenen Austauschprozessen, die Handlungsfelder übergreifen und Koppelgeschäfte begünstigen können.

Schaubild 1: Vier Arten von Verhandlungsprozessen

	Geringe Bedeutung der Verteilungsdimension	Hohe Bedeutung der Verteilungsdimension
Geringe Bedeutung der Produktionsdimension	Spot-Verträge	Distributives Bargaining
Hohe Bedeutung der Produktionsdimension	Problemlösen	Positive Koordination

Quelle: Scharpf 2000: 212.

In spieltheoretischen Analysen von Verhandlungssystemen, die an Überlegungen der ökonomischen Wohlfahrtstheorie anknüpfen (Scharpf 1988, 1992, 2000), werden Koppelgeschäfte als spezifische Strategie des distributiven Bargaining verstanden. Distributives Bargaining stellt einen möglichen Typ von vier Verhandlungsprozessen dar, die sich vor allem danach unterscheiden, dass sich in ihnen das Verhandlungsdilemma, d.h. die Notwendigkeit, die Probleme der Produktion und Verteilung einer angestrebten Gesamtlösung gleichzeitig zu lösen (Scharpf 2000: 211), in unterschiedlicher Intensität stellt (vgl. Schaubild 1).

Aufgrund dessen, dass bei Spot-Verträgen weder die Fragen der Nutzenproduktion noch solche der Verteilung in den Verhandlungen eine wichtige Rolle spielen (Scharpf 2000: 213), ist das Verhandlungsdilemma in diesem Verhandlungstyp am geringsten ausgeprägt. Hingegen ist es im Fall der positiven Koordination am stärksten ausgeprägt, da die Verhandelnden Produktionsprobleme und Verteilungsfragen gleichzeitig erfolgreich lösen müssen (Scharpf 2000: 225 ff.). Das Verhandlungsdilemma ist sowohl im distributiven Bargaining als auch im „Problemlösen" geringer, weil es im distributiven Bargaining ausschließlich um die Verteilung von Nutzen und Kosten einer Gesamtlösung und beim „Problemlösen" ausschließlich um die Nutzenproduktion geht (Scharpf 2000: 221).

Distributives Bargaining beruht auf der Logik der „Einigung durch Tausch" (Benz 1994: 120), bei der Einigungsprobleme durch verschiedene Formen der Kompensation gelöst werden können: durch die Erweiterung des Verhandlungsgegenstandes zu größeren Verhandlungspaketen (Paketlösung), durch die Verknüpfung verschiedener Handlungsbereiche (Koppelgeschäft) oder durch die Kompensation voraussichtlicher Verluste eines Verhandlungspartners durch den anderen (Ausgleichszahlung) (Eberlein/Grande 2003: 192). Koppelgeschäfte stellen somit die Form des distributiven Bargaining dar, bei der Verhandlungsgegenstände mit unterschiedlichen Präferenzen und Nutzenverteilungen für die beteiligten Akteure zu einer Gesamtlösung mit positiven Kosten-Nutzen-Bilanzen kombiniert werden (Scharpf 1992a: 64ff; 2000: 217ff; Benz 1995: 317). Durch den Abschluss eines Koppelgeschäftes entsteht die klassische „win-win-Situation", mit der in Verhandlungssystemen das Kaldor-Optimum, bei dem alle Netto-Gewinne der Begünstigten mindestens ausreichen, um alle Netto-Verluste der Benachteiligten auszugleichen, erzielt wird. Koppelgeschäfte sind allerdings nur realisierbar, wenn die beteiligten Akteure hinsichtlich der zu verknüpfenden Gegenstände über entgegengesetzte Interessen sowie über Tauschpotenziale verfügen. Ferner wird der Abschluss von Koppelgeschäften durch Informationen über die Motivationsstruktur des Verhandlungspartners und durch Vertrauen zwischen den Verhandelnden begünstigt (Mayer 1994).

Zusammenfassend handelt es sich bei Koppelgeschäften um einen höchst voraussetzungsvollen Entscheidungsmodus, der zudem mit hohen Transaktionskosten[3] verbunden ist. Dennoch kann angenommen werden, dass einerseits aus dem Interesse der Verwaltung, ihre Steuerungsfähigkeit auszuweiten, und andererseits aus dem Interesse der privaten Akteure, hierarchische Steuerungseingriffe zu ihrem Nachteil zu vermeiden, Anreize entstehen, Koppelgeschäfte als spezifische Form der administrativen Interessenvermittlung zu verfolgen. Bezogen auf die Europäische Union rückt diese Annahme zwei zentrale Akteure in den Mittelpunkt der Analyse: die Kommission als Verwaltung, die an der Ausweitung ihrer Steuerungsfähigkeit interessiert ist, und die großen Unternehmen als private Akteure, die zum einen daran interessiert sind, regulative Maßnahmen zu ihrem Nachteil zu verhindern, und zum anderen über Ressourcen verfügen, die von der Kommission zur Erweiterung ihrer Steuerungsfähigkeit genutzt werden können. Dies wird im Folgenden erläutert.

2.2 Die Kommission als Akteur administrativer Interessenvermittlung

Die Kommission weist innerhalb des Institutionengefüges der Europäischen Union spezifische Eigenschaften auf und erfüllt besondere Funktionen. Als supranationales Organ der Gemeinschaft besitzt sie spezifische Befugnisse, die im Wesentlichen Initiativ-, Kontroll- und Exekutivrechte umfassen. Damit einher gehen drei zentrale Funktionen der Kommission: Erstens ist sie Hüterin der Verträge und achtet auf die Einhaltung des „acquis communautaire". Zweitens nimmt sie eine Exekutivfunktion wahr, da ihr neben dem Rat die Durchsetzung von Rechtsakten auf Gemeinschaftsebene zukommt und sie mit der Ausführung des Haushalts betraut ist. Drittens wird sie aufgrund ihres legislativen Initiativmonopols als „Motor der Integration" betrachtet.

Mit ihrer Verwaltung[4], ihren zahlreichen Ausschüssen und verzweigten Gremiennetzwerken handelt es sich bei der Kommission um das ressourcenreiche Zentrum des europäischen Institutionengefüges. Zudem ist sie diejenige europäische Institution, die im Unterschied zum intergouvernementalen „Club" des Rates (Wallace 2000: 19) eine zentrale akteurspezifische Eigenschaft aufweist, die für die Realisierung von Koppelgeschäften bedeutsam ist: die Verfasstheit als korporativer Akteur. Bei korporativen Ak-

---

3 Diese ergeben sich aufgrund der Problematik der Durchsetzung von Vereinbarungen (Weingast/Marshall 1988), da individuelle Akteure in informellen Tauschsystemen einen Anreiz haben können, getroffene Vereinbarungen zu brechen. Andererseits entstehen Transaktionskosten aufgrund der Vielzahl und grundsätzlichen Unbestimmtheit der gesamten zukünftigen Problemdimensionen (Weingast/Marshall 1988).
4 Die Verwaltung der Kommission beschäftigt zur Zeit ca. 22.000 Beamte in 17 Generaldirektionen und 19 Fachdiensten, die wiederum administrativ in Direktorate und Abteilungen unterteilt sind; ein hoher Anteil ist allerdings mit Dolmetscher- und Übersetzungsdiensten befasst.

teuren handelt es sich um „Top-Down-Organisationen", die von einer hierarchischen Führung bzw. von einem „Eigentümer" kontrolliert werden (vgl. Scharpf 2000: 105). Das Leitungs- und Kontrollzentrum korporativer Akteure dient zum einen als Legitimitätsquelle für Vollmachten individuellen Handelns (Abraham 2001: 15 ff), zum anderen ermöglicht die Eigentümer- oder hierarchische Leitungsstruktur die Einhaltung von Vereinbarungen (vgl. Weingast/Marshall 1988).

Je nach Handlungsbereich variiert das Ausmaß der Entscheidungsautonomie der Kommission gemäß den primären Gemeinschaftsbestimmungen, die regeln, welche Organe auf welche Weise am Erlass eines Rechtsaktes beteiligt sind und wie die Entscheidung zustande kommt. Für den Grad der Autonomie der Kommission sind drei Arten von Regeln relevant:

1. die Beteiligung der einzelnen Organe an der Entscheidungsherstellung,
2. die Art des Beteiligungsverfahrens und
3. die Abstimmungsregeln im Ministerrat.

Die erste Verfahrensregel legt fest, ob der Ministerrat und das Europäische Parlament (EP) oder andere europäische Organe wie bspw. der Wirtschafts- und Sozialausschuss (WSA) an der Verabschiedung einer Maßnahme beteiligt werden müssen. Die zweite Regel spezifiziert, in welcher Weise das EP an der Entscheidungsfindung beteiligt werden muss. Dabei ist zwischen dem Anhörungs-, Zustimmungs-, Zusammenarbeits- bzw. Kooperations- und Mitentscheidungsverfahren[5] zu unterscheiden. Die dritte Entscheidungsregel legt das Abstimmungsverfahren im Ministerrat fest. Der Rat kann seine Beschlüsse mit einfacher Mehrheit, qualifizierter Mehrheit, doppelt-qualifizierter Mehrheit, der Möglichkeit des modifizierten Vetos, einstimmig oder einstimmig mit Ratifizierung durch die Mitgliedstaaten fassen.

Je nach Ausprägung der drei Entscheidungsregeln in den einzelnen Sachgebieten variiert die Entscheidungsautonomie der Kommission. Ihre Entscheidungsautonomie ist dann gering, wenn im EG-Recht kein Kompetenztitel für den betreffenden Politikbereich begründet ist und somit die Steuerungsfähigkeit des EG-Systems insgesamt nur schwach entwickelt ist. Sie verfügt ebenfalls über geringe Entscheidungsautonomie in einem Politikbereich, wenn die Abstimmung im Ministerrat einstimmig ist oder wenn dessen Beschlussfassung zwar mit qualifizierter Mehrheit erfolgt, aber das Europäische Parlament über eine legislative Mitentscheidungskompetenz verfügt. In diesen Feldern sind Maßnahmen der Kommission von Entscheidungen des Ministerrats und des Europäischen Parlaments abhängig und können von einer großen Zahl von Vetospielern verhindert werden. Volle Entscheidungsautonomie besitzt die Kommission in allen Hand-

---

5 Seit dem Vertrag von Amsterdam werden fast alle Gegenstände, die früher nach dem Zusammenarbeitsverfahren zu beschließen waren, durch das Mitentscheidungsverfahren entschieden. Dies betrifft mittlerweile rund 80 Prozent der Entscheidungsarten.

lungsfeldern, in denen sie ohne Zustimmung des Ministerrats und ohne Beteiligung des Parlaments eigenständig Rechtsakte erlassen oder Einzelentscheidungen treffen kann.

Ebenso wie bei den nationalen administrativen Verwaltungen steht die Entscheidungsautonomie der Kommission mit einem variierenden Grad externer Ressourcenabhängigkeit in Zusammenhang: In den Handlungsbereichen, in denen sie volle Autonomie besitzt, kann sie sich durch den Einsatz „harter" Steuerungsinstrumente sowohl die benötigten aufgabenspezifischen Ressourcen beschaffen als auch die Adressaten gegen ihren Willen zu bestimmten Maßnahmen zwingen. Sie ist somit von den Vorleistungen der Adressaten ihrer Politik, im Sinne des freiwilligen Ressourcentransfers, weitgehend unabhängig, so dass der Grad ihrer externen Ressourcenabhängigkeit gering ausfällt. In den Handlungsbereichen, in denen die Kommission nur über geringe Entscheidungsautonomie verfügt, kann sie weder die Bereitstellung der aufgabenspezifischen Ressourcen noch die Folgebereitschaft der Akteure erzwingen.[6] Ihre externe Ressourcenabhängigkeit fällt in diesen Fällen hoch aus, d.h. sie ist in hohem Maß auf den freiwilligen Ressourcentransfer externer Akteure angewiesen.

Die Bedeutung der externen Ressourcenabhängigkeit der Kommission für die Interessenvermittlung privater Akteure ist in der politikwissenschaftlichen Forschung unter verschiedenen Fragestellungen herausgearbeitet worden (z.B. Mazey/Richardson 1993, Eising/Kohler-Koch 1994, Pedler/van Schendelen 1995, Nollert 1997; Lahusen/Jauß 2001). Allerdings wird in diesem Zusammenhang überwiegend betont, dass private Akteure ihre Ressourcen, z.B. Informationen oder Expertisen, nutzen, um sie gegen „Gehör" bei der Kommission zu tauschen. Variationen in der Ressourcenabhängigkeit der Kommission werden zumeist nur insoweit berücksichtigt, als für unterschiedliche Politikfelder divergierende Strukturmuster administrativer Interessenvermittlung aufgezeigt werden. Hier[7] geht es dagegen um die Fähigkeit der Kommission, ihren unterschiedlichen Grad an Entscheidungsautonomie zu nutzen, um mit privaten Akteuren Ressourcen über unterschiedliche Handlungsbereiche zu tauschen und dadurch Vereinbarungen über verbindliches Handeln zu erzielen. In diesem Kontext werden Koppelgeschäfte als spezifische Form administrativer Interessenvermittlung aufgefasst, bei der die Kommission ihre volle Entscheidungsautonomie in einem Handlungsbereich nutzt, um eine Vereinbarung mit (einem oder mehreren) privaten Akteur/en zu treffen, mit dem Ziel, in einem anderen Handlungsbereich fehlende oder schwache Steuerungsfähigkeit auszugleichen.

---

6 Damit sind auch die Fälle gemeint, in denen die Kommission zwar formal auf regulative Kompetenzen zurückgreifen könnte, aber auf ihre Anwendung verzichtet, da diese entweder mit zu hohen rechtlichen Unsicherheiten (vgl. z.B. Schmidt 1998: 261 ff.; Renz 2001: 156) oder mit zu hohen Durchsetzungskosten verbunden ist.

7 Die Ausarbeitung stützt sich auf das DFG-Projekt „Politikfeldübergreifende Koppelgeschäfte zwischen Kommission und großen Unternehmen: Interessenstrukturen, Entwicklung, Legitimität", durchgeführt vom 01.01.2000 bis 31.12.2003 an der Ruhr-Universität Bochum, Lehrstuhl für Vergleichende Regierungslehre und Politikfeldanalyse (vgl. Bandelow/Schumann/Widmaier 1999, 2000; Schumann 2001, 2001a, 2003).

Als Verhandlungspartner von Koppelgeschäften mit der Kommission kommen jedoch angesichts ihrer Ressourcenausstattung nur private Akteure in Frage, die in der Lage sind, zwei Bedingungen zu erfüllen:
1. sie müssen in einem Handlungsbereich mit hoher externer Ressourcenabhängigkeit und einem geringen Ausmaß an Entscheidungsautonomie der Kommission eigenständig über die von der Kommission benötigten Ressourcen verfügen können,
2. sie müssen in einem anderen Handlungsbereich mit geringer externer Ressourcenabhängigkeit und voller Entscheidungsautonomie in hohem Maß von Ressourcen der Kommission abhängig sein.

Treffen beide Bedingungen zu, verfügen die privaten Akteure und die Kommission über Tauschpotenziale und können die Einhaltung einer Vereinbarung verbindlich garantieren. Im folgenden Abschnitt wird dargelegt, dass es sich bei großen Unternehmen um private Akteure handelt, für die beide Bedingungen zutreffen können.

2.3 Große Unternehmen als Akteure administrativer Interessenvermittlung

Verbindliches Handeln können Akteure nur dann vereinbaren, wenn sie auch die Kontrolle über die Umsetzung der Vereinbarung haben. Nur korporative Akteure mit ausgebauten Leitungs- und Kontrollfunktionen können für ihre Mitglieder verbindliche Entscheidungen treffen. Hingegen sind kollektive Akteure wie Verbände nur in geringem Maß handlungsfähig, weil sie nur Vereinbarungen treffen können, welche die Präferenzen ihrer Mitglieder widerspiegeln. Außerdem wird ihre Fähigkeit, Koppelgeschäfte abschließen zu können, dadurch begrenzt, dass sie die Verbindlichkeit der Vereinbarungen für ihre Mitglieder weder in einem noch in mehreren Politikfeldern garantieren können (Ulrich 1994).[8] Korporative Akteure, die in einem Tauschgeschäft mit der Kommission verbindliches Handeln vereinbaren können, sind folglich für diese ein sehr viel attraktiverer Partner als andere Akteure des europäischen Mehrebenensystems. Zentrale korporative Akteure in der Europäischen Union sind die großen Unternehmen[9] (vgl. Schneider/Werle 1990).

Die Einhaltung einer Vereinbarung setzt jedoch nicht nur voraus, dass die Akteure autonom über ihre Umsetzung entscheiden können, sondern auch, dass sie nicht von anderen Akteuren unterlaufen werden kann. In Bezug auf die Kommission hat dies zur Folge, dass sie privaten Akteuren nur in den Handlungsbereichen mit voller Entscheidungsautonomie, in denen sie die alleinige Entscheidungsmacht hat, verbindliches Handeln garantieren kann. In den Handlungsbereichen mit geringer Entscheidungsautono-

---

8   Dies gilt in besonderem Maß für europäische Verbände, die überwiegend als Verbandsverbände organisiert und mit dem Problem der „doppelten Verbindlichkeit" – zum einen für die Verbandsmitglieder und zum anderen für die „Mitglieder der Mitglieder" – konfrontiert sind.
9   Selbstverständlich handelt es sich bei kleinen und mittleren Unternehmen (KMU) auch um korporative Akteure. Allerdings sind sie aufgrund ihrer eingeschränkten Ressourcen selten in der Lage, direkt mit den europäischen Institutionen in Kontakt zu treten, und die Folgebereitschaft einzelner KMU hat für die Kommission eher symbolischen Wert.

mie können ihre verbindlichen Zusagen von anderen Akteuren des europäischen Mehrebenensystems vor allem in den formellen intergouvernementalen Entscheidungsverfahren zu Fall gebracht werden. In Bezug auf die privaten Akteure kann die Umsetzung insbesondere dann nicht von anderen Akteuren unterlaufen werden, wenn sie sich auf ein bestimmtes Verhalten verpflichten, das nur sie selbst realisieren können. Diese Voraussetzung können vor allem Unternehmen erfüllen, indem sie freiwillig ein Handeln anbieten, das für die Steuerungsfähigkeit der Kommission von großer Bedeutung ist.

Die zweite Bedingung – hohe Abhängigkeit von Ressourcen der Kommission – begründet das Interesse der Unternehmen an einer gegenseitigen Vereinbarung. In den Handlungsbereichen mit voller Entscheidungsautonomie kann die Kommission eigenmächtig Entscheidungen treffen, die unternehmerische Kernbereiche betreffen. In diesen Fällen sind die Unternehmen daran interessiert, die Details einer Entscheidung auszuhandeln, um bspw. geringere Auflagen, eine höhere Flexibilität und damit eine geringere (Befolgungs-) Kostenintensität zu erzielen. Voraussetzung für den Abschluss von Koppelgeschäften mit der Kommission ist, dass die Unternehmen die Gewinne, die sie für den Einsatz bzw. für den teilweisen oder vollständigen Verzicht auf die Nutzung regulativer Kompetenzen durch die Kommission antizipieren, höher einschätzen als die Kosten, die durch die Einhaltung einer Vereinbarung mit der Kommission entstehen.

Zusammenfassend lässt sich aus den bisherigen Ausführungen verallgemeinernd eine Akteurkonstellation ableiten, bei der Koppelgeschäfte zwischen der Kommission und großen Unternehmen wahrscheinlich sein können (vgl. Schaubild 2): Die Kommission besitzt im Hinblick auf eine Maßnahme A einen hohen Grad an autonomer Verfügung über Ressourcen und ist gleichzeitig in Bezug auf eine Maßnahme B auf die Ressourcen großer Unternehmen[10] angewiesen. Umgekehrt sind die großen Unternehmen im Hinblick auf die Maßnahme A in hohem Maß von Ressourcen der Kommission abhängig, während sie bezüglich der Maßnahme B einen hohen Grad der autonomen Verfügung über die von der Kommission benötigten Ressourcen aufweisen.

Inwieweit diese modellhafte Akteurkonstellation in der empirischen Realität zur Vereinbarung von Koppelgeschäften zwischen der Kommission und großen Unternehmen führt, wird im Folgenden skizziert.

---

10 In dem vorliegenden Aufsatz wird davon ausgegangen, dass die Kommission Koppelgeschäfte sowohl mit einem als auch mit mehreren großen Einzelunternehmen abschließen kann. Zur besseren Lesbarkeit wird jedoch, soweit nicht anderweitig spezifiziert, in den Ausführungen der Plural verwendet.

Schaubild 2: Akteurkonstellation von Koppelgeschäften zwischen der Kommission und großen Unternehmen

	Maßnahme A	Maßnahme B
Kommission	Hoher Grad an autonomer Verfügung über Ressourcen	Hohe Abhängigkeit von Ressourcen großer Unternehmen
Große Unternehmen	Hohe Abhängigkeit von Ressourcen der Kommission	Hoher Grad an autonomer Verfügung über Ressourcen

Quelle: Eigene Darstellung

3 Empirisches Vorgehen

Ausgangspunkt war die Frage, ob, unter welchen Bedingungen und mit welchen Folgen die Kommission mit großen Unternehmen Koppelgeschäfte vereinbart. Aus folgenden Gründen wurde die Fragestellung am Beispiel der europäischen Elektrizitätspolitik untersucht:

1. Die Analyse der Interaktionen zwischen der Kommission und Unternehmen setzt voraus, dass auf europäischer Ebene Entscheidungen getroffen werden, die die Rahmenbedingungen unternehmerischen Handelns entscheidend beeinflussen. Die Energie- bzw. Elektrizitätspolitik wäre vor Beginn der 1990er Jahre für die Untersuchung direkter Interessenvermittlungsstrategien großer Unternehmen gegenüber europäischen Institutionen ein wenig ergiebiges Feld gewesen. Dies hat sich mittlerweile geändert. Auf der europäischen Ebene werden Entscheidungen getroffen, die für die Struktur der europäischen Elektrizitätswirtschaft einschneidende Konsequenzen haben.
2. Bei der europäischen Elektrizitätspolitik handelt es sich um eine Querschnittspolitik, die sich aus unterschiedlichen Politikfeldern konstituiert. Sie stellt somit einen geeigneten Rahmen dar, um zu untersuchen, ob Zielsetzungen aus verschiedenen Handlungsbereichen in Verhandlungen zwischen der Kommission und großen Unternehmen zu Gesamtlösungen kombiniert werden können.
3. Große Elektrizitätsunternehmen verfügen aufgrund ihrer Hegemonialstellung auf den nationalen Märkten, ihrer Ressourcenstärke und ihrer traditionellen Verflechtungen mit den öffentlichen Akteuren über einen hohen Einfluss auf die Gestaltung nationaler Energiepolitiken. Dies hat zur Folge, dass die Stromunternehmen als strategische Partner für die Kommission von besonderem Interesse sind.

Während jedoch Vereinbarungen, die in den intergouvernementalen Verhandlungen zwischen den Mitgliedstaaten getroffen werden, in der Presse sowie in der wissenschaftlichen Literatur dokumentiert sind[11], finden Koppelgeschäfte zwischen der Kommission und großen Unternehmen in den „Grauzonen der Schattenpolitik" (von Alemann 1994: 142) statt. Ihre empirische Untersuchung ist daher mit methodischen Schwierigkeiten verbunden, die insbesondere darin begründet liegen, dass informelle Vereinbarungen zwischen öffentlichen und privaten Akteuren bezüglich ihrer Input- und Output-Legitimität problematisch sind (vgl. Abschnitt 5). Die Legitimitätsprobleme haben u.a. zur Folge, dass sich die Unternehmen und die Kommission sowohl in Interviews als auch in schriftlichen Stellungnahmen darum bemühen, ihre jeweiligen Entscheidungen nicht als Tauschgeschäfte kenntlich zu machen, sondern sie mit Sachargumenten, die jeweils die einzelnen Entscheidungen stützen, zu begründen.

Insofern standen wir vor dem Problem, auch durch persönliche Interviews die Sachlage nicht erfragen, sondern nur indirekt rekonstruieren zu können. Auf der Grundlage von Experteninterviews[12] und sekundäranalytischen Auswertungen werden drei zentrale Dimensionen untersucht, um die Plausibilität von Koppelgeschäften empirisch aufzuzeigen:

1. die Interessen und Ressourcen der Kommission und die Interessen und Ressourcen großer Unternehmen in der europäischen Elektrizitätspolitik,
2. die Interessendivergenzen und die unterschiedlichen Intensitäten der Interessen der Akteure im Hinblick auf ausgewählte Entscheidungen und
3. die kurzfristigen Präferenzänderungen der Akteure bezüglich einer umstrittenen Entscheidung und deren Übereinstimmung mit den ökonomischen Interessen der Unternehmen und dem Interesse der Kommission, ihre Steuerungsfähigkeit auszuweiten. Die Änderungen der Präferenzen beziehen sich in diesem Zusammenhang vor allem auf die Mittel, mit denen die Akteure versuchen, ihre Interessen zu verfolgen und setzen keine Änderungen bei den angestrebten Zielen voraus.

Die beiden letzten Dimensionen veranschaulichen, dass Koppelgeschäfte geeignet sind, das Zustandekommen einzelner konkreter Verhandlungsergebnisse zu erklären, während bspw. Ansätze des Policy-Lernens langfristige Entwicklungen in einem Sektor bzw. Politikfeld und den damit zusammenhängenden Präferenzwandel der Akteure er-

---

11 Jüngstes Beispiel ist eine energiepolitische Paketlösung, bei der Deutschland den bis zum Ende 2002 befristeten Mineralölsteuerbefreiungen in Frankreich, Italien und den Niederlanden zugestimmt hat. Im Gegenzug hatten diese Länder Zustimmung zu den Kohlebeihilfen in Aussicht gestellt, die mit dem Auslaufen des Europäischen Vertrags für Kohle und Stahl (EGKS) sonst normalen Beihilferegeln unterworfen worden wären. Das hätte voraussichtlich zum Ende der Subventionen geführt. Durch die Paketlösung ist jedoch die Verlängerung der deutschen Kohlebeihilfe bis mindestens 2010 gesichert (WAZ 04.06.2002).
12 Hierbei handelt es sich um 20 leitfadengestützte Interviews mit Vertretern von Elektrizitätsunternehmen sowie der Kommission, die im Zeitraum von April 2000 bis Mai 2001 durchgeführt wurden. Im vorliegenden Text werden die Interviews, die mit den Kommissionsvertretern aus den Generaldirektionen (GD) „Energie und Verkehr", „Wettbewerb", „Steuern und Zollunion" und „Unternehmen" geführt wurden, mit der Abkürzung „Int. Komm." sowie der entsprechenden Interviewnummer bezeichnet, während die Interviews mit den Unternehmensvertretern mit der Abkürzung „Int. Unt." und der jeweiligen Interviewnummer benannt werden.

klären können (vgl. hierzu Bandelow 1999; Eising 2000, 2002). Zudem verdeutlicht die erste Dimension, dass sich über die konkreten Vereinbarungen hinaus mit der Anwendung des theoretischen Konzepts der Koppelgeschäfte auf die empirische Untersuchung der Interaktionen zwischen großen Unternehmen und der Kommission Erkenntnisse darüber gewinnen lassen, woraus sich Machtpotenziale und Tauschressourcen konstituieren, die für die Interessenvermittlung der beiden Akteure auf europäischer Ebene von Bedeutung sind.

Die folgenden Ausführungen konzentrieren sich darauf, die präsentierten theoretischen Überlegungen mit empirischer Evidenz aus der europäischen Elektrizitätspolitik zu belegen.

4 Koppelgeschäfte zwischen der Kommission und großen Unternehmen in der europäischen Elektrizitätspolitik

Im Folgenden werden zunächst die Tauschpotenziale und die Ressourcenabhängigkeiten der beiden Akteure in der europäischen Elektrizitätspolitik aufgezeigt.

4.1 Ressourcen und Ressourcenabhängigkeit der Kommission

Bei der Elektrizitätspolitik handelt es sich um eine Querschnittspolitik, die nicht durch einen eigenständigen Kompetenztitel im EGV begründet wird. Verschiedene Anläufe der Kommission, bei Vertragsrevisionen einen eigenständigen Kompetenztitel Energie in den EG-Vertrag zu integrieren, sind gescheitert. Elektrizitätspolitische Maßnahmen können jedoch sowohl aus den beiden sektorspezifischen Gründungsverträgen EGKS (Europäische Gemeinschaft für Kohle und Stahl) und EURATOM (Europäische Atomgemeinschaft) als auch aus unterschiedlichen Titeln des EGV abgeleitet werden.

Der überwiegende Teil der elektrizitätspolitischen Richtlinien und Verordnungen, die von der Kommission entwickelt und kontrolliert werden, fällt in den Bereich Angleichung der Rechtsvorschriften (Schumann 2001a: 21 ff.). Diese Maßnahmen stützen sich auf Artikel 95 EGV und werden im Ministerrat mit qualifizierter Mehrheit und im Mitentscheidungsverfahren entschieden. Sie richten sich vorwiegend auf die Initiierung, Implementation und Vollendung des Binnenmarktes für Elektrizität und auf den der Stromerzeugung zugrunde liegenden Energiemix. Die Kommission verfügt somit bei der Initiierung und Vollendung des Strombinnenmarktes nur über geringe Entscheidungsautonomie, obwohl sie auch auf den Artikel 86, Abs. 3 EGV[13] zurückgreifen

---

13 Der Artikel 86, Abs. 3 nimmt einen besonderen Stellenwert innerhalb der wettbewerbsrechtlichen Vertragsbestimmungen ein, die auf den Elektrizitätssektor angewendet werden können, ein (Schumann 2001: 20). Er ermöglicht es der Kommission, in den Fällen eigenständig Richtlinien zu erlassen, in denen die Mitgliedstaaten den Unternehmen besondere oder ausschließliche Rechte zuerkannt haben, die nicht in Übereinstimmung mit dem Vertragsrecht stehen. In den von Artikel 86 bezeichneten Bereichen hat die Kommission formell freie Hand, für alle Mitgliedstaaten bindende Richtlinien oder nur Einzelne betreffende Entscheidungen zu erlassen (Schmidt 1998: 19).

könnte, der ihr in dem spezifischen Anwendungsbereich volle Entscheidungsautonomie gewährt.

Neben der Angleichung der Rechtsvorschriften stützt sich ein großer Teil elektrizitätspolitischer Maßnahmen auf Vertragsbestimmungen des Titels Umwelt. Die Kommission folgt damit der vertraglichen Aufforderung, umweltpolitische Ziele in allen Rechtsakten zu gewährleisten. Dabei geht es entweder um Vorschriften für die Behandlung gefährlicher oder nuklearer Abfälle, um die Begrenzung von Emissionen oder um die rationelle Verwendung von Energieerzeugnissen. Rechtlich stützt sich der überwiegende Teil der Maßnahmen auf Artikel 175 EGV, aufgrund dessen die Beschlussfassung entweder mit qualifizierter Mehrheit im Mitentscheidungsverfahren (Artikel 175, Abs. 1) oder einstimmig (Artikel 175, Abs. 2) erfolgt. Einstimmigkeit ist ebenso erforderlich für die Verabschiedung der von der Kommission vorgeschlagenen steuerpolitischen Maßnahmen (Schumann 2001a: 24), die die Einführung einer Steuer auf Kohlendioxidemissionen und Energie sowie die Ausweitung der Vorschriften zur Besteuerung von Mineralöl auf alle Energieprodukte zum Gegenstand haben. Zur Integration der umweltpolitischen Zielsetzungen in die Elektrizitätspolitik verfügt die Kommission daher wiederum nur über geringe Entscheidungsautonomie.

Diese geringe Entscheidungsautonomie der Kommission geht in beiden Handlungsbereichen mit einem hohen Grad externer Ressourcenabhängigkeit einher. Die Kommission ist zum einen bei der Erarbeitung ihrer Maßnahmen in hohem Maß auf die Informationen und Stellungnahmen von Experten, Interessengruppen und Marktteilnehmern selbst angewiesen. Zum anderen ist sie bei der Implementation der Maßnahmen von der Kooperation der Unternehmen abhängig. Dies ist vor allem darauf zurückzuführen, dass Unternehmen die Implementation von Richtlinien behindern oder hinauszögern können.[14] Zwar verfügt die Kommission formal über einige Möglichkeiten, die Implementation von Richtlinien zu erzwingen. Jedoch hatte sich während der Verhandlungen um die Verabschiedung der Elektrizitätsbinnenmarktrichtlinie gezeigt, dass bisherige Entscheidungen des EuGH weder eindeutig waren noch zwangsläufig der Linie der Kommission folgten (Schmidt 1998: 261 ff.; Eising 2000: 220 ff.; Renz 2001: 156). Sowohl die direkte Anwendung des Vertragsrechts als auch die Verabschiedung einer Kommissionsrichtlinie nach Artikel 86, Abs. 3, um die Liberalisierung des Elektrizitätssektors einseitig zu erzwingen, sind somit von den Entscheidungen des EuGH abhängig und daher mit erheblichen rechtlichen Unsicherheiten belastet.

Volle Entscheidungsautonomie besitzt die Kommission in allen Politikbereichen, in denen sie ohne Zustimmung des Ministerrats und ohne Beteiligung des Parlaments eigenständig Rechtsakte erlassen oder Einzelentscheidungen treffen kann. Für die europä-

---

Folglich kann die Kommission mit der Rückgriffsmöglichkeit auf Artikel 86, Abs. 3 Liberalisierungsmaßnahmen in den Mitgliedstaaten „erzwingen".
14 Dabei handelt es sich um eine Handlungsoption von Unternehmen, die im Fall Frankreichs mit der EDF als dem einzigen zentralen Stromunternehmen, das zudem noch auf die Unterstützung der nationalen staatlichen Akteure zurückgreifen kann, besondere Bedeutung erlangt.

ische Elektrizitätspolitik sind zum einen die eigenen Befugnisse der Kommission auf Grundlage des EGKS und EURATOM, bspw. die Koordinierung der Investitionen und Preiskontrollen auf dem Kohle- und Stahlsektor (Schumann 2001: 27), relevant. Zum anderen kommt den wettbewerbsrechtlichen Kompetenzen der Kommission (nicht nur) für die europäische Elektrizitätspolitik eine große Bedeutung zu. Zu den Aufgaben der damit betrauten Generaldirektion (GD) Wettbewerb gehören die Aufsicht über Kartelle, Unternehmenszusammenschlüsse und staatliche Monopole sowie die Überprüfung der Rechtmäßigkeit staatlicher Beihilfen. Die Kommission trifft ihre wettbewerbsrechtlichen Einzelentscheidungen auf Grundlage der genannten Vertragsbestimmungen und der Fusionskontrollverordnung eigenständig ohne Einschaltung des Ministerrats.

Diese exklusiven wettbewerbsrechtlichen Kompetenzen machen den supranationalen Charakter der europäischen Wettbewerbspolitik aus (McGowan 1997: 146). Die Umsetzung wettbewerbspolitischer Zielsetzungen kann die GD Wettbewerb durch den Einsatz „harter" Kompetenzen verfolgen. Darunter fallen Verbote, deren Einhaltung bspw. mit Geldbußen und Zwangsgeldern erzwungen werden kann. Die Verfügungen der GD Wettbewerb haben unmittelbare Rückwirkungen auf die Struktur der Branche und auf unternehmerische Entscheidungen. Die benötigten aufgabenspezifischen Ressourcen kann sich die Kommission aufgrund ihrer formalrechtlichen Kompetenzen durch Anordnung beschaffen (bspw. Auskunftspflicht der Unternehmen bei wettbewerbsrechtlichen Fragen).[15]

4.2 Ressourcen und Ressourcenabhängigkeit großer Unternehmen

Ressourcen großer Unternehmen ergeben sich insbesondere daraus, dass die Kommission bei der Liberalisierung der Stromversorgung und der Verfolgung umweltpolitischer Zielsetzungen auf die Kooperation der Unternehmen angewiesen ist. Große Unternehmen verfügen über drei zentrale Tauschressourcen:

1. *Politischer Einfluss:* Große Unternehmen können sich der Kommission als strategische Partner zur Verfügung stellen, um ihr zusätzliche Einflussmöglichkeiten auf die nationale Politikgestaltung zu verschaffen. Dies ist im europäischen Elektrizitätssektor besonders ausgeprägt, weil die ehemals monopolistische Struktur der Elektrizitätsversorgung zur Herausbildung einer Hegemonialstellung von wenigen großen Unternehmen (z.B. Deutschland) bzw. von einem großen Unternehmen (z.B. Frankreich, Italien) auf den nationalen Märkten geführt hat. Die Ressourcenstärke der großen Stromunternehmen, ihre ökonomische Dominanz und die traditionellen Verflechtungen mit den öffentlichen Akteuren sind auf der nationalen Ebene mit politikprägenden Effekten in wichtigen energiepolitischen Bereichen verbunden (vgl. für Deutschland z.B. Renz 2001).

---

15 Dies schließt jedoch nicht aus, dass die Politikadressaten infolge von Informationsasymmetrien starken Einfluss auf die regulierenden Akteure ausüben und sich somit Möglichkeiten des „regulatory capture" ergeben (vgl. Feick, in diesem Band).

2. *Expertenwissen:* Große Unternehmen besitzen unternehmensspezifisches fachliches Know-how, das ihnen Einflussmöglichkeiten auf die Politikformulierung und auf einzelne Entscheidungen bietet. Insbesondere wenn es bei der Erstellung von Grünbüchern und/oder Richtlinienvorschlägen um die Definition des technologischen Stands der Branche geht, verfügen die großen Marktteilnehmer über „Definitionsmacht", weil sie das einschlägige Wissen bereitstellen können. Gerade große Stromunternehmen verfügen über die notwendigen Ressourcen, um den Kommissionsakteuren direkt, außerhalb der formellen Diskussions- und Beratungsgremien, vielfältige Informationen, Stellungnahmen, Gutachten und Expertisen zukommen zu lassen. Auch wenn große Stromunternehmen, wie z.B. die deutschen Stromversorger E.ON, RWE, EnBW, die französische EDF oder die italienische Enel, auf der europäischen Ebene um den Zugang zu den relevanten Kommissionsakteuren konkurrieren und die ihnen genehmen technischen Standards zu verallgemeinern suchen, so sorgen doch die Besonderheiten der nationalen Märkte dafür, dass die Kommission auf die Zuarbeit all dieser großen Unternehmen angewiesen ist, was ihnen einen privilegierten Einfluss verschafft.
3. *Folgebereitschaft:* Große Unternehmen verfügen über die Möglichkeit, ein bestimmtes unternehmerisches Handeln anzubieten. Dabei kann es sich beispielsweise um freiwillige Selbstverpflichtungen (z.B. Reduktion von CO_2-Emissionen, Ausweitung des Anteils erneuerbarer Energien im Energiemix oder Ausbau von Stromleitungen), um die Implementation bzw. eine schnellere Implementation von Richtlinien oder um die politische Unterstützung von Vorschlägen oder Maßnahmen der Kommission handeln.

Alle drei Ressourcen der großen Unternehmen sind für die Ausweitung der Steuerungsfähigkeit der Kommission bei der Ausarbeitung und Implementation elektrizitätspolitischer Maßnahmen von Interesse.

In den Handlungsbereichen der Marktliberalisierung und der Umweltschutzpolitik sind zwar die Unternehmen auch daran interessiert, Einfluss auf den Inhalt der Vorschläge der Kommission zu nehmen, aber sie sind nicht in gleicher Weise abhängig, da die entsprechenden Richtlinien im Ministerrat bzw. im Mitentscheidungsverfahren zwischen Ministerrat und Europäischem Parlament entschieden werden.

In den Handlungsbereichen, in denen die Kommission auf Grundlage des EGKS und des EURATOM eigene Befugnisse zur Regulierung der Atomenergie und der Investitionen und Preiskontrollen auf dem Kohle- und Stahlsektor hat, sowie in der Wettbewerbspolitik sind die großen Unternehmen stark von ihren Entscheidungen abhängig. Zum einen entscheidet die Kommission allein über das Zustandekommen einer Entscheidung, zum anderen bestimmt sie bei positiver Entscheidung die Ausgestaltung regulativer Vorschriften (z.B. die Art der Auflagen bei Unternehmenszusammenschlüssen).

Zusammenfassend gibt Schaubild 3 wieder, welche Akteurkonstellationen zwischen der Kommission und großen Unternehmen gegeben sind. Im Quadranten III sind die Handlungsbereiche eingeordnet, in denen die Kommission über große Ressourcen verfügt, während die großen Unternehmen gleichzeitig von den Ressourcen der Kommission stark abhängig sind. Im Quadranten II finden sich die Handlungsbereiche, in denen die Kommission von den Ressourcen der großen Unternehmen stark abhängig ist, während die Unternehmen gleichzeitig in hohem Maß über die benötigten Ressourcen autonom verfügen können. Entsprechend der obigen theoretischen Ausführungen ist somit die Vereinbarung von Koppelgeschäften zwischen der Kommission und den großen Unternehmen über diese Handlungsbereiche wahrscheinlich. Dies wird im Folgenden anhand eines empirischen Beispiels verdeutlicht.

Schaubild 3: Akteurkonstellationen zwischen der Kommission und großen Unternehmen in Handlungsbereichen der europäischen Elektrizitätspolitik

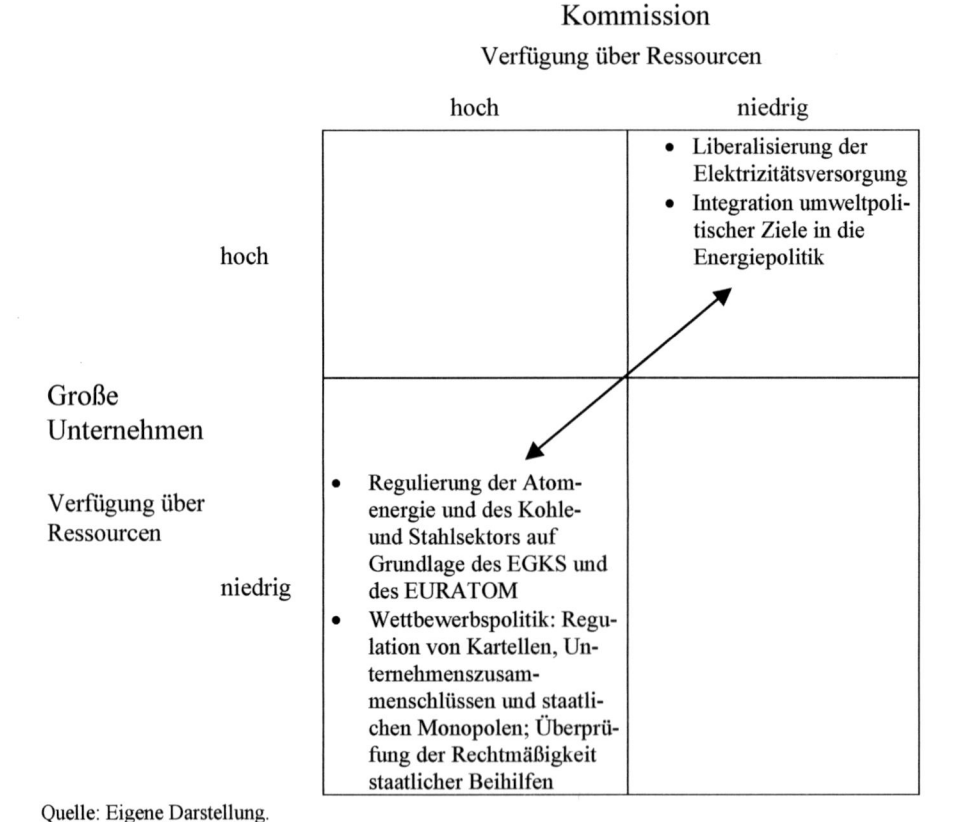

Kommission
Verfügung über Ressourcen

	hoch	niedrig
Große Unternehmen Verfügung über Ressourcen – hoch		• Liberalisierung der Elektrizitätsversorgung • Integration umweltpolitischer Ziele in die Energiepolitik
Große Unternehmen Verfügung über Ressourcen – niedrig	• Regulierung der Atomenergie und des Kohle- und Stahlsektors auf Grundlage des EGKS und des EURATOM • Wettbewerbspolitik: Regulation von Kartellen, Unternehmenszusammenschlüssen und staatlichen Monopolen; Überprüfung der Rechtmäßigkeit staatlicher Beihilfen	

Quelle: Eigene Darstellung.
◄──────► = Möglichkeit für Koppelgeschäfte

4.3 Administrative Interessenvermittlung durch Koppelgeschäfte

Die zentralen Kommissionsakteure in der europäischen Elektrizitätspolitik sind die Generaldirektionen Energie und Verkehr (TREN) und Wettbewerb.[16] Auf der Arbeitsebene steht das Referat „Binnenmarkt, öffentliche Dienste, Wettbewerb und Anwendung des Gemeinschaftsrechts" (A2) der GD TREN im Zentrum der direkten Interaktionen mit großen Stromunternehmen. Ferner ist es für die Beziehungen der GD TREN zur GD Wettbewerb zuständig und in Fusions- und Beihilfefällen, die von der Wettbewerbsgeneraldirektion bearbeitet werden, als assoziierte Dienststelle eingebunden (Int. Komm. 8; Int. Komm. 9). Eine ebenso zentrale Rolle nehmen die Akteure des Wettbewerbsreferats „Energie, Wasser und Stahl" (E3) ein. In Folge der Öffnung der Strommärkte hat zudem die Task Force Fusionskontrolle der GD Wettbewerb stark an Bedeutung gewonnen.

Die Beziehungen, die die Task Force Fusionskontrolle zu Akteuren aus den Netzwerken der Strommarktliberalisierung (vgl. Schumann 2003) unterhält, umfassen einen exklusiven Kreis von Adressaten: entweder nur die Vertreter der Firmen, die den Zusammenschluss angemeldet haben oder die Vertreter der fusionierenden Unternehmen und Vertreter einer dritten Partei. An den Besprechungen und Verhandlungen zwischen den Unternehmen und der Kommission in einem Fusionsverfahren sind auf beiden Seiten immer die gleichen Personen beteiligt. Dazu gehören neben den Vertretern der jeweiligen Unternehmen die Beamten der Task Force Fusionskontrolle, Vertreter des Referats A2 der GD TREN sowie Beamte des Referats E3 der GD Wettbewerb. Dritte, nicht am Fusionsverfahren beteiligte Personen oder Unternehmen können von der Kommission angehört werden, wenn sie ein hinreichendes Interesse darlegen.

Aufgrund der begrenzten Anzahl der involvierten Akteure stellen Fusionsentscheidungen eine ideale Möglichkeit für die Kommission dar, ihre Entscheidungsautonomie zu nutzen, um von einem oder mehreren Unternehmen Zugeständnisse in den Handlungsbereichen Liberalisierung oder Umweltpolitik zu erhalten. Im vorliegenden Beitrag wurde darauf hingewiesen, dass kurzfristige Präferenzänderungen der Kommissions- und Unternehmensakteure die Folge strategischer Verhandlungen und Ausdruck einer verbindlichen Vereinbarung zwischen den Akteuren sein können. Dies kann vor allem dann vermutet werden, wenn große Unternehmen Positionen vertreten, die im Gegensatz zu dem auf nationaler Ebene etablierten Steuerungsmodus (vgl. Eising 2000; Renz 2001) stehen. Fallen diese „überraschenden" Abweichungen der Positionen mit einer kürzlich getroffenen Entscheidung und einem Präferenzwandel der Kommission bezüglich dieser Entscheidung zusammen, ist die Vermutung einer verhandelten Vereinbarung zwischen den Akteuren naheliegend. Solche Änderungen der Präferenzen

---

16 Im Rahmen des DFG-Projekts nannten alle befragten Unternehmen auf die Frage „Mit welchen Generaldirektionen der Kommission hat Ihr Unternehmen Kontakt?" zuerst die beiden GDs TREN und Wettbewerb. Im Vergleich zu diesen beiden GDs spielt die GD Umwelt für die direkten Unternehmenskontakte eine nachgeordnete Rolle.

richten sich vor allem auf die Mittel, mit denen die Akteure versuchen, ihre Interessen zu verfolgen und setzen keine Änderungen bei den angestrebten Zielen voraus. Dies wird nachstehend anhand des Einstiegs der EDF (Electricité de France) in die EnBW (Energie Baden-Württemberg AG), der am 07. Februar 2001 genehmigt wurde,[17] und der damit zusammenhängenden Interessen und Präferenzänderungen der Akteure verdeutlicht.

Am 31. August 2000 meldete die EDF bei der Fusionskontrollabteilung der Kommission das Vorhaben an, gemeinsam mit dem Zweckverband Oberschwäbische Elektrizitätswerke (OEW) die Kontrolle über die EnBW zu erwerben. Da dieses Vorhaben erhebliche Bedenken bei der Kommission hinsichtlich seiner Vereinbarkeit mit dem Gemeinsamen Markt aufwarf, wurde am 2. Oktober 2000 ein Fusionskontrollverfahren eingeleitet. Im Januar 2001 wies der Wettbewerbskommissar Mario Monti noch darauf hin, dass der Zusammenschluss von EDF und EnBW mit dem Gemeinsamen Markt unvereinbar sei, weil mit ihm ein wirksamer Wettbewerb auf dem französischen Strommarkt erheblich behindert werde (Financial Times Deutschland 06.01.01). Kurz darauf zeichnete sich ab, dass die EDF der Kommission bei der Marktöffnung in Frankreich entgegenkommen werde, um mit diesem Schritt die Zustimmung der Kommission für ihre Beteiligung an der EnBW zu erhalten (Financial Times Deutschland 16.01.01). Zwei Wochen später wurde die Genehmigung der gemeinsamen Kontrolle der EnBW durch die EDF und den OEW bekannt gegeben.

Diese Entscheidung kann als Koppelgeschäft zwischen EDF, EnBW und der Kommission charakterisiert werden, bei dem die beteiligten Akteure den teilweisen bzw. vollständigen Verzicht wettbewerbsrechtlicher Kompetenzen durch die Kommission an die Bereitschaft der beiden Unternehmen gekoppelt haben, die Kommission bei der Implementation der Liberalisierung der Elektrizitätsversorgung aktiv zu unterstützen. Der teilweise bzw. vollständige Verzicht auf eigene wettbewerbsrechtliche Kompetenz der Kommission wird zum einen daran illustriert, dass die in dem Fusionskontrollverfahren angehörten dritten Parteien, z.B. E.ON, von der Kommission gefordert haben, Auflagen zu erlassen, die nicht nur eine weitere Öffnung des Marktes, sondern auch – durch den Verkauf von Verteilerunternehmen – den Zugang zum Endkunden ermöglichen sollten (Int. Unt. 19). Diese Forderung wurde von der Kommission nicht aufgegriffen (Financial Times Deutschland 17.01.01). Zum anderen hätte die Kommission ihre Kompetenzen aufgrund des Artikels 86, Abs. 3 zur Verabschiedung einer Kommissionsrichtlinie nutzen können, um eine weitere Liberalisierung des französischen Strommarktes zu erzwingen.

Die Gegenleistung der beteiligten Unternehmen sind die raschere Implementation der Elektrizitätsbinnenmarktrichtlinie[18] in Frankreich durch die EDF und die politische Un-

---

17 Vgl. Case No. COMP/M.183 – EDF/EnBW, Regulation (EEC) No. 4064/89, 7. Februar 2001.
18 Richtlinie 96/92/EG des Europäischen Parlamentes und des Rates vom 19. Dezember 1996 betreffend gemeinsame Vorschriften für den Elektrizitätsbinnenmarkt.

terstützung der Forderung nach einer Regulierungsbehörde zur Überwachung des Strom- und Gasmarktes in Deutschland durch die EnBW. Die schnellere Implementation der Liberalisierung der Stromversorgung in Frankreich wird durch die Versteigerung von 6.000 Megawatt Stromkapazität der EDF an Mitbewerber und durch die Abgabe der Stimmrechte der EDF bei dem französischen Stromerzeuger Compagnie Nationale du Rhône (CNR) erzielt (EDF 2001). Durch dieses Kompensationsangebot der EDF erzielt die Kommission ohne den Einsatz einer Kommissionsrichtlinie einen Fortschritt bei der Liberalisierung des französischen Strommarktes, da die zu verkaufende Strommenge der EDF 30 Prozent der Nachfrage für Großabnehmer und damit den Vorgaben der Elektrizitätsbinnenmarktrichtlinie entspricht.

Die politische Unterstützung der EnBW wird durch ihren „überraschenden" Positionswechsel seit der Genehmigung der Kontrolle durch die EDF und den OEW illustriert. Als einziges großes deutsches Unternehmen fordert die EnBW die Einrichtung einer Regulierungsbehörde als Instrument der Sicherstellung eines diskriminierungsfreien Netzzugangs in Deutschland. Dies widerspricht dem gemeinsam geteilten Regelungsverständnis deutscher energiewirtschaftlicher Akteure, das von der Priorität privatwirtschaftlicher Vereinbarungen gegenüber staatlich-hierarchischen Regelungen ausgeht (Eising 2000: 287; Renz 2001: 80). Entsprechend lehnen alle anderen großen deutschen Unternehmen und ihre Verbände sowie das Wirtschaftsministerium eine Regulierungsbehörde in Deutschland ab und plädieren weiterhin für die Regulierung des Netzzugangs durch Verbändevereinbarungen. Vor dem Einstieg der EDF haben sich Vertreter der EnBW ebenfalls eindeutig gegen eine Regulierungsbehörde ausgesprochen (Int. Unt. 3, Int. Unt. 19). Nach der Kommissionsentscheidung verkündete der Vorstandsvorsitzende Gerhard Goll jedoch, dass eine Regulierungsbehörde in Deutschland dringend notwendig sei und betonte, dass seine Forderung in Einklang mit den Vorschlägen der Kommission stehe (Süddeutsche Zeitung 09.04.2001). Dies steht in Zusammenhang mit dem Interesse der EnBW bzw. EDF an einer Regulierung der Netzzugangspreise auf möglichst niedrigem Niveau, die durch eine entsprechende Behörde sichergestellt werden könnte, so dass der Überschussstrom aus Frankreich in Deutschland verkauft und damit ein lukrativeres Geschäft erzielt werden kann als mit den Netzen in Baden-Württemberg (Int. Unt. 19).

Die Propagierung einer deutschen Regulierungsbehörde durch die EnBW kommt den parallelen Interessen der GD TREN, Abteilung A2 entgegen: Gemäß ihres aktuellen Vorschlags der Richtlinie zur Änderung der Elektrizitätsbinnenmarktrichtlinie soll verbindlich vorgeschrieben werden, dass alle Mitgliedstaaten nationale Regulierungsbehörden, die völlig unabhängig von den Interessen der Elektrizitätswirtschaft sind, einrichten müssen. Die Unterstützung dieser Forderung durch das drittgrößte deutsche Stromunternehmen ist als zusätzliche Unterstützung der Kommission im intergouvernementalen Verhandlungsprozess um die Vollendung des Elektrizitätsbinnenmarktes nicht zu unterschätzen, da sie die Rolle der Kommission in der Diskussion um eine Regulierungsbehörde in Deutschland und auf europäischer Ebene stärkt und politikprägende Wirkung außerhalb der formellen Entscheidungsverfahren entwickeln kann.

Die Verknüpfung der Fusionsentscheidung mit der Implementation der Liberalisierung der Elektrizitätsversorgung bildet ein Koppelgeschäft zwischen der Kommission und großen Unternehmen. Der Fall macht deutlich, dass die Kommission daran interessiert sein kann, informelle Kontakte mit großen Unternehmen zu nutzen, um ihre Position gegenüber den Mitgliedstaaten zu verbessern. Angesichts dessen, dass sich ihr so Möglichkeiten bieten, ihre Steuerungsfähigkeit zu erweitern und den Integrationsstand in einzelnen Politikbereichen auch ohne explizite Ermächtigung durch die Mitgliedstaaten zu erhöhen, stellt sich die Frage nach den normativen Implikationen dieser Form der administrativen Interessenvermittlung. Diese wird im Folgenden diskutiert.

5 Chancen und Risiken administrativer Interessenvermittlung durch Koppelgeschäfte

Das empirische Beispiel stützt unsere These, nach der aus der Ungleichzeitigkeit des Integrationsstandes in einzelnen Politikbereichen und dem damit verbundenen unterschiedlichen Ausmaß der Entscheidungsautonomie Anreize für die Kommission entstehen, verschiedene Handlungsbereiche miteinander zu verknüpfen und administrative Interessenvermittlung durch Koppelgeschäfte zu verfolgen. Eine einzelne Fallstudie erlaubt jedoch keine Einschätzung der tatsächlichen Bedeutung und Verbreitung dieser spezifischen Form administrativer Interessenvermittlung. In einem weiteren Fall, der europäischen Biotechnologiepolitik, konnten wir aber ebenfalls nachweisen, dass die in unserem Modell aufgezeigte Akteurkonstellation Koppelgeschäfte zwischen der Kommission und großen Unternehmen begünstigt (vgl. Schumann 2003).

Vor diesem Hintergrund können die Chancen administrativer Interessenvermittlung durch Koppelgeschäfte vor allem in ihrem positiven Koordinationspotenzial gesehen werden. Die Kommission kann informelle Vereinbarungen mit den betroffenen Akteuren nutzen, um den Entscheidungsprozess effizienter zu gestalten und Implementationsdefizite zu verringern. Da Koppelgeschäfte von den Befugnissen der Kommission abhängig sind, gewinnen die dem Europäischen Konvent vorgelegten Vorschläge der Kommission (Kommission 2002) zur Ausweitung ihrer Steuerungsfähigkeit besondere Bedeutung. Die Kommission würde damit nicht nur ihre formalrechtliche Position im europäischen Institutionengefüge stärken, sondern sich auch zusätzliche Optionen eröffnen, ihre Machtposition durch informelle Strategien administrativer Interessenvermittlung zu verbessern.

Eine Ausweitung der administrativen Interessenvermittlung durch Koppelgeschäfte mit privaten Akteuren könnte jedoch das „Demokratiedefizit" der Europäischen Union verschärfen. Dies liegt insbesondere in folgenden Risiken informeller Koppelgeschäfte begründet:

1. Das Zustandekommen informeller Koppelgeschäfte ist intransparent. Im Unterschied zu den Paketlösungen im Ministerrat finden Koppelgeschäfte zwischen der Kommission und großen Unternehmen außerhalb des „Rampenlichts" politischer Entscheidungen statt und entziehen sich somit der öffentlichen und politischen Kontrolle.
2. Nur wenige Akteure des europäischen Mehrebenensystems verfügen über die notwendigen Voraussetzungen, um Koppelgeschäfte auf der europäischen Ebene abschließen zu können. Dies kann sowohl auf der Input- als auch auf der Outputseite zu Legitimitätsdefiziten führen. Das Legitimitätsdefizit auf der Input-Seite besteht in der Nicht-Repräsentation der Interessen Dritter, z.B. für die Elektrizitätspolitik in der Nicht-Repräsentation von Verbraucher- und Umweltschutzinteressen, aber auch der Interessen der kleinen und mittleren Unternehmen. Auf der Output-Seite können Koppelgeschäfte zwischen der Kommission und großen Unternehmen mit negativen Effekten für die Akteure verbunden sein, die nicht selbst an den Verhandlungen beteiligt sind. Dies wird insbesondere an den Folgen, die eine Fusion großer Unternehmen für die anderen Marktteilnehmer haben kann, deutlich.
3. Koppelgeschäfte zwischen der Kommission und großen Unternehmen bieten den Akteuren die Möglichkeit, außerhalb formeller Entscheidungsprozesse gegen nationale Politikvorhaben vorzugehen, wodurch parlamentarisch verantwortete Politik unterminiert wird. Die politische Unterstützung der Kommission durch die EnBW bei der Forderung nach einer Regulierungsbehörde in Deutschland ist ebenso ein Beispiel für dieses Vorgehen, wie die gemeinsame Klage der Kommission und großer deutscher Unternehmen gegen das Stromeinspeisungsgesetz in Deutschland (Schumann 2001a: 15).
4. Die Kopplung einer positiven Entscheidung der Kommission an die Zusage eines bestimmten Verhaltens der Unternehmen kann aufgrund der mangelhaften Durchsetzung von Vereinbarungen problematisch sein. Beispielsweise können die Genehmigung eines Fusionsvorhabens und die damit verbundenen Effekte auf dem entsprechenden Markt nicht mehr rückgängig gemacht werden, selbst wenn die großen Unternehmen ihren Teil der Vereinbarung nicht einhalten.

Die Frage, in welchem Ausmaß die Kommission ihre Entscheidungsautonomie in verschiedenen Politikbereichen einsetzt, um zur Erweiterung ihrer Steuerungsfähigkeit Tauschgeschäfte mit großen Unternehmen abzuschließen, sollte daher sowohl im Hinblick auf ihre möglichen positiven Koordinationspotenziale als auch ihre potenziellen negativen Wohlfahrtseffekte Gegenstand weiterer politikwissenschaftlicher Untersuchungen sein. Insbesondere angesichts der Weiterentwicklung der EU und des damit möglicherweise verbundenen Kompetenzzuwachses der Kommission dürfen die unterschiedlichen Handlungspotenziale der Akteure, die in der administrativen Interessenvermittlung zum Tragen kommen, nicht vernachlässigt werden.

Literaturverzeichnis

Abraham, Martin (2001): Rational Choice-Theorie und Organisationsanalyse. Vortrag auf der Tagung der Arbeitsgruppe „Organisationssoziologie" am 23./24.3.2001 an der Universität Bielefeld.

Alemann, Ulrich von (1994): Schattenpolitik. in: Leggewie, Claus (Hrsg.). Wozu Politikwissenschaft? Über das Neue in der Politik. Darmstadt: Wissenschaftliche Buchgesellschaft: 135-144.

Bandelow, Nils C. (1999): Lernende Politik. Advocacy-Koalitionen und politischer Wandel am Beispiel der Gentechnologiepolitik. Berlin: Edition Sigma.

Bandelow, Nils C./Schumann, Diana/Widmaier, Ulrich (1999): European Governance by Package Deals between the European Commission and Large Firms – Preconditions, Strategies, Welfare Effects. Bochum: Ruhr-Universität Bochum (Diskussionspapier aus der Fakultät für Sozialwissenschaft der Ruhr-Universität Bochum Nr. 99-3).

Bandelow, Nils C./Schumann, Diana/Widmaier, Ulrich (2000): European Governance by the Emergence of a New Type of Package Deals. German Policy Studies/Politikfeldanalyse; Bd. 1, Heft 1: 8-38.

Benz, Arthur (1994): Kooperative Verwaltung. Funktionen, Voraussetzungen und Folgen. Baden-Baden: Nomos.

Benz, Arthur (1995): Der Beitrag der Spieltheorie zur Analyse des kooperativen Verwaltungshandelns. Dose, Nicolai/Voigt, Rüdiger (Hrsg.). Kooperatives Recht. Baden-Baden: Nomos: 297-328.

Eberlein, Burkhard/Grande, Edgar (2003): Entscheidungsfindung und Konfliktlösung. Schubert, Klaus/Bandelow, Nils C. (Hrsg.). Lehrbuch der Politikfeldanalyse. München: Oldenbourg: 175-202.

EDF (2001): The Commission's Decision EDF-EnBW: toward a European market. Communiqué de presse (7 February 2001) unter http://EDF.fr.

Eising, Rainer (2000): Liberalisierung und Europäisierung. Die regulative Reform der Elektrizitätsversorgung in Großbritannien, der Europäischen Gemeinschaft und der Bundesrepublik Deutschland. Opladen: Leske+Budrich.

Eising, Rainer (2002): Policy Learning in Embedded Negotiations: Explaining EU Electricity Liberalization. in: International Organization; Bd. 56, Heft 1: 85-120.

Eising, Rainer/Kohler-Koch, Beate (1994): Inflation und Zerfaserung. Trends der Interessenvermittlung in der Europäischen Gemeinschaft. in: Streeck, Wolfgang (Hrsg.). Staat und Verbände (Politische Vierteljahresschrift Sonderheft 25). Opladen: Westdeutscher Verlag: 175-206.

Eising, Rainer/Kohler-Koch, Beate (1999): Introduction: network governance in the European Union. in: Kohler-Koch, Beate/Eising, Rainer (Hrsg.). The transformation of governance in the European Union. London: Routledge: 3-13.

Gowers, Andrew (Hrsg.) (2001): Energie Baden-Württemberg: Monti erhebt Bedenken gegen EDF-Einstieg. Financial Times Deutschland (6.1.2001) unter http://www.ftd.de/ub/di/FTDYJ7NZMHC.html.

Gowers, Andrew (Hrsg.) (2001): EU treibt Liberalisierung des europäischen Strommarktes voran. Financial Times Deutschland (16.1.2001) unter http://www.ftd.de/ub/in/FTD606651IC.html.

Jennen, Birgit/Preuß, Olaf (2001): EnBW: Einstieg der Franzosen rückt näher. Financial Times Deutschland (17.1.01) unter http://www.ftd.de/ub/di/FTD979707603170.html.

Kommission der europäischen Gemeinschaften (2002): Kommission schlägt radikale Vereinfachung der Funktionsweise der Europäischen Union vor. Brüssel (5.12.2002; IP/02/1802).

Lahusen, Christian/Jauß, Claudia (2001): Lobbying als Beruf. Interessengruppen in der Europäischen Union. Baden-Baden: Nomos.

Lehmbruch, Gerhard (1987): Administrative Interessenvermittlung. in: Windhoff-Héritier, Adrienne (Hrsg.). Verwaltung und ihre Umwelt. Festschrift für Thomas Ellwein. Opladen: Westdeutscher Verlag: 11-43.
Mayer, Jörg M. (1994): „Wann sind Paketlösungen machbar?" Eine konstruktive Kritik an F.W. Scharpfs Konzept. Politische Vierteljahresschrift; Bd. 35, Nr. 3: 448-471.
Mazey, Sonia/Richardson, Jeremy (1993): Lobbying in the European Community. Oxford: Oxford University Press.
McGowan, Lee (1997): Safeguarding the Economic Institution: The Commission and Competition Policy. in: Nugent, Neill (Hrsg.). At the Heart of the Union. Studies of the European Commission. London/New York: Macmillan Press: 145-166.
Nollert, Michael (1997): Verbändelobbying in der Europäischen Union – Europäische Dachverbände im Vergleich. in: Alemann, Ulrich von/Weßels, Bernhard (Hrsg.). Verbände in vergleichender Perspektive. Beiträge zu einem vernachlässigten Feld. Berlin: Edition Sigma: 107-136.
Pedler, Robin H./Schendelen, Marinus P.C.M. van (1995): Lobbying the European Union. Companies, Trade Associations and Issue Groups (Reprint of 1994). London: Dartmouth Publications.
Renz, Thomas (2001): Vom Monopol zum Wettbewerb. Opladen: Leske+Budrich.
Scharpf, Fritz W. (1988): Verhandlungssysteme: Verteilungskonflikte und Pathologien der politischen Steuerung. in: Schmidt, Manfred G. (Hrsg.). Staatstätigkeit, International und historisch vergleichende Analysen, PVS-Sonderheft Nr. 19. Opladen: Westdeutscher Verlag: 61-87.
Scharpf, Fritz W. (1992): Einführung: Zur Theorie von Verhandlungssystemen. in: Benz, Arthur/Scharpf, Fritz W./Zintl, Reinhard (Hrsg.). Horizontale Politikverflechtung. Zur Theorie von Verhandlungssystemen. Frankfurt am Main/New York: Campus: 11-27.
Scharpf, Fritz W. (1992a): Koordination durch Verhandlungssysteme: Analytische Konzepte und institutionelle Lösungen. in: Benz, Arthur/Scharpf, Fritz W./Zintl, Reinhard (Hrsg.). Horizontale Politikverflechtung. Zur Theorie von Verhandlungssystemen. Frankfurt am Main/New York: Campus: 51-96.
Scharpf, Fritz W. (2000): Interaktionsformen. Akteurzentrierter Institutionalismus in der Politikforschung. Opladen: Leske+Budrich.
Schmidt, Susanne K. (1998): Liberalisierung in Europa. Die Rolle der Kommission. Frankfurt am Main/NewYork: Campus Verlag.
Schneider, Volker/Werle, Raimund (1990): International Regime or Corporate Actor? The European Community in Telecommunications Policy. in: Dyson, Kenneth/Humphreys, Peter (Hrsg.). The Political Economy of Communications. London: Routledge: 77-106.
Schumann, Diana (2001): Die Bedeutung politikfeldübergreifender Koppelgeschäfte für die europäische Energiewirtschaft: Das Beispiel der Liberalisierung des Elektrizitätsbinnenmarktes. Bochum: Ruhr-Universität Bochum (Diskussionspapiere aus der Fakultät für Sozialwissenschaft der Ruhr-Universität Bochum Nr. 01-2).
Schumann, Diana (2001a): Netzwerke europäischer Elektrizitätspolitik und politikfeldübergreifende Koppelgeschäfte. Bochum: Ruhr-Universität Bochum (Diskussionspapiere aus der Fakultät für Sozialwissenschaft der Ruhr-Universität Bochum Nr. 01-5).
Schumann, Diana (2003): Netzwerke und Koppelgeschäfte in der europäischen Elektrizitätswirtschaft. Politische Vierteljahresschrift; Bd. 44, Nr. 3: 325-347.
Spies, Felix (2001): Stadtwerke sollen Blockade beenden. Süddeutsche Zeitung (9.4.2001).
Ulrich, Günter (1994): Politische Steuerung. Staatliche Interventionen aus systemtheoretischer Sicht; Opladen: Leske+Budrich.
Wallace, Helen (2000): The Institutional Setting. Five Variations on a Theme. in: Wallace, Helen/Wallace, William (Hrsg.). Policy-making in the European Union. Oxford: Oxford University Press: 3-37.

Weingast, Barry R./Marshall, William J. (1988): The industrial organization of congress: or, why legislatures, like firms, are not organized as markets. Journal of Political Economy; Bd. 96, Heft 1: 132-163.

Westdeutsche Allgemeine Zeitung (2002): EU gibt grünes Licht für Kohle-Beihilfen. WAZ (4.6.2002).

Kommerzielle Beratungsfirmen in der Europäischen Union[1]

Christian Lahusen

1 Einleitung

Gewerbliche Beratungsfirmen haben sich seit den 80er Jahren innerhalb der Europäischen Union (EU) als ein ernst zu nehmende Akteure etabliert. Denn heute arbeiten eine ganze Reihe dieser Unternehmen im Bereich der „public affairs" und bieten ihre Dienstleistungen einer Vielzahl von Klienten an, unter ihnen privatwirtschaftliche Unternehmen, Regierungsinstitutionen, Verbände oder Nichtregierungsorganisationen. Die Entstehung dieser europäischen Beratungsindustrie ist gerade am Anfang der 90er Jahre mit einigem Erstaunen und einer gewissen Unruhe beobachtet und diskutiert worden. Denn diese Diskussionen befassten sich zwar mit dem Problem eines zunehmend präsenten und offensiven Lobbyings im allgemeinen (van Schendelen 1993a), meinten damit aber hauptsächlich die gewerblichen Consultingfirmen und das „third party" Lobbying (Greenwood 1998). Im Vergleich zu dieser erhöhten öffentlichen Aufmerksamkeit hat die sozialwissenschaftliche Forschung diesen Themenbereich weitgehend ignoriert. Die bisherigen Untersuchungen haben sich eher kollektiver oder individueller Formen der Interessenvermittlung angenommen (z.B. van Schendelen 1993b; Kohler-Koch, 1994; Greenwood 1997). So wissen wir heute eine ganze Menge über kollektive Formen der Interessenvermittlung, vor allem über die europäischen Dachverbände, ihre Organisationsformen, Aufgabenbereiche und Mitgliedschaften (z.B. Greenwood/Aspinwall 1998; Greenwood 2002; McLaughlin/Jordan/Maloney 1993; Grant 2002). Zur gleichen Zeit haben wir auch Einblicke in die Lobbyingarbeit von großen Firmen und ihren EU-Vertretungen erhalten und erfahren, wie sich die europäische Interessenvertretungslandschaft unter dem Einfluss dieser Akteure verändert hat (Coen 1998, 1999; Green Cowles 2002). Sehr wenig wissen wir aber über gewerbliche Berater und Lobbyisten, über ihre Organisationsformen, Aufgabenbereiche und Klienten.

Der vorliegende Beitrag soll diese Forschungslücke zu schließen helfen, denn er wird Ergebnisse einer explorativen Befragung gewerblicher Beratungsfirmen auf der EU-Ebene vorstellen (siehe auch Lahusen 2002). Dabei werden zwei Ziele verfolgt. Einerseits geht es um eine erste, rein deskriptive Bestandsaufnahme. D.h., wir haben zunächst beschreibende Fragen zu klären, wie zum Beispiel: Wie groß ist diese Beratungsindustrie, wie hat sie sich entwickelt und mit welchen Firmen haben wir es zu tun? Andererseits geht es um analytische Fragestellungen: Welche sind die Spezifika dieser Beratungsfirmen im Hinblick auf ihre Arbeits- und Organisationsformen, ihre Funktionen

---

[1] Ich bedanke mich bei Beate Kohler-Koch, Rainer Eising, Pieter Bouwen, Gerald Schneider und Jeremy Richardson für kritische Anregungen und Anmerkungen zu dieser und einer früheren Textfassung.

und Rollen in der EU? Für diesen Zweck ist es von besonderem Interesse zu klären, welche sektoralen oder nationalen Interessen vertreten werden und wie sich diese Industrie sektoral oder (inter-) national organisiert. Denn in beiderlei Hinsicht unterscheidet sich die Beratungsindustrie von den anderen Formen der Interessenvertretung, da „Mitgliedschaften" und „Territorien" viel unbestimmter sind: Beratungsfirmen repräsentieren weder ein spezifisches Unternehmen, einen konkreten Industriesektor oder Gesellschaftsbereich, noch eine national oder europäisch definierte, räumliche Trägerschaft, denn sie arbeiten für wechselnde Interessen in einer beliebigen Anzahl unterschiedlicher Akteure. Vor diesem Hintergrund muss folglich die Frage beantwortet werden, ob diese gewerblichen Firmen nur eine nebensächliche Handlungsoption für eine ganz spezifische Art von gesellschaftlichen Interessen sind, oder ob sie sich zu einem Akteur fortentwickelt haben, der innerhalb der EU allgemein genutzt wird, effektiv organisiert ist und dadurch die Potenziale besitzt, der EU einen Stempel aufzudrücken.

Die Analyse der europäischen Beratungsindustrie ist jedoch eine schwierige Unternehmung. Bereits eine frühere Befragung verschiedener Akteure der europäischen Politik (Lahusen/Jauß 2001: 108-164) hatte gezeigt, dass kommerzielle Berater und Lobbyisten ein scheues Volk sind. Denn ihrer gewerblichen Dienstleistungsorientierung zufolge präferieren sie ein seriöses, d.h. dezentes Auftreten in der Öffentlichkeit; zudem werden viele Informationen als sensibel deklariert, sofern sie ihre Kunden und ihre eigenen Geschäftsinteressen tangieren. Die quantitative Befragung sollte aus diesem Grunde nur grundlegendste Informationen einholen, die den Rahmen der Erhebung zwar eingrenzten, dem explorativen Charakter dieser Untersuchung aber vollends gerecht wurden.[2] Diese Studie folgte dabei drei Überlegungen oder Erkenntnisinteressen. Erstens ist die Untersuchungseinheit die einzelne Beratungsfirma, nicht die konkrete Arbeit der Berater und ihre issue-spezifischen Strategien. Letzteres ist an anderer Stelle in groben Zügen dargestellt worden (z.B. Moloney 1996; Lahusen/Jauß 2001), obwohl illustrativere Untersuchungen notwendig wären, denn die bislang durchgeführten empirischen Fallanalysen europäischer Interessenvertretung berücksichtigen Consultingfirmen nicht (van Schendelen 1993b; Pedler 2002). Die vorliegende Studie hingegen soll Einblicke in die Organisationsstruktur der Beratungsindustrie im Hinblick auf Arbeits-

---

2 Bei dieser Befragung handelt es sich um eine Totalerhebung aller auf europäischer Ebene arbeitenden Beratungsfirmen. Für diese Zwecke wurde auf das *European Public Affairs Directory* (1999) zurück gegriffen, wobei alle Firmen, die in den Rubriken ‚legal firms', ‚political consultants', ‚economic & management consultants' und ‚public relations' aufgelistet waren, erfasst wurden. Diese 285 Unternehmen erhielten einen kurzen standardisierten Fragebogen, der Informationen zu dem Unternehmensprofil einholen sollte (Gründungsjahr, jährlicher Umsatz, Mitarbeiter, nationale Niederlassungen, lokale Partner, Klienten etc.). Unglücklicherweise war die Rücklaufquote sehr niedrig (unter 15 Prozent), weshalb wir die Fragebögen in einer zweiten Runde telefonisch (oder per Fax) beantworten ließen. Diese zweite Runde erhöhte die Rücklaufquote auf 80.7 Prozent (Anzahl der Fälle = 230) bis Ende 2000. Rudimentäre Informationen zu den restlichen Firmen wurden aus dem *European Public Affairs Directory* (1997, 1999 und 2001) und/oder aus dem Internet bezogen. Die Daten wurden dann kodiert, erfasst und statistisch ausgewertet, wobei wir deskriptive Verfahren nutzten und hier vor allem auch Clusteranalysen durchführten (siehe weiter unten).

bereiche, Klienten und Niederlassungen eröffnen. Zweitens wurden die Beratungsfirmen einbezogen, die sich ins *European Public Affairs Directory* eintragen ließen, weshalb wir es in der Mehrzahl der Fälle mit Brüsseler Firmen oder Niederlassungen internationaler Unternehmen zu tun haben. Folglich gibt uns diese Quelle kein vollständiges Bild der Beratungsindustrien auf der europäischen und nationalen Ebene. Um diese Limitierung zu überwinden, haben wir die befragten Unternehmen gebeten, die Länder zu nennen, in denen sie über nationale Niederlassungen oder lokale Partner vertreten sind. Auf diese Weise haben wir die (trans-)europäische Beratungsindustrie zwar nicht vollständig erfasst; dennoch kommen wir der Mehrebenenstruktur dieses Marktes hierdurch näher. Drittens hat die Erhebung eine breite Palette von Beratungsfirmen berücksichtigt, d.h. genau genommen: legal firms, political consultants, PR agencies und economic & management (E&M) consultants. Hierdurch sollte nämlich eine umfassendere Analyse der europäischen „public affairs" ermöglicht werden, die einen Vergleich unterschiedlicher Firmenarten einschließt.

2 Gegenstand, Fragestellungen und Annahmen

Die theoretische Diskussion über europäische Interessenvermittlung hat sich zwar kaum explizit mit unserem Themenbereich auseinander gesetzt, liefert aber einige konzeptionelle Instrumente, die für die Spezifizierung unserer Fragestellung und Annahmen von Nutzen sind. Hier lassen sich vor allem zwei Theoriestränge einbringen, die verschiedene Aspekte unseres Gegenstandes fokussieren und auf diese Weise die Entwicklung einer europäischen Beratungsindustrie im Hinblick auf angebots- und nachfragebezogene Argumente zu erklären helfen.

Erklärungen, die der politischen Institutionenökonomie zugeordnet sind, begreifen die Interaktionen zwischen den Institutionen der EU und den Interessenvertretern als eine Tauschbeziehung (Lohmann 1995; Buholzer 1998; Grossman/Helpman 2001). Die Stellung und Macht einzelner Interessgruppen hängt demnach von den Gütern und Dienstleistungen ab, die sie anbieten können (Austen-Smith 1993; Crombez 2002; Pappi/Henning 1999). Aus diesen Gründen ist auch vermutet worden, dass Consultants im Bereich der „public affairs" von geringerer Bedeutung sind. Denn was die konkrete Interessenvertretung und Anhörung anbetrifft, präferieren die Institutionen der EU doch eher individuelle Firmen, um an Expertenwissen zu gelangen, oder nationale und europäische Dachverbände, um die Interessen und Forderungen nationaler oder europäischer Mitgliedschaften zu ermitteln bzw. ihre Unterstützung zu sichern (Bouwen, 2002). Diese Beobachtungen erscheinen plausibel, da die gewerblichen Beratungsfirmen keineswegs die gleichen Funktionen übernehmen wie Verbands- oder Firmenvertreter; denn als Berater verstehen sich diese Agenturen nicht als Ansprechpartner der europäischen Institutionen, sondern zunächst und vor allem als Dienstleister ihrer Kunden (Lahusen & Jauß, 2001: 127-137). Aus diesem Grund bewegen sie sich zunächst auf der Hinterbühne des Lobbyings (Moloney 1996: 90), indem sie zum Beispiel Entscheidungsfindungsprozesse der EU-Institutionen beobachten, ihre Klienten diesbezüglich informieren und ihnen helfen, ihre Interessen zu definieren, Koalitionspartner oder Opponenten zu bestimmen, Ansprechpartner innerhalb der EU-Institutionen zu identifizieren und zu vermitteln, (Europa-)Gelder zu akquirieren, Veranstaltungen zu planen sowie Lobbyingkampagnen zu entwerfen, umzusetzen und/oder auszuwerten. Darüber hinaus können sie noch das Mandat erhalten, die Interessen des Klienten gegenüber den Institutionen der EU aktiv zu vertreten, womit sie in diesem Fall auf die Vorderbühne des Lobbyings treten. Gespräche mit Beratern, die am Rande dieser Umfrage geführt wurden,[3] legen aber nahe, dass das aktive Lobbying hinter die Bereiche des „monitoring", der Analyse und der organisatorischen Zuarbeit zurücktritt, da die konkreten Interventionen – nicht zuletzt auch aus strategischen Erwägungen – den Klienten überlassen werden. Allerdings scheinen angelsächsische und langjährige Kunden die Consultants mit einem weit reichenderen, dann auch ungebundeneren Mandat auszustatten. Doch auch im Falle eines gebundenen und eingeschränkteren Mandats ist davon auszugehen, dass der Einfluss der Berater auf die konkrete Interessenvermittlung durchaus gewichtig ist. Denn Berater vermitteln nicht nur kundenrelevante Informationen – und dieses „monitoring" wird zumeist als eine einfache Routinetätigkeit an subalterne Mitarbeiter weiterdelegiert. Vielmehr verstehen sie sich als professionelle Frühwarnsysteme und Informationsmarkler, als Analysten und Organizer, die damit einen ernst zu nehmenden Einfluss auf die Definition und Organisation gesellschaftlicher Interessen ausüben. In diesem Zusammenhang ist auch darauf hinzuweisen, dass sich viele Firmen im Bereich des „association managements" engagieren, wonach sie Klienten (bspw. eine einzelne Organisation oder eine ad-hoc Koalition) bei der Gründung einer Vertretung helfen oder diese für sie kommissarisch führen. Consultingfirmen bringen sich folglich nicht nur als Informanten und Berater ein, sondern verfügen auch über eine firmeneigene Infrastruktur für die Organisierung und Vertretung von Interessen.

Haben wir das Aufgaben- und Tätigkeitsprofil der Consultants im Groben charakterisiert, so stellt sich aber nun die Frage, worin der spezifische „Mehrwert" von gewerblichen Beratern besteht. Hier lässt sich erstens sagen, dass sich Consultingfirmen als ein zusätzliches paar Hände anbieten, zugleich eröffnen sie den Klienten die Möglichkeit, Aufgabenbereiche auszulagern – sofern die betreffenden Interessen über die notwendigen Finanzressourcen verfügen. Greenwood (1998: 589) wies in diesem Zusammenhang darauf hin, dass selbst die EU-Institutionen von dieser Arbeitskraft profitieren, denn Europaparlamentarier haben Berater zum Teil auch als persönliche Mitarbeiter instrumentalisiert. Zweitens können Berater ein eigenes Expertenwissen anbieten, bspw. im Falle von Kanzleien, die sich auf bestimmte Politikfelder oder nationale Rechtssys-

---

[3] Gespräche wurden zum Beispiel geführt mit Hill & Knowlton, dem European Centre for Public Affairs Brussels, dem European Project, den European Policy Advisers, Conseillé + Partners und Linklaters & Alliance.

teme spezialisiert haben. Drittens ist das primäre Ziel gewerblicher Berater nicht die Vertretung einer spezifischen Interessengruppe, sondern die Beobachtung, Analyse und Strategieentwicklung für beliebige Interessen. Sie sind folglich daran interessiert, Informationsdatenbanken, analytische oder strategische Instrumente als „interessensneutrale" Ressourcen zu entwickeln und einzusetzen, wie z.B. in Bezug auf Öffentlichkeitsarbeit, issue management, Kosten-Nutzenanalysen, Association Management, Rechtsstreitigkeiten und vieles andere. Schließlich können Berater eine spezifische Art der Dienstleistungserbringung anbieten, die keine andere Form der Interessenvertretung garantieren kann: Denn während europäische Verbände ihren Mitgliedern nur sehr unzureichend individualisierte Dienste erbringen können und während Firmenrepräsentanzen nicht auf die interorganisationellen Strukturen und Netzwerke der Euro-Verbände zurückgreifen können (Coen 1998; Greenwood 2002), so besteht der Vorteil von kommerziellen Beratungsfirmen gerade darin, dass sie individuell maßgeschneiderte Dienstleistungen auf der Grundlage eines mehr oder weniger ausgefächerten Netzes nationaler Niederlassungen und lokaler Partner anbieten können. Aus diesen Gründen lässt sich sogar von einem komparativen Vorteil gewerblicher Anbieter ausgehen.

Die Entwicklung der europäischen Beratungsindustrie lässt sich durch das spezifische Dienstleistungsangebot aber nur sehr unvollständig erklären, denn dies setzt voraus, dass eine entsprechende Nachfrage per se gegeben ist. Da hiervon aber nicht automatisch ausgegangen werden kann, müssen die an der „political economy" orientierten Überlegungen durch institutionalistische Annahmen ergänzt werden. In der Tat lässt sich annehmen, dass sich die institutionelle Struktur der EG/EU hinderlich und förderlich auf die Entwicklung einer gewerblichen Beratungsindustrie ausgewirkt hat, da wir im Hinblick auf die europäische Mehrebenenstruktur von zwei unterschiedlichen Triebkräften sprechen müssen. Einerseits hat die institutionalistisch inspirierte Europaforschung im Hinblick auf die nationale Ebene betont, dass unterschiedliche Länder verschiedene Formen und Strategien der Interessenvermittlung kennen. Diese Unterschiede haben mit den jeweils eigenen institutionellen Strukturen des politischen Systems, den dominanten Mustern der Organisierung gesellschaftlicher Interessen und den etablierten Traditionen der Interessenvermittlung zu tun (Kohler-Koch 1997; van Schendelen 1993b). Von dieser Perspektive aus gesehen muss angenommen werden, dass sich zwar gewerbliche Beratungsfirmen als eine für alle zugängliche Handlungsoption anbieten, diese aber in einer national sehr uneinheitlichen Form genutzt wird. D.h., hier wäre zu erwarten, dass Beratungsfirmen und ihre Klienten eher an eine spezifische Gruppe von Ländern rückgebunden sind, insbesondere an angelsächsische Länder, bei denen diese Art der Interessenvermittlung etablierter oder entwickelter ist.

Andererseits ist aber auf der europäischen Ebene zu vermuten, dass die institutionelle Struktur der EU der Entwicklung einer gewerblichen Beratungsindustrie sehr zuarbeitet. So werden die institutionelle Struktur und der spezifische Politikprozess der EU als ein komplexes, lose verkoppeltes und in mehrere Ebenen durchbrochenes System beschrieben (Wallace/Wallace 2000; Kohler-Koch/Eising 1999; Knill 2001). Eine notwendige

Folge sind erhöhte Kontingenzen und Unsicherheiten, die die Interessengruppen zu einer Strategie des „venue shopping" oder des „over-supply" drängen (Mazey/Richardson 2001). Die einzelnen Interessen müssen daher verschiedenste Policy-Debatten und Prozesse in unterschiedlichen, aufeinander bezogenen Politikfeldern begleiten, um an mehreren Stellen gleichzeitig einzugreifen. Die EU kennzeichnet sich folglich durch einen Politikprozess, der sehr viele Ansprüche an Lobbying, aber mehr noch an Informationsbeschaffung und Interpretation, Analyse und Interessenorganisierung stellt. Dies schafft Redundanzen zwischen verschiedenen Formen der Interessenvermittlung, die im Bereich der Verbände und Firmenrepräsentanzen bereits bekannt sind (Richardson 2001). Dies erschließt aber vor allem auch professionellen Informationsmarklern ein weites Tätigkeitsfeld der Information, Beratung und organisationellen Unterstützung.

Fassen wir die bisherigen Ausführungen zusammen, so lassen sich den beiden theoretischen Ansätzen folgend zwei Annahmen spezifizieren, die die Analyse der Daten leiten sollen. Erstens wird angenommen, dass der europäische Integrationsprozess und die spezifische Struktur der EU die Nachfrage nach Informationsmarklern gesteigert hat. Allerdings wird vermutet, dass die Beratungsindustrie hiervon nicht pauschal profitieren konnte, denn diese Nachfrage hat Unternehmen mit spezifischen Aufgabengebieten und Organisationsformen besonders begünstigt. Zweitens soll angenommen werden, dass die institutionelle Festigung der EU mit der Etablierung einer „eigenen" Beratungsindustrie einherging, die dann auch von unterschiedlichen Akteuren genutzt wird. Damit wird unterstellt, dass sich sektorale und nationale Unterschiede im Hinblick auf die Klienten und Niederlassungen gewerblicher Beratungsfirmen allmählich verwischen oder zumindest auf der EU-Ebene neutralisiert werden.

3 Entwicklung und Struktur der europäischen Beratungsindustrie

Die Umfragedaten verdeutlichen, dass die Entwicklung der europäischen Beratungsindustrie dem Lauf des europäischen Integrationsprozesses gefolgt ist (im allgemeinen Kohler-Koch 1994; Greenwood 1997). Anders als bei den Verbänden oder Firmenvertretungen ist aber kein *direkter* Zusammenhang anzunehmen, denn das Wachstum der europäischen Beratungsindustrie folgt nicht einem Prozess der Ko-Evolution (Eichener/Voelzkow 1994), sondern zunächst der Marktlogik und demnach einem gesteigerten Kundenbedarf nach public-affairs-Dienstleistungen. Von einem über die Marktnachfrage gesteuerten, *indirekten* Zusammenhang ist damit auszugehen – wobei anzunehmen ist, dass diese Nachfrage durch drei Entwicklungsstränge des europäischen Integrationsprozesses gelenkt wurde: durch die stetige Ausweitung der EG/EU-Kompetenzen auf neue Handlungs- bzw. Politikfelder, durch die zunehmende Regulierungsdichte oder -tiefe (etwa gemessen an der Zahl der legislativen „Outputs") und schließlich durch die Erweiterung der EG/EU in Bezug auf neue Mitgliedsländer. Denn in jedem der drei

Fälle ist davon auszugehen, dass eine wachsende Zahl von Interessen in erhöhtem Maße tangiert wird und damit einen potenziellen Beratungsbedarf entwickelt.

Schaubild 1: Neugründungen pro Jahr

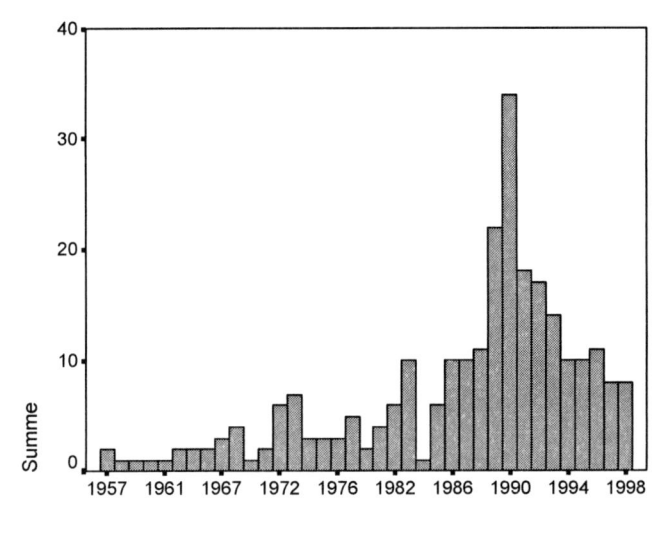

Betrachten wir nun die Entwicklung der europäischen Beratungsindustrie, so lässt sich erkennen, dass die meisten Unternehmen in Antizipation und/oder Reaktion auf die Einheitliche Europäische Akte (EEA) von 1986 gegründet wurden (Schaubild 1), denn fast jede zweite Firma hat ihre Büros zwischen 1986 und 1993 eröffnet. Dieses Wachstum hat 1990 einen Höhepunkt erreicht, denn in diesem Jahr wurden 34 neue Beratungsfirmen gegründet. Dennoch setzt es sich mit einer gewissen Regelmäßigkeit fort, werden doch auch weiterhin acht bis zehn neue Organisationen im jährlichen Rhythmus gegründet. In diesem Sinne lässt sich argumentieren, dass wir es keineswegs mit einer zeitlich beschränkten Episode zu tun haben, sondern mit einer unregelmäßigen aber stetigen Etablierung eines neuen Akteurtyps. Zugleich bestätigt sich der indirekte Zusammenhang zwischen europäischem Integrationsprozess und Wachstum des Consultancy-Markts. Denn die Wachstumskurve entspricht der Regulierungsentwicklung in binnenmarktbezogenen Politikfeldern am ehesten, vergleichen wir unsere Zahlen mit der Entwicklung des legislativen Outputs (Maurer 2001: 44), die mit der EEA zwischen 1988 und 1994 einen Höhepunkt erreichte. Demgegenüber scheint sich die Erweiterung der EU im Hinblick auf Politikfelder und Mitgliedstaaten nicht in dem Maße auf ein weiteres Wachstum der Beratungsindustrie ausgewirkt zu haben, denn dies hätte sich gegen Ende des Untersuchungszeitraums bemerkbar gemacht. Das binnenmarktfixierte Nachfragewachstum wird sich bestätigen, sobald wir uns den Kunden gewerblicher Consultingfirmen zuwenden.

Schaubild 2: Neugründung nach Beratungstyp

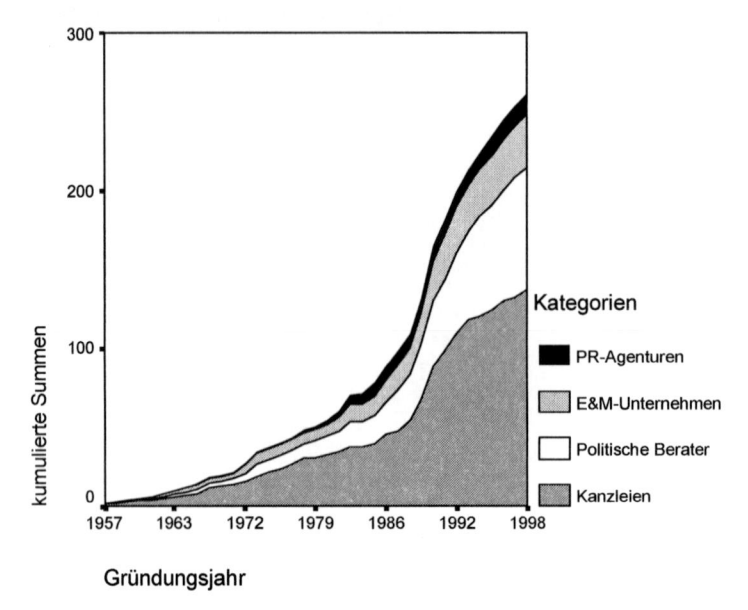

[Schaubild: Kumulierte Summen der Neugründungen nach Gründungsjahr (1957–1998) für die Kategorien PR-Agenturen, E&M-Unternehmen, Politische Berater und Kanzleien]

Ein genauerer Blick auf die Daten offenbart, dass diese Entwicklung für die verschiedenen Beratungsfirmen unterschiedlich verlaufen ist. Wie das Schaubild 2 verdeutlicht, wurden hauptsächlich Rechtsanwaltskanzleien, sodann politische Beratungsfirmen gegründet. So wurden zwischen 1976 und 1985 bspw. 16 Kanzleien und sieben politische Beratungsunternehmen eröffnet; ein Jahrzehnt später waren es fünf mal so viele, somit 85 bzw. 38 neue Firmen. Während Managementberater einen moderaten Zuwachs verzeichnen konnten (vier bzw. 19 Neugründungen im ersten und zweiten Jahrzehnt), fiel dieser bei den PR-Agenturen minimal aus (sieben bzw. vier neue Firmen).

Dieses Bild wird zum Teil bestätigt, wenn wir uns Mitarbeiterzahlen und Umsätze ansehen (siehe Tabelle 1). Eine Veränderung ergibt sich aber durch die größere Bedeutung der Managementberater. So arbeitet fast jeder zweite Mitarbeiter in einer Rechtsanwaltsfirma und jeder dritte bei einem E&M-Unternehmen. Ähnliches gilt für den geschätzten Umsatz. Allerdings muss hinzugefügt werden, dass sich diese Zahlen auf die gesamte Arbeit der Unternehmen beziehen, also auch auf konventionelle Rechts- bzw. Managementberatung. Zudem wurden nicht nur Lobbyisten mitgerechnet, sondern auch Verwaltungs- und technisches Personal, weshalb uns diese Zahlen nur ein ungefähres Bild von der Größe und Leistungskapazität der Beratungssektoren vermitteln.

Tabelle 1: Struktur der europäischen Consultingindustrie

Beratungstyp	Umsatz (1998) in Mio. €	%	Mitarbeiter absolut	%	Zahl der Unternehmen Absolut	%
PR	22	3,3	254	4,4	13	4,5
Politische	113	17,0	849	14,7	86	30,2
Kanzleien	312	47,1	2672	46,2	151	53,0
E&M	216	32,6	2002	34,7	35	12,3
Alle Unternehmen	663	100	5777	100	285	100

Diese Daten veranschaulichen, dass die europäische Integration der Etablierung einer europäischen Beratungsindustrie zugearbeitet hat, allerdings nicht zugunsten aller Beratungsformen oder -typen in gleichem Maße. Denn es waren vor allem Rechtsanwaltskanzleien, sodann politische oder Managementberater, am allerwenigsten aber PR-Agenturen, die vom europäischen Integrationsprozess profitieren konnten.

Offensichtlich fällt der gestiegene Bedarf nach „public affairs" sehr unterschiedlich aus. Die zunehmende Regulierungsdichte und -tiefe gerade in binnenmarktrelevanten Bereichen hat sich insbesondere auf Rechtsanwaltskanzleien positiv ausgewirkt, da die regulative Ausrichtung europäischer Politik, die diesbezügliche Anpassung nationalen Rechts und das damit einhergehende Wachstum legislativer Outputs den Bedarf nach klassischer Rechtsberatung aber auch nach rechtlich fundierten „public affairs" gesteigert haben.

Diese Vermutung erhärtet sich, wenn wir im *European Public Affairs Directory* (1999) nachlesen, in welchen Bereichen die meisten „law firms" aktiv sind: Es sind dies hauptsächlich anti-dumping, anti-trust, Kartell- und Wettbewerbsrecht, Außenwirtschaft und die freie Bewegung von Kapital, Gütern, Personen oder Dienstleistungen. Managementberater haben sich neben politischen Consultants aber auch etablieren können, denn neben ihren klassischen Aufgabenbereichen und EU-spezifischen Dienstleistungen (z.B. in Bezug auf „European Research & Development Programmes" und „European Subsidies & Grants") haben sich viele dieser Unternehmen auch auf ‚European public affairs" im engeren Sinne einerseits, auf „association management" andererseits ausgerichtet. Nur PR-Agenturen haben in dieser Situation das Nachsehen, denn die regulative (und distributive) Orientierung und die administrative Struktur der EU scheinen die Bedeutung öffentlicher Kommunikation und den damit einhergehenden Bedarf nach Öffentlichkeitsarbeit zu verringern.

Neben den bislang beschriebenen Tätigkeitsbereichen ist die Frage nach den Organisationsprofilen der Beratungsunternehmen von Relevanz, wobei wir uns hierfür mit der Größe und der internationalen Reichweite dieser Firmen beschäftigen wollen. Erstens lässt sich im Hinblick auf die Mitarbeiterzahl pro Unternehmen erkennen, dass wir es im Durchschnitt mit kleineren Organisationen zu tun haben, denn 42 Prozent aller Unternehmen beschäftigen fünf oder weniger Mitarbeiter, und nur sieben Prozent haben mehr als 50 Beschäftigte. Im Vergleich zu den europäischen Verbänden sind die Consultingfirmen personell aber stärker besetzt, denn nach Zahlen von Greenwood (1997: 102, 180) beschäftigen sogar 72 Prozent der Wirtschaftsverbände nur bis zu fünf Angestellte, was auch für 54 Prozent der „public interest"-Gruppen gilt. Innerhalb der Beratungsindustrie ergeben sich aber signifikante Größenunterschiede. So zeigen die Zahlen in Tabelle 2, dass die Wirtschaftsberatung die größten Unternehmen stellt, die politische Beratung die kleinsten. Dies spricht zweifelsohne für einen unterschiedlichen Grad an Marktintegration. Es muss jedoch eingeschränkt werden, dass es auch im Bereich der Rechts- und Managementberatung eine große Anzahl von kleineren Unternehmen gibt, denn bspw. haben 40 Prozent aller E&M-Unternehmen weniger als sieben Beschäftigte.

Zweitens ist im Hinblick auf das globale oder „transeuropäische" Profil der Beratungsunternehmen festzustellen, dass fast die Hälfte von ihnen Teil weltweit agierender Unternehmen ist. Die Beratungsunternehmen sind durchschnittlich in sieben europäischen Ländern aktiv, entweder über eigene Niederlassungen (3,4), oder mittels lokaler Partner (4,8). Auch hier wiederholen sich die bereits beobachteten Unterschiede, denn Managementberater sind häufiger multinational ausgerichtet, politische Consultants seltener.

Die verschiedenen Tätigkeitsbereiche unterscheiden sich also im Hinblick auf die dominierenden Organisationsprofile. Erstens gehört fast die Mehrheit der Managementberater (d.h. 12 von 31) globalen Unternehmen an, die zudem in mindestens 12 europäischen Ländern arbeiten. Zweitens sind die meisten Rechtsanwaltskanzleien in weniger als vier Ländern vertreten und beschäftigen auch nur unter fünf Mitarbeiter (39,8 Prozent aller Kanzleien). Schließlich sind politische Consultingfirmen zumeist kleine Unternehmen (1-10 Mitarbeiter), die ausschließlich in Brüssel vertreten sind (40,3 Prozent aller Firmen). Diese Zahlen spiegeln die spezifische Marktdynamik der entsprechenden Tätigkeitsbereiche wider, da Management bei vielen „European" oder „global players" ob ihrer internationalen Ausrichtung eine ebenso internationale Beratung voraussetzt und den betreffenden Beratungssektor einer stärkeren Marktintegration unterwirft. Kanzleien, insbesondere politische Berater hingegen beziehen ihren Marktwert stärker aus der Einbindung in eine spezifische politische Arena, hier z.B. die Europäische Union.

Tabelle 2: Unternehmensprofile nach Tätigkeitsbereichen

Beratungstyp	Zahl der Mitarbeiter (Mittelwert)	Teil globaler Unternehmen (in % und absoluten Werten)	Zahl der Niederlassungen ohne Brüssel (Mittelwert)	Zahl der lokalen Partner ohne Brüssel (Mittelwert)	Zahl der Länder ohne Brüssel (Mittelwert)[a]
Kanzleien	18	45,8 (55)	2,2	5,2	6,6
Politische	10	37,7 (26)	3,8	4,3	6,5
E&M	57	67,7 (21)	7,6	4,4	9,3
PR	20	60,0 (6)	2,6	5,8	3,8
Alle Unternehmen	20	47,0 (108)	3,4	4,8	6,9

[a] Aufgrund von Mehrfachnennungen entspricht diese Spalte nicht der Summe der beiden vorhergehenden Spalten.

Fassen wir die Befunde zusammen, so können wir verschiedene Organisationsprofile unterscheiden, die sich nicht trennscharf, aber immerhin signifikant auf die verschiedenen Tätigkeitsbereiche verteilen. Erstens haben wir es mit einer Zahl von Brüsseler „Verbindungsbüros" zu tun. Hierbei handelt es sich entweder um die europäische Niederlassung globaler Unternehmen (7,4 Prozent aller Firmen), unter denen E&M-Unternehmen mit fast jedem dritten Fall dominieren. Oder wir sprechen von kleinen, unabhängigen Brüsseler Unternehmen (26,1 Prozent aller Fälle), bei denen die politischen Berater fast die Hälfte stellen. Zweitens hat der „Mainstream" der Consultingfirmen eine Handvoll nationaler Niederlassungen, wobei die eine Hälfte dieser Firmen auf Europa beschränkt bleibt, die andere globalen Unternehmen angehört (jeweils 25,6 Prozent der Unternehmen). Rechtsanwaltskanzleien stellen mit zwei Drittel die Mehrzahl dieser Fälle. Drittens haben wir es mit „transeuropäischen Grossisten" zu tun (13,9 Prozent der Unternehmen), die Büros in bis zu 26 europäischen Ländern betreiben und bis auf drei Fälle auch globalen Unternehmen angehören. Auch hier sind E&M-Unternehmen mit jeder dritten Nennung überrepräsentiert. Insgesamt aber sind diese Organisationsprofile in allen Tätigkeitsbereichen vertreten, wenn auch mit unterschiedlicher Gewichtung. Wie wir noch zeigen werden, hängt dies damit zusammen, dass die verschiedenen Unternehmensprofile unterschiedliche Aufgaben und Funktionen im Bereich des „public affairs" übernehmen.

4 Die Mehrebenenstruktur der europäischen Beratungsindustrie

Nachdem wir uns mit der Entwicklung und Struktur der gewerblichen Beratungsindustrie befasst haben, soll nun in einem zweiten Schritt untersucht werden, ob sich der eingangs formulierten Annahme zufolge eine genuin europäische Beratungsindustrie etablieren konnte, die sektorale Grenzen und nationale Präferenzen der Interessenvermittlung überwindet. Für diesen Zweck werde ich mich zunächst mit den Kunden der Consultants beschäftigen, um sodann die Mehrebenenstruktur dieser Industrie zu analysieren.

Kunden: „kompetitive Kooperation"

Zunächst ist festzustellen, dass Privatunternehmen die besten Kunden gewerblicher Beratungsfirmen sind, denn 97,3 Prozent aller Firmen nennen diesen Kundentyp. Dieses Ergebnis wird kaum erstaunen, deckt es sich doch mit der allgemeinen Beobachtung, dass ökonomische Interessen das Feld der europäischen Interessenvermittlung dominieren (Greenwood 1997; Kohler-Koch 1994). Interessanter ist hingegen, dass immerhin jede zweite Beratungsfirma für Regierungsinstitutionen und Wirtschaftsverbände arbeitet (d.h. 59,1 Prozent bzw. 51,6 Prozent), während jede vierte Firma Nichtregierungsorganisationen (NRO) nennt (23,6 Prozent). Diese Zahlen belegen, dass Consultingfirmen ein breites Maß an Akzeptanz innerhalb der EU genießen. Zudem dokumentieren sie, dass Arbeitsbeziehungen zwischen Beratungsunternehmen, Verbänden sowie Privatunternehmen und deren Repräsentanten zum normalen Alltagsgeschäft gehören. Diese Beobachtung ist gerade deshalb so interessant, weil wir es mit unterschiedlichen und zum Teil konkurrierenden Formen der Interessenvermittlung zu tun haben. Dazu kommt noch, dass sich Vertreter der EU-Institutionen und der meisten Interessengruppen immer wieder von gewerblichen Lobbyisten distanzieren und – zumindest öffentlich – ihr Misstrauen oder Unbehagen äußern, womit sie die Unterschiede und kompetitiven Beziehungen in den Mittelpunkt rücken (Greenwood 1998; Lahusen/Jauß 2001: 127ff). Die uns vorliegenden Ergebnisse bestätigen diesen Antagonismus keineswegs, sondern sprechen eher von einer „kompetitiven Kooperation" zwischen Beratern, Verbänden und Unternehmensrepräsentanzen. Die Kooperation mit Verbänden ist besonders kennzeichnend für Rechtsanwaltsfirmen (52,6 Prozent) und politische Berater (63,8 Prozent), im Gegensatz zu E&M- und PR-Unternehmen (23,3 Prozent und 40 Prozent). Letztere arbeiten viel öfter für Regierungsinstitutionen und NROs. Offensichtlich sind Verbände mehr an rechtlicher und politischer Beratung und Unterstützung interessiert, während Regierungsinstitutionen und NROs eher Dienstleistungen mit einem Management- oder PR-Bezug einfordern.

Des Weiteren dokumentieren die Zahlen, dass die meisten Beratungsunternehmen für Organisationen mit einem europäischen Aktionsradius arbeiten (86,1 Prozent). Danach folgen nicht-europäische Kunden (d.h. ausländische Interessen und/oder global agierende Akteure) mit 70,9 Prozent, nationale (aber inner-europäische) Kunden mit 50,2 Prozent sowie schließlich lokale Organisationen mit nur 22,9 Prozent. Damit wird deutlich, dass Beratungsunternehmen nicht primär als eine Schaltstelle oder Vermittlungsinstanz zwischen lokalen und nationalen Interessen einerseits und EU-Institutionen andererseits fungieren, etwa im Sinne, dass sie diesen Klienten Informationen beschaffen, um ihre Interessen oder Forderungen in den europäischen Willensbildungsprozess einfließen zu lassen. Viel eher arbeiten Beratungsfirmen für nicht-europäische und global agierende Klienten sowie für gesamteuropäisch tätige Akteure, die zweifelsohne stärker und unmittelbarer an europäischer Politik interessiert sind. Damit ergibt sich bei ihnen auch ein größerer Bedarf nach Informationsbeschaffung und Beratung, den sie aber interessanterweise auch jenseits der ihnen zu Verfügung stehenden Formen der kollektiven und individuellen Interessenvermittlung durch Consultingfirmen befriedigen. In dieser Hinsicht haben wir es mit einem Beratungsmarkt zu tun, der sich primär an der europäischen und globalen Ebene ausrichtet, als an der nationalen und lokalen Ebene.

Europäische Mehrebenenberatung

Fragen wir nun nach der Mehrebenenstruktur der Beratungsindustrie, so ist zunächst zu klären, ob sich diese Industrie nur in dem Sinne „europäisiert" hat, dass sie in Brüssel vertreten ist, oder ob sie eine eigene Mehrebenenstruktur mit einem erkennbaren transeuropäischen Aktionsradius vorzuweisen hat. Das vorhandene Datenmaterial liefert uns ein ambivalentes aber aussagekräftiges Bild.

Zunächst ist festzustellen, dass viele Unternehmen auf mehreren Ebenen zugleich arbeiten. Im Hinblick auf die globale Ebene hatten wir bereits gesehen, dass die Hälfte aller Firmen Teil weltweit agierender Unternehmen sind. In Bezug auf die EU gaben 98,9 Prozent der Firmen an, ein eigenes Büro in Brüssel zu haben, und 25,7 Prozent bekräftigten, dass sie hier auch mit lokalen Partnern zusammenarbeiten. Dies dokumentiert die herausgehobene Bedeutung dieser Beratungshauptstadt. In Bezug auf die nationale Ebene lässt sich schließlich sagen, dass die Mehrheit der Firmen in zumindest einem weiteren europäischen Land mittels einer eigenen Niederlassung (66 Prozent) oder einem lokalen Partner (71 Prozent) vertreten ist.

Betrachten wir diese Mehrebenenstruktur einmal als Ganzes, so stellen sich die bereits genannten Organisationsprofile erneut ein, die wir hier aber mit den jeweils spezifischen Kundengruppen in Verbindung setzen wollen. Erstens sind 26,1 Prozent aller Firmen kleinere, ausschließlich in Brüssel vertretene Unternehmen. Diese Gruppe weist keinen prägnanten Kundenstamm auf, weshalb sie als ein Mikrokosmos der gesamten Beratungsindustrie angesehen werden kann. Zweitens gibt es eine kleine Anzahl internationaler Unternehmen (7,4 Prozent aller Firmen), die ein Büro in Brüssel haben, ansonsten aber in keinem anderen europäischen Land vertreten sind. Wie zu erwarten war, arbeiten diese Verbindungsbüros hauptsächlich für Kunden aus nicht-europäischen Ländern, denn 88,2 Prozent dieser Firmen nennen „ausländische" oder globale Klienten. Schließlich haben zwei Drittel aller Firmen eine erkennbare innereuropäische Mehrebenenstruktur, denn sie sind in Brüssel und mindestens einer Handvoll von anderen Ländern vertreten. Diese Firmen arbeiten in etwas größerem Umfang für nationale und/oder lokale Kunden, denn 57,8 Prozent und 25,2 Prozent beziehen sich auf diese Interessen.

Diese Befunde belegen, dass die Beratungsindustrie eine Mehrebenenstruktur besitzt, in der Brüssel das unverkennbare Gravitationszentrum bildet. Kunden und Beratungsfirmen scheinen um diese Ebene zu kreisen, denn Klienten von außerhalb bzw. innerhalb Europas nutzen eher Beratungsfirmen mit einer primär globalen bzw. nationalen Ausrichtung, um europäische Politik zu verfolgen und ihre Interessen einzubringen. Damit kommt ein ambivalentes Bild zutage. Einerseits nämlich wird deutlich, dass es zur Etablierung einer europäischen (und d.h. zunächst: Brüsseler) Beratungsindustrie kam, die den institutionell generierten, „europäischen" Bedarf nach Information, Beratung und organisationeller Zuarbeit mit zu decken versprach. Andererseits ist eine darüber hinausgehende „Europäisierung" aber nur in moderatem Ausmaße erkennbar, denn die meisten Unternehmen arbeiten in einer Handvoll europäischer Länder, und nur eine kleine Minderheit hat eine ausgeprägt transeuropäische Struktur vorzuweisen. Obschon davon auszugehen ist, dass es einen etablierten Consultingmarkt auf der Ebene der einzelnen Mitgliedstaaten gibt, so ist das Maß der Vernetzung mit der europäischen Ebene eher mäßig. Wenn die Entwicklung der Beratungsindustrie also ein nachfragegesteuerter Prozess war, so scheint hier ein „europäischer" und „außer-europäischer" Bedarf wichtiger gewesen zu sein, als ein nationaler oder lokaler.

5 Konvergenz oder Persistenz ?

Diese Ergebnisse verweisen auf den letzten Aspekt unserer Fragestellung, der sich mit der möglichen Konvergenz oder Persistenz nationaler Unterschiede im Hinblick auf das kommerzielle Consulting befasst. So hatten wir angenommen, dass der EU-bezogene Bedarf nach Beratung nationale Unterschiede neutralisiert, indem er eine eigene „europäische" Beratungsindustrie generiert, die von Interessen unterschiedlicher Provenienz genutzt wird. Diese Neutralisierung müsste augenfällig werden, sobald wir uns mit der nationalen Herkunft der Kunden und den nationalen Niederlassungen oder Partnern auseinander setzen. Eine systematische Überprüfung dieser Annahme würde zwar nach Zeitreihen verlangen, da wir ja von Veränderungsprozessen sprechen. Dennoch kann unterstellt werden, dass die Konvergenz- und Persistenzannahmen verschiedene Szenarien implizieren, die sich mit den vorliegenden Daten aussagekräftig kontrastieren lassen.

Herkunftsländer der Kunden

Die Beratungsfirmen gaben an, dass ihre Kunden überwiegend aus einer kleinen Gruppe von Ländern kommen, denn immerhin 65,1 Prozent aller Kundennennungen beziehen sich ausschließlich auf die USA, Großbritannien, Belgien, Deutschland und Frankreich. Alle anderen Länder spielen eine geringe, z.T. vernachlässigbare Rolle: 23,9 Prozent aller Nennungen beziehen sich auf dreizehn weitere westeuropäische Länder, 1 Prozent auf eine handvoll mittel- und osteuropäischer Nationen und 5,8 Prozent auf Staaten aus dem asiatischen Raum. Es muss hinzugefügt werden, dass die Beratungsfirmen im Schnitt nur Kunden aus 2,5 Ländern nannten. D.h., dass die Beratungsfirmen ihre Dienstleistungen nicht auf eine Vielzahl von nationalen Märkten ausbreiten, sondern auf wenige Länder konzentrieren. Jede vierte Beratungsfirma gibt zudem an, für Kunden aus nur einem Land oder einer ökonomischen Region zu arbeiten.

Betrachten wir diese Angaben einmal genauer, so zeigt Tabelle 3, dass jede zweite Beratungsfirma für angelsächsische Kunden arbeitet und dass jede vierte Firma einen deutschen oder französischen Kunden nennt – ignorieren wir einmal die belgischen Kunden, die wahrscheinlich aus in Brüssel aktiven europäischen Institutionen, Verbänden und Unternehmen bestehen. Die herausgehobene Bedeutung angelsächsischer Länder wird noch unterstrichen, wenn wir uns politische Beratungsfirmen ansehen. Denn proportional gesehen nennen politische Berater öfter Kunden aus den USA und Großbritannien als Kanzleien, während letztere – relativ gesehen – öfter deutsche und französische Kunden haben. D.h. dann auch, dass sich die Unterschiede zwischen den Ländern besonders deutlich bei der politischen Beratung abheben.

Diese nationalen Unterschiede können nicht durch die ökonomischen Gegebenheiten alleine erklärt werden, denn die genannten Herkunftsländer gehören zwar zu den größten Volkswirtschaften, die Rangfolge spiegelt die Größenverhältnisse zwischen den Ländern aber nicht annähernd wider.

Tabelle 3: Herkunftsland der Kunden nach Tätigkeitsbereich (Auswahl)

Zahl der Firmen mit Kunden aus...	Kanzleien		Politische Berater		E&M-Berater		Public Relations		Alle Firmen	
	%	abs. Zahlen	%	abs. Zahlen	%	abs. Zahlen	%	abs. Zahlen	%	abs. Zahlen
USA	47,5 [a]	47	53,3	32	44,0	11	33,3	3	48,2	93
Großbritannien	47,5	47	46,7	28	44,0	11	55,6	5	47,2	91
Belgien	35,4	35	26,7	16	40,0	10	66,7	6	34,7	67
Deutschland	25,3	25	16,7	10	20,0	5	0,0	0	20,7	40
Frankreich	23,2	23	18,3	11	12,0	3	11,1	1	19,7	38
Niederlande	7,1	7	15,0	9	16,0	4	0,0	0	10,4	20
Spanien	8,1	8	3,3	2	12,0	3	0,0	0	6,7	13
Italien	6,1	6	8,3	5	0,0	0	0,0	0	5,7	11

[a] Anteil der Kanzleien, die Kunden aus diesem Land genannt haben – die Prozentangaben der Zeilen summieren sich nicht zu 100, da Mehrfachnennungen möglich waren.

Schaubild 3: Clusteranalyse: Herkunftsland der Kunden. Hierarchische Clusteranalyse – Dendrogramm auf der Basis von Average Linkage (Between Groups)

```
                         Rescaled Distance Cluster Combine

       C A S E       0         5        10        15        20        25
       Label   Num   +---------+---------+---------+---------+---------+

       Finnland       4    ┐
       Schweden      11    ┤┐
       Norwegen       9    ┘│
       Dänemark       3     ┘
       Österreich     1    ┐
       Schweiz       15    ┘│
       Deutschland    6     ┘
       USA           13    ┐
       Japan         16    ┘│
       Asien         14     ┘
       Belgien        2    ┐
       Niederlande    8    ┘
       Italien        7    ┐
       Spanien       10    ┘
       Frankreich     5    ┐
       Großbritannien12   ┘
```

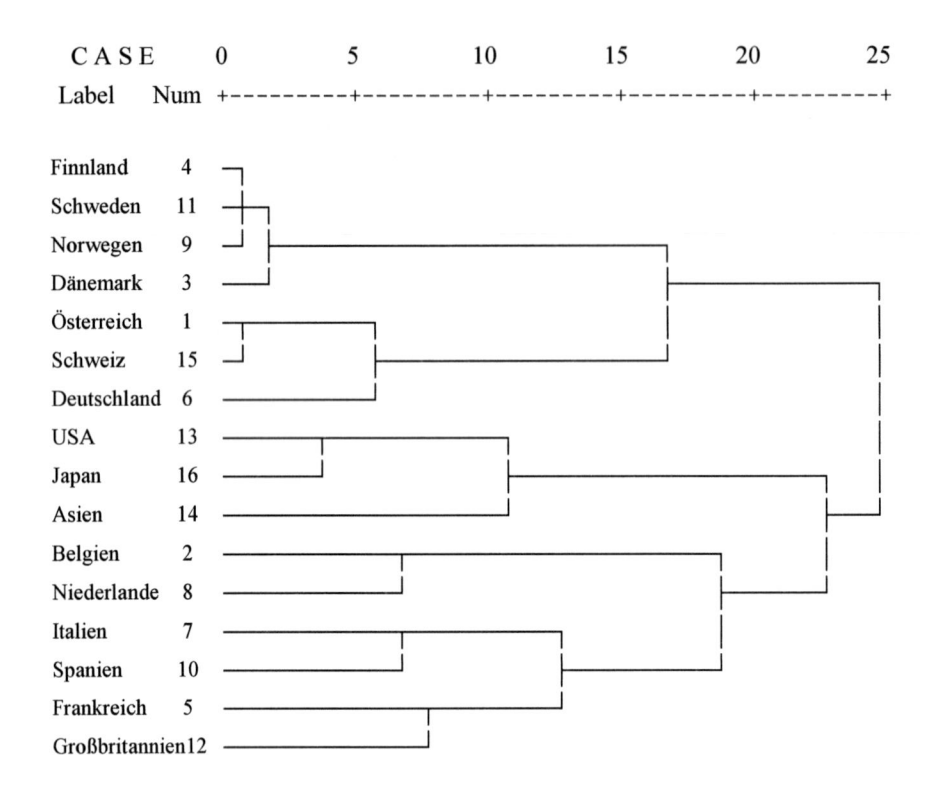

In der Tat entsprechen die Ländernennungen keineswegs dem, was wir prognostizieren würden, wenn wir bspw. die Größe des Landes (z.B. die Bevölkerung) oder der Ökonomie (z.B. Bruttoinlandsprodukt), die Zahl potenzieller Interessen (z.B. die Zahl der Unternehmen mit mehr als neun Beschäftigten) oder die ökonomische Verflechtung mit der EU (z.B. Export- und Importraten) zugrunde legen: In all diesen Fällen würden wir bspw. mindestens doppelt so viele deutsche, französische oder italienische Kunden erwarten, wenn wir sie mit den britischen Kundenzahlen vergleichen. Um ein Beispiel zu geben: Nehmen wir Großbritannien als Referenzpunkt (=100), so rangieren italienische Kunden bei 12, obschon Italiens BIP in Relation zu Großbritannien bei 75 liegt, die Anzahl der Unternehmen bei 69, die Exportrate bei 96 und so fort (siehe Eurostat 2002; oder Enterprises in Europe 2002).

Eine befriedigende Erklärung der nationalen Unterschiede muss folglich auch institutionelle und politische Faktoren mit berücksichtigen. Denn offensichtlich neigen Kunden aus angelsächsischen Ländern eher zur Verwendung politischer Beratung. Demgegenüber scheint die politische Kultur und die institutionelle Struktur der anderen europäischen Länder der Nutzung einer gewerbliche Beratung im allgemeinen, eines politischen Consulting im besonderen abträglich zu sein.

Die Befunde belegen somit, dass Beratungsfirmen nationale Märkte nicht beliebig bedienen. Offensichtlich bestehen immer noch unterschiedliche nationale Präferenzen gegenüber gewerblicher Beratung. Um diese Annahme zu überprüfen, soll eine Clusteranalyse unserer Daten durchgeführt werden.[4]

Die Anwendung dieses Verfahrens[5] ergibt hierbei einen Clusterbildungsprozess, der die Existenz von fünf Ländergruppen nahe legt.[6] Die Ländergruppen lassen sich wie

---

4 Dieses statistische Verfahren bietet sich an, denn die Annahme einer Konvergenz oder Persistenz nationaler Unterschiede impliziert unterschiedliche Szenarien: Eine Persistenz wäre dann gegeben, wenn verschiedene Länder unterschiedlichen Gruppen zugeordnet werden, während eine Konvergenz davon ausgeht, dass keine sinnvollen oder relevanten Unterschiede zwischen den Ländern ausgemacht werden können, die nicht nur auf die bloße Größe reduziert werden können. Obschon dies sicherlich kein hinreichender Beleg ist, können die aufgewiesenen Unterschiede doch als ein Indikator für eine Konvergenz oder Persistenz gewertet werden. Die Clusteranalyse ist in diesem Zusammenhang nützlich, weil sie Variablen oder Fälle nach Ähnlichkeiten oder Unähnlichkeiten zu klassifizieren hilft. Clusteranalyse sollte man tatsächlich nicht verwenden, wenn es um die Untersuchung von Kausalbeziehungen zwischen Variablen geht, da sie für solche Erklärungszwecke nicht konzipiert wurde. Demgegenüber entfaltet das Verfahren seine Stärken dann, wenn es um die Klassifizierung oder Gruppierung von Fällen oder Variablen, etwas von Ländernennungen, geht. In unserem Falle wurden binäre Variablen (1= Nennung, 0 = keine Nennung eines Landes) klassifiziert. Die konkrete statistische Umsetzung (Maßzahlen, Clusterbildungsprozesse etc) wird an gegebener Stelle erläutert. Insgesamt aber wurde auf die hierarchische Clusteranalyse zurückgegriffen und hier auf das Verfahren der 'average linkages between groups', um Ländergruppen zu bilden.

5 Um der Struktur unserer Daten gerecht zu werden, wurden einige Länder ausgeschlossen, die selten genannt wurden. Des Weiteren wurden die Nennungen ‚europäischer' Kunden ebenso ignoriert, da es sich hier auch um eine Residualkategorie für europäische Länder handelte. Zudem werde ich mich auf die Beratungsindustrie als Ganzes beziehen, denn getrennte Berechnungen haben keine signifikanten Unterschiede zwischen verschiedenen Beratungstypen erkennen lassen. Die Berechnungen basieren auf 'Yule-Y's colligation coefficient', denn dieser ist der Struktur der Daten am besten angepasst. Anders als bei der Custeranalyse nationaler Niederlassungen und Partner (siehe weiter unten) diskriminieren unsere Daten wesentlich stärker zwischen sehr 'beliebten' und selten genannten Ländern. Yule-Y erlaubt es, diese Spezifik besser in den Griff zu kriegen. Denn viele andere Maßzahlen gehen von allen Paaren aus, in denen beide Länder genannt wurden, um sie mit den Paaren in Beziehung zu setzen, in denen ein Land zumindest einmal genannt wird – weshalb die Paare ignoriert werden, in denen die Länder nicht genannt werden. Der Fokus liegt also auf ähnlichen 'positiven' Nennungen. Dies würde aber nur auf wenige, sehr oft genannte Länder zutreffen. Yule-Y hingegen ermöglicht es, die seltener genannten Länder ebenso in die Clusterbildung aufzunehmen, weil es die zwei Diagonalen innerhalb der generierten Kreuztabellen in Beziehung setzt und somit einen Wert für jedes Länderpaar berechnet, der Nennungen und Nicht-Nennungen gleichermaßen berücksichtigt.

6 Hierfür sprechen statistische und inhaltliche Gründe. Denn in Anbetracht des statistischen Materials scheint es am angemessensten zu sein, das Clustering nach dem Schritt 11 (siehe Anhang 1) und vor der Clusterbildung auf der Stufe 17 (siehe Dendrogramm im Schaubild 3) abzubrechen. Denn wie der Anhang 1 verdeutlicht, sinkt der berechnete Koeffizient insbesondere nach dem elften Schritt signifikant von 0.158 auf -0.073, wodurch ersichtlich wird, dass eine weitergehende Clusterbildung die Homogenität der Ländergruppen um ein beträchtliches Maß verringern würde.

folgt zusammenfassen – wobei anzumerken ist, dass die angefügten Prozentangaben mehr als 100 ergeben, da Mehrfachnennungen möglich waren:

- eine skandinavische Region mit Finnland, Schweden, Norwegen und Dänemark (6,8 Prozent aller Beratungsfirmen haben Kunden aus dieser Ländergruppe);
- eine zentraleuropäische Region mit Österreich, Deutschland und der Schweiz (von 22 Prozent aller Firmen genannt);
- eine Gruppe nicht-europäischer Länder oder ökonomischer Regionen, d.h. die USA, Japan und Asien (47,8 Prozent);
- eine Benelux-Region mit Belgien und den Niederlanden (36,6 Prozent);
- eine Gruppe von gewichtigen Mitgliedstaaten, die meisten aus dem romanischen Bereich: Frankreich, Großbritannien, dann auch Italien und Spanien (55,1 Prozent).

Diese Cluster stehen für verschiedene geo-politische und/oder kulturelle Räume. Sofern Beratungsfirmen also Kunden aus mehreren Ländern haben, werden sie bspw. eher für mehrere nicht-europäische Klienten arbeiten und/oder für Kunden aus ähnlichen europäischen Ländern, wie zum Beispiel aus skandinavischen oder aus romanischen Mitgliedsländern. Nur Großbritannien durchbricht dieses geographische Bild, wobei die Beratungsfirmen britische Kunden eher neben romanischen als neben deutschsprachigen oder skandinavischen Klienten zu bedienen pflegen.

Belegen diese Ergebnisse aber, dass sich Consultants auf eine bestimmte Ländergruppe beschränken? Im Allgemeinen trifft dies in der Tat zu, denn wir hatten bereits gesehen, dass die Kunden nur aus einer sehr kleinen Zahl von Ländern kommen. Dies wird auch durch die Clusteranalyse bestätigt, denn 41 Prozent aller Beratungsfirmen haben Klienten ausschließlich aus einer Ländergruppe. Bei den anderen Unternehmen ist aber bislang nicht klar geworden, ob sich die verschiedenen Ländergruppen ergänzen oder ausschließen. Eine Antwort liefert uns Tabelle 4, die die verschiedenen Korrelationskoeffizienten zwischen den Clustern zusammenstellt.

Aber auch interpretative Gründe, die bei der Clusteranalyse ebenso von Bedeutung sind, sprechen für eine Beendigung der Gruppenbildung an dieser Stelle (siehe folgende Erläuterungen).

Tabelle 4: Die Beziehungen zwischen den Kundenclustern
Korrelationsmatrix – Pearson Koeffizient, N=153[a]

	Cluster 1	Cluster 2	Cluster 3	Cluster 4	Cluster 5
Cluster 1 (Skandinavisch)	1,000	0,092	- 0,116	- 0,270**	- 0,091
Cluster 2 (Deutschsprachig)		1,000	- 0,295**	0,104	- 0,098
Cluster 3 (nicht-europäisch)			1,000	- 0,339**	- 0,229*
Cluster 4 (Benelux)				1,000	- 0,202*
Cluster 5 (Romanisch, GB)					1,000

[a] Alle Firmen wurden aus der Berechnung ausgeschlossen, die Kunden aus nur einem Cluster genannt haben.
* signifikant auf der Ebene 0,05 (zweiseitig)
** signifikant auf der Ebene 0,01 (zweiseitig)

Die Daten legen die Beziehungsmuster deutlich offen. So ist zu erkennen, dass Berater, die für nicht-europäische Klienten arbeiten (Cluster 3), mit größerer Wahrscheinlichkeit keine Kunden aus europäischen Ländern haben (Cluster 2, 4 und 5 mit Einschränkung) und vice versa. D.h., wir haben es mit zwei unterschiedlichen Märkten zu tun, die sich nicht überlagern, sondern eher ausschließen. Innerhalb Europas aber ergibt sich ein weniger klares Bild, denn zwischen den Nennungen dieser verschiedenen Ländergruppen gibt es keine signifikanten Zusammenhänge. Dies liegt zum einen an den großen, transnational arbeitenden Beratungsfirmen (die „Grossisten"), die Klienten aus einer Vielzahl von Ländern (oder aus der Gesamtheit der europäischen Staaten) akquiriert haben. Zum anderen hat dies aber vor allem damit zu tun, dass der „Mainstream" der Firmen zumindest für zwei der drei dominanten Länder (Großbritannien, Frankreich und/oder Deutschland) arbeitet. Die Wichtigkeit dieser großen Länder bzw. Märkte verwischt demnach die ansonsten sehr präsenten Unterschiede zwischen einzelnen geographisch-kulturellen Regionen.

Europäische Niederlassungen und Partner

Neben der Herkunft der Kunden ist der geographische Aktionsradius der europäischen Beratungsindustrie von Relevanz für unsere Fragestellung. Hatten wir nämlich festgestellt, dass die meisten Unternehmen für Interessen aus einer beschränkten Zahl von Ländern arbeiten, so stellt sich nun die Frage, ob es auch im Hinblick auf Niederlassungen oder Partner eine Gruppe präferierter Länder gibt. Lassen sich auch hier wieder Muster erkennen, nach denen diese Länderprofile gestrickt sind? Unsere Daten ergeben ein klares Bild. Denn zwei von drei Firmen haben ein eigenes Büro in Großbritannien, und jede zweite ist in Frankreich oder Deutschland aktiv. Diese „Kernländer" werden durch zwei Gruppen von weniger „beliebten" Ländern umringt: Spanien, die Niederlande und Italien, in denen jede dritte Firma vertreten ist; sowie Polen, Schweden und die Tschechische Republik mit jedem vierten Unternehmen. Dieses Bild verändert sich nicht wesentlich, sobald wir berücksichtigen, in welchen Ländern die Beratungsfirmen mit lokalen Partnern zusammenarbeiten, denn die zweit- und drittplazierten Länder rücken nun in die Gruppe der „Favoriten" auf. Beide Befunde lassen eine klare Unternehmensstruktur erkennen: Consultants engagieren sich in den drei wichtigsten Mitgliedsländern mittels eigener Büros *und* lokaler Partner, während sie in den anderen Staaten vornehmlich auf fremde Hilfe zurückgreifen.

Diese Zahlen müssen aber zur Größe der betreffenden Länder (hier bspw. mit der Bevölkerungsgröße) in Beziehung gesetzt werden, um das nationale Engagement der Consultants treffender einschätzen zu können. Und diese Relation ergibt in der Tat ein etwas anderes Bild. Denn nun wird ein viel gleichmäßigeres Engagement erkennbar: In jedem Land sind nämlich ein bis fünf Beratungsfirmen pro Million Einwohner aktiv. Zudem fallen insbesondere die nordischen und baltischen Staaten, wie auch die kleineren Länder durch eine größere Zahl von Niederlassungen pro Million Einwohner auf: zum Beispiel Estland und Irland mit sechs Firmen; Norwegen, Finnland, Dänemark und Schweden mit vier bis fünf Consultants; während Deutschland, Italien oder Polen im Vergleich hierzu weniger denn eine Firma pro Million Einwohner aufweisen können. Diese Befunde verdeutlichen, dass die europäische Beratungsindustrie den gesamten europäischen Kontinent erreicht hat. Insbesondere die großen Unternehmen (diejenigen mit 15 bis 26 Niederlassungen) prägen dieses Bild, ist es doch ihre Politik, in allen Ländern vertreten zu sein. Und diese Strategie trifft nicht nur auf jeden zweiten Managementberater zu, sondern stimmt ebenso bei jeder vierten der anderen Consultingfirmen. Insofern belegen diese Beobachtungen, dass die Erweiterung der EU auch die europäische Beratungsindustrie verändert – wobei dies aber nicht durch die Gründung neuer (national verwurzelter) Beratungsunternehmen geschieht, sondern vielmehr durch die Erweiterung des Aktionsradius der bestehenden, großen Consultingfirmen.

Dieser erste Blick auf die Daten lässt erahnen, dass die Beratungsfirmen auch ihre Länderprofile nach spezifischen Mustern zusammenstellen. Um dies herauszuarbeiten, soll im Folgenden eine zweite Clusteranalyse durchgeführt werden.[7] Betrachten wir einmal die Ergebnisse der Clusterbildung (siehe Schaubild 4 und Anhang 2), so sprechen statistische wie auch inhaltliche Gründe für eine Lösung mit fünf Ländergruppen – von denen eine nur aus einem Land (Norwegen) besteht und deshalb im Folgenden ignoriert werden kann. Die anderen vier Ländergruppen können wie folgt beschrieben werden – wobei die Prozentangaben auch hier wieder aufgrund von Mehrfachnennungen mehr als 100 ergeben:

---

[7] In diesem Fall wurde ein anderes Ähnlichkeitsmaß zugrunde gelegt (Jaccards Koeffizient), obschon anzumerken ist, dass verschiedene Clustermaße sehr ähnliche Ergebnisse produzieren, was allgemein als ein Beleg für die Robustheit und Güte der ermittelten Cluster angesehen wird. Die folgenden Berechnungen beziehen sich auf alle Beratungsfirmen in Bezug auf eigene Büros *und* lokale Partner. Denn getrennte Berechnungen für diese zwei Kategorien brachten keine signifikant verschiedenen Cluster hervor.

- Die erste Gruppe besteht aus westeuropäischen „Kernländern": Frankreich und Großbritannien als das am häufigsten genannte Paar, Deutschland, aber auch Italien und Spanien als ein weiteres wichtiges Paar, schließlich die Niederlande. 84,3 Prozent aller Beratungsfirmen geben an, in diesem „beliebten" Cluster zumindest einmal mit einem eigenen Büro und/oder einem Partner vertreten zu sein.
- Die zweite Gruppe ist uneinheitlicher, verbindet sie doch „jüngere" und „ältere" Mitgliedstaaten aus unterschiedlichen geographischen und kulturellen Räumen. Der einzige gemeinsame Nenner ist ein negativer, d.h. dieser Cluster wird von „peripheren" westeuropäischen Ländern gebildet. Diese Ländergruppe wird von 53,5 Prozent aller Unternehmen mindestens einmal genannt.
- Die dritte Ländergruppe erstreckt sich auf alle mittel- und osteuropäischen „Kernanwärter": Polen, Ungarn und die Tschechische Republik. Es sind eben die Länder, die über eine Aufnahme in die EU bereits verhandelt haben und als nächstes aufgenommen werden. 27 Prozent der Beratungsindustrie arbeiten in dieser Ländergruppe.
- Die vierte und letzte Gruppe besteht aus „peripheren" mittel- und osteuropäischen Ländern, deren Aufnahme in die EU erst in weiterer Zukunft anhängig ist. Diese Ländergruppe wird von 17 Prozent aller Unternehmen genannt.

Anders als bei den Kunden-Clustern ist es in diesem Falle schwieriger, die Gruppenzugehörigkeit der Länder eindeutig zu interpretieren oder zu erklären, denn hier scheint nun gleich eine ganze Reihe von Faktoren eine Rolle zu spielen. Eine erste Ursache ist in dem Status der betreffenden Länder begründet, unterscheidet die Clusteranalyse doch zunächst zwischen Mitgliedern (Cluster 1 und 2) und Anwärtern (Cluster 3 und 4). Zweitens ordnet das volkswirtschaftliche und politische Gewicht der Länder die Mitglieder bzw. Anwärter jeweils in ein Zentrum und eine Peripherie für West- und Osteuropa ein. Denn die erste Ländergruppe vereint bspw. die Mitgliedstaaten mit dem größten Bruttosozialprodukt und den meisten Stimmen innerhalb des Ministerrates oder des Parlaments. Das dritte Cluster wiederum vereint die nächsten Beitrittsländer, die zudem das größte Bruttosozialprodukt der mittel-/osteuropäischen Länder vorzuweisen haben.

Drittens deuten die Clusterbildungen einen geographischen oder kulturellen Faktor an, der sich aber wiederum erst innerhalb der einzelnen Cluster abzeichnet, etwa wenn sich Spanien und Italien zu einem „romanischen Paar" (in Cluster 1) oder wenn sich Finnland und Schweden zu einem „skandinavischen Paar" (in Cluster 2) zusammenfinden. Diese Paare erstrecken sich aber keineswegs auf alle Mitglieder dieser „Länderfamilien", da hier die anderen, dominanteren Faktoren intervenieren und andere Zuweisungen verursachen.

Diese Länderzuordnungen rufen wieder die Frage nach den Wechselwirkungen zwischen den Clustern hervor. Haben wir es mit Ländergruppen zu tun, die sich ergänzen? Oder müssen wir davon ausgehen, dass Beratungsfirmen entweder in der einen oder der anderen Gruppe präsent sind, womit wir die Annahme einer Persistenz nationaler Unterschiede bestätigen könnten? Die Zahlen sprechen dafür, dass diese Annahme nur auf die kleineren Beratungsunternehmen zutrifft, die sich ohnehin auf die westeuropäischen Kernländer konzentrieren. Demgegenüber lässt sich erkennen, dass die größeren Firmen auch in den nächsten beiden Ländergruppen vertreten sind (die westeuropäische „Peripherie" und die osteuropäischen „Kernanwärter"), wohingegen nur die wenigen multinationalen Unternehmen die letzte Ländergruppe mit in ihr Portfolio aufnehmen. Mit anderen Worten: Die kleineren Unternehmen beschränken sich auf die wirklich wichtigen Länder, während es sich die größeren leisten können, ihren Aktionsradius auf die anderen Staaten auszudehnen.[8]

In der Tat veranschaulicht Tabelle 5, die die Korrelationskoeffizienten zwischen den Nennungen der verschiedenen Ländergruppen zusammenfasst, dass die Beratungsunternehmen die verschiedenen Cluster eher zu kombinieren tendieren, sofern sie in mehr als einer Ländergruppe präsent sind. Innerhalb dieses Marktsegmentes kann von einer ausgeprägten Affinität zwischen den verschiedenen Gruppen oder Clustern gesprochen werden, wonach insbesondere die beiden ost- bzw. westeuropäischen Ländergruppen zueinandergehören. Und auch die beiden „peripheren" Ländergruppen korrelieren signifikant miteinander, was bedeutet, dass sich eine Minderheit von Unternehmen auf diese Staaten spezialisiert hat.

Tabelle 5: *Zusammenhänge zwischen Ländergruppen (Niederlassungen und Partner). Korrelationsmatrix – Pearson Koeffizient, N=178[a]*

	Cluster 1	Cluster 2	Cluster 3	Cluster 4
Cluster 1 (westliche Kernländer)	1,000	0,648**	0,159*	0,272**
Cluster 2 (westliche Peripherie)		1,000	0,343**	0,507**
Cluster 3 (östliche Kernländer)			1,000	0,623**
Cluster 4 (östliche Peripherie)				1,000

[a] Alle Firmen wurden aus der Berechnung ausgeschlossen, die Kunden aus nur einem Cluster genannt haben.
* signifikant auf der Ebene 0.05 (zweiseitig)
** signifikant auf der Ebene 0.01 (zweiseitig)

---

8 Dieses kumulative Muster lässt sich belegen, wenn wir die Zahl der Ländernennungen mit den Clustern in Beziehung setzen: Unternehmen, die das erste Cluster nennen, sind in einer kleineren Anzahl von Ländern aktiv (d.h. durchschnittlich 8,1 Staaten), während die Firmen, die eigene Niederlassungen oder Partner in der zweiten, dritten oder vierten Ländergruppe haben, einen größeren Aktionsradius vorweisen (d.h. in durchschnittlich 11, 13,3 und 15,8 Ländern arbeiten). Auch die Zahl der Mitarbeiter ergibt ein ähnliches Bild. Denn die Zahl der Beschäftigten wächst, je näher wir der vierten Ländergruppe kommen: Unternehmen, die in den westeuropäischen Kernländern arbeiten, beschäftigen im Schnitt 24,9 Mitarbeiter, wohingegen diese Zahl bei den Ländergruppen zwei (29 Mitarbeiter), drei und vier (43,7 bzw. 37,3 Beschäftigte) wächst.

Schaubild 4: *Clusteranalyse: Nationale Niederlassungen und lokale Partner.*
Hierarchische Clusteranalyse – Dendrogramm auf der Basis von
Average Linkage (Between Groups)

Rescaled Distance Cluster Combine

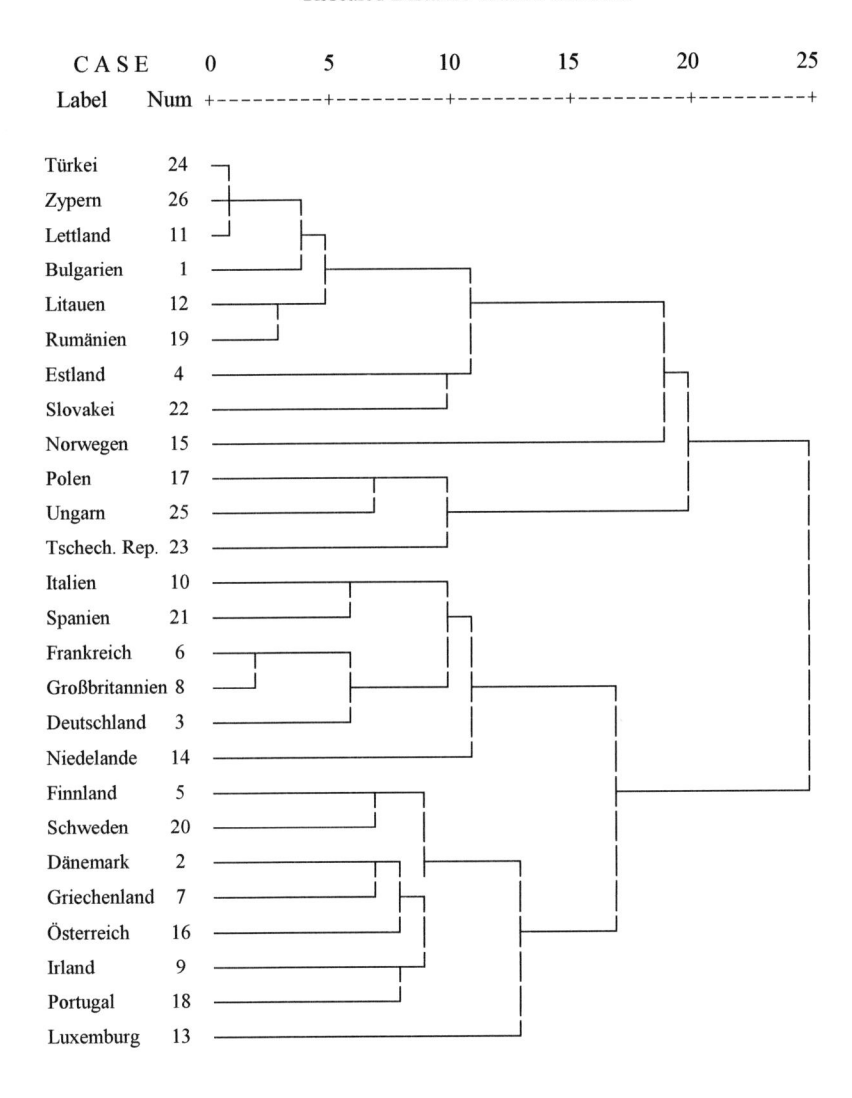

```
    C A S E        0         5        10        15        20        25
    Label     Num  +---------+---------+---------+---------+---------+

    Türkei     24  ─┐
    Zypern     26  ─┼─┐
    Lettland   11  ─┘ ├─┐
    Bulgarien   1  ───┘ ├─┐
    Litauen    12  ─┬───┘ │
    Rumänien   19  ─┘     ├─────┐
    Estland     4  ───────┤     │
    Slovakei   22  ───────┘     ├─┐
    Norwegen   15  ─────────────┘ │
    Polen      17  ─┬─────┐       │
    Ungarn     25  ─┘     ├───────┤
    Tschech. Rep. 23 ─────┘       │
    Italien    10  ─┬───┐         │
    Spanien    21  ─┘   ├─┐       │
    Frankreich  6  ─┬─┐ │ │       │
    Großbritannien 8 ─┘ ├─┘ │     │
    Deutschland 3  ─────┘   ├─────┤
    Niedelande 14  ─────────┤     │
    Finnland    5  ─┬─┐     │     │
    Schweden   20  ─┘ │     │     │
    Dänemark    2  ─┬─┼───┐ │     │
    Griechenland 7 ─┘ │   ├─┘     │
    Österreich 16  ───┘   │       │
    Irland      9  ───┬───┤       │
    Portugal   18  ───┘   │       │
    Luxemburg  13  ───────┘       │
```

273

Gesamtschau

Die dargestellten Ergebnisse belegen, dass die europäische Beratungsindustrie immer noch an bestimmte Länder rückgekoppelt ist, wobei diese Verwurzelung eher bei den Kunden denn bei dem geographischen Aktionsradius zu Tage tritt. Allerdings scheint die EU diese nationalen Unterschiede z.T. zu neutralisieren, denn unseren Befunden zufolge engagieren sich zwar die meisten Unternehmen in einer Handvoll von wirtschaftlich und politisch gewichtigen Ländern; der „Mainstream", insbesondere aber die „Grossisten", sind jedoch in einer größeren, zum Teil bunteren Gruppe von Ländern vertreten. Dieses Bild verändert sich, sobald wir die Kunden und ihre Herkunftsländer berücksichtigen. Denn hier ist die Spezialisierung auf einzelne regionale oder nationale Märkte das dominante Muster, und nur eine kleine Zahl von transnationalen Unternehmen bedient eine multinationale Schar von Interessen.

Diese divergierenden Ergebnisse lassen sich dennoch zu einem übergreifenden Bild zusammenfügen: Denn Beratungsunternehmen versuchen ihren Kunden, die aus einer kleinen Gruppe von Ländern kommen, ein breites Netz von nationalen Büros und lokalen Partnern anzubieten, um den Klienteninteressen innerhalb Europas, seiner Institutionen und Hauptstädte, effektiver gerecht zu werden. Diese Strategie kann den komparativen Vorteil dieser Beratungsunternehmen erhöhen, denn in Zukunft werden wir es mit einer EU zu tun haben, in der eine größere Zahl von Mitgliedstaaten in einen komplexen Willensbildungs- und Entscheidungsfindungsprozess mit vielfältigen Verhandlungen und Deliberationen involviert sein wird.

6 Fazit

Das Feld der europäischen Interessenvermittlung ist in den 1980er und 1990er Jahren substanziellen Veränderungen unterworfen worden, die für ein Verständnis unseres Untersuchungsgegenstandes von besonderer Bedeutung sind. Unter anderem ist hervorzuheben, dass große Privatunternehmen, unter ihnen viele aus den USA, im Laufe der 1980er Jahre auf der europäischen Bühne in Erscheinung traten (Coen 1998). Dies führte nicht nur zur Gründung von Firmenrepräsentanzen als eine weitere und gewichtige Form der europäischen Interessenvermittlung. Vielmehr ging mit dieser Entwicklung auch eine Reorganisation der europäischen Verbände (Green Cowles 2002) und eine kompetitivere Struktur europäischer Interessenvertretung einher (Coen 1999).

Diese Veränderungen haben auch die Entwicklung der europäischen Beratungsindustrie mit geprägt. So verdeutlichen die Ergebnisse unserer Umfrage, dass Privatunternehmen die wichtigsten und loyalsten Kunden gewerblicher Berater sind. Zudem kommen die meisten dieser Kunden aus angelsächsischen Ländern, und dies legt nahe, dass gewerbliche Beratungsunternehmen immer noch stark an die nationalen Traditionen und Stile der Interessenvertretung dieser Länder rückgebunden sind. Kunden anderer Länder spielen eine unbedeutendere Rolle, wobei dies nicht nur mit der Größe der Länder und ihrer Volkswirtschaften zu tun hat, wie wir zeigen konnten, sondern eben auch auf die politischen und institutionellen Gegebenheiten dieser Länder zurückgeführt werden muss. Tatsächlich ist gewerbliche Beratung und Interessenvertretung besonders in Großbritannien und USA weit verbreitet, was nicht nur von einem höheren Grad an Professionalisierung im Hinblick auf Fertigkeiten, Techniken und formale Qualifikation kündet, sondern auch eine ausgeprägtere Akzeptanz und Legitimität dieser Form der Beratung und Zuarbeit zur Voraussetzung hat. In diesem Sinne haben sich nationale Unterschiede und Präferenzen deutlich auf die Entwicklung der europäischen Beratungsindustrie ausgewirkt.

Diese Einschätzung muss aber relativiert werden, um den durchaus ambivalenten Gegebenheiten besser gerecht zu werden. So verweisen unsere Daten darauf, dass auch Kunden anderer Länder diese Option nutzen, vor allem die westeuropäischen Mitgliedstaaten, allen voran Frankreich, Deutschland, die Niederlande, Italien und Spanien. Die europäische Beratungsindustrie hat somit die nationalen Muster und Traditionen der Interessenvertretung nicht ausgelöscht, diese aber auf der Ebene der EU spürbar neutralisiert. Zugleich haben wir beobachten können, dass gewerbliche Berater nicht mehr nur ausschließlich Privatunternehmen als Mandanten haben, sondern auch Wirtschaftsverbände, Regierungsinstitutionen oder Nichtregierungsorganisationen. Offensichtlich konnten sich gewerbliche Berater als eine attraktive und akzeptierte Form der Beratung und Interessenvertretung etablieren, die genutzt werden kann – und tatsächlich auch genutzt wird –, um europäische Politik zu verfolgen und zu beeinflussen.

Gewerbliche Berater scheinen somit von der Dynamik europäischer Politik gleich in zweierlei Hinsicht zu profitieren. Erstens können Interessengruppen und Lobbyisten als Scharniere verstanden werden (Knill 2001; Mazey/Richardson 1999), auf die jedes entwickelte politische System angewiesen ist. Insbesondere aber für die EU gilt, dass die Kontingenzen, Brüche und Unsicherheiten europäischer Politik eine erhöhte Nachfrage nach Informationsmaklern zur Folge gehabt haben. Denn gerade unterhalb einer expliziten Interessenvertretung kommt es zu einem steigenden Aufwand bei der Informationssuche und -analyse, Strategieplanung, Koalitionsbildung und Interessenorganisation. Diese Situation hat der Beratungsindustrie genutzt und Brüssel zu ihrem unbestrittenen Gravitationszentrum gemacht. Und tatsächlich können gewerbliche Berater von der spezifischen Dynamik und Struktur der EU besonders profitieren, verbinden sie doch die Vorteile der beiden anderen Formen der Interessenvertretung: Ebenso wie die europäischen Verbände können sie mit einer ganzen Infrastruktur von internationalen Verbindungsbüros, nationalen Niederlassungen und lokalen Partnern aufwarten; ebenso wie bei den Brüsseler Firmenrepräsentanzen können sie ihren Klienten aber gleichzeitig auch maßgeschneiderte Dienstleistungen anbieten.

Zweitens kann vermutet werden, dass das „garbage can model" (Richardson 2001) auch auf die Entwicklung der europäischen Beratungsindustrie angewandt werden kann: Denn neue Formen und Möglichkeiten der Interessenvermittlung (hier nun auch gewerbliche Berater) haben eine normative Kraft des Faktischen, da sie potenzielle Interessen, die es zu repräsentieren gilt, aktiv aufsuchen und zugleich anziehen (Grant 1998: 60). In der Tat scheinen gewerbliche Berater eine kritische Masse erreicht zu haben, durch welche sie eine wachsende Zahl von Interessen jenseits sektoraler und nationaler Grenzen an sich binden können – und hier darauf vertrauen können, dass sich die genannten komparativen Vorteile innerhalb einer sich erweiternden EU auszahlen werden.

Trifft dies zu, so ist zu erwarten, dass wir uns von einer „rational" strukturierten Arbeitsteilung zwischen verschiedenen Formen der Interessenvertretung wegbewegen. So ist in der sozialwissenschaftlichen Literatur zuweilen argumentiert worden, dass gewerbliche Berater das Repräsentationsmonopol von Dachverbänden, später auch Firmenrepräsentanzen, nicht in Frage stellen können und ihre Stellung damit eher durch eine „technische" Zuarbeit sichern oder ausbauen (Hix 1999: 195; auch Bouwen 2002). Auch wenn diese Beobachtung richtig ist – konnten sich gewerbliche Berater doch gerade als Informationsmakler erfolgreich etablieren –, so ist doch anzunehmen, dass sie von dieser Position aus den etablierten Formen der Interessenvertretung Konkurrenz machen können, je mehr sich „venue shopping" und eine „multi-voice" Strategie der Interessenvermittlung breit machen (Jones 1997: 29; Mazey/Richardson 2001). Dies impliziert, dass eine „kompetitive Kooperation" zwischen den verschiedenen Formen der Interessenvertretung weiter an Bedeutung gewinnen wird, wonach gewerbliche Berater den Verbänden und Firmenrepräsentanzen assistierend zur Seite stehen, mit diesen aber auch in Konkurrenz treten. Welche Rückwirkungen dies auf die europäische Interessenvertretungslandschaft und die EU hat, ist auf Grundlage dieser Untersuchung nicht mit Sicherheit zu sagen. Allerdings spricht einiges dafür, dass sich die Etablierung der europäischen Beratungsindustrie auf die politische Dynamik der EU auswirken wird, da sie weitere, strukturell angepasste Optionen und Schnittstellen europäischer Interessenvermittlung eröffnet.

Literatur

Austen-Smith, David (1993): Information and Influence: Lobbying for Agendas and Votes. American Political Science Review; Bd. 37, Heft 3: 799-833.
Bouwen, Pieter (2002): Corporate Lobbying in the European Union: The Logic of Access. Journal of European Public Policy; Bd. 9, Heft 3: 365-390.
Buholzer, René (1998): Legislatives Lobbying in der Europäischen Union. Ein Konzept für Interessengruppen. Bern: Haupt.
Coen, David (1998): The European Business Interest and the Nation State: Large-firm lobbying in the European Union and Member States. Journal of Public Policy; Bd. 18, Heft 1: 75-100.
Coen, David (1999): The Impact of U.S. Lobbying Practice on the European Business-Government Relationship. California Management Review; Bd. 41, Heft 4: 27-44.
Crombez, Christophe (2002): Information, Lobbying and the Legislative Process in the European Union. in: European Union Politics, Bd. 3, Heft 1: 7-33.
Eichener, Volker/Helmut Voelzkow (1994): Europäische Integration und verbandliche Interessenvermittlung: Ko-Evolution von politisch-administrativem System und Verbändelandschaft. in: dies. (Hrsg.). Europäische Integration und verbandliche Interessenvermittlung. Marburg: Metropolis-Verlag: 9-25.

Enterprises in Europe (2002). Luxemburg: European Commission.
European Public Affairs Directory (1999). Brussels: Landmarks.
Eurostat (2002): Jahrbuch 2002. Luxemburg: Eurostat.
Grant, Jordan (1998): What drives associability at the European level? The limits of the utilitarian explanation. in: Justin Greenwood/Mark Aspinwall (Hrsg.). Collective Action in the European Union. Interests and the New Politics of Associability. London: Routledge: 31-62.
Grant, Wyn (2002): The Importance of Institutions to Associations: Evidence from the Cross-National Organisation of Business Interests Project. in: Justin Greenwood (Hrsg.). The Effectiveness of EU Business Associations. Houndmills: Palgrave: 53-63.
Green Cowles, Maria (2002): Large Firms and the Transformation of EU Business Associations: A Historical Perspective. in: Justin Greenwood (Hrsg.). The Effectiveness of EU Business Associations. Houndmills: Palgrave: 64-78.
Greenwood, Justin (1997): Representing Interests in the European Union. Houndmills: Palgrave.
Greenwood, Justin (1998): Regulating Lobbying in the European Union. Parliamentary Affairs; Bd. 51, Heft 4: 587-599.
Greenwood, Justin (2002): Inside the EU Business Associations. Houndsmill: Palgrave.
Greenwood, Justin/Mark Aspinwall (Hrsg.) (1998): Collective Action in the European Union. Interests and the New Politics of Associability. London: Routledge.
Grossman, Gene M./Elhanan Helpman (2001): Special interest politics. Cambridge: MIT Press.
Hix, Simon (1999): The Political System of the European Union. New York: St. Martin's Press.
Jones, Tim (1997): Business Interview: Jeremy Jennings: New broom sweeps in for British industry. European Voice; Bd. 3, Heft 20: 29.
Knill, Christoph (2001): Private governance across multiple arenas: European interest associations as interface actors. Journal of European Public Policy; Bd. 8, Heft 2: 227-246.
Kohler-Koch, Beate (1994): Changing Patterns of Interest Intermediation in the European Union. Government and Opposition; Bd. 29, Heft 2: 166-180.
Kohler-Koch, Beate (1997): Organised Interests in European Integration: The Evolution of a New Type of Governance. Helen Wallace/A. R. Young (Hrsg.). Participation and Policy-Making in the European Union. Oxford: Clarendon Press: 42-68.
Kohler-Koch, Beate/Rainer Eising (Hrsg.) (1999): The Transformation of Governance in the European Union. London: Routledge.
Lahusen, Christian (2002): Commercial Consultancies in the European Union: The shape and structure of professional interest intermediation. Journal of European Public Policy; Bd. 9, Heft 5: 695-714.
Lahusen, Christian/Claudia Jauß (2001): Lobbying als Beruf. Interessengruppen in der Europäischen Union. Baden-Baden: Nomos.
Lohmann, Susanne (1995): Information, access, and contributions: a signaling model of lobbying. Public Choice; Bd. 85, Heft 3/4: 267-284.
Maurer, Andreas (2001): Natonal Parliaments in the European Architecture: From Latecomers' Adaptation towards Permanent Institutional Change?. in: Maurer, Andreas/Wessels, Wolfgang (Hrsg.). National Parliaments on their Ways to Europe: Losers or Latecomers?. Baden-Baden: Nomos.
Mazey, Sonia P./Richardson, Jeremy (1999): Interests. in: Cram, Laura/Dinan, Desmond/Nugent, Neill (Hrsg.). Developments in the European Union. London: St. Martin's Press: 105-129.
Mazey, Sonia P./Richardson, Jeremy (2001): Interest groups and EU policy-making: organisational logic and venue shopping. in: Richardson, Jeremy (Hrsg.). European Union. Power and policy-making. London: Routledge: 217-137.
McLaughlin, Andrew M./Jordan, Grant/Maloney, William A. (1993): Corporate Lobbying in the European Community. Journal of Common Market Studies; Bd. 31, Heft 2: 191-212.

Moloney, Kevin (1996): Lobbyists for Hire. Aldershot: Dartmouth.
Pappi, Franz U./Christian Henning (1999): The organization of influence on the EC's common agricultural policy: A network approach. European Journal of Political Research; Bd. 36, Heft 2: 257-281.
Pedler, Robin (Hrsg.) (2002): European Union Lobbying. Changes in the Arena. Houndmills: Palgrave.
Richardson, Jeremy (2001): Policy-making in the EU: interests, ideas and garbage cans of primeval soup. in: Richardson, Jeremy (Hrsg.). European Union. Power and policy-making. London: Routledge: 3-26.
van Schendelen, Marinus (1993a): Die wachsende Bedeutung des europäischen Lobbying. Zeitschrift für Parlamentsfragen; Bd. 24, Heft 1: 64-72.
van Schendelen, Marinus (Hrsg.) (1993b): National Public and Private EC Lobbying. Aldershot: Dartmouth.
Wallace, Helen/William Wallace (2000): Policy-making in the European Union. Oxford: Oxford University Press.

Anhang

Appendix 1: Herkunftsland der Kunden (Clusteranalyse)

Berücksichtigte Fälle [a]

Fälle					
Gültig		missing values		Alle	
N	Prozent	N	Prozent	N	Prozent
205	71,9%	80	28,1%	285	100,0%

[a] Yule-Y colligation coefficient wurde verwendet

Überblick über das Clustering

Schritt	Kombinierte Cluster		Koeffizient	Erstes Auftreten der Cluster		Nächster Schritt
	Cluster 1	Cluster 2		Cluster 1	Cluster 2	
1	4	11	0,983	0	0	2
2	4	9	0,968	1	0	4
3	1	15	0,941	0	0	6
4	3	4	0,868	0	2	12
5	13	16	0,750	0	0	10
6	1	6	0,627	3	0	12
7	7	10	0,574	0	0	11
8	2	8	0,560	0	0	13
9	5	12	0,493	0	0	11
10	13	14	0,283	5	0	14
11	5	7	0,158	9	7	13
12	1	3	-0,073	6	4	15
13	2	5	-0,185	8	11	14
14	2	13	-0,443	13	10	15
15	1	2	-0,611	12	14	0

Appendix 2: Nationale Niederlassungen und lokale Partner (Clusteranalyse)

Berücksichtigte Fälle[a]

Fälle					
gültig		missing values		alle	
N	Prozent	N	Prozent	N	Prozent
227	79,6%	58	20,4%	285	100,0%

[a] Ähnlichkeitsmaß nach Jaccard

Überblick über das Clustering

Schritt	Kombinierte Cluster		Koeffizient	Erstes Auftreten der Cluster		Nächster Schritt
	Cluster 1	Cluster 2		Cluster 1	Cluster 2	
1	24	26	0,833	0	0	2
2	11	24	0,811	0	1	5
3	6	8	0,809	0	0	8
4	12	19	0,773	0	0	6
5	1	11	0,755	0	2	6
6	1	12	0,721	5	4	19
7	10	21	0,709	0	0	16
8	3	6	0,694	0	3	16
9	17	25	0,685	0	0	17
10	5	20	0,679	0	0	15
11	2	7	0,672	0	0	12
12	2	16	0,662	11	0	14
13	9	18	0,653	0	0	14
14	2	9	0,621	12	13	15
15	2	5	0,619	14	10	21
16	3	10	0,618	8	7	20
17	17	23	0,608	9	0	24
18	4	22	0,600	0	0	19
19	1	4	0,593	6	18	23
20	3	14	0,581	16	0	22
21	2	13	0,546	15	0	22
22	2	3	0,433	21	20	25
23	1	15	0,389	19	0	24
24	1	17	0,364	23	17	25
25	1	2	0,238	24	22	0

IV Europäisierung der Interessenvermittlung

Immer noch ein etatistischer Kontinent: Die Bildung nationaler Positionen zu EU-Verhandlungen[1]

Konstantin Baltz, Thomas König und Gerald Schneider

1 Einleitung

Eines der Stiefkinder der Integrationsforschung ist die Analyse des Ausmaßes, in dem intermediäre Organisationen die Haltung ihrer Regierung zur EU-Politik zu beeinflussen vermögen. Die relativ geringe Zahl von Studien zur binnenstaatlichen Dimension der europäischen Politik überrascht, hat doch etwa Gillingham (1991) bereits für die Gründung der Montanunion auf die entscheidende Rolle von nationalstaatlichen Interessengruppen hingewiesen. Einzelne Episoden zeigen an, dass private Akteure um die Bedeutsamkeit der binnenstaatlichen EU-Entscheidungsprozesse wissen. Ein Beispiel hierfür ist die Intervention, die der Vorstandsvorsitzende von Volkswagen bei Bundeskanzler Schröder ausübte, um die deutsche Haltung zur sog. Altautorichtlinie im Sinne der Automobilindustrie zu ändern (Schneider/Baltz 2003).

Solche Einflüsterungen sind aber vielleicht nicht repräsentativ für die alltäglichen EU-Entscheidungen. Aus diesem Grund untersuchen wir in vergleichender Perspektive, wie Interessengruppen die Verhandlungsposition ihrer Regierung zu beeinflussen vermögen. Empirische Basis dazu ist, wie in vier Mitgliedstaaten (Deutschland, Finnland, Großbritannien, Niederlande) intermediäre Organisationen und staatliche Stellen auf 15 Gesetzgebungsvorschläge der Kommission reagiert haben (Bailer/Cemerin/König/Schneider 2001). In einem ersten Schritt analysieren wir, ob diese nationale Interessenvermittlung eher einem korporatistischen, pluralistischen oder etatistischen Muster folgt. Zwar fokussiert sich die vergleichende Länderforschung im Gefolge von Lehmbruch (1967) und Schmitter (1974) größtenteils auf die ersten beiden Muster, doch gibt es gute Gründe anzunehmen, dass die nationale Interessenvermittlung zur EU-Politik andere Formen und Strukturen hat. Beispielsweise zeigen König und Pöter (2001), dass die federführenden Ministerien in den nationalen Vorverhandlungen über beträchtliche Macht beim Setzen der binnenstaatlichen Agenda verfügen.

In einem zweiten Schritt verwenden wir die Ergebnisse aus der Makro-Analyse, um die klassische Frage von Laswell zu beantworten: „who gets what, when and how"? Zu diesem Zweck überprüfen wir, ob Gruppen mit eher spezifischen Interessen einen Vorteil gegenüber Gruppen mit eher breitem Interessenspektrum haben. In Anlehnung an Olson (1965) möchten wir herausfinden, ob das nationale Interessenvermittlungssystem

---

[1] Wir bedanken uns bei Nils Bandelow, Stefanie Bailer, Gerhard Lehmbruch und den Herausgebern für wertvolle Kommentare. Herzlichen Dank an Ursula Klöpper für die Hilfe bei der Datenanalyse und an die DFG für die finanzielle Unterstützung. Verpflichtet sind wir schließlich auch Anette Arslantas, Christian Lau, Michael Weltin und Carl Zimanky, die mit Enthusiasmus und Kompetenz die Länderinterviews durchgeführt haben.

zugunsten spezifischer Gruppen verzerrt ist und ob diese in der Lage sind, die nationale Verhandlungsposition in Richtung ihrer eigenen Position zu beeinflussen.

Unsere statistischen Resultate zeigen, dass die federführenden Ministerien Schlüsselakteure in diesen binnenstaatlichen Vorverhandlungen sind. Einen ersten Hinweis, der gegen die Existenz (neo-)korporatistischer Systeme spricht, geben die beträchtlichen Machtdifferenzen zwischen einzelnen Interessengruppentypen. Der Einfluss von spezifischen Produzentenorganisationen ist besonders in den Vorverhandlungen in Deutschland und den Niederlanden groß, während in Finnland eher Interessen von Konsumentenorganisationen in die Formulierung der nationalen Position einfließen. Darüber hinaus wird deutlich, dass in allen Mitgliedstaaten die Ministerien nicht nur als Vermittler auftreten, sondern eigene Positionen gegen die Einflussversuche von Interessengruppen behaupten.

Unser Beitrag ist wie folgt gegliedert: Der folgende Abschnitt fasst die prozeduralen Vorgaben für die innenpolitischen Vorverhandlungen zusammen. Im Anschluss daran leiten wir unter Berücksichtigung der Literatur zur Interaktion von Interessengruppen bei EU-Entscheidungsprozessen eine neue Klassifikation von Strukturtypen der Interessenvermittlung ab. Daraufhin präsentieren wir das Forschungsdesign und den Datensatz. Anschließend stellen wir die deskriptive und statistische Analyse der Interaktionen von Interessengruppen in den vier untersuchten Mitgliedstaaten vor. Im Resümee fassen wir die Ergebnisse kritisch zusammen.

2 Die prozeduralen Vorgaben der nationalen Formulierungsprozesse

Bevor wir unsere Klassifikation der Interessenvermittlung vorstellen, geben wir einen kurzen Überblick über prozedurale Vorgaben der Positionsformulierung zu EU-Angelegenheiten in den vier hier untersuchten Mitgliedstaaten (vgl. hierzu ausführlicher König/Pöter 2001). Besonderes Augenmerk legen wir auf die (in)formellen Mitwirkungsmöglichkeiten für Parlament und andere staatliche oder nicht-staatliche Akteure, die dadurch Zugang zum binnenstaatlichen Formulierungsprozess erlangen und Einfluss ausüben können.

Gemeinsam ist allen Mitgliedstaaten, dass das für EU-Angelegenheiten zuständige Ministerium den Gesetzgebungsvorschlag von der Kommission erhält und an das jeweils fachlich zuständige Ministerium weiterleitet.[2] Dieses federführende Ministerium ist mit der Ausarbeitung einer Regierungsposition und der Koordination bzw. Verhandlungsführung mit den anderen Akteuren betraut. Aus diesen binnenstaatlichen (Vor-)verhandlungen ergeben sich die nationalen Positionen für die anschließenden Verhandlungen auf EU-Ebene im Ministerrat. Die Unterschiede zwischen den Ländern zeigen sich in den Einzelheiten des Prozesses. So sind die Machtkompetenzen verschie-

---

2   In den meisten Fällen das Außenministerium mit Ausnahme Deutschlands, in dem das Wirtschaftsministerium die Vorschläge von der Kommission entgegennimmt.

den verteilt. Dadurch variieren u.a. die Einwirkungsmöglichkeiten von Interessengruppen.

In Großbritannien erfordert die kollektive Verantwortlichkeit des Kabinetts für die Formulierung einer Verhandlungsposition eine interministerielle Koordination durch das federführende Ministerium. Diese Koordination wird durch das *European Questions Committee* (EQ(O)) organisiert und durch das *European Secretariat* überwacht, das dem Premierminister direkt verantwortlich und aus Experten der verschiedenen Ministerien zusammengesetzt ist. Das *European Secretariat* ist hauptsächlich dafür verantwortlich, dass die Position mit den allgemeinen Zielen und Vorstellungen der Regierung in Einklang steht (Bender 1991, Weber-Panariello 1995: 44). Die resultierende Position wird zusammen mit einem Memorandum zu den Vorschlägen der Kommission an die beiden Parlamentshäuser weitergeleitet. Deren EU-Ausschüsse können für ihre Beratungen Informationen von der Regierung einfordern sowie Interessengruppen und Experten zur Anhörung einladen. Da die Regierung für die Außenpolitik allein die Verantwortung trägt, ist sie allerdings nicht an die Resolutionen des Parlaments gebunden. Bei großen Meinungsunterschieden kann die Regierung jedoch das Parlament nicht missachten (Weber-Panariello 1995: 66). Interessengruppen haben keinen institutionell vorgesehenen Zugang und können sich lediglich informell an die Ministerien und Parlamentsausschüsse wenden.

Im Vergleich zu Großbritannien hat das federführende Ministerium in Deutschland mehr Spielraum gegenüber den anderen Ministerien bei der Festlegung der nationalen Position. Vorbehaltlich der Zustimmung des Kanzlers kann es sich auch über konträre Positionen von anderen Ministerien hinwegsetzen. Infolge der föderalen Struktur besitzt überdies der Bundesrat maßgebliche Einwirkungsmöglichkeiten: Wird die Gesetzgebungskompetenz der Länder durch einen Kommissionsvorschlag berührt, dann müssen Regierung, Bundestags- und Bundesratsmehrheit einen Konsens finden. Ist dies nicht möglich, kann der Bundesrat mit einer 2/3-Mehrheit seine Position als verbindlich für die Regierung festlegen, was nur vonseiten der Regierung blockiert werden kann, wenn der Bundeshaushalt tangiert wird. Aus diesen Vorgaben ergeben sich zwei grundverschiedene binnenstaatliche Prozeduren für die EU-Politik, die stark mit dem Einspruchs- und dem Zustimmungsverfahren korrespondieren. Mit Ausnahme von Anhörungen haben Interessengruppen ähnlich wie in Großbritannien keine offiziellen Zugangsmöglichkeiten, so dass Einfluss über Verbindungen auf Parteiebene zwischen Interessenvertretern und politischen Entscheidungsträgern genommen wird (Kohler-Koch 1993: 28).

In den Niederlanden bestimmt eine interministerielle Arbeitsgruppe (BNC) das Verfahren zur binnenstaatlichen Formulierung der nationalen Position, nachdem sie den Kommissionsvorschlag durch das federführende Ministerium erhalten hat. Ausschlaggebend ist hier die Unterscheidung in „technische" und „nicht-technische" Kommissionsvorschläge. Im ersten Fall übernimmt das federführende Ministerium die weitere Koordination, andernfalls das Department für Europäische Integration (DIE). Das DIE wird vom Außenministerium geleitet und ist mit ständigen Vertretern aus verschiedenen Ministerien besetzt (vgl. van den Bos 1991). Das Parlament tauscht wöchentlich Meinungen mit den daran teilnehmenden Ministerien aus, ohne dass die parlamentarischen Rechte über die der Information hinausgehen. Nach van Schendelen (1993: 140) bestehen enge Beziehungen zwischen den Ministerien und Interessengruppen, jedoch haben auch die niederländischen Interessengruppen keine institutionell festgelegten Einwirkungsmöglichkeiten.

Im Vergleich zu den drei anderen Ländern besitzen in Finnland Parlament (mit Ausnahme des deutschen Bundesrates) und Interessengruppen die weitest gehenden Einwirkungsmöglichkeiten. Zunächst wird die durch das federführende Ministerium formulierte Position in der sogenannten ‚Limited Section' diskutiert, die aus Vertretern des federführenden Ministeriums, des Büros des Premierministers, des Finanzministeriums und des Sekretariats für EU-Angelegenheiten als Vertretung des Außenministeriums zusammengesetzt ist. Danach ist offiziell die Einbeziehung von Interessengruppen in der ‚Large Section' vorgesehen, die auch Kontakte zu den Beamten vermittelt. Das finnische Parlament, das mit der Regierung in wöchentlichen Konsultationen über EU-Angelegenheiten steht, hat im Fall von EU-Verordnungen nur Konsultationsbefugnisse, während es bei Richtlinien ein Veto aussprechen kann. Alle Vorschläge werden in parlamentarischen Ausschüssen beraten, zu denen auch Interessengruppen angehört werden. Letztlich legt wiederum die ‚Limited Section' die endgültige Position der finnischen Regierung fest.

Dieser Überblick zeigt, dass in den vier hier untersuchten Mitgliedstaaten durchaus Unterschiede bei der formalen Beteiligung einzelner Akteurstypen bestehen. Mit Ausnahme Finnlands besitzen Interessengruppen keine formalen Zugangsrechte zum binnenstaatlichen Formulierungsprozess einer nationalen Position. In fast allen Ländern steht die interministerielle Koordination im Vordergrund, die das federführende Ministerium steuert. Allerdings gibt es in den Mitgliedstaaten unterschiedliche Differenzierungen nach der Wichtigkeit europäischer Gesetzesinitiativen, die sich in prozeduralen Vorgaben ausdrücken. In Großbritannien sind in erster Linie die Beziehungen zum Parlament, in Deutschland die zu den Ländern relevant, in den Niederlanden steht die Frage nach technischen oder nicht-technischen Initiativen, in Finnland das europäische Instrument der Verordnung oder Richtlinie im Vordergrund. Die Dominanz der interministeriellen Koordination legt die Vermutung nahe, dass die binnenstaatliche Formulierung einer nationalen Position zu europäischen Gesetzesinitiativen einem einheitlichen Muster folgt, während die Differenzierungen nach dem Grad der Wichtigkeit wiederum Länderbesonderheiten erwarten lässt. Ob und wie sich diese Gemeinsamkeiten und Unterschiede auf die Struktur der Interessenvermittlung auswirken, wollen wir mittels einer eigenen Klassifikation erforschen.

3 Klassifikation von Interessengruppensystemen: Theorie und Evidenz

Obwohl die Zahl an Typologien zu Interessenvermittlungsstrukturen stetig steigt, folgt die einschlägige politikwissenschaftliche Literatur in weiten Teilen den Überlegungen der Pionierarbeiten von Lehmbruch (1967), Schmitter (1974) und Lehmbruch/ Schmitter (1982). Diese vertreten die Ansicht, dass besonders in den politischen Systemen (Nord-)Europas die Beziehungen zwischen Interessengruppen eher einem korporatistischen als einem pluralistischen Interaktionsmuster folgen. Während einige Arbeiten der Frage nachgehen, welche Interessenvermittlungsstrukturen auf der EU-Ebene vorliegen (z.B. Greenwood/Aspinwall 1998, Mazey/Richardson 1993, Pedler/Van Schendelen 1994, Gorges 1996, Traxler/Schmitter 1995),[3] möchten wir herausfinden, wie sich die nationale Interessenvermittlung durch die wachsende Bedeutung der europäischen Integration verändert. Konkret stellt sich die Frage, wie Interessengruppen auf nationaler Ebene die Verhandlungsposition ihrer Regierungen beeinflussen, die anschließend im Ministerrat zusammentreffen (z.B. van Schendelen 1993, Kohler-Koch 1993, Greenwood/Jordan 1993).

Nach unserer Auffassung erschweren nicht nur die Überfülle an Strukturkonzepten und -definitionen, sondern auch die teilweise widerstreitenden Aussagen zur Entwicklung von Interessenvermittlungsstrukturen den Versuch, die Frage nach den Auswirkungen der europäischen Integration auf die nationalen Interessenvermittlung zu beantworten (siehe dazu Eising in diesem Band). Dieses Handicap ist für die Kategorie „Korporatismus" am augenfälligsten, die oftmals als ein Idealtyp verwendet wird.[4] Die verschiedenen, z.T. widerstreitenden Kategorisierungsversuche für den Interessenvermittlungstypus „Korporatismus" hat Siaroff (1999) in einer Literaturübersicht zusammengefasst. Darin werden 22 verschiedene „Strukturen" identifiziert, die charakteristisch für eine korporatistische politische Ökonomie sein sollen. Diese eher verwirrende Ausgangslage möchten wir bei unserem Versuch, eine neue, operationalisierbare Klassifikation zu entwickeln, im Auge behalten.[5]

Bezüglich der konventionellen Unterscheidung zwischen „Korporatismus" und „Pluralismus" sind sich die meisten Beobachter einig, dass die vier hier untersuchten Länder unterschiedlich klassifiziert werden müssen. Laut Überblick der 23 Rankings von Siaroff (1999) sind die Niederlande das am meisten korporatistisch geprägte Land, gefolgt von Deutschland, Finnland und Großbritannien.[6] Wenn man die institutionellen Ländermerkmale für eine Klassifikation zusätzlich in Betracht ziehen möchte, dann scheint die Unterscheidung von Mehrheits- und Konsensdemokratien am nützlichsten zu sein. Aufgrund der Rankings von Lehmbruch, Schmidt und Lijphart stufen Lane/Ersson

---

3   Vgl. hierzu auch die Einleitung der Herausgeber dieses Bandes.
4   Eine aktuelle Diskussion des Korporatismuskonzepts liefern Molina/Rhodes (2002).
5   Zwangsläufig wird daher unser Klassifikationsvorschlag von anderen Klassifikationen abweichen.
6   Der Gesamtrang aus einer Anzahl von 15 untersuchten Ländern, die Mittelwerte und die Standardabweichung dieser vier Länder sind wie folgt: Niederlande: 4. Rang, 4.0, 1.0; Deutschland: 6. Rang, 3.5, 0.9; Finnland: 7. Rang, 3.3, 1.0; Großbritannien 12. Rang, 1.5, 0.8.

(1997) Finnland als das am stärksten konsensdemokratische und Großbritannien als das am stärksten mehrheitsdemokratisch klassifizierbare Land unter den vier hier untersuchten Staaten ein.[7] In Anlehnung an diese Literatur stellen wir zwei Dimensionen in Rechnung: Die erste berücksichtigt, ob Interessengruppen ihre Aktivitäten koordinieren oder nicht. Die zweite bezieht sich auf die Macht von Regierungsakteuren im Vergleich zu Interessengruppen. Wenn die Regierung schwach ist, aber Koordination zwischen Interessengruppen beobachtet werden kann, erscheint eher „Konkordanz" die adäquate Beschreibungskategorie zu sein als „Korporatismus".[8]

Auf diesen Dimensionen baut unser Vorschlag auf, idealtypische Strukturen zu bilden. Hinzu fügen wir auf einer weiteren Dimension die Überlegung Katzensteins (1985), derzufolge Interessenvermittlungssysteme zugunsten eines Akteurstyps verzerrt sein können. Solche Asymmetrien können Folge des Machtungleichgewichts zwischen konkurrierenden Interessengruppen sein, sei es auf der Konfliktlinie zwischen Arbeit und Kapital oder innerhalb des Gegensatzes zwischen Konsumenten und Produzenten. Schaubild 1 veranschaulicht diese verschiedenen Dimensionen und etabliert Typen der Interessenvermittlung auf Basis dieser drei Dimensionen (für eine ähnliche Klassifikation vgl. Atkinson/Coleman 1989). Es wird zunächst unterschieden, ob die Macht des Staates gegenüber den Interessengruppen groß oder klein ist. Eine ähnliche Unterscheidung treffen wir mit Bezug auf die Frage, ob solche Machtasymmetrien auch zwischen Interessengruppen beobachtbar sind. Die dritte und letzte Unterscheidung bezieht sich auf die Möglichkeit gesellschaftlicher Akteure zusammenzuarbeiten oder zu konkurrieren.

Schaubild 1: Eine Klassifikation von Systemen der Interessenvermittlung

	Macht des Staates			
	Groß		*Gering*	
	Koordination		*Koordination*	
	Ja	*Nein*	*Ja*	*Nein*
Machtasymmetrie				
Groß	Verzerrter Korporatismus	Verzerrter Etatismus	Verzerrte Konkordanz	Verzerrter Pluralismus
Gering	Korporatismus	Etatismus	Konkordanz	Pluralismus

---

7 Die von Lehmbruch, Schmidt sowie in zwei Klassifikationen von Lijphart ermittelten Werte lauten wie folgt: Finnland: 1, 1.65, 1.49, 1.47; Niederlande: 2, 1.58, 1.69, 1.40; Deutschland: 1; -0.11; -0.68, -0.07; Großbritannien: 0, -1.3, -1.16, -1.25.
8 Auch der Begriff der „Konkordanz" wird unterschiedlich definiert. Czada (1984) und Lehmbruch (1984) definieren Konkordanz als umfassende Koordination zwischen Interessengruppen und staatlichen Akteuren. In ihrer Sicht fallen Japan und die Schweiz in diese Kategorie.

Laut Schaubild existieren acht Idealtypen. Der linke obere Typ repräsentiert eine Struktur, in der Interessengruppen ihre Aktivitäten trotz großer Machtasymmetrie und Macht des Staates koordinieren. Wenn der Staat in einem solchen Gefüge stark ist und eher einer Seite zulehnt, sprechen wir von „verzerrtem Korporatismus". Diese Kategorie fasst zusammen, was Katzenstein (1985) den liberalen und sozialdemokratischen Korporatismus genannt hat. Die linke untere Zelle bezieht sich auf Strukturen, in denen der Staat große Macht ausübt und die konkurrierenden Interessen einen ähnlich großen Einfluss haben. Obwohl die Kategorie größtenteils für die Auseinandersetzungen zwischen Arbeit und Kapital entwickelt wurde (vgl. Falkner *et al.*, in diesem Band), ist „Korporatismus" der Begriff, der diese Art der Abstimmung zwischen Interessengruppen in der Präsenz eines mächtigen Staates beschreibt. Während Deutschland eher zum verzerrten Typ gezählt wird, fallen die skandinavischen Staaten inklusive Finnland tendenziell in die zweite Kategorie.

Wir bezeichnen Interaktionsformen als etatistisch, wenn die Interessengruppen ihre Aktivitäten nicht koordinieren und der Staat mächtig ist. „Verzerrter Etatismus" liegt vor, falls es ein Machtgefälle zugunsten eines Typs von Interessengruppen gibt. Wenn der Staat schwach ist, dominieren die relevanten Interessengruppen die intermediären Netzwerke (König 1995). Ein System folgt der „Konkordanzlogik", wenn Interessengruppen ihre Aktivitäten koordinieren, ohne sich dabei einem mächtigen Staat gegenüber zu sehen. Wiederum sind verzerrte oder ausgeglichene Formen von Konkordanz möglich. Wenn es Wettbewerb zwischen den Interessengruppen gibt, kann man von einem pluralistischen Interaktionsmodus sprechen. Machtasymmetrien zwischen konkurrierenden Interessengruppen führen zu verzerrten Formen des Wettbewerbs, in denen gemäß Olson (1965) spezifische Interessengruppen gegenüber allgemeinen die Oberhand behalten.

Unsere empirische Untersuchung soll zu Tage fördern, ob diese Muster in den Mitgliedstaaten erkennbar sind und wie groß der Einfluss des Staates auf die Verhandlungsposition zur EU-Politik ist. Wir kontrollieren überdies für den Effekt, den Politikfelder möglicherweise auf die Interessenvermittlung ausüben. Während sich die frühe Korporatismusforschung primär auf die Sozial- und Arbeitspolitik bezog, wurde sie später auch auf andere Gebiete ausgeweitet. Einige Autoren (vgl. Freeman 1989) erwarteten Regelmäßigkeiten bei der Interessenvermittlung höchstens noch innerhalb einzelner Politikfelder.

Unterschiede im Einfluss der Akteure sollten allerdings auch auf der Ebene der Akteurstypen beobachtbar sein. Nach Olson (1965) ist davon auszugehen, dass ein strukturelles Ungleichgewicht bei der Durchsetzungskraft bestimmter Akteurstypen existiert. Interessengruppen, die sektorale Interessen innerhalb einer Gesellschaft repräsentieren, sollen aufgrund ihres höheren Organisationsgrades „privilegiert" sein. Im Gegensatz dazu sollen allgemein orientierte soziale Interessen unterrepräsentiert sein. Der Grund hierfür ist, dass der individuelle Beitrag zu Gruppenaktivitäten mit zunehmender Gruppengröße sinkt. Wir folgen dieser Thematik und untersuchen, ob Ungleichgewichte zwischen Akteurstypen im Einfluss erkennbar sind oder nicht.

Zu diesem Zweck unterteilen wir unsere empirische Untersuchung in zwei Schritte. Der erste mehr deskriptive Schritt besteht darin, das Vermittlungsmuster bei den 15 Vorschlägen der Kommission den acht Idealtypen zuzuordnen, die in diesem Abschnitt entwickelt wurden. Dafür identifizieren wir Profile, auf denen für jeden Gesetzesvorschlag und jedes Land die Kombination von Akteurspräferenzen und Verhandlungsergebnis aufgeführt werden. Im zweiten Schritt wechseln wir von der Vorschlags- auf die Akteursebene und untersuchen, wie bestimmte Akteursgruppen die nationale Verhandlungsposition beeinflussen.

4 Forschungsdesign

Für unsere empirische Untersuchung verwenden wir den National Decision Making in the European Union-Dataset (NDEU), der Angaben über 15 legislative Initiativen der Kommission in vier Mitgliedsstaaten enthält. Diese Daten entstammen einer Stichprobe von insgesamt 80 Vorschlägen, die im Rahmen eines größeren Gemeinschaftsprojekts zu den Gesetzgebungsvorhaben auf EU-Ebene erhoben wurden (Decision Making in the European Union (DEU)). Der DEU-Datensatz enthält eine differenzierte Sammlung von Angaben über legislative Vorschläge der Kommission von 1997 bis 2000.[9] Die Vorschläge mussten, um aufgenommen zu werden, ausreichend kontrovers diskutiert sein, und die Sammlung musste die Vielfalt der Gesetzgebungsprozeduren innerhalb der EU und der Politikfelder, in denen die EU aktiv ist, repräsentieren.[10] Die Bandbreite der NDEU-Themen rangiert von Gesundheitsangelegenheiten über Verbraucher- bis zu Fischereifragen.[11]

---

9 Dieses größere Projekt bewertet die relativen Erklärungsleistungen konkurrierender spieltheoretischer Modelle zum EU-Entscheidungsprozeß. Daran beteiligt sind Forscher von den Universitäten Groningen, Konstanz, Leiden, Michigan (Ann Arbor), Nijmegen und Turku. Für erste Ergebnisse siehe Bailer und Schneider (2002).

10 Mittels Experteninterviews in allen vier Ländern wurden anschließend die thematischen Streitfragen, die Positionen der Akteure, ihre Ressourcen etc. zu den einzelnen Vorschlägen erhoben.

11 Bei diesen Vorschlägen handelt es sich um: Altwagenrichtlinie Com (97) 358; Zinssteuerrichtlinie Com (98) 295; Richtlinie zur Tabaksteuer Com (98) 320; Richtlinie zur Regulierung von E-Geldinstituten Com (98) 461; Richtlinie zu Ergänzungen der Regulierung des Gemeinsamen Marktes Com (98) 546; Richtlinie über rechtliche Aspekte des e-Business im Binnenmarkt Com (98) 586; Verordnung zur Prävention und Kontrolle von TSE Com (98) 623; Verordnung zur Beschränkung von Tierarzneimittelprodukten in Nahrungsmitteln tierischen Ursprungs Com (99) 130; Verordnung zur Einführung eines EURODAC-Systems Com (99) 260; Kontrolle der Nordost-Atlantischen Fischerei Com (99) 345; Verordnung über gerichtliche Zuständigkeit, Anerkennung und Vollstreckung von Entscheidungen in Zivil- und Handelssachen Com (99) 348; Verordnung zur Stärkung des Dialogs mit Unternehmen und sonstigen Beteiligten über die Gemeinsame Fischereipolitik Com (99) 382; Richtlinie zur Regelung viehseuchenrechtlicher Fragen beim innergemeinschaftlichen Handelsverkehr mit Rindern und Schweinen Com (99) 456; Richtlinie für die Verwirklichung der Gleichbehandlung in Beschäftigung und Beruf Com (99) 565-7; Richtlinie

Wie bereits erwähnt, wählten wir Finnland, Deutschland, die Niederlande und Großbritannien aus klassifikatorischen Gründen aus. Außerdem waren wir der Auffassung, dass wir Experteninterviews zu den nationalen Prozessen erfolgreicher in diesen vier Ländern als in einigen anderen durchführen könnten. Wichtig ist auch, dass wir unsere Fragen ausschließlich zu noch nicht verabschiedeten Vorschlägen stellten. Wir wollten so erreichen, dass sich die befragten Experten in ausreichendem Maß an die Streitfragen von Kommissionsinitiativen erinnern können und vermeiden, dass sie ihre Angaben zu den Positionen der Akteure, ihrer Macht etc. aus bereits bekannten Ergebnissen ableiten.

Operationalisierung der Variablen: Die hier benutzten Indikatoren basieren auf Interviews, die vier Konstanzer Mitarbeiter in den Mitgliedstaaten durchgeführt haben. Unsere Interviewer befragten die Experten, wie viele und welche Themen innerhalb eines Kommissionsvorschlags kontrovers waren. Anschließend identifizierten unsere Interviewpartner die für den Verhandlungsprozess relevanten Akteure sowie deren Position zu den umstrittenen Themen eines Gesetzgebungsvorhabens. Wir fragten die Experten auch nach dem Standort des Referenzpunkts, also nach der Position, die im Fall einer Nichteinigung eintritt. Zeitlich wurde zwischen der Erstposition des federführenden Ministeriums und der anschließenden nationalen Position unterschieden, die nach der binnenstaatlichen Formulierung in den Ministerrat eingebracht wurde. Zusätzlich haben wir erhoben, wie bedeutsam ein Thema für die einzelnen Akteure ist, welche Macht diese besitzen und ob sie Drohungen und Versprechen ausgesprochen haben, um ihre Interessen durchzusetzen.[12]

In diesem Beitrag haben wir den Einfluss von Akteuren so konzipiert, dass er sich grundsätzlich aus einer Verschiebung zwischen der Erstposition des federführenden Ministeriums und der anschließenden nationalen Position ergibt. Wir wollen klären, welcher Akteurstyp in welchem Maße für diese Verschiebung verantwortlich gemacht werden kann und ob die jeweilige Interessenvermittlungsstruktur einen Beitrag zur Erklärung leistet. Für die Operationalisierung unserer dreidimensionalen Klassifikation verwenden wir zwei Variablen, die wir unterschiedlich aufbereiten. Die erste Aufbereitung zielt auf die Dimension Macht des Staates ab und berücksichtigt, wie viele Machtressourcen staatliche Akteure im Verhältnis zu den Interessengruppen besitzen. Die hier zugrundegelegte Machtvariable wurde als ressourcenübergreifende Macht mit verschiedenen möglichen Quellen bzw. Machtressourcen operationalisiert.[13] Damit besteht auch

---

für Beschränkungen des Inverkehrbringens und Verwendung gewisser gefährlicher Stoffe und Zubereitungen (Phthalate) über die Sicherheit von Spielzeug Com (99) 577.

12 Der vollständige Fragebogen und die für die statistische Analyse verwendeten Daten sind auf folgender Homepage zu finden: http://www.uni-konstanz.de/FuF/Verwiss/GSchneider/downloads/daten.htm

13 Einige spezifische Machtressourcen wie z.B. Informationsasymmetrien, Verhandlungsgeschick etc. wurden zusätzlich getrennt dazu erhoben, vgl. hierzu den Fragebogen. Die ressourcenübergreifende Machtvariable wurde wie folgt gemessen (Fragewortlaut):
„Within the policy domain the different stakeholders have different capabilities or amounts of potential to influence decision outcomes. This ability is based on a number of different resources: for example, the formal authority to take decisions, financial resources, information, access to other

keine Verwechslungsgefahr der Machtvariablen mit der abhängigen Variablen, dem politischen Einfluss eines Akteurs auf einen Vorschlag.[14] Zu diesem Zweck haben wir zunächst die durchschnittlichen Machtressourcen errechnet, die Experten einem Akteur auf einer Skala von 0 bis 100 zugeordnet haben. Dann haben wir für jedes Gesetzgebungsvorhaben jeweils länderspezifisch die Mittelwerte der Machtzuordnungen der Regierungsakteure einerseits und der Interessengruppen andererseits gebildet. Anschließend benutzten wir als Maßzahl den Anteil der Regierungsakteure an der Gesamtmacht von Regierung und Interessengruppen und setzten einen Schwellenwert von 0,5 zur Klassifikation der Machtverhältnisse. Wenn der Wert größer als 0,5 war, bezeichneten wir die Macht des Staates als „groß". Umgekehrt wurde bei einem Schwellenwert von 0,5 oder kleiner die Macht des Staates als „gering" eingestuft.

Die zweite Unterscheidungsdimension ist ebenfalls auf die Machtressourcen-Variable gestützt, zielt aber auf die Verteilung zwischen den Interessengruppen ab. Hier wird berechnet, wie die Ressourcen besonders zwischen Gewerkschaften und Arbeitgebern sowie zwischen Produzenten und Konsumenten verteilt sind. Wenn eine der Akteursgruppen mehr als 0,5 der Machtressourcen aller beteiligten Interessengruppen besaß, gingen wir von einem Machtgefälle aus. Schließlich operationalisieren wir die Koordinationsdimension mit der Verteilung der Positionen der Interessengruppen. Eine Koordination oder zumindest Konvergenz der Interessen nehmen wir an im Falle einer unimodalen Verteilung der Präferenzen. Auf Nicht-Koordination schließen wir im Falle einer zwei- oder mehrgipfeligen Verteilung. Falls jedoch die unimodale Verteilung zu stark von der Normalverteilung abwich, ordneten wir auch diese Konfigurationen der Nicht-Koordination zu.[15] Grundsätzlich wäre es auch möglich, bei Unterschieden in den Präferenzprofilen auf divergierende Konfliktintensitäten zu schließen. Es scheint uns aber unmöglich zu unterscheiden, ob eine größere Homogenität nur die Absenz von Konflikt oder tatsächliche Handlungskoordination bedeutet. Wir haben uns für die zweite Interpretation entschieden, wohlwissend, dass die von uns gewählte Operationalisierung relativ grob ist.

Akteursebene: Für die Berechnung des Einflusses eines Akteurs nehmen wir an, dass jeder Akteur eine Nutzenfunktion über die zur Diskussion stehenden Themen ausbildet. Sein direkter Einfluss wird durch die Nutzenänderung operationalisiert, den die Entscheidung über einen Vorschlag verursacht. Die möglichen Ausgänge werden auf einer

---

important stakeholders, leadership of a large number of people etc. – Please indicate the capabilities of each stakeholder on a scale from 0 to 100."
14 Zur Operationalisierung der Einflussvariablen vgl. den nächsten Abschnitt.
15 Dazu wurde ein Dichtemaß verwendet und zwar die Häufigkeit der Fälle im max. Abstand von jeweils einer Standardabweichung auf beiden Seiten der Verteilung im Verhältnis zu der bei Normalverteilung zu erwartenden Häufigkeit. Falls das Verhältnis >=1, wurde in maximaler Distanz von einer Standardabweichung vom Modus der Anteil der „Konsumenten-" zu den „Produzentengruppen" bestimmt. Falls der Anteil >= 0,66, wurde für Koordination der Wert „ja" vergeben, für Werte <0,66 der Wert „nein" (hier wählten wir einen geringeren Schwellenwert als 1,0, da der Modus dieser Verteilung geringer ist).

Skala von 0 bis 100 normiert. Die absolute Nutzenänderung L misst die relative Differenz zwischen zwei absoluten Differenzen, nämlich diejenige zwischen der Akteursposition POS und der anfänglichen Position IP des federführenden Ministeriums und der Differenz zwischen POS und der endgültigen nationalen Position NP. Dies ergibt L = |POS-IP| - |POS-NP|. Eine relative Nutzenänderung berücksichtigt die Positionen der anderen Akteure und nimmt statt des Verhandlungsvorschlages den Standort des Medianakteurs MED auf: In diesem Fall gilt L = |POS-MED| - |POS-NP|.[16]

Gegen dieses Einflussmaß könnte eingewandt werden, dass es lediglich die Positionsnähe von Interessengruppen zum federführenden Ministerium wiedergibt, was Einfluss von einem Zufallseffekt nicht mehr unterscheiden könnte. Einer solchen Kritik können jedoch mehrere Argumente entgegengehalten werden:

1. Das gewählte Einflussmaß misst nicht nur einfach die Positionsnähe eines Akteurs zur Position des Ministeriums. Diese Ähnlichkeit würde nur durch alleinige Verwendung der einzelnen Terme, also |POS-IP| bzw. |POS-NP| wiedergegeben. Beide Terme zusammen spiegeln vielmehr die Fähigkeit eines Akteurs wider, unter Beibehaltung der eigenen Position die Verhandlungsposition des Ministeriums auf eine der eigenen Idealposition nähere Position zu verschieben.

2. Die vorgestellte Definition von Einfluss wirft zusätzlich die von Brian Barry gestellte Frage auf (1980), ob die Einnahme einer ausschlaggebenden Position nicht viel eher auf „Glück" als auf „Macht" zurückzuführen sei. Dieses Problem versuchen wir durch das quantitativ komparative Design zu mildern: Wir untersuchen eine Vielzahl an umstrittenen Themen in 15 Gesetzgebungsvorschlägen über mehrere Länder hinweg. Dies reduziert die Wahrscheinlichkeit, dass einige Akteurstypen durchgehend über alle Länder und Vorschläge hinweg „glücklicher" darin sind, die ausschlaggebende Position einzunehmen.[17]

Gegenüber diesen Operationalisierungen ließe sich auch einwenden, dass sie zumindest den Einfluss von Regierungsakteuren nur unzulänglich abbilden, da sich das federführende Ministerium ja auch in „vorauseilendem Gehorsam" eine Position wählen kann, welche die Auseinandersetzungen mit den Interessengruppen mindert. Dieser Argumentation ist aber entgegenzuhalten, dass natürlich überhaupt nie Vorverhandlungen stattfinden müssten, wenn die Regierung die Interessen der gesellschaftlichen Akteure antizipierte und sich diesem Druck völlig beugte. Im Gegensatz zu dieser Interpre-

---

16　Ähnliche Maße haben König (1997), Mokken *et al.* (2000), Bailer/ Schneider (2002) und Schneider/ Bailer (2002) benutzt.
17　Sofern mehrere Interessengruppen eine *ähnliche* Position weit von der Position des federführenden Ministeriums entfernt einnehmen, kann man mit diesem Einflussmaß *allein* den möglichen Einflussunterschied *zwischen* den einzelnen Gruppen nicht differenzieren. Diese Unterscheidung müsste über andere Variable wie z.B. die spezifischen Aktivitäten der einzelnen Gruppen und deren Intensitäten erfolgen (z.B. die Anzahl und Intensität von Drohungen etc.), was hier aber nicht im Fokus der Analyse stand. Grundsätzlich kann man aber davon ausgehen, dass eine größere Anzahl von Interessengruppen mit ähnlichen Positionen den Einfluss dieser Gruppen erhöhen sollte (in Abhängigkeit von ihrem Organisationsgrad und dem durch sie vertretenen Interessentyp).

tation begreifen wir Regierungsakteure und besonders die federführenden Ministerien als Handlungsträger, die zwar von gesellschaftlichen Interessen abhängen, dabei aber ebenso die eigene Position durchzusetzen trachten. Dass Regierungen oft uneinheitlich auftreten, stützt die Annahme von Ministerien als Akteuren mit eigenständigen Interessen.

Eine erste erklärende Variable auf Akteursebene misst, wie weit ein Akteur ursprünglich von der anfänglich vorgeschlagenen Position weg war. Dieses Maß gibt Informationen über die Möglichkeit, ein Ergebnis durch die Einnahme einer extremen Position zu beeinflussen. Die anderen Variablen sind Dummy-Variablen (0/1), die zum einen verschiedene Akteursgruppen gegenüber stellen. So unterscheiden wir zwischen spezialisierten und umfassenden Interessengruppen: Wenn eine Interessengruppe eine Meinung in weniger (mehr) als 40% der im eigenen Land aufgeworfenen Themen formulierte, zählen wir sie zum ersten (zweiten) Typ von Interessengruppen. Weil wir zudem zwischen Interessengruppen für Verbraucher und Produzenten unterscheiden, messen wir den Einfluss von vier Arten von Interessengruppen: spezialisierte und allgemeine Verbraucherinteressen sowie spezialisierte und allgemeine Produzenteninteressen. Wir erwarten, dass spezialisierte Gruppen und Produzenteninteressen größere Nutzengewinne erzielen als allgemeine Interessen und Verbrauchergruppen. Zum anderen bilden Länderdummies die Strukturen der Interessenvermittlung ab. Hier berücksichtigen wir, ob beim Vorliegen von bestimmten Interessenvermittlungskonfigurationen die Nutzenänderungen positiv oder negativ ausfallen. Wir erwarten, dass bei etatistischen Strukturen die Umverteilung von Nutzen geringer ist als bei korporatistischen.

Das Grundmodell der Analyse basiert auf einer multiplen Regression, um den Einfluss abzuschätzen, den Akteure auf die Veränderung der anfänglichen Vorschlagsposition zur endgültigen Verhandlungsposition eines Landes haben.[18] Die statistische Analyse wird auf der Ebene der einzelnen Themen durchgeführt. Weil der Positionsbezug der Akteure voneinander abhängen kann, kontrollieren wir den Clustereinfluss innerhalb der einzelnen Themen. Ein weiteres Problem, das es zu berücksichtigen gilt, ist die Tatsache, dass relativ viele Vorschläge keine großen Debatten auf der nationalen Ebene auslösten, wodurch sich eine Verzerrung zugunsten des etatistischen Modells ergäbe. Um diesen Effekt zu kontrollieren, werden zwei Regressionen durchgeführt – eine für alle Themen und eine Regression nur für diejenigen Themen, in denen eine Veränderung von der anfänglichen zur endgültigen Verhandlungsposition stattfand.

---

18 Da die Zahl der Fälle auf Individualebene, d.h. die Zahl der hier untersuchten, an den Verhandlungen zu einem Vorschlag beteiligten Gruppen zu klein ist, konnten wir keine Mehrebenenanalyse durchführen (vgl. Snijders/ Bosker 1999). Zur Faustregel der Mindestzahl von Fällen auf der untersten Ebene von Mehrebenenmodellen vgl. Jones/ Duncan (1998).

5 Die Interessenvermittlungsprofile für die 15 Kommissionsvorschläge

In diesem Abschnitt stellen wir vor, wie groß der Einfluss von Akteuren auf die nationale Verhandlungsposition ist, die anschließend im Ministerrat der EU zur Diskussion steht. Bevor wir die empirische Relevanz unserer Klassifikation von Interessenvermittlungsstrukturen vorstellen, präsentieren wir zunächst einige der mehr deskriptiven Ergebnisse. Ein erster Diskussionspunkt ist, ob die Vorschläge große Konflikte in der inländischen Diskussion auslösen oder nicht. Wie die empirischen Resultate zeigen, verläuft der „alltägliche" Entscheidungsprozess konsensueller als viele Fallstudien glauben machen wollen. Selbst wenn man die Analyse auf diejenigen Kommissionsvorschläge beschränkt, die ein Minimum an Kontroverse erzeugt haben, ist in vielen Fällen kein dramatischer Wechsel von der anfänglichen zur endgültigen nationalen Position erkennbar. Darüber hinaus waren einige Vorschläge nur in einem oder zwei und nicht in allen vier untersuchten Ländern umstritten.

Tabelle 1 zeigt für die 15 untersuchten Kommissionsvorschläge, wie viele Streitthemen sie hervorriefen, wie viele Akteure eine Meinung zu den Vorschlägen äußerten und wie groß die Standardabweichung der Positionen war. Es gilt wiederum zu beachten, dass die Positionen zu den Streitthemen auf einer Skala von 0 bis 100 normiert sind. Nach Tabelle 1 variiert das Ausmaß an Umstrittenheit, das ein Kommissionsvorschlag auslöst, sehr stark zwischen den verschiedenen Vorschlägen und den Ländern. Unter den kontroversesten Vorschlägen finden sich die Versuche der Kommission, den elektronischen Zahlungsverkehr und -handel zu regulieren. Beide Initiativen weisen hohe Werte in der Anzahl kontroverser Fragen und Akteure auf, die den Entscheidungsprozess zu beeinflussen suchten. Der Vorschlag, die Besteuerung des Kapitaleinkommens zu europäisieren, führte besonders in Großbritannien zu heftigen Reaktionen von Interessengruppen. 18 Gruppen formulierten Positionen und versuchten, die Blair-Regierung zu beeinflussen. Großbritannien unterstützte schließlich die erfolgreichen Bemühungen von Luxemburg, diese Entscheidung zu Fall zu bringen. Andere Initiativen – etwa die Regulierung zur Fischerei im Nordostatlantik – sind jedoch so unbedeutend, dass sie nur drei Akteure in den Niederlanden dazu brachten, mit Verve eine Meinung zu artikulieren.[19] Dementsprechend variiert die Zahl der Akteure auch mit dem relativen Interesse, das die Interessengruppen einem Vorschlag entgegenbringen; die mit den Ländern assoziierten Vermittlungsstrukturen scheinen als Einflussfaktor sekundär. Ein weiterer Indikator für unkontroverse Vorverhandlungen ist, dass strategische Aktionen eher die Ausnahme als die Regel sind. Gemäß der durchgeführten Interviews sind Drohungen sehr seltene Ereignisse.

---

19 Dabei gilt es zu berücksichtigen, dass Akteure nur dann als Gruppen aufgenommen wurden, wenn sie folgende Merkmale aufwiesen: Die Mitglieder einer Gruppe müssen sich einig über das erwünschte Politikergebnis sein, und sie müssen über Machtressourcen und Motivation verfügen, um Einfluss auf den Entscheidungsprozess ausüben zu können. Gruppen, die nur pro forma Meinungen äußern, sind so nicht berücksichtigt.

Tabelle 1: Vergleich der Vorschläge in den vier Ländern

Vorschlag	Anzahl der Themen					Anzahl der Akteure					Standardabweichung				
	D	Fin	NL	GB	⌀	D	Fin	NL	GB	⌀	D	Fin	NL	GB	⌀
Altfahrzeuge Com (97) 358	2	1	1	5	2,3	13	6	6	7	8	37	41	34	47	40
Besteuerung von Zinserträgen Com (98) 295	3	3	3	5	3,5	5	6	5	18	8,5	39	44	6	44	43
Verbrauchsteuern auf Zigaretten Com (98) 320	2	1	2	1	1,5	5	2	4	5	4	46	71	47	45	52
E-Geld-Institute Com (98) 461	1	3	3	0	1,8	4	5	5	-	4,7	50	42	48	-	47
Regulierung des Gemeinsamen Marktes Com (98) 546	3	3	5	2	3,3	6	8	8	10	8	40	42	43	40	41
Elektr. Geschäftsverkehr im Binnenmarkt Com (98) 586	3	4	2	2	2,8	17	9	7	11	11	30	39	32	43	36
Verhütung und Bekämpfung von TSE Com (98) 623	1	1	3	0	1,3	9	13	6	-	9,3	38	8	39	-	28
Tierarzneimittelrückstände in Nahrungsmitteln Com (99) 130	0	0	4	0	1	-	-	9	-	9	-	-	39	-	39
Einrichtung von "Eurodac" Com (99) 260	1	0	3	1	1,3	3	-	6	6	5	53	-	49	41	48
Fischerei im Nordostatlantik Com (99) 345	0	0	1	0	0,3	-	-	3	-	3	-	-	50	-	50
Entscheidungen in Zivil- und Handelssachen Com (99) 348	3	1	3	1	2	11	4	5	7	6,8	31	50	43	50	44
Dialog Gemeinsame Fischereipolitik Com (99) 382	1	2	2	1	1,5	10	6	3	3	5,5	42	34	49	58	46
Viehseuchenrecht bei Rinder und Schweinehandel Com (99) 456	0	0	1	1	0,5	-	-	5	5	5	-	-	46	45	46
Gleichbehandlung Beschäftigung und Beruf Com (99) 565-7	1	2	3	1	1,8	11	4	8	7	7,5	31	40	35	34	35
Sicherheit von Spielzeug Com (99) 577	3	3	3	1	2,5	10	12	8	8	9,5	33	31	41	39	36
Durchschnittswerte	1,5	1,5	2,6	1,4	1,7	6,9	5,0	5,9	5,8	5,9	39	40	40	44	41
Aggregierter Wert	24	24	39	21	108	220	155	230	169	774	470	442	601	486	1999

Anmerkung: Falls die Zahl der Akteure auf den Streitthemen eines Vorschlags variierte, wurde das Streitthema mit der höchsten Anzahl angegeben. (Die aggregierten Werte der Zahl der Akteure beziehen sich auf alle Akteure und alle Streitthemen).

Die unterschiedlichen Standardabweichungen sind ein Indikator dafür, dass die Konfliktintensität nicht konstant ist. Die relativ große Standardabweichung der Positionen in Großbritannien scheint zu bestätigen, dass der Entscheidungsprozess in diesem Land eher pluralistisch verläuft. Die Standardabweichung ist in Deutschland viel kleiner, was auf eine relativ konsensuell ausgerichtete Interessenvermittlung hinweist. Ein relativ extremer Fall von Einigkeit ist der auf die BSE-Problematik bezogene Vorschlag zur Vermeidung von TSE, bei dem die Standardabweichung – vor allem in Finnland – viel kleiner als die durchschnittliche Standardabweichung ausfällt.

Nun überprüfen wir, wie häufig bestimmte Interessenvermittlungsstrukturen auftauchen. Allerdings können wir nicht alle Entscheidungsprozesse den Kategorien zuordnen, die wir im theoretischen Teil gebildet haben, weil bei vielen Vorhaben nur ein Interessengruppentyp, wie beispielsweise Produzenteninteressen, aktiv wurde, nicht jedoch die jeweils antipodischen Interessengruppen der Konsumenten. Die Nichtberücksichtigung dieser Fälle führt dazu, dass wir die Häufigkeit dessen, was wir „verzerrte" Formen der Interessenvermittlung nennen, eher unterschätzen. Die Absenz des anderen Interessengruppentyps kann nämlich bedeuten, dass diese Akteursgruppe keine Macht besitzt. Insgesamt ließen sich rund 50% der Fälle aufgrund der vorgestellten Kategorien klassifizieren, nämlich 28 Vorverhandlungen zu Kommissionsvorschlägen. Tabelle 2 fasst die Ergebnisse der Klassifikation zusammen.

Tabelle 2: *Häufigkeit von Interessenvermittlungsstrukturen in den innenpolitischen Vorverhandlungen zur EU-Gesetzgebung*

	Macht des Staates			
	Groß (N= 24)		*Gering (N= 4)*	
	Koordination		**Koordination**	
Machtasymmetrie	*Ja*	*Nein*	*Ja*	*Nein*
Groß (N=20)	Verzerrter Korporatismus N= 4 D (25%) NL (14,28%) FIN (0,00%) GB (16,66%)	Verzerrter Etatismus N= 13 D (25%) NL (57,14%) FIN (57,14%) GB (50%)	Verzerrte Konkordanz N= 0	Verzerrter Pluralismus N= 3 D (25%) NL (0,00) FIN (0,00) GB (16,66%)
Gering (N=8)	Korporatismus N= 2 D (0,00%) NL (14,28%) FIN (14,28%) GB (0,00%)	Etatismus N= 5 D (25%) NL (0,00%) FIN (28,57%) GB (16,66%)	Konkordanz N=0	Pluralismus N= 1 D (0,00%) NL (14,28%) FIN (0,00%) GB (0,00%)

Anmerkung: Die Gesamtfallzahl beträgt 28 Gesetzgebungsvorhaben. Prozentangaben hinter Länderabkürzungen beziehen sich auf die Gesamtverteilung eines Landes.

Tabelle 2 zeigt, dass bei mehr als zwei Dritteln aller berücksichtigten Untersuchungsfälle die Macht zugunsten eines Interessengruppentyps verzerrt ist. In praktisch allen Fällen war zudem die Macht des Staates im Vergleich zu den gesellschaftlichen Akteuren ausgeprägt. Praktisch bedeutet dies, dass korporatistische und etatistische Muster dominieren. Nur selten sind Ansätze zur Koordination zwischen Interessengruppen erkennbar. Es lässt sich folglich festhalten, dass die innenpolitischen Netzwerke zur Formulierung nationaler Verhandlungspositionen im Regelfall etatistischer Natur sind. Pluralistische Interessenvermittlung ist selten, Konkordanzmuster lassen sich überhaupt nicht erkennen. Die Analyse zeigt ferner, dass der verzerrte Étatismus und damit wohl klientelistische Aushandlungsmuster in allen Untersuchungsländern häufig vorkommen. Es ist in solchen Fällen angebracht, von klientelistischen Mustern auszugehen, da es sich dabei meist um wenige oder nur eine mächtigere Interessengruppe handelt, die über privilegierten Zugang zum und Einfluss auf das federführende Ministerium besitzen dürfte. Nur in Deutschland und Finnland stellen die Fälle, in denen konkurrierende Interessengruppen eine ähnlich große Macht in die Waagschale werfen können, nicht die reine Ausnahme dar. Pluralistische Entscheidungsfälle sind mit der Ausnahme Finnlands in allen untersuchten Staaten anzutreffen. Diese Ergebnisse liefern erste Hinweise auf deutliche Machtgefälle. In welche Richtung die Verzerrungen gehen und ob sich die Machtunterschiede auch in Einflussdifferenzen niederschlagen, zeigen wir mit der Analyse auf Akteursebene.

6 Akteursgruppen und ihr Einfluss in den nationalen Vorverhandlungen

In diesem Abschnitt untersuchen wir, ob bestimmte Akteurstypen einen größeren Einfluss auf die Vorverhandlungen ausüben können als andere. Wir berücksichtigen dabei das Problem, dass viele Prozesse unkontrovers verlaufen sind. Dies lässt sich nach unserem Erachten auf drei Gründe zurückführen: eine geringe Bedeutung der auftretenden Themen für einige Akteure, die Agendasetzungsmacht der federführenden Ministerien oder das bereits festgestellte Machtgefälle zwischen den Akteursgruppen.

In einem ersten Überblick stellt Tabelle 3 dar, wie groß der durchschnittliche Nutzenverlust eines Akteurstyps über alle in Betracht gezogenen Initiativen ist. Weiterhin führen wir die durchschnittliche Entfernung der Akteure von der anfänglichen Position des federführenden Ministeriums auf. In der Tabelle differenzieren wir auch zwischen den vier analysierten Ländern. Bei den Akteursgruppen[20] konzentrieren wir uns zunächst auf das federführende Ministerium und auf andere Ministerien, die in den Entscheidungsprozess involviert sind. Die Akteursgruppe Parlament – ebenfalls als Dum-

---

20 Alle Akteure sind in Dummy-Variablen für die verschiedenen Akteurstypen erfasst worden, die mit Eins kodiert wurden, wenn der fragliche Akteurstyp zutraf und mit Null, wenn ein anderer vorlag.

my operationalisiert – gibt die Positionsbezüge des nationalen Parlamentes wie auch von einzelnen Parteien an. Bei dieser Variablen möchten wir vorausschicken, dass Interventionen von Seiten der parlamentarischen Akteure selten sind. Es konnten nur 21 parlamentarische Interventionen von den insgesamt mehr als 700 Positionen aller Akteure erfasst werden. Dies macht es umso erforderlicher, die Auswirkungen von Interessengruppen zu kontrollieren. Da die meisten Fälle die Konfliktlinie zwischen Verbrauchern und Produzenten statt zwischen Kapital und Arbeit aktivierten, beschränken wir uns auf die durchschnittlichen legislativen Gewinne von vier gesellschaftlichen Akteursgruppen: spezifische und allgemeine Verbraucherinteressen, spezifische und allgemeine Produzenteninteressen.

Die Ergebnisse machen deutlich, dass einige Akteurstypen grundsätzlich extremere Positionen einnehmen. Dies ist ein Hinweis darauf, dass konkurrierende Interessengruppen nicht auf der gleichen Einflussstufe stehen. Die Tabelle zeigt auch, dass es sich auszuzahlen scheint, eine relativ extreme Position einzunehmen. Wenn man die Werte der letzten Spalte von denen in der ersten Spalte abzieht, kann man erkennen, wie groß der Gewinn eines Akteurstyps ist im Vergleich zur anfänglichen Differenz. Spezialisierte Interessengruppen erzielen diesbezüglich hohe Werte.

Die Positionen der anderen Ministerien sind ziemlich nah am federführenden Ministerium, während die Positionen der Interessengruppen weiter entfernt sind. Dies ist ein Hinweis darauf, dass Letztere mittels einer extremen Position versuchen, die Regierung in Richtung der von ihnen präferierten Position zu bewegen. Dieses Muster ist insbesondere bei den sektoralen und allgemeinen Produzenteninteressen sowie auch bei den spezifischen Verbraucherinteressen klar ersichtlich. Tabelle 3 deckt ebenfalls große Differenzen zwischen den vier Ländern auf, wobei die Formulierung der Verhandlungsmandate in den Niederlanden und in geringerem Maße auch in Deutschland polarisierter ist als in Finnland und Großbritannien. Obwohl diese deskriptiven Ergebnisse schon einige Rückschlüsse auf die Struktur der Interessenvermittlung zulassen, liefern sie keinen Test über die Aussagekraft der konkurrierenden Thesen. Um ein vollständigeres Bild zu erhalten, stellen wir nun unsere statistischen Modelle vor. Abhängige Variable für alle Modellierungen ist die absolute Nettonutzenveränderung, die der innenpolitische Aushandlungsprozess erzeugt ($|pos\text{-}ip| - |pos\text{-}np|$). Zunächst untersuchen wir, inwieweit Makrovariablen die Interessenvermittlung prägen. Wir unterscheiden dabei zwischen verschiedenen Politikbereichen, etatistischen und nicht-etatistischen Verhandlungsstrukturen sowie zwischen den Untersuchungsländern. Wir gehen folglich der Vermutung nach, dass Vermittlungsstrukturen politikfeld- oder aber länderspezifisch sind.

Tabelle 3: Durchschnittliche Distanz der Akteursposition (pos) von der nationalen Position (np), der Medianposition (mp) und der Anfangsposition (ip)

	Mittelwert |pos-np|	Mittelwert |pos-mp|	Mittelwert |pos-ip|
Federführendes Ministerium	12,89 (16,16)	25,12 (31,33)	0,85 (4,66)
Normales Ministerium	23,68 (28,50)	14,90 (25,01)	20,45 (29,72)
Parlament	32,18 (33,95)	26,00 (36,36)	30,27 (37,30)
Spezifische Verbraucherinteressen	42,55 (37,72)	34,94 (34,82)	47,05 (39,51)
Allgemeine Verbraucherinteressen	31,94 (27,10)	33,69 (28,54)	28,61 (30,22)
Spezifische Produzenteninteressen	44,44 (32,99)	24,49 (38,53)	48,99 (36,66)
Allgemeine Produzenteninteressen	54,77 (35,24)	27,44 (28,52)	56,33 (37,98)
Finnland	29,48 (32,51)	20,00 (32,06)	25,35 (32,85)
Deutschland	33,36 (28,10)	23,26 (27,32)	32,11 (33,63)
Großbritannien	27,13 (37,45)	20,26 (34,64)	23,46 (37,24)
Niederlande	41,64 (34,35)	32,11 (35,65)	42,00 (40,61)

Anmerkung: Standardabweichung in Klammern.

Der Einbezug der Etatismusvariable folgt der Erwartung, dass in etatistisch geprägten Aushandlungssituationen der Gewinn der Akteure kleiner sein sollte. Voraussetzung für diese Analyse ist eine Veränderung von ursprünglicher und endgültiger Position des federführenden Ministeriums, so dass wir alle Fälle ausschließen müssen, in denen zwischen dem Verhandlungsvorschlag des federführenden Ministeriums und dem Verhandlungsergebnis kein Unterschied vorlag. Wie bereits erwähnt, können sonst die Modelle zugunsten des etatistischen Typs verzerren, der annimmt, dass die führenden Ressorts in der Lage sind, den größten Einfluss auf das Vorverhandlungsergebnis auszuüben. Dies reduzierte die Fallzahl auf Themenebene um 337 von insgesamt 774 Fällen in allen Ländern. Bezogen auf die Ebene der Gesetzgebungsvorschläge werden in den einzelnen Ländern unterschiedlich viele Vorschläge ausgenommen: in Großbritannien insgesamt 10, Niederlande 10, Finnland 8 und Deutschland 4 Vorschläge.[21] Über alle vier Länder hinweg wurde nur ein Vorschlag von der Analyse ausgeschlossen, bezüglich dessen in allen vier Ländern die anfängliche Position des Ministeriums auch die nationale Verhandlungsposition blieb, nämlich die Richtlinie zur Tabaksteuer (Com 98320). Für die ausgeschlossenen Initiativen lassen sich keine politikfeldspezifischen Cluster ausmachen, so dass keine nennenswerten politikfeldspezifischen Verzerrungen unserer Ergebnisse zu befürchten sind. Der Ausschluss von Vorschlägen ließe sich aber auch dahin-

---

21 Da die Vorschläge in den einzelnen Ländern unterschiedlich viele Streitpunkte und Akteure betreffen konnten, verteilt sich die Anzahl der ausgeschlossenen Fälle wie folgt: Großbritannien 140, Niederlande 98, Finnland 75 und Deutschland 24.

gehend interpretieren, dass generell bei vielen Vorschlägen die federführenden Ministerien erfolgreich die Agenda setzen und ihre Positionen verteidigen bzw. durchsetzen können. Im internationalen Vergleich scheinen in Großbritannien, in den Niederlanden und in Finnland die federführenden Ministerien beharrlicher an ihrer anfänglichen Position festzuhalten als in Deutschland, wobei diese These diejenigen Vorschläge, in denen die Ministerien ihre anfängliche Position verändert haben, nicht berücksichtigt.

Tabelle 4: *Einfluss von Makrovariablen als Determinanten für den Nettoverlust eines Akteurs (OLS-Regressionen)*

	(1)	(2)	(3)	(4)
Politikfeld:				
Agrarpolitik	7,05**	6,55*	6,74*	2,20
	(3,18)	(3,20)	(3,22)	(5,75)
Binnenmarkt		-9,79	-9,76	-14,71
		(8,09)	(8,09)	(9,54)
Steuerpolitik				2,11
				(6,20)
Finanzpolitik				-3,62
				(7,71)
Wettbewerbspolitik				-5,27
				(5,91)
Justizangelegenheiten				-5,93
				(5,12)
Arbeitspolitik				-6,30
				(6,75)
Verbraucherschutz				-5,21
				(5,80)
Länder:				
Deutschland	18,88***	18,96***	18,62***	17,11***
	(4,85)	(4,67)	(4,70)	(4,88)
Niederlande	19,06***	19,87***	19,41***	18,63***
	(4,95)	(4,99)	(5,04)	(5,31)
Finnland	11,33**	11,43**	11,03**	9,34*
	(5,10)	(5,09)	(5,13)	(5,37)
Interessenvermittlung:				
Etatismus			-11,45	-11,04
			(16,71)	(16,81)
Differenz zum Median	0,18***	0,19***	0,19***	0,18***
	(0,04)	(0,04)	(0,04)	(0,04)
Konstante	-25,51***	-25,56***	-25,22***	-19,31**
	(4,43)	(4,43)	(4,46)	(6,87)
N	437	437	437	437
Adj. R²	,10	,10	,10	,10

Anmerkung: Ausgewiesen werden unstandardisierte Parameterschätzungen und in Klammern die Standardfehler.
*** p<0,01 ** p<0,05 *p<0,1

Die Ergebnisse in Tabelle 4 machen deutlich, dass die Einflüsse der politikfeldspezifischen Makrovariablen gering sind. Dies deutet darauf hin, dass die Interessenvermittlung eher fall- als politikfeldspezifisch strukturiert ist. Das einzige Politikfeld, das in einem gewissen Ausmaß einen Unterschied ausweist, ist die Agrarpolitik. Der zumindest in einigen Schätzgleichungen signifikante Einfluss deutet darauf hin, dass sich die gesellschaftlichen Akteure gegenüber dem federführenden Ministerium zumindest der Tendenz nach durchsetzen können. Gleichzeitig bestätigt die Analyse, dass es zwischen den Ländern Unterschiede gibt und dass der Nutzen, den ein Akteur aus den Vorverhandlungen ziehen kann, in Deutschland und den Niederlanden größer ist als in Großbritannien oder Finnland. Die für Deutschland und die Niederlande relativ großen Schätzwerte bedeuten auch, dass die Veränderungen der Verhandlungsposition dort ausgeprägter sind als anderswo. Diese Ergebnisse weisen darauf hin, dass die nationalstaatlichen Vermittlungsstrukturen den Interessengruppen einen höchst unterschiedlichen Zugang zu den Entscheidungsträgern in den Schlüsselministerien gewähren.

Um den Einfluss der Makroeffekte ins rechte Bild zu rücken, nehmen wir in die folgenden Analyse Variablen auf, welche die unterschiedlichen Akteurstypen erfassen. Als abhängige Variable verwenden wir wiederum die Nutzenveränderung eines Akteurs im Laufe der Vorverhandlungen. Damit wir den Einfluss von staatlichen und gesellschaftlichen Akteuren auseinanderhalten können, berechnen wir unterschiedliche Modelle. Das erste Modell ist rein gouvernemental und gibt den Einfluss der Regierungsakteure auf das endgültige Verhandlungsergebnis wieder. Das zweite Modell untersucht den Einfluss von parlamentarischen Akteuren. Interessengruppen berücksichtigen wir im dritten Modell, und das vierte Modell stellt eine Zusammenfassung der drei Modelle mit verschiedenen Akteurstypen dar. Ins fünfte Modell nehmen wir schließlich noch einige Makrovariablen auf. Alle Modelle enthalten die identische Menge an Kontrollvariablen, nämlich drei Länderdummies und ein Maß, das die absolute Differenz zwischen der Akteursposition und der Medianposition bezüglich eines Themas wiedergibt. Diese letzte Variable wurde aufgenommen, um beurteilen zu können, ob es sich auszahlt, eher eine extreme oder eine eher vermittelnde Position einzunehmen.

Die in Tabelle 5 gewonnene Evidenz lässt die Schlussfolgerung zu, dass der Einfluss von Regierungsakteuren auf die Verhandlungsposition hochsignifikant ist. Weil das federführende Ministerium und zumindest teilweise auch die anderen Ministerien Agendasetzer sind, muss ihre Nutzenänderung negativ sein. Die Analyse bestätigt, dass große Ungleichgewichte zwischen konkurrierenden Interessengruppen bestehen. Insgesamt sind nur sektorale Produzenten- und Verbrauchergruppen und mit Abstrichen allgemeine Produzentengruppen in der Lage, die nationalen Vorverhandlungen erfolgreich in ihre Richtung zu lenken. Dieser Einfluss ist besonders in Deutschland und den Niederlanden ausgeprägt, wie eine nach Untersuchungsländern getrennte, hier nicht ausgewiesene Analyse ergab. Dieses Ergebnis bestätigt den Verdacht von Olson (1965) und anderen. Es widerlegt auch die Korporatismusthese, derzufolge eine Interessenkonvergenz zwischen konkurrierenden Verbänden zu erwarten sei. Die einzige Ausnahme von diesem Trend ist Finnland, wo spezifische Produzenteninteressen zu den Verlierern zählen. Die Organisationen, die allgemeine Produzenteninteressen vertreten, scheinen machtvolle Akteure in Großbritannien zu sein, ein Einfluss, der nur durch den ausgleichenden Druck von Seiten der sektoralen Verbraucherlobbies begrenzt wird.

Tabelle 5: **Einfluss von Akteurs- und Makrovariablen auf den Nettonutzen eines Akteurs (OLS-Regressionen)**

	(1)	(2)	(3)	(4)	(5)
Politikfeld:					
Agrarpolitik					5,43
					(3,01)
Binnenmarkt					-4,11
					(7,63)
Länder:					
Deutschland	19,51***	19,75***	21,79***	20,92***	19,98***
	(4,40)	(4,70)	(4,43)	(4,32)	(4,36)
Niederlande	22,69***	21,31***	24,83***	24,27***	22,43***
	(4,59)	(4,87)	(4,62)	(4,50)	(4,70)
Finnland	13,20***	12,45***	13,96***	13,83***	12,75***
	(4,79)	(5,13)	(4,83)	(4,72)	(4,76)
Interessenvermittlung:					
Etatismus					-7,48
					(15,80)
Akteure:					
Federführendes Ministerium	-23,33***			-15,08**	-15,21***
	(3,04)			(3,70)	(3,71)
Normales Ministerium	-5,59**			2,44	2,40
	(2,96)			(3,60)	(3,67)
Parlament		-1,37		2,99	3,43
		(5,27)		(5,35)	(5,36)
Spezifische Verbraucherinteressen			18,11***	14,56**	15,09**
			(4,90)	(5,21)	(5,28)
Allgemeine Verbraucherinteressen			5,25	2,08	2,27
			(4,27)	(4,65)	(4,79)
Spezifische Produzenteninteressen			19,06***	15,81***	14,95***
			(2,66)	(3,32)	(3,38)
Allgemeine Produzenteninteressen			11,36***	8,07*	7,92*
			(3,26)	(3,80)	(3,86)
Differenz zum Median	0,17***	0,18***	0,15***	0,16***	0,16***
	(0,03)	(0,04)	(0,04)	(0,04)	(0,04)
Konstante	-21,54***	-25,62***	-34,24***	-30,76***	-30,17***
	(4,23)	(4,46)	(4,36)	(4,67)	(4,87)
N	437	437	437	437	437
Adj. R^2	0,20	0,09	0,20	0,24	0,25

Anmerkung: Ausgewiesen werden unstandardisierte Parameterschätzungen und in Klammern die Standardfehler.
*** $p<0,01$ ** $p<0,05$ * $p<0,1$

Ein drittes und kaum überraschendes Ergebnis ist, dass es den parlamentarischen Akteuren nicht gelingt, einen signifikanten Einfluss auszuüben. Dieses Ergebnis steht im Einklang mit anderen Forschungsergebnissen über die Entwicklung des Verhältnisses von Regierung und Parlament im Zuge der fortschreitenden Integration (z.B. Holzhacker 2002, Norton 1998, 1996, Raunio 1999, Raunio/Wiberg 2000a, Raunio/Hix 2000). Nach den vergleichenden Studien von Norton (1998) gehören der Bundestag, die Tweede Kamer sowie die skandinavischen Parlamente zu den effektiveren Legislativen in der Ausübung parlamentarischer Kontrolle, während das Unterhaus eher als schwach zu bewerten sei.[22] Nichtsdestotrotz hat die Bedeutung von Parlamenten als Kontrollorgane durch die Herausbildung von Parteienregierungen stark abgenommen. Gerade in EU-Fragen scheint die Aufsicht vor allem von den Regierungsparteien auszugehen (Holzhacker 2002). Die hier erfolgte Fokussierung auf die nationalen Vorverhandlungen kann nicht gänzlich ausschließen, dass sich der Einfluss der Akteurstypen und speziell der nationalen Parlamente in anderen Phasen des politischen Prozesses verändern könnte. Allerdings ist ein Einflussgewinn der nationalen Parlamente gerade mit Bezug auf EU-Richtlinien nicht zu erwarten, da sie bei der Umsetzung von Richtlinien nur über beschränkte Entscheidungs- oder Gestaltungsspielräume verfügen, deren Ausmaß im Einzelfall von der Flexibilität der Richtlinie bestimmt ist. Schließlich sind auch Unterschiede in der Fähigkeit von nationalen Akteuren erkennbar, die Regierung umzustimmen. Die Agenda-Setting-Macht scheint in Deutschland und in den Niederlanden am begrenztesten zu sein. Dies geht zumindest teilweise mit den Theoretikern konform, die vermuten, dass Interessengruppen über einen beträchtlichen Einfluss in diesen Ländern verfügen. Die Veränderung der Variablen, welche die absolute Differenz zwischen der anfänglichen Position eines Akteurs und der Medianposition misst, deutet letztlich darauf hin, dass es sich auszahlt, eine relativ extreme Position einzunehmen. Schließlich gilt es zu beachten, dass der Einschluss weiterer unabhängiger Variablen – besonders der Makrovariablen – keine klaren Ergebnisse erbrachte. Damit ist die These zu verneinen, in bestimmten Politikfeldern ergäben sich wiederkehrende Aushandlungsmuster. Um das Ausmaß der Agendasetzungsmöglichkeiten der federführenden Ministerien genauer einzuschätzen, untersuchen wir noch als zusätzliche abhängige Variable die relative Nutzenänderung. In dieses Konzept geht ein, inwiefern sich die Ausgangsposition eines Akteurs gegenüber dem Median sämtlicher Akteurspositionen unterscheidet. Wenn das federführende Ministerium aufgrund dieser Maßzahl einen positiven Einfluss hat, ergeben sich Indizien für die These, dass die innenpolitischen Aushandlungen im Wesentlichen etatistisch geprägt sind.

---

22 Zu den Maßnahmen des finnischen Parlaments zur Stärkung der Kontrolle der Regierungsagenda für die EU vgl. Raunio/Wiberg (2000b).

Tabelle 6: *Makro- und Akteursvariablen als Determinanten des Nettoverlusts von Akteuren in Abhängigkeit von ihrem Abstand zur Medianposition (|pos-md|-|pos-np|)*

	(1)	(2)	(3)	(4)	(5)
Politikfeld:					
Agrarpolitik	-3,15	-3,10	-2,80	-3,57	-3,58
	(3,81)	(3,81)	(3,69)	(3,68)	(3,63)
Binnenmarkt	-13,15*	-13,31*	-13,61*	-20,49***	-20,79***
	(7,65)	(7,66)	(7,42)	(7,40)	(7,36)
Länder:					
Deutschland	-0,72	-0,68	-0,17	-1,29	-0,44
	(3,79)	(3,80)	(3,68)	(3,70)	(3,65)
Niederlande	1,44	1,55	0,68	1,79	2,02
	(3,86)	(3,87)	(3,75)	(3,76)	(3,72)
Großbritannien	3,16	3,26	3,06	1,90	1,97
	(4,20)	(4,20)	(4,06)	(4,05)	(4,00)
Interessenvermittlung:					
Etatismus	10,14	9,66	14,60	1,16	3,56
	(16,27)	(16,30)	(15,76)	(15,75)	(15,55)
Akteure:					
federführende Ministerium			26,19***		17,23***
			(3,56)		(4,17)
normales Ministerium			5,02		-4,31
			(3,69)		(4,33)
Parlament			3,17		-0,99
			(6,11)		(6,23)
Spezifische Verbraucherinteressen				-5,56	-1,91
				(5,17)	(5,55)
Allgemeine Verbraucherinteressen				2,90	6,10
				(6,13)	(6,45)
Spezifische Produzenteninteressen				-18,83	-15,26***
				(3,31)	(3,96)
Allgemeine Produzenteninteressen				-27,01	-23,50***
				(3,75)	(4,31)
Konstante	-9,19***	-9,40***	-13,84***	-0,72	-4,59
	(2,96)	(3,00)	(2,96)	(3,13)	(3,81)
N	774	774	774	774	774
Adj. R^2	0,00	0,00	0,05	0,07	0,10

Anmerkung: Ausgewiesen werden unstandardisierte Parameterschätzungen und in Klammern die Standardfehler.
*** $p<0,01$ ** $p<0,05$ * $p<0,1$

Die Analyse offenbart, dass sich die staatlichen Akteure im Vergleich zu den Medianinteressen durchsetzen. Agendasetzungsmacht spielt also in den Vorverhandlungen zu Kommissionsvorschlägen eine wichtige Rolle. Ein zweites Resultat ist, dass sich die Verbraucherinteressen gegenüber dem Median nicht so klar durchsetzen. Dies kann zum einen darauf zurückzuführen sein, dass relativ viele spezifische Interessen sich in Mediannähe ansiedeln und dass der eigentliche Orientierungspunkt der Vorschlag der Regierung sein soll. Die negative Veränderung, welche die Produzenteninteressen in Bezug auf die Medianposition erfahren, deutet darauf hin, dass sich die Regierung in einem gewissen Ausmaß gegen sektorale Interessen stemmen kann. Dies zeigt auch die Länderanalyse, die wir hier nicht näher ausweisen. Hier profitieren, zumindest in Deutschland, die Verbraucherinteressen. Ihr positiver Einfluss bedeutet zumindest, dass der absolute Abstand zwischen der Verhandlungsposition und der Medianposition größer ist als der Abstand zwischen dem Idealpunkt und dem Ergebnis des innenpolitischen Formulierungsprozesses. In Finnland und Großbritannien kann die Regierung wiederum den Einflussversuchen der spezifischen Produzenteninteressen widerstehen, während in Deutschland die parlamentarischen Akteure einen relativen Gewinn aus den Verhandlungen ziehen.

7   Resümee

Die theoretische Forschung zur europäischen Integration hat schon seit längerem thematisiert, wie Interessengruppen und andere Beteiligte den Entscheidungsprozess in der EU beeinflussen. Die große Anzahl an Hypothesen zu diesem Themengebiet steht jedoch im beträchtlichen Gegensatz zur kumulativen Evidenz über die Struktur der Interessenvermittlung. Dieser Beitrag versucht in einer neuartigen Weise, Mikro- und Makroanalyse zu verbinden und quantitativ zu überprüfen, ob die Interaktionen bei den binnenstaatlichen Vorverhandlungen zu legislativen Vorschlägen der Kommission einer korporatistischen oder einer pluralistischen Logik folgen. Unsere Tests stützen weder die eine noch die andere Erwartung. Vielmehr scheint die Positionierung der staatlichen Akteure der Schlüssel zu sein, um die nationalen Vorverhandlungen verstehen zu können.

Wenn man den Blick nur auf den Einfluss von nicht-staatlichen Akteuren richtet, ist zu erkennen, dass Gruppen mit spezifischen Produzenteninteressen den größten Einfluss auf die Formulierung der nationalen Position ausüben, die Regierungen bei den Verhandlungen im Ministerrat einnehmen. Diesbezüglich ist die Interessenvermittlung dem Olsonianischen Neopluralismus viel näher als einer korporatistischen Konzeption. Die einzige wichtige Ausnahme von diesem Trend ist jedoch Finnland, das im untersuchten Zeitraum eher Verbraucherinteressengruppen zu bevorzugen schien. Diese Ergebnisse stützen teilweise die Hypothese von Katzenstein (1985), nach dem die Interessenvermittlung in Skandinavien eher „linke" Positionen stützt. Allerdings ist wahrscheinlich eher Klientelismus als Korporatismus die richtige Bezeichnung für die Klassifizierung der beobachtbaren Allianzen zwischen Regierungsakteuren und privilegierten Interessengruppen (Schneider/Baltz 2003).

Die auffallende Abwesenheit und der mangelnde Einfluss von parlamentarischen Akteuren bei einer Positionierung heben hervor, dass die Legitimationsprobleme der EU vermutlich schon auf der nationalen Ebene beginnen. Demgegenüber ließe sich zwar einwenden, dass die Ministerialpositionen auch die Interessen der politischen Parteien widerspiegeln. Wir gehen aber angesichts der starken Aktivierung von Interessengruppen im Verhältnis zu Parteien davon aus, dass aufgrund des Drucks der jeweiligen Politikfeldklientel die Ministerien sehr starke Eigeninteressen haben und dass Parteiprogramme für die Wahl einer Position zweitrangig sind.

Obwohl die in diesem Artikel gesammelte Evidenz nur einen Ausschnitt der Formulierungsprozesse nationaler Positionen zur EU-Politik beleuchtet, unterstreicht sie die Bedeutung systematischer empirischer Forschung für die Analyse der Interessendurchsetzung in der EU. Das starke Gewicht der Regierungen ist ein Hinweis darauf, dass bei den Entscheidungsprozessen im europäischen Mehrebenensystem der innenpolitischen Formierung von Verhandlungspositionen eine wichtige Rolle zukommt. Unsere Analyse hat sich dieser Phase angenommen und gezeigt, dass es bei diesen Prozessen erhebliche Unterschiede zwischen den untersuchten Mitgliedstaaten gibt.

Literaturverzeichnis

Atkinson, Michael/Coleman, William D. (1989): Strong States and Weak States: Sectoral Policy Networks in Advanced Capitalist Economies. British Journal of Political Science; Bd. 19, Heft 1: 47-67.

Bailer, Stefanie/Cemerin, Michael/König, Thomas/Schneider, Gerald (2001): Interim Research Report on the Project 'The Relevance of Threats and Promises in EU Decision Making', unveröff. Manuskript, Universität Konstanz.

Bailer, Stefanie/Schneider, Gerald (2002): Macht und Einfluss in EU-Verhandlungen: Das Integrationsdilemma Deutschlands in vergleichender Perspektive. in: Hegmann, Horst/Neumärker, Bernhard (Hrsg.). Die Europäische Union aus politökonomischer Perspektive. Marburg: Metropolis: 171-204.

Barry, Brian (1980): Is It Better to be Powerful or Lucky, Part I and Part II. Political Studies; Bd. 28: 183-194, 317-43.

Bender, Brian G. (1991): Governmental Processes: Whitehall, Central Government and 1992. Public Policy and Administration; Bd. 6, Heft 1: 13-20.

Czada, Roland (1984): Zwischen Arbeitsplatzinteressen und Modernisierungszwang. in: Wimmer, Hannes (Hrsg.). Wirtschafts- und Sozialpartnerschaft in Österreich. Wien: VWGÖ: 135-184.

Freeman, John R. (1989): Democracy and Markets: The Politics of Mixed Economies. Ithaca: Cornell University Press.

Gillingham, John (1991): Coal, Steel, and the Rebirth of Europe, 1945 - 1955: The Germans and French from Ruhr Conflict to Economic Community. Cambridge: Cambridge University Press.

Gorges, Michael J. (1996): Euro-Corporatism? Interest Intermediation in the European Community. Lanham: University Press of America.

Greenwood, Justin/Aspinwall, Mark D. (1998): Collective Action in the European Union: Interests and the New Politics of Associability. London: Routledge.

Greenwood, Justin/Jordan, Grant (1993): The United Kingdom: A Changing Kaleidoscope. in: Van Schendelen, Marinus P.C.M. (Hrsg.). National Public and Private Lobbying. Aldershot: Dartmouth: 65-90.

Holzhacker, Ronald (2002): National Parliamentary Scrutiny over EU Issues: Comparing the Goals and Methods of Governing and Opposition Parties. European Union Politics; Bd. 3, Heft 4: 459-479.

Jones, Kelvin/Duncan, Craig (1998): Modelling Context and Heterogeneity: Applying Multi-level Models. in: Scarbrough, E./Tanenbaum, E. (Hrsg.). Research Strategies in the Social Sciences. Oxford: Oxford University Press: 95-126.

Katzenstein, Peter (1985): Small States in World Markets: Industrial Policy in Europe. Ithaca: Cornell University Press.

Kohler-Koch, Beate (1993): Germany: Fragmented but Strong Lobbying. in: Van Schendelen, Marinus P.C.M. (Hrsg.). National Public and Private Lobbying. Dartmouth: Aldershot Press: 23-48.

König, Thomas (1995): Die Koordination in Verhandlungssystemen. Kölner Zeitschrift für Soziologie und Sozialpsychologie; Bd. 47, Heft 2: 268-294.

König, Thomas (1997): Europa auf dem Weg zum Mehrheitssystem. Gründe und Konsequenzen nationaler und parlamentarischer Integration. Opladen: Westdeutscher Verlag.

König, Thomas/Pöter, Mirja (2001): Exploring the Domestic Arena: The Formation of Policy Positions in EU Member States. Paper presented at the ECPR conference in Canterbury, England, September.

Lane, Jan-Erik/Ersson, Svante (1997): The Institutions of Konkordanz and Corporatism: How closely are they connected? Swiss Political Science Review; Bd. 3, Heft 1: 5-29.

Lehmbruch, Gerhard (1967): Proporzdemokratie: Politisches System und politische Kultur in der Schweiz und in Österreich. Tübingen: Mohr.

Lehmbruch, Gerhard (1984): Concertation and the Structure of Corporatist Networks. in: Goldthorpe, John H. (Hrsg.). Order and Social Conflict in Contemporary Capitalism. Oxford: Clarendon Press: 60-80.

Lehmbruch, Gerhard/Schmitter, Philippe C. (1982): Patterns of corporatist policy-making. London: Sage.

Mazey, Sonja/Richardson, Jeremy (1993): Lobbying in the European Community. Oxford: Oxford University Press.

Mokken, Robert J./Payne, Diane/Stokman, Frans N./Wasseur, Frans W. (2000): Decision Context and Policy Effectuation: EC Structural Reform in Ireland. Irish Political Studies; Bd. 15, Heft 1: 39-61.

Molina, Oscar/Rhodes, Martin (2002): Corporatism: The Past, Present, and Future of a Concept. Annual Review of Political Science; Bd. 5: 305-331.

Norton, Philip (1996): National Parliaments and the European Union. London: Frank Cass.

Norton, Philip (1998): Parliaments and Governments in Western Europe. London: Frank Cass.

Olson, Mancur (1965): The Logic of Collective Action. Public Goods and the Theory of Groups. Cambridge: Harvard University.

Pedler, Robin/Van Schendelen, Marinus P.C.M. (1994): Lobbying the European Union: Companies, Trade Associations and Issue Groups. Dartmouth: Aldershot Press.

Raunio, Tapio (1999): Always one step behind? National Legislatures and the European Union. Government and Opposition; Bd. 34, Heft 2: 180-202.

Raunio, Tapio/Hix, Simon (2000): Backbenchers learn to fight back: European Integration and Parliamentary Government. West European Politics; Bd. 23, Heft 4: 142-168.

Raunio, Tapio /Wiberg, Matti (2000a): Does Support Lead to Ignorance? National Parliaments and the Legitimacy of EU Governance. Acta Politica; Bd. 35, Heft 2: 146-168.

Raunio,Tapio/Wiberg, Matti (2000b): Building Elite Consensus: Parliamentary Accountability in Finland. Journal of Legislative Studies; Bd. 6, Heft 1: 59-80.

Schmitter, Philippe C. (1974): Still the Century of Corporatism? Review of Politics; Bd. 36, Heft 1: 85-121.

Schneider, Gerald/Bailer, Stefanie (2002): Mächtig, aber wenig einflußreich: Ursachen und Konsequenzen des deutschen Integrationsdilemmas. Integration; Bd. 1, Heft2: 49-60.

Schneider, Gerald/Baltz, Konstantin (2003): Specialization Pays Off. Interest Group Influence on EU Legislation in Four Member States. in: Holler, Manfred J *et al.* (Hrsg.). Yearbook for New Political Economy; Bd. 22 (i.E.).

Siaroff, Alan (1999): Corporatism in 24 Industrial Democracies: Meaning and Measurement. European Journal of Political Research; Bd. 36: 175-205.

Snijders, Thomas A./Bosker, Roel J. (1999): Multilevel Analysis: An Introduction to Basic and Advanced Multilevel Modelling. London: Sage.

Traxler, Franz/Schmitter, Philippe C. (1995): The Emerging Euro-Polity and Organized Interest. European Journal of International Relations; vol 1, Heft 2: 191-218.

Van den Bos, Jan (1991): Dutch EC Policy Making: a Model-Guided Approach to Coordination and Negotiation. Amsterdam: Thesis Publishers.

Van Schendelen, Marinus P.C.M. (1993): National Public and Private EC Lobbying. Dartmouth: Aldershot Press.

Weber-Panariello, Philippe A. (1995): Nationale Parlamente in der Europäischen Union, Schriftenreihe des Europäischen Zentrums für Föderalismus-Forschung Band 6. Baden-Baden: Nomos.

Die Europäisierung deutscher Interessengruppen:
Passen die Institutionen und reichen die Kapazitäten?[1]

Rainer Eising

1 Einleitung: Nationale Interessengruppen und europäische Integration

Deutsche Interessenorganisationen müssen sich gegenwärtig einer Reihe von strukturellen Herausforderungen stellen. Dazu zählen die Internationalisierung der Wirtschaft, die europäische Integration, technologischer Wandel und demographische Veränderungen ebenso wie der Wertewandel in der Gesellschaft. In diesem Beitrag wird untersucht, wie sich diese Organisationen auf die europäische Integration eingestellt haben. Der Begriff der *Europäisierung* soll hier die Konsequenzen der europäischen Integration – des Aufbaus europäischer Institutionen und der Entwicklung europäischer Politiken – für nationale Akteure, Strukturen und Prozesse bezeichnen.[2] Die Europäisierung der Interessenvermittlung betrifft vor allem[3]

- die Struktur des Verbandssystems,
- die Legitimität und Praxis der Beteiligung von Interessenorganisationen an Politikformulierung und -umsetzung sowie
- die Merkmale der einzelnen Interessengruppen, insbesondere ihre Organisation, Funktionen, Strategien und Position im Verbandsgefüge.

Deutschland ist als Fallstudie gut geeignet, weil in früheren Studien konkurrierende Hypothesen zur Europäisierung aufgestellt wurden, die es zu überprüfen gilt. Um die deutschen Besonderheiten besser einschätzen zu können, vergleiche ich deutsche Interessengruppen mit französischen und britischen Organisationen.

Eine Reihe von Studien zur Europäisierung der Bundesrepublik betont die Kongruenz von EU und nationaler Situation, um die Rückwirkungen der europäischen Integration zu erklären, selbst wenn sie unterschiedliche Auffassungen über das Ausmaß und die Wirkung des Deckungsgrades vertreten. Dies gilt auch für die Interessenvermittlung. So ist Maria Green Cowles der Ansicht, dass in der EU ein elitärer Pluralismus (dazu siehe Coen 1998) vorherrsche, der den deutschen Neo-Korporatismus einem großen Veränderungsdruck aussetze, aber kaum Auswirkungen auf den in Großbritannien praktizierten Pluralismus habe (Cowles 2001: 176-178). Vivien Schmidt hält dagegen, dass der „Quasi-Pluralismus" auf EU-Ebene eher dem deutschen Neo-Korporatismus als dem britischen oder gar dem französischen Etatismus ähnele. Danach ist

---
[1] Besonderen Dank für ihre detaillierte Kritik und hilfreichen Anregungen schulde ich Kenneth Dyson, Klaus H. Goetz, Beate Kohler-Koch und Ulf Sverdrup.
[2] Zur folgenden Diskussion der Europäisierung und mit weiteren Literaturhinweisen siehe Eising 2003.
[3] Ich blende die ordnungspolitische Frage nach der Rolle von Staat, Markt und Gesellschaft weitgehend aus, weil diese über die Interessenvermittlung hinaus reicht.

der Veränderungsdruck in Frankreich und Großbritannien größer als in der Bundesrepublik (1999: 161-162).

Studien, die auf die *Kongruenz* zwischen der nationalen und europäischen Situation abstellen, um die Wirkung der europäischen Integration zu erklären, zeichnen sich gemeinhin durch drei Elemente aus: Sie identifizieren zunächst den Grad der Deckungsgleichheit. Sodann leiten sie aus einem hohen (niedrigen) Grad der Kongruenz einen geringen (hohen) Anpassungsbedarf auf der nationalen Ebene ab. Schließlich untersuchen sie die Veränderungen auf der nationalen Ebene.

Bereits die unterschiedlichen Einschätzungen von Cowles und Schmidt weisen auf grundlegende Probleme dieses Vorgehens hin. Erstens ist Kongruenz nur schwer zu ermitteln. Unterschiedliche Gegenstände sind dabei in unterschiedlichem Maße für die Überprüfung der Deckungsgleichheit geeignet – die Kongruenz von informalen Mustern der Interessenvermittlung ist z.B. weitaus schwieriger zu ermitteln (s.u.) als die von EU-Richtlinien und nationalen Gesetzestexten. Auch die zeitliche Dimension der Europäisierung bringt Schwierigkeiten mit sich. Ist schon das Ausmaß der Kongruenz zu einem bestimmten Zeitpunkt schwer festzustellen, trifft dies umso mehr zu, wenn man Europäisierung als Prozess begreift, weil die europäische Integration ebenso wenig still steht wie die nationalen Gesellschaften. Ferner erfordert die europäische Integration nicht unbedingt Deckungsgleichheit auf nationaler Ebene, sondern nur die *Kompatibilität* zwischen EU und Mitgliedstaat. Die Unterschiede zwischen den Ebenen lösen dann nicht unbedingt Veränderungsdruck aus. Während EU-Richtlinien oftmals außer den Zielen auch die von den Mitgliedstaaten anzuwendenden Mittel festlegen, müssen beispielsweise informale Praktiken der Interessenvermittlung auf verschiedenen Ebenen nur miteinander vereinbar sein, nicht aber deckungsgleich. Schließlich ist in theoretischer Hinsicht gravierend, dass der Grad der Deckungsgleichheit weder eindeutig Aufschluss über den Anpassungsdruck gibt, den er ausübt, noch über den Umfang der Veränderungen, die er bewirkt. Dieses Problem wird noch dadurch verschärft, dass die Wirkung der Kongruenz auf die Mitgliedstaaten durch verschiedene nationale Faktoren kanalisiert wird.

So ist im Falle vollständiger Kongruenz der Interessenvermittlung keinerlei Veränderung zu erwarten (Schaubild 1), weil die nationalen Gruppen bereits perfekt daran angepasst sein sollten, EU-Institutionen in die Vertretung ihrer Interessen einzubeziehen (*Übereinstimmung*). Im Falle von Diskongruenzen sind zwei gegenläufige Szenarien denkbar, die von der Veränderungsfähigkeit auf nationaler Ebene abhängen. Auf der einen Seite könnten Interessenorganisationen sich als völlig unfähig erweisen, Anpassungsbedarf zu erkennen oder auf ihn zu reagieren – und das unabhängig vom Ausmaß der Diskongruenz (*Immobilität*). Die Koordination des Zugangs zu und der Einflussnahme auf eine Vielzahl von Institutionen sowie die Zusammenarbeit mit Interessenorganisationen auf mehreren staatlichen Ebenen verlangt nämlich erhebliche Handlungskapazitäten. Immobilität und Übereinstimmung haben damit dieselben Konsequenzen – nämlich keinerlei nationale Veränderungen. Auf der anderen Seite können Diskongruenzen *Veränderungen* auslösen, die von begrenzten *Anpassungen* bis hin zur *Transformation* der nationalen Situation reichen. Unterstellt man, dass der Wille und die Fähigkeit zur Anpassung an die europäische Integration jeweils in ausreichendem Maße vorhanden sind, kommt es immer zu einer vollständigen Anpassung der nationalen Situation an die EU. Im Falle vollständiger Diskongruenz führt dies zu einer Transformation der nationalen Situation. Nimmt man dagegen an, dass Veränderungswille und -fähigkeit vom Ausmaß der Diskongruenz abhängen, wird es i.d.R. nicht zu einer vollständigen Transformation der nationalen Situation kommen. Im Falle schwacher und mittlerer Diskongruenz besteht ohnehin nur ein begrenzter Veränderungsbedarf, nur im Falle hoher Diskongruenz ist der Veränderungsbedarf groß. Es kommt allerdings selbst in diesen Situationen vielfach nur zu geringen Veränderungen, weil sich oft starke Widerstände gegen die Reform etablierter Praktiken oder tradierter Normen regen – es sei denn, die europäischen Akteure sind dazu in der Lage, die nationale Befolgung zu erzwingen.

Schaubild 1: Kongruenz und Diskongruenz – Konsequenzen für die nationale Interessenvermittlung

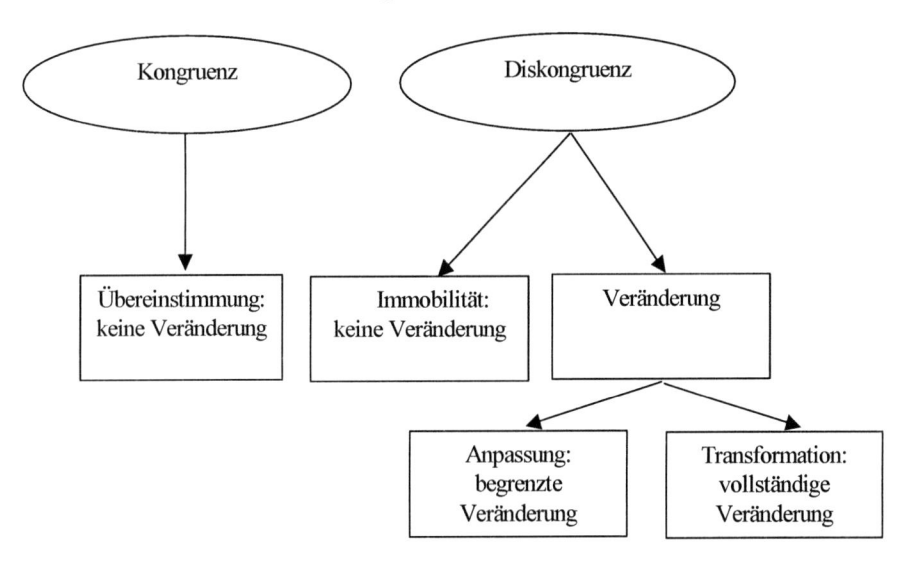

Diese kurze Diskussion verdeutlicht, dass Veränderungswille und -fähigkeit auf nationaler Ebene von zentraler Bedeutung für die Reaktionen auf die europäische Integration ist. Der Veränderungswille einzelner Organisationen und damit auch die Mechanismen des Wandels der Interessenvermittlung im Einzelfall werden hier nicht näher behandelt, weil dazu vergleichende Fallstudien und somit ein anderes als das hier genutzte methodische Instrumentarium besser geeignet sind.[4] Ich konzentriere mich stattdessen auf die Untersuchung der Handlungskapazitäten von Interessenorganisationen und vertrete die These, dass nicht so sehr die Kongruenz der Interessenvermittlung als vielmehr diese *Handlungskapazitäten* die Anpassung an die europäische Integration prägen. Sie umfassen zwei Elemente: Zum einen sind ausreichende *organisatorische Kapazitäten* – materielle Ressourcen und eine hinreichende Spezialisierung – grundlegende Voraussetzung für eine effektive Vertretung von Interessen. Zum anderen prägen vorherrschende Muster der Interessenvermittlung die *Verhandlungs- und Steuerungsfähigkeit* der Organisationen. Die These ist, dass im Unterschied zu pluralistischen und etatistischen Mustern der Interessenvermittlung insbesondere korporatistische Praktiken die Herausbildung solcher Fähigkeiten fördern. So binden in der korporatistischen Bundesrepublik staatliche Institutionen Interessenorganisationen routinemäßig in die Formulierung und Implementation von Politiken ein, selbst wenn viele dieser Organisationen kein Repräsentationsmonopol für ihre Domäne innehaben. Die Interessengruppen erwerben dadurch ein grundlegendes Verständnis für die Anforderungen öffentlicher Akteure und entwickeln die Fähigkeit, zwischen diesen und ihren Mitgliedern zu vermitteln und durch selbstregulative Arrangements zur Befolgung und Umsetzung staatlicher Politik beizutragen.

Aus der Betonung von Handlungskapazitäten lassen sich vier Hypothesen ableiten, die es zu prüfen gilt: Erstens haben deutsche Verbände weniger Schwierigkeiten, ihre Interessen im EU-Mehrebenensystem zu vertreten als Organisationen aus nichtkorporatistischen Ländern. Zweitens sind gut ausgestattete Akteure wie Großunternehmen oder große Verbände eher dazu fähig, ihre Interessen im Mehrebenensystem zu vertreten als solche Organisationen, die über geringere materielle Ressourcen verfügen. Drittens wird tendenziell die etablierte Position eines Verbandes als staatlicher Verhandlungspartner auf die europäischen Institutionen übertragen. Schließlich führt die europäische Integration insgesamt nur zu geringen bis moderaten Anpassungen, ohne etablierte Praktiken und Beziehungen im Verbandsgefüge grundlegend zu transformieren.

Ich überprüfe diese Hypothesen auf die folgende Art und Weise: Im zweiten Abschnitt analysiere ich die Tragweite der Kongruenzhypothese. Zunächst stelle ich wesentliche Aspekte der Institutionengefüge und der Interessengruppensysteme in der EU und der Bundesrepublik einander gegenüber. Daraufhin analysiere ich die Einbindung

---

4   Zum Präferenzwandel von Interessenorganisationen und zur Veränderung von Interessenkoalitionen infolge der europäischen Integration vgl. Eising/Jabko 2001.

von Interessengruppen in Politikformulierung und -implementation. Dieser Abschnitt unterstreicht, dass es schwierig ist, aus der Kongruenz von Institutionen, Verbandssystemen und Mustern der Interessenvermittlung konkrete Folgerungen für die Anpassung nationaler Interessenorganisationen abzuleiten. Im dritten Abschnitt analysiere ich anhand der Strategien, die deutsche Gruppen einschlagen, um ihre Interessen im EU-Mehrebenensystem zu verfolgen, systematisch die Kapazitätshypothese. Zunächst entwickle ich mittels einer Clusteranalyse eine empirische Typologie, die sich von Nischenverbänden, welche kaum einmal selbst politische Interessen vertreten, bis zu Mehrebenenspielern erstreckt, welche ihre Interessen routinemäßig auf nationaler und auf EU-Ebene vertreten. Dann belege ich, dass die Handlungskapazitäten der Typen signifikant differieren. Mehrebenenspieler verfügen im Durchschnitt über größere Finanzmittel als die anderen Typen, sind stärker auf die Interessenvermittlung spezialisiert und haben auch größere Verhandlungskapazitäten.

Die Analyse stützt sich in erster Linie auf eine 1998-99 durchgeführte Befragung von deutschen, britischen, französischen und EU-Wirtschaftsverbänden sowie von Großunternehmen in den drei EU-Mitgliedstaaten (EUROLOB).[5] Auf der Basis der einschlägigen Handbücher sind in der Vollerhebung 1.998 Wirtschaftsverbände (ohne Berufsverbände) sowie 68 Großunternehmen befragt worden. Der Gesamtrücklauf betrug 40,9 Prozent (860 Antworten) und die Rücklaufquote für die deutschen Wirtschaftsverbände bezifferte sich auf 44,2 Prozent (321 Antworten).[6]

2 Kongruenz der Interessenvermittlung?

2.1 Staatliche Institutionen und Interessenvermittlung

Staatliche Institutionen bilden einen Rahmen für die Aktivitäten von Interessenorganisationen. Die wesentlichen Anforderungen der europäischen Integration an nationale Interessengruppen werden deshalb in vielen Analysen aus der Struktur der Institutionen abgeleitet (z.B. Kohler-Koch 1992; Imig/Tarrow 2001; Marks/Hooghe 2001). Diese Studien analysieren die neuen Konfliktstrukturen und Koalitionsmöglichkeiten und schließen aus der Veränderung des Institutionengefüges vor allem, dass Interessenorganisationen nunmehr auf nationaler und europäischer Ebene präsent sein müssen. In dieser Sichtweise bilden staatliche Institutionen einen Handlungskorridor, der Interessenorganisationen unterschiedliche Strategien der Interessenverfolgung erlaubt. Europäisierungsstudien betonen demgegenüber die institutionelle Kongruenz zwischen EU und

---

5   Die Befragung habe ich am Mannheimer Zentrum für Europäische Sozialforschung mit Christine Quittkat unter der Leitung von Beate Kohler-Koch durchgeführt. Für die finanzielle Unterstützung danke ich dem European Centre for Public Affairs, Oxford University und der Universität Mannheim.
6   Da sich der Aufsatz weitgehend auf diese Querschnittsdaten statt auf Zeitreihen stützt, bildet er die kumulierten Reaktionen deutscher Interessenorganisationen auf die Einbindung in die europäische Integration in den späten 1990er Jahren ab.

Mitgliedstaaten, um die Konsequenzen für Interessengruppen einzuschätzen. Überwiegend wird die Europäische Union als weitgehend kongruent mit der Bundesrepublik Deutschland angesehen (Bulmer 1997; Katzenstein 1997) und sollte auf Interessengruppen deshalb nur begrenzten Anpassungsdruck ausüben (Schmidt 1999).

Die Einschätzung beruht auf folgenden Feststellungen: Erstens ist die EU wie die Bundesrepublik Deutschland ein *Mehrebenensystem*. Beide Verbandssysteme sind daher entlang *territorialer Kriterien* gegliedert. Viele EU-Verbände sind Verbandsföderationen oder haben eine gemischte Mitgliedschaft aus Unternehmen und nationalen Verbänden, und viele Bundesverbände sind neben ihrer fachlichen Gliederung in Landesverbände unterteilt. Interessenkonflikte entlang nationaler Grenzen können in EU-Verbänden genauso wichtig oder sogar noch wichtiger sein als solche entlang funktionaler Linien zwischen den Verbänden. Für die stärkere Ausbildung territorialer Konflikte in EU-Verbänden im Vergleich zu deutschen Spitzen- und Dachverbänden gibt es v.a. folgende Gründe: Zum einen zeichnen sich die EU-Mitgliedstaaten durch eine stärkere Heterogenität aus als die deutschen Bundesländer. Zum anderen wirkt sich die Aufgabenverteilung zwischen den staatlichen Ebenen zwar jeweils auf diejenige innerhalb des Verbandsgefüges aus: In Deutschland artikulieren die „nationalen Spitzenorganisationen im Wesentlichen Forderungen, die sich auf bundesweite Regulierungen (Bundesgesetze, technische Standards, Arbeitsschutznormen usw.) beziehen, während Verbände auf Landesebene sich mehr mit politischen und administrativen Entscheidungen im Gesetzesvollzug, der Verteilung öffentlicher Mittel, der Fachplanung und dem Krisenmanagement befassen" (Mayntz 1990: 153). Eine ähnliche Aufgabenverteilung gibt es auch zwischen EU-Verbänden und nationalen Verbänden – schließlich sind die EU-Institutionen vornehmlich für die Rechtsetzung zuständig und die Mitgliedstaaten für die Implementation von EU-Politik – aber letztere haben über den Rat der EU größere Entscheidungsrechte in der EU-Rechtsetzung als die Bundesländer über den Bundesrat in der Bundesgesetzgebung. Zudem ist ihre Eigenständigkeit in der EU größer als die der Länder im „verkappten Einheitsstaat" (Abromeit 1992), sodass nationale Verbände in stärkerem Maße in nationalen Politiknetzen verharren und das europäische Verbandsgefüge einen geringeren Grad der Zentralisierung verbandlicher Macht aufweist als das deutsche Verbandsgefüge.[7]

Zweitens zeichnen sich die EU und die Bundesrepublik durch eine ausgeprägte *horizontale Segmentierung und Verflechtung* der staatlichen Institutionen aus. Diese sind auf jeder Ebene intern nach funktionalen Kriterien strukturiert, miteinander verflochten sind sie in der Rechtsetzung und auf EU-Ebene auch im Vollzug der Politik. Die horizontale Segmentierung trägt zur Herausbildung von spezialisierten Politiknetzen mit je

---

7   Allerdings muss man hier in der EU wie in Deutschland einige Unterschiede in Rechnung stellen. Beispielsweise sind im Deutschen Bauernverband die Landesverbände bedeutsamer als die lediglich assoziierten Fachverbände. Dagegen vertritt der Bundesverband der Deutschen Industrie ausschließlich die ihm angeschlossenen industriellen Fachverbände. Er setzt sich nicht aus Landesverbänden zusammen, sondern unterhält Vertretungen in den Ländern (vgl. Reutter 2001).

eigener Sichtweise bei, die teilweise gegeneinander abgeschottet sind. Herausforderungen für deutsche Interessengruppen ergeben sich dann, wenn der Zuschnitt der Segmentierung auf EU-Ebene sich von dem auf nationaler Ebene unterscheidet. Überdies lässt die Einbettung der Interessengruppen in ausdifferenzierte sozio-ökonomische Strukturen keines der Verbandssysteme nach einer umfassenden Wettbewerbslogik funktionieren, selbst wenn eine Reihe von Organisationen gegensätzliche Interessen vertreten und andere um dieselbe Mitgliedschaft bemüht sind. Die Aktivitäten vieler Gruppen sind überhaupt nicht aufeinander bezogen (vgl. Greenwood 2003, Reutter 2001: 75). Insofern sind die Verbandssysteme loser gekoppelt als es Parteiensysteme sind.

Drittens ist es sowohl auf EU-Ebene als auch in der Bundesrepublik aufgrund der institutionellen Segmentierung und Verflechtung erforderlich, *Koalitionen* zwischen einer Vielzahl von öffentlichen und privaten Akteuren zu bilden. Diese Verhandlungs- und Konsenszwänge sind in der Bundesrepublik stark ausgeprägt, infolge des Parteienwettbewerbs im Bundesstaat ist aber auch das Mehrheitsprinzip von großer Relevanz, sodass – anders als auf EU-Ebene – neben den legislativen und administrativen Organen oftmals auch Parteien die Knotenpunkte von Verhandlungssystemen sind (Lehmbruch 2001). Selbst wenn Verbände deshalb das Gespräch mit verschiedenen Parteien suchen, bestehen traditionelle Verbindungen zu bestimmten Parteien fort (Liebert 1995: 422). In den EU-Verhandlungen sind die Vertreter der Kommission und der nationalen Regierungen nicht so stark an parteipolitische Positionen zurückgekoppelt. Das Ergebnis ihrer Verhandlungen entspricht stärker administrativer Rationalität und territorialen Interessen. Dabei dominiert das Prinzip der Konsensbildung (Katzenstein 1997; Kohler-Koch 1999). Es bietet nicht nur Schutz dagegen, in als wichtig empfundenen Fragen überstimmt zu werden, sondern garantiert auch, dass die Mitgliedstaaten EU-Maßnahmen als angemessen und fair betrachten können (vgl. Eising 2002: 103). Infolge des Konsensprinzips haben Interessengruppen in der EU-Politik eine stärkere faktische Vetoposition als in der deutschen Politik. Allerdings nutzen öffentliche Akteure in der EU ihre internen Verhandlungszwänge des öfteren dazu, sich an gemeinsame Positionen zu binden und so Forderungen von Interessengruppen abzuweisen (Grande 1994).

Viertens sind sowohl die EU als auch die Bundesrepublik in hohem Maße verrechtlicht. Auf beiden Ebenen ist Recht das zentrale staatliche Steuerungsinstrument, wobei die Bundesrepublik nicht so stark wie die Europäische Union auf die regulative Politik beschränkt ist, sondern den staatlichen Akteuren ein breiteres Repertoire an Steuerungsinstrumenten zur Verfügung steht. Die Gerichtsbarkeit ist in Deutschland stärker ausdifferenziert als in der EU, wo der Europäische Gerichtshof (EuGH) nicht nur Verfassungsgericht, sondern vor allem auch Verwaltungsgericht ist. Deutsche Interessenorganisationen können das Recht als Mittel der Interessenverfolgung auf EU-Ebene ebenso nutzen wie auf nationaler Ebene. Allerdings ist der Rechtsweg in der EU länger als im deutschen Rechtssystem, weil nationale Gerichte im Vorabentscheidungsverfahren ein

Problem zunächst als europarechtlich anerkennen und dann an den EuGH zur Auslegung weiterleiten müssen, bevor sie selbst das fallspezifische Urteil sprechen.

Schließlich verläuft die Entwicklung der EU-Institutionen weitaus dynamischer als die des deutschen Institutionengefüges, wenngleich in verschiedenen Politikfeldern durchaus ungleichmäßig. Unterschiedliche Interessen sind somit in unterschiedlichem Ausmaß von europäischer Politik betroffen. Tendenziell sind wirtschaftliche Gruppen stärker von ihr betroffen als nicht-wirtschaftliche Gruppen, weil der Schwerpunkt der europäischen Integration auf der Schaffung eines gemeinsamen Marktes und einer gemeinsamen Währung lag. Allerdings sind wirtschaftliche Interessenorganisationen auch auf nationaler Ebene ohnehin klar in der Überzahl gegenüber Organisationen, welche diffuse Interessen bündeln. In Deutschland liegt der Anteil der Wirtschaftsinteressen bei 74 Prozent und jener der nicht-wirtschaftlichen Interessen bei 19 Prozent (vgl. Sebaldt 1997). Auf EU-Ebene repräsentieren ca. 80 Prozent der 941 EU-Verbände Arbeitgeber- oder Produzenteninteressen und ca. 20 Prozent nicht-wirtschaftliche Interessen wie z.B. soziale Anliegen, Umweltschutz oder Menschenrechte (vgl. Eising/Kohler-Koch, in diesem Band).

Der Grund für das zahlenmäßige Übergewicht der Wirtschaftsverbände ist zum einen ihre größere Organisationskapazität und zum anderen die starke Ausdifferenzierung, die von Organisationen für einzelne Produktgruppen über Branchenzusammenschlüsse bis hin zu Vertretungen von übergreifenden Wirtschafts- und Arbeitgeberbelangen reicht. Vergleicht man die Zusammensetzung der Interessengruppensysteme nach wirtschaftlichen und nicht-wirtschaftlichen Interessen, so unterscheidet sich das deutsche nicht stark vom europäischen System.

Das EU-Interessengruppensystem kanalisiert auch die nationale Interessenvertretung auf europäischer Ebene. Die Präsenz von EU-Interessenorganisationen ermöglicht nationalen Akteuren einen indirekten Zugang zu den EU-Institutionen. Fehlen ihnen solche Kanäle, sind sie dazu genötigt, selbst Informationen über die EU-Politik und die Positionen anderer Akteure zu ermitteln, transnationale Koalitionen zu schmieden und ihre Interessen unmittelbar gegenüber den EU-Institutionen zu vertreten. Die Mitgliedschaft in EU-Verbänden ist also ein *sine qua non* für jene nationalen Verbände, deren Mitglieder von EU-Politik betroffen sind, weil die Alternativen kostenträchtig sind. Deshalb sind 87 Prozent der deutschen Wirtschaftsverbände im EUROLOB-Sample in wenigstens einem EU-Verband vertreten. Jene haben sich als wichtige Verhandlungspartner der EU-Institutionen etabliert, vor allem wenn es um die Gestaltung der politischen Agenda und die Politikformulierung auf EU-Ebene geht.

Einer Zentralisierung der EU-Interessenvertretung auf diese EU-Verbände steht aber neben ihren ausgeprägten internen Kompromisszwängen auch entgegen, dass EU-Regeln häufig einen Rahmencharakter haben und eine Reihe von Flexibilisierungselementen beinhalten (Eising 2000). Während ihrer Umsetzung in nationales Recht und der Implementatierung durch die nationalen Verwaltungen müssen oft weitere Gespräche und Verhandlungen mit EU-Institutionen geführt werden. In diesen Phasen ist die Expertise nationaler Verbände stärker gefragt als die der EU-Verbände. Aus diesen Gründen haben viele deutsche Interessengruppen direkte Beziehungen zu den EU-Institutionen etabliert.

Die Europäisierung der Interessenvermittlung hat nicht dazu geführt, dass in Deutschland auf breiter Fläche neue EU-spezifische Interessengruppen gegründet wurden. Nach eigener Auswertung befassen sich nur 13 der 1.572 Interessenorganisationen, die 1994 beim Deutschen Bundestag registriert waren, ausschließlich oder überwiegend mit der EU oder mit europäischen Belangen. Davon können etwa zwei Drittel als EU Interessenorganisationen bezeichnet werden, die in Deutschland niedergelassen sind. EU-Angelegenheiten werden also auf nationaler Ebene zumeist von bereits etablierten Interessenorganisationen bearbeitet, die ihre Aktivitäten auf die europäische Integration ausgeweitet haben.

2.2 Interessengruppen in Politikformulierung und Implementation

Sowohl die EU- als auch die deutschen Institutionen begrüßen die politische Partizipation von Interessengruppen. Auf beiden Ebenen gibt es vielfältige Formen informaler und formaler Einbindung in die Politik. Die Regelung der Interessenvermittlung zielt dabei im Wesentlichen darauf ab, ein Minimum an Verhaltensstandards zu sichern, nicht aber darauf, das Verhalten von Interessengruppen umfassend zu steuern (vgl. Greenwood 2003; Reutter 2001). Jene sind nämlich oftmals in der Lage, relevantes Wissen für die *Formulierung öffentlicher Politik* zu liefern, können die Gründe für diese Politiken an ihre Mitglieder und auch die Öffentlichkeit kommunizieren, Unterstützung mobilisieren und Widerstand verringern, die Einhaltung der Maßnahmen gewährleisten, sie möglicherweise selbst umsetzen oder durch Selbstregulation überflüssig machen und so insgesamt die Legitimität staatlicher Politik fördern. Aus diesen Gründen erkennt die Gemeinsame Geschäftsordnung der Bundesministerien explizit die Konsultation von Interessengruppen an, die auf Bundesebene aktiv sind. Die Gruppen müssen sich beim Deutschen Bundestag registrieren lassen, wenn sie an den öffentlichen Anhörungen seiner Ausschüsse teilnehmen wollen.

Auch die Kommission hat mehrfach wiederholt, dass sie einen „offenen und strukturierten" Dialog mit Interessenorganisationen führen möchte, um so die Entwicklung angemessener und effizienter EU-Politiken zu fördern (Kommission 1993; 2002). Im Rahmen der Debatte um das demokratische Defizit der Europäischen Union ist auch die legitimatorische Rolle von Interessengruppen stärker in den Mittelpunkt gerückt (vgl. Kommission 2001: 19 und 2002; Eising 2001). Die Kommission hat überdies die Selbstregulation professioneller Beratungsfirmen auf EU-Ebene forciert. Entsprechende Verhaltenskodizes sollen sicherstellen, dass diese Consultants den von ihr vorgegebenen Mindeststandards Genüge leisten (Kommission 1993: Anhang II). Wie der Bundestag hat auch das Europäische Parlament (EP) ein Register von Interessenorganisationen eingeführt. Der Eintrag in dieses Register ist allerdings nicht Voraussetzung für die

Teilnahme an Anhörungen des EP und verleiht auch keine größeren Rechte, als sie Unionsbürgern zur Verfügung stehen, er erleichtert lediglich den täglichen Zugang zum Parlament (Schaber 1997).

Die Einbindung von Interessengruppen in die *Implementation* von Politik unterscheidet sich stärker. In einigen Politikfeldern, am stärksten in den Arbeitsbeziehungen, in denen das Grundgesetz Arbeitgeber- und Arbeitnehmerkoalitionen die Tarifautonomie einräumt, sowie in der Gesundheits- und der Wohlfahrtspolitik genießen deutsche Interessenorganisationen einen privilegierten Status in der Bestimmung und Umsetzung von Maßnahmen, die eine große Relevanz für soziale Integration und wirtschaftliche Prosperität haben. In vielen Bereichen der Sozialpolitik z.B. ist das Handeln staatlicher Stellen subsidiär gegenüber dem Handeln von Wohlfahrtsverbänden (vgl. Schmid 1994). In dem im internationalen Vergleich recht zentralisierten und integrierten deutschen Verbandsgefüge können etliche Verbände eine bundeseinheitliche Regelung oder Umsetzung verbürgen und staatliche Institutionen aus internen Verhandlungszwängen befreien und von Verwaltungstätigkeiten entlasten. Daher betrachten die staatlichen Institutionen die verbandliche Selbstregelung häufig als Wert für sich.

Im Vergleich dazu sind die EU-Institutionen weniger geneigt, EU-Interessengruppen einen solchen öffentlichen Status zu gewähren, selbst wenn das in der Sozial- und Umweltpolitik vorkommt (vgl. Héritier 2002; Falkner *et al.* in diesem Band). Nach Ansicht der Kommission (Kommission 2001: 27) kombiniert eine solche „Koregulierung...bindende Rechtsetzungs- und Regelungstätigkeit mit Maßnahmen der Hauptbeteiligten unter Nutzung ihrer praktischen Erfahrungen". Verbandliche Selbstregelung muss danach immer in einen rechtlichen Rahmen mit Durchsetzungs- und Klagemechanismen eingebunden sein. Sie soll zudem nur dann genützt werden, wenn sie einen deutlichen Mehrwert hat, dem allgemeinen Interesse dient, wenn es sich nicht um Grundrechte oder hochpolitische Fragen handelt und wenn EU-Recht nicht in jedem Mitgliedstaat einheitlich umgesetzt werden muss. Die daran beteiligten Organisationen müssen „repräsentativ, rechenschaftspflichtig und in der Lage sein, sich in offenen Verfahren an vereinbarte Regeln zu halten" (Kommission 2001: 28).

EU-Institutionen betrachten also die verbandliche Koregulierung nicht wie in Deutschland als Selbstzweck, sondern höchstens als zweitbeste Lösung nach der üblichen Umsetzung von EU-Richtlinien durch mitgliedstaatliche Verwaltungen. Die meisten EU-Verbände können nämlich die EU-Institutionen nicht aus internen Verhandlungszwängen befreien oder gar eine einheitliche Umsetzung von EU-Recht in allen Mitgliedstaaten gewährleisten.[8] Auf der einen Seite bestehen die Mitgliedstaaten, das Europäische Parlament und die supranationale Bürokratie üblicherweise auf ihren Mit-

---

8   Der soziale Dialog sieht zwar vor, dass die Sozialpartner die von ihnen beschlossenen Maßnahmen selbst umsetzen können. In der Praxis geschieht dies aber nicht, weil die Sozialpartner nach den Maßstäben des Europäischen Gerichtshofes keine einheitliche, umfassende und verbindliche Implementation in allen Mitgliedstaaten gewährleisten können (vgl. Keller/Sörries 1998: 721-722; Falkner *et al.* in diesem Band).

wirkungs- und Entscheidungsrechten und treten diese nicht an Interessenorganisationen ab. Auf der anderen Seite decken viele EU-Verbände nicht alle Mitgliedstaaten der EU ab und sind entlang nationaler Linien gespalten. Auch der Organisationsgrad und die Fähigkeit ihrer nationalen Mitglieder zur Selbstregulierung und zur Implementation öffentlicher Politiken variieren beträchtlich.

Die beiden Regime der Selbstregulierung unterscheiden sich demnach. Aus dieser Diskongruenz ergibt sich die Frage, ob die EU-Rechtsetzung oder Urteile des Europäischen Gerichtshofes die deutsche Praxis allmählich unterbinden könnten – zumal die Kommission ausdrücklich verlangt, dass jede Form der Koregulierung mit dem europäischen Wettbewerbsrecht vereinbar sein muss (Kommission 2001: 28).

In seiner umfangreichen Analyse dieses Problems kommt Frans van Waarden zu dem Schluss, dass EU-Recht die verbandliche Selbstregelung in den Mitgliedstaaten nicht aushöhlen werde (1994: 255). Diese sei in nationalen Traditionen und Institutionen verwurzelt und deshalb in gewissem Maße resistent gegenüber Veränderungsdruck (1994: 256). Da das deutsche Wettbewerbsrecht überdies seit langem mit den wesentlichen Aspekten des EU-Wettbewerbsrechts kompatibel ist, werden auch dessen Auswirkungen auf die Selbstregelung als gering veranschlagt. Allerdings fordern die Kommission und der Europäische Gerichtshof transparente und formale Streitschlichtungsverfahren für die Lösung von Konflikten zwischen den beteiligten Akteuren (vgl. Frenz 2001: 140-155). Wenn die Koregulierung nicht zu den erhofften Ergebnissen führt, sollen zudem „Behörden stets die Möglichkeit haben, die erforderlichen Regeln zu erlassen" (Kommission 2001: 28).

Diese Bedingungen verrechtlichen die verbandliche Selbstregelung und verdunkeln den auf ihr liegenden Schatten der behördlichen Hierarchie. Dies hat Konsequenzen für die Gestalt und die Wirkung vorhandener Arrangements. Einerseits steigt die Durchsetzbarkeit der vereinbarten Regeln, falls sich einer der Vertragspartner seinen Verpflichtungen entziehen will. Die vereinbarten Regeln werden symmetrischer, weil eventuelle Machtungleichgewichte der beteiligten Akteure wenigstens partiell eingedämmt werden, und sie internalisieren in höherem Maße externe Effekte, weil die Vereinbarungen der Kontrolle durch betroffene Dritte unterworfen werden, die nicht an den Verhandlungen beteiligt sind. Andererseits birgt das Vorgehen von Kommission und EuGH die Gefahr, wesentliche Vorteile der Selbstregelung abzubauen: Es beschränkt nicht nur die zulässigen Regelungsinhalte sondern engt auch die informellen Verhandlungen eines eng umrissenen Teilnehmerkreises als ihren zentralen *modus operandi* ein. Damit reduziert es auch die Flexibilität der Vereinbarungen über die Zeit. Die Drohung mit behördlichen Maßnahmen verweist darüber hinaus auf eine allgemeine Grenze selbstregulativer Arrangements: „Selbststeuerung als Mittel gegen Staatsversagen findet ihre Grenze im Staatsversagen" (Vobruba 1992: 103-104).

2.3 Die Modi der Interessenvermittlung

Wie wirkt sich die europäische Integration nun aber auf „den" deutschen Modus der Interessenvermittlung jenseits der Konsequenzen für die verbandliche Selbstregulierung aus? Die Literatur über Interessenvermittlung unterscheidet zumeist zwischen drei solcher Modi oder Typen der Interessenvermittlung: Pluralismus, Korporatismus und Etatismus. Politiknetzwerke sind eine jüngere Konzeptionalisierung, die gegenwärtige sozio-ökonomische Veränderungen und institutionellen Wandel erfassen sollen (vgl. Kohler-Koch/Eising 1999). Es gibt nun eine Reihe von Schwierigkeiten, die zu meistern sind, wenn die Kongruenz zwischen Mustern der Interessenvermittlung ermittelt werden soll. Diese Probleme wurzeln im typologischen Vorgehen. Erstens sind die Typen der Interessenvermittlung in der Literatur oftmals unterschiedlich definiert. Zweitens finden sich ihre Definitionselemente auch in anderen Kombinationen als die Typen vorsehen. Schließlich sind manchmal unterschiedliche Untersuchungsgegenstände Basis für die Zuordnung von Fällen zu Typen, was zu einer unterschiedlichen Einordnung führen kann.

Angesichts dessen überrascht es kaum, dass verschiedene Autoren die europäischen und die deutschen Muster der Interessenvermittlung jeweils anders eingestuft haben. Die EU ist als pluralistisch (Streeck/Schmitter 1991), elitär-pluralistisch (Coen 1998), quasi-pluralistisch (Schmidt 1999) und als netzwerkartig (Kohler-Koch 1999) mit korporatistischen Einsprengseln in einigen Politikfeldern (Falkner 1999) charakterisiert worden. Deutschland ist als Fall von Korporatismus (Streeck 1999), organisiertem Pluralismus (Sebaldt 1997), korporativem Pluralismus (Maier 1977) und als Fall von Etatismus (Baltz et al. in diesem Band) einsortiert worden.

(1) Zum Teil liegt das daran, dass unterschiedliche *Definitionselemente* in die Konzepte eingehen. So betont Schmitter (1979) in seiner Konzeptualisierung des Neokorporatismus bekanntermaßen organisatorische Elemente der Verbände und des Verbandsgefüges. Dagegen hebt Lehmbruch die Art und Weise der Einbindung von Interessenorganisationen in Politikformulierung und –implementation hervor (1977). Und in diesem Band definieren Baltz et al. Korporatismus, Pluralismus und Etatismus vornehmlich anhand der Machtasymmetrien zwischen öffentlichen und privaten Akteuren und innerhalb der Gruppe der privaten Akteure.

(2) Zum Teil beruhen die unterschiedlichen Charakterisierungen darauf, dass sich die Typen kaum einmal in ihrer Reinform finden lassen. Ihre Verwendung basiert auf der Annahme, dass es feste *Kombinationen von Merkmalen* gibt, welche die wesentlichen Elemente der Interessenvermittlung abbilden. Oftmals variieren die Merkmale empirisch aber nicht so miteinander wie es konzeptionell unterstellt wird. Die einem bestimmten Typ zugeordneten Fälle haben dann nicht für alle Merkmale identische Ausprägungen, sondern sind lediglich nach ihrer Ähnlichkeit insgesamt gruppiert. Dieses Problem ist besonders virulent, wenn Korporatismus- oder Pluralismusindizes mittels einer Vielzahl von Variablen gebildet werden (siehe z.B. Siaroff 1999). Damit ge-

hen wichtige Unterschiede zwischen den Fällen verloren, was es auch schwer macht, die Kongruenz zwischen den Modi der Interessenvermittlung in der Eu und Deutschland festzustellen.

(3) Konfusion kann schließlich alleine daraus resultieren, dass Autoren bei der Einordnung von Ländern unterschiedliche Perioden, Sektoren, staatliche Ebenen oder sogar einzelne Ereignisse zu Grunde legen und die Einordnung über den betrachteten *Gegenstand* hinaus verallgemeinern, während die Betrachtung anderer Gegenstände Anlass zu einer anderen Einordnung gibt. So beruht Wolfgang Streecks (1999) Analyse des Korporatismus in Deutschland im Wesentlichen auf einer Betrachtung der Arbeitsbeziehungen und der Sozial- und Wirtschaftspolitik, während Martin Sebaldts (1997) Untersuchung des organisierten Pluralismus sich auf die Zusammensetzung des Systems der Interessengruppen auf Bundesebene stützt.

Die Einteilung von Ländern nach Typen der Interessenvermittlung ist also immer nur eine grobe Annäherung an die Realität. Die an die europäische Integration geknüpften Erwartungen für den Wandel der nationalen Interessenvermittlung hängen damit ebenso sehr von der gewählten Konzeptionalisierung wie vom betrachteten empirischen Ausschnitt ab. Dies soll anhand der Studie von Maria Green Cowles (2001) über die Konsequenzen der EU-Außenwirtschaftspolitik im Rahmen des Transatlantic Business Dialogue (TABD) für die deutsche Außenwirtschaftspolitik illustriert werden. Sie behauptet, dass die Einbindung der EU in den TABD einen großen Anpassungsdruck auf den deutschen Modus der Interessenvermittlung ausübe. Ihr Argument lautet im Kern, dass Deutschland und die EU weitgehend inkompatible Muster der Interessenvermittlung aufweisen. Sie charakterisiert die deutsche Interessenvermittlung als stark neokorporatistisch und die der EU als elitär-pluralistisch. Sie stellt insbesondere fest, dass die direkte Einbindung deutscher Großunternehmen in den TABD die herausragende Position und autoritative Stimme (Cowles 2001: 161) des Bundesverbandes der Deutschen Industrie (BDI) in der Formulierung der Außenwirtschaftspolitik unterminiere. Im Ergebnis konstatiert sie einen profunden Wandel auf nationaler Ebene zu Lasten des BDI.

Allerdings scheint ihre Verknüpfung von Konzept und Fall nicht so recht zu passen. So besaß der BDI wohl niemals ein Repräsentationsmonopol auf dem Gebiet der deutschen Außenwirtschaftspolitik. Es ist lange bekannt, dass Großunternehmen und selbst einzelne Unternehmer eine wichtige Rolle in den deutschen Staat-Wirtschaft-Beziehungen spielen, selbst wenn Verbände wie der BDI zweifellos bedeutsam für die Vermittlung von Interessen sind. Gerald Feldman illustriert anhand der M.A.N., dass bereits im Kaiserreich „große Firmen und Konzerne üblicherweise die Verbindung zwischen prominenten Unternehmern und machtvollen Interessengruppen" im deutschen Wirtschaftssystem bildeten (Feldman 1978: 241). In dieser Tradition fußen Positionen des BDI häufig auf der Arbeit von Großunternehmen (vgl. Bührer/Grande 2000: 167), was innerhalb der deutschen Industrie Anlass zu erheblichen Kontroversen geben kann. Gerade in Bezug auf die deutsche Außenwirtschaftspolitik haben frühere Studien eine bedeutende Rolle von Sektorverbänden und Großunternehmen *neben* dem BDI festgehalten (Kreile 1978: 195-205). Wenn also in empirischer Hinsicht festzuhalten ist, dass die Diskongruenz zwischen europäischen und nationalen Praktiken keinesfalls so groß ist, wie von Cowles eingestuft, dann scheint die EU eher zur Stärkung bestimmter Praktiken geführt zu haben, die bereits im deutschen Wirtschaftssystem präsent waren als zu paradigmatischem Wandel.

Der Abschnitt hat verdeutlicht, dass es schwer ist, aus der Kongruenzhypothese konkrete Anforderungen für deutsche Interessengruppen abzuleiten. Aus den Mustern der Interessenvermittlung alleine starke Konsequenzen abzuleiten, erscheint verfehlt, weil solche Muster selten in ihrer Reinform zu finden sind und daher kaum zur Transformation der deutschen Interessenvermittlung führen werden. Aus der Kongruenz der institutionellen Konfigurationen erhebliche Folgen abzuleiten ist problematisch, weil die staatliche Zielstruktur nur relativ breite Handlungskorridore vorgibt, die Interessenorganisationen eine Reihe strategischer Wahlmöglichkeiten belassen. Einzig aus der Diskongruenz der Regime für die verbandliche Selbstregelung lassen sich konkrete Herausforderungen ableiten, weil die kodifizierten europäischen Regeln sich zu verbindlichen Vorgaben für die nationale Selbstregelung entwickeln könnten.

3   Interessenorganisationen im EU-Mehrebenensystem

3.1   Strategien der Interessenvertretung und Typen von Interessenorganisationen

In diesem Beitrag wird ein neuer Weg beschritten, um empirische Typen von Interessenorganisationen zu bilden. Grundlage ist die detaillierte Analyse der Strategien der Interessenverfolgung im Mehrebenensystem der EU. Die deutschen Verbände und Unternehmen haben neben einigen Anpassungen ihrer Organisation (Eising 2000: 290ff; Lang und Grote, in diesem Band) ihr Repertoire an Strategien der Interessenvertretung erweitert, um die Herausforderungen der europäischen Integration zu meistern. Sie nutzen neben ihrer Mitgliedschaft in EU-Verbänden im Wesentlichen drei Strategien, um ihre Interessen im EU-Mehrebenensystem zu vertreten: (1) Sie repräsentieren ihre Interessen direkt gegenüber den EU-Institutionen, (2) sie vertreten ihre Interessen gegenüber deutschen Institutionen und (3) sie bilden Koalitionen mit anderen Interessenorganisationen. Diese drei Strategien werden in den folgenden Abschnitten dazu genutzt, die Kapazitätshypothese systematisch zu überprüfen. Die Erwartung ist, dass vor allem Organisationen mit ausgeprägten Handlungskapazitäten in der Lage sind, diese Strategien einzuschlagen.

Die Kapazitätshypothese überprüfe ich anhand der Befragungsergebnisse von Großunternehmen und Wirtschaftsverbänden im EUROLOB-Datensatz. Diese Organisationen gelten im Vergleich mit sozialen Bewegungen als Akteure, die ihre Interessen gegenüber staatlichen Institutionen eher auf dem Verhandlungsweg durchzusetzen suchen.

Im ersten Schritt dient eine Clusteranalyse dazu, die vielfältigen Strategien der 834 betrachteten Verbände und Unternehmen auf einige grundlegende *empirische Typen* zu reduzieren. Im zweiten Schritt dienen die Merkmale der Clustermitglieder der Überprüfung der Kapazitätshypothese. In die Clusteranalyse gehen 19 Variablen ein, die sich beziehen auf

- Kontakte der Organisationen mit verschiedenen staatlichen Institutionen,
- ihre Lobbying-Aktivitäten in verschiedenen Stadien des Politikzyklus und
- ihren Zugang zu Informationen von den staatlichen Institutionen.

Diese Analyse führt zur Identifikation von *fünf Typen von Interessengruppen*.[9] Es gibt Nischenverbände, gelegentliche Spieler, Traditionalisten, EU-Spieler und Mehrebenenspieler. Tabelle 1 präsentiert die Zentren der Cluster (Mittelwerte). Aufgrund ihrer unterschiedlichen Skalierung wurden die Variablen für die Analyse standardisiert, sodass sie annähernd einen Mittelwert von 0 und eine Standardabweichung von 1 haben. Positive Abweichungen vom Mittelwert, die eine halbe Standardabweichung übersteigen, sind fett gekennzeichnet und negative Abweichungen in dieser Größenordnung sind fett und kursiv hervorgehoben. Die folgende Charakterisierung der Cluster stützt sich also auf Durchschnittswerte und ist als Trendaussage aufzufassen.

Jene Organisationen, die in allen Phasen des politischen Prozesses auf beiden Ebenen aktiver ihre Interessen repräsentieren als ein durchschnittlicher Verband und als die anderen Verbandstypen, habe ich als *Mehrebenenspieler* bezeichnet. Sie unterhalten überdurchschnittlich viele Kontakte mit allen nationalen und EU-Institutionen, ihre Aktivitäten im Policy-Zyklus übersteigen deutlich jene von durchschnittlichen Verbänden und sie tun sich erheblich leichter als andere Verbandstypen, relevante Informationen von den staatlichen Institutionen zu erhalten. Sie unterhalten etwa so viele Kontakte mit EU-

---

[9] Die Analyse wurde mit dem SPPS k-means Verfahren durchgeführt, das die Interessenorganisationen den Clustern mittels eines Algorithmus so zuordnet, dass die Abweichungen vom jeweiligen Clusterzentrum ("Fehler") minimiert werden. Unter Nutzung der SPSS-Startwerte waren diejenigen Organisationen mit den größten Distanzen zueinander die Startwerte. Fehlende Werte sind paarweise ausgeschlossen worden. Bei der Zuordnung gab es ties. Die Zahl der Cluster wurde mit Hilfe von drei Kriterien bestimmt: Erstens mussten die von einer Lösung identifizierten Cluster inhaltlich interpretierbar sein. Zweitens wurden Teststatistiken für Lösungen von einem bis zu zehn Clustern ermittelt (siehe Anhang Tabelle A1), die die erklärte Gesamtstreuung jeder Lösung und auf ihr aufbauende Kriterien umfassen (vgl. Bacher 2001). Drittens mussten die in Frage kommenden Lösungen stabil sein. Die gewählte Fünf-Cluster Lösung erklärt 32 Prozent der Gesamtstreuung und ist in hohem Maße stabil. Der Vergleich mit einer Fünf-Cluster-Lösung auf Basis einer zufälligen Startpartition zeigt deutliche Übereinstimmungen in der Zuordnung der Fälle zu den Clustern. Die Übereinstimmung beträgt 81,6 Prozent für die Nischenverbände; 69 Prozent für gelegentliche Spieler; 61,2 Prozent für Traditionalisten; 94,2 Prozent für EU-Spieler und 90,1 Prozent für Mehrebenenspieler (kappa = 0,717; p = 0,000). Das größte Problem der Lösung besteht also darin, Akteure, die gelegentlich in nationale Politik eingebunden sind, von denen zu unterscheiden, die routinemäßig eingebunden sind. Eine der beiden alternativen Lösungen, deren Wahl aufgrund dieser Teststatistiken plausibel gewesen wären, war deutlich instabiler als die Fünf-Cluster Lösung (Drei-Cluster Lösung: kappa 0,452). Die andere alternative Lösung (Sechs-Cluster Lösung) erklärt einen etwas geringeren Teil der Varianz als die Fünf-Cluster Lösung, wenn man die Zahl der Cluster in Rechnung stellt und ergibt überdies hybride Typen.

Institutionen wie mit den entsprechenden nationalen Institutionen (vgl. Anhang, Tabelle A2). Für sie ist die Interessenvermittlung im Mehrebenensystem eine Routineangelegenheit. Diese Mehrebenenspieler sind die zentralen Interessenvertretungen der Wirtschaft in der EU.

Tabelle 1: Cluster von Interessenorganisationen im EU-Mehrebenensystem

Aktivitäten, Kontakte, Informationen	Cluster				
	Nischen-verbände	Tradition-alisten	Gelegent-liche Spieler	EU-Spieler	Mehrebenen-spieler
EU Agendagestaltung	*-0,89*	-0,17	-0,12	0,36	**0,70**
Kontakte mit EK	*-0,99*	-0,28	-0,37	**1,02**	**0,84**
Information von EK	-0,03	0,01	*-1,12*	0,24	0,44
Kontakte mit EP	*-0,90*	-0,39	*-0,52*	**0,97**	**1,01**
Information von EP	0,02	-0,17	*-1,08*	0,05	**0,59**
Kontakte mit Rat der EU	*-0,74*	-0,42	-0,46	**0,76**	**1,00**
Information vom Rat	0,21	0,00	*-0,98*	-0,29	**0,56**
Kontakte mit EU-Regulierungsgremien	*-0,60*	-0,12	0,13	0,31	0,38
EU Transposition	*-1,03*	**0,57**	-0,04	*-0,88*	**0,51**
EU Implementation	*-0,91*	**0,57**	-0,02	*-0,97*	0,45
Nationale Agendagestaltung	*-0,62*	0,15	-0,02	*-0,97*	**0,65**
Kontakte mit nationaler Regierung	*-1,09*	0,43	-0,07	*-0,65*	**0,74**
Information von nationaler Regierung	0,22	0,47	*-1,27*	*-0,61*	0,29
Kontakte mit nationalem Parlament	*-0,85*	0,24	-0,34	*-0,71*	**0,95**
Information von nationalem Parlament	0,35	0,32	*-1,13*	*-0,74*	0,32
Positionsformulierung nationaler Institutionen	*-0,98*	0,42	0,01	*-0,91*	**0,57**
Kontakte mit nationalen Regulierungsgremien	*-0,69*	0,35	0,25	*-0,79*	0,44
Nationale Transposition	*-1,02*	**0,59**	0,20	*-1,41*	0,45
Nationale Implementation	*-0,88*	**0,60**	0,18	*-1,36*	0,33
N	158	227	142	104	203

Anmerkung: Tabelle A2 im Anhang stellt die aus der Clusteranalyse resultierenden Werte auf den Originalvariablen dar.

Sie unterscheiden sich deutlich von jenen Organisationen, die ich als *Traditionalisten* bezeichne. Diese unterhalten nur gelegentlich Kontakte auf EU-Ebene und haben daher größere Schwierigkeiten, Informationen von den EU-Institutionen zu erhalten als von den nationalen Institutionen. Sie sind ab und zu aktiv, wenn die politische Tagesordnung gestaltet wird, aber am stärksten involviert, wenn nationale Institutionen ihre Positionen zur EU-Politik entwickeln und EU-Richtlinien in nationales Recht umgesetzt und von nationalen Verwaltungen implementiert werden. Ihre Aktivitäten auf europäischer Ebene konzentrieren sich ebenfalls auf die beiden letzten Phasen des politischen Prozesses. Auf nationaler Ebene unterscheidet sich das Niveau ihrer Kontakte, Aktivitäten und Information nicht nennenswert von dem der Mehrebenenspieler. Im Vergleich zu diesen konzentrieren sich ihre Aktivitäten aber stärker auf die nationale Regierung, ihre Kontakte erstrecken sich nur selten auf das nationale Parlament. Diese Gruppen sind insofern Traditionalisten als sie eng in das nationale politische System eingebunden sind, aber kaum auf EU-Ebene Präsenz zeigen. *Gelegentliche Spieler* ähneln ihnen in dieser Hinsicht, wenngleich das Niveau ihrer Aktivitäten, Kontakte und Informationen insgesamt erheblich geringer ist. Sie sind auch auf nationaler Ebene nur gelegentlich in politische Prozesse eingebunden.

Nischenverbände zeigen in keiner Phase des politischen Prozesses und auf keiner Ebene Präsenz gegenüber den staatlichen Institutionen. Sie vertreten nur sehr selten selbst ihre politische Interessen und hängen nahezu vollständig von anderen Organisationen in der verbandlichen Arbeitsteilung ab, wenn es darum geht, politische Entwicklungen zu beobachten und Interessen zu vertreten. Sie sind relativ spezialisiert auf Standardisierungs- und Lizensierungstätigkeiten – ihre Kontakte mit den Regulierungsinstitutionen liegen nicht so stark unter dem Durchschnitt wie die mit den Exekutiven und Parlamenten.

Die Cluster der gelegentlichen Spieler und Traditionalisten belegen, dass sich viele Organisationen weiterhin in hohem Maße auf ihre etablierten nationalen Kommunikationskanäle verlassen. Dies gilt trotz der Tatsache, dass die überwiegende Zahl dieser Organisationen sich mittlerweile EU-Verbänden angeschlossen hat und auch einige Kontakte mit den EU-Institutionen unterhält. Für die Mehrzahl von ihnen bleibt aber die nationale Regierung ihr wichtigster staatlicher Ansprechpartner. Sie bleiben im nationalen Kontext verwurzelt, weil sie, anders als Großunternehmen, an nationale Mitgliedschaften gebunden und in die etablierte Arbeitsteilung der Verbände eingebettet sind. Gerade für diese Organisationen lockern sich die Beziehungen auf der nationalen Ebene auch nicht unbedingt infolge des Einflusses der Europäischen Union. In der Tat kann die europäische Integration Beziehungen auf der nationalen Ebene sogar stärken (vgl. Benz 1998: 583): Gemeinsame Unsicherheiten über die Konsequenzen europäischer Politik können eine Intensivierung des Informationsaustausches mit der nationalen Regierung bewirken. Sorgen um die Wirkung von EU-Richtlinien können neue Koalitionen ins Leben rufen oder alte verstärken, wenn z.B. Ministerialbeamte negative Konsequenzen für den Standort Deutschland und Produzentenverbände eine Kostensteigerung für ihre Mitglieder erwarten.

Schließlich unterhalten jene Organisationen, die ich als *EU-Spieler* bezeichne, vielfältige Kontakte mit den EU-Institutionen. Sie konzentrieren sich auf die Gestaltung der politischen Tagesordnung und die Formulierung von EU-Politik statt auf deren Umsetzung in nationales Recht und Implementation durch nationale Verwaltungen. Sie sind also kaum in nationale politische Prozesse eingebunden, sondern darauf spezialisiert, die Interessen ihrer Mitglieder in den frühen Phasen des Politikzyklus gegenüber den EU-Institutionen geltend zu machen.

3.2   Die Handlungskapazitäten der Interessenorganisationen

Nun soll im zweiten Schritt die These überprüft werden, dass die Handlungskapazitäten der Interessenorganisationen ihre Anpassung an die europäische Integration prägen. Wenn das richtig ist, müssten Mehrebenenspieler über signifikant größere Kapazitäten verfügen als die anderen Verbandstypen. Zunächst überprüfe ich die Verhandlungs- und Steuerungskapazitäten. Dazu vergleiche ich die deutschen Organisationen mit französischen und britischen Verbänden und Unternehmen. Daraufhin untersuche ich die organisatorischen Ressourcen der deutschen Verbände – ihre Finanzmittel und ihre Spezialisierung auf die Interessenvertretung. Zur internen Validierung der Ergebnisse betrachte ich weitere Merkmale wie z.B. die Einbindung in europäische und nationale Verhandlungssysteme und die Position im Verbandsgefüge.

Der internationale Vergleich (vgl. Tabelle 2) weist signifikante Unterschiede in der Clusterzugehörigkeit deutscher, britischer und französischer Verbände nach (CHI^2 = 28,171; df = 8; p = ,000). Bei näherer Betrachtung erweisen sich aber lediglich die Unterschiede zwischen britischen und deutschen Verbänden einerseits und den französischen Verbänden andererseits jeweils als signifikant, nicht aber jene zwischen britischen und deutschen Verbänden (CHI^2 = 5,059; df = 4; p = ,281). Ein knappes Fünftel der deutschen Organisationen fällt unter die Nischenverbände, während dies für etwa ein Viertel der britischen und französischen Organisationen gilt. Mehr als die Hälfte aller Verbände in den drei Ländern repräsentieren ihre Interessen gelegentlich oder routinemäßig gegenüber nationalen Institutionen, ohne EU-Institutionen in diesem Umfang zu kontaktieren. Allerdings unterscheiden sich die britischen und deutschen Verbände von ihren französischen Kollegen: Der pluralistischen bzw. korporatistischen Praxis gemäß sind erstere routinemäßig in nationale Politik eingebunden, während letztere, etatistischen Gepflogenheiten entsprechend, eher gelegentlich konsultiert werden. Von besonderer Bedeutung ist, dass 29 Prozent der deutschen Wirtschaftsverbände sich zu Mehrebenenspielern entwickelt haben, während dies auf lediglich 22 Prozent der britischen und nur 14 Prozent der französischen Verbände zutrifft.

Tabelle 2: Clusterzugehörigkeit von Firmen und von Verbänden nach politischem System

Cluster	Verbände und Firmen					
	EU	D	UK	F	Firma	Gesamt
Nischenverbände N	18	62	49	29	0	158
(% von Verbänden und Firmen)	(11,1)	(19,3)	(24,0)	(25,7)	(0)	(18,9)
Gelegentliche Spieler N	17	57	33	33	2	142
(% von Verbänden und Firmen)	(10,5)	(17,8)	(16,2)	(29,2)	(5,9)	(17,0)
Traditionalisten N	18	105	72	28	4	227
(% von Verbänden und Firmen)	(11,1)	(32,7)	(35,3)	(24,8)	(11,8)	(27,2)
EU-Spieler N	85	4	5	7	3	103
(% von Verbänden und Firmen)	(52,5)	(1,2)	(2,5)	(6,2)	(8,8)	(12,5)
Mehrebenenspieler N	24	93	45	16	25	203
(% von Verbänden und Firmen)	(14,8)	(29,0)	(22,1)	(14,2)	(73,5)	(24,3)
Gesamt	162	321	204	113	34	834
	100,0 %	100,0 %	100,0 %	100,0 %	100,0 %	100,0 %

Korporatistisch oder pluralistisch geprägte Verbände tun sich also insgesamt leichter, im EU-Mehrebenensystem zu agieren als etatistisch sozialisierte Organisationen. Dieses Ergebnis bestätigt nicht die Erwartung, dass korporatistisch geprägte Verbände generell über größere Verhandlungskapazitäten verfügen als die anderen Verbandsarten. Vielmehr erscheint es hier Vorteile pluralistischer und korporatistischer über etatistische Verbände zu geben, weil beide stärker – wenn auch auf unterschiedliche Art – in die nationale Politikgestaltung und -umsetzung eingebunden sind. Schließlich ist kaum überraschend, dass das Gros der EU-Spieler – nämlich mehr als vier Fünftel von ihnen – aus EU-Verbänden besteht. Dagegen wählt nur eine verschwindend geringe Minderheit von nationalen Verbänden die Exit-Option aus dem nationalen System und bevorzugt es, nahezu ausschließlich auf EU-Ebene zu agieren. Dies sind Verbände, die auf nationaler Ebene keinen Zugang zu politischen Institutionen finden, stark von EU-Regeln und Maßnahmen betroffen oder in das Management eines EU-Verbandes einbezogen sind.

Die Handlungskapazität von Verbänden wird allerdings nicht nur von den nationalen Mustern der Interessenvermittlung beeinflusst, sondern ist auch Ergebnis *organisatorischer Ressourcen und Spezialisierung*. Bereits der hohe Anteil von Mehrebenenspielern unter den Großunternehmen belegt (Tabelle 2), dass organisatorische Kapazitäten von großer Bedeutung für die Interessenvertretung im Mehrebenensystem sind. Großunternehmen gelten gemeinhin als die ressourcenstärksten Interessenorganisationen in der EU (vgl. Coen 1998, Cowles 2001). Viele von ihnen sind deutlich mobiler als die nationalen Verbände, was sich in ihren internationalen Wirtschaftsaktivitäten spiegelt. Ihre *public affairs* Aktivitäten hängen eng mit diesen ökonomischen Tätigkeiten zusammen.

Wenn staatliche Regulierung sich auf die EU-Ebene oder gar auf die internationale Ebene verschiebt wie im Falle des Transatlantic Business Dialogue, verlagern diese Firmen entsprechend ihre Lobbyaktivitäten. Sie haben sich mittlerweile gut an die zunehmende Bedeutung der EU in der Regelung ihrer Wirtschaftsaktivitäten angepasst. Während viele von ihnen das Lobbying der Europäischen Gemeinschaft bis zum Ende der 1970er Jahre noch indirekt über nationale Regierungen betrieben (Cowles 2001), agieren sie nunmehr auf nationaler, europäischer und auch auf internationaler Ebene. Etliche von ihnen haben die zentrale Koordination "over their subdivisions, crossborder holdings and subsidiaries" verstärkt (Coen 1998: 80), um diese Lobby-Bemühungen aufeinander abzustimmen. Im Durchschnitt unterhalten diese Firmen mehr Kontakte mit nationalen Regierungen als nationale Verbände und mehr Kontakte mit EU-Institutionen als die EU-Verbände. Auf beiden Ebenen sichern ihnen die Kontrolle über erhebliche ökonomische Ressourcen, ihre beschäftigungspolitische Bedeutung und ihre profunden Markt- und technischen Kenntnisse exzellenten Zugang zu den staatlichen Institutionen. Insofern erklärt die Kapazitätshypothese die Ergebnisse von Cowles, dass Großunternehmen besser im TABD repräsentiert sind als nationale Verbände.

Der Vergleich der *Finanzmittel* bestätigt ebenfalls die These, dass Ressourcen in hohem Maße beeinflussen, welche Akteure in der Lage sind, ihre Interessen im Mehrebenensystem zu vertreten (Tabelle 3).[10] Mehrebenenspieler sind im Durchschnitt besser mit finanziellen Ressourcen ausgestattet als die anderen Typen. Ihnen stehen etwa zweieinhalb bis dreieinhalb mal so viele Finanzmittel zur Verfügung. Während ein Nischenverband über 925.000 Euro verfügt, stehen einem Mehrebenenspieler 3,3 Millionen Euro zur Verfügung. Daher können diese es sich auch leisten, stärkere Präsenz in Brüssel zu zeigen als die anderen Typen von Interessenorganisationen (Tabelle 3). Lediglich 12 Prozent der Nischenverbände und nur wenig mehr als ein Fünftel der gelegentlichen Spieler und der Traditionalisten unterhalten Büros in Brüssel, dagegen trifft dies auf 45 Prozent der Mehrebenenspieler zu. Ihre Verbindungsbüros dienen dazu, die Beziehungen mit den EU-Institutionen und -Verbänden zu verstetigen. Ferner sind sie und die Traditionalisten deutlich höher im mehrstufigen Verbandssystem verortet als die Nischenverbände und gelegentlichen Spieler. Etwa 80 Prozent von jenen organisieren Unternehmen, Individuen und andere Organisationen direkt. Sie bilden die untere Ebene des deutschen Verbandssystems. Dagegen sind etwa 38 Prozent der Traditionalisten und 43 Prozent der Mehrebenenspieler auf den mittleren bis oberen Ebenen des Verbandsgefüges angesiedelt – sie fungieren als Verbandsföderationen oder haben eine gemischte Mitgliedschaft aus Verbänden und Unternehmen.

---

[10] Eine zweifaktorielle Varianzanalyse (nicht berichtet) für alle nationalen Verbände belegt, dass die durchschnittlichen Finanzmittel der Verbände sich signifikant nach Clustern unterscheiden, während es keinen signifikanten Unterschied nach Ländern gibt. Die länderspezifische Zusammensetzung der Cluster (Tabelle 2) kann also nicht auf systematische Unterschiede in der Finanzausstattung von Verbänden entlang nationaler Grenzen zurückgeführt werden.

Tabelle 3: Organisatorische Eigenschaften der deutschen Verbände nach Clustern

Organisatorische Eigenschaften	Cluster				Signifikanz
	Nischenverbände	Gelegentliche Spieler	Traditionalisten	Mehrebenenspieler	
Budget	925,0	1084,3	1366,0	3309,4	,000[b]
(Mittelwert je Cluster in 1000 Euro)					
Verbindungsbüro in Brüssel: Ja	12,1	22,0	21,1	45,1	,000[a]
(Anteil der Clustermitglieder in Prozent)[a]					
Mitgliederarten[e]					,019[a]
Firmen, Individuen, Organisationen	80,0	80,4	61,6	57,1	
Verbände	6,7	8,9	14,1	18,7	
Firmen und Verbände	13,3	10,7	24,2	24,2	
(Anteil der Clustermitglieder in Prozent)					

Anmerkungen: EU-Spieler sind aufgrund ihrer geringen Fallzahl nicht berücksichtigt.
        a CHI² Test   b Einfaktorielle Varianzanalyse

Schließlich zeigt die Analyse der *funktionalen Spezialisierung*, dass Mehrebenenspieler im Durchschnitt stärker als alle anderen Typen darauf ausgerichtet sind, die Interessen ihrer Mitglieder zu vertreten. In der verbandlichen Arbeitsteilung üben die Wirtschaftsverbände eine oder mehrere von fünf zentralen Aufgaben aus. Sie repräsentieren Interessen gegenüber staatlichen Institutionen, sie erbringen Dienstleistungen für ihre Mitglieder, sie erheben Marktinformationen, sie geben Lizenzen heraus und schlichten Streitigkeiten ihrer Mitglieder und sie setzen Ausbildungs- und Qualitätsstandards. Diese Aufgaben sind mittels einer Faktorenanalyse ermittelt worden, die eine Vielzahl von verbandlichen Aktivitäten auf ihre zentralen Dimensionen reduziert hat.[11]

---

[11] Die Faktorenanalyse wurde für 684 nationale und EU-Verbände durchgeführt. Fälle mit fehlenden Angaben wurden paarweise ausgeschlossen. Die fünf Faktoren wurden mittels einer Hauptkomponentenanalyse mit orthogonaler (Varimax) Rotation identifiziert. Nach dem Kaiser-Kriterium hat jeder Faktor einen Eigenwert, der größer als eins ist. Insgesamt extrahieren die fünf Faktoren 66 Prozent der Varianz der 13 Variablen, die in der Analyse verwendet wurden. Kriterium für die Aufnahme einer Variable war, dass wenigstens die Hälfte ihrer Varianz extrahiert wurde. Drei der Variablen geben an, wie groß der Anteil der finanziellen Ressourcen eines Verbandes (in Prozent) ist, der für (1) Interessenvertretung, (2) Dienstleistungen und (3) Marktkoordination ausgegeben wird. Die zehn weiteren Variablen geben an, ob ein Verband eine bestimmte Aufgabe ausübt oder nicht: (4) Monitoring politischer Aktivitäten, (5) Vermittlung politischer Informationen an Mitglieder, (6) politische Repräsentation der Mitglieder, (7) Erheben und Erstellen von statistischer und Sektorinformation, (8) Durchführung von Marktforschung, (9) Rechts- und Wirtschaftsberatung, (10) Setzung technischer Standards, (11) Setzung von Ausbildungs- und Qualitätsstandards, (12) Ausgabe von Lizenzen und (13) Streitschlichtung unter Mitgliedern. Die Variablen 4, 5 und 6 laden stark positiv (Komponentenladung >0.7) auf den Faktor *Interessen*. Die Variablen 3 und 10 laden stark und die Variable 11 lädt moderat positiv (0.5<Komponentenladung<0.7) auf den Faktor *Standards*. Variable 2 lädt stark positiv und Variable 1 lädt stark negativ (Komponentenladung <-0.7) auf den Faktor *Dienstleistungen*. Variable 12 lädt moderat und Variable 13 lädt stark positiv auf den Faktor *Lizenzen*. Schließlich lädt Variable 7 stark und Variable 8 moderat positiv auf den Faktor *Marktinformation*.

*Schaubild 2: **Funktionale Spezialisierung deutscher Verbände nach Clustern
(Durchschnittliche Faktorwerte je Cluster)***

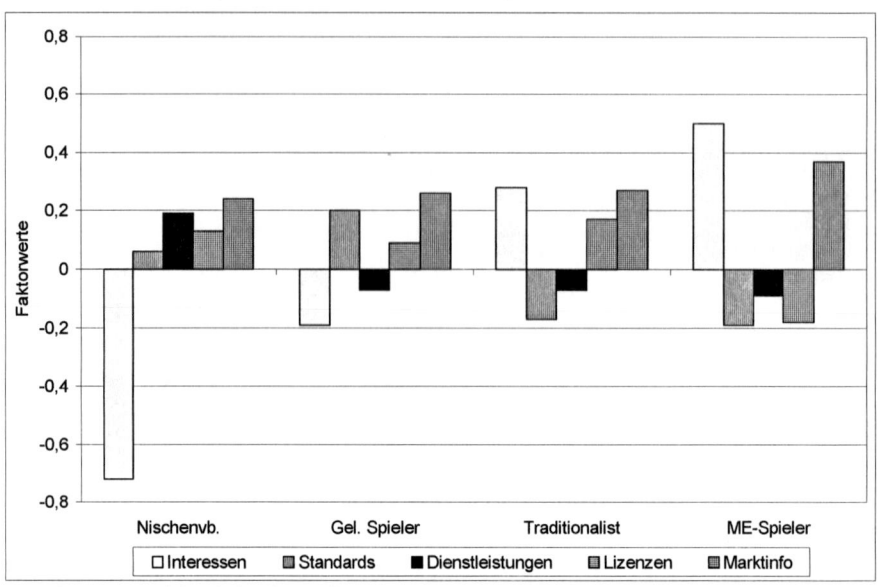

Anmerkung: EU-Spieler sind aufgrund ihrer geringen Fallzahl nicht berücksichtigt.

Schaubild 2 präsentiert die durchschnittlichen Faktorwerte der Clustermitglieder für jede der fünf Aufgaben und damit die funktionalen Profile der Cluster. Positive Werte zeigen wiederum die Spezialisierung auf eine Aufgabe im Verhältnis zum Gesamtdurchschnitt (Null), während negative Werte unterhalb des Durchschnitts liegen. Ein statistisch signifikanter Unterschied zwischen den Clustern liegt nur für die Aufgabe der Interessenvermittlung vor. Traditionalisten und Mehrebenenspieler sind weitaus stärker auf die Repräsentation der Interessen ihrer Mitglieder spezialisiert als die anderen Typen, was die Kapazitätshypothese empirisch unterstützt. Demgegenüber unterscheiden die Clustermitglieder sich nur marginal in ihrer Funktion, Marktstandards zu setzen oder wirtschaftliche Aktivitäten zu lizensieren; im Bereich der Dienstleistungen und der Marktinformationen sind die Unterschiede noch geringer. Kurzum: In Deutschland konzentriert sich die verbandliche Arbeitsteilung auf die Interessenvertretung, sie ist auf anderen Gebieten weniger ausgeprägt.[12]

---

12 Vergleich der Faktormittelwerte nach Clustern (Einfaktorielle ANOVAs; df_{in} 3, df_{zw} 280): Interessen (F 28,459, p=,000); Standards (F 2,254, p=,082); Dienstleistungen (F 1,130, p=,337); Lizenzen (F 2,246, p=,083); Marktinformation (F 0,416, p=,741).

Tabelle 4: Kooperation deutscher Unternehmen und Verbände mit privaten Organisa-tionen nach Clustern

Kooperation mit:	Cluster								Sig.[a]
	Nischen-verbände.		Gelegentliche Spieler		Tradition-alisten		Mehrebenen-spieler		
	N	(%)	N	(%)	N	(%)	N	(%)	
Nat. Wirtschafts-verbände	47	(90,4)	53	(94,6)	99	(99,0)	103	(99,0)	,120
EU Wirtschafts-verbände	35	(71,4)	49	(87,5)	92	(91,1)	103	(98,1)	,000
Internationale Wirtschaftsverbände	30	(58,8)	36	(65,6)	77	(76,2)	92	(89,3)	,000
Unternehmen	34	(69,4)	40	(74,1)	87	(86,1)	96	(94,1)	,000
Consultants	25	(52,1)	26	(48,1)	69	(69,0)	85	(84,2)	,000
Wissenschafts-organisationen	26	(54,2)	38	(69,1)	77	(78,6)	93	(91,2)	,000
Gewerkschaften	16	(32,0)	20	(37,0)	54	(54,0)	75	(75,8)	,000
Nationale diffuse Interessen	25	(50,0)	34	(63,0)	67	(68,4)	83	(83,3)	,000
EU diffuse Interessen	22	(44,0)	28	(51,9)	57	(58,8)	79	(79,0)	,000

Anmerkungen: EU-Spieler sind aufgrund ihrer geringen Fallzahl nicht berücksichtigt.
a CHI² Test

Insgesamt weisen die Mehrebenenspieler deutlich größere Handlungskapazitäten auf als die anderen Typen. In der Tendenz verfügen sie über größere materielle Ressourcen, sind stärker auf die Vertretung von Interessen spezialisiert und deshalb eher in der Lage, zwischen Staat und Mitgliedern zu vermitteln. Dies manifestiert sich auch in ihrer *Einbindung in Verhandlungssysteme* auf europäischer und nationaler Ebene: Sie unterhalten nicht nur mehr Kontakte mit den staatlichen Stellen auf EU- und nationaler Ebene als die anderen Typen, sondern kooperieren auch in stärkerem Ausmaß mit privaten Organisationen.

Tabelle 4 zeigt, dass es eine dichte Zusammenarbeit mit deutschen Wirtschaftsverbänden gibt: Mehr als 90 Prozent aller Verbände und Unternehmen kooperiert mit ihnen. Die Mitglieder der verschiedenen Cluster unterscheiden sich in dieser Hinsicht also nicht signifikant voneinander. Erhebliche Unterschiede zeigen sich aber in der Zusammenarbeit mit den anderen Arten von Interessenorganisationen. Zum einen sind die Mehrebenenspieler stärker in internationale und europäische Verhandlungssysteme eingebunden als die anderen Typen. Zum anderen suchen sie in stärkerem Maße die Kooperation mit eher antagonistischen Interessen – Gewerkschaften, Sozial-, Verbraucher- und Umweltverbänden. Schließlich tendieren sie stärker dazu, zusätzliche externe Expertise von Wissenschaftsorganisationen und Beratungsfirmen einzuholen als die Mitglieder der anderen Cluster.

4 Resümee

Auch wenn die europäische Integration geeignet ist, erhebliche Interessenkonflikte auszulösen, so war sie in Deutschland wenig umstritten. Sie hat selten zu politischen Protesten oder zur Gründung neuer EU-spezifischer Organisationen geführt und auch keine eigene Konfliktlinie im deutschen politischen System begründet. Da EU-Politiken allerdings zunehmend die Interessen von Wirtschaftsakteuren berühren, haben diese sich auf vielfältige Art und Weise darauf eingestellt.

Die Ergebnisse bestätigen die zentrale Hypothese, dass die Verfügung über Handlungskapazitäten die Anpassung von Interessengruppen an die europäische Integration in hohem Maße beeinflusst. Der Wandel der institutionellen Struktur hat nicht zu einer grundlegenden Umwälzung der Machtstrukturen und Arbeitsteilung im Interessengruppensystem geführt, selbst wenn Vorgaben der EU eine Einschränkung und stärkere Formalisierung verbandlicher Selbstregulation zur Folge haben können. Die europäische Integration hat vielmehr zur Ausweitung und Modifikation etablierter Praktiken geführt. Die Aktivitäten von Nischenverbänden, gelegentlichen Spielern und Mehrebenenspielern auf nationaler Ebene korrelieren in hohem Maße mit ihren Aktivitäten auf EU-Ebene. Die EU hat somit die Macht von auf nationaler Ebene profilierten Organisationen gefestigt. Diese scheinen am ehesten in der Lage zu sein, aus den neuen politischen Gelegenheiten Kapital zu schlagen. Die Stellung als etablierte Verhandlungspartner gegenüber nationalen Institutionen, die Position in den oberen Rängen der Verbandspyramide, die starke Spezialisierung auf die Interessenvertretung und erhebliche materielle Ressourcen ermöglichen es ihnen, komplexe Mehrebenenstrategien einzuschlagen. Der Organisationstyp, der durch die Einbindung in das Mehrebenensystem am ehesten an Bedeutung verlieren könnte, ist der Traditionalist, der zwar auf nationaler Ebene routinemäßig in politische Prozesse eingebunden ist, aber deutlich weniger in der EU-Politik involviert ist.

Insgesamt schließen der internationale Vergleich und die Analyse der Kapazitäten deutscher Verbände nahezu aus, dass es eine grundlegende Diskongruenz zwischen dem europäischen und dem deutschen Modus der Interessenvermittlung gibt, wie es beispielsweise von Maria Green Cowles behauptet wird. Die Ergebnisse unterstützen allerdings auch nicht zwangsläufig die konträre Hypothese, dass es eine große Passgenauigkeit gibt. Dies ist nicht störend, weil die Kongruenzthese wenig ergiebig ist. Die Analyse von Handlungskapazitäten war vollkommen ausreichend, um die Anpassung deutscher Interessengruppen an die EU zu erklären. Mehr noch: sie deckt sowohl die wesentlichen empirischen Ergebnisse derjenigen Studie ab, die von einer mangelhaften Kompatibilität ausgeht (Cowles) als auch derjenigen, die eine gute Passgenauigkeit (Schmidt) unterstellt.

Die Erklärungskraft der Kapazitätshypothese kann durch einen Verweis auf andere Studien noch untermauert werden. Sie gilt offensichtlich auch für kleinere Mitgliedstaaten und andere Handlungsbereiche. Maura Adshead (1996) hat in ihrer Studie der Auswirkungen der EU-Agrarpolitik auf die irische Landwirtschaft festgestellt, dass vor allem die etablierten irischen Agrarverbände in der Lage waren, ihre Aktivitäten auf die Europäische Union auszuweiten und so ihren Status auf nationaler Ebene zu festigen, während kleinere Verbände es nicht geschafft haben, ihnen Konkurrenz zu machen. Beate Kohler-Koch *et al.* (1998) und Liesbet Hooghe (2002) kommen in ihren Untersuchungen der EU-Regionalpolitik zu dem Schluss, dass vor allem jene Regionen, die über erhebliche Handlungsressourcen verfügen, sich als Mitspieler der Kommission und der nationalen Regierungen etablieren konnten. Umgekehrt führt Dieter Rucht (2002) Schwierigkeiten in der transnationalen Mobilisierung politischen Protestes in der EU in hohem Maße auf die überaus spezifischen Handlungskapazitäten von sozialen Bewegungen zurück. Schließlich kommen Policy-Analysen zu vergleichbaren Ergebnissen: Nationale Reform- und Handlungspotenziale (vgl. Eising 2000, Haverland 1999, Héritier *et al.* 2001) bestimmen die Fähigkeit, sich an die europäische Integration anzupassen.

Literaturverzeichnis

Abromeit, Heidrun (1992): Der verkappte Einheitsstaat. Opladen: Leske + Budrich.
Adshead, Maura (1996): Beyond clientelism: agricultural networks in Ireland and the EU. West European Politics; Bd. 19, Heft 3: 583-608.
Bacher, Johann (2001): Teststatistiken zur Bestimmung der Clusterzahl für QUICK CLUSTER. ZA-Information; Bd. 48: 71-97.
Benz, Arthur (1998): Politikverflechtung ohne Politikverflechtungsfalle – Koordination und Strukturdynamik im europäischen Mehrebenensystem. Politische Vierteljahresschrift; Bd. 39: 558-589.
Bulmer, Simon (1997): Shaping the rules? The constitutive politics of the European Union and German power. in: Katzenstein, Peter J. (Hrsg.). Tamed power. Germany in Europe. Ithaca: Cornell University Press: 49-79.
Bührer, Werner/Grande, Edgar (Hrsg.) 2000: Unternehmerverbände und Staat in Deutschland. Baden-Baden: Nomos.
Coen, David (1998): The European business interest and the nation state: large-firm lobbying in the European Union and Member States. Journal of Public Policy; Bd. 18, Heft 1: 75-100.
Cowles, Maria Green (2001): The transatlantic business dialogue and domestic business-government relations. in: Cowles, Maria G./Caporaso, James A./Risse, Thomas (Hrsg.). Transforming Europe. Europeanization and domestic change. Ithaca NY: 159-179.
Eising, Rainer (2000): Liberalisierung und Europäisierung. Die regulative Reform der Elektrizitätsversorgung in Großbritannien, der Europäischen Gemeinschaft und der Bundesrepublik Deutschland. Opladen: Leske + Budrich.
Eising, Rainer (2001): Assoziative Demokratie in der Europäischen Union?. in: Zimmer, Annette/Weßels, Bernhard (Hrsg.). Verbände und Demokratie in Deutschland. Opladen: Leske+Budrich: 293-330.
Eising, Rainer (2002): Policy learning in embedded negotiations. Explaining EU electricity liberalization. International Organization; Bd. 56, Heft 1: 85-120.
Eising, Rainer (2003): Europäisierung und Integration. Konzepte in der EU-Forschung. in: Jachtenfuchs, Markus/Kohler-Koch, Beate (Hrsg.). Europäische Integration. Opladen: Leske+Budrich: 297-326.

Eising, Rainer/Jabko, Nicolas (2001): Moving targets. National interests in EU electricity liberalization. Comparative Political Studies; Bd. 34, Heft 7: 742-767.

Falkner, Gerda (1999): European social policy: Toward multi-level and multi-actor governance. in: Kohler-Koch, Beate/Eising, Rainer (Hrsg.). The transformation of governance in the European Union. London: Routledge: 83-97.

Feldman, Gerald (1978): The large firm in the German industrial system: The M.A.N., 1900-1925. in: Stegmann, D./Wendt, Berndt J./Witt, P. C. (Hrsg.). Industrielle Gesellschaft und politisches System. Beiträge zur politischen Sozialgeschichte. Festschrift für Fritz Fischer zum siebzigsten Geburtstag. Bonn: Verlag Neue Gesellschaft: 241-257.

Frenz, Walter (2001): Selbstverpflichtungen der Wirtschaft. Tübingen: Mohr Siebeck.

Grande, Edgar (1994): Vom Nationalstaat zur europäischen Politikverflechtung. Expansion und Transformation moderner Staatlichkeit - untersucht am Beispiel der Forschungs- und Technologiepolitik (Universität Konstanz: Habilitationsschrift).

Greenwood, Justin (2003): Interest representation in the European Union. London: MacMillan.

Haverland, Markus (1999): National autonomy, European integration and the politics of packaging waste. Amsterdam: Thela Thesis.

Héritier, Adrienne (2002): New modes of governance in Europe. in: Héritier, Adrienne (Hrsg.). Common Goods. Reinventing European and international governance. Lanham: Rowman & Littlefield: 185-206.

Héritier, Adrienne *et al.* (2001): Differential Europe. European Union impact on national policymaking. Boulder: Rowman & Littlefield.

Hooghe, Liesbet (2002): The Mobilisation of territorial interests and multilevel governance. in: Balme, Richard/Chabanet, Didier/Wright, Vincent (Hrsg.). L action collective en Europe. Paris: Presses de Sciences Po: 347-374.

Imig, Doug/Tarrow, Sidney (Hrsg.) 2001: Contentious Europeans: Protest and politics in an integrating Europe. Boulder: Rowman & Littlefield.

Katzenstein, Peter J. (1997): United Germany in an integrating Europe. in: Katzenstein, Peter J. (Hrsg.). Tamed power. Germany in Europe. Ithaca NY: Cornell University Press: 1-48.

Keller, Berndt/Sörries, Bernd (1998): Der neue Sozialdialog auf europäischer Ebene: Erfahrungen und Perspektiven. Mitteilungen aus der Arbeitsmarkt- und Berufsforschung; Bd. 33, Heft 4: 721-725.

Kohler-Koch, Beate (1992): Interessen und Integration. Die Rolle organisierter Interessen im westeuropäischen Integrationsprozeß. in: Kreile, Michael (Hrsg.). Die Integration Europas. Opladen: Westdeutscher Verlag: 81-119 (Politische Vierteljahresschrift Sonderheft 23/1992).

Kohler-Koch, Beate (1999): The evolution and transformation of network governance in the European Union. in: Kohler-Koch, Beate/Eising, Rainer (Hrsg.). The transformation of governance in the European Union. London: Routledge: 14-35.

Kohler-Koch, Beate u. a. (1998): Interaktive Politik in Europa. Regionen im Netzwerk der Integration. Opladen: Leske+Budrich.

Kohler-Koch, Beate/Eising, Rainer (1999): The transformation of governance in the European Union. London: Routledge.

Kommission der Europäischen Gemeinschaften (1993): Ein offener und strukturierter Dialog zwischen der Kommission und Interessengruppen. Amtsblatt der Europäischen Gemeinschaften Nr. C 63/2-7, 5.3.1993.

Kommission der Europäischen Gemeinschaften (2001): Europäisches Regieren. Ein Weißbuch. KOM(2001) 428 endgültig, Brüssel, 25.7.2001.

Kommission der Europäischen Gemeinschaften (2002): Mitteilung der Kommission. Hin zu einer verstärkten Kultur der Konsultation und des Dialogs – Allgemeine Grundsätze und Mindeststandards für die Konsultation betroffener Parteien durch die Kommission, Brüssel (KOM[2002] 704 endg.).

Kreile, Michael (1978): West Germany: The dynamics of expansion, in: Katzenstein, Peter J. (Hrsg.). Between power and plenty, Foreign economic policies of advanced industrial states. Madison: University of Wisconsin Press: 191-224.

Lehmbruch, Gerhard (1977): Liberal corporatism and party government. Comparative Political Studies; Bd. 10, Heft 1: 91-126.

Lehmbruch, Gerhard (2001): Parteienwettbewerb im Bundesstaat. Opladen: Westdeutscher Verlag.

Liebert, Ulrike (1995): Parliamentary lobby regimes. in: Döring, Herbert (Hrsg.): Parliaments and majority rule in Western Europe. Frankfurt a.M.: Campus/St. Martin's Press: 407-447.

Marks, Gary/Hooghe, Liesbeth (2001): Multi-level governance and European integration. Lanham: Rowman & Littlefield.

Maier, Charles (1977): Berichterstatter zur Abschlusssitzung: Methodologische Ansätze und Ereignisse. in: Mommsen, Hans/Petzina, Dietmar/Weisbrod, Bernd (Hrsg.). Industrielles System und politische Entwicklung in der Weimarer Republik Band 2. Düsseldorf: Fischer: 950-957.

Mayntz, Renate (1990): Organisierte Interessenvertretung und Föderalismus: Zur Verbändestruktur in der Bundesrepublik Deutschland. in: Ellwein, Thomas et al. (Hrsg.). Jahrbuch zur Staats- und Verwaltungswissenschaft 4. Baden-Baden: Nomos: 145-156.

Reutter, Werner (2001): Deutschland. in: Reutter, Werner/Rütters, Peter (Hrsg.). Verbände und Verbandssysteme in Westeuropa. Opladen: Leske + Budrich: 75-102.

Rucht, Dieter (2002): The EU as a target of political mobilization: Is there a Europeanization of conflict? in: Balme, Richard/Chabanet, Didier/Wright, Vincent (Hrsg.). L'action collective en Europe, Paris: Presses de Science Po: 163-194.

Siaroff, Alan (1999): Corporatism in 24 industrial democracies: Meaning and measurement. European Journal of Political Research; Bd. 36, Heft 2: 175-205.

Schaber, Thomas (1997): Transparenz und Lobbying in der Europäischen Union. Geschichte und Folgen der Neuregelung von 1996. Zeitschrift für Parlamentsfragen; Bd. 28, Heft 2: 266-278.

Schmid, Josef (1994): Der Wohlfahrtsstaat Europa und die deutschen Wohlfahrtsverbände: Zur politisch-ökonomischen Dialektik zwischen europäischer Integration und verbandsorganisatorischer Differenzierung. in: Eichener, Volker/Voelzkow, Helmut (Hrsg.). Europäische Integration und verbandliche Interessenvermittlung. Marburg: Metropolis: 453-485.

Schmidt, Vivien (1999): National patterns of governance under siege: The impact of European integration. in: Kohler-Koch, Beate/Eising, Rainer (Hrsg.). The transformation of governance in the European Union. London: Routledge: 155-172.

Schmitter, Philippe C. (1979): Still the Century of Corporatism? in: Schmitter, Philippe C./Lehmbruch, Gerhard (Hrsg.). Trends toward corporatist intermediation. Beverly Hills: Sage: 7-52.

Sebaldt, Martin (1997): Organisierter Pluralismus. Kräftefeld, Selbstverständnis und politische Arbeit deutscher Interessengruppen. Opladen: Westdeutscher Verlag.

Streeck, Wolfgang (1999): Korporatismus in Deutschland. Frankfurt a.M.: Campus.

Streeck, Wolfgang/Schmitter, Philippe C. (1991): From national corporatism to transnational pluralism: Organized interests in the Single European Market. Politics and Society; Bd. 19: 133-164.

Vobruba, Georg (1992): Wirtschaftsverbände und Gemeinwohl. in: Mayntz, Renate (Hrsg.): Verbände zwischen Mitgliederinteressen und Gemeinwohl. Gütersloh: Bertelsmann: 80-121.

Waarden, van Frans (1994): Is European law a threat to associational governance? in: Eichener, Volker/Voelzkow, Helmut (Hrsg.): Europäische Integration und verbandliche Interessenvermittlung. Marburg: Metropolis: 217-262.

Anhang: Tabellen

Tabelle A1: Cluster-Statistiken für Lösungen von 1 bis 10 Cluster

Cluster Statistik	1	2	3	4	5	6	7	8	9	10
										Cluster k
ETA	,00	,22	,29	,22	,32	,37	,28	,35	,40	,31
PRE	-,99	,22	,09	-,10	,13	,07	-,14	,10	,07	-,14
F-MAX	-,99	232,5	171,4	78,0	96,8	96,6	53,0	64,4	67,8	41,6

Anmerkungen:
ETA = $1 - Sq_{in}(k)/SQ_{ges} = 1 - Sq_{in}(k)/SQ_{in}(1)$ (Erklärter Anteil der Streuungsquadratsumme),
PRE = $1 - Sq_{in}(k)/SQ_{in}(k-1)$ (Proportionale Fehlerreduktion einer Lösung)
F-Max$_k$ = $(Sqzw(k)/k - 1) / (Sq_{ges}/n - k)$ (Erklärter Anteil der Streuungsquadratsumme unter Berücksichtigung der Clusterzahl)
Dabei bezeichnet n = Zahl der Fälle, k= Zahl der Cluster, Sq$_{ges}$ = Gesamtstreuungsquadratsumme, $SQ_{in}(k)$ = Streuungsquadratsumme innerhalb von k Clustern („Fehlerstreuung"), $Sq_{zw}(k)$ = Streuungsquadratsumme zwischen k Clustern („erklärte Streuung")

Tabelle A2: Durchschnittliche Kontakte, Aktivitäten im Politikzyklus und Informationszugang von Interessenorganisationen nach Clustern

	Nischenverbände	Gelegentliche Spieler	Traditionalisten	EU Spieler	Mehrebenenspieler
Aktivitäten auf EU-Ebene in Phase der Agendagestaltung	1,46 (0,58) [134]	2,03 (0,70) [131]	1,99 (0,67) [207]	2,38 (0,66) [94]	2,64 (0,53) [193]
Kontakte mit Europäischer Kommission	1,66 (1,08) [155]	2,77 (1,57) [140]	2,92 (1,37) [218]	5,25 (0,93) [102]	4,92 (0,98) [194]
Information von Kommission	4,44 (1,34) [55]	2,97 (1,19) [100]	4,49 (1,28) [174]	4,81 (1,12) [103]	5,08 (0,97) [198]
Kontakte mit EP	1,29 (0,68) [150]	1,93 (1,25) [135]	2,16 (1,08) [215]	4,44 (1,17) [95]	4,52 (1,10) [194]
Information von EP	4,37 (1,36) [41]	2,83 (1,24) [87]	4,10 (1,26) [159]	4,40 (1,22) [100]	5,16 (0,98) [192]
Kontakte mit Rat der EU	1,09 (0,33) [149]	1,53 (0,97) [132]	1,59 (0,96) [204]	3,41 (1,43) [95]	3,79 (1,46) [184]
Information von Rat der EU	4,17 (1,50) [36]	2,37 (1,10) [84]	3,86 (1,40) [142]	3,42 (1,37) [92]	4,69 (1,20) [182]
Kontakte mit EU-Regulierungs- und Standardisierungsgremien	1,42 (1,00) [153]	2,65 (1,82) [133]	2,23 (1,58) [203]	2,96 (1,67) [96]	3,08 (1,74) [181]

Aktivitäten auf EU-Ebene in Phase der Transposition in nationales Recht	1,43 (0,53) [129]	2,20 (0,70) [132]	2,68 (0,57) [218]	1,55 (0,58) [95]	2,64 (0,57) [192]
Aktivitäten auf EU-Ebene in Phase der nationalen Implementation	1,49 (0,58) [125]	2,18 (0,69) [132]	2,64 (0,59) [218]	1,44 (0,56) [93]	2,55 (0,61) [185]
Aktivitäten auf nationaler Ebene in Phase der Agendagestaltung	1,83 (0,66) [132]	2,26 (0,67) [136]	2,38 (0,67) [214]	1,57 (0,66) [77]	2,75 (0,44) [194]
Kontakte mit nationaler Regierung	1,88 (1,23) [147]	3,66 (1,56) [136]	4,55 (1,14) [221]	2,66 (1,77) [102]	5,09 (0,98) [191]
Information von nationaler Regierung	4,94 (0,92) [71]	2,99 (1,12) [111]	5,27 (0,86) [210]	3,86 (1,31) [49]	5,04 (1,03) [193]
Kontakte mit nationalem Parlament	1,44 (0,89) [142]	2,29 (1,39) [128]	3,25 (1,36) [214]	1,67 (1,27) [96]	4,45 (1,18) [190]
Information von nationalem Parlament	5,04 (0,91) [57]	3,21 (1,17) [100]	5,01 (0,91) [195]	3,69 (1,24) [39]	5,01 (0,98) [185]
Aktivitäten in Phase der nationalen Positionsformulierung	1,93 (0,63) [135]	2,56 (0,55) [139]	2,82 (0,41) [219]	1,97 (0,75) [79]	2,92 (0,28) [195]
Kontakte mit nationalen Regulierungs- und Standardisierungsgremien	1,90 (1,34) [137]	3,60 (1,79) [125]	3,78 (1,59) [191]	1,71 (1,26) [96]	3,93 (1,66) [166]
Aktivitäten auf nationaler Ebene in Phase der Transposition in nationales Recht	1,72 (0,51) [132]	2,57 (0,51) [136]	2,84 (0,38) [219]	1,45 (0,53) [77]	2,74 (0,46) [194]
Aktivitäten auf nationaler Ebene in Phase der nationalen Implementation	1,74 (0,58) [131]	2,50 (0,60) [134]	2,81 (0,42) [217]	1,39 (0,49) [76]	2,61 (0,57) [188]

Die Zahlen in jeder Zelle geben den Mittelwert, (die Standardabweichung) und die [Zahl der Fälle] an.
Die Variablen hatten folgende Skalen:
Kontakte: 1 (keine), 2 (jährliche), 3 (halbjährliche), 4 (vierteljährliche), 5 (monatliche), 6 (wöchentliche)
Aktivitäten zur Interessenvertretung im Politikzyklus: 1 (keine), 2 (gelegentliche), 3 (häufige).
Zugang zu Informationen von staatlichen Institutionen: 1 (sehr schwierig) bis 6 (überhaupt nicht schwierig) ohne Benennung von Zwischenkategorien.

Die Kooperation der Sozialpartner im Arbeitsrecht: Ein europäischer Weg?[1]

Gerda Falkner, Miriam Hartlapp, Simone Leiber und Oliver Treib

1 Einleitung

Sozialpolitik gehört traditionell zu den Kernbereichen der Einbeziehung privater Interessen in die öffentliche Politikgestaltung. Insbesondere seit den Maastrichter Vertragsreformen ist in der EU[2]-Sozialpolitik eine bemerkenswerte Weiterentwicklung erfolgt. Diese betrifft einerseits die Beeinflussung konkreter Politik*inhalte* durch die Europäische Union. Doch auch in *prozeduraler* Hinsicht haben hier einige interessante Veränderungen stattgefunden, insbesondere was das Zusammenspiel privater und staatlicher Interessen im europäischen Mehrebenensystem anbelangt. Mit dem Vertrag von Maastricht ist in diesem Bereich ein bisher einzigartiger Einflusskanal für die europäischen Arbeitgeber- und Arbeitnehmerorganisationen UNICE[3], CEEP[4] und EGB[5] entstanden: die Möglichkeit zu autonomer Aushandlung von Abkommen, die dann über den Rat rechtliche Allgemeinverbindlichkeit erlangen. Entsprechend der klassischen Definition von Philippe Schmitter (1981: 295)[6] wurde mit diesen Bestimmungen ein korporatistisches Entscheidungsmuster verankert, nach dem die maßgeblichen Interessengruppen mitverantwortliche Partner in der europäischen Politikgestaltung sind. In Abgrenzung zum politikfeldübergreifenden Korporatismus der 1970er Jahre und unter Berücksichtigung der großen sektorspezifischen Unterschiede in der europäischen Entscheidungsfindung kann somit im Bereich der heutigen EU-Sozialpolitik von einer "korporatistischen Politikfeldgemeinschaft" (corporatist policy community) gesprochen werden (Falkner 1998). Mittlerweile kam es tatsächlich zu ersten Kollektivabkommen, die in der Folge vom Ministerrat in Form von EU-Richtlinien verbindlich gemacht wur-

---

1   Wir danken Hans-Jürgen Bieling, Rainer Eising, Beate Kohler-Koch sowie den TeilnehmerInnen der Tagung "Interessendurchsetzung im Mehrebenensystem" des DFG-Schwerpunktes "Regieren in der Europäischen Union" und der Deutschen Vereinigung für Politische Wissenschaft, 4.-5. Juli 2002 in Mannheim für ihre hilfreichen Anregungen und Kommentare.
2   Wenngleich sich der vorliegende Beitrag nur mit Regelungen aus dem Bereich der ‚ersten Säule' befasst und daher streng genommen der Begriff ‚Europäische Gemeinschaft' zur Bezeichnung der europäischen Regelungsebene angemessen wäre, verwenden wir den Begriff der ‚Europäischen Union', weil dieser sich inzwischen im allgemeinen Sprachgebrauch weitgehend durchgesetzt hat.
3   Europäische Vereinigung der Arbeitgeber- und Industrieverbände (Union des Confédérations de l'Industrie et des Employeurs d'Europe).
4   Europäischer Zentralverband der öffentlichen Wirtschaft (Centre Européen des Enterprises à Participaton Publique).
5   Europäischer Gewerkschaftsbund.
6   "... a mode of policy formation in which formally designated interest associations are incorporated within the process of authoritative decision-making and implementation. As such they are officially recognised by the state not merely as interest intermediaries but as co-responsible ‚partners' in governance and social guidance" (Schmitter 1981: 295).

den. Sowohl in der Frage des Elternurlaubs als auch im Bereich atypischer Beschäftigungsverhältnisse (Teilzeitarbeit und befristete Arbeitsverhältnisse) wurden die oben beschriebenen korporatistischen Muster praktiziert.[7]

Die Entwicklung der EU-Sozialpolitik ist jedoch nicht nur aus der Bottom-up-Perspektive von Bedeutung. Im vorliegenden Beitrag soll gezeigt werden, dass sich daraus wiederum Rückwirkungen auf die nationalen Staat-Verbände-Beziehungen ergeben können. Der Aufsatz knüpft damit an Arbeiten der jüngeren Europaforschung an, die sich mit dem Thema „Europäisierung" im Sinne von Top-down-Auswirkungen der europäischen auf die nationale Ebene beschäftigen.[8] Die sich entwickelnde EU wird dabei als unabhängige Variable betrachtet, deren Einfluss auf die nationale Ebene analysiert wird.

Im vorliegenden Beitrag diskutieren wir dies am Beispiel der Implementation der europäischen Sozialpolitik. Konkret untersuchen wir den EU-induzierten Wandel der Einbindung[9] von Sozialpartnern[10] in die nationale arbeitsrechtliche Regulierung in ausgewählten Mitgliedstaaten der EU. Bewirkt Europäisierung in diesem Bereich einen einheitlichen europäischen Weg, oder nähern sich die nationalen Muster zumindest an?[11]

Im folgenden Kapitel 2 dieses Beitrags identifizieren wir daher zunächst verschiedene potentielle Veränderungsanstöße, die von der europäischen Ebene ausgehend einen Wandel der Interaktion zwischen nationalen Regierungen und Sozialpartnern bewirken

---

[7] Zu anderen Themen wurden demgegenüber Verhandlungen entweder gar nicht aufgenommen (Beweislastumkehr bei Diskriminierung aus Gründen des Geschlechts, Kampf gegen sexuelle Belästigung, Information und Konsultation der Arbeitskräfte in nationalen Unternehmen), oder sie scheiterten (Leiharbeit). Zu Details der beschlossenen Abkommen sowie den Verhandlungsmustern vgl. Hartenberger (2001) und Falkner (2000a).

[8] Der Begriff Europäisierung im weitesten Sinne (Börzel/Risse 2000; Radaelli 2000) umfasst a) die Entwicklung von Politiken und Politikfeldnetzwerken auf der EU-Ebene (Risse et al. 2001), b) die Reaktionen der mitgliedstaatlichen Ebene auf diese Top-down-Einflüsse (Ladrech 1994) und c) auf die nationalen Systeme einwirkenden transnationalen Einflüsse (Kohler-Koch 2000a). Dieser Beitrag beschränkt sich auf unter b) fallenden Entwicklungen, obwohl wir uns möglicher feedback loops bewusst sind.

[9] Es geht hier also speziell um Veränderungen im Zusammenspiel von Regierung und Sozialpartnern. Die ebenfalls wichtigen Dimensionen der Veränderungen innerhalb von und im Verhältnis zwischen verschie-denen Interessengruppen können in diesem Rahmen nicht berücksichtigt werden.

[10] Der Begriff Sozialpartner wird hier in einem Sinn gebraucht, wie er beispielsweise auch von der Kommission benutzt wird. Gemeint sind damit die Spitzenorganisationen auf Gewerkschafts- und Arbeitgeberseite eines jeden Mitgliedstaates unabhängig davon, ob Konflikte in dem Land traditionell auf kooperativ-partnerschaftlichem Weg geregelt werden oder nicht.

[11] Vorgestellt werden erste empirische Ergebnisse aus einem am Max-Planck-Institut für Gesellschaftsforschung durchgeführten Projekt zum Thema ‚Neues Regieren' und Soziales Europa: Zu Theorie und Praxis von Mindestharmonisierung und ‚Soft Law' im europäischen Mehrebenensystem. In diesem Projekt wurde die Umsetzung der zentralen arbeitsrechtlichen EU-Richtlinien der 1990er Jahre (zu den Themen Arbeitsvertrag, Arbeitszeit, Jugendarbeitsschutz, Mutterschutz, Elternurlaub und Teilzeit) auf der Basis halbstandardisierter Experteninterviews in allen 15 EU-Mitgliedstaaten untersucht. Dieses umfangreiche empirische Material beinhaltet zum einen Informationen über den durch die Richtlinien hervorgerufenen Anpassungsbedarf und dessen politische Verarbeitung in den EU-Mitgliedstaaten. Es erlaubt aber ebenfalls Rückschlüsse auf die Transformation nationaler Strukturen und Politikprozesse.

können. Des Weiteren diskutieren wir Mechanismen, über die diese Anstöße potentiell ihre Wirkung entfalten können sowie Kategorien der Sozialpartnereinbeziehung im Sinne der Operationalisierung von Veränderungen. Kapitel 3 präsentiert die empirischen Entwicklungen in vier ausgewählten Ländern. Die Fallauswahl folgt dabei der Überlegung, für jede der in Kapitel 2 vorgestellten Kategorien der Sozialpartnereinbeziehung einen Beispielfall aufzugreifen. Kapitel 4 schließlich diskutiert die Ergebnisse und ihre Aussagekraft.

2 Anstöße, Mechanismen und mögliche Wirkungen von Europäisierung

Die bisher vorwiegend in der Forschungsliteratur vorhandenen Ansätze zur übergreifenden theoretischen Konzeptionalisierung von Europäisierung sind sehr stark an der Kategorie der Passgenauigkeit (Ausmaß des *fit* bzw. *misfit*) zwischen europäischer und nationaler Ebene orientiert (Green Cowles *et al.* 2001; Héritier *et al.* 2001; Knill 2001; Börzel 2002; sowie insbesondere mit Bezug auf Interessengruppen Green Cowles 2001; Schmidt 2002).[12] Es ist allerdings festzuhalten, dass die breite ‚*misfit*-zentrierte' Literatur der jüngeren Vergangenheit weder im Hinblick auf den Begriff selbst noch auf die Konsequenzen von großem bzw. kleinem Anpassungsbedarf eindeutig ist.

So ist in einzelnen Studien zuweilen gleichzeitig davon die Rede, dass großer Anpassungsbedarf Anpassungs*probleme* hervorruft[13] und dass er erheblichen Anpassungs*druck* auf die nationale Ebene ausübt.[14] Er wird damit einmal als Hindernis und einmal als Antriebskraft für Veränderungen konzeptionalisiert. Es ist also nicht eindeutig geklärt, ob von großem Anpassungsbedarf große Änderungen zu erwarten sind, oder ob gerade das Gegenteil der Fall ist.

Wie im Folgenden näher erläutert wird, ergeben sich aus der EU-Sozialpolitik eine Reihe potenzieller Veränderungsanstöße, die zu *domestic change* im Bereich der Staat-Verbände-Beziehungen in der sozialpolitischen Politikgestaltung führen können. Im Sinne politikwissenschaftlicher Theorien lässt sich die Zuschreibung einer möglichen Wirkungskraft dieser potenziellen Veränderungsanstöße den zwei (und nicht etwa nur einem) in der Literatur breit diskutierten *idealtypischen Handlungsorientierungen* von

---

12 Anders dagegen die Beiträge von Eising sowie Grote und Lang in diesem Band, die sich ebenfalls von einer strikt an der Passgenauigkeit orientierten Perspektive abgrenzen. Eising stellt bei seiner Analyse der Europäisierung der deutschen Interessenvermittlung vor allem die organisatorischen Kapazitäten von Interessengruppen als entscheidenden Faktor für ihre Anpassungsfähigkeit in den Mittelpunkt. Grote und Lang greifen bei ihrer Untersuchung organisatorischen Wandels nationaler Wirtschaftsverbände im deutschen Chemie- sowie Informations- und Kommunikationssektor auf ein Modell aus der Organisationsökologie zurück.
13 Vgl. etwa Green-Cowles (2001: 162): „if the domestic relationship does not resemble that found at the European level, one might expect problems in adaptation".
14 "One would expect both the German and French industry associations, therefore, to undergo considerable adaptational pressures as a result of the Europeanisation of business-government relations in the TABD" (ebd.: 168).

Akteuren[15] zuordnen. Dies sind die auf zweckrationalem Handeln basierende rationalistische Perspektive und die normorientierte sozialkonstruktivistische Perspektive. Unser primär problemorientiertes Forschungsdesign (im Zentrum des Gesamtprojekts steht vor allem die – hier allerdings nicht behandelte – Frage nach der Performanz der EU-Sozialpolitik im Mehrebenensystem) schließt keine der beiden idealtypischen Vermittlungslogiken aus.

Was den *misfit* betrifft, so setzen wir ex ante voraus, dass er die Anpassung nicht unbedingt determiniert.[16] Wir gehen davon aus, dass bei einem Abweichen des EU-Musters vom nationalen Muster Anpassungsdruck entstehen kann. Dieser mag nach den beiden beschriebenen Logiken einerseits über bindende Vorschriften und rationale Interessen von Akteuren (z.B. Umsetzung muss EuGH-Urteilen entsprechen) vermittelt werden oder aber über politikfeld-spezifische Leitbilder (und dann via normengeleitetes Akteurshandeln). Er kann, muss aber nicht, zu Veränderung führen.

Insgesamt lassen sich *vier mögliche Veränderungsanstöße* für die nationalen Staat-Verbände-Beziehungen im Bereich EU-Sozialpolitik identifizieren, die von der EU ausgehen. Veränderungen können verursacht werden:

1. dadurch, dass ein Teil der arbeitsrechtlichen Entscheidungen jetzt auf europäischer Ebene verhandelt wird und damit dem direkten nationalen Zugriff entzogen ist;
2. auf Grund der expliziten Anregung nationaler Umsetzung durch Sozialpartner in Art. 137 Abs. 4 EGV;
3. durch die seit Maastricht entstandene „korporatistische Politikfeldgemeinschaft" in der EU-Sozialpolitik;
4. mittels konkreter Veränderungsanstöße in einzelnen Richtlinien.

Hinter Punkt *eins* steht v.a. die Frage, wie man in den nationalen Systemen generell mit der Tatsache umgeht, dass neben die „normalen" nationalen Gesetzgebungsverfahren nun auch die EU-Entscheidungsvorbereitung im Rat[17] sowie die Umsetzung von Richtlinien tritt. Gehen den nationalen Sozialpartnern Einflussmöglichkeiten durch die Verlagerung von Kompetenzen nach Europa verloren oder eröffnen sich möglicherweise sogar neue?

Der *zweite* oben genannte Aspekt ist eine Besonderheit der EU-Sozialpolitik. Art. 2 Abs. 4 des ehemaligen Maastrichter Abkommens über die Sozialpolitik, mit dem Amsterdamer Vertrag aufgenommen in Art. 137 Abs. 4 EGV, erlaubt es den Mitgliedstaaten, den nationalen Sozialpartnern auf deren gemeinsamen Antrag hin die Durchführung von über das Sozialabkommen verabschiedeten Richtlinien zu übertragen. Diese Klausel ist

---

15 Auf Englisch *logic of consequentialism* bzw. *logic of appropriateness* (March/Olsen 1989; 1998). In der Europäisierungsliteratur haben diese Ansätze z.B. Börzel und Risse (2000) kontrastierend diskutiert.
16 Vgl. auch Falkner/Hartlapp/Leiber/Treib (2002; 2003 (im Erscheinen)) sowie Treib (2003 (im Erscheinen)).
17 D.h. der Meinungsbildung der nationalen Regierung zu Gesetzesprojekten, die auf der europäischen Ebene verhandelt werden.

auf den dänischen Minister Henning Christoffersen zurückzuführen (vgl. Hartenberger 2001: 146) und sollte v.a. Dänemark dazu verhelfen, das „Dänische Modell" arbeitsrechtlicher Regulierung beizubehalten, das weitgehend der autonomen Gestaltung durch die Sozialpartner unterliegt. Hier stellt sich die Frage, was die Klausel in der Zwischenzeit bewirkt hat. Wurde diese Möglichkeit vielleicht auch in Ländern aufgegriffen, in denen die Sozialpartner traditionell eine weniger starke Rolle spielen?

Hinzu kommt *drittens* das im Maastrichter Sozialabkommen etablierte besondere ‚Sozialpartnerverfahren' zur Verabschiedung von EU-Sozialrichtlinien. Dieses Vorbild eines gleichsam korporatistischen Politikmusters auf der europäischen Ebene könnte Effekte auf die Beziehungen zwischen Arbeitnehmern, Arbeitgebern und dem Staat auf der nationalen Ebene haben, etwa auf der Basis eines Ideentransfers von der europäischen auf die nationale Ebene. Unterscheiden sich die in diesem Verfahren entstandenen Richtlinien bei der Umsetzung von den auf ‚normalem' Weg verabschiedeten, was die Einbeziehung der nationalen Sozialpartnerorganisationen betrifft?

Viertens geht es darum, dass einige der Richtlinien direkte Hinweise auf die Einbindung der Sozialpartner in den Implementationsprozess beinhalten. So wird sowohl in der Teilzeit-[18] als auch in der Elternurlaubs-Richtlinie[19] explizit darauf verwiesen, die Sozialpartner seien „am besten in der Lage, Lösungen zu finden, die den Bedürfnissen der Arbeitgeber und Arbeitnehmer gerecht werden". Ihnen sei daher „eine besondere Rolle bei der Umsetzung und Anwendung ... einzuräumen". Diese Anstöße sind v.a. interessant im Hinblick darauf, was sie in Mitgliedstaaten bewirken, in denen es eine solche Art von Sozialpartnereinbindung in die Gestaltung staatlicher Politik bisher nicht gibt.

Was den ersten Faktor betrifft, so wirkt Europäisierung hier voraussichtlich vor allem über eine Veränderung der vorhandenen *Machtressourcen* der Sozialpartner gegenüber der Regierung. Bei den Faktoren 2 bis 4 stellt sich dagegen die Frage, ob es zur *Diffusion einer Leitidee*[20] *von Sozialpartnerschaft* kommt, wie sie auf der europäischen Ebene (transportiert sowohl über Art. 137, der korporatistischen Politikfeldgemeinschaft insgesamt oder aber die expliziten Anregungen in den Richtlinien) vielfach vorpraktiziert wird. Welcher der Aspekte auf der EU-Ebene jeweils der genaue Auslöser

---

18   Richtlinie 97/81/EG des Rates vom 15. Dezember 1997 zu der von UNICE, CEEP und EGB geschlossenen Rahmenvereinigung über Teilzeitarbeit - Anhang: Rahmenvereinbarung über Teilzeitarbeit, Amtsblatt Nr. L 014 vom 20/01/1998: S. 0009 – 0014: Allgemeine Erwägungen des Abkommens, Punkt 8.

19   Richtlinie 96/34/EG des Rates vom 3. Juni 1996 zu der von UNICE, CEEP und EGB geschlossenen Rahmenvereinbarung über Elternurlaub, Amtsblatt Nr. L 145 vom 19/06/1996: S. 0004 – 0009: Allgemeine Erwägungen des Abkommens, Punkt 13.

20   Die zentrale Bedeutung der *Diffusion von Ideen* für den Prozess der europäischen Integration wurde in der jüngeren Literatur vielfach unterstrichen (vgl. etwa Kohler-Koch 2000b; Kohler-Koch/Edler 1998). Im Fall der ‚Sozialpartnerschaft' handelt es sich dabei um eine Idee und etablierte Praxis aus mehreren Mitgliedstaaten, die zunächst auf die europäische Ebene übernommen wurde und sich nun möglicherweise von dort auf weitere Mitgliedstaaten auswirkt.

für die Veränderungen auf der nationalen Ebene ist, lässt sich dabei allerdings nicht unterscheiden. Oft spielen auch mehrere Faktoren gleichzeitig eine Rolle.

Um Veränderungen besser abschätzen zu können, stellen wir nun fünf *Typen der Sozialpartnereinbindung in die nationale arbeitsrechtliche Regulierung* einander gegenüber. Die Intensität der Einbindung und damit das Gewicht der Sozialpartner gegenüber dem Staat nimmt dabei von Kategorie eins bis fünf immer weiter zu.

1. keine Einbindung
2. Anhörung
3. tripartistische Konzertierung
4. ergänzende Gesetzgebung[21]
5. autonome Sozialpartnerregulierung

Aus unserer Untersuchung der 15 Mitgliedstaaten haben wir nun für jede Kategorie ein Länderbeispiel herausgegriffen. Im Folgenden soll anhand dieser Beispiele analysiert werden, ob, wie und in welche Richtung die beschriebenen Anstoßfaktoren sich auf die nationalen Sozialpartnerbeziehungen ausgewirkt sowie insbesondere, ob sich daraus Veränderungen innerhalb oder zwischen den von uns aufgestellten Kategorien ergeben haben.

3 Europäisierung nationaler Staat-Verbände-Beziehungen im Bereich arbeitsrechtlicher Regulierung: die Fallstudien

Als Fallbeispiele haben wir ausgewählt: Großbritannien (Kategorie 2), Luxemburg (Kategorie 3), Belgien (Kategorie 4) und Dänemark (Kategorie 5). Ein Land, in dem im arbeitsrechtlichen Bereich überhaupt keine Einbeziehung der Sozialpartner vorhanden ist (Kategorie 1), gibt es unter den EU-Mitgliedstaaten nicht. Da es selbst innerhalb eines Politikbereichs häufig verschiedene Kooperationsmuster zwischen Regierung und Sozialpartnern gibt, war jeweils dasjenige Muster für die Einordnung ausschlaggebend, bei dem das Gewicht der Sozialpartner am stärksten ist.[22]

3.1 Großbritannien

Was die Beziehung zwischen Staat und Verbänden betrifft, so gilt Großbritannien gemeinhin als eines der Länder mit einem pluralistischen System der Interessenvermittlung (siehe etwa Lijphart 1999: 177). Für die politische Entscheidungsfindung im Be-

---

21 Dahinter steht genau das Modell, das seit Maastricht auch auf der europäischen Ebene praktiziert wird (vgl. Einleitung). Die Sozialpartner handeln zunächst bipartistisch ein Abkommen aus, das dann über einen bestimmten Mechanismus (bspw. ergänzende Gesetzgebung oder die Erga-omnes-Wirkung von Tarifverträgen) Allgemeinverbindlichkeit für alle Arbeitnehmer erhält, ohne dass dem Abkommen noch Änderungen hinzugefügt werden können.
22 Wenn in einem Land also bspw. *tripartistische Konzertierung* und *autonome Regulierung durch die Sozialpartner* vorkam (ohne dass eins von beiden definitiv als ‚Ausreißer' bezeichnet werden konnte), wurde es in letztgenannte Kategorie eingeordnet.

reich Wirtschaftspolitik und Arbeitsrecht muss dieses Bild allerdings nuanciert werden. Dort gibt es mit der *Confederation of British Industry* (CBI) und dem *Trades Union Congress* (TUC) sowohl auf der Arbeitgeber- wie auch auf der Gewerkschaftsseite je einen großen, klar dominierenden Verband. Während der 1960er und 1970er Jahre wurden diese Verbände sowohl unter Labour- als auch unter Tory-Regierungen in mehrere tripartistische Konzertierungsgremien eingebunden. Die konservativen Regierungen unter Margaret Thatcher und John Major in den 1980er und 1990er Jahren schlugen allerdings einen radikal anderen Kurs ein, insbesondere gegenüber den Gewerkschaften. Die meisten der tripartistischen Gremien wurden aufgelöst, und die Einbindung des TUC wurde auf ein Minimum reduziert (Hall 1999: 67). Dennoch wurden nicht nur die Arbeitgeber, sondern auch die Gewerkschaften im Rahmen öffentlicher Konsultationen zu Gesetzentwürfen in die arbeitsrechtliche Gesetzgebung eingebunden, wenngleich die Meinung des TUC faktisch kaum einen Einfluss hatte (Interview GB2: 96-100, 497-498). Seit dem Amtsantritt der Labour-Regierung unter Tony Blair 1997 kann von einer erneuten Annäherung zwischen den großen Arbeitgeber- und Gewerkschaftsverbänden und der Regierung gesprochen werden. Bei Gesetzgebungsverfahren genießen CBI und TUC nunmehr bereits vor den öffentlichen Anhörungen privilegierte Rechte auf frühzeitige Information und Konsultation durch die zuständigen Ministerialbeamten, wobei es in der Regel nicht zu dreiseitigen Gesprächen kommt (Interview GB2: 177-234, 483-503; Interview GB5: 217-248). Aber insbesondere der Einfluss des vormals völlig marginalisierten TUC ist unter der Blair-Regierung wieder deutlich gestiegen (Interview GB2: 407-415), wenngleich die direkten Einwirkungsmöglichkeiten der Gewerkschaften über den früher sehr starken Gewerkschaftsflügel innerhalb der Labour Party seit Mitte der 1980er Jahre erheblich reduziert wurden (Goodman *et al.* 1998: 40).

Aufgrund der im internationalen Vergleich insgesamt relativ schwachen Stellung in der nationalen arbeitsrechtlichen Politikgestaltung ist die Bilanz der teilweisen Verlagerung sozialpolitischer Entscheidungen auf die europäische Ebene für die britischen Verbände durchaus positiv. Sie werden bei der EU-Entscheidungsvorbereitung von der Regierung informell angehört, und bei der Umsetzung genießen sie dieselben Rechte auf informelle Vorabkonsultation und anschließende öffentliche Anhörung wie bei nationaler Gesetzgebung. Daher lässt sich kein signifikanter Einflussverlust durch die Europäisierung in diesem Bereich beobachten. Die direkte Teilnahme an den europäischen Sozialpartner-Verhandlungen hat sogar zu einer Einflusssteigerung geführt, die bei der Umsetzung der Richtlinien über Elternurlaub und Teilzeitarbeit auch deutlich zu Tage trat.

In beiden Fällen wurden der Arbeitgeberverband CBI und der Gewerkschaftsverband TUC von der Regierung stärker in die Erarbeitung eines Umsetzungsrechtsakts einbezogen, als dies normalerweise der Fall ist. Zwar wurde das übliche Verfahren beibehalten. Allerdings gestaltete sich die informelle Abstimmung mit den beiden großen Verbänden ungewöhnlich intensiv. Dies war vor allem darauf zurückzuführen, dass CBI und TUC im Gegensatz zu den Ministerialbeamten unmittelbare Informationen über die

Bedeutung der Richtlinien-Vorschriften besaßen. Dieser Wissensvorsprung sollte durch die engere Beteiligung für die Umsetzung nutzbar gemacht werden (Interview GB2: 358-366). Dass dieses privilegierte Wissen auch tatsächlich als zusätzliche Machtressource genutzt und in mehr Einfluss umgemünzt werden kann, wurde besonders bei der Umsetzung der Teilzeitarbeits-Richtlinie deutlich. Hier gelang es den Gewerkschaften, die Regierung unter Vorlage von Verhandlungsprotokollen davon zu überzeugen, dass der Grundsatz der Nichtdiskriminierung zwischen Voll- und Teilzeitarbeitnehmern auch auf arbeitnehmerähnliche Personen wie Heimarbeiter, Zeitarbeitnehmer oder freie Mitarbeiter ausgedehnt werden müsse (Interview GB6: 598-619, TUC 2000: 2-3; Taylor 2000), während die Regierung den Geltungsbereich der Regelung zunächst auf Arbeitnehmer mit einem regulären Arbeitsvertrag beschränken wollte, so wie dies bei allen übrigen gesetzlichen Vorschriften im Bereich des Arbeitsrechts traditionell der Fall war (Interview GB10: 177-203). Die Teilnahme am Sozialen Dialog führte also zu einer Steigerung der Machtressourcen der nationalen Verbände und gewährte ihnen eine ungewöhnlich starke Verhandlungsposition in den Abstimmungen mit der Regierung.

Insbesondere für den TUC könnte sich die intensive europäische Einbindung langfristig als Stabilitätsanker erweisen. Wie bereits erwähnt, kann für die Amtszeit der konservativen Regierungen von Margaret Thatcher und John Major bei den Gewerkschaften von einer „virtual exclusion from the corridors of power" gesprochen werden (Goodman *et al.* 1998: 38). In dieser Situation bot die Teilnahme am europäischen Sozialen Dialog einen Ausgleich für die nationale Ausgeschlossenheit. Eine TUC-Vertreterin hat dies wie folgt ausgedrückt: „We have had 14 years of basically being ignored by our national government, and the European level gave us a huge power. I mean we were increasingly having a voice in Europe and becoming influential as a social partner in a way that we just didn't have in our own country" (Interview GB6: 122-124). Zwar haben die Gewerkschaften seit der Amtsübernahme durch Labour im Mai 1997 wieder erheblich mehr Einfluss im Rahmen nationaler Entscheidungsprozesse gewonnen. Sollte es jedoch abermals zu einem Regierungswechsel zugunsten der Konservativen kommen, wäre die Beteiligung am europäischen Sozialpartner-Verfahren etwas, was man dem TUC nicht mehr einfach wegnehmen könnte. Auf diese Weise könnte der TUC immer noch über die europäische Ebene auf die Entscheidungsfindung einwirken. Die europäische Ebene und die damit verbundenen Machtressourcen böten daher Schutz vor einer Marginalisierung in der nationalen Arena.

3.2 Luxemburg

Bisher wurde das kleine Luxemburg nur selten in vergleichende Studien aufgenommen, die sich mit der Verortung von Ländern zwischen den Extrempolen „Pluralismus" und „Korporatismus" beschäftigten.[23] In den wenigen Fällen, in denen dies geschah,

---

23 In den 23 Rankings, die Siarroff (1999: 180) diesbezüglich vergleicht, kommt Luxemburg bspw. nur ein einziges Mal vor.

wird Luxemburg im Mittelfeld angesiedelt (bspw. Lijphart 1999: 177; Schmidt 1982: 135).

Betrachtet man speziell die Staat-Verbände-Beziehungen im Bereich der wirtschaftspolitischen und arbeitsrechtlichen Regulierung, so lässt sich dort ein erhebliches Maß an sozialpartnerschaftlicher Einbindung bis hin zu tripartistischer Konzertierung erkennen. Auf der Arbeitnehmerseite gibt es in Luxemburg zwei große Richtungsgewerkschaften: den Unabhängigen Gewerkschaftsbund (OGB-L[24]), welcher der Luxemburger Sozialistischen Arbeiterpartei (LSAP) nahe steht sowie den aus den katholischen Arbeitervereinen hervorgegangenen Christliche Gewerkschaftsbund (LCGB[25]). Auf Seiten der Arbeitgeber war lange Zeit der Industriellenverband (FEDIL[26]) dominant. Mitte des Jahres 2000 wurde jedoch ein übergreifender Arbeitgeberverband gegründet, die *Union des Entreprises Luxembourgeois* (UEL), der sowohl verschiedene Verbände als auch die Handels-, Handwerks- und Landwirtschaftskammer umfasst (Feyereisen 2000). Denn in Luxemburg gibt es neben der privatrechtlichen Organisation der Arbeitgeber- und Gewerkschaftsverbände ein System öffentlich-rechtlicher Berufskammern mit einer Pflichtmitgliedschaft aller Angehörigen der jeweiligen Berufsgruppen. Darin stehen den genannten Kammern der Arbeitgeber auf der Arbeitnehmerseite ebenfalls drei Organisationen gegenüber: die Arbeiterkammer, die Privatangestelltenkammer sowie die Kammer der Staatsbeamten (Schroen 2001: 254-258).

Der Dialog zwischen der Regierung, Arbeitgebern und Arbeitnehmern beruht vor allem auf drei Institutionen: dem Kammernsystem, dem Wirtschafts- und Sozialrat sowie dem Tripartistischen Koordinationsausschuss (*Tripartite*). Die oben genannten Kammern genießen in Luxemburg ein gesetzlich vorgeschriebenes Begutachtungsrecht zu den im Gesetzgebungsverfahren befindlichen *propositions de loi*. Sie werden von der Regierung jedoch auch häufig bereits bei der Ausarbeitung von Gesetzesprojekten (*projets de loi*) als Experten herangezogen (Schroen 2001: 259). Der Wirtschafts- und Sozialrat wurde 1966 gegründet und dient als Beratungsgremium der Regierung in wirtschafts-, finanz- und sozialpolitischen Fragen. Er setzt sich zusammen aus 14 Vertretern der Arbeitgeberverbände, 14 Gewerkschaftsrepräsentanten sowie sieben ‚unabhängigen' Mitgliedern aus der Regierungsadministration. Die Regierung ist gehalten, ihn zu Gesetzesprojekten von generellem sozial- und wirtschaftspolitischen Interesse zu konsultieren (Tunsch 1999: 354). Die *Tripartite* ist aus der Krise der Stahlindustrie im Jahr 1977 entstanden und besteht jeweils aus vier Vertretern von Regierungs-, Arbeitgeber- und Arbeitnehmerseite. Sie diente also zunächst als politisches Forum für sozioökonomische Konzertierung in Krisensituationen. Inzwischen ist sie aber ebenfalls Forum des regelmäßigen sozialen Dialogs zwischen Regierung und Sozialpartnern (Feyereisen 2001).

---

24 Onofhängege Gewerkschaftsbond Letzebuerg.
25 Letzebuerger Chreschtleche Gewerkschaftsbond.
26 Fédération des Industriels Luxembourgeois.

Insgesamt kann man sagen, dass im Bereich Wirtschaftspolitik und Arbeitsrecht in Luxemburg ein intensiver Meinungsaustausch zwischen der Regierung und privilegierten Interessenvertretern schon im vorparlamentarischen Raum stattfindet. In dem kleinen Land gestaltet sich dies konkret so, dass „dieser Interessenausgleich von einer kleinen Funktionselite wahrgenommen [wird], die sich in kaum variierender Kombination in unterschiedlichen Institutionen zusammenfindet" (Schroen 2001: 259). Die Bandbreite der Interaktionsmuster reicht dabei von Konsultationen bis hin zu tripartistischer Konzertierung.

Mit der teilweisen Verlagerung der sozialpolitischen Regulierung auf die europäische Ebene ist für die Interessengruppen nun einerseits ein gewisser Einflussverlust zu beobachten. Denn im Gegensatz zu nationalen Gesetzesprojekten, in denen man die Kammern und großen Verbände häufig vorab konsultiert, ist dies bei der EU-Entscheidungsvorbereitung in der Regel nicht der Fall (Interview LUX1: 868-897).[27]

Andererseits kam es bei der Umsetzung der Elternurlaubs-Richtlinie in Luxemburg zu dem Versuch, von dem sonst üblichen Verfahren der Interesseneinbindung abzuweichen und den Interessenorganisationen ein noch stärkeres Gewicht zukommen zu lassen. Dabei hat man sich explizit an dem Verfahren orientiert, das seit Maastricht auch auf der europäischen Ebene praktiziert wird – der autonomen Aushandlung von arbeitsrechtlicher Regulierung durch die Sozialpartner. Man hat den Kollektivvertragscharakter der Elternurlaubs-Richtlinie[28] zum Anlass genommen, auch das nationale Umsetzungsverfahren auf ein Abkommen zwischen den größten Arbeitgeber- und Arbeitnehmerorganisationen gründen zu wollen. Das Ministerium hat also zunächst keinen eigenen Gesetzesvorschlag vorgelegt, wie es das übliche Verfahren zur Umsetzung von Richtlinien gewesen wäre. Stattdessen hat es es den Sozialpartnern überlassen, sich auf eine Regulierung zu einigen (Interview LUX9: 573-625). Die Verhandlungen zwischen Arbeitnehmer- und Arbeitgeberseite stießen jedoch rasch auf verfassungsrechtliche Probleme. Man musste feststellen, dass es für eine solche Vorgehensweise in Luxemburg noch keine rechtliche Grundlage gab, die es hätte ermöglichen können, dem Sozialpartnerabkommen die notwendige Allgemeinverbindlichkeit zu verleihen.[29] Daher schlug dieser Versuch fehl, die Gespräche wurden abgebrochen und die Richtlinie später auf gesetzlichem Wege umgesetzt (Interview LUX7: 204-258, Feyereisen 1998).

---

27 Die Möglichkeit der nationalen Verbände, über UNICE oder den EGB Einfluss auf den europäischen Verhandlungsprozess zu nehmen, kann nur als eine ‚Teilkompensation' dafür betrachtet werden. Die Einflussnahme auf ein nationales Gesetzgebungsprojekt kann viel unmittelbarer stattfinden als wenn sich beispielsweise der Luxemburger Industriellenverband erst innerhalb von UNICE durchsetzen muss, um so auf die Richtlinien-Vorschläge der Kommission einwirken zu können.
28 Diese gehört, wie einleitend beschrieben, zu den Richtlinien, die sich auf ein Abkommen zwischen den europäischen Sozialpartnern UNICE, EGB und CEEP gründen.
29 Es gibt in Luxemburg zwar generell die Möglichkeit, Kollektivabkommen zwischen den Arbeitgeber- und Arbeitnehmerorganisationen mit repräsentativem Status zu schließen (Tunsch 1999: 351). Diese sind dann jedoch lediglich für deren Mitglieder bindend. Die Möglichkeit, den Abkommen eine Erga-omnes-Wirkung zu verleihen, besteht nicht.

Das Thema ‚Sozialpartnerabkommen als Grundlage für die Umsetzung von Richtlinien' ist damit jedoch noch nicht zwangsläufig von der Tagesordnung genommen. Über den Vorschlag, in Luxemburg die entsprechenden gesetzlichen Anpassungen dafür vorzunehmen, wurde zumindest diskutiert (Interviews LUX7: 204-258, LUX1: 903-917). Und auch bezüglich des oben beschriebenen Einflussverlustes der Interessenverbände durch die Verlagerung von Regulierungskompetenz nach Europa sind möglicherweise Veränderungen zu erwarten. Ende 2000 hat der Luxemburger Wirtschafts- und Sozialrat einen Reformvorschlag für seinen Aufgabenbereich vorgelegt. Das Gremium strebt darin an, künftig eine „institutionalisierte Rolle" bei der Überwachung der Auswirkungen supranationaler Politik auf Luxemburg zu spielen. Zudem schlägt es vor, in Luxemburg den Rahmen für einen sozialen Dialog zu schaffen, der sich explizit am europäischen Vorbild orientiert (Feyereisen 2001).

Die Auswirkungen europäischer Sozialpolitik auf die Staat-Verbände-Beziehungen in Luxemburg sind zu diesem Zeitpunkt also noch nicht endgültig absehbar. Es lässt sich jedoch vermuten, dass längerfristig eine Art Ausgleich für die Verlagerung der Kompetenzen auf die europäische Ebene stattfinden wird, bspw. indem der Wirtschafts- und Sozialrat systematisch auch bezüglich der EU-Entscheidungsvorbereitung konsultiert wird. Besonders interessant an diesem Fall ist auch, dass das europäische Muster der Aushandlung von Sozialpartnerabkommen im Bereich arbeitsrechtlicher Regulierung *Vorbildwirkung* für die nationale Ebene entfaltet hat. Das lässt sich deutlich am beschriebenen ersten Umsetzungsversuch der Elternurlaubsrichtlinie sowie an den nationalen Reformdiskussionen ablesen. Ob dies letztlich tatsächlich in die gesetzliche Verankerung eines neue Verfahrens umschlägt und Luxemburg dadurch einen Qualitätssprung von der Kategorie „tripartistische Konzertierung" hin zu „ergänzender Gesetzgebung" durchläuft, bleibt abzuwarten.

3.3 Belgien

Belgien wird in der Literatur eher zu den Ländern mit stärkerem Korporatismus gezählt (Siaroff 1999: 180). Auch im Bereich der hier untersuchten arbeitsrechtlichen Regulierung ist der Einfluss der Arbeitgeber- und Gewerkschaftsvertreter groß. Die lange Tradition bi- und tripartistischer Verhandlungen manifestiert sich sowohl im institutionellen Gefüge als auch in der großen arbeitsrechtlichen Gestaltungsmacht der Sozialpartner. Arbeitsrecht entsteht entweder durch staatliche Regulierung, durch verhandelte Gesetzgebung oder über kollektivvertragliche Regelungen (*conventions collective de travail*, CCT). Immer spielt der bipartistische *Conseil National de Travail* (CNT) eine große Rolle.[30] Bei staatlichen Regelungsinitiativen muss er konsultiert werden.[31] Ein im

---

30 Die wichtigsten Akteure im CNT sind auf Arbeitgeberseite der *Verbond van Belgische Ondernemingen/Fédération des Entreprises de Belgique* (VBO-FEB) sowie auf Gewerkschaftsseite der *Algemeen Belgisch Vakverbond/Féderation Générale du Travail de Belgique* (ABVV-FGTB), der *Algemeen Christelijk Vakverbond/Conféderation des Syndicats Chrétiens* (ACV-CSC) und die *Algemene Centrale der Liberale Vakbonden van Belgie/Conféderation Générale des Syndicats Libé-*

CNT ausgehandelter CCT gilt für die gesamte belgische Privatwirtschaft via Erga-omnes-Wirkung.[32] Häufig werden ausgehandelte Kollektivverträge als ergänzende Gesetzgebung in ein königliches Dekret gegossen, um ihnen einen rechtshierarchisch höheren Stellenwert zu geben oder den öffentlichen Sektor einzubeziehen. Es handelt sich dabei lediglich um einen gesetzlichen Rahmen und nicht um eine inhaltliche Veränderung. Insofern ähnelt diese Regulierung dem Modell der Sozialpartnerverhandlungen auf EU-Ebene. Sowohl bei allgemein anwendbaren Kollektivverträgen als auch bei ergänzender Gesetzgebung übt der CNT somit eine quasi-legislative Funktion aus (Interview B5: 67-108, Waddington/Hoffmann 2000; Karlhofer/Sickinger 1999).

Mit der Verlagerung sozialpolitischer Entscheidungen auf EU-Ebene schrumpfte dieser Einfluss für die belgischen Verbände zunächst. Anders als im nationalen Verfahren gab es keine formalisierte Anhörung der Sozialpartner während der Verhandlungen und Annahme einer EU-Richtlinie. Ihre Machtressourcen verringerten sich damit deutlich. Um den im Integrationsprozess verlorenen Einfluss auf die belgische arbeitsrechtliche Regulierung wieder herzustellen, arbeiteten die Sozialpartner in den letzten Jahren aktiv auf eine *formale* Einbindung des CNT in die Vorbereitung von EU-Verhandlungen hin.[33] Seit 1999/2000 findet vor Ratstagungen nun ein Austausch zwischen dem verhandlungsführenden Ministerium und den Sozialpartnern in der Europa-Abteilung (*cellule d'Europe*) des CNT statt (Interview B5: 517-538).

Für das Einlenken des Ministeriums spielten neben dem Druck von Arbeitgeber- und Arbeitnehmervertretern auch andere Gründe eine Rolle. Potenzielle Konflikte werden jetzt im Vorfeld erkannt, und eine pünktliche Umsetzung der Richtlinien wird erleichtert. Weil die Sozialpartner bei der Umsetzung weitgehende Gestaltungskompetenzen und fest verankerte Mitspracherechte haben, nicht aber bei der Verhandlung auf EU-Ebene, hatten spätere Konflikte die Umsetzung in der Vergangenheit häufig verzögert. Mit dem neuen System der frühzeitigen Sozialpartner-Einbindung können diese Probleme verringert und damit die Gefahr von Vertragsverletzungsverfahren wegen unpünktlicher Umsetzung reduziert werden (Interview B10: 315-340 und 432-450). Zum anderen hatten Regierung und Sozialpartner ein Interesse an der Wiederherstellung des erfolgreichen nationalen Modells der Sozialpartner-Einbindung gehabt (Interview B9: 113-116).

---

    raux de Belgique (ACLV-CGSLB). Er gilt im europäischen Vergleich als „one of the most powerful consultative bodies" (Beyers et al. 2001:78).

31   Streng genommen besteht nur bei Dekreten Konsultationspflicht, aber auch bei Gesetzen fordert die Regierung in der Praxis immer eine Stellungnahme des CNT an. Die Regierung ist nicht formal gebunden, der Stellungnahme des CNT zu folgen oder länger als zwei Monate auf eine Stellungnahme zu warten, aber in der Praxis kann der CNT nur unter hohen politischen Kosten ignoriert werden (Interview B7: 1030-1035, Lejeune 1995: 81; Conseil Central de l'Economie 1996: 27).

32   Bei sektoralen Verhandlungen gilt der Kollektivvertrag respektive für den gesamten Sektor.

33   "Wir wollen nicht nur umsetzen, was entschieden wurde auf der europäischen Ebene. Wir wollen auch – hoffentlich – betroffen sein von allen Vorbereitungen und Verhandlungen" (Interviews B5: 527-529; B1: 98-127).

Die formale Einbindung und damit auch der tatsächliche Einfluss der Sozialpartner hatte sich durch die Europäisierung also in Richtung Staat verlagert. Als Antwort wurde die Einbindung der Sozialpartner auf der nationalen Ebene während der EU-Verhandlungen so verändert, dass das nationale Model insgesamt stabilisiert wurde.

3.4 Dänemark

Dänemark wird in der Regel zu den Ländern mit starken korporatistischen Traditionen gerechnet (vgl. bspw. Siaroff 1999: 180). Betrachtet man die Staat-Verbände Beziehungen in Bereichen der arbeitsrechtlichen Regulierung, so beruhen diese auf drei Hauptmerkmalen: einem hohen Grad an verbandlicher Organisation, „administrativem Korporatismus" (Christiansen *et al.* 2001: 61) sowie Kollektivverträgen als zentralem Instrument arbeitsrechtlicher Regulierung.

Der gewerkschaftliche Organisationsgrad in Dänemark liegt mit etwa 80 Prozent auf einem sehr hohen Niveau. Der dominierende Gewerkschaftsbund ist die *Landsorganisation* (LO). Daneben steht der *Funktionaerernes og Tjenestemaendenes Faellesråd* (FTF) als Organisation der Staatsbediensteten und Gehaltsempfänger sowie die Zentrale Akademikerorganisation (*Akademikernes Centralorganisation*, AC). Der größte Dachverband auf Seiten der Arbeitgeber ist der Dansk Arbejdsgiverforening (DA). Das „Dänische Modell" zeichnet sich nun dadurch aus, dass diesen Sozialpartnern ein erhebliches Maß an Autonomie in der arbeitsrechtlichen Regulierung zukommt. Dort wo es Gesetzgebung gibt, bspw. im Bereich Sicherheits- und Gesundheitsschutz am Arbeitsplatz, sind die Sozialpartner über fest institutionalisierte Ausschüsse, in denen tripartistische Beratungen mit der Ministerialbürokratie über die Gesetzesvorlagen stattfinden, eingebunden. Ein großer Teil der Arbeitsbedingungen ist jedoch Bestandteil autonomer Verhandlungen zwischen den Sozialpartnern ohne staatliche Intervention (Arbejdsministeriet 1996). Der hohe Organisationsgrad in Dänemark bildet die Voraussetzung dafür. Im Gegensatz zu anderen Ländern, in denen die Sozialpartner ebenfalls eine wichtige Rolle spielen, ist etwa eine staatliche Mindestgesetzgebung, die sich auf die Arbeitnehmer bezieht, die nicht von den Kollektivverträgen abgedeckt werden, in weiten Teilen der arbeitsrechtlicher Regulierung nicht üblich.

In den Bereichen, die in Dänemark traditionell per Gesetzgebung geregelt werden, haben sich aus der Verlagerung von Regulierungskompetenz auf die europäische Ebene keine Nachteile für die Einbindung der Sozialpartner ergeben. Denn auch die tripartistische Koordinierung der EU-Entscheidungsvorbereitung ist in Dänemark in ständigen Ausschüssen der einzelnen Ministerien fest institutionalisiert (Interview DK7: 659-689). Im Zusammenhang mit EU-Richtlinien stellt sich in Dänemark allerdings genau dort ein besonderes Problem, wo diese in Bereiche eingreifen, die traditionell allein über Kollektivverträge geregelt werden. Als die ersten arbeitsrechtlichen EU-Richtlinien in Dänemark umzusetzen waren, tangierten diese den autonomen Gestaltungsspielraum der Sozialpartner noch nicht gravierend, da es sich meist um Inhalte handelte, die als eher unbedeutend erachtet wurden. Die Verfahrensweise sah dann so aus, dass zunächst ein Gesetz geschaffen wurde und den Sozialpartnern darin Öffnungsklauseln eingeräumt wurden. Das heißt, wenn sie wollten, konnten sie auf Kollektivvertragsebene abweichende Regelungen treffen. Wer nicht von einem solchen Kollektivvertrag abgedeckt war, der konnte sich auf das Gesetz berufen. Mit der Umsetzung der Arbeitszeit-Richtlinie kam es nun zum ersten Mal dazu, dass eine europäische Regelung sich mit einem für die Sozialpartner absolut zentralen Thema beschäftigte: der Regelung der wöchentlichen Höchstarbeitszeit. Daher wurde die Umsetzung dieser Richtlinie zum Testfall, in dem die dänische Regierung in Übereinstimmung mit den Sozialpartnern zum ersten Mal eine Richtlinie nur über Kollektivverträge umzusetzen versuchte (Interview DK3: 558-599).

Die Kommission hat daraufhin allerdings bemängelt, dass Dänemark auch nach der tarifvertraglichen Umsetzung noch keine ausreichende Abdeckung der Arbeitnehmerschaft garantieren könne (Madsen 2000). Die dänischen Kollektivverträge können in der Regel ca. 75 bis 80 Prozent Abdeckung gewährleisten, nicht aber 100 Prozent, wie der EuGH es in richtungweisenden Urteilen verlangt.[34] Nachdem die Kommission Dänemark schließlich eine mit Gründen versehene Stellungnahme[35] mit der Drohung zukommen ließ, den Fall vor den EuGH zu bringen, lenkte die dänische Regierung Anfang 2002 schließlich ein. Obwohl weder die Regierung noch die Sozialpartner diese Lösung für glücklich hielten, wurde beschlossen, die Richtlinie per Gesetz umzusetzen (EIRR 2002). Eine ähnliche Situation stellte sich ebenfalls bei der Umsetzung der Teilzeit-Richtlinie ein. Auch hier wurde die Richtlinie, nachdem die Tarifverträge keine ausreichende Abdeckung gewährleisten konnten, per ergänzender Gesetzgebung umgesetzt (EIRR 2001).

Die Diskussionen über das Umsetzungsinstrument (die Inhalte der Richtlinien haben kaum Aufsehen erregt), v.a. der Arbeitszeit- sowie der Teilzeit-Richtlinie, haben schließlich dazu geführt, dass Anfang 2000 ein spezieller, neuer Implementationsausschuss geschaffen wurde, um mit den Sozialpartnern vorab zunächst einmal die Frage des Umsetzungsinstruments zu erörtern. Die Prozedur ist nun im Prinzip eine Umkehrung des oben beschriebenen Verfahrens. Früher kam zuerst das Gesetz, dann die Frage, ob die Kollektivverträge sich dessen ebenfalls annehmen wollen. Nun stehen die Kollektivverträge an erster Stelle. Man könnte also sagen, die Rolle der Sozialpartner hat sich in den Bereichen, in denen die EU-Richtlinien die Sozialpartnerzuständigkeiten tangieren, verschoben – weg von automatischer autonomer Zuständigkeit hin zu mehr tripartistischer Abstimmung im neuen Ausschuss. Bestenfalls kann dort erreicht werden, dass die Sozialpartner versuchen, die Richtlinie autonom umzusetzen. Die bisherigen

---

34 Vgl. bspw. Urteil des Europäischen Gerichtshofs vom 30. Januar 1985. Kommission der Europäischen Gemeinschaften gegen das Königreich Dänemark. Gleiches Entgelt für Männer und Frauen. Rechtssache 143/83, in: Sammlung der Rechtsprechung 1985, S. 427.
35 Eine mit Gründen versehene Stellungnahme ist die erste formelle Stufe eines europäischen Vertragsverletzungsverfahrens.

Fallbeispiele haben jedoch gezeigt, dass es dadurch noch nie gelungen ist, eine ausreichende Abdeckung der Arbeitnehmer zu erreichen. Daher wurde zum Instrument der ergänzenden Gesetzgebung gegriffen. Dies engt zwar den Aushandlungsspielraum der Sozialpartner im Vergleich zur autonomen Umsetzung nicht ein, man befürchtet jedoch einen Bedeutungsverlust der Organisationen, wenn die Sozialpartner nicht mehr alleine für die Aushandlung von Arbeitsbedingungen zuständig sind. Hinzu kommt die Sorge, dass das gut funktionierende „Dänische Modell" ins Wanken geraten könnte, falls immer mehr Arbeitgeber sich auf die Mindestgesetzgebung berufen und keine Verhandlungen mehr über diese Themen eingehen (Interview DK3: 861-903).

In diesem Fall stößt die autonome Umsetzung durch die Sozialpartner auf eine Inkompatibilität mit der europäischen Rechtsanforderung, alle Arbeitnehmer abzudecken.[36] Dänemark ist also bei der Umsetzung von EU-Richtlinien zu Gesetzgebung oder ergänzender Gesetzgebung gezwungen, wo es zuvor autonome Sozialpartnerregulierung gab.[37]

4 Schlussfolgerungen und Ausblick

Wie in Kapitel 2 ausgeführt, lassen sich im Rahmen der EU-Sozialpolitik eine Reihe von potenziellen Veränderungsanstößen auf nationale Muster identifizieren. Wir haben im Rahmen eines Schemas sozialpartnerschaftlicher Einbeziehung versucht, Veränderungen zwischen dem gängigen nationalen Modell einerseits und den konkreten Vorgängen um die Ausarbeitung und Implementation sozialpolitischer Richtlinien andererseits festzustellen und einzuschätzen.

Im Sinne einer *Gesamteinschätzung* der vorgefundenen Wandlungstendenzen in den einzelnen Ländern ist zunächst festzuhalten, dass keine revolutionäre Veränderungen der nationalen Interessenvermittlungssysteme passierten. Weder fand in einem Mitgliedsland ein vollständiger Wechsel von einer Kategorie in eine andere statt, noch kam es zu einer wirklichen Vereinheitlichung der nationalen Muster.

---

36 Über den Bereich der Sozialpolitik hinausgehend zum allgemeinen Problem der Vereinbarkeit nationaler verbandlicher Selbstregulierung mit den Anforderungen der EU-Institutionen vgl. auch Eising in diesem Band.
37 Vor dem Hintergrund der oben beschriebenen Christoffersen-Klausel erscheint dies geradezu paradox. Diese sollte ursprünglich das Dänische Modell schützen. Nun bietet sie möglicherweise Anreize für andere Mitgliedstaaten, die Sozialpartner zu stärken und sie mit der Umsetzung von Richtlinien zu betrauen (so es denn im Land die Möglichkeit einer Erga-omnes-Wirkung von Tarifverträgen gibt). Dänemark selbst wird jedoch auf Grund der EuGH-Urteile zu einer Änderung seines Modells in die Gegenrichtung – hin zu mehr Einfluss für den Staat – gezwungen.

Tabelle 1: Veränderungen der Einbindung der nationalen Sozialpartner durch EU-Sozialpolitik

Einbindung der Sozialpartner in die nationale arbeitsrechtliche Regulierung	Fälle	Verschiebungen *zwischen* den Kategorien (oder Versuche bzw. Schutz vor Verschiebung)	Verschiebungen *innerhalb* der Kategorien
keine Einbindung	–	–	–
Anhörung	GB	Schutz vor evtl. Rückfall in *keine Einbindung* der Sozialpartner bei Regierungswechsel	mehr Einfluss der Sozialpartner durch Wissensvorsprung
tripartistische Konzertierung	LUX	Versuch *ergänzender Gesetzgebung* bei Richtlinienumsetzung *keine Einbindung* der Sozialpartner in EU-Entscheidungsvorbereitung (wird möglicherweise künftig angepasst)	–
ergänzende Gesetzgebung = EU-Modell	B	*keine Einbindung* der Sozialpartner in EU-Entscheidungsvorbereitung wieder ausgeglichen durch neue Verfassungen	–
autonome Sozialpartnerregulierung	DK	bei Richtlinienumsetzung *ergänzende Gesetzgebung*	–

Dieser Befund steht im Einklang mit der weit verbreiteten und theoretisch gut begründbaren Erwartung, dass nationale Institutionen vielfach sehr beharrungskräftig sind (siehe etwa Thelen/Steinmo 1992; Immergut 1998; Thelen 1999; Pierson 2000a) und dass die Einzelstaaten ihre jeweiligen Arrangements gegen supranationale Einflüsse zu verteidigen suchen (Duina 1997; 1999; Duina/Blithe 1999; Börzel 2000; Knill 2001; Knill/Lenschow 1998; 2000; 2001). Selbstverständlich sind aber auch Veränderungen unterhalb der Ebene von Systembrüchen[38] von Interesse, und in dieser Kategorie konnten wir einige spannende Entwicklungen ausmachen.

So ließen sich im quasi europäisierten Teil' nationaler Sozialpolitik, d.h. im Bereich der Ausarbeitung und Umsetzung arbeitsrechtlicher EU-Richtlinien, einerseits Anzeichen für eine *Tendenz zur stärkeren Einbindung von Sozialpartnern in die Entscheidungsfindung* in Großbritannien und Luxemburg konstatieren.

In Großbritannien blieb zwar das Beteiligungsverfahren der Anhörung gleich. Es fand kein Sprung von einer Kategorie in die andere statt. Die direkte Beteiligung an den europäischen Verhandlungen führte jedoch *innerhalb dieser Kategorie* zu einer spürbaren Einflusssteigerung der nationalen Arbeitgeber- und Gewerkschaftsverbände. Dies lässt sich vor allem darauf zurückführen, dass diese ihren in den Sozialpartnerverhand-

---

[38] Zu critical junctures versus inkrementellen Prozessen institutionellen Wandels siehe etwa Thelen (2003) und Pierson (2000b).

lungen erlangten *Wissensvorsprung als Machtressource* gegenüber der Regierung nutzen konnten. Gleichzeitig wurde an diesem Fall deutlich, dass die europäische Ebene ebenfalls gleichsam als *Schutz gegen die Exklusion der privaten Interessen,* in diesem Fall vor einem Rückfall in die Kategorie *keine Einbindung,* dienen kann. Die Etablierung von Sozialpartnerbeteiligung an den Entscheidungsprozessen auf der europäischen Ebene stellt somit eine Art *Stabilitätsanker* für nationale Interessengruppen dar, der ihnen zumindest ein gewisses Maß an Einbindung sichert, selbst wenn sie auf nationaler Ebene mit einer Regierung konfrontiert sind, die sie von den politischen Entscheidungen in der nationalen Arena weitgehend ausschließt.

In Luxemburg bedeutete die Verlagerung von Regulierung auf die europäische Ebene zunächst einen gewissen Einflussverlust, da die Sozialpartner nicht in gleicher Intensität in die EU-Entscheidungsvorbereitung wie in nationale Gesetzesvorhaben eingebunden sind. Es gibt allerdings Anzeichen dafür, dass dies, ähnlich wie in Belgien, künftig ausgeglichen wird, etwa indem der Wirtschafts- und Sozialrat europäische Gesetzesprojekte verfolgt und sich diesbezüglich mit der Regierung systematischer koordiniert. Deutlich zeigte sich hier jedoch auch der Versuch zu einer stärkeren Einbindung der Sozialpartner. Anstelle des sonst üblichen Gesetzgebungsverfahrens wurde versucht, die Richtlinienumsetzung auf ein bipartistisch durch die Sozialpartner ausgehandeltes Abkommen zu stützen. Wenn dies nicht an rechtlichen Problemen gescheitert wäre, hätte hier also ein Sprung stattgefunden von *tripartistischer Konzertierung* hin zu *ergänzender Gesetzgebung.* Ob dieser tatsächlich künftig durch eine Änderung der gesetzlichen Voraussetzungen in Luxemburg vollzogen wird, ist noch offen. Zumindest ist es jedoch in der Diskussion. Auch wenn wir keine Diskursanalyse durchgeführt haben und daher diesen Effekt auf nationaler Ebene nicht systematisch verfolgen konnten, so zeigt dieser Fall unseres Erachtens jedoch starke Anzeichen dafür, dass eine *Diffusion von Ideen* (Kohler-Koch 2000b; Kohler-Koch/Edler 1998) von der europäischen Ebene auf die nationale zum Tragen kam. Luxemburg hat entgegen seiner Tradition versucht, genau das Modell anzuwenden, das auch auf der europäischen Ebene praktiziert wird.

Am gegenüberliegenden Ende der Kategorienskala lässt sich dagegen am Beispiel Dänemarks eine *Schwächung der sozialpartnerschaftlichen Einbindung* im Bereich der europäisierten Sozialpolitik feststellen.

Die Notwendigkeit, sozialpolitische EU-Richtlinien korrekt zu implementieren, hat konkret dazu geführt, dass es dort zu einer Einschränkung des Modells *autonomer sozialpartnerschaftlicher Politikgestaltung* zugunsten einer gemäßigt korporatistischen Variante mit einer zwar immer noch starken Rolle der Sozialpartner, aber *ergänzender* staatlicher *Gesetzgebung* kam. Dieser Wandel des sektoralen Interessenvermittlungsmodells wurde von der europäischen Ebene gleichsam erzwungen, obwohl die dänische Regierung zuvor dafür gesorgt hatte, die so genannte Christoffersen-Klausel in Art. 137 Abs. 4 des EG-Vertrags zu verankern. Allerdings hatte der EuGH schon früher sehr hohe Anforderungen für diesen Umsetzungsmodus definiert, insbesondere was die Abdeckung aller Arbeitnehmer betrifft. Aus diesem Grund sah Dänemark sich gezwungen, bei der Implementation verschiedener Richtlinien von seinem System autonomer Sozialpartnerregulierung abzuweichen und ergänzende Gesetzgebung zu erlassen. Hier zeigt sich also neben der möglichen Vermittlung durch Leitbilder und einer "Logik der Angemessenheit" auch die Vermittlung über Recht und zweckorientierte Interessen. Wie oben dargestellt, gibt es starke Anstöße zu nationaler Veränderung durch EU-Sekundärrecht und EuGH-Urteile. Deren Konsequenzen können nationale Akteure heute langfristig gar nicht mehr entkommen, denn auf die Nichteinhaltung von supranationalem Recht steht in letzter Konsequenz mittlerweile sogar eine hohe Geldstrafe. Im Sozialbereich haben bisher noch alle Regierungen eingelenkt, bevor eine solche über sie verhängt wurde.

In der Mitte der Skala befindet sich mit Belgien ein Land, für das zunächst mit der Verlagerung von Kompetenzen nach Europa ein Einflussverlust für die national stark eingebundenen Sozialpartner verbunden war. Die Nachteile einer solchen Entwicklung für die Implementation der europäischen Regeln wurden inzwischen jedoch erkannt und man hat versucht, einen Ausgleich zu schaffen. Insgesamt ist die Einbindung der Sozialpartner in Belgien also nach einer *kurzfristigen Verschiebung zu Gunsten der staatlichen Akteure* nun wieder *stabilisiert*.

Die Summe der in den untersuchten Mitgliedstaaten beobachteten Veränderungen ergibt eine *leicht konvergente Entwicklung* in Richtung eines moderat sozialpartnerschaftlichen Modells der Einbeziehung privater Interessen in die Gestaltung von Sozialpolitik.[39] Sie ist nur „leicht konvergent", weil weder ein einheitliches Modell entsteht noch sich alle Mitgliedstaaten in diese Richtung entwickeln. Soweit jedoch klare Veränderungstendenzen bzw. -versuche absehbar sind, gehen diese im jeweiligen Land tendenziell in Richtung von Erga-omnes-Gesetzgebung, wie sie im Prinzip seit Maastricht auch auf Ebene der EU-Sozialpolitik praktiziert wird. Damit ist gemeint, dass sozialpartnerschaftlich ausgehandelte Arbeitsrechtsstandards vom Staat (bzw. vom EU-Ministerrat) allgemeinverbindlich gemacht werden, ohne noch inhaltliche Änderungen vorzunehmen.

Für den von uns untersuchten Bereich kann also von einem empirisch feststellbaren Trend in Richtung „convergence towards moderate diversity" (Falkner 2000b) gesprochen werden. Auch in der Interessenpolitik gibt es also „adaptation in national colors" (Green Cowles/Risse 2001), von identischen Ergebnissen kann keine Rede sein. Diese Entwicklung ist schwach ausgeprägt und langsam und auch erst für weitere Mitgliedstaaten zu testen.

Der festgestellte Trend zur „leichten Konvergenz im Sinne moderater Divergenz" bezieht sich allerdings zunächst nur auf den Teil der europäisierten nationalen Sozialpolitik, wo die Mitgliedstaaten im Rahmen der Umsetzung von EU-Richtlinien tätig wer-

---

39 Die Konvergenz bezieht sich wohlgemerkt nur auf den prozeduralen Aspekt der eingangs erläuterten Korporatismusdefinition, nicht auf andere Aspekte wie etwa die Ebene der in die öffentliche Politikgestaltung einbezogenen privaten Akteure.

den. Es ist nicht auszuschließen, dass dieser Trend sich (ceteris paribus) in Zukunft zumindest auch auf den anderen Teil staatlicher Sozialpolitik, der weiterhin rein nationaler Gestaltung unterliegt, ausdehnen könnte.[40] Die weitere Entwicklung hängt aber in hohem Maße davon ab, welchen (quantitativen und qualitativen) Stellenwert die auf der europäischen Ebene gestaltete gegenüber der rein nationalen Sozialpolitik in der Zukunft einnehmen wird. Es wird also darauf ankommen, dass weiterhin verbindliche sozialpolitische EU-Richtlinien verabschiedet und vor allem EU-Sozialpartnerabkommen geschaffen werden.

Beides scheint zum gegebenen Zeitpunkt nicht selbstverständlich, da mittlerweile die legislative Aktivität in der EU-Sozialpolitik zugunsten rechtlich unverbindlicher Aktivitäten wie der ‚offenen Koordinierung' in den Hintergrund gedrängt wird und auch die Kommission jüngst korporatistische Rechtsetzung gegenüber vermehrten Anhörungen diverser Akteure und vor allem der Zivilgesellschaft in den Hintergrund rückte (Kommission der Europäischen Gemeinschaften 2001). Selbst die EU-Sozialpartner stellen momentan die Entfaltung bilateraler Aktivitäten in den Vordergrund ihrer Agenda (siehe ihren Beitrag zum Europäischen Rat von Laeken im Dezember 2001, z.B. Agence Europe 16.12.2001). Andererseits zeichnet sich gegenwärtig nicht ab, dass die verbindliche Rechtsetzung in der EU-Sozialpolitik völlig eingestellt wird. Daher ist nicht zu erwarten, dass die hier festgestellten Veränderungen sich rundum als ‚Eintagsfliegen' erweisen werden.

5 Literatur

Arbejdsministeriet (1996): The Danish labour market model and developments in the labour market policy. Kopenhagen: Arbejdsministeriet; unter http://www.am.dk/ Publikationer/uk_0 /uk_0_0.htm

Beyers, Jan/Kerremans, Bart/Bursens, Peter (2001): Belgium, the Netherlands, and Luxembourg: diversity among the Benelux countries. in: Zeff, Eleanor E/Pirro, Ellen B. (Hrsg.). The European Union and the member states. Boulder: Lynne Rienner: 59-88.

Börzel, Tanja A. (2000): Why there is no 'Southern problem': On Environmental Leaders and Laggards in the European Union. Journal of European Public Policy; Bd. 7, Heft 1: 141-162.

Börzel, Tanja A. (2002): States and Regions in the European Union: Institutional Adaptation in Germany and Spain. Cambridge: Cambridge University Press.

Börzel, Tanja A./Risse, Thomas (2000): When Europe hits home: Europeanization and domestic Change. European Integration Online Papers; Bd. 4; unter http://eiop.or.at/eiop/texte/ 2000-015a.htm

Christiansen, Peter Munk/Nørgaard, Asbjørn Sonne/Sidenius, Niels Christian (2001): Verbände und Korporatismus auf Dänisch. in: Reutter, Werner/Rütters, Peter (Hrsg.). Verbände und Verbandssysteme. Opladen: Leske+Budrich, 51-74.

Conseil Central de l'Economie (1996): Le Système de Concertation Socio-Économique. Lettre Mensuelle Socio-Économique 1/96. Brüssel: Conseil Central de l'Economie (Janvier 1996).

---

40 Dabei lassen institutionalistische Theorien weniger Veränderung erwarten als solche, die sich auf veränderte Opportunitätsstrukturen für rationale Akteure oder gar auf die Diffusionskraft von Leitbildern und „Best-practice-Modellen" beziehen.

Duina, Francesco G. (1997): Explaining legal implementation in the European Union. International Journal of the Sociology of Law; Bd. 25, Heft 2: 155-179.
Duina, Francesco G. (1999): Harmonizing Europe: Nation-States within the Common Market. Albany: State University of New York Press.
Duina, Francesco G./Blithe, Frank (1999): Nation-states and common markets: The institutional conditions for acceptance. Review of International Political Economy; Bd. 6, Heft 4: 494-530.
EIRR (2001): Part-time work legislation threatens Danish model. in: European Industrial Relations Review 330, 5.
EIRR (2002): Debate over Working Time Directive Continues. in: European Industrial Relations Review 336, 5-6.
Falkner, Gerda (1998): EU social policy in the 1990s: towards a corporatist policy community. London: Routledge.
Falkner, Gerda (2000a): The Council or the social partners? EC social policy between diplomacy and collective bargaining. Journal of European Public Policy; Bd. 7, Heft 5: 705-724.
Falkner, Gerda (2000b): Policy networks in a multi-level system: converging towards Moderate Diversity? West European Politics; Bd. 23, Heft 4: 94-120.
Falkner, Gerda/Hartlapp, Miriam/Leiber, Simone/Treib, Oliver (2002): Transforming social policy in Europe? The EC's parental leave directive and misfit in the 15 member states. MPIfG Working Paper 02/11. Köln: Max-Planck-Institut für Gesellschaftsforschung; unter http://www.mpi-fg-koeln.mpg.de/pu/workpap/wp02-11/wp02-11.html .
Falkner, Gerda/Hartlapp, Miriam/Leiber, Simone /Treib, Oliver (2004): EG-Richtlinien als soziales Korrektiv im europäischen Mehrebenensystem? Regulative Entwicklung, Problemskizze und potentielle Wirkungsmuster. in: Héritier, Adrienne/Scharpf, Fritz W./Stolleis, Michael (Hrsg.). European and international regulation after the nation-state: different scopes and multiple levels. Baden-Baden: Nomos: 115-138.
Feyereisen, Marc (1998): Trade union proposals for introduction of parental leave. EIROnline Document LU9802147N. Dublin: European Foundation for the Improvement of Living and Working Conditions. http://www.eiro.eurofound.ie/ 1998/02/InBrief/ LU9802147N.html .
Feyereisen, Marc (2000): Overwhelming majority of employers represented by new organisation. EIROnline Document LU0011151F. Dublin: European Foundation for the Improvement of Living and Working Conditions; unter http://www.eiro.eurofound.ie/2000/11/ feature/LU0011151F.html .
Feyereisen, Marc (2001): Economic and Social Council proposes its own reform. EIROnline Document LU0103163F. Dublin: European Foundation for the Improvement of Living and Working Conditions; unter http://www.eiro.eurofound.ie/ 2001/03/feature/LU0103163F.html.
Goodman, John/Marchington, Mick/Berridge, John/Snape, Ed/Bamber, Greg J. (1998): Employment relations in Britain. in: Bamber, Greg J./Lansbury, Russell D. (Hrsg.). International and comparative employment relations: a study of industrialised market economies. London: Sage: 34-62.
Green Cowles, Maria (2001): The transatlantic business dialogue and domestic business-government relations. in: Green Cowles, Maria/Caporaso, James/Risse, Thomas (Hrsg.). Transforming Europe: Europeanization and domestic change. Ithaca: Cornell University Press: 159-179.
Green Cowles, Maria/Caporaso, James/Risse, Thomas (2001): Transforming Europe: Europeanization and domestic change. Ithaca: Cornell University Press.
Green Cowles, Maria/Risse, Thomas (2001): Transforming Europe: conclusions. in: Green Cowles, Maria/Caporaso, James/Risse, Thomas (Hrsg.). Transforming Europe: Europeanization and domestic change. Ithaca: Cornell University Press: 217-237.

Hall, Mark (1999): The institutional framework and recent developments in the United Kingdom. in: Institut des Sciences de Travail (Hrsg.). The institutional framework and the processes of collective bargaining within the 15 member states of the European Union. Louvain-la-Neuve: Institut des Sciences de Travail: 66-71.

Hartenberger, Ute (2001): Europäischer sozialer Dialog nach Maastricht: EU-Sozialpartnerverhandlungen auf dem Prüfstand. Baden-Baden: Nomos.

Héritier, Adrienne/Kerwer, Dieter/Knill, Christoph/Lehmkuhl, Dirk/Teutsch, Michael/Douillet, Anne-Cécile (2001): Differential Europe: The European Union Impact on National Policymaking. Lanham: Rowman and Littlefield.

Immergut, Ellen M. (1998): The Theoretical Core of the New Institutionalism. Politics and Society; Bd. 26, Heft 1: 5-34.

Karlhofer, Ferdinand/Sickinger, Hubert (1999): Korporatismus und Sozialpakte im europäischen Vergleich. in: Karlhofer, Ferdinand/Tálos, Emmerich (Hrsg.). Zukunft der Sozialpartnerschaft: Veränderungsdynamik und Reformbedarf. Wien: Signum: 241-275.

Knill, Christoph (2001): The Europeanisation of national administrations: patterns of institutional change and persistence. Cambridge: Cambridge University Press.

Knill, Christoph/Lenschow, Andrea (1998): Coping with Europe: the impact of British and German administrations on the implementation of EU environmental policy. Journal of European Public Policy; Bd. 5: 595-614.

Knill, Christoph/Lenschow, Andrea (2000): Do new brooms really sweep cleaner? Implementation of new instruments in EU environmental policy. in: Knill, Christoph/Lenschow, Andrea (Hrsg.). Implementing EU environmental policy. New directions and old problems. Manchester: Manchester University Press: 251-282.

Knill, Christoph/Lenschow, Andrea (2001): Adjusting to EU environmental policy: Change and persistence of domestic administrations. in: Green Cowles, Maria/Caporaso, James/Risse, Thomas (Hrsg.). Transforming Europe: Europeanization and domestic change. Ithaca: Cornell University Press: 116-136.

Kohler-Koch, Beate (2000a): Europäisierung: Plädoyer für eine Horizonterweiterung. in: Knodt, Michèle/Kohler-Koch, Beate (Hrsg.). Deutschland zwischen Europäisierung und Selbstbehauptung. Frankfurt/New York: Campus: 11-31.

Kohler-Koch, Beate (2000b): Framing: the bottleneck of constructing legitimate institutions. Journal of European Public Policy; Bd. 7, Heft 5: 513-531.

Kohler-Koch, Beate/Edler, Jakob (1998): Ideendiskurs und Vergemeinschaftung: Erschließung transnationaler Räume durch europäisches Regieren. in: Kohler-Koch, Beate (Hrsg.). Regieren in entgrenzten Räumen (PVS-Sonderheft 29). Opladen: Westdeutscher Verlag: 169-206.

Kommission der Europäischen Gemeinschaften (2001): Europäisches Regieren: Ein Weißbuch. KOM(2001) 428 endg. Brüssel: Kommission der Europäischen Gemeinschaften (25.07.2001).

Ladrech, Robert (1994): Europeanisation of domestic politics and institutions: the case of France. Journal of Common Market Studies; Bd. 32, Heft 1: 69-88.

Lejeune, Yves (1995): The case of Belgium. in: Pappas, Spyros A (Hrsg.). National administrative procedures for the preparation and implementation of community decisions. Maastricht: European Institute of Public Administration: 59-110.

Lijphart, Arend (1999): Patterns of Democracy: government forms and performance in thirty-six countries. New Haven: Yale University Press.

Madsen, Jørgen Steen (2000): "Danish Model" Maintained by Implementation of EU Directives through Collective Agreements. EIROnline Document DK0001164F. Dublin: European Foundation for the Improvement of Living and Working Conditions; unter http://www.eiro.eurofound.ie/about/2000/01/feature/DK0001164F.html .

March, James G./Olsen, Johan P. (1989): Rediscovering institutions. The organizational basis of politics. New York: Free Press.

March, James G./Olsen, Johan P. (1998): The institutional dynamics of international political orders. International Organization; Bd. 52, Heft 3: 943-969.

Pierson, Paul (2000a): Increasing returns, path dependence, and the study of politics. American Political Science Review; Bd. 94, Heft2: 251-267.

Pierson, Paul (2000b): The limits of design: explaining institutional origins and change. Governance; Bd. 13, Heft 4: 475-499.

Radaelli, Claudio M. (2000): Whither Europeanization? Concept stretching and substantive changes. European Integration online Papers; Bd. 4: 1-31; http://eiop.or.at/eiop/ texte/2000-008.htm .

Risse, Thomas/Green Cowles, Maria/Caporaso, James (2001): Europeanization and domestic change: Introduction. in: Green Cowles, Maria/Caporaso, James/Risse, Thomas (Hrsg.). Transforming Europe: Europeanization and domestic change. Ithaca: Cornell University Press: 1-20.

Schmidt, Manfred G. (1982): Does corporatism matter? Economic crisis, politics and rates of unemployment in capitalist democracies in the 1970s. in: Lehmbruch, Gerhard/Schmitter, Philipp C. (Hrsg.). Patterns of Corporatist Policy-making. London: Sage: 237-258.

Schmidt, Vivien A. (2002): The effects of European integration on national forms of governance: reconstructing practices and reconceptualizing democracy. in: Grote, Jürgen R./Gbikpi, Bernard (Hrsg.). Participatory Governance. Opladen: Leske + Budrich: 141-176.

Schmitter, Philippe C. (1981): Interest intermediation and regime governability in contemporary Western Europe and North America. in: Berger, Suzanne (Hrsg.). Organising interests in Western Europe: pluralism, corporatism, and the transformation of politics. Cambridge: Cambridge University Press: 287-327.

Schroen, Michael (2001): Luxemburg: Interessenvermittlung in einem Kleinstaat. in: Reutter, Werner/Rütters, Peter (Hrsg.). Verbände und Verbandssysteme. Opladen: Leske + Budrich: 241-262.

Siaroff, Alan (1999): Corporatism in 24 industrial democracies: meaning and measurement. European Journal of Political Research; Bd. 36: 175-205.

Taylor, Robert (2000): Part-Time Work Rules Extended to Agency Staff. Financial Times. (04.05.2000).

Thelen, Kathleen (1999): Historical Institutionalism in Comparative Politics. Annual Review of Political Science; Bd. 2: 369-404.

Thelen, Kathleen (2003): How Institutions Evolve: Insights from Comparative-Historical Analysis. in: Mahoney, James/ Rueschemeyer, Dietrich (Hrsg.). Comparative-Historical Analysis in the Social Sciences. New York: Cambridge University Press: 208-240.

Thelen, Kathleen/Steinmo, Sven (1992): Historical Institutionalism in Comparative Politics. In: Steinmo, Sven/Thelen, Kathleen/Longstreth, Frank (Hrsg.). Structuring Politics: Historical Institutionalism in Comparative Analysis. Cambridge: Cambridge University Press: 1-32.

Treib, Oliver (2003): Die Umsetzung von EU-Richtlinien im Zeichen der Parteipolitik: Eine akteurzentrierte Antwort auf die Misfit-These. MPIfG Discussion Paper 03/3. Köln: Max-Planck-Institut für Gesellschaftsforschung (im Erscheinen).

TUC (2000): Response to DTI Consultation on Implementation of Part-Time Work Directive. London: Trades Union Congress.

Tunsch, Gary (1999): Luxembourg: a Small Success Story. in: Ferner, Anthony/Hyman, Richard (Hrsg.). Changing Industrial Relations in Europe. Oxford: Blackwell: 348-356.

Waddington, Jeremy/Hoffmann, Reiner (2000): Trade Unions in Europe: Reform, Organisation and Restructuring. in: Waddington, Jeremy/Hoffmann, Reiner (Hrsg.). Trade Unions in Europe: Facing Challenges and Searching for Solutions. Brussels: European Trade Union Institute: 27-79.

Facetten des Wandels –
Anpassungsstrategien von Wirtschaftsverbänden an ihre Umwelt[1]

Achim Lang und Jürgen R. Grote

1 Einleitung

In der Europaforschung kamen nationale Verbände lange nur am Rande vor. Es waren vor allem europäische Verbandszusammenschlüsse, auf die sich die Aufmerksamkeit konzentrierte. Zumindest implizit herrschte hier die Vermutung vor, dass eine wachsende Zahl bisher durch nationale Organisationen wahrgenommener Funktionen auf Euro-Verbände transferiert, von diesen absorbiert, oder durch sie doch zumindest effektiver gestaltet werden könne[2]. Ähnliches suggerieren Untersuchungen, die sich unter dem *Label* "Direkt-Lobbying" den Bestrebungen großer multinationaler Firmen widmen, aus kollektiven Handlungszusammenhängen auszubrechen (Coen 1997, Cowles 2001), oder auf zusätzliche und damit ihre Verbände umgehende Strategien zur Beeinflussung nationaler und europäischer Gesetzesinitiativen zurückzugreifen. Ferner mehren sich wie schon zur Zeit der Diskussionen um ein Verbändegesetz in der Öffentlichkeit wieder Stimmen, die – auf eine angebliche Dysfunktionalität von Verbänden verweisend – deren Existenzberechtigung in Frage stellen, oder doch zumindest für eine deutliche Begrenzung ihres Einflusses plädieren (Joffe 2002). Diese Kritik und den europäischen Anpassungsdruck in Rechnung stellend, mag die Annahme nahe liegen, dass sich nationale Wirtschaftsverbände heute in einer für sie dramatischen Situation befinden, die nur durch radikales Umdenken und markante institutionelle Reformen kompensiert werden kann.

Ausgelöst durch einen sich zunehmend konsolidierenden Ansatz in der Integrationstheorie (Jachtenfuchs/Kohler-Koch 1996; Kohler-Koch/Eising 1999; Marks/Hooghe 2001), aber auch durch vergleichende Analysen spezifischer Politikbereiche (Eising 2000; Lehmkuhl 2000) sowie durch das erneute Interesse an Europäisierungstendenzen *in* den EU-Mitgliedstaaten (Olsen 2002; Featherstone/Radaelli 2003) stellt sich nun heraus, dass es sich bei obiger Annahme um einen vorschnellen Schluss gehandelt haben könnte. Eingebettet in eine über den Nationalstaat hinaus weisende Perspektive geraten

---

[1] Für Anregungen und Kommentare bedanken wir uns bei Simone Leiber, Rainer Eising, Volker Schneider, Frank Janning und unseren studentischen Mitarbeitern Dorothea Dürr, Hans-Jörg Schmedes und Arndt Wonka.

[2] Die zu Beginn der neunziger Jahre einsetzende und fast ein ganzes Jahrzehnt umspannende Diskussion über Formen der Interessenvermittlung auf europäischer Ebene (stellvertretend hier: Mazey/Richardson 1993, Greenwood *et al.* 1992; Eichener/Voelzkow 1994; Pedler/Van Schendelen 1994; Greenwood 1997) tendierte jedenfalls anfänglich dazu, nationale Akteurskonstellationen und deren Relevanz für die Vertretung kollektiver Interessen auszublenden. Eine dezidiert auf den Vergleich nationaler Organisationen und Verbandssysteme abhebende Diskussion gab es im gleichen Zeitraum nicht.

nun auch nationale Wirtschaftsverbände (Kohler-Koch 2002; Eising 2004; Streeck u.a. 2004) – aber auch längst überholt geglaubte neokorporatistische Arrangements (Schmitter/Grote 1997) – wieder ins Zentrum der Aufmerksamkeit. Dies ermöglicht und fördert eine Form vergleichender Analyse, wie sie zu Zeiten des durch das „Organisation of Business Interests" (OBI) initiierten Forschungszusammenhangs (vgl. Schmitter/Streeck 1981, 1999) in den achtziger Jahren gang und gäbe war. Diese Entwicklungen haben uns dazu veranlasst, denjenigen Formen organisatorischen Wandels innerhalb und zwischen nationalen Verbänden nachzugehen, die sich mehr oder weniger deutlich auf durch Europäisierungs- und/oder Globalisierungsprozesse ausgeübten Druck zurückführen lassen (vgl. Schneider/Schmitter/Grote 2000)[3]. Im Folgenden werden ausgewählte Ergebnisse dieses Projektes anhand fokaler Verbände der deutschen Chemieindustrie- und der Informations- und Kommunikationstechnologie (I&K) illustriert und diskutiert.

Neben der Darstellung von Teilresultaten zielt der Beitrag ganz besonders auf die Eröffnung eines forschungsstrategischen Horizontes ab, der über klassisch politikwissenschaftliche Ansätze hinausgeht und sich daher möglicherweise für die Untersuchung verbandlicher Aktivitäten und ihres Wandels als geeigneter erweist als die Europäisierungs-, Mehrebenen- und policy-analytischen Perspektiven und Szenarien. Die Europäisierungsdebatte setzt die Existenz zunehmend europäisch werdender Strukturen, Strategien und Normensysteme auf nationalstaatlicher Ebene meist schon *a priori* voraus. Im Grunde genommen geht es primär um den Nachweis des Europäisierungsgrades (vgl. Grote/Lang 2003). In Mehrebenenansätzen dominiert nach wie vor eine *top-down* Perspektive, der zufolge Reaktionen nationalstaatlicher oder subnationaler Akteure und Handlungssysteme auf europäische Vorgaben im Zentrum der Analyse stehen. Die Analyse europäischer Politiken schließlich beschränkt sich naturgemäß auf den politischen Bereich als Hauptauslöser organisatorischen Wandels und weist anderen Faktoren, die Veränderungen bewirken können, bestenfalls sekundäre Bedeutung zu.

Wir verstehen den von uns hier gewählten organisationsökologischen Ansatz als eine Plattform für die Re-Interpretation existierender Theorien. Angewandt auf Wirtschaftsverbände, auf deren Populationen und *Communities* (siehe unten) impliziert eine *bottom-up* Perspektive, der zufolge der individuelle Verband und das ihn direkt umgebende Organisationssystem fokale Bezugspunkte der Analyse sind. Fokale Verbandssysteme sind *per definitionem* nationalstaatlich organisiert. Damit ist eine Mehrebenenanalyse keinesfalls ausgeschlossen. Vermittelt über ihre *Community* sind nationale Verbände durchaus in Mehrebenenspiele eingebettet, die sie mit den verschiedensten Akteuren und Institutionen auf nationaler, europäischer und internationaler Ebene verbinden. Organisationsökologische Erwägungen ermöglichen darüber hinaus den Einbezug von

---

3   Das DFG-Projekt, das noch bis Ende 2003 gefördert wird, untersucht nationale Wirtschaftsverbände in insgesamt drei Sektoren (Chemie- und I&K-Sektor sowie Milchwirtschaft) in zwei Ländern (Deutschland, Großbritannien). Die Milchwirtschaftsstudie bezieht darüber hinaus Österreich und die Schweiz mit ein, während für die anderen beiden Sektoren jeweils auch US-amerikanische Vergleichsstudien angefertigt werden.

Akteuren, die aufgrund der zumeist einflusslogischen Ausrichtung der oben beschriebenen Ansätze oft am Rande verbleiben: Firmen als Mitglieder von Wirtschaftsverbänden. Dies ist v.a. deswegen von Relevanz, weil ein Großteil der für organisatorischen Wandel verantwortlichen Faktoren unter Umständen gar nicht über einflusslogische Kanäle in Verbände hineinwirken, sondern über die Mitgliedschaftslogik. Schließlich eröffnet die von uns eingenommene Perspektive das Anknüpfen an und die Weiterführung einer Forschungstradition, die schon für die Autoren des OBI-Projektes unverzichtbar war, ohne dort immer hinreichend explizit gemacht worden zu sein – die Organisationssoziologie.

Wir stellen zunächst wesentliche Elemente organisationsökologischen Denkens vor, bevor wir auf politische, technische und ökonomische Umweltveränderungen nationaler Verbände eingehen. Daraufhin werden die binnenorganisatorischen und interorganisatorischen Anpassungsleistungen in den deutschen Chemie- und I&K-Verbänden als Reaktionen auf die Umweltveränderungen präsentiert. Insgesamt beobachten wir eine intra- und interorganisatorische Ko-Evolution der von uns untersuchten Verbände und Verbandssysteme, die vorwiegend über mitgliedschaftslogische Prozesse induziert und vermittelt ist.

2 Wirtschaftsverbände und Umwelt: eine organisationsökologische Perspektive

Wirtschaftsverbände nehmen eine intermediäre Position zwischen zwei unabhängigen und ressourcenstarken Akteurskategorien ein: zwischen Unternehmen auf der einen und dem Staat und seinen Institutionen auf der anderen Seite. Die Vermittlung von Interessenpositionen zwischen Staat und Unternehmen kann auch ohne intermediäre Organisationen erfolgen. Sind Wirtschaftsverbände dazwischengeschaltet, so müssen sie derart strukturiert sein, dass sie beiden Seiten spezifische Leistungen anbieten, die von diesen selbst nicht erbracht werden können (Schmitter/Streeck 1999). Wirtschaftsverbände unterliegen somit starken exogenen Beschränkungen in ihrem Handeln und oszillieren zwischen den gegensätzlichen Polen der Einfluss- und der Mitgliedschaftslogik.

Diese Dualität des Verbandshandelns, die von Schmitter und Streeck in ihrem OBI-Forschungsdesign entwickelt wurde, basiert auf der Perspektive der Organisation als offenes System. Sie hielt ab den sechziger Jahren Einzug in die Organisationssoziologie. Zu den wichtigsten Vertretern gehören Bertalanffy, Buckley, Thompson, Pfeffer, Salancik und andere. Diese Perspektive betont die Verarbeitung von *Inputs* zu *Outputs* in einer Organisation und verknüpft das Überleben von Organisationen mit der effizienten Gestaltung dieses Verarbeitungsprozesses. Wirtschaftsverbände sehen sich diversen exogenen Handlungsbeschränkungen ausgesetzt, die aus verschiedenen Richtungen auf sie einwirken. Dies erfordert eine umfassende Sichtweise, die neben politischen auch andere Faktoren berücksichtigt. Zudem sollte diese umfassendere Perspektive zur Aufhebung der künstlichen Trennung beitragen, die zwischen einer eher individualistischen Variante der Verbandsforschung besteht, die sich mit der Erklärung des Handelns einzelner Verbände beschäftigt und der Verbandsgruppenforschung, die von Aggregaten ausgeht und vorwiegend auf Differenzierungsprozesse innerhalb von Makrokonfigurationen (Pluralismus, Korporatismus, usw.) abhebt. Wir sehen in dem organisationsökologischen Ansatz eine Möglichkeit, die verschiedenen und vor allem aus der Politikwissenschaft stammenden Theorien des Verbandshandelns unter einem Dach zu vereinen. Es handelt sich bei dieser von uns eingenommenen umfasstenderen Sichtweise um "*a companion, a platform on which organizational theorists can attempt to interpret and re-interpret existing theories*" (Galunic/Weeks 2002:75).

Der organisationsökologische Ansatz versucht zu erklären, wie ökonomische, politische und soziale Bedingungen die vielfältigen Organisationstypen beeinflussen und wie Veränderungen in diesen Bedingungen zu Modifikationen in Organisationen und in der Komposition von Organisationspopulationen führen (Baum/Amburgey 2002, Baum 1996). Diese Veränderungen lassen sich auf die Prozesse Variation, Selektion und Retention zurückführen (VSR).

Variationen resultieren aus menschlichem Verhalten und stellen geplante und zufällige Modifikationen von Organisationen dar. Organisatorische Variation ist das Rohmaterial des *Selektionsprozesses*. Da manche Variationen in der Beschaffung von Ressourcen und/oder in der Erhöhung der Legitimität einer Organisation effizienter sind als andere, werden sie von leitenden Verbandsmitarbeitern ausgewählt. *Retention* besteht in der Verfestigung der erfolgreicheren Variation auf der Organisations- oder Populationsebene. Ergebnis dieses Prozesses schließlich ist die Genese einer hierarchischen Ordnung von Organisationseigenschaften und -typologien (Aldrich 1999; Campbell 1990; McKelvey/Aldrich 1983).

Die evolutionäre Ordnungsentstehung im Zuge des VSR-Prozesses ist das Resultat einer Mehrebenen-Interaktion "*between downward and upward causation*" (Baum/mburgey 2002: 321). Auf der untersten Ebene dieser Hierarchie befinden sich die organisatorischen Eigenschaften und Routinen. Diese „Eigenschaften" (Schmitter/Streeck 1999) beschreiben das Verhalten von Organisationen. Sie unterliegen dabei einem ständigen Reproduktions- und Selektionsprozess. Zum einen müssen sie fortwährend repliziert werden und zum anderen entstehen durch die Interaktionen mit anderen Routinen und durch Umwelteinflüsse Modifikationen, die sich im Wettbewerb mit den ursprünglichen Routinen befinden (Galunic/Weeks 2002).

Ausgehend von Schmitter und Streeck (1999) lassen sich vier Kategorien verbandlicher Eigenschaften bzw. Routinen unterscheiden: Interessendomänen, Strukturen, Ressourcen und Outputs. Interessendomänen beziehen sich auf die Unternehmenspopulation, aus der ein Verband seine Mitglieder zu rekrutieren versucht. Unter Strukturen innerhalb eines Verbands werden im Folgenden die administrativen Einheiten verstanden. Ressourcen stellen den materiellen *Input* dar. Die Kategorie *Outputs* lässt sich in mehrere Untergruppen aufteilen (vgl. Schmitter/Streeck 1999). Wir konzentrieren uns im vorliegenden Beitrag auf Dienstleistungen und Lobbying, da aus einer Verbandsmitgliedschaft erwachsende immaterielle Güter empirisch nur schwer zu fassen sind.

Organisationen bestehen aus einem Bündel von Routinen. Auch diese Bündel unterliegen dem VSR-Prozess. Betrachtet als Routinenbündel stehen Organisationen in Interaktion zu anderen und oft weitgehend gleichartigen Organisationen innerhalb einer *Population*. Populationen wiederum sind eingebettet in *Communities*. In letzteren interagieren Populationen aus unterschiedlichen Segmenten und bilden ein funktional integriertes System von Organisationspopulationen.[4]

Der organisationsökologische Ansatz nimmt im Gegensatz zu traditionellen und vorwiegend darwinistisch argumentierenden populationsökologischen Überlegungen auch andere Interaktionsformen mit auf. VSR-Prozesse sind hier nur noch beschränkt wirksam und Wettbewerb ist nun nicht mehr der alles determinierende Selektionsmechanismus. An seine Stelle treten vielmehr andere Faktoren wie z.B. institutionalisierte Erwartungen aus der übergeordneten Ebene oder Ressourcenabhängigkeiten sowie die (begrenzte) Autonomie von Organisationsebenen und -einheiten (Campbell 1990).

In der Politikwissenschaft werden die Selektionsmechanismen verbandlicher Routinen vorwiegend auf der *Community*-Ebene gesehen, d.h. auf der Ebene von Mitgliedschafts- und Einflusslogik (Schmitter/Streeck 1999). Eine Dominanz der Mitgliedschaftslogik äußert sich in einem fragmentierten Verbandssystem mit kleinen, intern nicht ausdifferenzierten, im Wettbewerb miteinander stehenden Verbänden. Dies spiegelt vor allem die Präferenz der Mitglieder nach unverfälschter Interessenrepräsentation wider. Die Mitglieder machen hier vor allem ihre materiellen Ressourcen geltend, um Variationen in einem Verband positiv zu selektieren. Im Bereich der Einflusslogik ist der Staat an einer Konzentration des Verbandssystems interessiert, was die Entstehung von großen, intern ausdifferenzierten Verbänden begünstigt. Vorherrschende Selektionsmechanismen sind hier die institutionellen Erwartungen nationaler und europäischer Institutionen an spezifische Formen verbandlicher Interessenrepräsentation (*vgl.* Bouwen in diesem Band).

Die folgenden zwei Abschnitte skizzieren zunächst die wichtigsten Umweltveränderungen, denen die von uns untersuchten Verbände des Chemie- und des I&K-Sektors unterliegen. Anschließend werden dann die intra- und interorganisatorischen Anpassungsprozesse von und zwischen den Verbänden aus einer organisationsökologischen Perspektive beleuchtet.

---

4 In den Worten des Hauptvertreters dieses Ansatzes: „Organizations, populations, and communities of organizations constitute the basic elements of an ecological analysis of organizations. A set of organizations engaged in similar activities and with similar patterns of resource utilization constitutes a population. (...) Populations themselves develop relationships with other populations engaged in other activities that bind them into organizational communities. Organizational communities are functionally integrated systems of interacting populations (...)" (Baum 1996: 78).

3 Umweltfaktoren

Wir unterscheiden zwischen politischer, ökonomischer, technologischer und gesellschaftlicher Umwelt,[5] die - je nach Sektor unterschiedlich - über nationale, europäische oder internationale Kanäle auf individuelle Verbände und Verbandspopulationen einwirken.

3.1 Die politische Umwelt

Die politischen Rahmenbedingungen im *Informations- und Kommunikationssektor* haben sich seit den 1980er Jahren in einigen Bereichen grundlegend geändert. Der Ende der achtziger Jahre durch ein Grünbuch der Kommission der Europäischen Gemeinschaften (EG) (1987) angestoßene Liberalisierungs- und Harmonisierungsprozess im Telekommunikationssektor fungierte als Impulsgeber für weitere Gemeinschaftsaktivitäten im gesamten I&K-Bereich. Die vom Europäischen Gerichtshof gebilligte weite Auslegung der Liberalisierungskompetenzen hat umfangreiche EG-Vorgaben nach sich gezogen und gipfelte schließlich in der Liberalisierungsrichtlinie, die eine Einführung vollständigen Wettbewerbs im Telekommunikationsmarkt und die Zulassung alternativer Netze für den 1. Januar 1998 vorsah. In der Richtlinie finden sich auch Vorschriften zur Schaffung einer nationalen Regulierungsbehörde, deren Ausgestaltung allerdings den Mitgliedstaaten vorbehalten bleibt.

Im audiovisuellen Sektor ist die Richtlinie „Fernsehen ohne Grenzen" die zentrale Normierung für die terrestrische Übertragung von Inhalten. Sie dient vornehmlich der Sicherung der grenzüberschreitenden Erbringung von Diensten und der Einhaltung von Programmstandards. Im Inhaltsbereich existierten bis ins Jahr 2002 keine über die Werbung hinausgehenden Gemeinschaftsregelungen. In diesen Bereichen dominieren nationale Vorschriften. In Deutschland ist der Rechtsrahmen für den gesamten I&K-Sektor auf eine Vielzahl von Gesetzen verteilt, die mit einer Zersplitterung der Zuständigkeiten einhergehen (teils Bund, teils Länder). Die Aufgabenverteilung regeln der Mediendienste-Staatsvertrag der Länder von 1992 und das Informations- und Kommunikationsdienste-Gesetz von 1997. Im Bereich der Teledienste und der Telekommunikation liegen die Zuständigkeiten beim Bund, während die Mediendienste den Ländern unterstehen. In der Praxis ergeben sich allerdings häufig Überlappungen, da sich viele Neue Medien nicht eindeutig zuordnen lassen. Diese Überschneidung der verschiedenen Dienste vergrößert den Zuständigkeitsbereich der Kommission, die versucht, einen einheitlichen Gesetzesrahmen über den gesamten Sektor zu legen (Kommission 1997).

Europäische Kompetenzen im *Chemiesektor* sind noch umfangreicher und haben v.a. eine längere Tradition. Der relevanteste Politikbereich ist hier die Umweltpolitik. Für den von uns untersuchten Zeitraum lässt sich hier ein kontinuierliches Wachstum euro-

---

[5] Im vorliegenden Beitrag beschränken wir uns auf eine Untersuchung der ersten drei Faktoren. Für einen vollständigen Vergleich siehe Grote/Lang (2003) sowie Grote/Schneider (2004).

päischer Regulierungsaktivitäten nachweisen. Zwischen 1980 und 1996 gab es insgesamt 31 Verabschiedungen (Richtlinien, Empfehlungen, Entscheidungen, Beschlüsse und Verordnungen) des Rates und der Kommission und 23 Richtlinienänderungen, die direkt den Chemiesektor betrafen (Munz 2001:44-48). Dabei nahm die Regulierungsdichte in den neunziger Jahren nach Verabschiedung der EEA deutlich zu. Sämtliche Entscheidungen der Kommission (insgesamt 12) fallen in den Zeitraum 1991-96. Nachdem der Umweltministerrat die Kommission am 25.6.1999 dazu aufgefordert hatte, einen Vorschlag für eine neue Strategie zur Chemikalienpolitik vorzulegen, mündeten deren Überlegungen im Februar 2001 in die Verabschiedung des Weißbuches "Strategie für eine zukünftige Chemikalienpolitik". Das Weißbuch sieht vor, dass die bisher auf unterschiedliche Art und Weise geprüften 2.700 neuen und ca. 100.106 alten Stoffe bis zum Jahr 2012 einem vergleichbaren Kontrollverfahren im Rahmen eines einheitlichen Systems mit dem Akronym REACH[6] unterworfen werden. Dies ist die gegenwärtig für die Chemieindustrie und ihre Verbände zentrale politische Herausforderung. Das Weißbuch und die aus ihm resultierenden und kurz vor der Umsetzung stehenden Richtlinien zu spezifischen Einzelaspekten binden einen hohen Anteil verbandlicher Ressourcen in der Mehrzahl der deutschen Branchenverbände.

3.2 Die technische Umwelt

Die technische Revolution innerhalb des *Informations- und Kommunikationssektors* begann Ende der siebziger Jahre mit der Einführung der integrierten Schaltungen. Die fortlaufende Weiterentwicklung der mikroelektronischen Komponenten führte zu einer kontinuierlichen Größen- und Kostenreduktion bei gleichzeitig geringerem Energieverbrauch und höherer Informationsspeicherkapazität. Zeitgleich setzte ein Prozess der Digitalisierung ein, der das Verpacken und die Transformation immer größerer Mengen an Informationen in binäre Codes erlaubte. Diese Technik befähigt Computer zu direktem Datenaustausch über das Telefonnetz, ohne die Informationen vorher in analoge Signale umwandeln zu müssen. Diese Verschmelzung von Telekommunikation und Computern zu einem Telematiksektor (Latzer 1997) ermöglichte eine Vielzahl von Innovationen auf den Dienste- und *Hardware*-Märkten. Zusätzlich verbesserte sich die Infrastruktur für die Datentransmission durch die Produktion neuer Satelliten, die Verarbeitung neuer Materialien für das Kabelnetz und die Nutzung der Radiofrequenzen. Von diesem Konvergenzprozess des Telekommunikations- und Computersektors war der Rundfunk- und Printbereich noch nicht betroffen (Sandholtz 1998, Latzer 1997). Die technische Verschmelzung zu einem Mediamatiksektor erfolgt erst seit Ende der 1980er Jahre infolge erhöhter Übertragungskapazitäten und der Verknüpfung verschiedener Netze. Dadurch erhöhte sich die Interaktivität der Infrastruktur und ermöglichte die Verbreitung von Rundfunkprogrammen über andere als nur die terrestrischen Netze. Das Aufkommen des Internets schuf nun vollends eine Plattform, über die die verschie-

---

6 Das Verfahren zielt auf die Registrierung, die Evaluation und die Autorisierung von Chemikalien.

denen und vorher inkompatiblen Dienste angeboten werden konnten (Latzer 1997, Kommission 1997).

Im Kontext des außerordentlich forschungsintensiven *Chemiesektors*[7] ist unter dem Gesichtspunkt technologischen Wandels insbesondere die Biotechnologie zu nennen, d.h. die Geschäftsbereiche „Gesundheit" und „Agro", die gemeinhin als „Life-Science-Business" bezeichnet werden. Das Volumen des europäischen Marktes für Produkte dieses forschungsintensivsten Subsektors wird sich voraussichtlich im Zeitraum der nächsten zehn Jahre vervierfachen (DIB, 2000:4). Nachdem Deutschland im internationalen Vergleich zunächst auf den unteren Rängen rangierte, ist sein Biotechnologiebereich mit 280 jungen Biotech-Firmen mittlerweile noch vor Großbritannien europäischer Spitzenreiter (VCI, 2000:10; DIB, 2000:6). Der Biotech-Revolution kommt damit innerhalb der letzten Jahre zwar eine ganz erhebliche Bedeutung zu, im Vergleich zum I&K-Bereich umfassen technologische Innovationen hier aber (noch) nicht den Sektor in seiner Gesamtheit. Auf diesen bezogen, bleibt technologischer Wandel eher moderat, während er im I&K-Sektor radikaler Natur ist. Darüber hinaus vollziehen sich Innovationen technologischer Art international und sind an keine Grenzen gebunden.

3.3 Die ökonomische Umwelt

Der *I&K*-Sektor insgesamt ist gekennzeichnet durch ein sehr hohes, über den Zuwachsraten des Bruttoinlandsprodukts (BIP) liegendes Wachstum, das allerdings nicht auf alle Subsektoren gleichmäßig verteilt ist. Seine ökonomische Entwicklung in Deutschland in den 1990er Jahren war gekennzeichnet durch starke Schwankungen des Marktwachstums in den verschiedenen Subsektoren. Zu Beginn des Jahrzehnts durchliefen einige Subsektoren eine Talsohle, deren Tiefpunkt 1993 mit Einbrüchen zwischen 5 Prozent bis 43 Prozent der Marktgröße dieser Subsektoren erreicht wurde. Besonders die Diensteanbieter in den Bereichen Radio, TV und Telekommunikation mussten massive Umsatzeinbußen hinnehmen. Von da an ging es vor allem in den Subsektoren Büroausstattung, Kabel und Elektronikindustrie wieder bergauf. Ab 1996 folgten auch die anderen Subsektoren dem Aufwärtstrend.

---

7   Mit über 7,5 Milliarden Euro im Jahre 2000 (VCI, 2001: 97; Chemiewirtschaft in Zahlen) liegt die deutsche Chemieindustrie hinsichtlich ihrer Aufwendungen für F&E auf Platz zwei hinter der Automobilindustrie (ca. 16 Milliarden Euro).

Schaubild 1: Wachstumsraten des BIP, des Chemie- und des I&K-Sektors

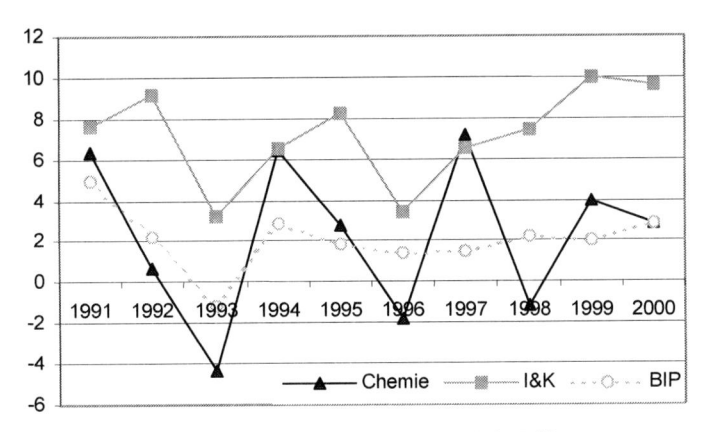

Quellen: EITO, div. Jahrgänge; OECD Statistical Compendium; VCI in Zahlen

Ab der Liberalisierung des Sektors 1998 erhöhte sich das Marktwachstum mit durchschnittlichen Wachstumsraten von über 9 Prozent (OECD 2002). Die Handelsbilanz kann dabei als chronisch defizitär eingestuft werden. Sie hat sich von knapp 8 Mrd. DM im Jahr 1990 auf über 18 Mrd. DM 1998 erhöht. Vor allem der Bereich IT-Hardware trägt zu gut 80 Prozent zu diesem Defizit bei. Allerdings werden auch über 60 Prozent der deutschen Hardware-Produkte exportiert. Dieser Bereich ist sehr stark internationalisiert. Die Import-Export Ratio im Dienstebereich beträgt dagegen nur um die 7 Prozent (OECD 1999).

Die deutsche *Chemie* ist traditionell mehr als andere Wirtschaftszweige weltweit tätig. Die Exportquote lag 1980 bei 44 Prozent und erreicht im Jahre 2000 ca. 67 Prozent, während sich die weltweiten Direktinvestitionen auf insgesamt 35 Milliarden Euro beliefen (1999). Besonders eindrucksvoll ist der kontinuierlich steigende Umsatz innerhalb des von uns untersuchten Zeitraumes (1990-2000). Mit ca. 107 Milliarden Euro beträgt ihr Anteil am Gesamtumsatz des verarbeitenden Gewerbes über 15 Prozent. Die Exportziffern haben sich in den vergangenen 20 Jahren mehr als verdoppelt und die Importziffern verdreifacht.

Die Unternehmen des deutschen Chemiesektors erzielen heute gut die Hälfte ihres Umsatzes im Ausland. Hauptabnehmer sind die Mitgliedstaaten der EU (ca. 53 Prozent), die USA (ca. 13 Prozent) und Asien (ca. 12 Prozent). Hinsichtlich der Anzahl der im Sektor Beschäftigten sowie der Export- und Importdaten liegt Deutschland hinter den USA und vor Japan weltweit auf Platz zwei, während es innerhalb der EU vor Frankreich, Großbritannien und Italien an erster Stelle rangiert. Diese vier EU-Länder produzieren gemeinsam ca. 65 Prozent der in Europa hergestellten Chemieprodukte. Dies ist insbesondere mit Blick auf EU-Regulierungsmaßnahmen (z.B. Weißbuch für eine zukünftige Chemikalienpolitik von 2001) von Bedeutung, die zwar für alle Mitgliedstaaten der Union Gültigkeit besitzen, im Wesentlichen aber die vier genannten Länder betreffen.

Die kontinuierlichen Wachstumsraten und den traditionell hohen Exportanteil beider Sektoren in Rechnung stellend, gehen wir aber auch hier von eher moderaten Veränderungen aus, die primär im internationalen Bereich zu verorten sind.

4 Inter- und intraorganisatorische Veränderungsprozesse

4.1 Interorganisatorische Veränderungsprozesse

Der VCI ist der wahrscheinlich umfassendste, auf freiwilliger Mitgliedschaft basierende deutsche Sektorverband und besitzt aufgrund seines Repräsentationsmonopols kein Äquivalent in anderen EU-Mitgliedstaaten. Innerhalb unseres Samples von insgesamt 14 fokalen Verbänden hat es seit 1990 drei Neugründungen gegeben (siehe Tabelle 1). Abgesehen von der Deutschen Industrievereinigung Biotechnologie (DIB), die 1998 als Fachvereinigung des VCI gegründet wurde und der Mitglieder aller Fachverbände angehören können, die Beiträge an den Dachverband abführen, handelt es sich beim IHO (Industrieverband Hygiene und Oberflächenschutz, 1992) und dem VFA (Verband Forschender Arzneimittelhersteller, 1993) um Ausgliederungen aus damals bereits bestehenden Organisationen. Damit hat sich der VCI als zentrale Dachorganisation des Sektors behaupten können. Es kam außerhalb dieser Organisation zu keinen weiteren Differenzierungsprozessen innerhalb der Population. Differenzierung vollzieht sich im deutschen Chemiesektor damit durchweg intraorganisatorisch. Allerdings gibt es erste Anzeichen für Turbulenzen innerhalb der Population – gekennzeichnet etwa durch den durchaus als dramatisch zu bezeichnenden Ausbruch des VFA aus dem BPI (Bundesverband der Pharmazeutischen Industrie)[8] und den Umzug dieser beiden Fachverbände nach Berlin.

Im Netzwerk seiner Population nimmt der VCI eine überragende Position ein (*vgl.* Grote/Lang, 2003). Seine in Frankfurt/Main ansässige Hauptgeschäftsführung liegt im Zentrum des Netzes und auch die Außenstellen Berlin und Brüssel sind ausgesprochen gut mit den einzelnen sektoralen Fachverbänden und Vereinigungen verbunden.[9] Im Vergleich zu den frühen Ergebnissen Wyn Grants (1986; vgl. auch Grant *et al.* 1988) stellen wir so gut wie keine Veränderungen fest: *"There are very pronounced and integrated relationships between the VCI (...) and the specialized subsector associations (...). The heads of the various associations meet once a month, one director comparing the relationship between the VCI and his associations as like that of a father and his grown-up children"* (Grant *et al.* 1988:70).

---

8 Siehe dazu v.a. die sehr gut informierte Studie von Broscheid (2002).
9 Dabei ist die Mehrzahl der Geschäftsführungen der über 30 Fachorganisationen von wenigen Ausnahmen abgesehen ebenfalls im Frankfurter Hauptsitz untergebracht.

Die Situation im I&K-Sektor stellt sich völlig anders dar. Die Dynamiken in der Population des I&K-Sektors sind weit höher als im Chemiesektor. So stieg die Zahl der fokalen Verbände stark an (vgl. Tabelle 1). Zu beachten ist, dass es sich hierbei nicht um Fachverbände handelt, sondern um selbständige Organisationen, die nicht in einem zentralen Dachverband organisiert sind. Vor allem Verbände an den Schnittstellen der Subsektoren haben sich in den neunziger Jahren in der Verbandslandschaft etabliert. So entstand 1990 der Verband Privater Rundfunk und Telekommunikation (VPRT) aus der Fusion bisher eigenständiger Verbände, 1995 wurde der Deutsche Multimediaverband (dmmv) gegründet, der praktisch alle Subsektoren zur Domäne hat, und im Jahr 2000 fusionierten drei unabhängige Verbände und je ein Fachverband des Zentralverbandes Elektrotechnik und Elektronikindustrie (ZVEI) und der Verband Deutscher Maschinen- und Anlagenbau (VDMA) zum bis dato größten I&K-Verband BITKOM (Bundesverband der Informationswirtschaft, Telekommunikation und Neue Medien). Dieser hat es sich zur Aufgabe gemacht, die Zersplitterung der Verbandslandschaft zu beenden und die gesamte I&K-Wirtschaft unter seinem Dach zu vertreten. Zu diesem Zweck pflegt er auch Kooperationsbeziehungen zu anderen Verbänden, die sich BITKOM als Mitglieder angeschlossen haben. Zwischen- und innerverbandliche Kooperation spielt insgesamt eine bedeutende Rolle im I&K Sektor. So haben sich 1996 fünf Verbände unter dem Dach des Spitzenverbandes der deutschen Softwareindustrie (SVDS) formiert, um den Mitgliedern aus dem Bereich Software eine gemeinsame Plattform zu bieten. In den neunziger Jahren waren über die Hälfte aller Verbände an Fusionen und Kooperationen beteiligt.

Diese Populationsdynamiken haben auch Spuren in der Positionierung der Verbände im Beziehungsnetzwerk hinterlassen. In den achtziger Jahren wurde die Verbandslandschaft im I&K Sektor von zwei Verbänden dominiert, nämlich vom ZVEI und vom VDMA. Diese vertraten in ihren Fachverbänden den privatwirtschaftlichen Teil des Sektors, der nicht der heutigen Telekom (damalige Bundespost) unterstand. Zu Beginn der neunziger Jahre kamen dann verstärkt andere Akteure hinzu (v.a. der VPRT), die das Vertretungsmonopol aufbrachen (Schneider/Werle 1991). Im Jahr 2000 zeigt sich nun ein vollkommen verändertes Bild. Neben dem ZVEI und dem VDMA haben sich im Bereich I&K auch andere Verbände, welche erst einige Jahre zuvor gegründet worden sind, in die erste Reihe geschoben. Die dominanten Akteure seit Anfang des neuen Jahrzehnts sind dmmv, BITKOM, VPRT, ZVEI und VDMA.

Tabelle 1: Interorganisatorische Veränderungen in den fokalen Organisationssets (Häufigkeiten)

	Vor 1990 gegründet	Fusion	Neugründung
I&K	7	3	5
Chemie	11	0	3

Die Dynamiken internationaler Märkte schlagen nicht direkt auf Verbände durch, sondern werden eher indirekt und über die Verbandsmitglieder vermittelt. Die tatsächlichen Effekte dieser Veränderungen manifestieren sich vorwiegend im nationalen Raum. Wie bereits weiter oben erwähnt, ist es insbesondere die durch internationalen Wettbewerb ausgelöste Umstrukturierung der Firmenpopulation, die erhebliche Risiken für die Reproduktion verbandlicher Strukturen und Identitäten birgt. Die Mitte der neunziger Jahre im Chemiesektor einsetzende „*Mergermania*" beispielsweise hat bei einer Reihe von Verbänden zu erheblichen finanziellen Verlusten und zu Verlusten von Expertise geführt, da hiervon v.a. Großbetriebe betroffen waren, die sich durchweg durch Mehrfachmitgliedschaften in verschiedenen Verbänden auszeichneten. Schon kleinere Fusionen oder Übernahmen stellen für Verbände eine erhebliche Gefahr dar, weil es ihnen häufig nicht gelingt, die durch die Zerschlagung etablierter Strukturen entstehenden Neugründungen von einer Mitgliedschaft zu überzeugen. Erschwerend kommt hinzu ein ganz anderes Phänomen, das sich ebenfalls primär national manifestiert: die wachsende Zahl z.B. US-amerikanischer Vorstandsvorsitzender in den in Deutschland ansässigen multinationalen Unternehmen. Diese wissen häufig wenig mit der spezifischen Verbandskultur des Landes anzufangen und sind aufgrund meist nur kurzer Zeiträume, die sie in ihren Positionen verbringen, (*secondment*) auch weniger sozialisationsfähig. Partizipation und Mitgliedschaft in Fachverbänden werden damit zu einem zweitrangigen Problem (Macdonald 2001:9).

Insgesamt lässt sich sagen, dass es insbesondere technologische Veränderungen waren, die in beiden Sektoren zu Verbandsneugründungen und zu mehr oder weniger ausgeprägten Restrukturierungen der interorganisatorischen Landschaft geführt haben.

4.2 Intraorganisatorische Veränderungsprozesse

Die Auswirkungen des externen, bzw. Umweltwandels wirken auch auf andere Weise in die betroffenen Organisationen hinein. Neben der externen Verarbeitung von Umwelteinflüssen stehen diesen interne Mechanismen zur Anpassung bereit. So können die institutionalisierten Erwartungen aus der Umwelt direkt in die organisatorischen Routinen und Eigenschaften implementiert werden.

Jene unterlagen in einigen Bereichen starken Veränderungen (siehe Tabelle 2). Besonders das Lobbying auf europäischer Ebene ist in den neunziger Jahren verstärkt ausgebaut worden. Dies spiegelt sehr deutlich die Veränderungen der politischen Umwelt wider, denen sich sowohl die Chemieverbände als auch die I&K-Verbände gegenüber sahen. Besonders die neu gegründeten oder aus Fusionen hervorgegangenen Verbände sahen sich zum Ausbau entsprechender Handlungskapazitäten veranlasst, um für eine adäquate Repräsentation der Mitgliederinteressen zu sorgen.

Tabelle 2: Intraorganisatorische Veränderungen (Häufigkeiten)

	Administration		Lobbying National		Lobbying EU		Dienstleistungen		Domäne	
	I&K	Chemie	I&K	Chemie	I&K	Chemie	I&K	Chemie	I&K	Chemie
Abnahme	1	3	1	0	0	0	1	7	0	0
Konstanz	7	5	8	9	7	7	9	5	6	10
Zunahme	6	6	5	5	7	7	4	2	8	4

Gleichzeitig nahm das nationale Lobbying zu oder blieb zumindest konstant. Das widerspricht der gängigen Annahme, dass eine Verlagerung der Gesetzgebungskompetenzen auf die europäische Ebene zu einer Abnahme von Aktivitäten auf der nationalen Ebene führen muss. Zumindest für die Wirtschaftsverbände in beiden Sektoren stellen nationale Ministerien und Behörden weiterhin wichtige Adressaten des Lobbyings dar (siehe dazu auch Eising 2004). So nutzen Verbände ihre nationalen Kanäle zur Beeinflussung der Implementation von EU-Richtlinien.

Während die politischen Faktoren gleiche Anpassungsleistungen in den Wirtschaftsverbänden beider Sektoren ausgelöst haben, ist bei den anderen organisatorischen Routinen kein Gleichschritt zwischen den Sektoren zu beobachten. Besonders auffällig sind die Unterschiede in der Bereitstellung von Dienstleistungen, wie z.B. Weiterbildungsmaßnahmen und Messestände für Mitgliedsfirmen.[10] Die neu gegründeten I&K-Verbände passten sich an diese Mitgliedererwartungen an und versuchten durch die gemeinsame Weiterbildung, durch Setzung von Standards in diesem Bereich und durch Erarbeitung von Berufsbildern der Sektorentwicklung Rechnung zu tragen, um so eine Verstetigung innerhalb des dynamischen Sektors herbeizuführen. Die Bereitstellung gemeinsamer Messestände stellt neben einer stärkeren Präsenz und damit auch Medienwirkung des Sektors auch einen Versuch dar, neue Mitglieder zu gewinnen. Die Chemieverbände dagegen haben den Dienstleistungsbereich mehrheitlich zurückgefahren. Hier lösten ebenfalls geänderte Mitgliedererwartungen diesen Abbau aus und führten zu einem Ausbau der Lobbying-Aktivitäten. Dienstleistungen von Verbänden spielen im Chemiesektor eine untergeordnetere Rolle, da die Mitgliedsfirmen sie meist selbst erbringen können.

Die Interessendomänen wurden mehrheitlich im I&K-Sektor vergrößert. Die zunehmende technische Konvergenz und die Ausweitung der Geschäftstätigkeiten der Mitglieder auf benachbarte Subsektoren machte eine Neuorientierung vieler I&K Verbände nötig. So nahm sich der VPRT Mitte der neunziger Jahre explizit den Multimediaunternehmen an der Schnittstelle zwischen Inhalten und Rundfunk an. Auch der ZVEI ver-

---

10   Gemeint sind hier nur Dienstleistungen im engeren Sinne. Im von uns verwendeten Fragebogen wird auch nach weiteren mitgliedschaftsorientierten Aktivitäten gefragt (Konferenzen, Treffen, Informationsveranstaltungen, Beratung, usw.), die bei den hier vorgenommenen Berechnungen nicht berücksichtigt werden.

suchte die Ausgliederung eines Fachverbandes in den Bitkom durch eine Ausweitung der Interessendomäne in Richtung Inhalte zu begegnen. Während eine Mehrheit der Verbände im I&K-Sektor ihre Interessendomänen auszuweiten suchen, sind im Chemiesektor nur die von der Biotechnologie betroffenen Verbände dazu übergegangen. Auch hier waren wieder Änderungen in den Geschäftsfeldern der Mitglieder Auslöser für verbandliche Neuorientierungen. Die administrativen Einheiten der Verbände beider Sektoren haben in beinahe gleichem Ausmaß zugenommen.

Betrachtet man nun die Wandlungsprofile der einzelnen Verbände, so gibt es in keinem der beiden Sektoren Verbände mit identischen Profilen. Die drei folgenden POSAC (*Partial Order Scalogram Analysis by Base Coordinates*) Schaubilder zeigen an, welche Veränderungsprofile in den beiden Sektoren identifizierbar sind.[11] Dabei ordnen wir eine Facette bzw. ein Strukt (Facetten in dieser Reihenfolge: nationales Lobbying, EU-Lobbying, Domäne, Dienstleistungen, Administration) nach der Ausprägung Wandel und kodieren die Antworten aus unserem standardisierten Fragebogen nach Abnahme (1), Konstanz (2) und Zunahme (3) in den betreffenden Facetten. Wie beim Verfahren der Multidimensionalen Skalierung (MDS) ordnet POSAC die mit schwarzen Punkten angezeigten Struktupel nach ihrer Ähnlichkeit in einem zweidimensionalen Raum (zu POSAC siehe Shye/Amar 1985). Die Struktupel bilden die Veränderungsprofile der einzelnen Verbände für die erfassten Facetten ab. Dabei zeigt sich die große Variation in den beiden Verbandspopulationen. Die vom Ursprung nach rechts oben verlaufende Diagonale beschreibt eine zunehmende Stärke des Wandels in allen Dimensionen. In beiden Sektoren wird der zweidimensionale Raum durch die Dienstleistungsdimension und das nationale Lobbying aufgespannt.

Die Chemieverbände bewegen sich in Richtung der lateralen Maximalposition (Struktupel 33333), in der sich die Aktivität in jeder Facette vergrößert (siehe Schaubild 2). Besonders auffällig ist dabei der Aufbau neuer Handlungskapazitäten im Bereich des nationalen Lobbyings bei gleichzeitiger Abnahme der Serviceaktivitäten. Der Verband Deutscher Lackfabrikanten (VDL), der Industrieverband Chemiefaser, der Industrieverband Körperpflege- und Waschmittel (IKW) und der Verband Kunststofferzeugende Industrie (VKE) haben diese Umschichtung ihrer Ressourcenverwendung vorgenommen (vgl. auch Anhang). Die beiden letztgenannten Verbände haben zudem noch ihre Lobbyingaktivitäten auf der europäischen Ebene erhöht.

---

11 POSAC basiert auf der Facettentheorie (Borg 1992, Wittenboer 2001).

*Schaubild 2: **Intraorganisatorische Veränderungen in den Chemieverbänden (POSAC plot)***

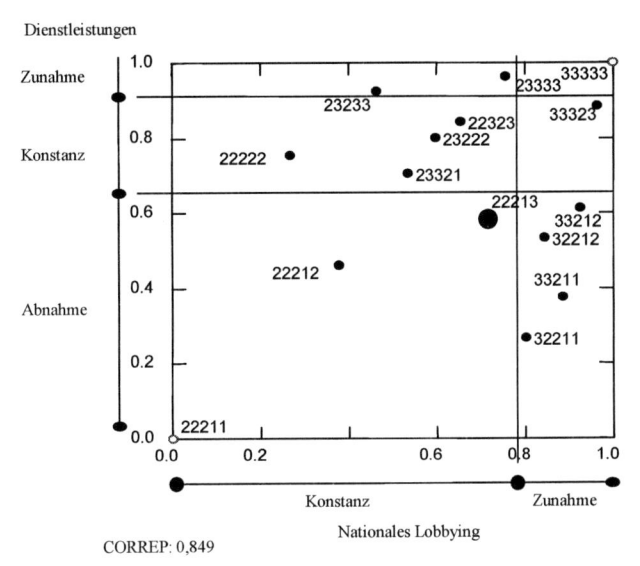

```
             Dienstleistungen
               1.0                                    33333
    Zunahme    │                            • 23333 ○
               │                  23233          33323•
         0.8   │                         •22323
    Konstanz   │        22222 •       •23222
               │                  •23321
         0.6   │                            22213
               │                            ●         33212•
               │                                    •32212
         0.4   │        22212 •                    33211
    Abnahme    │                                      •
               │                                    •32211
         0.2   │
               │
         0.0   │ 22211
            ●  └────┴──────┴──────┴──────┴──────┴
               0.0  0.2    0.6         0.8    1.0
    ●──────────────────────────●──────────●
              Konstanz           Zunahme
                    Nationales Lobbying
   CORREP: 0,849
```

Reihenfolge Strukte: Nationales Lobbying, EU-Lobbying, Domänen, Dienstleistungen, Administration

Das europäische Lobbying hängt nur schwach mit den Aktivitäten im nationalen Lobbying und im Dienstleistungsbereich zusammen: je höher die Werte in der EU-Lobbying-Dimension ausfallen, desto unterschiedlicher sind die Werte auf den anderen Dimensionen, welche die beiden Achsen aufspannen. Beispiele für den Zusammenhang zwischen der Zunahme im Lobbying auf allen Ebenen und der Abnahme der Dienstleistungen sind der Industrieverband Körperpflege- und Waschmittel (IKW) und der Verband Kunststofferzeugende Industrie. Der gegenläufige Zusammenhang ist weniger ausgeprägt. Doch auch hier lässt sich ein Beispiel finden. Der Verband der Textilhilfsmittel-, Lederhilfsmittel- und Gerbstoffindustrie (TEGEWA) und der Verband Forschender Arzneimittelhersteller haben die Dienstleistungen ausgebaut, während die Aktivitäten im nationalen Lobbying konstant geblieben sind. Eine Vergrößerung der Interessendomäne hat im Gegensatz zum EU-Lobbying eine eher positive Wirkung auf die anderen Facetten. Die Zunahme des Interessenraumes eines Verbands bewirkt meistens auch den Aufbau zusätzlicher Routinen in anderen Bereichen. Der Verband Forschender Arzneimittelhersteller, der Industrieverband Agrar und der VCI haben ihre Domänen ausgeweitet und zumindest auch das EU-Lobbying erhöht. Der Verband Forschender Arzneimittelhersteller und der Industrieverband Agrar sind zudem die Verbände mit den meisten neuen Routinen. Sie haben vier organisatorische Routinen und Eigenschaften weiter ausgebaut.

Schaubild 3: Intraorganisatorische Veränderungen in den I&K Verbänden (POSAC plot)

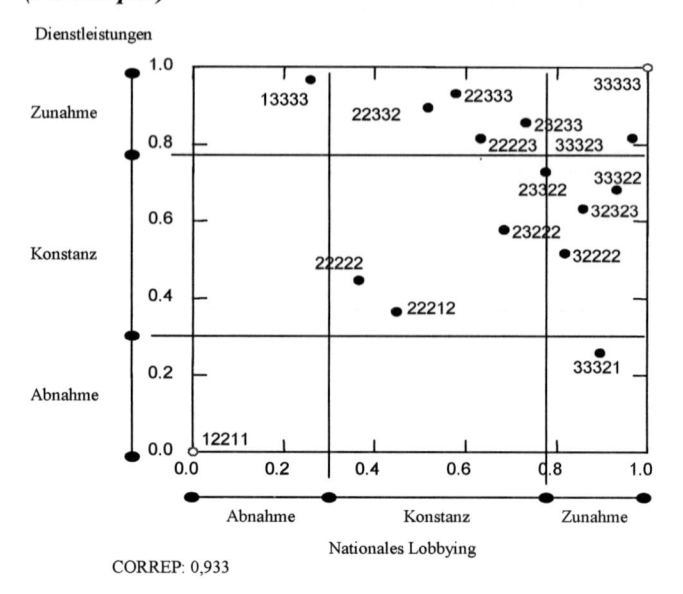

```
Dienstleistungen
         1.0
              •                •
              13333    22332  •22333       33333 ○
Zunahme                             •23233
         0.8                       •22223  33323  •
                                           33322
                                   23322   •
         0.6                             •32323
                                   •23222
Konstanz                                 •32222
                    22222
         0.4            •
                            •22212
         0.2                               •
Abnahme                                    33321
         0.0  12211
              0.0    0.2   0.4   0.6   0.8   1.0
              •————————————•————————————•
              Abnahme    Konstanz    Zunahme
                    Nationales Lobbying
CORREP: 0,933
```

Reihenfolge Strukte: Nationales Lobbying, EU-Lobbying, Domäne, Dienstleistungen, Administration

Im I&K-Sektor liegen die Facetten des Wandels sehr nahe an der lateralen Maximalposition (Struktupel 33333), bei der alle organisatorischen Eigenschaften einen Zuwachs erfahren haben (vgl. Schaubild 3). So haben sieben Verbände (ANGA, BDZV, BITKOM, Eco, VDMA, VDZ und ZVEI) mindestens drei Eigenschaften ausgebaut, während nur drei Verbände Aktivitäten abgebaut haben. Der ZVEI hat sein nationales Lobbying aufgrund der Kompetenzverlagerungen auf die europäische Ebene zurückgefahren. Der BDZV hat seine administrativen Einheiten reduziert, um geringeren Einnahmen Rechnung zu tragen. Der Verband der Deutschen Softwareindustrie (VSI) hat die Dienstleistungsaktivitäten zurückgefahren und organisiert diese teilweise unter dem Dach des Spitzenverbandes der Deutschen Softwareindustrie, d.h. in Kooperation mit anderen Verbände, u.a. dem Deutschen Multimediaverband (dmmv). Im I&K-Sektor besteht zudem ein positiver Zusammenhang zwischen der Erweiterung der Interessendomäne und dem Ausbau der administrativen Einheiten. ANGA, BITKOM, VDZ und ZVEI haben beide diese organisatorischen Routinen ausgebaut. Nur der BDZV hat trotz einer Domänenausweitung seine Administration verschlankt.

Schaubild 4: Intraorganisatorische Veränderungen in allen Verbänden (POSAC plot)

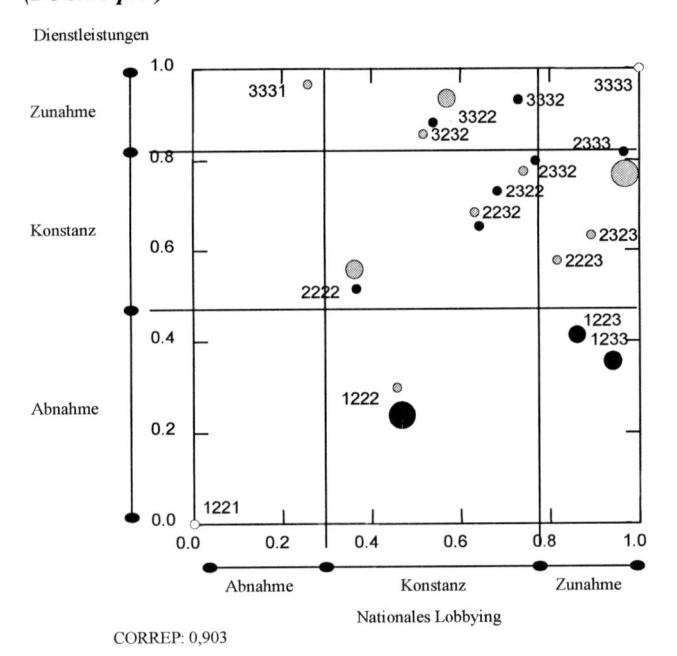

[POSAC plot mit Achsen "Nationales Lobbying" (Abnahme/Konstanz/Zunahme) horizontal und "Dienstleistungen" (Abnahme/Konstanz/Zunahme) vertikal; Datenpunkte mit Struktupeln: 3331, 3332, 3333, 3322, 3232, 2333, 2332, 2322, 2232, 2323, 2223, 2222, 1223, 1233, 1222, 1221]

CORREP: 0,903

Reihenfolge Strukte: Dienstleistungen, Domäne, EU-Lobbying, nationales Lobbying
Punkte: hell=I&K; dunkel=Chemie
Größe der Punkte: Anzahl der Verbände mit gleichen Struktupeln

Betrachtet man nun die Wandlungsprofile aller untersuchten Verbände in einem POSAC Plot (unter Nichtberücksichtigung der Facette „Administration"), so wird deutlich, dass die I&K-Verbände insgesamt in mehr Facetten eine Zunahme verzeichnen, während die Chemieverbände doch häufiger bestehende Routinen abgebaut haben (vgl. Schaubild 4). Die größte Punktewolke befindet sich im rechten oberen Quadranten, was bedeutet, dass sich die Profile stark verändert haben. Es kam seit 1990 zu einer Zunahme in vielen Facetten. Es gibt nur drei Verbände, in denen sich kein Wandel manifestiert (Struktupel 2222).

Die I&K-Verbände finanzierten diesen Expansionskurs durch die starke Zunahme an Mitgliedsbeiträgen und durch eine zunehmende Professionalisierung, wie sie in jedem Lebenszyklus einer Organisation vorkommt. Der Mitgliederzuwachs in den Chemieverbänden fiel dagegen kaum ins Gewicht. Somit mussten der Ausbau von Routinen zu Lasten anderer erfolgen, zumal die Grenzen der Professionalisierung in den gefestigten Verbänden schon erreicht war.

5 Intra- und interorganisatorische Ko-Evolution

Die organisatorischen Eigenschaften der Verbände und ihre interorganisatorischen Beziehungen sind eng miteinander gekoppelt. Variationen in den verbandlichen Routinen sind sowohl im Informations- und Kommunikationssektor als auch im Chemiesektor zu beobachten. Während die nationalen und europäischen Lobbyingaktivitäten in beiden Sektoren in gleichem Ausmaß zugenommen haben, gibt es vor allem bei den Dienstleistungen und in den Domänen Differenzen. Beide Eigenschaften wurden im I&K Sektor ausgebaut, während im Chemiesektor die Dienstleistungen zurückgefahren wurden und die Domänen bis auf einige Ausnahmen unverändert geblieben sind. Insgesamt werden verbandliche Variationsprozesse primär durch die Mitglieder initiiert. Domänenausweitungen zum Beispiel lassen sich auf deren geänderte Geschäftsfelder zurückführen. Im I&K-Sektor sind diese Veränderungen vorwiegend Technik-induziert und entsprechen dem Konvergenzprozess des gesamten Sektors. Im Chemiesektor sind dagegen nur pharmazeutische und Biotechnologieverbände von technischen „Revolutionen" erfasst worden und haben als Antwort auf diesen exogenen Wandel ihre Interessendomänen ausgeweitet. Veränderungen in den Service-Aktivitäten lassen sich auch auf Veränderungen in den Mitgliedererwartungen zurückführen.

Auch auf der Ebene der Verbandspopulationen haben sich Veränderungen ergeben. So kam es im I&K-Sektor seit 1990 zur einer fast völligen Neustrukturierung der fokalen Verbandslandschaft, in die fünf neue Verbände und drei aus Fusionen hervor gegangene Verbände integriert wurden. Im Chemiesektor sind dagegen nur drei Verbände hinzu gekommen. Es waren v.a. von der Mitgliedschaft ausgehende und auf die Mitgliedschaft gerichtete Prozesse, die auf der interorganisatorischen Ebene zwischen Ökonomie und Technik auf der einen Seite und den Verbänden auf der anderen Seite intervenierten. In beiden Sektoren konnten größere wirtschaftliche und technische Verschiebungen in und zwischen den Mitgliedern der Verbände nicht durch Ausweitungen der Domänen aufgefangen werden. Die Anpassung an die Umwelt konnte folglich nur durch die Veränderung der Verbandslandschaft vollzogen werden.

Die Selektionsmechanismen sind in beiden Sektoren primär die über die Mitgliedschaftslogik vermittelte Ressourcenverschiebungen und die veränderten Erwartungen der Mitglieder, während einflusslogische Faktoren eine untergeordnete Rolle spielen. Ressourcenabhängigkeit und Verschiebungen der Ressourcenbasis verlangen grundsätzlich nach Absorptions- oder Kompensationsstrategien, um das organisatorische Überleben zu sichern (Pfeffer/Salancik 1978). Die Veränderungen der politischen Umwelt konnten von den innerverbandlichen Strukturen aufgefangen werden, was die Mitglieder akzeptierten und unterstützten, weil so die erforderliche Interessenrepräsentation gewährleistet blieb. Der Aufbau bzw. Abbau von Dienstleistungsroutinen ist auch auf Veränderungen in den Mitgliedererwartungen zurückzuführen und hing von der unterschiedlichen Lebensdauer der Unternehmen in den beiden Sektoren ab. Die sich z.T. erst etablierenden Unternehmen im I&K-Sektor waren auf verbandliche Serviceleistungen angewiesen, während diese Routinen zumindest von größeren Unternehmen mit zunehmendem Alter etwa im Chemiesektor selbst aufgebaut wurden. Wandel in den Interessendomänen dagegen spiegelt Veränderungen in der Ressourcenbasis der Verbände wider. Hier löste der drohende Verlust der Mitglieder aufgrund einer dysfunktionalen Interessenabgrenzung und aufgrund der Konkurrenz durch andere Verbände diese Verschiebungen aus. Die von den Verbänden gewählte Strategie bestand in einer weitgehenden Anpassung an die Geschäftsfelderweiterungen der Mitglieder.

Allerdings reichte diese Anpassungsleistung an den Wandel der Mitgliederbasis im Bereich der Domänen manchmal nicht aus, um der verbandlichen Auslese zu entgehen. Im I&K-Sektor und im Bereich der Biotechnologie des Chemiesektors waren die Beharrungstendenzen in einigen Verbänden zu groß, um der Veränderungsdynamik mit intraorganisatorischen Anpassungsleistungen zu begegnen. Auch erlaubte ihre knappe Ressourcenausstattung keinen kostspieligen Verdrängungswettbewerb in der bestehenden Verbandslandschaft. Hier kam es schließlich zu Neugründungen von Verbänden, die eine breit angelegte Interessendomäne aufweisen und zu Fusionen von Verbänden, die ihre Domänen zusammenlegten.

Die Retention von positiv selektionierten Verbandsaktivitäten erfolgt hauptsächlich innerhalb verbandlicher Routinen und weniger ausgeprägt in formalen Organisationsstrukturen; d.h. neue Aufgaben werden durch die bestehenden Strukturen und Mitarbeiter assimiliert. Einige Verbände haben ihre administrativen Einheiten ausgebaut und können dadurch neuen Aktivitäten nachgehen. Die meisten anderen (Chemie-) Verbände sind aufgrund von Ressourcenbeschränkungen dazu nicht in der Lage und müssen eine Ausweitung von Aktivitäten in einem Bereich durch Produktivitätsfortschritte in anderen Bereichen kompensieren, d.h. sie müssen mehr Leistungen bei gleicher Ressourcenausstattung erbringen.

Das Zusammenspiel der intra- und interorganisatorischen Ebene wird in den beiden Populationen durch die Mitgliedschaftslogik moderiert. Anpassungsleistungen in den Organisationen reichen in vielen Fällen dazu aus, den Wandel der Mitglieder mit bestehenden verbandlichen Routinen zu absorbieren. Erst wenn eine solche Anpassung aufgrund organisatorischer Trägheit oder aufgrund von Ressourcenbeschränkungen nicht mehr möglich ist, greifen Selektionsmechanismen auf der Populationsebene. Diese führen dann zu einer Umstrukturierung der Verbandslandschaft. Das Material zu dieser Selektion wird allerdings von den Verbänden selbst bereitgestellt. In Sektoren mit geringer Umweltdynamik wie etwa im Chemiesektor wird aber i.d.R. nur positiv selektioniert – eine Tatsache, die letztlich zur Ausbildung eines hierarchisch integrierten Verbandssystems beiträgt. Im dynamischeren I&K-Sektor war diese Form der Integration bisher nicht möglich.

6 Schlussbetrachtung

Ein Sektorenvergleich innerhalb eines Landes ermöglicht die Ausklammerung vieler Makrovariablen des nationalen politischen und des wirtschaftlichen Systems aus dem Forschungsdesign. Diese können daher keine Erklärung für Unterschiede zwischen diesen beiden Sektoren beinhalten.

Im vorliegenden Vergleich ist deutlich zu sehen, dass gleiche Umweltveränderungen zu gleichartigen Anpassungsleistungen von Verbänden und Verbandssystemen führen. Wandel in der politischen Umwelt, im Besonderen zunehmende Europäisierung, wird in beiden Sektoren durch interne Umschichtungen oder durch den Aufbau neuer Kapazitäten bewältigt (vgl. Eising 2000: 290-298).

Veränderungen in der wirtschaftlichen Umwelt, wie z.B. starkes Sektorwachstum muss keine direkten Folgen haben, wenn sich dieses Wachstum auf klar voneinander abgegrenzte Subsektoren beschränkt. Wirtschaftliches Wachstum in Verbindung mit technischem Wandel dagegen führt zur Entstehung neuer Subsektoren und damit erhöht sich die Wahrscheinlichkeit von Verbandsneugründungen, welche die neu entstehenden Interessendomänen auffüllen. Im Chemiesektor können diese Veränderungen auch zum Ausbruch einzelner Verbände aus einer hierarchisch integrierten Struktur der Verbandslandschaft führen.

Starker technischer Wandel in einem Wirtschaftssektor, wie er im Bereich I&K vorherrscht, kann über die Ausweitung der Domänen absorbiert werden. Im vorliegenden Falle sind die verbandsinternen Beschränkungen aber zu groß, um eine allumfassende Interessendomäne eines Verbandes zu bewerkstelligen. Eine viel kostengünstigere Alternative findet sich in Fusionen zwischen unabhängigen Verbänden, die neben der Zusammenlegung ihrer Domänen auch ihre Routinen bündeln können.

Literaturverzeichnis

Aldrich, Howard E. (1999): Organizations Evolving. Thousand Oaks, CA: Sage Publications.
Baum, Joel A. C. (1996): Organizational Ecology. in: Clegg, Stewart R./Hardy, Cynthia (Hrsg.): Studying Organization. Theory and Method. London/Thousand Oaks/New Delhi: Sage Publications: 71-108.
Baum, Joel A. C. (2002) (Hrsg.): The Blackwell Companion to Organizations. Oxford: Blackwell Business.
Baum, Joel A. C./ Amburgey, Terry L. (2002): Organizational Ecology. in: dies.. The Blackwell companion to organizations. Oxford: Blackwell Publishers: 304-326.
Borg, Ingwer (1992): Grundlagen und Ergebnisse der Facettentheorie. Bern u.a. : Huber.
Broscheid, Andreas (2002): When groups break up: a formal model of organizational change in German pharmaceutical interest representation. Version July 2002. forthcoming as MPI Working Paper Cologne: Max Planck Institute for the Study of Society.
Campbell, Donald T. (1990): Levels of organization, Downward Causation, and the Selection-Theory Approach to Evolutionary Epistemology. in: Greenberg, Gary/ Tobach, Ethel (Hrsg.). Theories of the Evolution of Knowing. Hillsdale, NJ: Lawrence Erlbaum Associates: 1-17.

Coen, David (1997): The Evolution of the Large Firm as a Political Actor in the European Union. in: Journal of European Public Policy; Bd. 4, Heft 1: 91-108.
Cowles, Maria G. (2001): The Transatlantic Business Dialogue and Domestic Business-Government Relations. in: Green Cowles, Maria/Caporaso, James/Risse, Thomas (Hrsg.). Transforming Europe. Europeanization and Domestic Change. Ithaca, NY: Cornell University Press: 159-179.
DIB (2000): BioTech 2000. Die wirtschaftliche Bedeutung von Biotechnologie und Gentechnik in Deutschland. Frankfurt/Main: Deutsche Industrievereinigung Biotechnologie.
Eichener, Volker/Voelzkow, Helmut (Hrsg.) (1994): Europäische Integration und verbandliche Interessenvermittlung. Marburg: Metropolis.
Eising, Rainer (2000): Liberalisierung und Europäisierung. Die regulative Reform der Elektrizitätsversorgung in Großbritannien, der Europäischen Gemeinschaft und der Bundesrepublik Deutschland. Opladen: Leske und Budrich.
Eising, Rainer (2004): Multi-level Governance and Business Interests in the European Union. in: Governance; Bd. 17, Heft 2: 211-245.
European Information Technology Observatory EITO (div. Jahre): European Information Technology Observatory. Frankfurt/M.: EITO.
Featherstone, Kevin/Radaelli, Claudio (2003): The Politics of Europeanization. Theory and Analysis. Oxford: Oxford University Press.
Galunic, David C./Weeks, John R. (2002): Intraorganizational Ecology. in: Baum, Joel A. C. (Hrsg.). The Blackwell companion to organizations. Oxford: Blackwell Publishers: 75-97.
Grant, Wyn (1986): Associational Systems in the Chemical Industry. in: Martinelli. Alberto (Hrsg.). International Markets and Global Firms. A Comparative Study of Organized Business in the Chemical Industry. London/Newbury Park/New Delhi: Sage Publications, 47-60.
Grant, Wyn/Paterson, William/Whitston, Colin (1988): Government and the Chemical Industry. A comparative Study of Britain and West Germany. Oxford: Oxford University Press.
Greenwood, Justin (1997): Representing Interests in the European Union, New York: St. Martins Press.
Greenwood, Justin/Ronit, Karsten/Grote, Jürgen R. (1992): Organized Business and European Integration London, Newbury Park and New Delhi: Sage Publications.
Grote Jürgen R./Lang, Achim (2003): Europeanization and Organizational Change in National Trade Associations – An Organizational Ecology Perspective. in: Featherstone, Kevin/Radaelli, Claudio (Hrsg.). The Politics of Europeanization. Theory and Analysis. Oxford: Oxford University Press: 225-254.
Grote, Jürgen R./Schneider, Volker (2004): Organizations and Networks Facing External Challenges: Chemical Interest Associations in Germany and Britain. in: Streeck, Wolfgang et al. (Hrsg): Governing Interests: Business Associations in the National, European and Global Political Economy. London: Routledge.
Jachtenfuchs, Markus/Kohler-Koch, Beate (1996): Regieren im dynamischen Mehrebenensystem. in: dies. (Hrsg.). Europäische Integration. Opladen: Leske+Budrich: 15-46.
Joffe, Josef (2002): Deutschland, einig Klüngelland. in: Die Zeit (3.11.2002).
Kohler-Koch, Beate (2002): Unternehmerverbände im Spannungsfeld von Europäisierung und Globalisierung. in: Bührer, Werner/Grande, Edgar (Hrsg.). Unternehmerverbände und Staat in Deutschland. Baden-Baden: Nomos: 132-149.
Kohler-Koch, Beate/Eising, Rainer (1999): The Transformation of Governance in the European Union. London/New York: Routledge.
Kommission der Europäischen Gemeinschaften (1997): Grünbuch zur Konvergenz der Branchen Telekommunikation. Medien und Informationstechnologie und ihren ordnungspolitischen Auswirkungen. Brüssel: Kommission der Europäischen Gemeinschaften.

Kommission der Europäischen Gemeinschaften (2001): Weißbuch - Strategie für eine zukünftige Chemikalienpolitik. KOM 2001 88 endgültig. Brüssel: Kommission der Europäischen Gemeinschaften (27.2.2001).
Latzer, Michael (1997): Mediamatik – Die Konvergenz von Telekommunikation. Computer und Rundfunk. Opladen: Westdeutscher Verlag.
Lehmkuhl, Dirk (2000): The Importance of Small Differences. The Impact of European Integration on Road Haulage Associations in Germany and the Netherlands. Den Haag: Thela Thesis.
Macdonald, Alastair (2001): The Business of Representation. The Modern Trade Association – A Report to the Trade Association Forum. London: Department of Trade and Industry and Trade Association Forum.
Marks, Gary/Hooghe, Liesbet (2001): Multi-Level Governance and European Integration. Lanham: Rowman and Littlefield.
Mazey, Sonia/Richardson, Jeremy (1993): Lobbying in the European Community. Oxford: Oxford University Press.
McKelvey, Bill/Aldrich, Howard E. (1983): Populations, natural selection, and applied organizational science. in: Administrative Science Quarterly; Bd. 28, Heft 1: 101-128.
Munz, Cornelia M. (2001): Europäisierung und verbandliche Orientierungen: Eine Inhaltsanalyse der Wahrnehmung von Umweltveränderungen durch den Verband der Chemischen Industrie. Universität Konstanz: Diplomarbeit.
OECD (1999): Measuring the ICT Sector. Paris: OECD.
OECD (2002): Statistical Compendium. Paris: OECD.
Olsen, Johan P. (2002): The Many Faces of Europeanization. Arena Working Papers 01/2: Oslo.
Pedler, Robin H./Van Schendelen, Marinus P. C. M. (1994): Lobbying in the European Union: Companies. Trade Associations and Issue Groups. Aldershot: Dartmouth Publications.
Pfeffer, Jeffrey/Salancik, Gerald R. (1978): The External Control of Organizations. New York: Harper & Row.
Sandholtz, Wayne (1998): The Emergence of a Supranational Telecommunications Regime. in: Sandholtz, Wayne/Stone Sweet, Alec (Hrsg.). European Integration and Supranational Governance. Oxford: Oxford University Press: 134-163.
Schmitter, Philippe C./Grote, Jürgen R. (1997): Der Korporatistische Sisyphus: Vergangenheit, Gegenwart und Zukunft. in: Politische Vierteljahresschrift, Bd. 38, Heft 3: 530-555.
Schmitter, Philippe C./Streeck, Wolfgang (1999) [1981]: The Organization of Business Interests. Studying the Associative Action of Business in Advanced Industrial Societies. Berlin: Wissenschaftszentrum Berlin für Sozialforschung (WZB Discussion Paper IIM/LMP 81-13); neu veröffentlicht als: Köln: Max-Planck-Institut für Gesellschaftsforschung (MPIfG Discussion Paper 1999).
Schneider, Volker/Werle, Raymund (1991): Policy Networks in the German Telecommunications Domain. in: Marin, Bernd und Mayntz, Renate (Hrsg.). Policy Networks, Empirical Evidence and Theoretical Considerations. Boulder: Westview: 97-136.
Schneider, Volker/Schmitter, Philippe C./Grote, Jürgen R. (2000): Die Veränderung von Einfluss- und Mitgliedschaftslogiken sektoraler Dachverbände im Kontext von Europäisierung und Internationalisierung. Projektantrag an die Deutsche Forschungsgemeinschaft. Konstanz.
Shye, Aamuel/Amar, Reuven (1985): Partial-Order Scalogram Analysis by Base Coordinates and Lattice Mapping of the Items by their Scalogram Roles. in: Canter, David (Hrsg.). Facet Theory. Approaches to Social Research. New York/Berlin/Heidelberg/Tokyo: Springer-Verlag: 277-298.
Streeck, Wolfgang/Schneider, Volker/Visser, Jelle/Grote, Jürgen R. (Hrsg.) (2004): Governing Interests: Business Associations in the National, European and Global Political Economy. London: Routledge.

Van den Wittenboer, Godfried (2001): On The Structure of Measurements in Facet Theory. in: Quality & Quantity; Bd. 35, Heft 1: 77-89.

VCI (2000): Fakten, Analysen, Perspektiven, Chemie. Jahresbericht 2000. Frankfurt/Main: Verband der Chemischen Industrie.

VCI (diverse Jahre): Chemiewirtschaft in Zahlen. Frankfurt/Main: Verband der Chemischen Industrie.

Anhang: Verbandsliste und Profile organisatorischen Wandels

Verband	Abk.	Domäne	Administration	Nationales Lobbying	Euro. Lobbying	Dienstleistungen
Arbeitsgemeinschaft Privater Rundfunk	APR	2	2	3	2	2
Bundesverband Deutscher Zeitungsverleger	BDZV	3	1	3	3	2
Bundesverband der Informationswirtschaft, Telekommunikation und Neue Medien	Bitkom	3	3	3	2	2
Bundesverband der regionalen und lokalen Telekommunikationsgesellschaften	Breko	2	3	2	2	2
Deutsche TV-Plattform		2	2	2	2	2
Electronic Commerce Forum	Eco	2	3	2	3	3
Verband der Anbieter von Telekommunikations- und Mehrwertdiensten	VATM	3	2	2	3	2
Verband der Softwareindustrie Deutschlands	VSI	2	2	2	2	1
Verband Deutscher Maschinen und Anlagenbau (FV Software und Ind. Komm.)	VDMA	3	2	3	3	2
Verband Deutscher Zeitschriftenverleger	VDZ	3	3	3	3	2
Verband Privater Netzbetreiber – Satelliten und Kabelkommunikation	ANGA	3	3	2	2	3
Verband Privater Rundfunk und Telekommunikation	VPRT	3	2	2	2	3
Zentralverband der Deutschen Werbewirtschaft	ZAW	2	2	2	3	2
Zentralverband Elektrotechnik- und Elektronikindustrie (FV Consumer Electronics)	ZVEI	3	3	1	3	3
Verband der Chemischen Industrie	VCI	3	1	2	3	2
Industrieverband Agrar	IVA	3	3	3	3	2
Deutsche Bauchemie		2	3	2	2	1
Industrievereinigung Chemiefaser	IVC	2	2	3	2	1
Industrieverband Körperpflege- und Waschmittel	IKW	2	2	3	3	1
Verband Kunststofferzeugende Industrie	VKE	2	1	3	3	1
Verband der Lackindustrie		2	1	3	2	1
Bundesverband der Pharmazeutischen Industrie	BPI	3	3	2	2	2

Verband	Abk.	Domäne	Administration	Nationales Lobbying	Euro. Lobbying	Dienstleistungen
Verband Textilhilfsmittel-, Lederhilfsmittel-, Gerbstoff- und Waschrohstoffindustrie	TEGEWA	2	3	2	3	3
Verband Forschender Arzneimittelhersteller	VFA	3	3	2	3	3
Industrieverband Hygiene und Oberflächenschutz für Industrielle und Institutionelle Anwendung	IHO	2	3	2	2	1
Industrieverband Klebstoffe		2	2	2	2	1
Deutsche Industrievereinigung Biotechnologie im VCI	DBI	2	2	2	2	2
Fachvereinigung Organische Chemie im VCI		2	2	2	3	2

Autoren

Bandelow, Niels, Hochschuldozent an der Fakultät für Sozialwissenschaft, Ruhr-Universität Bochum

Baltz, Konstantin, Wissenschaftlicher Mitarbeiter, Universität Konstanz

Beyers, Jan C.M., Assistenzprofessor für Politikwissenschaft, Universität Leiden

Bieling, Hans-Jürgen, Hochschuldozent (Juniorprofessor), Philipps-Universität Marburg

Bouwen, Pieter, Beamter in der Generaldirektion Unternehmen der Europäischen Kommission, Chercheur der Katholischen Universität Louvain

Collignon, Stefan, Centennial Professor am European Institute der London School of Economics

Eising, Rainer, Hochschulassistent für Politikwissenschaft, FernUniversität in Hagen

Falkner, Gerda, Leiterin der Abteilung Politikwissenschaft am Institut für Höhere Studien, Wien

Feick, Jürgen, Wissenschaftlicher Mitarbeiter, Max-Planck-Institut für Gesellschaftsforschung, Köln

Grote, Jürgen, Wissenschaftlicher Mitarbeiter, Universität Konstanz

Hartlapp, Miriam, Wissenschaftliche Mitarbeiterin, Max-Planck-Institut für Gesellschaftsforschung, Köln

Kerremans, Bart, Associate Professor für Politikwissenschaft, Katholische Universität Leuven

Kohler-Koch, Beate, Professorin für Politische Wissenschaft, Universität Mannheim.

König, Thomas, Professor für Politikwissenschaft, Deutsche Hochschule für Verwaltungswissenschaften, Speyer

Lahusen, Christian, Oberassistent für Soziologie, Universität Bamberg

Lang, Achim, Wissenschaftlicher Mitarbeiter, Universität Konstanz

Leiber, Simone, Wissenschaftliche Mitarbeiterin, Wirtschafts- und Sozialwissenschaftliches Institut in der Hans-Böckler-Stiftung, Referat Sozialpolitik

Schneider, Gerald, Professor für Internationale Politik, Universität Konstanz

Schumann, Diana, Wissenschaftliche Mitarbeiterin, Ruhr-Universität Bochum

Schwarzer, Daniela, Dozentin, Freie Universität Berlin und Korrespondentin der Financial Times Deutschland

Treib, Oliver, Assistenzprofessor, Institut für Höhere Studien, Wien

Widmaier, Ulrich, Professor für Vergleichende Politikwissenschaft, Ruhr-Universität Bochum

Wolf, Dieter, Geschäftsführer des Sonderforschungsbereichs "Staatlichkeit im Wandel" der Universität Bremen

Schriftenreihe Regieren in Europa

Herausgegeben von Prof. Dr. Beate Kohler-Koch

Zur Ökologie einer europäischen Identität

Soziale Repräsentationen von Europa und dem Europäer-Sein in Deutschland und Italien

Von Dr. Orietta Angelucci von Bogdandy, Psychologin

2003, Band 6, 212 S., brosch., 44,– €, ISBN 3-8329-0286-4

Die Dynamik der politischen Integration Europas stellt die Europäer vor neue Herausforderungen. In diesem Buch wird die europäische Identitätsbildung aus einer sozialpsychologischen Perspektive betrachtet. Die Autorin führt hierzu eine empirische Untersuchung über die gesellschaftliche Konstruktion der

Kategorien »Europa« und »Europäer-Sein« in Deutschland und Italien durch. Anhand der empirischen Ergebnisse werden mögliche Implikationen für eine europäische Identitätsbildung diskutiert.

Regionalisiertes Europa – Demokratisches Europa?

Eine Untersuchung am Beispiel der europäischen Strukturpolitik

Von Katrin Auel

2003, Band 5, 339 S., brosch., 69,– €, ISBN 3-8329-0236-8

Die Arbeit untersucht den Beitrag der regionalen Ebene zur demokratischen Legitimation der EU. Sie zeigt, dass eine Regionalisierung von Kompetenzen keineswegs zwangsläufig mit einem Gewinn an Demokratie einhergeht, sondern vielmehr einer »regionalen Demokratisierungspolitik« bedarf.

Verhandlungen im europäischen Arzneimittelsektor

Initiierung – Institutionalisierung – Ergebnisse

Von Peter Kotzian

2003, Band 4, 280 S., brosch., 49,– €, ISBN 3-8329-0097-7

Die Europäische Integration hat den europaweiten Arzneimittelhandel ermöglicht, staatliche Preiskontrollen aber unberührt gelassen. Die sich aus dieser Situation ergebenden gesundheits- und industriepolitischen Fragen und Probleme waren Themen eines Verhandlungssprosses, mit dem sich das Buch befasst.

Nomos

Informieren Sie sich im Internet unter **www.nomos.de** über die früher erschienenen und noch verfügbaren Bände dieser Schriftenreihe.